Das Engagement institutioneller Anleger als Aktionäre im Beteiligungsunternehmen nach ARUG II

Schriften zum
Unternehmens- und Wirtschaftsrecht

Herausgegeben von Marcus Bieder, Andreas Fuchs,
Lars Leuschner, Markus Stoffels und Dirk A. Verse

Band 34

PETER LANG

Anja Kristina Hornbostel

Das Engagement institutioneller Anleger als Aktionäre im Beteiligungsunternehmen nach ARUG II

Eine kritische Analyse im Lichte der aktuellen Entwicklungstendenzen des europäischen Gesellschaftsrechts

PETER LANG

Bibliografische Information der Deutschen Nationalbibliothek
Die Deutsche Nationalbibliothek verzeichnet diese Publikation
in der Deutschen Nationalbibliografie; detaillierte bibliografische
Daten sind im Internet über http://dnb.d-nb.de abrufbar.
Zugl.: Osnabrück, Univ., Diss., 2022

D 700
ISSN 2364-0863
ISBN 978-3-631-88285-6 (Print)
E-ISBN 978-3-631-88755-4 (E-PDF)
E-ISBN 978-3-631-88756-1 (EPUB)
DOI 10.3726/b20089

Peter Lang – Berlin · Bern · Bruxelles · New York ·
Oxford · Warszawa · Wien

Diese Publikation wurde begutachtet.

www.peterlang.com

Meinen Eltern

Vorwort

Die vorliegende Arbeit wurde im Wintersemester 2021/2022 von der Juristischen Fakultät der Universität Osnabrück als Dissertation angenommen. Stand der Literatur ist März 2021.

Allen voran möchte ich mich zunächst bei meinem Doktorvater, Herrn Professor Dr. Andreas Fuchs, LL.M. (Michigan), für die so ausdauernde Unterstützung und Betreuung der Arbeit sowie aller damit zusammenhängender Herausforderungen bedanken. Vielen Dank, dass Sie mir stets die Freiheit gelassen haben, meine Arbeit nach meinen Vorstellungen zu gestalten, aber dennoch mit Rat und Tat für mich da waren und ich mich an Sie wenden konnte. Mein herzlicher Dank gilt ebenfalls Herrn Professor Dr. Lars Leuschner für die so schnelle Erstellung des Zweitgutachtens.

Auch wenn es schon einige Zeit zurückliegt, möchte ich mich auch bei meinen Kolleginnen und Kollegen an der Universität Osnabrück herzlich bedanken, mit denen ich nicht nur gemeinsam am Lehrstuhl Fuchs, dem Institut für Mittelstandsfragen, für das OsnaRep am Lehrstuhl Leuschner und am Lehrstuhl Ipsen tätig war sondern mit denen mich inzwischen eine langjährige Freundschaft verbindet. Es sind schließlich die vielen spannenden und inspirierenden Gespräche, die mir in dem Moment vielleicht als selbstverständlich erschienen, aber in Summe eine solche Arbeit und die Erinnerungen an die Zeit als studentische Hilfskraft und wissenschaftliche Mitarbeiterin an der Universität Osnabrück nachhaltig prägen.

Ein ganz besonderer Dank gilt schließlich meinem Mann, Dr. Hendrik Hornbostel, der mich so kontinuierlich und geduldig unterstützt hat, auch in den schwierigen Momenten und bei Zweifeln immer für mich da war und mir mit konstruktiven Lösungsvorschlägen immer zur Seite stand. Genauso möchte ich mich bei meiner Tochter Louisa Marie bedanken, die hier schon in ihren ersten Lebensmonaten viel Geduld hatte und mich so ebenfalls sehr unterstützt hat.

Ganz besonders danken möchte ich schließlich auch meinen Eltern, Sabine und Dr. Jörg Grune, für die stete und liebevolle Unterstützung während meiner gesamten Ausbildung und so auch während meiner Promotionszeit. Ohne Euren Zuspruch und Ermutigung hätte ich das Studium und diese Arbeit in dieser Form sicher nicht fertigstellen können. Euch ist diese Arbeit gewidmet.

Anja Kristina Hornbostel

Inhalt

Abbildungsverzeichnis

Abkürzungsverzeichnis

ABI	*Association of British Insurers*
Abl.	*Amtsblatt der Europäischen Union*
AG	*Die Aktiengesellschaft*
AIC	*The Association of Investment Companies*
AIF	*Alternative Investmentfonds*
AktG	*Aktiengesetz*
Aktionärsrechterichtlinie 2007	*Richtlinie 2007/36/EG v. 11.7.2007, Abl. 2007 L 184/17*
Aktionärsrechterichtlinie 2017	*Richtlinie 2017/828/EU v. 17.05.2017, L 132/1*
ARUG	*Gesetz zur Umsetzung der Aktionärsrechterichtlinie (ARUG) vom 30. Juli 2009*
ARUG II	*Gesetz zur Umsetzung der zweiten Aktionärsrechterichtlinie (ARUG II) vom 12. Dezember 2019*
BaFin	*Bundesanstalt für Finanzdienstleistungsaufsicht*
BB	*Betriebs-Berater*
BC	*Zeitschrift für Bilanzierung, Rechnungswesen und Controlling*
BeckOGK	*Beck-Online Großkommentar*
BetrAVG	*Betriebsrentengesetz*
BGB	*Bürgerliches Gesetzbuch*
BGBl.	*Bundesgesetzblatt*
BIP	*Bruttoinlandsprodukt*
BKR	*Zeitschrift für Bank- und Kapitalmarktrecht*
BMJV	*Bundesministerium der Justiz und für Verbraucherschutz*
BT-Drucks	*Bundestagsdrucksache*
BVI	*Bundesverband Investment und Asset Management e. V.*
CA (2006)	*Companies Act 2006*

CCZ	*Corporate Compliance Zeitschrift*
COBS	*Conduct of Business Sourcebook*
COVMG	*Gesetz über Maßnahmen im Gesellschafts-, Genossenschafts-, Vereins-, Stiftungs- und Wohnungseigentumsrecht zur Bekämpfung der Auswirkungen der COVID-19-Pandemie*
CSR	*Corporate Social Responsibility*
DAV	*Deutscher Anwaltsverein*
DB	*Der Betrieb*
DCGK	*Deutscher Corporate Governance Kodex*
DStR	*Deutsches Steuerrecht*
DTR	*Disclosure Guidance and Transparency Rules*
DVFA	*Deutsche Vereinigung für Finanzanalyse und Asset Management e.V.*
ECFR	*European Company and Financial Law Review*
ECGI	*European Corporate Governance Institute*
EFAMA	*European Fund and Asset Management Association*
ESG	*Environmental, Social, Governance*
EStG	*Einkommenssteuergesetzbuch*
EuZW	*Europäische Zeitschrift für Wirtschaftsrecht*
FCA	*Financial Conduct Authority*
FMStBG	*Auch: „WStBG“ – Gesetz zur Beschleunigung und Vereinfachung des Erwerbs von Anteilen an sowie Risikopositionen von Unternehmen des Finanzsektors durch den Fonds „Finanzmarktstabilisierungsfonds – FMS“ und der Realwirtschaft durch den Fonds „Wirtschaftsstabilisierungsfonds – WSF“ – Wirtschaftsstabilisierungsbeschleunigungsgesetz*
FRC	*Financial Reporting Council*
FS	*Festschrift*
FSA	*Financial Service Authority*
FSA 2012	*Financial Services Act 2012*
FSMA 2000	*Financial Services and Markets Act 2000*
GBP	*Britisches Pfund*

Gesetzesbegründung ARUG II	*Regierungsbegründung für den Gesetzentwurf des ARUG II*
Grünbuch 2010	*Europäische Kommission, Grünbuch – Corporate Governance in Finanzinstituten und Vergütungspolitik – KOM (2010) 284 endg.*
Grünbuch 2011	*Europäische Kommission, Grünbuch – Europäischer Corporate Governance-Rahmen – KOM (2011) 164 endg.*
Grünbuch 2013	*Europäische Kommission, Grünbuch Langfristige Finanzierung der Europäischen Wirtschaft – KOM (2013) 150 endg.*
GWR	*Gesellschafts- und Wirtschaftsrecht*
IA	*The Investment Association*
ISC	*Institutional Shareholders' Committee*
JA	*Juristische Arbeitsblätter*
JuS	*Juristische Schulung*
JZ	*JuristenZeitung*
KAGB	*Kapitalanlagegesetzbuch*
KAVerOV	*Verordnung zur Konkretisierung der Verhaltensregeln und Organisationsregeln nach dem Kapitalanlagegesetzbuch*
KVG	*Kapitalverwaltungsgesellschaft*
MaRisk	*Mindestanforderungen an das Risikomanagement*
MiFID II	*Markets in Financial Instruments Directive*
MMRL	*Marktmissbrauchsrichtlinie*
MMSRL	*Marktmissbrauchs-Sanktionsrichtlinie*
MMVO	*Marktmissbrauchsverordnung*
MüKo	*Münchner Kommentar*
NIRI	*National Investor Relations Institute*
NJW	*Neue Juristische Wochenschrift*
NZG	*Neue Zeitschrift für Gesellschaftsrecht*
OBLB	*Oxford Business Law Blog*
OECD	*Organisation for Economic Co-operation and Development*
OEIC	*Open-Ended Investment Company*

OGAW	*Organismen für die gemeinsame Anlage in Wertpapieren*
ONS	*UK Office for National Statistics*
OPRA	*Occupational Pensions Regulatory Authority*
PRA	*Prudential Regulation Authority*
RegE	*Regierungsentwurf*
RL	*Richtlinie*
SE	*Societas Europea*
SE-VO	*Verordnung (EG) Nr. 2157/2001 des Rates vom 8. Oktober 2001 über das Statut der Europäischen Gesellschaft (SE)*
SIP	*Statement of Investment Principles*
Stan. L. Rev.	*Stanford Law Review*
UKLA	*UK Listing Authority*
VAG	*Versicherungsaufsichtsgesetz*
VersR	*Zeitschrift für Versicherungsrecht, Haftungs- und Schadensrecht*
WM	*Wertpapiermitteilungen*
WpHG	*Wertpapierhandelsgesetz*
WpÜG	*Wertpapiererwerbs- und Übernahmegesetz*
ZBB	*Zeitschrift für Bankrecht und Bankwirtschaft*
ZCG	*Zeitschrift für Corporate Governance*
ZEV	*Zeitschrift für Erbrecht und Vermögensnachfolge*
ZHR	*Zeitschrift für das Gesamte Handels- und Wirtschaftsrecht*
ZIP	*Zeitschrift für Wirtschaftsrecht*
ZGR	*Zeitschrift für Unternehmens- und Gesellschaftsrecht*

Sofern nicht oben definiert, wird für weitere Abkürzungen verwiesen auf:

Kirchner, Hildebert / Böttcher, Eike	Abkürzungsverzeichnis der Rechtssprache, 9. Auflage, Berlin 2018.

A. Einleitung

Während vor wenigen Jahren wenn man in den üblichen juristischen Datenbanken oder allgemein im Internet nach „*institutionellen Anlegern*“ suchte, nur wenige Treffer im deutschen Sprachraum erschienen, gibt es inzwischen weit über tausend Suchergebnisse in den üblichen Fachdatenbanken.[1]

Auch wenn vereinzelt die ersten Literaturdiskussionen in Bezug auf institutionelle Anleger als aktive Aktionäre in Deutschland bereits auf die siebziger Jahre des vergangenen Jahrhunderts zurückgehen,[2] so zeigt die vorstehende Beobachtung, dass institutionelle Anleger insbesondere in den letzten Jahren – und dabei vor allem im Nachgang zur internationalen Wirtschaftskrise zwischen 2007 und 2009[3] – vermehrt in den Fokus der Gesetzgebung gerückt sind; teils wird gar ein zunehmender Einfluss dieser Anlegergruppe in der Literatur wahrgenommen.[4]

Mit den neuen Art. 3 g)–k) aus Art. 1 der Richtlinie 2017/828/EU v. 17.05.2017, L 132/1 („**Aktionärsrechterichtlinie 2017**“)[5] und den durch das entsprechende „Gesetz zur Umsetzung der zweiten Aktionärsrechterichtlinie (ARUG II)“ vom 12. Dezember 2019)[6] („**ARUG II**“) in Deutschland neu ins Aktiengesetz eingefügten §§ 134a–134c AktG wurden Offenlegungspflichten geschaffen, die speziell an institutionelle Anleger und (deren) Vermögensverwalter gerichtet sind und diese unter anderem zu mehr Aktivitäten in ihren Beteiligungsunternehmen[7] motivieren

---

1 So sind es zum Beispiel bei einer Suchanfrage auf *www.beck-online.de* mehr als 1000 Treffer [zuletzt besucht am 26.03.2021].

2 Vgl. zum Beispiel die Veröffentlichung von *Immenga*, Aktiengesellschaft, Aktionärsinteressen und institutionelle Anleger, passim – aus dem Jahr 1971.

3 Vgl. dazu auch K. Schmidt/Lutter/*Illhardt,* AktG, § 134a, Rn. 3.

4 *Europäische Kommission,* Grünbuch – Corporate Governance in Finanzinstituten und Vergütungspolitik – KOM (2010) 284 endg., S. 8; vgl. vgl. hinsichtlich der Wahrnehmung des zusätzlichen Einflusses z.B. K. Schmidt/Lutter/*Illhardt,* AktG, § 134a, Rn. 1

5 Im Folgenden wird nur noch auf die entsprechenden Art. innerhalb des Art. 1 der Richtlinie 2017/828/EU v. 17.05.2017, L 132/1 Bezug genommen oder dies ansonsten separat gekennzeichnet, wenn es sich auf einen anderen Artikel der Richtlinie beziehen sollte. Die Art. 3g) ff. Aktionärsrechterichtlinie 2017 finden sich auf den S. 16 ff. der Richtlinie 2017/828/EU.

6 Veröffentlicht in BGBl. I S. 2637 ff.

7 Damit sind solche Unternehmen gemeint, in denen die institutionellen Anleger investiert haben und in denen sie Aktionäre sind – vgl. zu diesem Begriff, der teilweise auch durch „Zielunternehmen“ oder „Portfoliounternehmen“ ersetzt wird, unten S. 58 – mit weiteren Nachweisen in der entsprechenden Fußnote.

sollen.[8]

Der neuen Popularität institutioneller Anleger lagen neben ihrer rechtstatsächlich zunehmenden Bedeutung in Kontinentaleuropa und Deutschland[9] zunächst frühere Regulierungsbestrebungen im anglo-amerikanischen Rechtsraum[10] zugrunde, die vor allem infolge der weltweiten Finanzkrise vom europäischen Gesetzgeber wahrgenommen und aufgegriffen wurden.[11]

Ein zentraler Meilenstein und immer wieder in Bezug genommenes Vorbild[12] ist dabei der britische UK Stewardship Code für institutionellen Anleger, der erstmals 2010 erschien („**UK Stewardship Code 2010**") und inzwischen zweimal, einmal 2012 („**UK Stewardship Code 2012**") und einmal 2020 („**UK Stewardship Code 2020**"), überarbeitet wurde.[13] Dieser Umstand führt dazu, dass viele Regelungsansätze leichter im Lichte der britischen Regelungen und Rechtsordnung und Literatur nachvollziehbar sind, weswegen diese an einigen Stellen dieser Arbeit mit in den Fokus genommen wird.[14] Bemerkenswert ist allerdings, dass insbesondere die letzte Überarbeitung zum UK Stewardship Code 2020 sehr tiefgreifend war und eine Vielzahl von Veränderungen mit sich gebracht hat (unter anderem sind institutionelle Anleger nun nicht mehr ausdrücklich die Adressaten).[15] Somit sind

---

8 Siehe zur Auslegung dieser Normen für die Aktionärsrechterichtlinie mit weiteren Nachweisen unten S. 125 ff. und für das ARUG II unten S. 259 ff.

9 Siehe zu den rechtstatsächlichen Entwicklungen mit weiteren Nachweisen auch S. 76 ff.

10 Beginnend mit einem der ersten „Soft Law"-Kodizes, dem Cadbury Report, 48 ff.; siehe allgemein zu den anglo-amerikanischen Entwicklungen auch ausführlicher mit weiteren Nachweisen unten S. 92 ff.

11 Viele Aktionspläne und Grünbücher erschienen – beginnend bereits ab 2003 mit *Europäische Kommission,* Aktionsplan Modernisierung des Gesellschaftsrechts – KOM(2003) 284, endg., passim; sich dann später allerdings intensivierend und konkretisierend – vgl. dazu mit weiteren Nachweisen unten ausführlicher S. 112 ff. sowie ein Kurzüberblick auch bei K. Schmidt/Lutter/*Illhardt,* AktG, § 134a, Rn. 3.

12 *Mack,* ZCG 2020, 197.

13 Siehe zur Entwicklung der verschiedenen Versionen der Kodizes ausführlicher unten S. 92 ff. – in der Literatur werden daneben häufig noch weitere Kodizes als Grundlage genannt – wie beispielsweise bei *Faure,* S. 120 ff., die zudem auch die *OECD,* Grundsätze der Corporate Governance (*OECD,* Principles of Corporate Governance 2015, S. 18 ff.) sowie die *UN* Principles of Responsible Investment (*PRI Initiative* – Principles for Responsible investment, passim) nennt.

14 Siehe hierzu vor allem im Rahmen der Definitionen mit weiteren Nachweisen unten S. 52 sowie im Rahmen der Betrachtung der rechtlichen Rahmenbedingungen mit weiteren Nachweisen unten ab S. 92.

15 Siehe zu den Neuerungen im *FRC,* UK Stewardship Code 2020 mit weiteren Nachweisen unten S. 104 ff.

viele der Bezugnahmen, die noch ausdrücklich oder indirekt den UK Stewardship Code 2012 zum Vorbild nehmen – wie teilweise auch die Aktionärsrechterichtlinie 2017 – gewissermaßen schon überholt.[16]

Mit der Bedeutungszunahme der institutionellen Anleger für den Gesetzgeber einher ging auch eine stetige und anhaltende Diskussion über das Verständnis des Begriffs „institutioneller Anleger": zuletzt wurden in der Aktionärsrechterichtlinie 2017 und im deutschen Umsetzungsgesetz darunter vor allem die Untergruppen Lebensversicherer, Rückversicherer und Einrichtungen der privaten Altersversorgung gefasst;[17] abstrakter lässt sich darunter nach der in der vorliegenden Arbeit verwendeten Definition eine „*Gruppe von Finanzintermediären, die große Geldsummen für andere im eigenen Namen mittels einer professionellen Infrastruktur häufig fristenkongruent anlegt*"[18] verstehen.[19]

Auch zu den Hintergründen für die vermehrte Forderung nach zusätzlichem Aktionärsengagement gibt es anhaltende Diskussionen,[20] die vor allem auch die aktuellen Themen der europäischen und deutschen gesellschaftsrechtlichen Entwicklung stetig mit einbeziehen und sich mit diesen wandelten:[21] Ausgehend von der Weltwirtschaftskrise wurde in diesem Kontext zunächst festgestellt, dass es einer zusätzlichen Kontrollinstanz für die Leitungsorgane bedurfte, da fehlende Kontrolle über das Management im Rahmen der Aufarbeitung der Krise häufig als Mangel identifiziert wurde.[22] Die Auswahl von Aktionären, speziell institutionellen Anlegern, wurde dann unter anderem mit dem Zusammenfallen/der (Wieder-)Vereinigung von Eigentum und Leitungsmacht im Unternehmen begründet sowie als primäres Ziel des Unternehmens und seiner Anteilseigner die Maximierung des „*Shareholder Value*" vorausgesetzt.[23] Ergänzt wurde die Forderung in der Folgezeit durch eine stark gemeinwohlorientierte Dimension, die auch die Interessen weiterer „*Stakeholder*" berücksichtigte und sich vor allem aus den Ideen

---

16 Siehe zu dieser Problematik und allgemein zum UK Stewardship Code und seiner Entwicklung die Ausführungen mit weiteren Nachweisen unten S. 99 ff. und zur Verwendung als Basis für die Aktionärsrechterichtlinie 2017 mit weiteren Nachweisen unten S. 121 f.

17 Vgl. Vgl. Art. 2 lit e) Aktionärsrechterichtlinie 2017 und die weiteren Erläuterungen dazu mit weiteren Nachweisen unten S. 127 ff.

18 Zur weiteren Herleitung und den weit gefassten Quellen – siehe mit weiteren Nachweisen unten S. 52 ff.

19 Siehe dazu ebenfalls mit weiteren Nachweisen unten S. 52 ff.

20 Siehe zu diesen grundlegenden Fragen mit weiteren Nachweisen unten S. 22 ff.

21 Siehe zur Reflektion dieser Themen in der Aktionärsrechterichtlinie 2017 und im ARUG II mit weiteren Nachweisen unten S. 341 ff.

22 Siehe dazu auch mit weiteren Nachweisen unten S. 22 ff.

23 Siehe dazu ebenfalls mit weiteren Nachweisen unten S. 22 ff.

des *stewardship*,[24] wie mit dem UK Stewardship Code verfolgt, entwickelt hatte.[25] Schließlich fanden auch weitere aktuell sehr populäre Konzepte, wie Nachhaltigkeit,[26] Environmental, Social, Governance („**ESG**")-Themen[27] und Corporate Social Responsibility („**CSR**")[28], die bisher nicht von der einschlägigen Forschung in Zusammenhang mit den Begründungsansätzen und Zielen für Aktionärsaktivitäten institutioneller Anleger gebracht wurden, überraschend schnell und unkonventionell Eingang in die einschlägigen Normen der Aktionärsrechterichtlinie 2017 und ARUG II.[29]

Insgesamt sind die auf Grundlage dieser theoretischen Erwägungen entworfenen Offenlegungspflichten für institutionelle Anleger unter der Aktionärsrechterichtlinie 2017 und des darauf basierenden deutschen ARUG II nicht nur Spiegelbilder dieser jüngeren Entwicklung des europäischen Gesellschaftsrechts im Hinblick auf Nachhaltigkeitskriterien:[30] Vielmehr spiegeln sie auch weitere aktuelle Entwicklungen und Tendenzen im europäischen Gesellschaftsrecht, wie zum Beispiel die Auseinandersetzung mit der Wirkungsweise des *Comply-Or-Explain*-Prinzips wider.[31]

Vor dem Hintergrund der zuvor beschriebenen Themenkreise werden in dieser Arbeit die neuen Offenlegungspflichten für institutionelle Anleger auf europäischer und deutscher Ebene – also solche aus Art. 3 g)–k) Aktionärsrechterichtlinie 2017 und den §§ 134a–134c AktG –

- im Hinblick auf ihre Ziele, der zu erwartenden Effektivität und der Qualität der Umsetzung der Richtlinie in Deutschland kritisch analysiert,

---

24 Siehe zu den verschiedenen Konzepten, die mit einer „*Stewardship*"-Herangehensweise bezeichnet werden mit weiteren Nachweisen unten S. 32 ff.

25 Siehe zu den gemeinwohlorientierten Ansätzen allgemein mit weiteren Nachweisen unten S. 31 ff. und besonders zum Stewardship-Konzept mit weiteren Nachweisen unten S. 32 ff.

26 Zu diesem politischen Motiv siehe auch Ockert, S. 90 ff.

27 Zu ESG allgemein auch *Europäische Kommission*, Aktionsplan: Finanzierung nachhaltigen Wachstums, 2018, S. 2.

28 Siehe zu Corporate Social Responsibility und zur neuen nichtfinanziellen Berichterstattung nach der CSR-Richtlinie die Überblicksaufsätze von *Kälberer*, BC 2020, S. 337 ff und *Kälberer*, BC 2020, S. 421 ff. sowie die weiteren Ausführungen dazu mit weiteren Nachweisen unten S. 38 ff.

29 Mit dieser Erkenntnis z.B.: *Hell*, NZG 2019, S. 338 ff. m.w.N.; siehe zu den vertiefenden Erklärungsansätzen die Ausführungen mit weiteren Nachweisen unten S. 38 ff.

30 *Hell*, NZG 2019, S. 338 ff. m.w.N.; siehe insbesondere auch zur Verwendung dieser aktuellen Begrifflichkeiten – die Ausführungen mit weiteren Nachweisen unten S. 38 ff.

31 Siehe hierzu mit weiteren Nachweisen unten S. 341 ff.

- mit den vorangegangenen und teils parallel verlaufenden britischen Regulierungsbemühungen verglichen und
- im Kontext der jüngeren Entwicklungstendenzen des deutschen und europäischen Gesellschaftsrechts betrachtet werden,

da sie in der Literaturdiskussion bisher im Vergleich zu den anderen in den oben genannten Normen geregelten Themen bisher eher im Hintergrund standen.[32]

Die vorliegende Analyse beginnt mit einem theoretischen Teil zu den Grundlagen und Hintergründen der Regulierung institutioneller Anleger (**Abschnitt. B.**).[33]

Dabei wird zunächst untersucht, ob und falls ja, warum, Anreize für ein vermehrtes Aktionärsengagement gesetzt werden sollten (**Abschnitt B.I.**),[34] wobei dabei unter anderem diskutiert wird, was unter „Aktionärsengagement" verstanden wird,[35] welche Erklärungsansätze für die Forderung nach einer Verstärkung dieses Engagements vertreten werden[36] und welcher Kritik sich diese Ansätze stellen müssen.[37] Desweiteren wird analysiert, warum sich gerade die Gruppe der institutionellen Anleger für eine Inzentivierung zu verstärktem Engagment im Beteiligungsunternehmen eignet (**Abschnitt B.II.**).[38] Dieser Abschnitt beinhaltet eine Analyse des Begriffsverständnisses des „institutionellen Anleger" einschließlich ihrer spezifischen Eigenschaften,[39] der rechtstatsächliche Bedeutung institutioneller Anleger[40] sowie ihrer Rolle in der sog. „Investmentkette"[41]. Schließlich werden im Grundlagenteil auch mögliche Arten der Regulierung institutioneller Anleger untersucht (**Abschnitt B.III.**) und dabei insbesondere die Wirkungsweise,

---

32 *Koch*, BKR 2020, S. 1 ff.; zur Entwicklung der Diskussionen im Hinblick auf das ARUG II allgemein siehe auch mit weiteren Nachweisen unten S. 258 ff.

33 Siehe dazu mit weiteren Nachweisen unten Abschnitt B. ab S. 15.

34 Siehe dazu mit weiteren Nachweisen unten Abschnitt B.I. ab S. 16.

35 Zum Verständnis des Begriffs „Aktionärsengagement" siehe mit weiteren Nachweisen unten ab S. 16.

36 Zu den vertretenen Erklärungsansätzen für die Notwendigkeit von mehr Aktionärsengagement siehe mit weiteren Nachweisen unten ab S. 22.

37 Zur in Bezug auf die Erklärungsansätze geäußerten Kritik siehe mit weiteren Nachweisen unten ab S. 41.

38 Siehe zur besonderen Eignung institutioneller Anleger mit weiteren Nachweisen unten ab S. 50.

39 Zum Verständnis des Begriffs „institutioneller Anleger" mit weiteren Nachweisen unten ab S. 52.

40 Siehe zur rechtstatsächlichen Bedeutung institutioneller Anleger mit weiteren Nachweisen unten ab S. 76.

41 Siehe zur Investmentkette bzw. Anlagekette auch *Zetzsche*, AG 2020, S. 637, 638; sowie mit weiteren Nachweisen unten ab S. 77.

Vor- und Nachteile von Transparenzpflichten als Regulierungsmittel im Allgemeinen betrachtet.[42]

Auf der Basis dieser Grundlagenuntersuchung werden dann im **Abschnitt C.** die rechtlichen Rahmenbedingungen vor ARUG II – insbesondere im Hinblick auf die – häufig als Vorbild verwendete – Rechtslage in Großbritannien (insbesondere den UK Stewardship Code) und die europäische Aktionärsrechterichtlinie 2017 sowie die zuvor in Deutschland bestehenden an institutionelle Anleger gerichtete Normen analysiert (**Abschnitt C.I.**).[43] Vor allem der Vergleich mit der Rechtslage in Großbritannien hat durch den kürzlich erfolgten Austritt aus der Europäischen Union eine neue Wendung erfahren, da nunmehr diese Regelungen unabhängig von den europäischen Regeln gelten, dennoch aber in den weit überwiegenden Fällen noch immer die europäischen Regeln widerspiegeln.[44]

Ferner wird der Fokus auf die Diskussion alternativer Regelungsoptionen zur Normierung durch Offenlegungspflichten gerichtet (**Abschnitt C.II.**)[45] und letztlich konkret typische Mitwirkungsmöglichkeiten und Mitwirkungspflichten sowie die wesentlichen rechtlichen Grenzen dieser Mitwirkungsmöglichkeiten der Aktionäre im Beteiligungsunternehmen gegenübergestellt (**Abschnitt C.III.**).[46] Abschnitt C. endet mit einer Betrachtung der vor ARUG II und der Aktionärsrechterichtlinie 2017 bestehenden typischen gesellschaftsrechtlichen Kompetenzaufteilung in den untersuchten Jurisdiktionen Deutschland und Großbritannien (**Abschnitt C.IV.**).[47]

In **Abschnitt D.** wird schließlich mit einer Analyse der Offenlegungspflichten unter dem ARUG II die Umsetzung der einschlägigen Regelungen der Aktionärsrechterichtlinie 2017 in Deutschland betrachtet.[48] Diese Betrachtung umfasst zum einen die Analyse der Umsetzung der Art. 3g)–k) Aktionärsrechterichtlinie 2017 in die §§ 134a–134c AktG (einschließlich der Rechtsfolgen eines möglichen Verstoßes)

---

42 Zu den möglichen Arten der Regulierung einschließlich der Vor- und Nachteile siehe mit weiteren Nachweisen unten ab S. 83.

43 Zu den vor ARUG II bestehenden rechtlichen Rahmenbedingungen in Großbritannien, Europa und insbesondere in Deutschland siehe mit weiteren Nachweisen unten ab S. 92.

44 Siehe allgemein zu den Auswirkungen des Brexit auf das Gesellschaftsrecht *Teichmann/Kreier*, EuZW 2020, S. 14 ff. sowie speziell zur Relevanz für diese Arbeit mit weiteren Nachweisen unten ab S. 93.

45 Siehe für einen Überblick zur Diskussion der alternativen Regelungsoptionen zu Transparenzpflichten mit weiteren Nachweisen unten ab S. 165.

46 Zu Mitwirkungsmöglichkeiten und ihren Grenzen in den untersuchten Jurisdiktionen mit weiteren Nachweisen unten ab S. 175.

47 Siehe zur bisherigen Komptenzaufteilung in britischen und deutschen Aktien- bzw. Kapitalgesellschaften mit weiteren Nachweisen unten ab S. 255.

48 Siehe zur Umsetzung im ARUG II mit weiteren Nachweisen unten ab S. 258.

(**Abschnitt D.I.**)[49] sowie eine Untersuchung, inwiefern die Regelungen des ARUG II das Potenzial haben, das angestrebte zusätzliche Aktionärsengagement herbeizuführen und gegebenenfalls sogar die bisher im Hinblick auf die Aktionärsrechterichtlinie 2017 geäußerten Kritikpunkte zu adressieren (**Abschnitt D.II.**)[50]. Ferner enthält Abschnitt D. eine Einordnung der neuen Regelungen in die Gesamtentwicklung und Trends des deutschen und europäischen Gesellschaftsrechts (**Abschnitt D.III.**)[51] sowie eine Diskussion weiterer vorgeschlagener alternativer bzw. ergänzender Maßnahmen wie der Entwicklung eines zusätzlichen deutschen „Stewardship Kodex" (**Abschnitt D.IV.**).[52]

In **Abschnitt E.** schließt die Arbeit mit einer Zusammenfassung der gefundenen Ergebnisse der Analyse in Thesen.[53]

---

49 Zur technischen Umsetzung im Aktiengesetz siehe mit weiteren Nachweisen unten ab S. 258.

50 Zur Untersuchung des Potenzials der Regelungen mehr Aktionärsengagement herbeizuführen mit weiteren Nachweisen unten ab S. 293.

51 Siehe zur Einordnung in die aktuellen Entwicklungen des europäischen und deutschen Gesellschaftsrechts mit weiteren Nachweisen unten ab S. 341.

52 Zu alternativen/ergänzenden Maßnahmen siehe mit weiteren Nachweisen unten ab S. 348.

53 Siehe zu den Thesen dieser Arbeit mit weiteren Nachweisen unten ab S. 353.

B. Grundlagen – Aktionärsengagement und Regulierung institutioneller Anleger

Die in dieser Arbeit betrachteten neuen Regelungen richten sich – trotz der Normierung im Aktiengesetz (über das ARUG II), bzw. in der Aktionärsrechterichtlinie 2017 nicht an sämtliche Aktionäre der Aktiengesellschaft sondern speziell an eine Untergruppe – die institutionellen Anleger.[54] Sie spielten im Aktienrecht bisher keine exponierte Rolle, sondern sind allenfalls aus Spezialregelungen des Finanzmarktrechtrechts bekannt gewesen.[55] Um ihre bisherige und zukünftige Rolle – insbesondere auch als Förderer einer nachhaltigeren Unternehmensführung – und ihr Einflusspotential im Machtgefüge der Aktiengesellschaft zu verstehen, widmet sich dieses Kapitel dieser speziellen Anlegergruppe und der Begründung, warum gerade sie als Adressaten der Regulierung ausgewählt wurden.

Im Wirtschaftsrecht kann man dann an Bedarf für eine Normierung denken, wenn der Markt selbst nicht mehr zu effizienten Ergebnissen kommt.[56] Diesen Regulierungsbedarf sah die Europäische Union nach den Entwicklungen der Weltwirtschaftskrise in den Jahren nach 2008 in Bezug auf die Rolle der Aktionäre als Eigentümer der Unternehmen und deren langfristige Überlebensfähigkeit und nachhaltige Entwicklung.[57]

Eine der zentralen Prämissen der aktuellen Gesetzgebungsentwicklung auf europäischer Ebene – und damit auch auf deutscher Umsetzungsebene – ist, dass die Anleger, insbesondere die langfristig orientierten Anleger, nicht ausreichend aktiv an der Unternehmensführung mitwirken und diese Apathie überwunden werden muss.[58] Das Ziel wird teilweise auch als „Aktionärsdemokratie" bezeichnet.[59] Die Auswahl gerade der institutionellen Anleger soll zu einer Verbesserung und langfristigen Stabilisierung der Leistung der Unternehmen und letztlich zu einer Stärkung der gesamten europäischen Wirtschaft führen.[60]

---

54 Siehe dazu z.B. die Definition in § 134a Abs. 1 Nr. 1 AktG.

55 *Zetzsche*, AG 2020, S. 637, 639 ff. siehe zudem auch ausführlicher hierzu mit weiteren Nachweisen unten S. 50 ff.

56 *Eidenmüller*, Effizienz als Rechtsprinzip, S. 63 ff., 81 ff.; *Tröger*, ZGR 2019, S. 126 ff.

57 *Europäische Kommission*, Grünbuch – Corporate Governance in Finanzinstituten und Vergütungspolitik – KOM (2010) 284 endg., S. 8.

58 RL 2017/828/EU v. 17.05.2017, L 132/1, Rz. 14 f.

59 *Europäische Kommission*, Aktionsplan Modernisierung des Gesellschaftsrechts – KOM(2003) 284, endg., S. 16; *Ockert*, S. 175.

60 RL 2017/828/EU v. 17.05.2017, L 132/1, Rz. 14 f.

Über das vergangene Jahrzehnt, über das sich die Entwicklung der Aktionärsrechterichtlinie 2017 und in Deutschland dann die Umsetzung ins ARUG II hingezogen hat, haben sich jedoch neben dem ursprünglichen Regelungsbedarf, der vor allem auf einer Optimierung der Governance im Sinne der Aktionäre bzw. Endanleger[61] basierte – noch weitere – weit darüber hinausgehende und viel mehr am Gemeinwohl orientierte Aspekte ergeben, die die ursprüngliche Begründung um aktuelle „Trendthemen“ wie Nachhaltigkeit, ESG (Environmental, Social, Governance)[62] und Corporate Social Responsibility ergänzen, wenn nicht sogar verschieben.[63]

Die Prämissen und Begründungsansätze werden im Folgenden kritisch hinterfragt und bilden damit die Basis der Analyse dieser Arbeit. Der folgende Abschnitt behandelt zu diesem Zweck zunächst drei grundlegende Fragen:

- Warum bedarf es zusätzlichen Aktionärsengagements und welche Aspekte waren ursprüngliches Ziel der Regulierung, welche sind gerade aufgrund aktueller Entwicklungen dazugekommen? (Siehe dazu unter **I.**)
- Wieso soll gerade die Gruppe der institutionellen Anleger aktiver werden und wieso sollen sie gerade besonders nachhaltige Ziele verfolgen? (Siehe dazu unter **II.**)
- Welche Methoden der Regulierung können zu mehr Aktionärsengagement führen? Eignen sich speziell Transparenzpflichten als Art und Weise der Regulierung? (Siehe dazu unter **III.**)

I. Erforderlichkeit vermehrten Aktionärsengagements

1. Begriffsverständnis „Aktionärsengagement“

Im Schrifttum gibt es eine ganze Bandbreite von Begriffsverständnissen in Bezug auf „Engagement von Aktionären“.[64]

---

61 Vgl. Vgl. zum Verständnis des Begriffs „Endanleger“ bzw. „Endbegünstigter“ im Detail *Bürkle*, VersR 2021, S. 1, 5 f., der zutreffend darauf hinweist, dass es keine Legaldefinition dieses Begriffes gibt – hier werden unter „Endanleger“ bzw. „Endbegünstigter“ allgemein solche verstanden, die am Ende der Anlagekette stehen (dazu wiederum *Zetzsche*, AG 2020, S. 637, 638; sowie unten ab S. 77).

62 Vgl. *Europäische Kommission*, Aktionsplan: Finanzierung nachhaltigen Wachstums, 2018, S. 2; *Hell*, NZG 2019, S. 338; *Ockert*, S. 90 ff.

63 Kritisch gegenüber der Verwendung dieser Schlagwörter und der damit einhergehenden „Symbolpolitik“ z.B. *Hell*, NZG 2019, S. 338, 341.

64 Vgl. die ausführliche Darstellung mit weiteren Nachweisen in: *Gerlicher*, S. 4 ff. und in *Faure*, S. 67 f.

a) *Ausschluss eines rein negativen Verständnisses und Abgrenzung zu speziellen Aktivitäten*

Gerade in den vergangenen Jahrzehnten erhielt das Engagement von Aktionären teils eine negative Konnotation, die durch das aggressive Vorgehen mancher Anleger bei der Ausübung ihrer formellen und informellen Einwirkungsmöglichkeiten hervorgerufen wurde.[65] Gesteigert wurde dieses negative Verständnis noch durch Anleger, die ihre mitgliedschaftlichen Rechte gar in missbräuchlicher Art und Weise ausübten und sich als sogenannte Berufskläger bzw. räuberische Aktionäre einen Namen machten.[66]

Nicht gemeint mit dem Verständnis dieser Arbeit ist die Aktivität dieser speziellen Anleger (insbesondere die Einleitung von rechtlichen Schritten) wie räuberische Aktionäre, die zwar als Kläger auch aktiv werden, allerdings lediglich mit dem Ziel, daraus eigennützig Vorteile zu ziehen.[67] Ebenso ist der allgemeine Aktionärsaktivismus vom speziellen Vorgehen einiger Anleger abzugrenzen, die beispielsweise insbesondere M&A-Transaktionen vorbereiten und durchführen.[68]

b) Exit, Voice *und* Loyalty

Ohne diese stark negativen Erscheinungen betrachtet, wurden in der Literatur unter dem Begriff Aktionärsengagement verschiedene Handlungsoptionen identifiziert, die Aktionären zur Verfügung stehen, wenn sie mit dem Unternehmen, in das sie investieren, nicht zufrieden sind bzw. Optimierungsbedarf festgestellt haben.[69] Die Gründe für die Unzufriedenheit können dabei sowohl in einem unzureichenden Verhalten des Leitungsorgans als auch in einer schlechten Leistung des

---

65 *Gerlicher*, S. 6 f.; mit einer ausführlichen Schilderung der sog. „Heuschreckenproblematik" auch *Faure*, S. 30 ff.

66 Vom BGH wurde dieses Problem schon früh thematisiert in: BGH, Urteil vom 22. Mai 1989 – II ZR 206/88. Bis in die vergangenen Jahre erhielt dieses Thema auch in der Literatur außerordentlich viel Aufmerksamkeit. Für einen Überblick zu dieser Thematik vgl. z. B. *Helm/Manthey*, NZG 2010, 415.

67 Siehe dazu auch schon die Abgrenzung mit weiteren Nachweisen oben auf S. 16; *Hartmann*, S. 6; *Gerlicher*, S. 10.

68 Ausführlich die Abgrenzung dazu und zum weiteren sog. „Leerverkaufsaktionismus" auch bei *Kocher*, DB 2016, S. 2887, 2891; *Faure*, S. 76 sowie bei *Gröntgen*, S. 6 ff. – *Gröntgen* bezeichnet den üblichen „Aktionärsaktivismus" auch als *„operativen Aktionärsaktivismus"*.

69 Begriffe geprägt durch: *Hirschman*, Exit, voice, and loyalty, S. 4 ff. Grundlegend dazu auch: *Ruffner*, S. 441 ff.; in Bezug auf den aktuellen Regulierungsbedarf auch *Faure*, S. 67 f.

Unternehmens am Markt, schlechten Prognosen oder bestimmten Risiken liegen, die der Anleger identifiziert hat.[70]

Die erste Möglichkeit, auf eine solche Situation zu reagieren, ist dabei der Verkauf der Anteile, die Wahl der sogenannten *Exit*-Option.[71] Diese auch als *Wall Street-Rule* bezeichnete Option birgt allerdings das Risiko, dass gegebenenfalls Verluste in Form eines gefallenen Werts der Anteile realisiert werden müssen.[72] Andererseits kann aus der Sicht des Anlegers ein rechtzeitiges Aussteigen aus dem Unternehmen gemeinhin weitere Verluste verhindern. Zumindest ist das Verhalten aber immer mit Transaktionskosten verbunden.[73] Aus der Perspektive des Unternehmens kann die *Exit*-Option des Anlegers negative Auswirkungen auf den Aktienkurs haben und einen Grund für den Austausch der Unternehmensleitung darstellen.[74]

Alternativ können die Anteile gehalten werden, und der Anleger kann sich entschließen, mehr Informationen zu gewinnen und Einfluss auf die aus seiner Sicht negative Entwicklung des Unternehmens zu nehmen.[75] Das Vorgehen wird unter dem Terminus *Voice*-Option" gefasst.[76] Die *Voice*-Option ist es, die den Kern des Verständnisses von Aktionärsengagement umschreibt: zu widersprechen, wenn das Unternehmen sich nicht so verhält, wie der Anleger es für gut hält, bzw. wenn es nicht die erwarteten Ergebnisse erzielt.[77]

In Teilen der Literatur wird darüber hinaus noch eine weitere Handlungsvariante aufgeführt, die *Loyalty*-Option.[78] Gemeint ist, dass der Anleger trotz der erkannten Defizite – gewissermaßen aus Loyalität – im Unternehmen bleibt, ohne zu versuchen, an der derzeitigen (für ihn negativen) Situation etwas zu ändern.[79] Diese Option kann rational sein, wenn für den Anleger eine Abwägung der

---

70 *Hirschman*, Exit, voice, and loyalty, S. 4 ff., S. 70; *Ruffner*, S. 441 ff.

71 *Hirschman*, Exit, voice, and loyalty, S. 4; in der deutschen Übersetzung wird dies mit *„Abwanderung"* (*Hirschman*, Exit, voice, and loyalty, S. 3) bezeichnet. Da sich jedoch die Verwendung der englischen Begriffe in diesem Zusammenhang eingebürgert hat, wird in dieser Arbeit der Originalterminus verwendet. Auf diese Strategie auch verweisend: *Faure*, S. 72.

72 *Kolat*, S. 121.

73 *Hirschman*, Abwanderung und Widerspruch, S. 70.

74 *Kolat*, S. 121.

75 *Hirschman*, Abwanderung und Widerspruch, S. 25 ff.

76 *Hirschman*, Exit, voice, and loyalty, S. 4 ff.; in der deutschen Übersetzung wird dies mit *„Widerspruch"* (*Hirschman*, Abwanderung und Widerspruch, S. 3 und 25 ff.) bezeichnet. Auch diesbezüglich wird der englische Original-Terminus beibehalten. *Voice* beinhaltet wesentlich mehr Konnotationen als „Widerspruch".

77 *Kolat*, S. 121 f.; weites Verständnis *Faure*, S. 68 f.

78 *Ruffner*, 441 ff.

79 *Ruffner*, S. 441; *Hirschman*, Abwanderung und Widerspruch, 67 ff.

Kosten-Nutzen-Analyse derart ausfällt, dass sowohl die Kosten eines zusätzlichen Engagements als auch die eines Verkaufs der Anteile zu hoch sind und ihm letztlich nur die passive Haltung verbleibt.[80]

c) Intensitätsstufen der Voice-Option und Zeithorizont des Engagements

Die Art der Aktivität des Anlegers im Rahmen der *Voice*-Option kann vielgestaltig, von unterschiedlicher Intensität sein und verschiedene Zeithorizonte aufweisen.[81]

aa) Aggressive Aktivitäten im engeren Sinn

Auf der einen Seite steht die Aktivität in Form eines aggressiven Einschreitens (abgesehen von dem bereits oben ausgeschlossenen Verhalten von Berufsklägern etc.)[82], das fast einer Quasi-Leitung des Unternehmens nahekommt.[83] Dabei erwirbt der Anleger – bekannt für dieses Verhalten sind teils Hedgefonds[84] oder einige Private-Equity-Gesellschaften[85] – einen Anteil am Unternehmen und wirkt derartig auf das Unternehmen ein, dass dieses fast vollständig im Sinne des Anlegers geführt wird.[86] Dies kann durch Austausch der Unternehmensleitung und intensives Einwirken auf Entscheidungsprozesse im Rahmen der Hauptversammlungen und auf informeller Ebene geschehen.[87] Besonders kritisch wird dieses Verhalten gesehen, wenn der in dieser Form aktive Anleger lediglich einen Minderheitsanteil am Unternehmen hält, aber durch geringe Hauptversammlungspräsenzen oder andere Einflussmöglichkeiten in die Position versetzt wird, trotzdem eine derart entscheidende Stellung im Unternehmen einzunehmen und seine eigenen Interessen gegen die „stumme Mehrheit" durchzusetzen.[88] Diese Variante des Engagements entspricht dem, was in Teilen der angelsächsischen Literatur unter

---

80 Auch auf Opportunitätskosten verweisend: *Hirschman*, S. 136; *Faure*, S. 82.

81 Z.B. *Hartmann*, S. 5 f.; *Heuser*, S. 17 f.; *Schmolke*, ZGR 2007, S. 701, 718; *Smend*, ZCG 2008, S. 53, 57; *Thaeter/Guski*, AG 2007, S. 301, 307; *Gerlicher*, S. 8 f.

82 Siehe dazu den Ausschluss dieser besonderen Verhaltensweisen mit weiteren Nachweisen oben, S. 16 f.

83 *Schmolke*, ZGR 2007, S. 701, 718 f.; *Chiu*, S. 11; Hommelhoff/Hopt/Werder-*Faber*, S. 219, 223 f.

84 *Schmolke*, ZGR 2007, S. 701, 718 f.; *Chiu*, S. 11; Hommelhoff/Hopt/Werder-*Faber*, S. 219, 223 f.

85 Hommelhoff/Hopt/Werder-*Faber*, S. 219, 222 ff.

86 *Hartmann*, S. 5 f. Dagegen für *Heuser* die wohl einzige Definition für Aktionärsaktivismus: *Heuser*, S. 17 f.

87 *Schmolke*, ZGR 2007, S. 701, 718; *Smend*, ZCG 2008, S. 53, 57; *Thaeter/Guski*, AG 2007, S. 301, 307; *Heuser*, S. 11.

88 *Heuser*, S. 17; *Gerlicher*, S. 8 f.

„offensive activism“[89] verstanden wird.[90] Häufig ist dieses Vorgehen stark auf die Leistung (z. B. bestimmten Finanzkennzahlen)[91] und ggf. auch strukturelle Veränderungen des Unternehmens und des Managements ausgerichtet und wird von typischen „reinen Finanzinvestoren“ eher selten verfolgt.[92]

bb) Gemäßigte Aktivitäten – formelle und informelle Vorgehensweisen

Eine weniger intensive Art des Aktionärsengagements ist die einzelfallbezogene bzw. gemäßigte Aktivität der Anleger, bei der es eher um das Abhelfen von Missständen oder um eine graduelle Veränderung der Verhältnisse im Unternehmen geht.[93]

Sie ist möglich durch die (formelle) Ausübung der satzungsmäßig oder per Gesetz eingeräumten Aktionärsrechte, allen voran der Ausübung des Stimmrechts, oder durch die Geltendmachung von anderen Rechten auf der Hauptversammlung,[94] wie etwa das Mitspracherecht hinsichtlich der Tagesordnungspunkte, Rederechte und das Recht auf Auskunft.[95] Andererseits beinhaltet dieses Engagement bestimmte informelle Mittel der Einflussnahme.[96] Das können beispielsweise Gespräche mit der Unternehmensleitung oder anderen Organen (insbes. Aufsichtsrat[97] oder Arbeitnehmervertretern) und die Einwirkung auf das Beteiligungsunternehmen durch Öffentlichkeitsarbeit sein.[98] In diesem Rahmen hat der Aktionär die Möglichkeit, durch Zusammenarbeit mit anderen Anlegern seine Stellung zu verbessern.[99]

Eine aus diesem Zusammenwirken mit anderen Aktionären resultierende Maßnahme kann auch das (gemäßigte) Hinwirken auf eine neue Unternehmensleitung sein, wenn die bestehende unbefriedigende Ergebnisse liefert.[100]

---

89 *Armour/Cheffins*, ECGI-Working Paper 2009, S. 3 f.

90 *Armour/Cheffins*, ECGI-Working Paper 2009, S. 3 f.

91 *Faure*, S. 70.

92 *Faure*, 69 f.

93 *Gerlicher*, S. 9; *Black/Coffee*, Michigan Law Review 1994, S. 1997, 2035 ff. (mit vielen Beispielen); für diese Teilung auch *Gröntgen*, S. 21 ff.

94 Siehe Aktivität im Zusammenhang mit der Hauptversammlung und zur damit zusammenhängenden psychologischen Einwirkung auch *Faure*, S. 77 *„Instrumentalisierung der Hauptversammlung“*.

95 Z.B. *Gerlicher*, S. 9; *Winkler*, S. 102 ff.

96 Für dieses weite Verständnis auch: *Gerlicher*, S. 9; unterteilend in formelle und informelle Kontrolltätigkeiten z.B.: *Winkler*, S. 102 ff. m.w.N.

97 *Kocher*, DB 2016, S. 2887, 2890.

98 *Gröntgen*, S. 15 ff.

99 *Hirschman*, Exit, voice, and loyalty, S. 30; *Hartmann*, S. 5; *Winkler*, S. 104 ff.

100 *Black/Coffee*, Michigan Law Review 1994, S. 1997, 2037; *Gröntgen*, S. 15 f.

Eine etwas abgeschwächte Form davon ist das Hinwirken auf die Besetzung von Vorstands- oder Aufsichtsratspositionen durch Personen, die den Anlegern angehören oder nahestehen (aus Sicht der Unternehmen dann sogenannte außenstehende Vorstände).[101] Dies ist insbesondere eine nachhaltige Strategie für längerfristiges Engagement im Unternehmen.[102]

Diese Einwirkungsprozesse der Anleger allein oder zusammen mit Gleichgesinnten können sich in der Praxis oft lange hinziehen und wurden von *Black* und *Coffee* für Großbritannien im Jahr 1994 praxisnah wie folgt beschrieben:[103]

- Meist stellen zunächst einige Manager der Anleger (oder deren Vermögensverwalter) fest, dass das Unternehmen nicht ausreichend Erträge abwirft.[104]
- Dann macht der Anleger mit dem größten Anteil den ersten Schritt, indem er per Telefon (bzw. heutzutage auch per E-Mail oder andere Kommunikationswege, teilweise auch mit einem klassischen Anschreiben[105]) mit dem Vorstandsvorsitzenden Kontakt aufnimmt.[106] Gelegentlich wird dieses Vorgehen verstärkt durch das Einwerben von Vollmachten für weitere Stimmrechte, um mit mehr Nachdruck arbeiten zu können und bei ggf. folgenden Abstimmungen ausreichend Mehrheiten sammeln zu können.[107]
- Gegebenenfalls folgen dann weitere persönliche Treffen, bei denen andere Anteilsinhaber meist nicht anwesend sind.[108] Eine Schwierigkeit dieser Treffen sei des Öfteren, dass die Vorstandsmitglieder ihren Informationsvorsprung nutzten und viele Erklärungen liefern können, warum genau jener Fall ein ungewöhnlicher Fall sein soll.[109]
- Dann bleibt den Anlegern nur, diese Erklärungen zu verifizieren und noch weitere Gespräche mit anderen involvierten Parteien wie externen Beratern oder den Mitanlegern zu suchen – das Ergebnis wird dann meist ein Kompromiss sein.[110] Wie häufig solche informellen Vorgehensweisen gewählt werden, ist schwer abschätzbar, da es aufgrund der informellen Natur der Zusammenkünfte

---

101 *Black/Coffee*, Michigan Law Review 1994, S. 1997, 2037 f.; *Faure*, S. 78 f.

102 *Faure*, S. 78 f.

103 *Black/Coffee*, Michigan Law Review 1994, S. 1997, 2047 f.

104 Die ausführliche Beschreibung dieses Prozesses stammt noch aus dem Jahr 1994 von *Black/Coffee*, die die Berichte von Praktikern ermittelten und auswerteten; es ist anzunehmen, dass sich dem Grunde nach an diesem Vorgehen auch bis heute nicht viel geändert haben wird: *Black/Coffee*, Michigan Law Review 1994, 1997, 2047 f.

105 Auf das klassische Anschreiben verweisend: *Faure*, S. 73.

106 *Black/Coffee*, Michigan Law Review 1994, S. 1997, 2048.

107 *Faure*, S. 75 f. mit Erläuterung anhand der Entscheidung zur Girmes AG – BGH, Urteil vom 20. März 1995 – II ZR 205/94 bzw. BGHZ 129, 136–177.

108 *Black/Coffee*, Michigan Law Review 1994, S. 1997, 2048.

109 *Black/Coffee*, Michigan Law Review 1994, S. 1997, 2048.

110 *Black/Coffee*, Michigan Law Review 1994, S. 1997, 2050.

darüber wenig Aufzeichnungen gibt, was auch gerade intendiert ist.[111] Gelegentlich kann die Aktivität auch eine gestufte Form annehmen, die sog. Eskalationsstufen[112] umfasst und mit rein informatorischen Schritten beginnt und letztlich nachhaltigen Einwirkungen über Öffentlichkeitsarbeit/Kampagnen etc. sowie die formelle Ausübung von Minderheitsrechten einschließen kann.[113]

Im Übrigen kann auch das Einleiten von rechtlichen/formellen Schritten gegen Unternehmensentscheidungen ein Teil des Engagements von Aktionären sein, sofern es sich dabei nicht, wie oben dargelegt, um Aktivitäten von „Berufsklägern" handelt.[114] Ebenso kann beispielsweise eine Sonderprüfung veranlasst werden.[115]

Die vorgenannten Aktivitäten werden in Teilen der angelsächsischen Literatur auch mit *„defensive activism"* umschrieben.[116]

cc) Der Zeithorizont der Anlage als Unterscheidungskriterium der Voice-Option

Ein weiteres Betrachtungskriterium bei der Aktivität von Anlegern ist auch der Zeithorizont, mit dem sie arbeiten.[117] Meist – aber nicht zwangsweise – korreliert dieses mit der Unterteilung in aggressive und gemäßigte Aktivitäten.[118] Beim aggressiven Vorgehen von Anlegern liegt das Ziel häufig weniger in einer langfristigen Verbesserung der Lage des Unternehmens als vielmehr in einer kurzfristigen Steigerung des Wertes und damit anschließend der Realisierung eines Erlösgewinns.[119]

Dagegen liegt das Ziel der Anleger, die gemäßigter vorgehen, oft in der langfristigen Verbesserung der Situation bzw. der Erhaltung des *status quo* durch konstruktive Kritik[120] und daraus folgend auch in der Steigerung des Unternehmenswerts.[121]

---

111 *Black/Coffee*, Michigan Law Review 1994, S. 1997, 2050 ff.

112 Vgl. dazu auch mit weiteren Nachweisen unten im Rahmen des *FRC*, Stewardship Codes 2012 ab S. 109 sowie Verwendung z.B. bei *Kocher*, DB 2016, S. 2887, 2889 (*„Eskalationskaskade"*).

113 *Faure*, S. 73 ff. mit Beschreibung der sog. *„Wolfsrudeltaktik"*; *Kocher*, DB 2016, S. 2887, 2889 und mit weiteren Nachweisen unten ab S. 109.

114 *Gong*, S. 120; *Kocher*, DB 2016, S. 2887, 2889 f.; *Faure*, S. 80 f.

115 *Faure*, S. 79.

116 *Armour/Cheffins*, ECGI-Working Paper 2009, S. 3.

117 *Faure*, 71.

118 Hommelhoff/Hopt/Werder-*Faber*, S. 219, 222 ff.; *Chiu*, S. 10 f.; *Hartmann*, S. 6.

119 Hommelhoff/Hopt/Werder-*Faber*, S. 219, 222 ff.; *Chiu*, S. 10 f.

120 *Hartmann*, S. 6.

121 *Hartmann*, S. 6.

2. Erklärungsansätze für die Notwendigkeit von mehr Aktionärsengagement – wie Nachhaltigkeit und weitere gemeinwohlorientierte Aspekte zum Ziel der Regulierung wurden

Nicht zwingend sind – insbesondere im Hinblick auf das oben auch dargestellte negative Verständnis von Aktionärsengagement[122] – passive Aktionäre schlechte Aktionäre.[123] Dennoch reicht die Forderung einer Beteiligung von Aktionären in der Aktiengesellschaft bis in die frühen Jahre des Aktiengesetzes zurück.[124] Ein abschließender empirischer Beleg für diese Forderung fehlt bisher,[125] allerdings gibt es verschiedene theoretische Erklärungsansätze, die den Schluss unterstützen, dass aktivere Anleger für das Unternehmen, in das sie investieren, vorteilhaft sind: An dieser Stelle soll zwischen

- den aus den Wirtschaftswissenschaften stammenden ökonomischen Ansätzen (Siehe dazu **a)**),
- gemeinwohlorientierten Begründungsansätzen, die in ihren jüngsten Entwicklungen sich mehr und mehr mit populären Themen wie Nachhaltigkeit und ESG beschäftigen (Siehe dazu **b)** sowie **c)**) und
- einer häufig ebenfalls angeführten heuristischen Begründung (Siehe dazu **d)**)

differenziert werden.

a) Ökonomische Ansätze

Insgesamt ist die ökonomische Betrachtungsweise der Kompetenzverteilung im Unternehmen eine Frage nach der guten Unternehmensführung und damit in den Wissenschaftsbereich der Corporate Governance und in diesem Rahmen in die neue Institutionenökonomik einzuordnen.[126]

Im wirtschaftswissenschaftlichen Schrifttum sieht man die Problematik der geringen Aktivität der Anleger oft darin, dass den Anteilsinhabern der Anreiz fehlt, aktiv am Unternehmensgeschehen teilzuhaben, obwohl sie gerade besonders gute Akteure wären, um diese Rolle einzunehmen.[127] Gerade im Nachgang zur globalen Wirtschaftskrise wurde bemängelt, dass die Aktionäre in der Vergangenheit zu passiv gewesen seien, die Leitungsorgane zu wenig kontrolliert hätten und zu wenig an einem langfristigen Erfolg des Unternehmens interessiert gewesen

---

122 Vgl. dazu die Darstellung des negativen Verständnisses auf S. 16.

123 So auch Ockert, S. 83 f. – Aktivität sei kein „Wert an sich".

124 *Zöllner/Noack*, AktG, *Zetzsche*, § 135, Rn. 15.

125 *Zöllner/Noack*, AktG, *Zetzsche*, § 135, Rn. 15.

126 Auf Corporate Governance bezogen: *Faure*, S. 91 ff.

127 *Berle/Means*, The modern corporation and private property, S. 5 ff.

wären.[128] Es wird also angenommen, dass die (zu korrigierende) Schwäche des Marktes in diesem Fall darin liegt, dass Aktionäre, insbesondere institutionelle Anleger, ihre Kontrollfunktion in Unternehmen nicht ausreichend wahrnähmen und zudem eher auf kurzfristige Gewinne anstatt eine langfristige Beteiligung aus seien.[129] Die Gründe für diese Inaktivität und der Bedarf für mehr Aktivität aus einer ökonomischen Perspektive reichen bis zu theoretischen Arbeiten aus den 1930er Jahren zurück.[130]

aa) Unternehmensziele

Wichtige Vorfragen zur Frage, ob eine vermehrte Aktivität für ein Unternehmen als vorteilhaft anzusehen ist, sind, was eigentlich als „gut" für ein Unternehmen[131] zu werten ist und wer dies bestimmt.[132] Die beiden Hauptrichtungen zur Beantwortung dieser grundlegenden Frage sind die des *Shareholder-Value-Ansatzes* und des *Stakeholder-Value-Ansatzes.*[133]

(1) Die Bedeutung der beiden Ansätze und der neuere britische Weg

Vertreter des *Shareholder-Value-Ansatzes* sehen das Ziel eines Unternehmens darin, die Restbetragsbeteiligung für den einzelnen Eigenkapitalgeber zu maximieren;[134] damit sind die Anteilsinhaber die letzte Instanz, die das Unternehmensinteresse festlegen darf und damit in der Regel ihr monetäres Hauptinteresse in den Mittelpunkt stellen wird.[135] Diese Ansicht basiert auf der Erwägung, dass die

---

128 *Europäische Kommission,* Grünbuch – Corporate Governance in Finanzinstituten und Vergütungspolitik – KOM (2010) 284 endg., S. 8 f., S. 12 ff.

129 Walker Review, S. 71 f.

130 *Berle/Means,* The modern corporation and private property, S. 5 ff.

131 Auch das Verständnis des „Unternehmens" ist nicht abschließend geklärt – zu unterscheiden ist zwischen dem Verständnis eines Unternehmens als eine juristische Person/ein Verband und dem Verständnis als ein Netz von Verträgen. Die genaue Unterscheidung ist für das Ergebnis dieser Arbeit nicht maßgeblich – vielmehr handelt es sich bei beiden Verständnissen jeweils nur um die Betrachtung eines Gegenstandes aus unterschiedlichen (wissenschaftlichen) Perspektiven – so auch *Eidenmüller,* JZ 2001, S. 1041, 1043: dabei von „Warte" sprechend.

132 *Neus,* S. 207 ff.

133 *Neus,* S. 207 ff.

134 Damit ist die sogenannte Risikoprämie gemeint, die bei einer gedachten Liquidation des Unternehmens und Tilgung aller Verbindlichkeiten den mit Eigenkapital am Unternehmen Beteiligten letztlich ausgeschüttet werden könnte, vgl. dazu *Wöhe/Döring/Brösel,* S. 53.

135 *Neus,* S. 207 f.; *Wöhe/Döring/Brösel,* S. 50.

Anteilsinhaber als einzige Stakeholdergruppe auch das Residualrisiko[136] im Unternehmen tragen und ihnen deswegen auch die positive Kehrseite davon zustünde.[137]

Vertreter des mehr sozialwissenschaftlich orientierten *Stakeholder-Value-Ansatzes* sehen das Unternehmen im Kontext des Wirtschaftsgefüges und nehmen an, dass eine gute Unternehmensführung die Interessen aller Beteiligten berücksichtigten muss.[138] Oberstes Ziel eines Unternehmens müsste es darum sein, das Allgemeinwohl zu steigern, indem die Interessen aller am Unternehmen Beteiligten in einen harmonischen Einklang gebracht würden.[139] Dabei müssten auch weitere Faktoren wie beispielsweise Arbeitnehmer, die Umwelt, Kreditgeber und die (Zivil-)Gesellschaft als Ganzes bei den unternehmerischen Entscheidungen Berücksichtigung finden.[140] Die Entscheidung darüber müsse dann das Leitungsorgan im Unternehmen treffen.[141]

Die deutsche gesellschaftsrechtliche Literatur zeigt insofern keine eindeutige Linie.[142] Im Ergebnis wird häufig vertreten, dass schlicht der Vorstand eine Vielzahl von widerstreitenden Interessen in Einklang bringen müsse.[143] In der „traditionellen" deutschen Betriebswirtschaftslehre wird hingegen das Handeln eines Unternehmens vorrangig durch die Interessen der Eigenkapitalgeber bestimmt, auch viele betriebswirtschaftliche Modelle gründen sich auf diesem Konzept.[144]

Im britischen Gesellschaftsrecht wird inzwischen weitgehend ein Kompromiss-Konzept vertreten,[145] das als *Enlightened Shareholder Value* bezeichnet wird.[146] Demnach ist noch immer der *Shareholder-Value-Ansatz* Ausgangspunkt für die Festlegung des Unternehmensinteresses, es werden allerdings auch die Interessen der *Stakeholder* in die Unternehmensentscheidungen, die zunächst von den Direktoren (dem britischen Äquivalent für Geschäftsführung/Vorstand)[147] getroffen würden,[148] mit einbezogen.[149]

---

136 Gemeint: „unternehmerisches (Verlust-)Risiko" als Gegenstück zum „Residualgewinn".

137 *Bainbridge*, Harvard Law Review 2006, S. 1735, 1753; *Hartmann*, S. 25.

138 *Neus, S.* 207 ff.

139 *Wöhe/Döring/Brösel*, S. 51.

140 *Neus*, S. 207; *Wöhe/Döring/Brösel*, S. 50 ff.

141 *Hartmann*, S. 23.

142 Hommelhoff/Hopt/v. Werder-*Fleischer*, 185, 195.

143 Hommelhoff/Hopt/v. Werder-*Fleischer*, 185, 195 m.w.N.

144 *Wöhe/Döring/Brösel*, S. 52 f.

145 Dies wurde mit s 172 (1) CA 2006 quasi „kodifiziert".

146 Hommelhoff/Hopt/Werder-*Fleischer, S.* 185, 209.

147 Siehe zu diesem Begriffsverständnis auch mit weiteren Nachweisen unten im Rahmen der gesellschaftsrechtlichen Treuepflichten – ab S. 166.

148 S 172 (1) CA 2006.

149 S 172 (1) CA 2006.

(2) Der Zusammenhang zwischen den Ansätzen und der Forderung nach mehr Aktionärsengagement

Betrachtet man die Forderung nach mehr Aktionärsengagement in diesem Kontext, lassen sich mehrere Zusammenhänge ausmachen:

- Zum einen ist zu bemerken, dass die Forderung nach mehr Aktivität der Anleger jedenfalls auf den ersten Blick stärker auf dem *Shareholder-Value-Ansatz* beruhen muss, da sich aktivere Aktionäre auch mehr für ihre Interessen (also Maximierung des Residualgewinns) einsetzen werden.[150] Im Rahmen eines *Stakeholder-Value-Ansatzes* könnte hingegen vermehrter Aktionärsaktivismus unter Umständen sogar kontraproduktiv sein, da dann die Interessen der weiteren *Stakeholder* erst recht vernachlässigt würden (diesem Problem soll jetzt mit einem neuen Fokus auf die Interessen anderer Stakeholder im Rahmen des Aktionärsengagements entgegengewirkt werden – dazu später)[151].[152]
- Auf den zweiten Blick mag die Forderung nach mehr Aktivität insbesondere der Gruppe der institutionellen Anleger auch teils vom Stakeholder-Ansatz geprägt sein – so ist es nachvollziehbar, wenn solche Großanleger, die zugleich zu weiteren sozial relevanten Aktivitäten wie der Altersvorsorge beitragen, nicht nur den Erfolg des Einzelunternehmens im Blick haben.[153] Aufgrund ihrer Größe und strategischen Ausrichtung können sie stärker die Gesamtwirtschaft und damit auch andere Akteure/Stakeholder berücksichtigen.[154]
- Zu beachten ist weiter, dass sich aus dem Kerngedanken des Shareholder-Value-Ansatzes zugleich das Interesse für Anleger nach mehr Aktivität ergeben sollte: Als Träger des Residualrisikos sollte es für die Anteilsinhaber ein Eigeninteresse sein, dieses Risiko zu minimieren, indem sie sich selbst am Entscheidungsprozess beteiligen.[155]

bb) Trennung von Eigentum und Leitungsmacht im Unternehmen (separation of ownership and control)

Die im Folgenden dargelegte theoretische Grundlage stellt zugleich eine Begründung dar, warum die Eigenkapitalgeber trotz des Residualrisikos nicht immer eine aktive Rolle im Unternehmen einnehmen:[156] Am Anfang der Forderung nach mehr

---

150 *Hartmann*, S. 27.

151 Siehe zu diesen neuen Kriterien im Rahmen des Engagements auch mit weiteren Nachweisen unten ab S. 38.

152 *Hartmann*, S. 2.

153 In eine ähnliche Richtung argumentierend mit Verweis auf das Prinzip des *stewardship*: Walker Review, S. 70 ff.

154 Walker Review, S. 70 ff.

155 *Schmidt/Weiß*, Shareholder vs. Stakeholder, S. 169; *Ruffner*, S. 166; *Hartmann*, S. 25.

156 *Berle/Means*, The modern corporation and private property, S. 5 ff. et passim.

Aktionärsaktivismus steht die von *Berle* und *Means* bereits in den 1930er Jahren beobachtete *„separation of ownership and control"*[157] bzw. die Trennung von Eigentum und Leitungsmacht im Unternehmen.[158] Noch weiter zurück erkannte bereits *Adam Smith* im 19. Jahrhundert die Problematik.[159] Kern der Entwicklung war die zunehmende Verbreitung von Kapitalgesellschaften mit einer breiten und eher anonymen Aktionärsbasis – dem Streubesitz.[160] Daraus folgte, dass es für viele Aktionäre nicht mehr effizient war, die Entscheidungen im Unternehmen selbst zu treffen, sondern sie an Manager zu delegieren, damit diese schneller und damit für das Unternehmen auch effizienter agieren konnten.[161] Die Wahrnehmung der Leitungsaufgaben ist mit Kosten verbunden, sodass gerade für den typischen Kleinanleger wenig Anreiz besteht, die Handlungen der Unternehmensleitung zu überwachen.[162] Um diese Kosten zu verhindern, ist die Passivität des Anlegers für diesen individuell rational, was auch als „rationale Apathie" bezeichnet wurde.[163] Darum sei es nachvollziehbar, dass gerade Kleinanleger die Aufgaben an ein gemeinsam für sie handelndes Management übertrügen.[164]

cc) Prinzipal-Agenten-Konflikt

Den Managern steht ein gewisser wirtschaftlicher Handlungsspielraum zu.[165] Als Schattenseite der Entwicklung wird die Gefahr gesehen, dass die Manager wenig persönliche Anreize haben, „das Beste" für das Unternehmen zu erreichen, da nicht sie, sondern die Anteilsinhaber das Residualrisiko beim Scheitern des Unternehmens tragen.[166] Vielmehr könnte es sogar sein, dass sie aufgrund ihres Freiraums versuchten, das für sich individuell Beste zu erreichen, was wiederum dem Unternehmen und am Ende den Anteilsinhabern schaden könnte.[167] Diejenigen,

---

157 *Berle/Means,* The modern corporation and private property, S. 5 ff. et passim; *Faure,* S. 92.

158 *Ruffner,* S. 131 f.

159 *Adam Smith,* The Wealth of Nations, Buch 5, Kapitel I, Teil III. *„The directors of such companies however being the managers rather of other people's money than of their own, it cannot well be expected that they should watch over it with the same anxious vigilance."*, S. 328; vgl. auch *Faure,* S. 92.

160 *Berle/Means,* S. 5.

161 *Berle/Means,* S. 6; *Fama,* Journal of Political Economy 1980, S. 288, 289; *Fama/Jensen,* Journal of Law and Economics 1983, S. 301, 301 f.

162 Zusammenfassend mit weiteren Nachweisen: *Kolat,* S. 135 f.

163 *Ruffner,* S. 176 m.w.N. – mehr dazu sogleich unter ee).

164 *Kolat,* S. 135.

165 *Jensen/Meckling,* Journal of Financial Economics 1976, S. 305, 308 f.; *Heuser,* S. 39.

166 Siehe dazu auch mit weiteren Nachweisen oben S. 23 sowie *Chiu,* S. 1 nennt *„risk of self-dealing"*; *Heuser,* S. 44.

167 *Chiu,* S. 1.

die das Residualrisiko tragen, könnten hingegen nicht wissen, mit welcher Einstellung das Management das Unternehmen leiten wird, sodass zwischen den beiden Gruppen ein Informationsungleichgewicht – eine Informationsasymmetrie – vorliegt.[168] Die Kosten, die die Eigenkapitalgeber dafür aufwenden müssten, um das negative Szenario zu verhindern und die Informationsasymmetrie auszugleichen, werden „Agenturkosten" genannt.[169] Die Problematik insgesamt stellt ein Prinzipal-Agenten-Problem dar, bei dem die Manager als Vertreter bzw. Agenten der Anteilsinhaber (also Prinzipale) agieren.[170]

Als Lösungsansätze dieses Problems werden vermehrte Kontrollaktivitäten und Selbstbindungsmechanismen genannt.[171] An dieser Stelle kommt auch der Ruf nach aktiveren Anlegern ins Spiel, die wiederum die Überwachung des Managements übernehmen und so einen möglichen Missbrauch der Agentenstellung verhindern.[172] So kann sich eine vermehrte Aktivität auch für Aktionäre als renditeträchtig erweisen.[173] Dabei wird vermutet, dass sich diejenigen Anleger hervortun, die die geringsten Agenturkosten zum Erreichen des Überwachungsziels haben und sich durch ihre Struktur und Ziele dazu am besten eignen.[174] Dies sind dann die Anleger, die ihr Vermögen professionell verwalten und damit bereits das nötige Know-how für eine Überwachung mitbringen, also unter Umständen die institutionellen Anleger.[175]

dd) Mehr Aktivität der Anleger als Voraussetzungen für eine stabilere Wirtschaft

Ein letzter Gedankenschritt zur Begründung der Forderung nach mehr Engagement von (institutionellen) Anlegern ist der folgende: Wenn die, die das Residualrisiko im Unternehmen tragen, wieder mehr Einfluss bekämen, würden sie auf ein „stabileres" Verhalten im Unternehmen hinwirken, um das Risiko in einem ausgewogenen Verhältnis zu den Erträgen zu erhalten.[176] Zunehmendes Engagement von institutionellen Anlegern wirkt sich demnach auf das Machtverhältnis im Unternehmen aus: Es gibt mehr *„checks and balances"*, wodurch wiederum die durch Trennung von Eigentum und Leitungsmacht entstandene Informationsasymmetrie reduziert wird.[177] Die Manager müssen ihre Handlungen und

168 *Ruffner*, S. 133.

169 *Jensen/Meckling*, Journal of Financial Economics 1976, S. 305, 308; *Heuser*, S. 45 ff.; *Ruffner*, S. 131.

170 *Jensen/Meckling*, Journal of Financial Economics 1976, S. 305, 308 ff.

171 *Ruffner*, S. 132.

172 *Davies/Worthington*, Rn. 15–22 ff.

173 *Ruffner*, S. 437.

174 *Ruffner*, S. 132.

175 Siehe zu dieser Frage weiter mit weiteren Nachweisen unten S. 59 ff.

176 *Tröger*, ZGR 2019, S. 127 ff.

177 *Hart*, The Economic Journal 1995, S. 678, 681.

Strategien zumindest fundiert rechtfertigen, was nach dieser Ratio zu qualitativ besseren Entscheidungen führen kann und damit zu einem stabileren Unternehmen.[178] Wenn sie dies auch auf ihre Beteiligungsunternehmen übertragen und darauf hinwirken, dass diese eher langfristige, stabile Entscheidungen mit einem ausgewogenen Risiko-Ertrags-Verhältnis treffen, wird gehofft, dass sich die Stabilität der einzelnen Unternehmen wiederum in einem großen Kontext zu einer stabilen Gesamtwirtschaft zusammenfügt.[179]

Erst nach dieser Gedankenkette schließt sich der Kreis zwischen dem Ruf nach aktiveren institutionellen Anlegern in den Unternehmen und einer stabilen Wirtschaft, die weniger anfällig für Krisen wie beispielsweise der aus dem Jahr 2008 ist.[180]

ee) Hindernisse für mehr Aktionärsaktivismus im ökonomischen Begründungskonzept

Trotz der zahlreichen Begründungsansätze für mehr Aktionärsaktivismus war lange Zeit bei vielen Aktionären eine passive Verhaltensweise im Beteiligungsunternehmen zu beobachten.[181] Mit der ersten Aktionärsrechterichtlinie aus dem Jahr 2007 (Richtlinie 2007/36/EG, die **„Aktionärsrechterichtlinie 2007"**),[182] die mit dem ARUG 2009 ins deutsche Recht umgesetzt wurde,[183] ist keine nennenswerte Verbesserung der Lage eingetreten, da dies auch nicht primär mit der Aktionärsrechterichtlinie 2007 intendiert wurde.[184] Die starke Verbreitung einer passiven Anlagestrategie wurde von *Berle und Means* mit dem bereits oben erwähnten

---

178 Siehe Wirkungen der Offenlegungspflichten auch mit weiteren Nachweisen unten ab S. 298.

179 *De Larosière – Bericht, S.* 11 ff.; *Europäische Kommission,* Grünbuch – Corporate Governance in Finanzinstituten und Vergütungspolitik – KOM (2010) 284 endg, S. 2: *„Die Stärkung der Corporate Governance ist das Herzstück des von der Kommission erstellten Programms zur Finanzmarktreform und Krisenverhütung. Nachhaltiges Wachstum ist ohne Verantwortungsbewusstsein und gesundes Risikomanagement in den Unternehmen nicht denkbar."*.

180 So angenommen in: *Europäische Kommission,* Grünbuch – Corporate Governance in Finanzinstituten und Vergütungspolitik – KOM (2010) 284 endg, S. 2

181 *Ruffner,* S. 437.

182 *Habersack,* Gutachten E: „Staatliche und nichtstaatliche Eingriffe in die Unternehmensführung", S. 88 m.w.N.; RL 2007/36/EG v. 11.7.2007, Abl. 2007 L 184/17, passim; ausführlich zur Aktionärsrechterichtlinie 2007 auch *Hupprich,* S. 28 ff.

183 Gesetz zur Umsetzung der Aktionärsrechterichtlinie (ARUG) vom 30. Juli 2009, BGBl. I S. 2479; ausführlich zum ARUG auch *Hupprich,* S. 81 ff.

184 Zur Entwicklung und den intendierten Inhalten der europäischen Richtlinien, auch der Aktionärsrechterichtlinie 2007 siehe mit weiteren Nachweisen unten S. 111 ff.

Konstrukt der *„rationalen Apathie“* der Aktionäre erklärt, welche auf unterschiedliche Arten von Hemmnissen zurückgeführt werden kann:[185]

(1) Trittbrettfahrerproblematik

Eines der identifizierten Hindernisse für mehr Aktionärsaktivismus ist das *„Trittbrettfahrerproblem“*[186]. Bei der Überwachung des Managements handelt es sich um ein kollektives (öffentliches) Gut[187], das von den Aktionären zur Verfügung gestellt werden kann.[188] Da die Überwachung, wie bereits dargestellt, Kosten verursacht, ist es für die Anleger – je nach dem von ihnen erwarteten Nutzen – rational, nicht die Überwachung selbst zu übernehmen, sondern darauf zu hoffen, dass ein anderer Anteilsinhaber dies tut, und dann von den Vorteilen zu profitieren,[189] also als sogenannte Trittbrettfahrer zu agieren.[190] Die Relation zwischen Kosten und Nutzen wird meist umso geringer sein, je kleiner die Beteiligung des Anlegers ist.[191] Gerade bei institutionellen Anlegern, die teils sogar eine Pflicht zur Diversifizierung trifft[192] und die darum eine große Anzahl an kleinen Beteiligungen halten, wirkt sich diese Schwierigkeit besonders aus.[193] Dies kann schließlich dazu führen, dass niemand das Erforderliche tut.[194] Hinzu kommt, dass je nach Ausmaß der Diversifizierung für die Anleger neben den finanziellen Grenzen auch personelle Kapazitätsgrenzen erreicht werden können; eine Möglichkeit für Anleger ist darum, sich auf einige wenige ausgewählte „Notfälle“ zu beschränken.[195]

Als Lösungsansätze zur Vermeidung des Trittbrettfahrerproblems werden eine vermehrte Kommunikation und Kollaboration mit den anderen Aktionären genannt sowie externe Anreize, eher zu agieren, statt die Anteile zu verkaufen (z. B. höhere Verkaufskosten).[196] Je größer ein Anteilsinhaber (je konzentrierter der Aktienbesitz) ist, umso wahrscheinlicher wird es, dass er die Ressourcen hat,

---

185 *Kolat,* S. 136 m.w.N.

186 *Ruffner,* S. 442; ausführliche Beschreibung auch bei *Faure,* S. 151 ff.

187 „Öffentliche Güter“ sind nach der neuen Institutionenökonomik solche, die für *„den einzelnen Nachfrager unbegrenzt verfügbar und damit kostenlos“* sind, vgl. ausführlich: Gabler Wirtschaftslexikon Stichwort: öffentliches Gut – *Kolat,* S. 135; *Faure,* S. 153.

188 *Ruffner,* 441 f.

189 Vgl. dazu mit weiteren Nachweisen oben die Erläuterung zur rationalen Apathie S. 27.

190 *Ruffner,* S. 441.

191 *Black/Coffee,* Michigan Law Review 1994, S. 1997, 2046, 2063 f.

192 Zur Diversifizierungspflicht sogleich, S. 30.

193 Mit weiteren (empirischen) Nachweisen: *Kolat,* S. 156; *Fleischer/Strothotte,* AG 2011, S. 221, 225.

194 *Ruffner,* S. 442.

195 *Black/Coffee,* Michigan Law Review 1994, S. 1997, 2068 ff.

196 *Ruffner,* S. 442.

um die Lösungsansätze zu verfolgen, und dadurch (zumindest theoretisch) die Trittbrettfahrerproblematik umgangen werden kann.[197] Trotzdem geschieht dies häufig auch nicht.[198]

(2) Aus der Vergütungsstruktur resultierende Schwierigkeiten und doppeltes Prinzipal-Agenten-Problem

Bei zunehmender Größe von Investoren ergibt sich ein weiteres Problem, das auch ein Hindernis für Aktivitäten in den Beteiligungsunternehmen sein kann: Großinvestoren sind meist selbst juristische Personen, bei denen sich wiederum das Problem der Teilung zwischen Eigentum und Verfügungsmacht stellt, da sie von ihren Vermögensverwaltern (intern oder extern)[199] geleitet werden, aber Dritten das Geld dazu zur Verfügung stellen.[200] Die Qualität und damit die Vergütung der Manager der Anleger ist zwar unterschiedlich ausgestaltet, insgesamt richtet sie sich häufig nach zwei Hauptparametern: nach der Rendite des Anlegers und den Kosten der Anlageentscheidung (also auch der Manager selbst).[201]

Diese werden oft an Vergleichsgruppen bemessen, dem sogenannten *Benchmarking*, was in der Regel quartalsweise geschieht.[202] Um die Kosten der Anlage niedrig zu halten, ist es darum für die Manager wichtig, möglichst wenig aktiv zu werden und auf kurzfristige Sicht (also idealerweise quartalsweise bis zur nächsten Beurteilung) positive oder zumindest vergleichsweise gute Renditen zu erwirtschaften.[203]

Eine übliche Anlagestrategie ist darum das sogenannte *Indexing*, bei dem bei der Investitionsentscheidung lediglich ein bestimmter Index abgebildet wird, sodass relativ sicher ist, dass sich die Anlage nicht schlechter als andere verhält und wenig weitere Entscheidungen getroffen werden müssen (also auch wenig weitere Kosten entstehen).[204] Diese Verhaltensweise ist für die Agenten innerhalb der Großanleger die beste, muss aber nicht zugleich die optimale Strategie für die Träger des Residualrisikos in dieser Konstellation sein.[205] So widerspricht es gerade den Interessen der Endanleger[206] mit einem langen Anlagehorizont, wie

197 *Ruffner*, S. 442.

198 *„Our interview data suggests that coalition formation is relatively infrequent (...)"*, *Black/Coffee*, Michigan Law Review 1994, S. 1997, 2055.

199 Vgl. zur Rolle der Vermögensverwalter in der Anlagekette genauer S. 77 f.

200 *Ruffner*, S. 443.

201 *Ruffner*, S. 443; *Faure*, S. 158 f.

202 *Ruffner*, S. 443.

203 *Ruffner*, S. 443.

204 *Davis/Steil*, S. 60.

205 *Ruffner*, S. 443.

206 Siehe zum Begriffsverständnis des „Endanlegers" mit weiteren Nachweisen auch oben ab S. 15 – insbesondere auch die Anmerkung in Fn. 61.

sie sich häufig bei Lebensversicherungen und Pensionsfonds finden – da diese oft – im Sinne der Fristenkongruenz – an einer langfristigen Anlage interessiert sind und damit einen deutlichen Interessenkonflikt aufweist.[207] Somit besteht auch hier wieder eine Informationsasymmetrie und ein weiteres (doppeltes) Prinzipal-Agenten-Problem.[208]

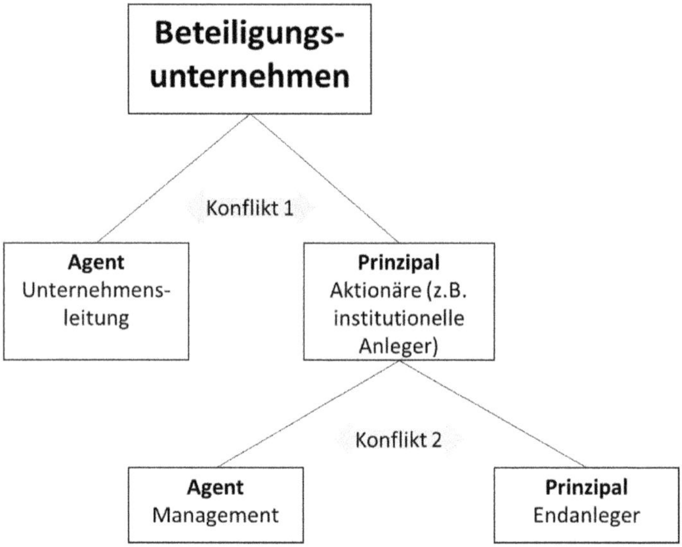

Abbildung 1: Prinzipal-Agenten-Konflikte zwischen Eigentum und Management im Zusammenhang mit institutionellen Investoren – das doppelte Prinzipal-Agenten-Problem

(3) Diversifizierungspflicht als Aktivitätshindernis

Als zusätzlicher Hinderungsgrund für mehr Aktivitäten der Aktionäre werden rechtliche Regelungen genannt, die eigentlich ganz andere Ziele verfolgen, sich dann aber negativ auf das Handeln der Anleger auswirken.[209]

So gibt es beispielsweise Vorschriften, die bestimmten Anlegergruppen ein Mindestmaß an Diversifikation vorschreiben.[210] Diese Diversifikationspflicht soll

---

207 Siehe dazu auch mit weiteren Nachweisen unten ausführlicher im Rahmen der besonderen Eigenschaften institutioneller Anleger S. 62 ff. sowie *Faure*, S. 154 f.

208 So z.B. auch *Klöhn/Schwarz*, ZIP 2012, S. 149, 152.; *Faure*, S. 94 f. als *„Agents watching Agents"* bezeichnend.

209 *Winkler*, S. 43; *Faure*, S. 99 f.

210 *Winkler*, S. 43; *Ruffner*, S. 438.

die (End-)Anleger der Anteilsinhaber vor zu großer Risikofreudigkeit schützen.[211] Eine breite Streuung des Portfolios mit vielen kleinen Beteiligungen kann aber auf der anderen Seite dazu führen, dass es sich für sie nicht lohnt, in allen Beteiligungsunternehmen die Rolle als aktiver Aktionär einzunehmen, obwohl gerade er dafür aufgrund seiner Professionalität optimal ausgestattet wäre.[212]

(4) Weitere rechtliche Aktivitätshemmnisse

Weitere rechtliche Hindernisse für Aktionärsaktivitäten können Regelungen zum Wertpapierhandel allgemein, z. B. Insiderhandelsverbote, sein, wodurch es für Anleger unattraktiv gemacht wird, bestimmte Informationen überhaupt herausfinden zu wollen.[213] Das wiederum kann eine Kontrolle des Managements durch die Aktionäre ebenfalls beeinflussen.[214] Hinderlich können im Übrigen auch andere kapitalmarktrechtliche Vorschriften sein, die eine Zusammenarbeit einzelner Aktionäre unter dem Stichwort *„acting in concert"*[215] verbieten.[216] Da auch dies eine mögliche Handlungsoption für aktive Anleger sein kann, kann dieses Verbot ein Hemmnis darstellen.[217]

ff) Zusammenfassung

Nach dem ökonomischen Begründungsansatz liegt das eine Regulierung erforderlich machende Marktdefizit in Bezug auf institutionelle Anleger darin, dass sie gut geeignete Akteure wären, um die durch den Prinzipal-Agenten-Konflikt entstandene Informationsasymmetrie zwischen Anlegern und Management abzumildern, sie aber aufgrund von verschiedenen theoretischen und rechtlichen Hindernissen letztendlich in vielen Fällen passiv bleiben.[218]

---

211 *Winkler,* S. 43; *Arsalidou,* European Company and Financial Law Review 2012, S. 342, 363.

212 *Ruffner,* S. 438; *Fleischer/Strothotte,* AG 2011, S. 221, 224; *Arsalidou,* European Company and Financial Law Review 2012, S. 342, 362; *Faure,* S. 99 ff.

213 *Winkler,* S. 48; *Fleischer/Strothotte,* AG 2011, S. 221, 227.

214 *Winkler,* S. 48; *Fleischer/Strothotte,* AG 2011, S. 221, 227.

215 Unter *„acting in concert"* wird die Zurechnung von Stimmrechten im Rahmen von kapitalmarktrechtlichen Regelungen verstanden: Das ist der Fall, wenn zwei Unternehmen ihr Verhalten in Bezug auf das Unternehmen, in das sie investieren, nicht nur im Einzelfall abstimmen (vgl. dazu ausführlich mit weiteren Nachweisen unten ab S. 230).

216 Siehe zu diesem Spannungsfeld auch die ausführlichere Erklärung mit weiteren Nachweisen unten auf S. 230 ff. sowie zum Argument: *Roach,* Journal of Corporate Law Studies 2011, S. 463, 486.

217 *Roach,* Journal of Corporate Law Studies 2011, S. 463, 486 f.; hierauf wird im folgenden Rechtsvergleich noch weiter eingegangen werden.

218 So z.B. auch *Ruffner,* S. 437 ff.

b) *Gemeinwohlbezogene Ansätze – insbesondere die Stewardship Theory*

Ein weiterer Begründungsansatz für eine Regulierung kann gesellschaftliche Verantwortung sein.[219]

Dieses Interesse des Gemeinwohls wird auch im Aktionsplan der Europäischen Union („Rechenschaftspflicht gegenüber der Zivilgesellschaft")[220] sowie im britischen Walker Review[221] als Grund für eine Regulierung genannt.[222] Der Zusammenhang kann aus mehreren, teilweise länderspezifischen Perspektiven betrachtet und begründet werden.

Viel Aufmerksamkeit hat in diesem Zusammenhang in letzter Zeit die Idee des *stewardship* als Begründungsmodell von mehr Anlegeraktivitäten erhalten. Nicht zuletzt wurde die Debatte verstärkt durch die Einführung des UK Stewardship Code für institutionelle Anleger, eines Wohlverhaltenskodex, der sich speziell an diese Anlegergruppe richtet.[223]

aa) Begriffsbezogene Erklärung des Stewardship-Modells

Im Kern geht es bei der *stewardship*-Debatte darum, dass die *stewards* eine besondere Verantwortung gegenüber denjenigen tragen, die sie überwachen sollen: So hätten sie neben den Privilegien und Machtmomenten, die Anteilseigentum mit sich brächte, eben auch eine Verantwortung, die damit einhergehe.[224]

Die Verwendung des Begriffs *stewardship* respektive *steward* in diesem Kontext wird durch dessen weitergehende Bedeutung im allgemeinen Sprachgebrauch erklärt: So verweist *Reisberg* in seiner Analyse zum UK Stewardship Code auf das *Oxford English Dictionary* und dessen Erklärung, dass damit *„the act of taking care of or managing something, for example, property, an organization, money or valuable objects"*[225] gemeint

219 Vgl. z.B. *Reisberg*, Journal of Financial Crime 2011, S. 126, 141; *Europäische Kommission*, Aktionsplan: Europäisches Gesellschaftsrecht und Corporate Governance – ein moderner Rechtsrahmen für engagiertere Aktionäre und besser überlebensfähige Unternehmen – KOM(2012) 740, Abschnitt 2.4.

220 *Europäische Kommission*, Aktionsplan: Europäisches Gesellschaftsrecht und Corporate Governance – ein moderner Rechtsrahmen für engagiertere Aktionäre und besser überlebensfähige Unternehmen – KOM(2012) 740, Abschnitt 2.4.

221 *Walker-Review*, S. 70; darauf verweisend: *Fleischer/Strothotte*, AG 2011, S. 221, 227 und *Hein*, S. 167 ff.

222 *Walker-Review*, S. 70; darauf verweisend: *Fleischer/Strothotte*, AG 2011,S. 221, 227 und *Hein*, S. 167 ff.

223 *FRC*, Stewardship Code 2012, *passim*.

224 *Reisberg*, Journal of Financial Crime 2011, S. 126, 141.

225 *Reisberg*, Journal of Financial Crime 2011, S. 126, 128.

ist.[226] Im Kontext des verantwortungsvollen unternehmerischen Handelns taucht diese Begriffsverwendung sogar schon bei *Adam Smith* in *The Wealth of Nations* auf.[227] Während meist nur ein typischer Satz[228] bezüglich der Trennung von Eigentum und Leitungsmacht zitiert wird, lautet direkt der nächste Satz im Originalwortlaut: *„Like the stewards of a rich man, they are apt to consider attention to small matters as not for their master's honour, and very easily give themselves a dispensation from having it."*[229]

Das Wort stammt ursprünglich aus dem Alt-Englischen vom Begriff *„stīweard"*, was sich wiederum aus den Wörtern *„stig" und „weard"* zusammensetzt, welche sich vermutlich von *„stig = Haus"* und *„ward = Schutzbefohlener"* ableiten.[230] Es handelt sich mit anderen Worten um denjenigen, der „unter den Diensten des Hauses" steht, also eine Person, die sich einem weitergehenden Zweck unterworfen hat und der Sache gewissermaßen „dient", damit aber auch Verantwortung dafür hat. Der Schwerpunkt der Macht nach dem Wortursprung liegt interessanterweise mehr bei der Sache als bei der Person, und die Person ist mehr der Sache unterworfen als andersherum. Dies unterstreicht, dass dieser Ansatz gerade stärker gemeinwohlbezogenen bzw. kollektivistisch orientiert ist.[231]

---

226 *Reisberg*, Journal of Financial Crime 2011, S. 126, 128.

227 *Adam Smith*, The Wealth of Nations, Book 5, Kapitel I, Teil III, S. 328.

228 Vgl. dazu das Zitat von *Adam Smith*, The Wealth of Nations in der folgenden Fußnote; *Adam Smith*, The Wealth of Nations, Book 5, Kapitel I, Teil III, S. 328.

229 Bemerkenswert, dass das in dieser Quelle verwendete Begriffsverständnis des Stewards eigentlich das Gegenteil von einem verantwortungsvollen Handeln beschreibt: *Adam Smith*, The Wealth of Nations, Book 5, Kapitel I, Teil III: *„The directors of such companies, however, being the managers rather of other people's money than of their own, it cannot well be expected that they should watch over it with the same anxious vigilance with which the partners in a private copartnery frequently watch over their own.* ***Like the stewards of a rich man, they are apt to consider attention to small matters as not for their master's honour, and very easily give themselves a dispensation from having it.*** *Negligence and profusion, therefore, must always prevail, more or less, in the management of the affairs of such a company. It is upon this account that joint stock companies for foreign trade have seldom been able to maintain the competition against private adventurers."*, S. 328.

230 *Oxford English Dictionary*, Stichwort: *steward* [zuletzt abgerufen am: 29.06.2019].

231 *Europäische Kommission*, Aktionsplan: Europäisches Gesellschaftsrecht und Corporate Governance – ein moderner Rechtsrahmen für engagiertere Aktionäre und besser überlebensfähige Unternehmen – KOM(2012) 740, Abschnitt 2.4.

bb) Abgrenzung: Stewardship als Gegenmodell bzw. Ergänzung zur Agency-Theorie

Im vorliegenden Zusammenhang bezieht sich die Idee des *stewardship* auf das Verhalten der Anleger und ist abzugrenzen von einem anderen *stewardship*-Modell, das die betriebswirtschaftliche/soziologische Forschung in den letzten Jahrzehnten entworfen hat.[232] Dabei geht es vornehmlich um die Analyse des Verhaltens speziell der Manager als *stewards.*[233] Dennoch ist es hilfreich, sich die Kerngedanken dieser Forschungsrichtung zu verdeutlichen, da sie teilweise auch auf das Verhalten der Anleger übertragen werden können und somit deutliche Schnittmengen bestehen.

Das Modell wurde von *Donaldson* und *Davis* Ende des letzten Jahrhunderts zunächst als Gegenmodell zur Agency-Theorie entworfen.[234] Dabei ging es vornehmlich darum, ein Modell zu entwickeln, das die Schwächen der Agency-Theorie nicht hatte[235] – insbesondere die Annahme eines nutzenmaximierenden *homo oeconomicus,* der in jeder Situation rational handelt[236] und somit stark vom realen Menschen nach dem soziologischen Modell abweicht.[237] Das *stewardship*-Modell hat folglich andere Grundannahmen und kommt dementsprechend zu anderen Schlüssen für die Organisationstheorie.[238]

Das Modell gründet sich in der soziologischen und psychologischen Forschung und nimmt an, dass der Mensch bereit ist, für die Organisation, für die er tätig ist, einzustehen und dass er dies nicht nur aus egoistischen, sondern kollektivistischen Erwägungen tut.[239] Der *steward* nimmt an, dass aus dem Handeln für die Organisation, in deren Interessen und für deren Ziele, ein größerer Nutzen generiert werden kann, als wenn er nur für sich allein handelt.[240] Der ökonomische Gedanke dahinter ist, dass der *steward* durch sein Handeln für die Organisation und das Steigern von deren Gewinnen auch die Gewinne der Anleger maximiert.[241] Dadurch, dass sein Fokus eher auf dem Erfolg des Verbands liegt, wird er vermutlich auch dem Interesse aller Anleger gerecht, denn es wird angenommen, dass deren vorderstes und gemeinsames Interesse die gute Performance des Unternehmens ist.[242] Somit

---

232 Vgl. z.B. *Donaldson/Davis,* Australian Journal of Management 1991, S. 49 ff.

233 *Donaldson/Davis,* Australian Journal of Management 1991, S. 49 ff.

234 *Donaldson/Davis,* Australian Journal of Management 1991, S. 49 ff.

235 *Davis/Schoorman/Donaldson,* Academy of Management Review 1997, S. 20.

236 *Jensen/Meckling,* Journal of Financial Economics 1976, S. 305, passim.

237 *Hirsch/Michaels/Friedman,* Theory and Society 1987, S. 317, 322.

238 *Davis/Schoorman/Donaldson,* Academy of Management Review 1997, S. 20, 21.

239 *Davis/Schoorman/Donaldson,* Academy of Management Review 1997, S. 20, 24.

240 *Davis/Schoorman/Donaldson,* Academy of Management Review 1997, S. 20, 24.

241 *Davis/Schoorman/Donaldson,* Academy of Management Review 1997, S. 20, 25.

242 *Davis/Schoorman/Donaldson,* Academy of Management Review 1997, S. 20, 25.

entspricht er auch seinen eigenen Interessen, da auch diese aus Sicht des *steward* an den Erfolg der Organisation geknüpft sind.[243]

In späteren Veröffentlichungen wird zudem geklärt, dass dieses Modell des *steward* nicht zwangsweise ein Gegenentwurf zum Agency-Modell sein muss, sondern auch eine Ergänzung dazu sein kann.[244] In verschiedenen Unternehmen kann es von der Unternehmenskultur abhängig sein, welches Modell beim Verhalten der Manager vorherrschend ist.[245] Auch gibt es keine einheitliche Position zu der Frage, ob diese Modelle eine normative oder positive Bedeutung für das Unternehmen haben.[246] *Schoorman, Davis* und *Donaldson* nehmen an, dass die Unternehmensführung eine Wahl hat, welchem Modell sie folgt.[247] In diesem Zusammenhang wird in dem eigentlich auf das Verhalten des Managements bezogenen Modell auch die Rolle der Anleger mitdiskutiert und mit dem Verhalten der Manager verknüpft.[248] So gelangt man zu der Spielsituation, dass jeweils Aktionäre und Manager die Wahl haben, dem Agency-Modell oder *stewardship*-Modell zu folgen.[249]

Die Spielsituationen aus der klassischen Spieltheorie, in denen beide das gleiche Modell wählen, sind unproblematisch; schwierig wird es hingegen, wenn sie unterschiedliche Formen wählen.[250] Dann wird angenommen, dass sich derjenige, der sich für das *stewardship*-Modell entschieden hat, häufig betrogen fühlen wird.[251] Dieses Risiko führt dazu, dass die in vielen Situationen für das Unternehmen insgesamt vorteilhaftere *stewardship*-Vorgehensweise seltener angewendet wird.[252]

Nicht ganz eindeutig zu klären ist aus den einschlägigen Publikationen, ob die Anleger dabei dann nur die entsprechende Unternehmenskultur schaffen, damit die Manager sich als *steward* verhalten können, oder ob sie dabei auch selbst Charakteristika des Modells *steward* annehmen: Im Aufsatz von *Schoorman, Davis* und *Donaldson* wird eher auf das Ermöglichen des *stewardship*-Verhaltens bei den Managern abgestellt.[253] Es ist jedoch auch anders denkbar: wenn sich die Anleger eher kollektivistisch und der Organisation unterworfen verhielten, würden sie damit natürlich auch eine dementsprechende Arbeitsumgebung für die Manager

243 *Davis/Schoorman/Donaldson*, Academy of Management Review 1997, S. 20, 25.
244 *Davis/Schoorman/Donaldson*, Academy of Management Review 1997, S. 20, 21.
245 *Davis/Schoorman/Donaldson*, Academy of Management Review 1997, S. 20, 34.
246 *Davis/Schoorman/Donaldson*, Academy of Management Review 1997, S. 20, 32.
247 *Davis/Schoorman/Donaldson*, Academy of Management Review 1997, S. 20, 38 f.
248 *Davis/Schoorman/Donaldson*, Academy of Management Review 1997, S. 20, 38.
249 *Davis/Schoorman/Donaldson*, Academy of Management Review 1997, S. 20, 39.
250 *Davis/Schoorman/Donaldson*, Academy of Management Review 1997, S. 20, 39.
251 *Davis/Schoorman/Donaldson*, Academy of Management Review 1997, S. 20, 39.
252 *Davis/Schoorman/Donaldson*, Academy of Management Review 1997, S. 20, 40.
253 *Davis/Schoorman/Donaldson*, Academy of Management Review 1997, S. 20, 40 („*situation created by the principal*", wobei der „*principal*" in diesem Fall der Anleger ist).

schaffen. Somit kann das ökonomische *stewardship*-Modell selbst auch Denkanstöße für die Begründung der Regulierung bieten.

cc) Stewardship im weiteren Kontext

Anfang dieses Jahrhunderts kam der Begriff *stewardship* auch vermehrt in der juristischen Forschung bzw. Gesetzgebung auf.[254]

Insbesondere nach der Namensgebung des UK Stewardship Code for Institutional Investors[255] im Jahr 2010 wurde das Konzept *stewardship* im Kontext der juristischen Literatur bezüglich institutioneller Anleger genannt.[256] Sogar in Publikationen der Europäischen Kommission wurde der Begriff im Jahr 2010 sogleich aufgegriffen.[257] Dabei war hauptsächlich der Bezug zu Verhaltensweisen der Anleger gemeint, wodurch sich die Forschung von den soziologischen bzw. ökonomischen Begriffsverständnissen abgrenzt.[258] Der Londoner Think Tank *Tomorrow's Company* (finanziert unter anderem durch Großinvestoren und Law Firms)[259] definiert bereits früh *stewardship* als

254 Vgl. z.B. *Europäische Kommission,* Grünbuch – Corporate Governance in Finanzinstituten und Vergütungspolitik – KOM (2010) 284 endg., S. 18; *Chiu,* The Brooklyn Journal of Corporate, Financial & Commercial Law 2012, S. 387, passim; *Chiu, Iris H. Y.*, Current Legal Problems 2013, S. 443, passim; *Fleischer/Strothotte,* AG 2011, S. 221, passim; *Hucke,* ZCG 2011, S. 269, passim; *Heineman,* Harvard Business Review 2010, passim; *Reisberg,* Journal of Financial Crime 2011, S. 126, passim; *Roach,* Journal of Corporate Law Studies 2011, S. 463, passim; *Tomorrow's Company,* Tomorrow's Stewardship – Why Stewardship matters, passim; *Walker-Review, S.* 16 ff.; *Wong,* Butterworths Journal of International Banking and Financial Law 2010, S. 406, passim; *Mack,* ZCG 2020, S. 197, 201.

255 *FRC, Stewardship Code 2012,* passim. Die erste Auflage erschien 2010, 2012 gab es eine zweite und 2020 eine dritte Auflage.

256 Beispielhaft seien nur genannt: *Chiu,* The Brooklyn Journal of Corporate, Financial & Commercial Law 2012, S. 387, passim; *Chiu, Iris H. Y.*, Current Legal Problems 2013, S. 443, passim; *Fleischer/Strothotte,* AG 2011, S. 221, passim; *Hucke,* ZCG 2011, S. 269, passim; *Heineman,* Harvard Business Review 2010, passim; *Reisberg,* Journal of Financial Crime 2011, S. 126, passim; *Roach,* Journal of Corporate Law Studies 2011, S. 463, passim; *Tomorrow's Company,* Tomorrow's Stewardship – Why Stewardship matters, passim; *Walker-Review, S.* 16 ff.; *Wong,* Butterworths Journal of International Banking and Financial Law 2010, S. 406, passim.

257 *Europäische Kommission,* Grünbuch – Corporate Governance in Finanzinstituten und Vergütungspolitik – KOM (2010) 284 endg., S. 18.

258 *Tomorrow's Company,* Tomorrow's Owners: Defining, Differentiating and Rewarding Stewardship, S. 3.

259 *Tomorrow's Company,* Tomorrow's Owners: Defining, Differentiating and Rewarding Stewardship, S. 19.

„process through which shareholders, directors and others seek to influence companies in the direction of long term, sustainable performance that derives from contributing to human progress and the wellbeing of the environment and society“[260].

Dabei wird deutlich, dass dieses Begriffsverständnis nicht ausschließt, dass sowohl Anleger als auch Manager bzw. hier *„directors“* im Sinne von Vorstandsmitgliedern als die eben beschriebenen *steward* auftreten können.[261] Ganz im Gegenteil wird gerade das Handeln von beiden im Sinne der *stewardship*-Theorie als Erfolgsrezept für ein verantwortungsvolles Unternehmen angesehen.[262]

Insgesamt erhält der Begriff, der im Zusammenhang mit der Unternehmensführung noch auf die Optimierung derselben beschränkt war, durch die oben genannte Definition eine noch weiterreichende Bedeutung und stellt schließlich den gesellschaftlichen Begründungsansatz für mehr Aktivitäten institutioneller Anleger dar.[263]

Gerade institutionelle Anleger eignen sich danach als *stewards* mit zusätzlicher Verantwortung, da sie nicht nur ihr eigenes Geld verwalten, sondern zusätzlich zum Unternehmen auch noch ihren eigenen Kunden gegenüber verpflichtet sind, deren Vermögen sie verwalten.[264]

Begriffe wie *„human progress“*[265] und *„wellbeing of environment and society“*[266] fügen eine noch stärker gemeinwohlorientierte Dimension hinzu.[267] Dies ist unter

---

260 *Tomorrow's Company,* Tomorrow's Owners: Defining, Differentiating and Rewarding Stewardship, S. 3. So auch aufgegriffen von *Reisberg,* Journal of Financial Crime 2011, 126; dies kann übersetzt werden als „Prozess, durch den Anteilsinhaber, Geschäftsleiter und andere versuchen, das Unternehmen zu einem langfristigen, nachhaltigen Verhalten zu beeinflussen, das sich ableitet von einem Beitrag zum Fortschritt der Menschheit und dem Wohlergehen der Umwelt und der Gesamtgesellschaft“ (freie Übersetzung der Autorin).

261 *Reisberg,* Journal of Financial Crime 2011, S. 126.

262 *Tomorrow's Company,* Tomorrow's Owners: Defining, Differentiating and Rewarding Stewardship, S. 3.

263 So z.B. bei *Tomorrow's Company,* Tomorrow's Owners: Defining, Differentiating and Rewarding Stewardship, S. 3; *Reisberg,* Journal of Financial Crime 2011, S. 126; in diese Richtung auch als „verantwortungsvolle Begleitung und Überwachung von Unternehmen“ beschreibend: *Mack,* ZCG 2020, S. 197, 200.

264 *Tomorrow's Company,* Tomorrow's Owners: Defining, Differentiating and Rewarding Stewardship, S. 3.

265 *Tomorrow's Company,* Tomorrow's Owners: Defining, Differentiating and Rewarding Stewardship, S. 3.

266 *Tomorrow's Company,* Tomorrow's Owners: Defining, Differentiating and Rewarding Stewardship, S. 3.

267 *Tomorrow's Company,* Tomorrow's Owners: Defining, Differentiating and Rewarding Stewardship, S. 3.

anderem auch auf das Auftreten der Forschungsrichtung kurz nach der globalen Finanzkrise, die teilweise mit dem Verhalten eher kurzfristig orientierter und nicht auf die gesellschaftliche Verantwortung bedachter Investoren erklärt wird,[268] zurückzuführen.[269] Bemerkenswert ist in diesem Zusammenhang, dass der UK Stewardship Code selbst diese zusätzlichen Wertungen in Bezug auf die gemeinwohlorientierte Bedeutung abgesehen von der Wahl des Terminus *stewardship* nur sehr verhalten aufnimmt.[270] Vielmehr beschränkt sich der Kodex bereits in seinen ersten Sätzen auf die wirtschaftliche Betrachtungsweise und Auswirkungen.[271]

Diese fehlende Berücksichtigung der gesellschaftlichen Interessen, die dem weiteren Gesellschaftszweck der *stakeholder*-Orientierung ähnelt, ist auch einer der ersten Kritikpunkte gewesen, die an dem UK Stewardship Code geäußert wurden.[272]

Greift man nun wieder die bereits oben genannte Argumentationslinie auf, dass mit den Vorteilen des Anteilseigentums auch Verantwortung und weitergehende Verpflichtungen einhergehen[273], so muss also zunächst festgelegt werden, welchen Radius diese Verpflichtungen haben: Sie können sich sowohl auf wirtschaftliche Erwägungen beschränken als auch eine allgemeine gesellschaftliche Verpflichtung in Bezug auf Wirtschaft, Sozialleben und Umwelt sein.[274] Diese Option unterscheidet sich ebenfalls deutlich vom soziologisch/ökonomischen Modell, das zwar auch in Teilen den *steward* als eine Person charakterisiert, die solche Erwägungen berücksichtigt, die sich aber trotzdem zuvorderst allein dem Unternehmenswohl verpflichtet fühlt.[275]

Zugleich ist bei diesen Entscheidungen aber auch zu berücksichtigen, dass diese gesellschaftlichen Erwägungen auch von anderen Forschungsrichtungen abgedeckt werden, die in letzter Zeit ebenfalls an Bedeutung gewonnen hat: die

---

268 *Tomorrow's Company,* Tomorrow's Owners: Defining, Differentiating and Rewarding Stewardship, S. 3; *Reisberg,* Journal of Financial Crime 2011, S. 126 f.

269 Nicht ausdrücklich, aber diesen Hintergrund umschreibend: *Tomorrow's Company,* Tomorrow's Owners: Defining, Differentiating and Rewarding Stewardship, S. 1; *Reisberg,* Journal of Financial Crime 2011, S. 126, 129.

270 *Reisberg,* Journal of Financial Crime 2011, S. 126, 131 f.

271 *„(...) stewardship is more than just voting. Activities may include monitoring and engaging with companies on matters such as strategy, performance, risk, capital structure, and corporate governance, including culture and remuneration"*, *FRC,* The UK Stewardship Code 2012, 1 Nr. 4.

272 *Reisberg,* Journal of Financial Crime 2011, S. 126, 135.

273 *Reisberg,* Journal of Financial Crime 2011, S. 126, 141.

274 In Anlehnung an den Kritikpunkt von *Reisberg,* Journal of Financial Crime 2011, S. 126, 135 bzw. *Davis/Schoorman/Donaldson,* Academy of Management Review 1997, S. 20, 25.

275 *Davis/Schoorman/Donaldson,* Academy of Management Review 1997, S. 20, 25.

Forschung über *Corporate Social Responsibility* („**CSR**"), die besonders auf europäischer Ebene kürzlich durch die europäische CSR-Richtlinie 2014/95/EU, die dann vor allem in den §§ 289b–289e HGB umgesetzt wurde, Aufmerksamkeit erhalten hat.[276] Zudem wird sie durch die aktuellen Entwicklungstendenzen zu ökologischen und sozialen (also „ESG"-)Belangen verstärkt.[277]

dd) Funktion als Begründungs- und Durchführungstheorie für mehr Aktionärsengagement

Die Bedeutung des gemeinwohlbezogenen Ansatzes als Begründung für die Forderung nach mehr Aktionärsengagement liegt auf der Hand: Die Idee des *stewardship* kann im rechtlichen Sinn normativ verstanden werden – danach wäre es für Unternehmen, Anleger, Umwelt und die gesamte Gesellschaft besser, wenn diese sich ihrer besonderen Verantwortung bewusst sind und sich dementsprechend auch basierend auf diesen Werten als aktive Investoren verhalten.[278] Eine Regulierung kann nötig sein, um die institutionellen Anleger an eben diese Werte und ihre besondere Verantwortungsposition „zu erinnern" und sie damit zu Investoren im Sinne von *stewards* zu erziehen.[279] Der *stewardship*-Ansatz im rechtlichen Sinn schafft also die Grundlage für das Ob und die Objekte der Regulierung.[280] Beispielhaft wird diese Begründungsbasis in den Veröffentlichungen des Think Tanks *Tomorrow's Company* gelegt.[281]

Daran knüpft dann auch die Bedeutung von *stewardship* als Durchführungsmodell an: Auch dafür gibt der *stewardship*-Ansatz Leitlinien vor, nach denen sich die Regulierung richten kann.[282] Das bedeutet, dass in den regulierenden Normen die oben ausgeführten Werte, wie die gesamtgesellschaftliche Relevanz und Umwelt,

---

276 Überblick über die Entwicklung der Richtlinie und ihres Umsetzungsgesetzes: *Riedliniger*, Rechtswissenschaftliche Beiträge der Sozialökonomie, Heft 18, Oktober 2018, S. 8 ff; zu dieser Richtung auch noch einmal sogleich; zu dem Zusammenhang mit der neuen Aktionärsrechterichtlinie 2017 siehe auch Grigoleit/*Splinter*, AktG, § 134a, Rn. 9; *Kälberer*, BC 2020, S. 337 ff.

277 *Mack*, ZCG 2020, S. 197, 200 – siehe dazu auch unten ab S. 38.

278 So wohl auch verfolgt mit *Europäische Kommission*, Aktionsplan: Finanzierung nachhaltigen Wachstums, 2018, S 10.

279 *Europäische Kommission*, Aktionsplan: Finanzierung nachhaltigen Wachstums, 2018, S 10.

280 *Tomorrow's Company*, Tomorrow's Owners: Defining, Differentiating and Rewarding Stewardship, Part 2.

281 *Tomorrow's Company*, Tomorrow's Owners: Defining, Differentiating and Rewarding Stewardship, Part 2.

282 Vgl. z.B. *Tomorrow's Company*, Tomorrow's Owners: Defining, Differentiating and Rewarding Stewardship, Part 2; *Europäische Kommission*, Aktionsplan: Finanzierung nachhaltigen Wachstums, 2018, S 10.

berücksichtigt werden und sich damit die Inhalte der Verantwortung, die die institutionellen Investoren übernehmen sollen, genauer umschreiben lassen.[283] Es gibt einen Rahmen für das Wie der Regulierungsbestrebungen. In der Praxis könnte das dann z. B. bedeuten, dass speziell die institutionellen Anleger verpflichtet werden, sich über ihre Erwägungen in diesen Themenbereichen und deren Einfluss auf ihr Verhalten als Aktionär erklären müssen.[284]

c) Ergänzende und vertiefende „neue" Begründungsansätze – Nachhaltigkeit, ESG-Bezug und Corporate Social Responsibility

Verdichtet wird der o.g. gemeinwohlbezogene Begründungsansatz[285] und insbesondere der *stewardship*-Gedanke in der aktuellen Literatur und Gesetzgebung, die sich mit Corporate Social Responsibility und den sog. ESG-Kriterien[286] auseinandersetzt und gerade in den letzten Jahren eine enorme Aufmerksamkeit erfahren hat.[287] Dabei ist vor allem bemerkenswert, dass mehr und mehr eine Verknüpfung des allgemeinen *stewardship*-Gedanken mit spezifischen ESG-Kriterien stattfindet.[288] Dies hat sich zum einen bereits im Wortlaut der Aktionärsrechterichtlinie 2017 manifestiert.[289]

Ferner wurde die bereits oben erwähnte CSR-Richtlinie[290] mit dem deutschen Umsetzungsgesetz im Jahr 2017 ins Handelsgesetzbuch umgesetzt und verpflichtet nun bestimmte große Unternehmen als Teil des Lageberichts auch eine Erklärung zu nichtfinanziellen Inhalten abzugeben (§ 289b HGB).[291] Die Erklärung zu nichtfinanziellen Inhalten sollen Umwelt-, Sozial- und Arbeitnehmerbelange dargestellt

283 *Europäische Kommission*, Aktionsplan: Finanzierung nachhaltigen Wachstums, 2018, S 10.

284 Zur tatsächlichen Umsetzung in der Praxis im Rahmen der Aktionärsrechterichtlinie siehe zum Beispiel mit weiteren Nachweisen unten S. 132 ff.

285 Vgl. dazu mit weiteren Nachweisen oben S. 31 ff.

286 ESG steht für *„Environmental, Social und Governance*". – vgl. englische Version des *Europäische Kommission*, Aktionsplan: Finanzierung nachhaltigen Wachstums, 2018, S. 2.

287 *Europäische Kommission*, Aktionsplan: Finanzierung nachhaltigen Wachstums, 2018, passim; vgl. zum Zusammenhang mit der Aktionärsrechterichtlinie 2017 und ARUG II auch Grigoleit/*Splinter*, AktG, § 134a, Rn. 9 ff.

288 *Hell*, NZG 2019, S. 338.

289 *Hell*, NZG 2019, S. 338 – mit Verweis auf Art. 1 RL 2017/828/EU v. 17.05.2017, L 132/1: Art. 3g (1) a) Aktionärsrechteichtlinie 2017.

290 RL 2014/95/EU v. 22.10.2014, L 330/1; siehe dazu bereits mit weiteren Nachweisen auch oben ab S. 35.

291 Siehe dazu auch die Aufsätze von *Kälberer*, BC 2020, S. 337 ff. und *Kälberer*, BC 2020, S. 421 ff

werden und muss auch Themen wie Menschenrechte und Korruptionsbekämpfung abdecken (§ 289c HGB).[292]

Hervorzuheben ist, dass sich die CSR-Themen nicht nur auf die Unternehmen als Adressaten an sich beschränken, sondern sich auch an andere Finanzmarktteilnehmer – insbesondere auch institutionelle Anleger richten.[293] Teilweise wird bereits davon gesprochen, dass die Beachtung von ESG-Kriterien zum neuen „Marktstandard" geworden sei.[294] Auch diesen Verpflichtung liegt letztlich der Gedanke zu Grunde, dass große Investoren eine gewisse Verantwortung für die Gesellschaft tragen und sich aufgrund ihres Einflusses und ihrer quasi „treuhänderischen" Stellung gut als Regelungsadressat eigenen.[295]

d) Heuristischer Ansatz

Schließlich versuchen zahlreiche weitere Ansätze in Ermangelung klarer empirischer Aussagen, eine eher auf allgemeinen Erfahrungssätzen gründende Begründung für die Erforderlichkeit von mehr Aktionärsengagement zu liefern: Es wird angeführt, dass die Wahrscheinlichkeit der Aufdeckung von Missständen durch eine vermehrte Aufmerksamkeit einer höheren Anzahl von Personen steige.[296] Je mehr Personen sich mit den Veröffentlichungen des Unternehmens beschäftigten, umso höher sei die Kontrolldichte und je höher die Kontrolle, desto fehlerfreier sei am Ende das Ergebnis.[297]

e) Zwischenergebnis

Sowohl der ökonomische Ansatz mit dem Agency-Modell[298] als auch der gemeinwohlbezogene Ansatz mit dem *stewardship*-Gedanken[299] sowie der heuristische Ansatz[300] liefern Begründungen, warum ein zusätzliches Engagement von

292 *Kälberer*, BC 2020, S. 337, 339 f.

293 *Eberius*, WM 2019, S. 2143, 2146. Basis hierfür sind verschiedene rechtliche Grundlagen, die auch noch stetig ausgeweitet werden – genannt sei hierfür beispielsweise die geplante „Verordnung über die Einrichtung eines Rahmens zur Erleichterung nachhaltiger Investitionen (Entwurf: 2018/0178 (COD) vom 24.5.2018 – COM(2018) 353 final); bisher schon ausführlich diskutiert in *Europäische Kommission*, Aktionsplan: Finanzierung nachhaltigen Wachstums, 2018, S. 10.

294 *Eberius*, WM 2019, S. 2143.

295 *Europäische Kommission*, Aktionsplan: Finanzierung nachhaltigen Wachstums, 2018, S. 10.

296 *Zöllner/Noack*, AktG, *Zetzsche*, § 135, Rn. 17.

297 *Zöllner/Noack*, AktG, *Zetzsche*, § 135, Rn. 17.

298 Siehe zum ökonomischen Ansatz mit weiteren Nachweisen oben ab S. 22.

299 Siehe zum gemeinwohlorientierten Ansatz oben ab S. 31.

300 Siehe zum heuristischen Ansatz mit weiteren Nachweisen oben ab S. 39.

Anlegern sinnvoll ist.[301] Erwartungsgemäß ist dabei die Zielsetzung der Forschungsrichtung der jeweiligen Disziplin entsprechend: Der ökonomische Ansatz legt den Fokus z. B. auf die Vorteile, die eine vermehrte Aktivität der Anleger für das Unternehmen haben kann und – wenn man dem Shareholder-orientierten Ansatz folgt – inwiefern sich dies auch für die Eigenkapitalgeber rentiert.[302] Der sozialwissenschaftliche/gemeinwohlorientierte Ansatz verweist auf die soziale Verantwortung der Anleger und zeigt auf, dass ein Hinwirken auf ein nachhaltiges Handeln Vorteile für das Gemeinwohl mit sich bringt und aus diesem Grund erstrebenswert ist.[303] Die „neueren" Bestrebungen die auch die Gedanken zu CSR und ESG-Kriterien prägen, verstärken letztere Begründungsansätze.[304] Lediglich der heuristische Ansatz ist aufgrund seiner geringen wissenschaftlichen Überprüfbarkeit weniger für weitere Überlegungen geeignet und spiegelt insofern lediglich eine gemeinhin wahrzunehmende Grundtendenz wider.

Dabei schließen sich der ökonomische und der gemeinwohlorientierte Ansatz – und in gewissem Maße auch der heuristische –, zumindest in diesem Fall, nicht aus: Es spricht nichts dagegen, dass die aktiven Anleger sowohl für das individuelle Unternehmen als auch für das ganze Gemeinwohl vorteilhaft sind.[305]

3. Qualität des Engagements – Langfristigkeit als besonderes Merkmal?

Nicht nur das bloße „Ob" der Aktivität von institutionellen Anlegern ist das Ziel von Regulierungsbestrebungen.[306] Wie bereits oben gezeigt, kann die Palette der Aktivitätsarten sehr vielschichtig sein.[307] Darum ist es von Bedeutung, dass das Engagement für das Unternehmen bzw. das Gemeinwohl im Ganzen positiv ist.[308]

---

301 Mit diesem Ergebnis auch *Faure*, S. 116 ff. – inbesondere noch einmal die Chancen und Risiken heraushebend.

302 Siehe zur Argumentation des ökonomischen Ansatzes mit weiteren Nachweisen oben ab S. 22.

303 Siehe zur Begründung des gemeinwohlorientierten Ansatzes mit weiteren Nachweisen oben ab S. 31.

304 Zu diesen ergänzenden/vertiefenden Begründungsansätzen mit weiteren Nachweisen oben S. 38 ff.; *Europäische Kommission*, Aktionsplan: Finanzierung nachhaltigen Wachstums, 2018, S 10; *Hell*, NZG 2019, S. 338 ff.

305 Beide Ansätze lassen sich selbstredend auch kritisch hinterfragen, vgl. hierzu im Folgenden die allgemein zusammengefasste Kritik auf S. 41 ff.

306 Vgl. dazu bereits mit weiteren Nachweisen oben ab S. 23; *Zetzsche*, NZG 2014, S. 1121, 1123 ff.

307 Vgl. dazu die ausführliche Darstellung des Verständnisses des „Aktionärsengagements" mit weiteren Nachweisen oben auf S. 18 ff.

308 Zur Frage, was als positiv für das Unternehmen zu werten ist, vgl. den Unterabschnitt zum „Unternehmensinteresse" mit weiteren Nachweisen oben ab S. 23.

Gerade in den Materialien der Europäischen Union zu diesem Thema stand dabei zunächst die Langfristigkeit[309] des Engagements im Vordergrund.[310] Inzwischen sind weitere qualitative Anforderungen und Ziele wie Nachhaltigkeit und ökologische sowie soziale Faktoren hinzugekommen.[311]

Speziell in Bezug auf die Langfristigkeit hängt die Dauer des Anlagehorizonts dem Grunde nach stark von der individuellen Zielsetzung, der Art und Struktur des Anlegers ab.[312] Als Begründung dafür wird zunächst hervorgehoben, dass nur mit einem langfristigen Engagement die nachhaltige Wertentwicklung des Unternehmens berücksichtigt werden könne, wohingegen bei kurzfristigen Aktivitäten meist die schnelle Rendite im Vordergrund stehe und dies der Stabilität des Unternehmens schaden könne.[313] Auch böten langfristig agierende Aktionäre dem Management des Beteiligungsunternehmens mehr Kontinuität bei einer etwaigen Zusammenarbeit sowie eine Sicherheit hinsichtlich des zur Verfügung stehenden Kapitals bzw. des Aktienkurses[314].[315] Allerdings wird diese Zielsetzung in der Literatur nicht gänzlich unkritisch betrachtet: So wird darauf hingewiesen, dass im Falle einer rein langfristigen Perspektive und Ausrichtung das Risiko bestünde, dass dadurch Leistungsanreize und eine regelmäßige Kontrolle für die Geschäftsführung verlorengingen – vielmehr sei also eine solche Zielsetzung zwar nicht grundsätzlich falsch, aber differenzierter zu betrachten.[316]

---

309 Vgl. dazu auch die Ausführungen zum Zeithorizont als Beurteilungskriterium – mit weiteren Nachweisen oben S. 21 f.; sowie insbesondere zu diesem Zusammenhang auch Ockert, S. 69 ff.

310 *Europäische Kommission,* Grünbuch Langfristige Finanzierung der Europäischen Wirtschaft – KOM(2013) 150 endg., S. 10 ff.; *Europäische Kommission,* Vorschlag für eine Richtlinie des Europäischen Parlaments und des Rates zur Änderung der Richtlinie 2007/36/EG im Hinblick auf die Förderung der langfristigen Einbeziehung der Aktionäre sowie der Richtlinie 2013/34/EU in Bezug auf bestimmte Elemente der Erklärung zur Unternehmensführung – KOM(2014) 213 final, S. 5.

311 Siehe zu diesen weiteren Elementen bereits mit weiteren Nachweisen oben ab S. 38; siehe auch kritisch dazu: *Zetzsche,* NZG 2014, S. 1121, 1124; *Ockert,* S. 69 ff.

312 *Ruffner,* S. 455; kritisch auch *Zetzsche,* NZG 2014, S. 1121, 1124 f.; ausführlich zur Langfristigkeit der Bindung und Aktivierung der Anleger auch *Ockert,* S. 79 ff., 84 ff.

313 *Europäische Kommission,* Vorschlag für eine Richtlinie des Europäischen Parlaments und des Rates zur Änderung der Richtlinie 2007/36/EG im Hinblick auf die Förderung der langfristigen Einbeziehung der Aktionäre sowie der Richtlinie 2013/34/EU in Bezug auf bestimmte Elemente der Erklärung zur Unternehmensführung – KOM(2014) 213 endg., S. 5; kritisch diesbezüglich *Zetzsche,* NZG 2014, S. 1121, 1124 f.

314 Wäre jederzeit mit der Wahl der Exit-Strategie zu rechnen, so müssten die Manager dementsprechend jederzeit mit Kurseinbrüchen rechnen.

315 *Europäische Kommission,* Grünbuch Langfristige Finanzierung der Europäischen Wirtschaft – KOM(2013) 150 endg., S. 10 ff.

316 *Zetzsche,* NZG 2014, S. 1121, 1124 f.; Ockert, S. 84 ff.

Dennoch ist jedenfalls zwischen dem bloßen Engagement von Aktionären, das auch kurzfristige Einflussnahmen im wortwörtlichen Sinne von „Aktivismus“ umfassen kann, und dem langfristigen, nachhaltigen Engagement im Sinne einer konstruktiven Zusammenarbeit zwischen Anlegern und Management zu differenzieren.[317] Vor allem Letzteres ist trotzdem im Regelfall wünschenswert, um das Ziel einer Stabilisierung der Gesamtwirtschaft erreichen, muss aber in Maßen betrachtet werden.[318]

4. Kritik an der Forderung nach mehr Aktionärsengagement

Trotz der zuvor aufgeführten Grundlagen für die Forderung nach mehr Aktionärsengagement gibt es auch Stimmen, die die Forderung nach vermehrtem Aktionärsaktivismus kritisieren.[319]

a) Das unsichere empirische Fundament

Eine der zentralen Schwierigkeiten hinsichtlich der Begründung, warum es mehr Aktionärsengagement geben muss, ist die schwierige empirische Lage, wenn es darum geht, die Vorteile von mehr Aktivitäten der Anleger aufzuzeigen.[320]

Eine ausführliche Auswertung der Ergebnisse der Studien in Bezug auf die Auswirkungen auf das Beteiligungsunternehmen findet sich bei *Bassler.*[321] Das Ergebnis dieser Metastudie ist deutlich: Es gibt weder eindeutige Belege für eine positive noch für eine negative Auswirkung von Aktionärsengagement auf die Marktbewertung oder die operative Performance des Beteiligungsunternehmens.[322]

Neben den offensichtlichen Problemen solcher Studien wie der uneinheitlichen Verwendung des Begriffs des Aktionärsaktivismus[323] und den Schwierigkeiten der Übertragung von Ergebnissen aus anderen Rechtsordnungen[324] resultiert die Unsicherheit aber vor allem daraus, dass die Komplexität der Thematik die Messung eines „objektiven“ Nutzens in diesem Kontext sehr schwer bzw. fast unmöglich macht.[325] Gerade die informellen Aktivitäten der Anleger im Verhältnis zu

---

317 *Europäische Kommission,* Grünbuch Langfristige Finanzierung der Europäischen Wirtschaft – KOM(2013) 150 endg., S. 10 ff.

318 *Zetzsche,* NZG 2014, S. 1121, 1124 f.

319 Baums/Buxbaum/Hopt-*Hadden, S.* 89, 100.

320 *Zöllner/Noack,* AktG, *Zetzsche,* § 135, Rn. 15; *Faure,* S. 82.

321 *Bassler,* S. 410 ff.

322 *Bassler,* S. 409 ff.; Zöllner/Noack, AktG, *Zetzsche,* § 135, Rn. 15; *Faure,* S. 82 – mit Verweis auf die Übersicht bei *Bassler.*

323 *Faure,* S. 82 f.

324 *Fleischer,* ZGR 2008, S. 185, 187 ff.; *Faure,* S. 83.

325 *Bassler,* S. 415 ff.; *Faure,* S. 86 f.

anderen Anlegern und zu den Unternehmen, in die sie investieren, lassen sich nur sehr schwer und allenfalls mit Interviews erfassen;[326] diese bilden nur eine sehr unsichere und sehr individuell geprägte Grundlage für die weitere Analyse; insbesondere zur Häufigkeit von solchen informellen Aktivitäten, die auch wichtig für ihre Auswirkungen ist, gibt es nur wenige Daten.[327] Hinzu kommt die bereits oben dargestellte Unklarheit in Bezug auf den zu messenden „Erfolg" eines Unternehmens.[328] Da dies wiederum vom jeweils verfolgten Ansatz der Unternehmensführung abhängt, ist auch insofern eine vergleichbare empirische Untersuchung schwer.[329]

Somit lässt sich in dieser Hinsicht lediglich feststellen, dass eine empirische Begründung für eine Förderung der Aktivierung nur schwerlich herangezogen werden kann.[330] Andererseits ist zu berücksichtigen, dass letztlich dieses Forschungsfeld vergleichsweise offen ist, da es nicht viele Studien zum Thema gibt und neue Erkenntnisse damit möglich sind.[331] Auch die neue europäische Gesetzgebung in diesem Bereich sieht weitergehende Auswertungen vor,[332] die abgewartet werden sollten, bevor ein endgültiges Urteil über den Nutzen eines zusätzlichen Engagements gefällt wird. *Avgouleas* sieht fehlende empirische Grundlagen auch als grundsätzliches Problem der aktuellen Regelungslandschaft.[333]

b) Kritik am betriebswirtschaftlichen Nutzen

Eng mit der unzureichenden empirischen Grundlage ist auch das Argument verbunden, das den betriebswirtschaftlichen Nutzen einer vermehrten Aktivität für die institutionellen Anleger anzweifelt:[334] Der zentrale Punkt der Kritik ist dabei, dass es nicht effizient sei, Anleger zu Aktivitäten anzuregen, da der Markt selbst zu effizienten Ergebnissen käme und wenn Anleger nicht aktiv seien, sei es eben auch nicht effizient.[335] Auf eben dieses Argument greifen auch Stimmen aus der deutschen Literatur zurück, die betonen, dass eine passive Anlagestrategie eben auch eine mögliche Anlagestrategie sei und es häufig einfach keine finanziellen

---

326 *Black/Coffee*, Michigan Law Review 1994, S. 1997, 2048 ff.

327 *Black/Coffee*, Michigan Law Review 1994, S. 1997, 2050.

328 Vgl. dazu mit weiteren Nachweisen oben – S. 23 ff.

329 *Bassler*, S. 409 ff.; Zöllner/Noack, AktG, *Zetzsche*, § 135, Rn. 15.

330 Zu eben diesem Ergebnis kommend auch: *Sergakis*, Accounting, Economics and Law – A Convivium 2015, S. 233, Fn. 2.

331 *FRC*, Developments in Corporate Governance and Stewardship 2016, S. 24 ff.

332 RL 2017/1132/EU v. 14.06.2017, L 169/46, S. 18 f.

333 *Avgouleas*, ECFR 2009, S. 440 ff.; siehe dazu auch weiter mit weiteren Nachweisen unten S. 90 f.

334 *Bainbridge*, Harvard Law Review 2006, S. 1735, 1736; im Zusammenhang mit dem empirischen Fundament erläuternd: *Faure*, S. 86 ff.

335 *Bainbridge*, Harvard Law Review 2006, S. 1735, 1736.

Anreize für die Anleger gebe, sich aktiver zu verhalten.[336] Dabei wird insbesondere auf die Diversifikationspflicht zum Schutz der Endanleger vor zu großen Verlusten hingewiesen.[337] Diese Diversifikationspflicht führe dazu, dass gerade institutionelle Anleger eine Vielzahl kleiner Anteile an einer großen Menge von unterschiedlichen Portfoliounternehmen hielten und es dementsprechend für sie einen großen Aufwand bedeute, sich in jedem dieser Unternehmen auch noch aktiv einzubringen.[338]

Diese Grundsatzkritik erscheint im Ansatz zutreffend, allerdings ist zu berücksichtigen, dass für die ökonomische Begründung zumindest in der Theorie auch Wege aufgezeigt werden, wie die *„rationale Apathie"* überwunden werden kann – vor allem durch ein „Bündeln" der Kapazitäten in Form der Zusammenarbeit der verschiedenen Anleger.[339] Zudem ist der rein ökonomische Begründungsansatz nicht der einzige, der den Gesetzgeber antreibt, in diesem Kontext regulierend tätig zu werden, sodass es trotz dieser gut nachvollziehbaren Bedenken vertretbar sein kann, eine – gemeinwohlorientierte – Regulierung vorzunehmen.[340]

c) Kritik am theoretischen Fundament

Ein anderer klassischer Ansatzpunkt der Kritik bezieht sich bereits auf das Prinzipal-Agenten-Modell an sich und seine Vertretbarkeit: So fußt das Modell – wie die meisten ökonomischen Modelle – auf dem Konstrukt des *homo oeconomicus,* also dem vollständig rational handelnden Akteur.[341] Dieses Modell war in den letzten Jahrzehnten immer wieder starker Kritik ausgesetzt.[342]

Zudem lässt sich, selbst wenn man der ökonomischen Analyse des Rechts grundsätzlich offen gegenübersteht, dazu kommen, dass es auch nach diesem Konzept keine zwingende Pflicht gibt, dass sich die Anleger im Beteiligungsunternehmen engagieren.[343] Vielmehr macht es nur dann aus ökonomischen Gesichtspunkten Sinn, wenn die Vorteile, die durch den zusätzlichen Überwachungsaufwand bestehen, größer sind als die Kosten.[344]

---

336 *Fleischer/Strothotte,* AG 2011, S. 221, 228.

337 *Fleischer/Strothotte,* AG 2011, S. 221, 225.

338 *Kolat,* S. 136 f.

339 Vgl. dazu die ausführliche Darstellung mit weiteren Nachweisen oben auf S. 27 f.

340 Vgl. zu dieser Argumentation insbesondere die Rechtfertigung durch den *stewardship*-Gedanken S. 31 ff.

341 *Wöhe/Döring/Brösel,* S. 3, 6.

342 Für den Rechtswissenschaft vgl. die Überblicksdarstellung und kritische Auseinandersetzung mit Befürwortern und Kritikern: *Kirchgässner,* JZ 1991, S. 104 ff.

343 *Chiu,* The Brooklyn Journal of Corporate, Financial & Commercial Law 2012, S. 387, 392.

344 *Birkmose,* ECFR 2014, S. 214, 227.

Daran anknüpfend wird darauf hingewiesen, dass es in Bezug auf Ziele, die auf das Wohlergehen von Arbeitnehmern oder auf das Gemeinwohl bezogen sind, schwierig ist, Anreize zu identifizieren, die Anleger aktiv werden lassen.[345] Insbesondere gilt dies natürlich, wenn diese Ziele mit der langfristigen Profitabilität des Unternehmens im Konflikt stehen.[346]

Die Kritik am Begründungsansatz des Prinzipal-Agenten-Modells und der Verwendung des *homo oeconomicus* kommt seit vielen Jahrzehnten immer wieder auf.[347] Dabei ist die Betrachtung im Kontext der Vorgehensweise der ökonomischen Analyse zu verstehen: Diese arbeitet mit Modellen, um Phänomene des Wirtschaftslebens abzubilden und zu erklären – diesen Modellen ist kein normativer Gehalt beizumessen.[348] Sie sollen vielmehr aufgrund einer Reduzierung von Variablen im Verhalten eine Vereinfachung bewirken, die eine Übertragung des Ansatzes auf mehr als einen Fall möglich macht.[349] Eine solche Vereinfachung stellt sowohl das Prinzipal-Agenten-Modell als auch der diesem zugrunde liegende Akteur *des homo oeconomicus* dar, der streng rational und eigennützig handelt.[350] Ebenso könnte man als Modellfigur „abgewandelte Typen" wie etwa den *homo reciprocans* heranziehen, die nicht nur rein rational und eigennützig agieren, sondern noch mehr Eigenschaften aufweisen.[351] Somit ist es zwar zu berücksichtigen, dass das Modell nicht pauschal als Beleg für die Erforderlichkeit von Aktionärsengagement herangezogen werden kann, andererseits bietet es doch gute Anhaltspunkte für übliche Verhaltensweisen. Gerade in Kombination mit den sozialwissenschaftlichen Erklärungsansätzen lässt sich darauf ein Regulierungsbedürfnis für institutionelle Anleger stützen.[352]

d) Strukturelle Zweifel an der Geeignetheit institutioneller Anleger

Weitere Bedenken richten sich gegen die Geeignetheit von Aktionären, die Unternehmensführung tatsächlich im Sinne aller Aktionäre zu verbessern, damit die Agenturkosten zu reduzieren und den *shareholder value* zu steigern.[353] Mit diesem Zweifel gehen auch Bedenken hinsichtlich einer ausreichenden Kompetenz institutioneller Anleger einher, über die Geschicke des Beteiligungsunternehmens urteilen zu können.[354] Dies gilt z. B. bei transnationalen Investitionen, hinsichtlich

---

345 Baums/Buxbaum/Hopt-*Hadden*, S. 89, 100.

346 Baums/Buxbaum/Hopt-*Hadden*, S. 89, 100.

347 *Kirchgässner*, JZ 1991, S. 104 ff. m.w.N.

348 *Kirchgässner*, JZ 1991, S. 104, 106 f.

349 *Wöhe/Döring/Brösel*, S. 5 f.

350 *Wöhe/Döring/Brösel*, S. 3, 6.

351 *Kirchgässner*, JZ 1991, S. 104, 106 f.

352 *Chiu*, The Brooklyn Journal of Corporate, Financial & Commercial Law 2012, S. 387, 392.

353 *Hartmann*, S. 17.

354 *Fleischer/Strothotte*, AG 2011, S. 221, 225.

der Frage, ob die Anleger auch in anderen Rechtsordnungen in der Lage sind, ihren Einfluss so effektiv und gut informiert auszuüben wie in der bekannten bzw. heimischen Rechtsordnung.[355] Weiterhin wird auf die zunehmende Bedeutung von Stimmrechtsberatern („*proxy advisor*") hingewiesen[356] und die Tatsache, dass es in vielen Fällen gar nicht mehr die institutionellen Anleger seien, die die Entscheidungen bei der Abstimmung träfen.[357] Hiergegen lässt sich allerdings einwenden, dass dies allerdings zum einen vornehmlich die Abstimmung in den Hauptversammlungen und nicht sämtliche Aktivitäten institutioneller Anleger betrifft – darüber hinaus besteht die Möglichkeit auch Stimmrechtsberater analog zu institutionellen Anlegern zu regulieren, wie es beispielsweise mit der Aktionärsrechterichtlinie 2017 bzw. ARUG II versucht wurde.[358]

Zudem wird bemängelt, dass es oft die Anleger selbst seien, die an kurzfristigen Gewinnen interessiert seien, oder dass die Gefahr bestünde, dass die Anleger eher persönliche Ziele verfolgten, statt im Interesse aller Anleger zu handeln.[359]

Allerdings bezieht sich die spezifisch geäußerte Kritik des kurzfristigen Denkens vor allem auf spezielle Anlegerformen wie Hedgefonds[360], bei *Kahan und Rock* wird gar speziell darauf hingewiesen, dass hier das Verhalten von Hedgefonds zu anderen institutionellen Anlegern stark zu unterscheiden sei, da Hedgefonds versuchten, durch die Aktivitäten *ex ante* den Profit zu erwirtschaften, wohingegen andere Anlegertypen eher *ex post* aktiv würden und diesbezüglich andere Ziele hätten.[361] Außerdem kann es auch für solche kurzfristig interessierten Investoren rational sein, die langfristige Entwicklungen zu berücksichtigen, da sie damit die zukünftigen Cashflows beeinflussen und diese Zukunftsaussichten unter Umständen auch den aktuellen Aktienkurs bestimmen können.[362] Somit können langfristige Planungen auch kurzfristig relevant sein.[363] Allerdings haben fast alle Anlegerformen eine unterschiedlich ausgeprägte Gewinnerzielungsabsicht, die den Grund ihrer Tätigkeit darstellt.[364] Diese Gewinne werden je nach Art des Anlegers auf unterschiedlichen Wegen erzielt.[365]

---

355 Baums/Buxbaum/Hopt-*Hadden, S.* 89, 100; *Faure*, 100 ff.

356 Siehe dazu auch ausführlich mit weiteren Nachweisen unten S. 77 f.

357 *Faure*, S. 102 f.

358 2017/828/EU v. 17.05.2017, L 132/1, S. 18 (neuer Art. 3j) Aktionärsrechterichtlinie 2017).

359 *Hartmann*, S. 18; *Anabtawi/Stout*, Stan. L. Rev. 2007, S. 1255, 1283; *Briggs*, The Journal of Corporation Law 2007, S. 681, 701 f.; *Kahan/Rock*, University of Pennsylvania Law Review 2007, S. 1021, 1070.

360 *Briggs*, The Journal of Corporation Law 2007, S. 681, 701.

361 *Kahan/Rock*, University of Pennsylvania Law Review 2007, S. 1021, 1070.

362 *Macey*, S. 266; *Gong*, S. 18.

363 *Macey*, S. 266; *Gong*, S. 18.

364 Siehe dazu auch noch später die Ausführungen zur Definition von institutionellen Anlegern – S. 52 ff.

365 Siehe auch hierzu noch die folgenden Ausführungen ab S. 52.

Im Rahmen der strukturellen Zweifel wird zudem noch auf einen anderen Aspekt hingewiesen: Das übergeordnete Ziel gerade von institutionellen Anlegern liege darin, zunächst den Wert ihres eigenen Unternehmens zu steigern, bevor sie an das Wohlergehen der Unternehmen denken könnten, in das sie investierten.[366] Dies läge insbesondere im Interesse der Endanleger und sei auch Ausfluss der Treubindung der institutionellen Anleger gegenüber diesen.[367] Dieser grundlegende Interessenkonflikt, der zugleich auf dem gewissermaßen „doppelten Prinzipal-Agenten-Konflikt“[368] gründet, der auch noch zwischen dem Endanleger und dem Anleger bestehen kann, nährt Zweifel an der Geeignetheit des Anlegers.[369]

Dagegen lässt sich einwenden, dass die meisten Entscheidungen, an denen die Aktionäre beteiligt sein werden, noch immer in der Hauptversammlung gefällt werden.[370] Um bestimmte Interessen durchzusetzen, bedarf es im Regelfall der dort üblichen Mehrheit.[371] Sollte ein Anleger lediglich seine eigenen Interessen verfolgen, wird er es schwer haben, die anderen davon zu überzeugen und so eine Mehrheit zu finden.[372] Ist hingegen das Interesse des Anlegers im Einklang mit dem, was auch für das Unternehmen „gut“ ist oder zumindest auch von den anderen Anlegern als „gut“ erachtet wird, schadet das persönliche Interesse daran nicht.[373]

e) Kollision mit bestehenden Regelungen und der Kompetenzordnung im Unternehmen

Im Übrigen gibt es auch einige Bedenken gegen eine zusätzliche Aktivität der (institutionellen) Anleger, die stärker juristischer Natur sind:

Zum einen wird in diesem Zusammenhang regelmäßig auf Kollisionen mit insiderhandelsrechtlichen Regelungen und den Schranken bezüglich des Tatbestands des *acting in concert* hingewiesen, die Grenzen für (institutionelle) Anleger setzen, mit anderen Aktionären gemeinsam zu handeln und zusammen aktiv in ihren Beteiligungsunternehmen zu agieren.[374] So verweist *Habersack* darauf, dass es gerade ein Ziel des zuletzt eingeführten Risikobegrenzungsgesetzes, welches auch

366 Baums/Buxbaum/Hopt-*Hadden,* S. 89, 100.

367 *Fleischer/Strothotte,* AG 2011, S. 221, 227.

368 Siehe zu dieser Problematik auch schon mit weiteren Nachweisen oben S. 29; vgl. *Faure,* S. 94 f.

369 *Fleischer/Strothotte,* AG 2011, S. 221, 226.

370 *Gong,* S. 18.

371 *Gong,* S. 18.

372 *Bebchuk,* Harvard Law Review 2005, S. 833, 883; *Schwab/Thomas,* Michigan Law Review 1998, S. 1018, 1035 f.; *Gong,* S. 18 f.

373 *Gong,* S. 18; *Schwab/Thomas,* Michigan Law Review 1998, S. 1018, 1041 f.

374 Baums/Buxbaum/Hopt-*Hadden,* S. 89, 100.

diesbezüglich Themen enthielt, gewesen sei, das aggressive Vorgehen von Hedgefonds vermehrt einzuschränken.[375]

Zum anderen wird gefragt, ob eine Forderung nach mehr Aktivität von Aktionären mit der Machtverteilung des bisherigen Gesellschaftsrechts vereinbar ist.[376] Gerade in Staaten, die dem dualistischen Gesellschaftsrechtssystem folgten, wie Deutschland mit der Trennung zwischen Vorstand und Aufsichtsrat, wird teilweise auch argumentiert, dass in diesem sorgfältig austarierten Machtgefüge[377] kein Platz für weitere Akteure sei.[378] Insbesondere die für Außenstehende und den Markt kaum nachvollziehbaren informellen Treffen und Dialoge mit Unternehmensvertretern werden als potenzielle weitere Problempunkte identifiziert.[379] Darin könnten im deutschen Recht zudem auch Verstöße gegen das – im Übrigen gerade durch die erste Aktionärsrechterichtlinie unterstrichene[380] – Gleichbehandlungsgebot im Aktienrecht ergeben, die sich auch z. B. durch alternative Handlungen wie das aktienrechtliche Nachinformationsrecht (§ 131 Abs. 4 AktG) nur schwer beheben ließen.[381] Überdies werden auch allgemein Interessenkonflikte als Risiko für die zusätzliche Aktivität der Aktionäre genannt.[382] Schließlich wird auch aus der Eigentumsfreiheit des Grundgesetzes ein Recht auf Passivität der Aktionäre abgeleitet, eine bloße Motivation zu mehr Aktivität ohne dies als Zwang auszugestalten aber als verfassungsrechtlich zulässig erachtet.[383]

---

375 *Habersack,* Gutachten E: „Staatliche und nichtstaatliche Eingriffe in die Unternehmensführung", S. 89.

376 *Fleischer/Strothotte,* AG 2011, S. 221, 227; *Bassler, S.* 471 ff.; siehe dazu auch ausführlicher mit weiteren Nachweisen unten ab S. 255 zu Kompetenzordnung in Unternehmen und ab S. 293 zur Vereinbarkeit mit der bestehenden Kompetenzordnung.

377 *Habersack* verweist bezüglich des „Machtgefüges" insbesondere auf §§ 111 Abs. 4 und 119 Abs. 2 AktG, um zu belegen, dass auch der Aufsichtsrat nicht in die Geschäftsführung eingreifen darf und dessen Aufgabe gerade die Überwachung ist: *Habersack,* Gutachten E: „Staatliche und nichtstaatliche Eingriffe in die Unternehmensführung", S. 88; *Bassler, S.* 484 ff.

378 Hoffmann-Becking/Hüffer-*Hommelhoff,* S. 255, passim; *Fleischer/Strothotte,* AG 2011, S. 221,227.

379 *Habersack,* Gutachten E: „Staatliche und nichtstaatliche Eingriffe in die Unternehmensführung", S. 88.

380 RL 2007/36/EG v. 11.7.2007, L 184/17, Art. 4.

381 *Habersack,* Gutachten E: „Staatliche und nichtstaatliche Eingriffe in die Unternehmensführung", S. 88.

382 *Fleischer/Strothotte,* AG 2011, S. 221, 226 f.; *Bassler, S.* 489 ff.

383 *Habersack,* NJW-Beilage, S. 94, 97; mit ausführlicher Analyse dazu *Bassler, S.* 486 ff.

f) Stellungnahme

Nicht jeder der vorgenannten Kritikpunkte steht zwangsweise im Konflikt mit dem oben dargelegten Bedürfnis nach mehr Aktivität und dem grundsätzlichen Vorteil, der sich durch mehr Aktivität der Anleger ergeben kann, vielmehr zeigen die einzelnen Kritikpunkte vielmehr Leitlinien und Grenzen auf, die bei der Regulierung beachtet werden und eventuell mitgeregelt müssen; insofern ist zwischen der rechtspolitischen Zweckmäßigkeit und der rechtlichen Umsetzbarkeit zu differenzieren.[384]

So ist zu berücksichtigen, dass auch die institutionellen Anleger ökonomischen Zwängen ausgesetzt sind und selbst, gerade als Verwalter von fremden Geldern, effizient und kostenbewusst agieren müssen.[385] Daraus möglicherweise entstehende Interessenkonflikte müssen durch den Gesetzgeber bedacht und mit Lösungsvorschlägen versehen werden.[386] Eine Regulierung sollte natürlich keine Zwänge auferlegen, die die Anleger selbst in finanzielle Schwierigkeiten bringen könnten.[387]

Dennoch muss eine gesetzgeberische Entscheidung nicht nur allein die Wirtschaftlichkeit des Regulierungsobjekts im Sinn haben.[388] Betrachtet man Gesetzgebungsbestrebungen allgemein, ist es durchaus nicht unüblich – gerade bei übergeordneten Zielen, wie im Fall der Aktivität institutioneller Anleger die Stabilität der Gesamtwirtschaft – auch eine wirtschaftliche Nachteilhaftigkeit in Kauf zu nehmen, solange die Regulierung verhältnismäßig ist.[389] Das Gleiche gilt zum Teil für die von *Bainbridge* geäußerte Kritik, dass es nicht effizient sei, institutionelle Anleger zu mehr Aktivität zu zwingen, wenn es nicht der Markt selbst schaffe, die Aktivität hervorzurufen.[390] Hierbei muss stets auch berücksichtigt werden, welches ökonomische Grundverständnis der Argumentation zugrunde liegt. Entgegen der sehr marktliberalen Kritik von *Bainbridge*[391] lässt sich auch vertreten, dass das Verhalten der institutionellen Anleger nicht ausschließlich vom Markt abhängig gemacht werden muss.[392]

---

384 Vgl. insofern auch *Bassler, S.* 488.

385 Siehe dazu ausführlich mit weiteren Nachweisen oben, S. 43 ff.

386 Vgl. insofern auch *Bassler, S.* 488.

387 Siehe dazu ausführlich mit weiteren Nachweisen oben, S. 43 ff.

388 Siehe zu gemeinwohlbezogenen Erwägungen allgemein mit weiteren Nachweisen oben S. 31 ff.

389 Zur grundrechtlichen Analyse und Verhältnismäßigkeitsprüfung vgl. *Bassler, S.* 486 ff.

390 *Bainbridge*, Harvard Law Review 2006, S. 1735, 1736; siehe dazu ausführlich mit weiteren Nachweisen oben, S. 43 ff.

391 *Bainbridge*, Harvard Law Review 2006, S. 1735, 1736; siehe dazu ausführlich mit weiteren Nachweisen oben, S. 43 ff.

392 Zur grundrechtlichen Analyse und Verhältnismäßigkeitsprüfung vgl. *Bassler, S.* 486 ff.

Auch die Bedenken hinsichtlich Kollisionen mit anderen Vorschriften (Insiderhandel etc.) müssen selbstverständlich im Rahmen einer Regulierung berücksichtigt und gegebenenfalls eine Kollisionsregelung vorgesehen werden.[393] Der grundsätzlichen Entscheidung des Gesetzgebers, ein anderes Gesetz zu schaffen, das die bisherige Regelungslandschaft einschränkt, steht auch dies nicht entgegen.[394] So ist letztlich auch die Machtverteilung in der Aktiengesellschaft eine gesetzgeberische Entscheidung, die für Änderungen offen ist.[395] Der Gesetzgeber muss sich auch hier bewusst sein, dass er gegebenenfalls einen solchen Eingriff in die bestehende Kompetenzordnung vornimmt, sich mit möglichen weiterreichenden Konsequenzen auseinandersetzen und die übliche Abwägung mit den betroffenen Grundrechten – wie zum Beispiel der Eigentumsfreiheit treffen.[396]

So lässt sich abschließend sagen, dass die Kritik an der Forderung nach vermehrtem Aktionärsaktivismus vielmehr die praktische Umsetzung der Aktivierung beeinflussen kann und weniger gegen den grundsätzlichen Ruf nach vermehrter Überwachung/Aktivität der Anleger gerichtet ist. Sie gibt eine Vielzahl hilfreicher Anknüpfungspunkte für die Ausgestaltung einer Regelung dieser Problematik und steht der Thematik nicht *per se* entgegen.

5. Fazit – Erforderlichkeit von mehr Aktionärsengagement – Gründe für die Regulierung

Auf die Frage, ob und wenn ja, warum es eines vermehrten Aktionärsengagements bedarf, lässt sich nach dem zuvor Dargelegten nicht pauschal mit Ja oder Nein antworten: Die empirischen Studien geben jedenfalls keine zwingende Antwort oder Grundlage für die Forderung nach einem zusätzlichen Engagement von Anlegern in den Beteiligungsunternehmen.[397] Sie geben allerdings auch keinen Beleg dafür, dass das Engagement schädlich wäre.[398]

Letztlich sind es die zwei theoretischen Argumentationsstränge, die zu dem Schluss führen, dass aktive Anteilsinhaber sowohl für die Unternehmen als auch

393 Siehe zu den rechtlichen Bedenken mit weiteren Nachweisen oben, S. 46 ff.

394 Siehe zu den rechtlichen Bedenken mit weiteren Nachweisen oben, S. 46 ff.

395 Siehe zu den rechtlichen Bedenken mit weiteren Nachweisen oben, S. 46 ff. und zu diesem Ergebnis auch mit weiteren Nachweisen unten ab S. 293. Vgl. auch *Bassler*, S. 484 f.

396 Siehe dazu insbesondere auch die Untersuchung von *Bassler*, S. 488 und wie soeben mit weiteren Nachweisen beschrieben – S. 46; *Faure*, S. 91 ff.

397 Siehe allgemein mit weiteren Nachweisen zum Aktionärsaktivismus oben S. 22 ff., aber zum unsicheren empirischen Fundament siehe mit weiteren Nachweisen oben S. 41 ff.; sowie *Bassler*, S. 410 ff.

398 Zum unsicheren empirischen Fundament siehe allerdings mit weiteren Nachweisen oben S. 41 ff. und *Bassler*, S. 410 ff.

für die Gesamtwirtschaft sinnvoll erscheinen.[399] Sie sollen – gemeinsam – als weitere Basis für die Erwägungen dieser Arbeit dienen:

- Nach dem ökonomischen Begründungsansatz ist ein vermehrter Aktionärsaktivismus eine Lösung für die Problematik, die sich aus der Trennung von Eigentum und Verfügungsmacht in modernen Gesellschaften ergibt: Indem man denjenigen, die das Residualrisiko im Unternehmen tragen, nämlich den Anteilsinhabern, wieder mehr Einfluss zuspricht,[400] erhofft man sich, dass die Unternehmen weniger riskante und weitsichtigere Entscheidungen treffen, da für die Aktionäre mehr auf dem Spiel steht als für die mehr oder weniger „unbeteiligten" Manager.[401] Dies ist auch im Hinblick auf eine derzeit häufiger in den Medien hervorgehobenen Verschiebung des Machtgefüges[402] wesentlich: denn, wenn man diesen Begründungsansatz heranzieht, ist die Verschiebung des Machtgefüges von denen, die derzeit vor allem Leitungsmacht im Unternehmen besitzen – i.d.R. dem Vorstand – zu denjenigen die das Eigentum besitzen, also den Aktionären, sogar zwingend.
- Der zweite, neuere Begründungsansatz ist eher sozialwissenschaftlicher (bzw. gemeinwohlorientierter) Natur und appelliert an die mit den Vorzügen des Anteilseigentums einhergehende Verantwortung: Auch danach tragen institutionelle Anleger – etwa im Sinne der „Sozialbindung des Eigentums" – die Verantwortung für die Unternehmen, in die sie investiert haben, und sollten dementsprechend darauf hinwirken, dass diese langfristig und nachhaltig erfolgreich sind.[403] Gerade im Rahmen dieses neueren Begründungsansatzes wurden in den vergangenen Jahren speziell gemeinwohlbezogene Ziele mit eingeflochten, die sich auf sehr populäre und nicht zwingend immer einheitlich verstandene Schlagworte wie „Nachhaltigkeit", „ESG" und „CSR" berufen.[404] Mit solchen Zielsetzungen geht eine Verschiebung des Machtgefüges im Unternehmen nicht zwingend einher. Eine solche Sozialbindung und vermehrte Kontrolle kann jedoch gerade in Rechtsordnungen, die neben dem Leitungs- noch ein zusätzliches Kontrollorgan, wie den Aufsichtsrat in Deutschland, zu einer Verlagerung der Kontrollaktivitäten von diesem auf die Aktionäre – und in

399 Siehe dazu mit weiteren Nachweisen oben – S. 22 ff.

400 Siehe zum Zusammenführen von Eigentum und Leitungsmacht in Unternehmen mit weiteren Nachweisen oben S. 25 ff.

401 Siehe mit weiteren Nachweisen oben – S. 22 ff.

402 Siehe z.B. *Neuscheler*, FAZ vom 30. August 2019.

403 Siehe mit weiteren Nachweisen oben – S. 31 ff.

404 Siehe zu diesen neuen Tendenzen und eine kritische Einordnung der Verwendung dieser Begriffe auch mit weiteren Nachweisen oben S. 38 ff. und *Hell*, NZG 2019, S. 338, passim, zur Nachhaltigkeit auch *Ockert*, S. 90 ff.

diesem Fall die institutionellen Anleger als besonders geeignete „Kontrolleure“ führen.[405]

Beide Ansätze haben Stärken und Schwächen und werden auch nicht immer strikt getrennt – so ist es die Gemengelage und letztlich eine politische Entscheidung, die den Ausschlag für eine gesetzgeberische Förderung der Aktionärsaktivitäten geben wird.[406]

Den Begründungsansätzen allgemein stehen – insbesondere in der Literatur – viele Gegner mit unterschiedlichen Argumenten entgegen:[407] Während einige dieser Argumente struktureller Natur sind und sich kaum entkräften lassen, kann vielen jedoch abgeholfen werden.[408] So müssen letztlich die Kritikpunkte bei einer Regulierungsentscheidung stets mit berücksichtigt werden und schaffen damit die notwendigen regulatorischen Rahmenbedingungen.[409]

II. Die besondere Eignung institutioneller Anleger als aktive Aktionäre

Institutionelle Anleger gelten als bedeutende Akteure an den großen Finanzmärkten der Welt, ihre Handlungen werden von den anderen Teilnehmern aufmerksam verfolgt und können großen Einfluss auf die Entwicklung der Unternehmen, in die sie investieren, sowie auf die gesamte Marktentwicklung haben.[410]

1. Die historische Entwicklung des Finanzmarktes in Europa und Deutschland als Ausgangspunkt der Regulierungsbestrebungen

Der europäische Finanzmarkt war über Jahre hinweg von einigen besonderen Charakteristika geprägt: Insbesondere die starke Rolle der Banken ist dabei hervorzuheben.[411] Er unterscheidet sich deshalb von anderen internationalen Finanzmärkten,

---

405 Siehe zu der Problematik einer Kollision mit der bestehenden Kompetenzordnung auch mit weiteren Nachweisen unten S. 293 ff.

406 Siehe dazu mit weiteren Nachweisen oben insgesamt ab S. 22.

407 Siehe zu den Kritikpunkten mit weiteren Nachweisen oben – S. 41 ff.

408 Siehe zum weiteren Umgang mit den Kritikpunkten mit weiteren Nachweisen oben S. 47 ff.

409 Siehe zu diesem hier gefundenen Lösungsansatz ebenfalls mit weiteren Nachweisen oben S. 47 ff.

410 Vgl. *De Larosière – Bericht,* S. 11.

411 *Europäische Kommission,* Grünbuch Langfristige Finanzierung der Europäischen Wirtschaft – KOM(2013) 150 endg., S. 7; *Winkler,* S. 77.

wie beispielsweise den USA.[412] Dabei sind Banken gerade in Deutschland über viele Jahre hinweg die wichtigsten Finanzintermediäre gewesen.[413]

In Deutschland ist insbesondere die einzigartige netzwerkähnliche Struktur der Unternehmensfinanzierung zu nennen, die auch teils etwas abwertend als „Deutschland AG" bezeichnet wurde und über viele Jahrzehnte den Markt für Unternehmensfinanzierungen – dementsprechend meist über Fremdfinanzierung – in Deutschland geprägt hat.[414] Gemeint waren damit die wechselseitigen Verflechtungen von großen Finanz- und Industrieunternehmen bis zur Mitte der 1990er Jahre.[415] Teilweise waren die Verbindungen auch in Form von Ringen strukturiert, das heißt, dass nicht ein Unternehmen zugleich Anteile am anderen hielt, sondern ein „Unternehmen A" hielt Anteile an einem „Unternehmen B", dieses an „Unternehmen C" und „Unternehmen C" wiederum an „Unternehmen A".[416] Durch diese kaum durchschaubaren Überkreuzverflechtungen war es insbesondere für ausländische und private Investoren fast unmöglich, in irgendeiner Form Einfluss auf die Unternehmensführung zu nehmen, da auf diese Weise z. B. bestimmte kartellrechtliche Meldepflichten umgangen wurden.[417] An dieser Ringverflechtung waren auch die deutschen Großbanken beteiligt, die zugleich häufig über Depotstimmrechte abstimmten, um das Geflecht der Beteiligungen anderer Unternehmen nicht offenlegen zu müssen; so agierte statt der Anleger immer nur die Bank.[418] Trotz der vielen Nachteile der Verflechtung gab sie zumindest den deutschen Unternehmen Aussichten auf eine langfristige Finanzierung (durch immer die gleichen anderen Unternehmen) und damit eine langfristige Planungssicherheit.[419]

Erst durch das Ende dieser Verflechtungen, die in den neunziger Jahren durch Gesetzesänderungen unattraktiv gemacht wurden, wurde der Markt an deutschen Unternehmensanteilen nach und nach auch für ausländische und deutsche (institutionelle) Investoren interessanter, sodass sich erst ab dieser Zeit zunehmend und schwerpunktmäßig die Frage nach deren Aktivität stellte.[420] Zugleich entfiel allerdings auch die mit den Verflechtungen einhergehende Planungssicherheit der Unternehmen, weshalb eine Schwerpunktsetzung auf der Langfristigkeit der Anlegen nun auch gerade in Deutschland wichtiger geworden ist.[421]

---

412 *Hartmann*, S. 32 ff.

413 *Europäische Kommission*, Grünbuch Langfristige Finanzierung der Europäischen Wirtschaft – KOM(2013) 150 endg., S. 7; *Winkler*, S. 77.

414 *Adams*, AG 1994, S. 148 ff.; *Faure*, S. 26 ff.

415 *Adams*, AG 1994, S. 148, 149; *Faure*, S. 27.

416 *Adams*, AG 1994, S. 148, 149; zur Struktur allgemein auch *Hartmann*, S. 33 ff.

417 *Adams*, AG 1994, S. 148, 149 mit Skizze auf S. 150.

418 *Adams*, AG 1994, S. 148, 153; *Faure*, S. 30 – auch mit Hinweis auf die spätere Regulierung des Depotstimmrechts.

419 *Hartmann*, S. 34.

420 Von einer „globalen Orientierung" sprechend *Winkler*, S. 78; *Faure*, S. 28.

421 *Winkler*, S. 78.

2. Der Begriff „institutioneller Anleger"

Für die Analyse der bestehenden und geplanten Regelungen ist eine Definition des Regulierungsobjekts „institutioneller Anleger" erforderlich.[422] Alles andere würde die spätere Auslegung und Analyse der an dieser Anlegergruppe gerichteten Regelungen erheblich erschweren und kann zu einer starken Rechtsunsicherheit bei der Anwendung der neuen Regelungen führen.[423] Für das Finden einer Definition werden im Folgenden sowohl deutsche als auch britische Quellen analysiert, da gerade in Großbritannien eine frühe Auseinandersetzung mit dem Akteur „institutioneller Anleger" stattfand und die darauf basierenden Regelungen häufig als Vorbild für weitere Rechtssetzung dienten, wie an späterer Stelle dieser Arbeit noch thematisiert werden wird.[424]

a) Definition

aa) Legaldefinitionen

Eine ausdrückliche Legaldefinition gab es vor der Aktionärsrechterichtlinie 2017 und dem ARUG II in den Normen betreffend institutionelle Anleger nicht.[425]

(1) Britische Quellen

In britischen Quellen[426] gibt es eine Aufzählung, die einer „Legaldefinition" nahekommt, in s 1278 Companies Act 2006[427] („**CA 2006**"). Dort werden bestimmte Anlegerarten aufgezählt, auf die sich s 1277 CA 2006 bezieht. Genannt werden sogenannte *unit trusts*[428] („*unit trust schemes*")[429], offene Investmentgesellschaften[430]

---

422 So auch *Faure*, S. 35 ff., S. 40.

423 *Faure*, S. 41.

424 Siehe dazu mit weiteren Nachweisen insbesondere unten ab S. 92.

425 Noch kein Bezug genommen wird an dieser Stelle auf die neue Legaldefinition im neu eingefügten Art. 2 der Aktionärsrechterichtlinie 2017 sowie des Umsetzungsgesetzes, diese soll erst an späterer Stelle thematisiert werden, vgl. ab S. 127 und S. 121; *Faure*, S. 35.

426 Hier wurde bewusst von britischen Quellen gesprochen, obwohl teilweise unterschiedliche Rechtsordnungen in den einzelnen Teilen des Vereinigten Königreichs vorherrschen. Das Gesellschaftsrecht, insbesondere der CA 2006 gilt jedoch landesweit; die oben stehende Terminologie wurde verwendet, um dies zu unterstreichen.

427 Britisches Gesetz für Gesellschaftsrecht, final beschlossen am 8. November 2006.

428 Eine genaue Übersetzung dafür gibt es nicht, aber es handelt sich auch um eine offene Investmentgesellschaft, allerdings in der besonderen Form des britischen „Trust", vgl. dazu *Day/Harris*, S. 2 ff.

429 S 1278 (1) (a) CA 2006.

430 Übersetzung der Autorin.

(„open-ended investment companies")[431], Investment Trusts[432], Pensionsfonds[433], auf Dauer angelegte Versicherungsunternehmen[434] *(„long-term insurance businesses")*[435] und kollektive Anlagemodelle[436] *(„collective investment schemes")*.[437] Da diese Anlagearten allesamt zum Untertitel „Informationen bezüglich der Ausübung der Stimmrechte durch institutionelle Anleger"[438] (*„Information as to exercise of voting rights by institutional investors"*)[439] gehören, könnte man diese Aufzählung als gesetzgeberische Festlegung des Begriffs *„institutional investors"* verstehen. Aus s 1278 (2) CA 2006 wird aber ersichtlich, dass es sich nicht um eine abschließende Aufzählung handelt und somit auch später noch weitere Anleger darunter gefasst werden können. Auch im zentralen in Großbritannien an institutionelle Anleger gerichteten Akt der Normgebung, dem UK Stewardship Code for *Institutional Investors*[440], gibt es eine Aufzählung der regulierten *„asset owners"*[441]: *„pension funds, insurance companies, investment trusts and other collective investment vehicles"*.[442]

(2) Deutsche Quellen

Auch in den bisherigen deutschsprachigen Gesetzen – vor ARUG II – findet sich keine ausdrückliche, allgemeingültige Legaldefinition des Begriffs „institutioneller Anleger", allerdings wird er an wenigen Stellen zumindest verwendet ohne dass es weitere Erläuterungen dazu gibt.[443] Eine „indirekte" Aufzählung gibt es in § 67 Abs. 2 S. 2 Nr. 1 lit. g WpHG (früher § 31a Abs. 2 S. 2 Nr. 1 lit. h WpHG)[444]. Dort ist

431 S 1278 (1) (b) CA 2006.
432 S 1278 (1) (c) CA 2006.
433 S 1278 (1) (d) CA 2006.
434 Übersetzung der Autorin.
435 S 1278 (1) (e) CA 2006.
436 Übersetzung der Autorin.
437 S 1278 (1) (f) CA 2006.
438 Übersetzung der Autorin zu: Vor S 1277 CA 2006.
439 S 1277 CA 2006.
440 *FRC*, UK Stewardship Code 2012, passim; vgl. dazu mit weiteren Nachweisen auch unten ab S. 161.
441 *FRC*, UK Stewardship Code 2012, S. 2 Nr. 2.
442 *FRC*, UK Stewardship Code 2012, S. 1 Nr. 6.
443 Der Begriff „institutionelle Anleger" wird bzw. wurde in verschiedenen Normen (§ 20 FMStBG sowie in alten Fassungen des § 5 Abs. 2 WpÜG, § 31a Abs. 2 S. 2 Nr. 1 lit. h WpHG) erwähnt, eine Definition gibt es aber nicht in den dazu einschlägigen Gesetzesmaterialien; darauf ausführlich verweisend: *Bassler*, S. 49 ff.; *Faure*, S. 36 mit Verweis auf *Bassler*. Nur der Verweis auf § 20 FMStBG ist aufgrund einiger Gesetzesänderungen noch aktuell.
444 So noch zitiert von *Bassler*, S. 49.

im Abschnitt 11 *„Verhaltenspflichten, Organisationspflichten, Transparenzpflichten“* geregelt, was unter „Kunden“ zu verstehen ist (Hervorhebung durch Autorin):

> *„(2) Professionelle Kunden im Sinne dieses Gesetzes sind Kunden, die über ausreichende Erfahrungen, Kenntnisse und Sachverstand verfügen, um ihre Anlageentscheidungen zu treffen und die damit verbundenen Risiken angemessen beurteilen zu können. Professionelle Kunden im Sinne des Satzes 1 sind*
> *1. Unternehmen, die als*
> *a) Wertpapierdienstleistungsunternehmen,*
> *b) sonstige zugelassene oder beaufsichtigte Finanzinstitute,*
> *c) Versicherungsunternehmen,*
> *d) Organismen für gemeinsame Anlagen und ihre Verwaltungsgesellschaften,*
> *e) Pensionsfonds und ihre Verwaltungsgesellschaften,*
> *f) Börsenhändler und Warenderivatehändler,*
> *g)**sonstige institutionelle Anleger**, deren Haupttätigkeit nicht von den Buchstaben a bis f erfasst wird,*
> *im Inland oder Ausland zulassungs- oder aufsichtspflichtig sind, um auf den Finanzmärkten tätig werden zu können;*
> *(…)“*[445]

Es handelt sich somit um keine direkte Legaldefinition, aber durch die Aussage in lit. g) „sonstige institutionelle Anleger“ wird deutlich, dass der Gesetzgeber davon ausging, dass die in a) bis f) aufgezählten Anleger auch „institutionelle Anleger“ sind.[446]

Im Kapitalanlagegesetzbuch gibt es eine Definition, die sich auch der von institutionellen Anlegern annähert, allerdings mit „professionellen“ bzw. „semiprofessionellen Anlegern“ überschrieben ist. In § 1 Abs. 19 Nr. 32 und 33 KAGB finden sich die folgenden Erläuterungen in Abgrenzung zu den „Privatanlegern“ in Nr. 31:

> *„32. Professionelle Anleger*
> *Professioneller Anleger ist jeder Anleger, der im Sinne von Anhang II der Richtlinie 2014/65/EU als professioneller Kunde angesehen wird oder auf Antrag als ein professioneller Kunde behandelt werden kann.“*
> *„33.Semiprofessioneller Anleger ist*
> *a) jeder Anleger,*
> *aa) der sich verpflichtet, mindestens 200 000 Euro zu investieren,*
> *bb) der schriftlich in einem vom Vertrag über die Investitionsverpflichtung getrennten Dokument angibt, dass er sich der Risiken im Zusammenhang mit der beabsichtigten Verpflichtung oder Investition bewusst ist,*

---

445 Hervorhebungen durch die Verfasserin.

446 Dasselbe Argument galt auch für die alte Fassung in §31a Abs. 2 WpHG vgl. *Bassler,* S. 49 f.; *Faure,* S. 37.

cc) dessen Sachverstand, Erfahrungen und Kenntnisse die AIF-Verwaltungsgesellschaft oder die von ihr beauftragte Vertriebsgesellschaft bewertet, ohne von der Annahme auszugehen, dass der Anleger über die Marktkenntnisse und -erfahrungen der in Anhang II Abschnitt I der Richtlinie 2014/65/EU genannten Anleger verfügt,
dd) bei dem die AIF-Verwaltungsgesellschaft oder die von ihr beauftragte Vertriebsgesellschaft unter Berücksichtigung der Art der beabsichtigten Verpflichtung oder Investition hinreichend davon überzeugt ist, dass er in der Lage ist, seine Anlageentscheidungen selbst zu treffen und die damit einhergehenden Risiken versteht und dass eine solche Verpflichtung für den betreffenden Anleger angemessen ist, und
ee) dem die AIF-Verwaltungsgesellschaft oder die von ihr beauftragte Vertriebsgesellschaft schriftlich bestätigt, dass sie die unter Doppelbuchstabe cc genannte Bewertung vorgenommen hat und die unter Doppelbuchstabe dd genannten Voraussetzungen gegeben sind,
b) ein in § 37 Absatz 1 genannter Geschäftsleiter oder Mitarbeiter der AIF-Verwaltungsgesellschaft, sofern er in von der AIF-Verwaltungsgesellschaft verwaltete AIF investiert, oder ein Mitglied der Geschäftsführung oder des Vorstands einer extern verwalteten Investmentgesellschaft, sofern es in die extern verwaltete Investmentgesellschaft investiert,
c) jeder Anleger, der sich verpflichtet, mindestens 10 Millionen Euro in ein Investmentvermögen zu investieren,
d) jeder Anleger in der Rechtsform
aa) einer Anstalt des öffentlichen Rechts,
bb) einer Stiftung des öffentlichen Rechts oder
cc) einer Gesellschaft, an der der Bund oder ein Land mehrheitlich beteiligt ist,
wenn der Bund oder das Land zum Zeitpunkt der Investition der Anstalt, der Stiftung oder der Gesellschaft in den betreffenden Spezial-AIF investiert oder investiert ist.“

Gegen eine Verwendung als Definition für den gesamten deutschen Sprachraum spricht aber Folgendes:

- Neben dem offensichtlichen Argument, dass „institutionelle“ nicht identisch sein müssen mit „professionellen“ Anlegern, wird zum einen vorliegend eine weitere Differenzierung vorgenommen, die sonst bei institutionellen Anlegern nicht gemacht wird, namentlich die weitere Unterscheidung zwischen „professionellen“ und „semi-professionellen Anlegern“.
- Überdies ist die Definition für „professionelle“ Anleger lediglich ein Verweis auf eine europäische Richtlinie.[447]
- Vor allem aber sagt § 1 Abs. 19 KAGB ausdrücklich, dass die Definition „nur für die Zwecke dieses Gesetzes“ gelten soll. Eine Übertragung auf andere Sachzusammenhänge ist also auch vom Gesetzgeber nicht vorgesehen.

447 RL 2014/65/EU v. 15.05.2014, Abl. 2014 L 173/349 bzw. MiFID („Markets in Financial Instruments Directive“).

(3) Fazit

Festzuhalten ist, dass es sowohl in Großbritannien als auch in Deutschland – vor ARUG II – zwar verschiedene begriffliche Annäherungen an eine Definition des Begriffs institutionelle Anleger in den einschlägigen Gesetzen gibt, die sich aber alle aus verschiedenen Gründen nicht für eine allgemeingültige Definition eignen.

bb) Aufzählungen

Viele der Veröffentlichungen, die sich mit institutionellen Anlegern befassen, stellen eine Aufzählung und keine Definition im klassischen Sinn[448] der behandelten Anlegergruppen voran.[449] Dabei wird deutlich, dass es in verschiedenen Rechtskreisen verschiedene Verständnisse des Begriffs geben kann.[450] Ein Aufsatz aus dem Jahr 2003 weist darauf hin, dass – zumindest damals – in den Vereinigten Staaten unter dem Begriff institutionelle Anleger hauptsächlich Pensions- und Investmentfonds verstanden wurden, wohingegen in Großbritannien mit *„institutional investors"* häufig Versicherungsunternehmen gemeint waren und in Deutschland „Banken" die erste Assoziation waren.[451]

(1) Aufzählungen in Veröffentlichungen

In der Literatur und in anderen einschlägigen Veröffentlichungen gibt es eine ganze Reihe dieser Aufzählungen:

In der englischsprachigen Literatur nennt *Davies* als *„institutional investors"*: *„pension funds und insurance companies"*[452]. *Monks* und *Minow* stellen in ihrem Lehrbuch zu Corporate Governance eine Liste der Anleger zusammen, die in den USA die größten Eigenkapitalanteile halten.[453] Dies waren (neben dem Household Sector): *Mutual Funds, Private Pensions Funds, State/Local Pension Funds* und *Insurance Companies.*[454] *Mallin* hat eine ähnliche Aufzählung für Großbritannien

---

448 *Rüthers/Fischer/Birk,* Rn. 197; *Faure,* S. 39 f.

449 Als Überblick – im englischsprachigen Raum: *Mallin,* S. 122; *Clarke, S. 152 ff.,* Tabelle auf S. 154; *Arsalidou,* Rethinking Corporate Governance, S. 143; *Davies/Worthington,* Rn. 15–24; *Monks/Minow,* S. 144; *OECD,* The Role of Institutional Investors in Promoting Good Corporate Governance, S. 22; *Davis/Steil,* S. 14. Im deutschsprachigen Raum: *Immenga,* Aktiengesellschaft, Aktionärsinteressen und institutionelle Anleger, 1971, S. 24; *Steiger,* S. 27; *Schmolke,* ZGR 2007, S. 701, 705 f.; *Winkler,* S. 33.

450 Hopt/Wymeersch-*Garrido,* S. 449, 452.

451 Hopt/Wymeersch-*Garrido,* S. 449, 452.

452 *Davies/Worthington,* Rn. 15-1 ff.

453 *Monks/Minow,* S. 144, dabei stützen sie sich auf eine Veröffentlichung *Flow of Funds* der US Federal Reserve aus dem Jahr 2010 (Second Quarter), *Federal Reserve,* Flow of Funds Report – Second Quarter 2010.

454 *MonksMinow,* S. 144.

zusammengestellt:[455] Dort sind es *Overseas Investors*, andere *Financial Institutions, Insurance Companies, Pension Funds* und *Unit Trusts*, die neben Individuen die größten Anteile halten.[456] Auch *Davis* und *Steil* nennen als Hauptgruppen: *pension funds, life insurance companies* und Formen von *mutual funds*.[457] Ebenso finden sich in den einschlägigen Veröffentlichungen der OECD *„mutual funds, investment companies, pension funds and asset managers"*[458], mit der Einschränkung, dass Letztere nicht in ihrem eigenen Namen investierten.[459] Ferner werden *Hedgefonds* und *Private-Equity*-Unternehmen genannt, sofern diese eher Anlagen tätigen als Anteile ausgeben.[460]

In der deutschsprachigen Literatur nennen *Baums/Fraune* Banken, Versicherungen, Investmentfonds und Pensionsfonds (weiter definiert als berufsständische Versorgungswerke, die Zusatzversorgungseinrichtungen im öffentlichen Dienst sowie Pensionskassen und Unterstützungskassen) als inländische institutionelle Anleger.[461] *Steiger* zählt zu den institutionellen Anlegern *„grundsätzlich (...) private Versicherungen, Pensionskassen bzw. Pensionsfonds, Kapitalanlagegesellschaften"*.[462] Nicht finanzielle Unternehmungen, Stiftungen und öffentliche Haushalte sowie Kreditinstitute nennt er zwar, schließt sie anschließend entweder aus strukturellen oder Praktikabilitätsgründen wieder von seiner Untersuchung aus.[463] Eine Negativabgrenzung nimmt er zu Sozialversicherungen, Vermögensverwaltungsgesellschaften, Verbänden und Zentralbanken vor.[464]

(2) Fazit

Die Aufzählungen sind ein Startpunkt, um den Begriff „institutioneller Anleger" auszufüllen, eignen sich aber nicht für eine nachhaltige Begriffsklärung: Die Unterschiede in Großbritannien und Deutschland sind aktuell nicht mehr groß.[465]

---

455 *Mallin*, S. 122 – basierend auf den Statistiken des Office for National Statistics (ONS) aus dem Jahr 2017.

456 *Mallin*, S. 122 – basierend auf den Statistiken des Office for National Statistics (ONS) aus dem Jahr 2017.

457 *Davis/Steil*, S. 14.

458 *OECD*, The Role of Institutional Investors in Promoting Good Corporate Governance, S. 22.

459 *OECD*, The Role of Institutional Investors in Promoting Good Corporate Governance, S. 22.

460 *OECD*, The Role of Institutional Investors in Promoting Good Corporate Governance, S. 22.

461 *Baums/Fraune*, Institutionelle Anleger und Publikumsgesellschaft, S. 1.

462 *Steiger*, S. 27.

463 *Steiger*, S. 27.

464 Mit Verweis auf *Schiereck*, Sparkasse 1992, S. 393; *Steiger*, S. 27.

465 Siehe dazu mit weiteren Nachweisen oben ab S. 56.

Immer wieder sind es vor allem drei Typen, die „traditionell“[466] mit dem Begriff „institutioneller Anleger“ in Verbindung gebracht werden.[467] Das sind die Pensionsfonds, auf Langfristigkeit angelegte Versicherungsunternehmen und teilweise Investmentfonds.[468]

Die Meinungen hinsichtlich der Zugehörigkeit der restlichen genannten Anleger zu der Anlegergruppe, insbesondere bezüglich der Einordnung von Hedgefonds und Banken, aber auch Börsenhändler oder Wertpapierderivatehändler, sind hingegen uneinheitlich.[469] Eine bloße Aufzählung zur Erklärung eines Begriffs ist dabei sowohl mit Vor- als auch Nachteilen verbunden:

- Auf der einen Seite ist bei einer Enumeration eindeutig, wer von der Definition umfasst ist, was eine gewisse Rechtssicherheit bietet.[470]
- Andererseits wird aus der Aufzählung von nur einigen Anlegergruppen allein nicht deutlich, nach welchen Kriterien dies erfolgte.[471] Demzufolge haftet diesem Vorgehen immer eine gewisse Willkür an, sofern die Wahl nicht zumindest begründet wird.[472] Durch die fehlende Begründung wird auch eine zukünftige Auslegung, z. B. in Zweifelsfällen, schwierig.[473]

cc) Abstrakte Definition institutioneller Anleger

Die klassische Art und Weise der Begriffsklärung im „aristotelischen Sinn“[474], die sich aus dem nächsthöheren Gattungsbegriff und den spezifischen Besonderheiten zusammensetzt,[475] findet sich auch in einigen Veröffentlichungen.[476] Sie sind jedoch nicht einheitlich und widersprechen sich gar teilweise: Verschiedene

---

466 *Schmolke*, ZGR 2007, S. 701, 706.

467 Siehe dazu mit weiteren Nachweisen oben ab S. 56.

468 *Schmolke*, ZGR 2007, S. 701, 706.

469 Mit der Einordnung dieser Gruppen wird sich im Rahmen der typischen Charakteristika noch auseinanderzusetzen sein – vgl. dazu z. B. ab S. 62.

470 So *Bassler*, S. 35. Dies gilt allerdings nur, solange die aufgezählten Begriffe wiederum eindeutig bestimmbar sind; in diesem Fall müsste allerdings ganz klar sein, wer z. B. unter Pensionsfonds verstanden wird. Damit wird sich später noch genauer auseinanderzusetzen sein – vgl. dazu ab S. 64.

471 *Bassler*, S. 35.

472 *Bassler*, S. 35.

473 *Bassler*, S. 35.

474 *Rüthers/Fischer/Birk*, Rn. 197.

475 *Rüthers/Fischer/Birk*, Rn. 197.

476 *Bassler*, S. 81 mit einer sehr umfangreichen Herleitung; *Schiereck*, Sparkasse 1992, 393; *Kolat*, S. 15; *Europäische Kommission*, Grünbuch – Europäischer Corporate Governance Rahmen – KOM (2011) 164 endg., S. 13 in Fußnote 47 – vgl. auch der entsprechende Hinweis von *Faure*, S. 39.

Unterscheidungsmerkmale werden allerdings wiederholt in den einschlägigen Arbeiten herausgearbeitet und im Folgenden vorgestellt – dieses Vorgehen ist vorzugswürdig aufgrund seiner guten Differenzierbarkeit und aus den Gemeinsamkeiten können Anhaltspunkte des für diese Arbeit geltenden Begriffsverständnisses gezogen werden.[477] Im Folgenden soll noch einmal im Detail auf die besonders häufig genannten Kriterien eingegangen werden, wie es insbesondere in der neueren Literatur zum Thema präferiert wird:[478] Oberbegriff der Rechtsperson/Organisationsform,[479] Fremdnützigkeit,[480] Professionalität,[481] Anlagevolumen,[482] Fristenkongruenz[483].

(1) Fremdnützigkeit/Treuhandverhältnis

Ein häufig in Definitionen vorkommendes Merkmal ist das der Fremdnützigkeit[484], also der Anlage von fremdem Kapital im eigenen Namen, teilweise auf fremde Rechnung.[485] Es ist zugleich gedankliche Grundlage der Begründung des Regulierungsbedarfs mittels des Prinzipal-Agenten-Konzepts.[486]

Umschrieben wird mit diesem Abgrenzungsmerkmal vor allem die Tätigkeit der institutionellen Anleger, Geld von anderen Anlegern zu sammeln[487] und dieses im eigenen Namen möglichst gewinnbringend in dritte Unternehmen, auch Portfolio- oder Beteiligungsunternehmen[488] genannt, zu investieren.[489] Bei manchen, nicht aber bei allen Typen institutioneller Anleger[490] verbleibt das Risiko

477 *Bassler*, S. 81 mit einer sehr umfangreichen Herleitung.

478 Vgl. dazu z.B. *Winkler*, S. 32 f. und *Bassler*, S. 81 f.; *Faure*, S. 39 ff.

479 *Winkler*, S. 32; *Bassler*, S. 81; *Schiereck*, Sparkasse 1992, S. 393 ff.

480 *Bassler*, S. 81; *Schmolke*, Hedgefonds, ZGR 2007, S. 701, 705; *Faure*, S. 42.

481 *Schiereck*, Sparkasse 1992, S. 393 f; *Bassler*, S. 81; *Faure*, S. 44.

482 *Davis/Steil*, S. 13; *Bassler*, S. 82; *Faure*, S. 43.

483 *Davis/Steil*, S. 13.

484 Diesen Begriff verwendet z. B. *Schmolke*, Hedgefonds, ZGR 2007, S. 701, 705 oder auch in neuerer Literatur herausstellend: Grigoleit/*Splinter*, AktG, § 134a, Rn. 1; *Faure*, S. 42 f.

485 *Schmolke*, Hedgefonds, ZGR 2007, S. 701, 705; Ott-*Engert*, 198, 211; *Schiereck*, Sparkasse 1992, S. 393 f.; *OECD*, The Role of Institutional Investors in Promoting Good Corporate Governance, S. 9; *Winkler*, S. 32; *Bassler*, S. 81.

486 Ausführlich den Zusammenhang schildernd: Ott-*Engert*, 198, 211. Näheres dazu an späterer Stelle auf S. 22 ff.; auf Interessenkonflikte verweisend: *Faure*, S. 43.

487 *Winkler*, S. 32; *Faure*, S. 43 – von *„Kapitalsammelfunktion"* sprechend.

488 So z. B. bei *Bassler*, 2015, passim (im Titel) und *Winkler*, 2008, S. 36, der sie sowohl als Portfolio- als auch als Beteiligungsunternehmen bezeichnet.

489 *Schiereck*, Sparkasse 1992, S. 393.

490 *Davis/Steil*, S. 18.

von Gewinnen und Verlusten, das Residualrisiko, beim Endanleger („auf fremde Rechnung").[491]

Aufgrund dieser fremdnützigen Kapitalsammel- und Verwaltungsfunktion besteht somit zwischen dem Endanleger und dem institutionellen Anleger ein Verhältnis, das gewissen Treuepflichten unterliegt.[492] Wie weit diese Treuepflichten zwischen den Beteiligten gehen, bestimmt sich nach ihren speziellen vertraglichen sowie aus der allgemeinen Interpretation von „Treuepflichten", die derzeit auch in diesem Kontext viel diskutiert wird.[493] Sofern die Terminologie „Fremdnützigkeit" zugleich einen altruistischen Beiklang hat, ist dies allerdings irreführend:[494] Selbstverständlich gibt es auch für den Anleger selbst einen *„business case"*: Die institutionellen Anleger profitieren von ihrer Tätigkeit, indem sie dem Endanleger ihre Verwaltungs- und Anlagetätigkeit in Rechnung stellen – bei Versicherungen erfolgt dies durch die Versicherungsprämie, bei Pensionsfonds und Investmentfonds durch die Verwaltungsgebühren.[495] Das Merkmal der Fremdnützigkeit grenzt die institutionellen Anleger insbesondere von im eigenen Namen handelnden Privataktionären ab.[496]

(2) Professionalität

Unmittelbar auf die Handlungen bezogen und damit prägendes Kriterium ist das der „professionellen Ausstattung"[497] bzw. der „professionellen Vermögensverwaltung"[498] oder des „Know-how".[499] Es fungiert wie auch die „Fremdnützigkeit" als

---

491 *Davis/Steil*, S. 18.

492 *Winkler*, S. 32; *Davis/Steil*, S. 14.

493 Viele Denkanstöße liefernd: *Hawley*, Cambridge Handbook of Institutional Investment and Fiduciary Duty, passim; siehe dazu mit weiteren Nachweisen auch unten ab S. 166.

494 Blommestein/Funke-*Blommestein*, S. 29, 70.

495 Blommestein/Funke-*Blommestein*, S. 29, 70.

496 Blommestein/Funke-*Blommestein*, S. 29, 70.

497 *Schiereck*, Sparkasse 1992, S. 393 f.; *Deutsche Bundesbank*, Monatsbericht April 1998, S. 56.

498 *Faure*, S. 44 f.

499 Diese „materielle" Interpretation im Sinne von Ausstattung ist jedoch nicht die einzig vertretene. So legt *Bassler*, S. 49, diesen Begriff – im Rahmen der Verwendung in § 31a WpHG a. F. (§ 67 WpHG n. F.) – als „gewerbsmäßig" und „kommerziell" aus. Dabei bezieht er sich jedoch vorrangig auf die Verwendung dieses Begriffs in der speziellen Norm und grenzt ihn zum Verständnis von „Sachkundigkeit" ab. Während die Argumente in jenem spezifischen Kontext überzeugen, so wird aus den bereits oben genannten Quellen deutlich, dass diese Begrenzung für das gesamte Verständnis der Eigenschaften von institutionellen Anlegern zu eingeschränkt wäre.

Abgrenzung zu Privatanlegern und dient der Verdeutlichung der besonderen Qualifikation der Anleger als aktive Aktionäre im Beteiligungsunternehmen.[500]

Während Privatanleger sich hauptsächlich auf die öffentlich zugänglichen Quellen verlassen, um die notwendigen Informationen für ihre Anlageentscheidung zu erhalten, und mit den großen Datenmengen meist eine gewisse Überforderung[501] einhergeht,[502] haben institutionelle Anleger ob ihrer Größe und Ausstattung die Möglichkeit, zusätzliche Informationen in informellen persönlichen Gesprächen und durch Analyse des Beteiligungsunternehmens zu erhalten.[503] Es fällt ihnen durch verschiedene technische Mittel bzw. speziell dafür ausgebildete Angestellte leichter, die häufig nur schwer verständlichen Informationen der Unternehmen[504] zu ihren Gunsten aufzubereiten, zu verarbeiten und als Grundlage einer qualifizierten Entscheidung zu nutzen.[505] Andererseits besteht auch das Risiko, dass sie aufgrund bereits konkreter Strategien und Vorgehensweisen mit den Beteiligungsunternehmen ein herausfordernderer Geschäftspartner als beispielsweise der typische Einzelaktionär sind.[506]

(3) Organisationsform

Das Abgrenzungskriterium der Organisationsform wird nicht einheitlich verwandt. Im Kern geht es dabei darum, im Rahmen einer klassischen Definition einen Oberbegriff/Gattungsbegriff[507] für die Anlegerkategorie zu finden.

Der am weitesten reichende ist der Begriff der *„organisierten Wirtschaftseinheit“*[508], der auch mit *„einer gewissen organisatorischen Verbundenheit“*[509] einhergeht und eigentlich nur eine Rechtsfähigkeit voraussetzt.[510]

500 Gerade darauf gründet sich später die Sonderstellung der institutionellen Anleger als Aktionäre, sodass auch insofern eine Reduktion auf die Gewerblichkeit, wie sie Bassler (*Bassler, S.* 48 f., 76) vornimmt, nicht den tatsächlichen Eigenschaften gerecht würde.

501 *Möllers/Kernchen*, ZGR 2011, S. 1, 9.

502 *Gassen/Schwedler*, Survey: The View of European Professional Investors and their Advisors – Attitudes towards Fair Value and Other Measurement Concepts, S. 11; *Bassler*, S. 425.

503 *Bassler*, S. 425.

504 *Bassler, S.* 425 f.

505 *Davis/Steil*, S. 13; *Faure*, S. 45.

506 *Faure*, S. 45, S. 97 – zudem auf die erst dadurch herbeigeführte Machverschiebung hinweisend.

507 Dies bezieht sich auf die bereits oben erwähnte „klassische“ Definitionslehre – *Rüthers/Fischer/Birk*, Rn. 197.

508 *Bassler*, S. 58 Wie unter eine organisatorische Verbundenheit auch eine natürliche Person zu fassen ist, wird aus Basslers Erläuterungen hingegen nicht ganz deutlich.

509 *Bassler*, S. 58.

510 *Bassler*, S. 58.

In weiteren Quellen findet sich der Oberbegriff „Finanzintermediär".[511] Dieser bezieht sich auf die bereits oben genannte charakteristische Tätigkeit des „vermittelnden Dazwischentretens" im Rahmen des Anlegens für andere[512] und geht somit über die Einordnung als bloße Organisationseinheit hinaus. Finanzintermediäre sind also Einrichtungen, die *„Kapital von Anlegern entgegennimmt und an Kapitalgeber weitergibt"*.[513]

Schließlich gibt es noch den Gattungsbegriff „juristische Person".[514] Er soll den Gegensatz zu privaten Anlegern verdeutlichen und wird daraus abgeleitet, dass eine Einrichtung wie ein professioneller Anleger schon der Wortbedeutung nach keine natürliche Person sein kann.[515]

Dass alle institutionellen Anleger eine irgendwie geformte Organisationseinheit sind, wird in der Literatur ob der Weite des Begriffs nicht bestritten – der Vorschlag wird durch die Auslegung des § 67 Abs. 2 S. 2 Nr. 1 WpHG a. E. gestützt, der auch den Begriff „institutionelle Anleger" umfasst.[516]

Allerdings ist es diese Weite, die den Begriff als Abgrenzungsmerkmal nicht ausreichend erscheinen lässt, da damit keine zusätzliche Abgrenzung vorgenommen wird; die Funktionsbeschreibung als Finanzintermediär ist ebenfalls sehr weit.[517] Allerdings enthält sie im Vergleich zur „organisierten Wirtschaftseinheit" ein zusätzliches deskriptives Element – somit ist sie insofern gegenüber dem weiter gefassten Begriff in der Funktion als Abgrenzungsmerkmal spezieller und damit vorzugswürdig.[518]

Die Eingrenzung auf „juristische Personen" als Gattungsbegriff für institutionelle Anleger ist hingegen zu einschränkend und abzulehnen.[519] Typischerweise handeln institutionelle Anleger zwar als juristische Personen, gleichwohl gibt es keine überzeugenden Argumente dafür, Einzelunternehmen bzw. Personengesellschaften auszuschließen, sofern diese ebenfalls auf professionelle Art fremdes

---

511 *Winkler*, S. 32; Blommestein/Funke-*Blommestein*, S. 29, 69.

512 Siehe Abschnitt zum Merkmal „Fremdnützigkeit" mit weiteren Nachweisen oben ab S. 58.

513 *Hartmann-Wendels/Pfingsten/Weber*, S. 3. Diese unterscheiden zudem zwischen dem hier verwendeten engen Begriff des Finanzintermediärs und dem weiten Begriff, der auch solche Akteure erfasst, die den Handel erleichtern.

514 *Schiereck*, Sparkasse 1992, S. 393 ff.

515 *Schiereck*, Sparkasse 1992, S. 393 f.

516 *Bassler*, S. 58. Grundsätzlich ist diese argumentative Beschränkung auf den Wortlaut und die Systematik einer einzigen Norm zur Konkretisierung des Untersuchungsobjekts indes kritisch zu sehen, da dieser Kontext in einem anderen Zusammenhang nicht mehr zwingend gelten muss.

517 *Winkler*, S. 32; Blommestein/Funke-*Blommestein*, S. 29, 69.

518 *Winkler*, S. 32; Blommestein/Funke-*Blommestein*, S. 29, 69.

519 *Bassler*, S. 57.

Kapital anlegen.[520] Somit würde die Funktion des Abgrenzungsmerkmals fehlgehen und ist nicht zu verwenden. Die Bezeichnung „Finanzintermediär“, wie von *Winkler* und *Blommestein* verwendet,[521] ist somit vorzugswürdig.[522]

(4) Anlagevolumen und Diversifikation

Das Abgrenzungsmerkmal „Anlagevolumen“ bzw. „Größe“ wird von den wirtschaftswissenschaftlichen Autoren *Davis* und *Steil* in die Diskussion eingebracht.[523] *Schiereck* spricht davon, dass die verwalteten Portefeuilles „überdurchschnittlich hohe Volumina“[524] hätten.[525] Auch bei den Veröffentlichungen der *Deutschen Bundesbank* und der *BaFin* ist dieses Merkmal Bestandteil der Definition.[526] Ebenso wird dieses Merkmal von *Splinter* in der neueren Literatur und Kommentierung zu § 134a ff. AktG herausgestellt.[527]

Bedeutend sei die Größe des Anlagevolumens, die es für die institutionellen Investoren möglich mache, *economies of scale* auszunutzen.[528] In zweierlei Hinsicht sei dies insbesondere möglich: Zum einen könnten sie Transaktionen in großen Mengen durchführen und dadurch günstige Konditionen hinsichtlich der Gebühren erreichen.[529] Zum anderen stünden ihnen dadurch besonders große und unteilbare Investitionen offen, zu denen Kleinanleger keinen Zugang erhielten.[530] Die Größe gebe den Institutionellen auch mehr Einfluss, sowohl in den Beteiligungsunternehmen als auch bei den anderen Kapitalmarktintermediären.[531] Dies könnten sie nutzen, um sich eine faire Behandlung durch die anderen Marktteilnehmer zu sichern, Transaktionskosten zu reduzieren und die Geschicke des Beteiligungsunternehmens in ihrem Sinn zu beeinflussen.[532]

---

520 Mit diesem Argument auch *Bassler*, S. 57, der darüber hinaus auch wiederum auf eine Auslegung der Begriffsverwendung in § 31a Abs. 2 Nr. 1 lit. g) WpHG (jetzt: § 67 WpHG) eingeht; dieser Vorgehensweise wird aus dem in Fn. 76 genannten Argument vorliegend nicht gefolgt.

521 *Winkler*, S. 32; Blommestein/Funke-*Blommestein*, 29, 69.

522 *Winkler*, S. 32; Blommestein/Funke-*Blommestein*, 29, 69.

523 *Davis/Steil*, S. 13; später auch *Faure*, S. 43 f.

524 *Schiereck*, Sparkasse 1992, S. 393 ff.

525 *Schiereck*, Sparkasse 1992, S. 393 ff.

526 *BaFin*, Erläuterungen zu den MaRisk 2012, S. 59; *Deutsche Bundesbank*, Monatsbericht April 1998, S. 56.

527 Grigoleit/*Splinter*, AktG, § 134a, Rn. 1.

528 *Davis/Steil*, S. 13; *Deutsche Bundesbank*, Monatsbericht April 1998, S. 56.

529 *Davis/Steil*, S. 13.

530 *Davis/Steil*, S. 13.

531 *Davis/Steil*, S. 13.

532 *Davis/Steil*, S. 13.

(5) Fristenkongruenz

Ein weiteres, eher selten erwähntes Abgrenzungsmerkmal ist das der Fristenkongruenz – dabei geht es um ein Abgrenzungsmerkmal der institutionellen Anleger von Banken.[533]

Banken haben klassischerweise als zentrale volkswirtschaftliche Funktion die Fristentransformation, namentlich die Umwandlung von kurzfristigen Finanzanlagen (z. B. von Kleinanlegern) in langfristige Kredite (z. B. an Unternehmen).[534] Dies birgt das Risiko, dass, während die Banken langfristig Kredite ausgegeben haben, die kurzfristigen Kapitaleinlagen wegfallen.[535] Das ist beispielsweise bei *„bank runs"* der Fall, wenn sich plötzlich alle Anleger Bargeld auszahlen lassen möchten, die Banken aber das langfristig gebundene Kapital nicht so schnell freisetzen können.[536] Pensionsfonds und Lebensversicherungen hingegen zeichnen sich in vielen Fällen durch eine Arbeit in Fristenparallelität bzw. Fristenkongruenz aus[537] und folgen dabei der konservativen „goldenen Bankregel"[538].[539] Im Gegensatz zur Fristentransformation arbeiten sie mit einem Gleichlauf in der Finanzierung, die Dauer ihrer Kapitalanlagen entspricht damit häufig der Dauer des in sie eingezahlten Kapitals.[540] Damit sind sie von *„runs"*, wie oben beschrieben, nicht in der gleichen Weise betroffen.[541]

Dieses Abgrenzungsmerkmal birgt an verschiedenen Stellen Unschärfen: So können auch Banken – unabhängig von ihrer volkswirtschaftlichen Funktion –fristenkongruente Anlagen tätigen[542] und es ist nicht fernliegend, dass Pensionsfonds und Lebensversicherungen – in ihren engen regulatorischen Möglichkeiten – Investitionen tätigen, die nicht fristenkongruent erfolgen.[543] Dennoch besteht der Unterschied in vielen Fällen.[544]

533 *Davis/Steil,* S. 13.
534 *Wöhe/Döring/Brösel,* S. 596.
535 *Wöhe/Döring/Brösel,* S. 596.
536 *Davis/Steil,* S. 13.
537 *Davis/Steil,* S. 13; Blommestein/Funke-*Blommenstein, S.* 15, 38.
538 *Wöhe/Döring/Brösel,* S. 596.
539 *Davis/Steil,* S. 13; Blommestein/Funke-*Blommenstein,* S. 15, 38.
540 *Davis/Steil,* S. 13; *Europäische Kommission,* Grünbuch Langfristige Finanzierung der Europäischen Wirtschaft – KOM(2013) 150 endg., S. 10; Blommestein/Funke-*Blommestein,* 15, 38.
541 *Davis/Steil,* S. 13.
542 Schon durch die Bankregulierung mittels des Solvabilitätsgrundsatzes II ist die Fristentransformationsaufgabe der Banken wieder beschränkt: *Gurlit,* WM 2015, S. 1217, 1220; *Wöhe/Döring/Brösel,* S. 596.
543 *Gurlit,* WM 2015, S. 1217, 1220; *Wöhe/Döring/Brösel,* S. 596.
544 Blommestein/Funke-*Blommestein,* S. 15, 38.

Deswegen werden in der vorliegenden Arbeit Banken – auch aufgrund vieler für sie geltender Sonderregelungen[545] – nicht Bestandteil der Untersuchung sein. Vielmehr ist es eine der Hauptbestrebungen der europäischen Regulierung, die „traditionellen" Anleger dazu zu veranlassen, langfristig anzulegen und damit eine gewisse „Fristenkongruenz" herbeizuführen.[546] Dieser Ansatz wäre bei Banken aufgrund ihrer über Jahre gewachsenen und Sondervorgabenfunktion nur partiell sinnvoll.[547]

ee) Kompromiss

In den neueren Publikationen zu institutionellen Anlegern, insbesondere den Dissertationen,[548] findet sich gelegentlich auch eine Mischform der beiden Ansätze zur Umschreibung institutioneller Anleger bzw. auch eigene Ansätze anhand bestimmter herausragender Regulierungsziele.[549] Zunächst werden allgemeine Kriterien herausgearbeitet, die dann anschließend durch eine Aufzählung greifbarer gemacht werden.[550]

ff) Verständnis von institutionellen Anlegern in dieser Arbeit

Grundsätzlich ist eine abstrakte Definition vorzugswürdig, da so auch bis jetzt vielleicht noch nicht bekannte Investorengruppen in Zukunft von der Definition abgedeckt werden können.[551] Andererseits ist es schwierig, mittels der genannten Merkmale zweifelsfrei klare Trennlinien aufzuzeigen, da sie selbst sehr uneinheitlich verwendet werden und mit ihnen eine Vielzahl von Bedeutungen gemeint sein kann.[552] Dies resultiert vor allem daraus, dass die Findung der Definition stets durch die Bezugnahme auf die Gemeinsamkeiten der bereits existierenden Anleger versucht wird, also induktiv.[553] Diese Gemeinsamkeiten sind aber wiederum bei nicht allen Untergruppen gleich stark ausgeprägt, sodass selbst am Ende anhand

---

545 *Gurlit*, WM 2015, S. 1217 ff.

546 Vgl. hierzu die Analyse des neuen Merkmals „Langfristigkeit" in der Aktionärsrechterichtlinie 2017 S. 149 ff. sowie bei *Zetzsche*, NZG 2014, S. 1121 ff.

547 Vgl. hierzu die Analyse des neuen Merkmals „Langfristigkeit" in der Aktionärsrechterichtlinie 2017 S. 149 ff. sowie bei *Zetzsche*, NZG 2014, S. 1121 ff.

548 *Winkler*, S. 32 f.

549 *Winkler*, S. 32 f. und *Faure*, S. 48 ff.

550 *Steiger*, S. 27.

551 Siehe auch zu den weiteren Nachteilen der Aufzählung bereits mit weiteren Nachweisen oben ab S. 57, sowie allgemein zu diesen Arten der Definitionen *Rüthers/Fischer/Birk*, Rn. 197.

552 Vgl. dazu nur das Merkmal „Fremdnützigkeit" mit weiteren Nachweisen, das wiederum einer eigenen Definition bedurfte.

553 *Rüthers/Fischer/Birk*, Rn. 197.

der Definition nicht eindeutig gesagt werden kann, ob eine Untergruppe, z. B. Pensionsfonds oder Lebensversicherungen, institutionelle Anleger sind oder nicht, da einige Unternehmen die Merkmale aufweisen können, andere hingegen nicht.[554] Häufig wird es sich erst aus der konkreten vertraglichen Regelung oder aus Spezialgesetzen ergeben, ob ein Unternehmen die Abgrenzungskriterien erfüllt.[555]

Die Eingrenzung des Untersuchungsobjekts erfolgt mit den anderen Vertretern des Kompromisses in einem Zweischritt.[556] Oben herausgearbeiteten Merkmalen lassen sich in einer Definition zusammenfassen,[557] die dann durch Aufzählung typischer Untergruppen weiter beschränkt wird[558]:

- Institutionelle Anleger sind eine Gruppe von Finanzintermediären, die große Geldsummen für andere im eigenen Namen mittels einer professionellen Infrastruktur häufig fristenkongruent anlegt.[559]
- Dabei wird sich vorliegend auf die drei traditionell genannten Hauptgruppen beschränkt, namentlich auf Pensionsfonds, langfristig orientierte Versicherungsunternehmen und langfristig orientierte Investmentgesellschaften.[560]

b) Arten institutioneller Anleger

Im Folgenden werden die drei am häufigsten genannten Gruppen in ihrem üblichen Regelungsumfeld dargestellt, um der oben gefundenen abstrakten Definition einen konkreteren Bezug zu geben.[561] In den europäischen Gesetzgebungsmaterialien wird sich auf diese speziellen nur für manche Untergruppen geltenden Regelungen auch als „sektorspezifische" Regelungen bezogen.[562]

---

554 Siehe für ein ähnliches Vorgehen *Winkler,* S. 32 f.; *Faure,* S. 47 ff. die verschiedenen Hindernisse ausführlich beschreibend.

555 Siehe für ein ähnliches Vorgehen *Winkler,* S. 32 f.; *Faure,* S. 66 f.

556 So zum Beispiel bei *Winkler,* S. 32 f.

557 So zum Beispiel bei *Bassler,* S. 81 f.

558 So zum Beispiel bei *Winkler,* S. 32 f.

559 Siehe zur Herleitung der verschiedenen Elemente im Detail, S. 58 ff.

560 Siehe zur Herleitung der verschiedenen Untergruppen als Aufzählung im Detail, S. 56 ff.

561 Mit Schwerpunkt auf verschiedene Investorentypen aber teils im Ansatz ähnlich – *Faure,* S. 50 ff.

562 Vgl. dazu auch die weiteren Ausführungen zu sektorspezifischen Regelungen ab S. 161, in Deutschland ab S. 163 und die kritische Auseinandersetzung dazu im Rahmen des ARUG II mit weiteren Nachweisen unten ab S. 298.

aa) Versicherungsunternehmen – insbesondere Lebensversicherungen

Für Versicherungsunternehmen gibt es sowohl im englischsprachigen als auch im deutschsprachigen Raum eine Fülle von Definitionen, insbesondere Legaldefinitionen, inzwischen auch Umschreibungen mit europaweiter Gültigkeit.[563]

In Deutschland ist § 1 Abs. 1 Nr. 1 VAG relevant, dort sind Versicherungsunternehmen nicht unmittelbar definiert, in Rechtsprechung und Literatur werden daran anknüpfend aber Versicherungsunternehmen definiert als:

> *„Ein Unternehmen ist ein VU iSv §1, wenn es gegen Entgelt für den Fall eines ungewissen Ereignisses bestimmte Leistungen übernimmt (Garantieversprechen), wobei das übernommene Risiko auf eine Vielzahl durch die gleiche Gefahr bedrohter Personen verteilt wird und der Risikoübernahme eine auf dem Gesetz der großen Zahl beruhende Kalkulation zugrunde liegt.“*[564]

Gem. § 8 Abs. 2 VAG sind Versicherungen in der Rechtsform einer Aktiengesellschaft (auch SE) oder eines Versicherungsunternehmens auf Gegenseitigkeit organisiert. Das Grundprinzip von Versicherungen ist der Ausgleich von Risiken.[565] Indem die Ein- und Auszahlung von Versicherungsbeträgen nicht zeitgleich stattfindet, müssen die eingezahlten Summen angelegt werden, mit der Folge, dass Versicherungsunternehmen an den Kapitalmärkten große Summen bewegen.[566] Dieses Vermögen muss gem. § 124 Abs. 1 VAG entsprechend strengen Grundsätzen angelegt werden, dabei muss das Versicherungsunternehmen insbesondere beachten, dass „Sicherheit, Qualität, Liquidität und Rentabilität des Portfolios als Ganzes“[567] gewahrt werden.[568] Sie legen im eigenen Namen große Summen für ihre Versicherten an und verwenden dabei allein schon aufgrund ihrer Größe und um den Anlagegrundsätzen gerecht zu werden, professionelle Technik und einen spezialisierten Mitarbeiterstab.[569] Für die vorliegende Arbeit ist zu beachten, dass insbesondere diejenigen Versicherungen relevant sind, die neben dieser oben genannten Risikoabsicherung besonders langfristig das Vermögen der Versicherten anlegen; dabei handelt es sich vor allem um Lebensversicherungen.[570] Da sie dabei häufig fristenkongruent arbeiten, haben sie meist auch einen langen Anlagehorizont.[571] Darüber hinaus gibt es in Deutschland noch Vorschriften für

---

563 Vgl. z.B. *Laars*, § 1 Rn. 2; BVerwG VersR 1987, S. 701, 702; VersR 1987, S. 453, 454; sowie s 1165 CA 2006 für Großbritannien.

564 *Laars*, § 1 Rn. 2; BVerwG VersR 1987, S. 701, 702; VersR 1987, S. 453, 454.

565 *Bassen*, S. 15.

566 *Bassen*, S. 15.

567 § 124 Abs. 1 Nr. 2 VAG.

568 § 124 Abs. 1 Nr. 2 VAG.

569 *Bassen*, S. 15; Blommestein/Funke-*Blommestein, S.* 29, 71.

570 Blommestein/Funke-*Blommestein, S.* 29, 71.

571 Blommestein/Funke-*Blommestein*, S. 29, 71.

Investments von Versicherungsgesellschaften – sie finden sich in der Anlageverordnung (AnlVO).

Für Lebensversicherungen und Rückversicherungen gibt es zudem EU-weite Aufsichtsregelungen:[572] So ist in der EU-Richtlinie zum Aufsichtsrecht für Lebensversicherungen geregelt, dass diese bei der Wahl ihrer Anlagen bestimmte Kapitalstreuungsvorschriften einhalten müssen.[573] In Deutschland wurde sie vornehmlich ins VAG (vgl. § 124 Abs. 1 Nr. 7 VAG) umgesetzt.

In Großbritannien sind Versicherungsunternehmen allgemein in s 1165 CA 2006 definiert. Die Definition in s 1165 (3) CA 2006 beschränkt sich darauf, dass es sich um ein Unternehmen handelt, das Versicherungsverträge ausführt. Auch in Großbritannien sind Lebensversicherer eine bedeutende auf Langfristigkeit ausgerichtete Investorengruppe.[574] Sie werden gemeinsam mit anderen Versicherern von der Association of British Insurers („**ABI**“) vertreten.[575] Eigenen Angaben zufolge ist die britische Versicherungsindustrie die größte in Europa.[576] Lebensversicherungen im Speziellen werden hauptsächlich durch den Financial Markets und Services Act 2000 reguliert. Dafür ist seit dem Financial Services Act 2012 vor allem die Prudential Regulation Authority („**PRA**“) zuständig, die vor allem Banken, Versicherer und Investmentgesellschaften reguliert und einen Teil der Bank of England darstellt.[577] Sie reguliert gemeinsam mit der Financial Conduct Authority („**FCA**“) Versicherungsunternehmen, wobei der Fokus der PRA eher auf den öffentlichrechtlichen Themen und der Stabilität des Finanzsystems liegt[578] und die FCA tendenziell Themen wie Verbraucherschutz nähersteht.[579]

bb) Pensionsfonds und Pensionskassen

Eine weitere institutionelle Anlegerart sind Pensionsfonds und Pensionskassen.[580] Als einen traditionellen Bestandteil der betrieblichen Altersversorgung gibt es in Deutschland „Pensionskassen“ (§ 1 Abs. 2 Nr. 2 BetrAVG). Viele Regelungen dazu finden sich im Betriebsrentengesetz („**BetrAVG**“) und im VAG. Sie sind meist

---

572 RL 2009/138/EG v. 25.11.2009, Abl. 2009 L 335/1, Kapitel VI, Abschnitt 6.

573 RL 2009/138/EG v. 25.11.2009, Abl. 2009 L 335/1, Kapitel VI, Abschnitt 6.

574 Vgl. ABI Key Facts 2014, S. 1.

575 Mehr Informationen unter: https://www.abi.org.uk/ (zuletzt besucht am: 24.03.2019).

576 ABI Key Facts 2014, S. 1.

577 Eine Übersicht dazu unter: https://www.bankofengland.co.uk/prudential-regulation (zuletzt besucht am: 30.03.2019).

578 Vgl. dazu die eigene Beschreibung des Aufgabenkreises auf https://www.bankofengland.co.uk/prudential-regulation (zuletzt besucht am: 30.03.2019).

579 Vgl. dazu die Erläuterungen auf https://www.fca.org.uk/about (zuletzt besucht am: 30.03.2019).

580 Siehe dazu bereits mit weiteren Nachweisen oben ab S. 56; zur Rolle von Pensionsfonds in der Corporate Governance auch: *Faure*, S. 62 ff.

Versicherungsvereine auf Gegenseitigkeit oder Aktiengesellschaften (auch SE).[581] Die Arbeitgeber werden Mitglieder/Aktionäre und zahlen für ihre Arbeitnehmer kontinuierlich Geld ein, sie werden dann auch „Trägerunternehmen" genannt.[582] Dafür erhalten die Arbeitnehmer dann einen Rechtsanspruch auf diese Mittel der betrieblichen Altersversorgung.[583] Zunächst besteht eine Anwartschaft auf die Versorgungsleistung, die nach fünfjährigem Bestehen der Zusage unverfallbar wird (§ 1b Abs. 1 S. 1 BetrAVG). Die Anwartschaften wiederum unterfallen gem. §§ 7 ff. BetrAVG einer gesetzlichen Insolvenzsicherung (finanziert aus Mitteln aller beteiligten Arbeitgeber – § 10 BetrAVG), um den Arbeitnehmer für den Fall der Insolvenz des Arbeitgebers zu schützen. Laut BaFin gibt es derzeit 134 registrierte Pensionskassen in Deutschland.[584] Sie sind in § 232 Abs. 1 VAG legaldefiniert als:

> *„(...) ein rechtlich selbständiges Lebensversicherungsunternehmen, dessen Zweck die Absicherung wegfallenden Erwerbseinkommens wegen Alters, Invalidität oder Todes ist und das*
> *1. das Versicherungsgeschäft im Wege des Kapitaldeckungsverfahrens betreibt,*
> *2. Leistungen grundsätzlich erst ab dem Zeitpunkt des Wegfalls des Erwerbseinkommens vorsieht; soweit das Erwerbseinkommen teilweise wegfällt, können die allgemeinen Versicherungsbedingungen anteilige Leistungen vorsehen,*
> *3. Leistungen im Todesfall nur an Hinterbliebene erbringen darf, wobei für Dritte ein Sterbegeld begrenzt auf die Höhe der gewöhnlichen Bestattungskosten vereinbart werden kann, und*
> *4. der versicherten Person einen eigenen Anspruch auf Leistung gegen die Pensionskasse einräumt oder Leistungen als Rückdeckungsversicherung erbringt."*

Auch Pensionskassen unterliegen gem. § 234 Abs. 2 S. 1 i.V.m. § 124 VAG den strengen Anlagegrundsätzen, die für Lebensversicherungen gelten. Fast identische Ziele haben die 2002 in Deutschland neu hinzugekommenen Pensionsfonds: Ziel der Einführung war eine Stärkung der betrieblichen Altersvorsorge und eine Förderung des Finanzplatzes Deutschland.[585] Vom Gesetzgeber werden sie als eine „Quasi-Versicherungseinrichtung"[586] angesehen, die zugleich die Eigenschaften einer Kapitalanlagegesellschaft hat.[587] Der Grund dafür liegt darin, dass Pensionsfonds nicht lediglich eine Kapitaldeckung ermöglichen sollen, sondern auch sogenannte biometrische Risiken (Lebenserwartung etc.) mit einbeziehen sollten.[588]

---

581 § 8 Abs. 2 VAG.
582 Höfer/Veit/Verhuven-*Höfer*, Kapitel 22, S. 18.
583 Höfer/Veit/Verhuven-*Höfer*, Kapitel 22, S. 3 f.
584 BaFin, Statistik 2017 – Pensionskassen.
585 BT-Drucks. 14/5150, S. 44.
586 *Kaulbach/Bähr/Pohlmann* § 112 Rn. 2; *Winkler*, S. 43.
587 *Kaulbach/Bähr/Pohlmann* § 112 Rn. 2.
588 Dadurch unterscheiden sie sich auch von sogenannten Contractual Trust Agreements, die die Pflichten auf einen Treuhänder auslagern. Vgl. dazu: De *Groot*, S. 14.

Dies macht sie einer Versicherung ähnlich, sodass das VAG als Regulierungsnorm gewählt wurde.[589] Durch die Umsetzung der 2003 erlassenen Pensionsfondsrichtline[590] wurden die deutschen Normen geändert[591] und an die einheitlichen europäischen Standards angepasst.[592] Im Anschluss daran folgten noch einige weitere Gesetzesänderungen, die teilweise auf europäischen Entwicklungen, teilweise auf Entscheidungen des Bundesverfassungsgerichts beruhten.[593]

Aufgabe von Pensionsfonds ist es ebenfalls, Geld von einer umgrenzten Gruppe Arbeitgeber einzusammeln und (meist stark diversifiziert)[594] anzulegen, damit in der Regel deren Arbeitnehmer ab einem bestimmten Alter ihren Ruhestand (zumindest teilweise) durch die Auszahlungen bestreiten können.[595] Sie legen als Pensionsfonds – also im eigenen Namen – fremdes Geld der Arbeitnehmer/Arbeitgeber – meist mit einem langfristigen Anlagehorizont – an.[596] Ihre Bedeutung ist in den letzten Jahrzehnten gestiegen; als Gründe dafür werden unter anderem der wachsende Wohlstand seit dem Zweiten Weltkrieg und die steigende durchschnittliche Lebenserwartung genannt.[597] In Deutschland gibt es Pensionsfonds in dieser Form erst seit 2002, als sie als weitere Möglichkeit der betrieblichen Altersversorgung (daneben gibt es die Direktzusagen, die Unterstützungskasse, die Pensionskasse und die Direktversicherung – § 1 Abs. 2 Nr. 2 BetrAVG) in § 236 VAG eingeführt wurden.[598] Sie sollen weniger strikten Anlagevorschriften unterliegen und somit eine höhere Rendite erzielen als Pensionskassen und Lebensversicherungen.[599] Allerdings gilt auch für Pensionsfonds der § 124 Abs. 1 VAG gem. § 237 Abs. 1 S. 1 VAG; dies jedoch nur entsprechend.

Beispielsweise zur Kapitaldeckung finden sich insbesondere in § 237 Abs. 3 VAG und § 239 VAG Lockerungen – der zentrale Unterschied zur Pensionskasse soll nach Angaben der BaFin darin liegen, dass der Pensionsfonds weder die Höhe der

---

589 De *Groot, S.* 14 f.

590 RL 2003/41/EG vom 3. Juni 2003, Abl. 2003 L 235/10, S. 10 ff.

591 Umgesetzt mit dem Siebten Gesetz zur Änderung des Versicherungsaufsichtsgesetzes; Gesetz vom 29.08.2005, BGBI. I, S. 2546.

592 Umgesetzt mit dem Siebten Gesetz zur Änderung des Versicherungsaufsichtsgesetzes; Gesetz vom 29.08.2005, BGBI. I, S. 2546.

593 Eine ausführliche Darstellung dieser Entwicklungen findet sich bei De *Groot, S.* 20 ff. m.w.N.

594 *Faure*, S. 64 mit Verweis auf § 124 VAG und das sog. *„Prudent Person Principle"*.

595 *Winkler*, S. 34; *Bassen*, S. 16; Höfer/Veit/Verhuven-*Höfer*, 2014, Kapitel 29, 1; *Faure*, S. 62 ff.

596 Höfer/Veit/Verhuven-*Höfer*, Kapitel 29, Rn. 1; *Faure*, S. 62 ff.

597 Blommestein/Funke/*Blommestein, S.* 29, 79.

598 Ein Überblick über die Wege und die Neueinführung des Pensionsfonds in die betriebliche Altersversorgung in MüKo-BGB, Bd. 4, *Müller-Glöge*, Rn. 1242 ff.

599 Für die Regelungen des VAG vor der Novelle: *Winkler*, S. 43.

Leistungen noch der Beiträge für alle Fälle garantieren darf.[600] In der deutschsprachigen Literatur werden Pensionsfonds auch definiert als:

> *„Rechtlich selbstständige Einrichtung, die gegen Zahlung von Beiträgen eine kapitalgedeckte betriebliche Altersversorgung für einen oder mehrere Arbeitgeber durchführt“*[601],

bzw. in § 236 VAG als:

> *„(...) eine rechtsfähige Versorgungseinrichtung, die*
> *1. im Wege des Kapitaldeckungsverfahrens Leistungen der betrieblichen Altersversorgung für einen oder mehrere Arbeitgeber zugunsten von Arbeitnehmern erbringt,*
> *2. die Höhe der Leistungen oder die Höhe der für diese Leistungen zu entrichtenden künftigen Beiträge nicht für alle vorgesehenen Leistungsfälle durch versicherungsförmige Garantien zusagen darf,*
> *3. den Arbeitnehmern einen eigenen Anspruch auf Leistung gegen den Pensionsfonds einräumt und*
> *4. verpflichtet ist, die Altersversorgungsleistung als lebenslange Zahlung oder als Einmalkapitalzahlung zu erbringen.“.*

Laut Veröffentlichung der *BaFin* in ihrer Unternehmensdatenbank existieren derzeit 33 Pensionsfonds in Deutschland.[602] Sowohl Pensionsfonds als auch Pensionskasse sind nach § 4 lit. e EStG steuerlich begünstigt.

In Großbritannien ist die Form der kapitalmarktbasierten Altersversorgung wesentlich stärker verbreitet als in Deutschland.[603] Im angloamerikanischen Sprachraum werden Pensionsfonds (Pensionskassen gibt es nicht) wie folgt definiert:

> *„Pension funds collect, pool, and invest funds contributed by sponsors and beneficiaries to provide for the future pension entitlements of beneficiaries. They thus provide means for individuals to accumulate savings over their working life so as to finance their consumption needs in retirement. Pension funds are typically sponsored by employers, such as companies, public corporations, or industry or trade groups, although personal pensions (...) are also common.“*[604]

Das britische Gesetz mit wesentlichen Regelungen zu Pensionsfonds ist der Pensions Act 2004. Eine der Veröffentlichung der BaFin entsprechende Liste, die in Großbritannien rechtlich verpflichtend vom *The Pensions Regulator* geführt wird,

---

600 *BaFin*, FAQ Pensionsfonds, Frage 2.1.

601 *Gabler Wirtschaftslexikon*, Stichwort: Pensionsfonds.

602 *BaFin*, Statistik 2019 – Pensionsfonds.

603 *Gieg*, S. 2 und S. 23 ff.

604 *Davis/Steil*, S. 15.

ist nicht öffentlich zugänglich, da sie dem Datenschutz unterliegt.[605] Pensionsfonds nehmen in Großbritannien eine wichtige Stellung im Rentensystem ein. Sie sind neben der umlagenbasierten (sogenannte *pay-as-you-go*) Finanzierung[606] die häufigste Alternative für die Finanzierung von britischen *pension schemes.*[607] Dabei ist die Finanzierung durch Fonds die überwiegende Alternative: Von 28,5 Millionen Pensionären sind 17,5 Millionen in *pension schemes*, die sich über Fonds finanzieren.[608] Häufig sind sie als sogenannter *trust fund* organisiert.[609] Damit unterliegen sie bzw. die *trustees*[610] des *trust fund* Gesetzen wie dem Trustee Act 1925, dem Trustee Investment Act 1961, dem Pensions Act 1995 und dem Trustee Act 2000.[611] Bezogen auf die gesetzliche Regulierung der Anlageaktivitäten der britischen Pensionsfonds ist festzustellen, dass es auf diesem Gebiet eine nur sehr geringe Regulierungsdichte gibt und in weiten Teilen auf Selbstregulierung zurückgegriffen wird.[612]

Eine wichtige Regelung findet sich allerdings im Trustee Act 2000 – sie besagt, dass die *trustees* bei ihren Anlageentscheidungen dem sogenannten *prudent man principle*[613] folgen dürfen: Während es früher noch Vorschriften bezüglich der Art des Investments von Pensionsfonds gab,[614] sind sie heute in ihren Anlageentscheidungen weitgehend frei.[615] Überdies trifft die *trustees* nach section 1 des Trustee Act 2000 eine Art Treuepflicht („*Duty of Care*"), im besten Interesse („*best interests*") der aktuellen und zukünftigen *beneficiaries* zu handeln.[616] Die genaue Auslegung

---

605 Sogenannte *restricted information*, vgl. den Hinweis auf: https://www.thepensionsregulator.gov.uk/en/about-us/Freedom-of-information-FOI (zuletzt abgerufen am: 20.06.2016).

606 *Gieg*, S. 25 f.

607 *Blake*, S. 375 ff.

608 *Blake*, S. 375.

609 *Blake*, S. 381; *Davis/Steil*, S. 15. Dies ist ein in der britischen Rechtsordnung häufig verwendetes Rechtsinstitut, mit dem eine Sonderbeziehung zwischen dem Verwalter (*trustee*) und Begünstigten (*beneficiary*) geschaffen wird. Es stellt ein Sondervermögen dar ohne eigene Rechtspersönlichkeit. Mehr dazu z. B. in: *Moffat/Bean/Probert*, passim.

610 „Trustees" sind sozusagen die „Verwalter" des *trust*; vgl. zum Grundprinzip des Trusts nach Common Law z. B. *Wienbracke*, ZEV 2007, S. 413, 413.

611 *Blake*, S. 381.

612 *Blake*, S. 400.

613 *Her Majesty's Stationary Office*, Explanatory Notes – Trustee Act, s 1.

614 *Blake*, S. 401.

615 *Blake*, S. 401 – *Blake* verweist darauf, dass diese Freiheit auch notwendig ist, da es recht strenge Anforderungen an die Ein- und Auszahlungen der Renten gebe. Zur Bedeutung des *prudent man principle* auch: Ballwieser-*Kümmel*, S. 208.

616 *Blake*, S. 404.

von *best interests* ist nicht abschließend geklärt.[617] Eine weitere wichtige Regelung wurde mit dem Pensions Act 1995 eingeführt: Die Aufsichtsinstitution Occupational Pensions Regulatory Authority („**OPRA**") wurde geschaffen,[618] die inzwischen mit dem Pensions Act 2004 in The Pensions Regulator umbenannt wurde.[619] Diese Institution fordert ein *statement of investment principles* („***SIP***"), vorgeschrieben durch s 244 Pensions Act 2004, in dem die *trustees* der Pensionsfonds sich über verschiedene strategische Ziele erklären müssen.[620] Zu diesen Zielen gehört unter anderem auch die Strategie hinsichtlich der Ausübung ihrer Rechte (einschließlich der Stimmrechte).[621] Sollten die *trustees* gegen diese Pflicht verstoßen, besteht die Möglichkeit der *civil penalty*[622] unter s 10 Pensions Act 1995 (so in: s 244 (6) Pensions Act 2004). Darüber hinaus griff bis vor dem *Brexit* auch in Großbritannien die Pensionsfondsrichtlinie,[623] die mit dem Pensions Act 2004 umgesetzt wurde.[624]

Auf der europäischen Ebene gibt es für Pensionsfonds die schon erwähnte Pensionsfondsrichtlinie.[625] In Art. 30 der Pensionsfondsrichtlinie 2016 s 244 Pensions Act 2004 ist eine Pflicht zur Erstellung einer sogenannten Erklärung über die Grundsätze der Anlagepolitik vorgesehen. Dieser Vorschrift zufolge sollen darin auf jeden Fall enthalten sein:

- *„Verfahren zur Bewertung des Anlagenrisikos"*[626]
- *„das Risikomanagementprozesses"*[627]
- *eine „die strategische Allokation der Vermögensanlagen je nach Art und Dauer der Altersversorgungsverbindlichkeiten"*[628]

---

617 *Blake,* S. 404 ff.

618 Vgl. s 1 Abs. 1 Pensions Act 1995.

619 Ausführliche Informationen zu dieser Behörde finden sich unter: https://www.thepensionsregulator.gov.uk/en/about-us/what-tpr-does-and-who-we-are (zuletzt aufgerufen am: 29.06.2019).

620 s 244 Pensions Act 2004.

621 *Blake,* S. 403; eine Erläuterung für *trustees* gibt es auch unter: http://www.thepensionsregulator.gov.uk/guidance/guidance-for-trustees.aspx (zuletzt aufgerufen am: 29.06.2019).

622 Derzeit eine Strafzahlung zwischen 5.000 GBP und 50.000 GBP (s 10(2) Pensions Act 1995).

623 RL 2016/2341 v. 14.12.2016, Abl. 2016 L 354/37, passim.

624 *Her Majesty's Stationery Office,* Explanatory Notes – Trustee Act, Summary and Background Rn. 3.

625 RL 2016/2341 v. 14.12.2016, Abl. 2016 L 354/37, passim.

626 RL 2016/2341 v. 14.12.2016, Abl. 2016 L 354/37, Art. 30.

627 RL 2016/2341 v. 14.12.2016, Abl. 2016 L 354/37, Art. 30.

628 RL 2016/2341 v. 14.12.2016, Abl. 2016 L 354/37, Art. 30.

- *eine Behandlung der „Frage (...), wie bei der Anlagepolitik Belangen aus den Bereichen Umwelt, Soziales und der Unternehmensführung Rechnung getragen wird".*[629]

cc) Investmentgesellschaften – mutual funds

Investmentgesellschaften sind in Deutschland seit 2013 im Kapitalanlagegesetzbuch („**KAGB**") geregelt. Die am häufigsten auftretende Form ist die der Kapitalverwaltungsgesellschaft („**KVG**"), die sich in § 17 KAGB findet.[630] Dort ist in den Absätzen 1 und 2 auch eine Legaldefinition enthalten:

> *„(1) Kapitalverwaltungsgesellschaften sind Unternehmen mit satzungsmäßigem Sitz und Hauptverwaltung im Inland, deren Geschäftsbetrieb darauf gerichtet ist, inländische Investmentvermögen, EU-Investmentvermögen oder ausländische AIF zu verwalten. Verwaltung eines Investmentvermögens liegt vor, wenn mindestens die Portfolioverwaltung oder das Risikomanagement für ein oder mehrere Investmentvermögen erbracht wird.*
> *(2) Die Kapitalverwaltungsgesellschaft ist entweder*
> *1. eine externe Kapitalverwaltungsgesellschaft, die vom Investmentvermögen oder im Namen des Investmentvermögens bestellt ist und auf Grund dieser Bestellung für die Verwaltung des Investmentvermögens verantwortlich ist (externe Kapitalverwaltungsgesellschaft), oder*
> *2. das Investmentvermögen selbst, wenn die Rechtsform des Investmentvermögens eine interne Verwaltung zulässt und der Vorstand oder die Geschäftsführung des Investmentvermögens entscheidet, keine externe Kapitalverwaltungsgesellschaft zu bestellen (interne Kapitalverwaltungsgesellschaft). In diesem Fall wird das Investmentvermögen als Kapitalverwaltungsgesellschaft zugelassen."*

Entscheidendes Merkmal ist dabei also die grundsätzliche Unterscheidung zwischen der Verwaltungsgesellschaft und dem an sich nicht rechtsfähigen Investmentvermögen, das sie verwaltet.[631] Das unterscheidet sie von der Investment AG und der Investment KG.[632] Dennoch besteht im Rahmen der KVG die Möglichkeit, dass nach § 17 Abs. 2 Nr. 2 KAGB beide zusammenfallen können.[633] Die Investmentvermögen wiederum sind in § 1 Abs. 1 S. 1 KAGB legal definiert:

> *„Investmentvermögen ist jeder Organismus für gemeinsame Anlagen, der von einer Anzahl von Anlegern Kapital einsammelt, um es gemäß einer festgelegten Anlagestrategie*

629 RL 2016/2341 v. 14.12.2016, Abl. 2016 L 354/37, Art. 30.

630 Daneben gibt es noch die weniger relevanten Investmentaktien- oder Investmentkommanditgesellschaften (§§ 108 ff. bzw. 124 ff. KAGB) – sie haben ein relativ geringes Gesamtanlagevolumen – vgl. dazu *BaFin*, Jahresbericht 2011, S. 235.

631 Weitnauer/Boxberger/Anders-*Winterhalder*, KAGB, § 17 Rn. 14 f.

632 Weitnauer/Boxberger/Anders-*Winterhalder*, KAGB, Einleitung, S. 8 – mit guten Übersichten.

633 Weitnauer/Boxberger/Anders-*Winterhalder*, KAGB, § 17 Rn. 6.

> *zum Nutzen dieser Anleger zu investieren und der kein operativ tätiges Unternehmen außerhalb des Finanzsektors ist.“*

Dabei kann es sich entweder um sogenannte Organismen für gemeinsame Anlagen in Wertpapieren handeln („**OGAW**“) oder um sogenannte Alternative Investmentfonds („**AIF**“); Letzterer umfasst gem. § 1 Abs. 3 KAGB alle Investmentfonds, die keine OGAW sind. Was wiederum OGAW sind, erschließt sich gem. § 1 Abs. 2 KAGB erst unter Rückgriff auf die Definition in der entsprechenden OGAW-Richtlinie.[634] In Art. 1 Abs. 2 der Richtlinie sind OGAW definiert als:

> *„(2) Für die Zwecke dieser Richtlinie und vorbehaltlich des Artikels 3 bezeichnet der Ausdruck ‚OGAW' Organismen,*
> *a) deren ausschließlicher Zweck es ist, beim Publikum beschaffte Gelder für gemeinsame Rechnung nach dem Grundsatz der Risikostreuung in Wertpapieren und/oder anderen in Artikel 50 Absatz 1 genannten liquiden Finanzanlagen zu investieren, und*
> *b) deren Anteile auf Verlangen der Anteilinhaber unmittelbar oder mittelbar zu Lasten des Vermögens dieser Organismen zurückgenommen oder ausgezahlt werden. Diesen Rücknahmen oder Auszahlungen gleichgestellt sind Handlungen, mit denen ein OGAW sicherstellen will, dass der Kurs seiner Anteile nicht erheblich von deren Nettoinventarwert abweicht. (...)“*

Die Hauptaufgabe der KVG ist es, das nicht rechtsfähige Investmentvermögen zu verwalten.[635] Das fremde Vermögen legen sie im Einklang mit der oben erarbeiteten Definition[636] im eigenen Namen an. Da das der einzige Zweck der KVG ist,[637] geht es mit der entsprechenden Professionalität einher. Das Anlagevolumen von Kapitalverwaltungsgesellschaften ist erheblich: Zum Ende des Jahres 2015 gab es insgesamt[638] 218 Kapitalverwaltungsgesellschaften, die eine Erlaubnis gem. dem KAGB hatten.[639] Diese 218 Gesellschaften verwalteten 5.649 Investmentvermögen mit einem Gesamtanlagevolumen von 1.743 Milliarden Euro.[640] Für Investmentgesellschaften gab es ursprünglich eine Kodifizierung des Bundesverbandes Investment und Assetmanagements e. V. („**BVI**“). Diese Wohlverhaltensregeln dienten zunächst dazu, den ehemaligen § 9 InvG (jetzt ähnlich in § 26 KAGB zu finden) zu konkretisieren – die BaFin teilte jedoch mit, dass sie die Wohlverhaltensregeln nicht mehr zur Konkretisierung des KAGB heranziehe, da

---

634 RL 2009/65/EG v. 13.07.2009 (*OGAW-Richtlinie*)Abl. 2009 L 302/1, zuletzt geändert durch RL 2014/91/EU v. 23.07.2014, Abl. 2014 L 257/186.

635 Weitnauer/Boxberger/Anders-*Winterhalder*, KAGB, § 17 Rn. 15.

636 Vgl. dazu die Definition mit weiteren Nachweisen oben ab S. 52.

637 Weitnauer/Boxberger/Anders-*Winterhalder*, KAGB, § 17 Rn. 13 ff.

638 Einschließlich der Kapitalverwaltungsgesellschaften, die sich gem. § 44 KAGB neu registrieren ließen.

639 *BaFin,* Jahresbericht 2015, S. 252.

640 *BaFin,* Jahresbericht 2015, S. 253.

dies nun selbst hinreichend konkret sei und ggf. durch die Delegierte Verordnung der Kommission (EU) Nr. 231/2013 konkretisiert werde.[641] Inzwischen wurden die BVI-Wohlverhaltensregeln mehrfach überarbeitet und legen noch einen stärkeren Fokus auf verantwortliches Investieren.[642] Dementsprechend können die Wohlverhaltenspflichten einen Anhaltspunkt für die Investmentgesellschaften für ein gutes Verhalten darstellen.[643]

In Großbritannien gibt es zwei Hauptmöglichkeiten, einen *open-ended*-Investmentfonds[644] zu konstruieren: Einerseits besteht die Möglichkeit, diesen in der Form des *trust,* als sogenannter Unit Trust zu betreiben. Unit Trusts sind in s 237 (1) FSMA 2000 legal definiert. Andererseits kann eine Investmentgesellschaft gegründet werden, die sich *open-ended investment company* („**OEIC**") nennt und erst seit 1996 in Großbritannien eingeführt wurde.[645] Sie ist in s 236 (1) FSMA 2000 geregelt[646] und unabhängig von den Voraussetzungen des britischen Gesellschaftsrechts.[647] Sie sind eine Gesellschaftsform, die, anders als die anderen durch den Companies Act regulierten Gesellschaften,[648] jederzeit die Anzahl der ausgegebenen Anteile hoch- oder herabsetzen kann.[649] Zugleich können sie als eigene Rechtspersönlichkeit an der Börse gehandelt werden.

Nach einigen Startschwierigkeiten sind OEICs in Großbritannien nun zu einer beliebten Alternative zu den bekannten und bewährten *unit trusts* geworden.[650] 2011 gab es beispielsweise 626 registrierte OEICs und 760 registrierte *unit trusts.*[651] Investmentgesellschaften unterscheiden sich allgemein von

---

641 *BVI,* Wohlverhaltensregeln 2019, passim.

642 *BVI,* Wohlverhaltensregeln 2019, S. 9.

643 *BVI,* Wohlverhaltensregeln 2019, S. 9 ff.

644 Investmentfonds lassen sich unterteilen in offene (*open-end*) und geschlossene Fonds (*closed-end*). Offene Fonds (oder auch Kapitalanlagegesellschaften) verkaufen ohne Begrenzung ihre Anteile an Anleger und schaffen so neues Sondervermögen, das sie dann weiter anlegen. Geschlossene Investmentgesellschaften hingegen haben ein von vornherein festgesetztes Anlagevolumen, verkaufen Anteile daran und können darum auch an der Börse gehandelt werden. Eine Spezialform eines geschlossenen Investmentfonds ist der Hedgefonds. Offene Fonds werden in Großbritannien auch *„collective investment scheme"* genannt und finden sich in s 235 (1) FSMA 2000.

645 *Sachtleber,* S. 271.

646 Danach sind OEICs *„a collective investment scheme which satisfies both the property condition and the investment condition."*.

647 *Sachtleber,* S. 271.

648 *Davies/Worthington,* Rn. 1–36 ff.

649 *Day/Harris,* Unit Trusts, London 1974, S. 2 ff.

650 Mit einer ausführlichen Übersicht über die beiden Konstruktionen, die Gemeinsamkeiten und Unterschiede: *Sachtleber,* S. 271.

651 *FSA,* Annual Report 2011/2012, S. 208.

Versicherungsunternehmen und Pensionsfonds darin, dass sie keine Rücklagen für Versicherungsfälle respektive die Pensionsansprüche bilden müssen, also insofern freier agieren können.[652] Das Risiko wird hingegen anders als bei Versicherungsunternehmen und Pensionsfonds von den Anlegern selbst getragen.[653] Durch s 262 Financial Services and Markets Act 2000 wurden die OEICs dem Regime der Open-Ended Investment Companies Regulations 2001 unterstellt, der in 85 Sections und 7 Schedules die Details zur Gründung, Organisation und Überwachung von OEICs regelt. OEICs werden in Großbritannien ebenfalls von der FCA (verbraucherorientiert) und der PRA (öffentlich-rechtliche Themen) überwacht.[654] Eine weitere Definition findet sich somit auch im Glossar des FCA Handbooks.[655] In den Handbüchern der beiden Regulierer sind allerdings nur wenige Regelungen zum Verhalten der Investoren in den Zielgesellschaften zu finden. Das sogenannte Conduct of Business Sourcebook („**COBS**") der FCA bildet mit dem Verweis auf den UK Stewardship Code[656] eine Ausnahme.

Hier ist als anlegergruppenspezifische Selbstregulierung noch der Corporate Governance Guide for Investment Companies der Association of Investment Companies („**AIC**") zu nennen, der neben einer Wiedergabe der Regelungen des UK Corporate Governance Code auch eigene Empfehlungen beinhaltet. Zweck dieser

---

652 *Deepthi/Klapper/Sulla/Vittas*, S. 3.

653 *Deepthi/Klapper/Sulla/Vittas*, S. 3.

654 *FCA*, The Collective Investment Scheme Information Guide, section 3.A.1.

655 *FCA Handbook* – Glossar, Stichwort „Open Ended Investment Company",
„(as defined in section 236 of the Act (Open-ended investment companies)) a collective investment scheme which satisfies both the property condition and the investment condition:
(a) the property condition is that the property belongs beneficially to, and is managed by or on behalf of, a body corporate (‚BC') having as its purpose the investment of its funds with the aim of:
(i) spreading investment risk; and
(ii) giving its members the benefit of the results of the management of those funds by or on behalf of that body;
(b) the investment condition is that, in relation to BC, a reasonable investor would, if he were to participate in the scheme:
(i) expect that he would be able to realise, within a period appearing to him to be reasonable, his investment in the scheme (represented, at any given time, by the value of shares in, or securities of, BC held by him as a participant in the scheme); and
(ii) be satisfied that his investment would be realised on a basis calculated wholly or mainly by reference to the value of property in respect of which the scheme makes arrangements."

656 Section 2.2.3 Conduct of Business Sourcebook *„Disclosure of commitment to the Financial Reporting Council's Stewardship Code"*.

zusätzlichen Empfehlungen ist es laut AIC, dass dadurch den speziellen Bedürfnissen der Investmentgesellschaften Rechnung getragen wird und dies gewissermaßen als „Übersetzung“ der allgemeinen Regelungen angesehen werden kann.[657] An zwei Stellen verweist der AIC-Kodex wiederum auf den UK Stewardship Code, betont dabei jedoch auch die Freiwilligkeit der Anwendung.[658]

Auf europäischer Ebene gibt es zwei wichtige Regelungen zu Investmentfonds, die auch schon zuvor häufiger Erwähnung fanden. Zum einen existiert eine besondere Regulierung der „Organismen für gemeinsame Anlagen in Wertpapieren“ („**OGAW**“). Damit sind gem. Art. 1 Abs. 2 und 3 der OGAW-Richtlinie[659] hauptsächlich vertragliche oder als *unit trust* oder Investmentgesellschaft ausgestaltete Organismen gemeint, die von Dritten eingezahlte Gelder auf eigene Rechnung anlegen.

In der Richtlinie bzw. in den dazu erlassenen Ausführungsrichtlinien gibt es organisatorische Anforderungen an diese Organismen und deren Verwaltungsgesellschaften.[660] Dies betrifft vor allem konkrete Vorschriften zur Lösung/Offenlegung von Interessenkonflikten[661] sowie die Erstellung von Strategien zur Ausübung von Stimmrechten und deren Veröffentlichung.[662] Letztgenannte Verpflichtung befindet sich in Art. 21 I einer Durchführungsrichtlinie zur OGAW-Richtlinie, der vorschreibt:

> *„Die Mitgliedstaaten verpflichten die Verwaltungsgesellschaften, wirksame und angemessene Strategien im Hinblick darauf auszuarbeiten, wann und wie die mit den Instrumenten in den verwalteten Portfolios verbundenen Stimmrechte ausgeübt werden sollen, damit dies ausschließlich zum Nutzen des betreffenden OGAW ist.“*

Abgesehen vom letzten (Satz-)Teil (Nutzen des betreffenden OGAW), liefert die Richtlinie keine weitere (theoretische) Begründung für die Entscheidung für diese Regulierung. Zum anderen gibt es noch europäische Spezialregelungen für die „Manager Alternativer Investmentfonds“ („**AIFM-Richtlinie**“).[663] Diese Richtlinie deckt vor allem solche Verwalter von Investmentfonds ab, die nicht schon durch die OGAW-Richtlinie reguliert werden.[664] Auch hier gibt es in Art. 37 einer

---

657 *AIC,* Corporate Governance Guide for Investment Companies, S. 4.

658 *AIC,* Corporate Governance Guide for Investment Companies, S. 17, S. 41.

659 RL 2009/65/EG v. 13.07.2009 (OGAW-Richtlinie) Abl. 2009 L 302/1, zuletzt geändert durch RL 2014/91/EU v. 23.07.2014, Abl. 2014 L 257/186.

660 Beispielhaft: die Pflichten zur Offenlegung der Ausübung der Stimmrechte in Art. 21 RL 2010/43/EU v. 1. Juli 2010, Abl. 2010 L 176/42 zur Durchführung der RL 2009/65/EG v. 01.07.2010, Abl. 2009 L 23/203.

661 RL 2010/43/EU v. 1. Juli 2010, Abl. 2010 L 176/42, Art. 20.

662 RL 2010/43/EU v. 1. Juli 2010, Abl. 2010 L 176/42, Art. 21.

663 RL 2011/61/EU v. 08.06.2011, Abl. 2011 L 174/1.

664 RL 2011/61/EU v. 08.06.2011, Abl. 2011 L 174/1.

Durchführungsverordnung Regelungen zur Lösung und Offenlegung von Interessenkonflikten sowie Pflichten zum Entwerfen von Strategien zur Stimmrechtsausübung bei AIFM.[665]

3. Rechtstatsächliche Bedeutung institutioneller Anleger

Die Bedeutung institutioneller Anleger für die Gesamtwirtschaft lässt sich aus einer Betrachtung des verfügbaren Zahlenmaterials erkennen.[666] Eine recht verbreitete jährliche Übersicht bietet diesbezüglich beispielsweise die „OECD Institutional Investors Statistics", die sowohl einen Überblick über die rechtstatsächliche Bedeutung institutioneller Anleger weltweit sowie einzelne Länderberichte bieten.[667]

Betrachtet man beispielsweise danach das Anlagevolumen institutioneller Anleger – wie Pensionsfonds – im Vergleich zum Bruttoinlandsprodukt („**BIP**") von Deutschland über die zuletzt veröffentlichten Jahre 2012 bis 2019 – so ist dabei ein klarer und kontinuierlicher Anstieg von 15,7 % auf 21,4 % zu sehen.[668] Eine vergleichbare Entwicklung von 46,0 % auf 68,6 % des BIP ist hinsichtlich Investmentfonds in Deutschland zu erkennen.[669] Lediglich im Hinblick auf Versicherungsunternehmen zeigt sich die Entwicklung in den letzten Jahren nicht ganz so deutlich mit nur cinem Gesamtanstieg (einschließlich einiger Rückgänge zwischendurch) von 59,6 % des BIP auf 64,6 %.[670]

Für Großbritannien, das in früheren Publikationen auch noch mit ausführlicherem Zahlenmaterial vorhanden war, gibt es allerdings bedauerlicherweise in den aktuellen Veröffentlichungen keine vergleichbaren Zahlen mehr.[671] Nicht unbedingt vergleichbare aber dennoch interessante Statistiken im Hinblick auf institutionelle Anleger in Großbritannien finden sich aber beispielsweise in den Daten des Office for National Statistics („**ONS**"), die regelmäßig einen Überblick zum Anteilsbesitz in Großbritannien publizieren, aus dem sich auch die Bedeutung institutioneller Anleger ergibt, wobei hier insbesondere Anstiege in den letzten Jahrzehnten hinsichtlich ausländischer Investoren zu verzeichnen sind.[672]

---

665 Delegierte Verordnung (EU) Nr. 231/2013 v. 19.12.2012 zur Ergänzung der RL 2011/61/EU v. 19.12.2012, Abl. 2012 L 83/1, Art. 34 ff. und 37.

666 Darauf allgemein verweisend: Grigoleit/*Splinter*, AktG, § 134a, Rn. 2.

667 Vgl. beispielsweise *OECD*, Institutional Investor Statistics 2013, passim; *OECD*, Institutional Investor Statistics 2015, passim; *OECD*, Institutional Investor Statistics 2017, passim sowie zuletzt *OECD*, Institutional Investors Statistics 2020, passim.

668 *OECD*, Institutional Investors Statistics 2020, S. 12.

669 *OECD*, Institutional Investors Statistics 2020, S. 10.

670 *OECD*, Institutional Investors Statistics 2020, S. 11.

671 Noch enthalten in: *OECD*, Institutional Investor Statistics 2013, S. 12–14; leider nicht mehr aktuell in: *OECD*, Institutional Investors Statistics 2020, S. 10–12.

672 *ONS*, Share Ownership Survey 2008, passim; *ONS*, Statistical Bulletin: Ownership of UK quoted shares 2012, passim; *ONS*, Statistical Bulletin: Ownership of UK quoted

Eine ausführliche Analyse wurde bereits in einigen in den letzten Jahren veröffentlichten Dissertationen, insbesondere bei *Winkler* und *Bassler*, durchgeführt und damit das Hauptargument für die Forderung nach einer zusätzlichen Regulierung dieser Anlegergruppe aufgrund deren steigender faktischen Bedeutung in der Finanzwelt untermauert.[673]

4. Bedeutung institutioneller Anleger in der Anlagekette

Über das bloße Begriffsverständnis hinaus spielen institutionelle Anleger eine bedeutende Rolle im Wirtschaftsgefüge.[674] Sie sind Teil der sogenannten Investmentkette, also der Verbindung zwischen dem letztendlich von der Anlage Profitierenden („**Endanleger**“) und dem Unternehmen, in das investiert wird („**Beteiligungsunternehmen**“).[675]

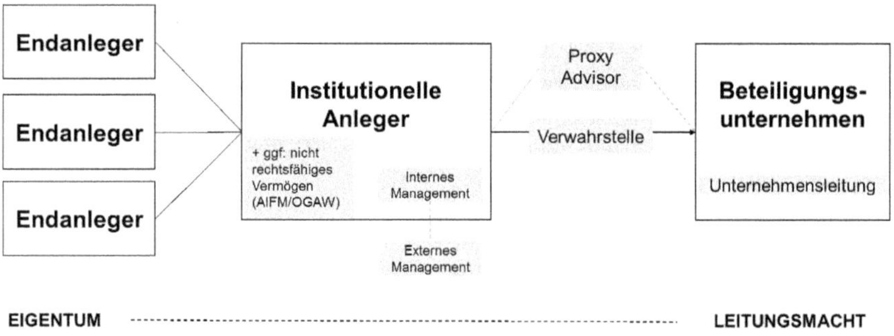

Abbildung 2: Schematische Darstellung einer Anlagekette mit Einbindung institutioneller Investoren.

shares 2014, passim; *ONS*, Statistical Bulletin: Ownership of UK quoted shares 2016, passim – insbesondere S. 6.

673 Vgl. z.B. sehr ausführlich dazu: *Winkler*, S. 49 ff. und S. 69 ff.; *Bassler*, S. 83 ff.

674 *Zetzsche*, AG 2020, S. 637, 638.

675 Mit Darstellung in Bezug auf Asset Owner und Asset Manager vgl. *Zetzsche*, AG 2020, S. 637, 638; früher schon in der deutschen Literatur: *Hirt*, ZGR 2012, S. 281, 284; als „Aktieninvestitionskette“ auch bereits erwähnt in: *Europäische Kommission*, Vorschlag für eine Richtlinie des Europäischen Parlaments und des Rates zur Änderung der Richtlinie 2007/36/EG im Hinblick auf die Förderung der langfristigen Einbeziehung der Aktionäre sowie der Richtlinie 2013/34/EU in Bezug auf bestimmte Elemente der Erklärung zur Unternehmensführung – KOM(2014) 213 endg., S. 2.

Daneben gibt es ein Merkmal, das vielen institutionellen Anlegern gemein ist: ihre gewissermaßen symbiotische Beziehung zu einem anderen Marktteilnehmer, dem Asset Manager bzw. Vermögensverwalter – während verschiedene kleinere Anleger ihre Anlage dem institutionellen Investor zur Anlage geben, legt dieser das gesammelte Vermögen nicht selbst an, sondern nutzt dafür wiederum die Dienste von Vermögensverwaltern.[676] Diese sind entweder ein Teil des Institutionellen selbst und stellen damit ein *internes Management* dar[677] oder sie sind selbstständig agierende Manager oder Teile von größeren Akteuren, wie z. B. Investmentbanken, was dann als *externes Management* bezeichnet wird.[678] Dabei ist es möglich, dass die Ausübung von Aktionärsrechten ebenfalls dem Vermögensverwalter übertragen und lediglich in Ausnahmefällen ein Vetorecht eingeräumt wird.[679] Technisch werden die Anteile dann oft von einer weiteren Depotgesellschaft oder Depotbank gehalten, die wiederum einem anderen Unternehmen angehören kann als der institutionelle Anleger und der Vermögensverwalter.[680] Nach dem KAGB sind dies sogenannte *Verwahrstellen*, die zugleich Aufsichtspflichten ausüben (§ 71 KAGB für OGAW und § 81 KAGB für AIF). Auch der Vermögensverwalter unterliegt nach der Aktionärsrechterichtlinie 2017 neuen Transparenzvorschriften, die sich insbesondere auf dessen Beziehung zu den von ihm vertretenen institutionellen Anlegern beziehen.[681]

Insgesamt wird die Anzahl der Verbindungen vom ursprünglichen Anleger bis zum Beteiligungsunternehmen auch als *investment chain* oder Investitionskette bezeichnet.[682] Je mehr Teilnehmer zwischen diesen beiden Gruppen liegen, umso komplexer wird die Investitionskette und umso mehr Probleme können dazwischen auftreten.[683]

Mögliche weitere Kettenglieder sind neben den eben aufgezählten die Depotbanken und weitere Berater wie *„proxy advisor“*.[684] Bei *proxy advisor* handelt es sich um eine neue bzw. zunehmend an Bedeutung gewinnende Gruppe im

---

676 *Davis/Steil*, S. 13 f.; *Hirt*, ZGR 2012, S. 281, 284.

677 *Davis/Steil*, S. 13 f.; *Hirt*, ZGR 2012, S. 281, 284.

678 *Davis/Steil*, S. 13 f.

679 *Davis/Steil*, S. 13 f.

680 *Davis/Steil*, S. 13 f.

681 RL 2017/828/EU v. 17.05.2017, L 132/1 – Artikel 3 h) (2) und 3 i) – siehe dazu mit weiteren Nachweisen auch unten S. 147 ff.

682 *Organisation for Economic Co-operation and Development*, The Role of Institutional Investors in Promoting Good Corporate Governance, S. 21; *Zetzsche*, AG 2020, S. 637, 638; *Hirt*, ZGR 2012, S. 281, 284.

683 *Organisation for Economic Co-operation and Development*, The Role of Institutional Investors in Promoting Good Corporate Governance, S. 21.

684 *Organisation for Economic Co-operation and Development*, The Role of Institutional Investors in Promoting Good Corporate Governance, S. 21; *Faure*, S. 102 f.

Investmentgefüge.[685] Gemeint sind damit institutionelle Stimmrechtsberater.[686] Sie sind ebenfalls Adressaten eines anderen Teils der Aktionärsrechterichtlinie 2017.[687] Die wichtigsten *proxy advisor*, wie z. B. ISS und Glass Lewis, haben ihren Sitz in den USA.[688] Aber es gibt auch europäische Anbieter, Ivox und ECGS.[689] Ihr Ursprung wird unter anderem in den stetig wachsenden Portfolios der institutionellen Anleger gesehen, die es größtenteils effizienter machen, die Entscheidung über die Abgabe der Stimmen für die Anteile auszugliedern.[690] Ferner wird als ausschlaggebend für das rasante Wachstum des Stimmrechtsberatermarktes eine Novelle der US-Gesellschaftsrechtsgesetzgebung aus dem Jahr 2003 angesehen, die Investmentfonds zur Offenlegung ihres Stimmverhaltens verpflichtete, und auch der UK Stewardship Code mit seinen Transparenzpflichten auf *Comply-Or-Explain*-Basis wird als Katalysator gesehen.[691] Die Erfolgsgeschichte der *proxy advisor* bringt jedoch sowohl positive als auch negative Folgen mit sich:

- Ein Vorzug ist neben den bereits erwähnten Effizienzvorteilen bei den Anlegern, dass die Beteiligung in den Hauptversammlungen der Beteiligungsunternehmen einfacher wird und durch die bessere Informationslage die Qualität der Abstimmungsergebnisse erhöht werden kann.[692]
- Ein Nachteil ist, dass dadurch ein weiterer Teilnehmer in die Investmentkette eingefügt wird, bei dem es zu zusätzlichen Prinzipal-Agenten-Problemen kommen kann.[693]
- Ferner kann es zu Interessenkonflikten kommen, wenn der Proxy Advisor zeitgleich die Aktionäre und den Vorstand des Unternehmens berät.[694] Problematisch ist dabei vor allem, dass es bis jetzt noch keine Pflicht gibt, diese – gegebenenfalls sogar konfligierenden – Beratungsaufträge offenzulegen.[695]

Am einen Ende der Investmentkette steht das Beteiligungsunternehmen.[696] Im Fokus dieser Untersuchung stehen zwar vor allem die börsennotierten

---

685 *Faure*, S. 102 f.

686 *Wilsing*, ZGR 2012, S. 291, 302; *Faure*, S. 102 f.

687 RL 2017/828/EU v. 17.05.2017, L 132/1 – Artikel 3 j).

688 *Klöhn/Schwarz*, ZIP 2012, S. 149 ff.; *Faure*, S. 102 f.

689 *Klöhn/Schwarz*, ZIP 2012, S. 149, 150.

690 *Fleischer*, ZGR 2011, S. 155, 170.

691 *Fleischer*, ZGR 2011, S, 155, 170; *Klöhn/Schwarz*, ZIP 2012, S. 149, 151 *Fleischer* verweist dabei auf den Investment Companies Act.

692 *Schneider/Anzinger*, NZG 2007, S. 88.

693 *Klöhn/Schwarz*, ZIP 2012, S. 149, 152.

694 *Klöhn/Schwarz*, ZIP 2012, S. 149, 153.

695 *Klöhn/Schwarz*, ZIP 2012, S. 149, 153.

696 In dieser Arbeit werden die Begriffe „Beteiligungsunternehmen“, „Beteiligungsunternehmen“ und „Portfoliounternehmen“ synonym verwendet; *Zetzsche*, AG 2020, S. 637, 638; *Hirt*, ZGR 2012, S. 281, 284.

Publikumsgesellschaften,[697] es ist aber denkbar, dass die institutionellen Anleger die Anteile von Beteiligungsunternehmen auch über andere Wege erwerben.

Am anderen Ende der Investmentkette steht der ursprüngliche Bezugsberechtigte, bzw. „Endanleger“, der häufig auch ein kleiner, privater Anleger, wie z. B. der zukünftige Pensionär oder der Versicherungsnehmer einer Lebensversicherung, sein kann.[698] Die Länge der Investmentkette kennzeichnet die zunehmende Trennung der Bezugsberechtigten („*beneficairies*“[699]) von den Eigentumsrechten.[700] Gerade diese Trennung kann zu Problemen bei der reibungslosen Funktion des Marktes führen können, da sich bei den meisten Kettengliedern wiederum die bereits oben dargelegte *agency*-Problematik stellt.[701]

Festzustellen ist im Übrigen, dass es bei der Regulierung etwaiger Marktdefizite bezüglich institutioneller Anleger nicht genügt, Vorschriften nur an den Anleger selbst zu richten. Es ist vielmehr notwendig, diesen im Zusammenspiel mit den weiteren Gliedern der Investmentkette zu sehen, die einige Marktschwächen ausgleichen, aber auch verstärken können.

5. Abschließende Analyse und Ergebnis: Besondere Eignung institutioneller Anleger als aktive Aktionäre und Notwendigkeit der Regulierung

Es gibt eine Vielzahl von Argumenten, die für eine besondere Eignung institutioneller Anleger als aktive Aktionäre sprechen.

a) Besondere Charakteristika institutioneller Anleger als Eignungskriterien

Zum einen ist die *Professionalität* ein wichtiger Faktor: Als professionellen Akteuren am Markt wird institutionellen Anlegern zugetraut, die notwendige personelle und materielle Ausstattung[702] zu haben, um gut und umfangreich informierte (und

697 Dies beruht insbesondere darauf, dass für diese Gruppe die aussagekräftigsten Daten hinsichtlich ihrer Anlegerstruktur vorliegen und auch deren Organisationsstruktur – inklusive der Rolle der Aktionäre – weitgehend vergleichbar ist. Viele der hier erzielten Ergebnisse lassen sich jedoch auch auf nicht börsennotierte Unternehmen mit anderen Rechtsformen übertragen.

698 *Zetzsche*, AG 2020, S. 637, 638; *Hirt*, ZGR 2012, S. 281, 284

699 *Organisation for Economic Co-operation and Development,* The Role of Institutional Investors in Promoting Good Corporate Governance, S. 21.

700 *Organisation for Economic Co-operation and Development,* The Role of Institutional Investors in Promoting Good Corporate Governance, S. 21.

701 Siehe dazu mit weiteren Nachweisen oben ab S. 26.

702 *Winkler,* S. 100.

„weitsichtige") Entscheidungen für das Beteiligungsunternehmen treffen.[703] In Krisensituationen könnten sie z. B. verschiedene Szenarien durchspielen und aufgrund von in früheren Situationen gesammelten Erfahrungen als (Krisen-)Berater agieren.[704] Dafür brauchen sie weniger Ressourcen, da sie sich aufgrund ihrer Größe Skaleneffekte zunutze machen könnten.[705]

Daran anknüpfend ist das bereits im Rahmen der Definition aufgeführte[706] Anlagevolumen entscheidend. Da institutionelle Anleger oft größere Anteilspakete halten, haben sie mehr Stimmrechte, was ihnen zugleich mehr Einfluss im Unternehmen bringt.[707] Sie haben aber auch ein höheres Verlustrisiko, wenn sie ihre Anteile bei einem schlechten Unternehmenszustand verkaufen müssten, sodass es für sie in Krisen häufig sinnvoller ist, die Anteile zu behalten und eher die *Voice*-Option zu verfolgen.[708] Bei vorgenannten Annahmen ist allerdings Vorsicht geboten: Häufig halten sich die Anlagevolumina auch in Grenzen, um eine gewisse Diversifikation und damit eine gute Risikoverteilung zu erreichen.[709] Diese Einschränkung kann allerdings durch eine bessere Vernetzung der institutionellen Anleger miteinander ausgeglichen werden.[710] Im Übrigen sind auch geringere Anteile nicht unerheblich, sofern die entsprechenden Stimmrechte bei der Hauptversammlung regelmäßig ausgeübt werden: Bei Hauptversammlungspräsenzen von um die 40 % sind auch kleinere Anteile schon sehr einflussreich.[711]

Darüber hinaus geht mit einer gewissen Größe und Professionalität meist auch eine höhere Reputation einher, mittels derer institutionellen Anlegern auch andere Möglichkeiten der Kommunikation und dementsprechend des Engagements offenstehen.[712] Selten wird sich der Vorstand einer Aktiengesellschaft auf einen informellen Dialog mit einem Privatanleger einlassen; aus einem Gespräch eines Entscheidungsträgers eines großen Anlegers hingegen verspricht er sich vielleicht neue inhaltliche Denkanstöße oder spätere zusätzliche Anlagen.[713] Des Weiteren

---

703 Siehe zu diesem speziellen Merkmal auch die Analyse mit weiteren Nachweisen oben ab S. 59.

704 *Bassler,* S. 112.

705 *Bassler,* S. 112; siehe zum Größenfaktor institutioneller Anleger auch oben mit weiteren Nachweisen ab S. 62.

706 Vgl. dazu oben mit weiteren Nachweisen ab S. 62.

707 Vgl. dazu oben mit weiteren Nachweisen ab S. 62.

708 *Bassler,* S. 113.

709 *Winkler,* S. 99.

710 *Winkler,* S. 99; Hommelhoff/Hopt/Werder-*Faber,* Institutionelle Investoren (einschließlich Hedge Fonds und Private Equity), 2. Aufl., 2009, S. 219, 227.

711 Hommelhoff/Hopt/Werder-*Faber,* Institutionelle Investoren (einschließlich Hedge-Fonds und Private Equity), 2. Aufl., 2009, S. 219, 228.

712 *Winkler,* S. 100.

713 Hommelhoff/Hopt/Werder-*Faber,* Institutionelle Investoren (einschließlich Hedge-Fonds und Private Equity), 2. Aufl., 2009, S. 219, 228.

verschafft die Gesamtgröße des institutionellen Anlegers – unabhängig von dessen Anlagevolumen im jeweiligen Beteiligungsunternehmen – ihm auch die Möglichkeit, medienwirksame öffentliche Äußerungen zu treffen und so die Unternehmenspolitik „von außen" mitzubestimmen.[714]

b) Treubindung gegenüber Endanlegern

Außerdem verschafft dem Anleger die Treubindung gegenüber seinen Endanlegern eine Sonderstellung, die gerade eine Aktivität dieser Anlegergruppe sinnvoll erscheinen lässt.[715] Diese besondere Treubindung lässt sich auch in der Einordnung des Anlegers in der sog. „Investmentkette" sowie aus dem sog. „doppelten Prinzipal-Agenten-Problem" erkennen.[716] Dadurch, dass der institutionelle Anleger bei seiner Anlage eher auf Sicherheit setzen muss – *Bassler* verweist zum Beispiel insofern auf §§ 115 Abs. 1 S. 3 und 54 Abs. 1 VAG –, ist es für ihn bei etwaigen Gewinnaussichten beinahe verpflichtend einzugreifen, um den Gewinn auch zu realisieren.[717] Weitergehend kann die Treubindung auch zur Mäßigung des Aktivismus führen: Um den Endanlegern nicht zu schaden (und sich ihnen gegenüber nicht ersatzpflichtig zu machen), wird der institutionelle Anleger gehalten sein, auch im Beteiligungsunternehmen auf möglichst verantwortungsvolle Entscheidungen hinzuwirken und keine hochriskanten Maßnahmen zu propagieren.

c) Institutionelle Anleger als langfristige Investoren

Schließlich sind es auch gerade die institutionellen Anleger, die für die oben dargelegte wünschenswerte Langfristigkeit beim Engagement sorgen können.[718] Eine Erläuterung dieses Begründungsansatzes findet sich prägnant zusammengefasst in den Gesetzgebungsmaterialien der Europäischen Union zur Aktionärsrechterichtlinie 2017.[719]

---

714 *Winkler*, S. 100; Hommelhoff/Hopt/Werder-Faber, S. 219, S. 227.

715 Vgl. hierzu das Definitionsmerkmal der „Fremdnützigkeit", siehe mit weiteren Nachweisen oben S. 58.

716 Vgl. zur Investmentkette mit weiteren Nachweisen auch oben ab S. 77 sowie zum sog. „doppelten Prinzipal-Agenten-Problem" mit weiteren Nachweisen oben ab S. 29; vgl. *Faure*, S. 94 f.

717 *Bassler*, S. 115.

718 *Europäische Kommission*, Grünbuch Langfristige Finanzierung der Europäischen Wirtschaft – KOM(2013) 150 endg. S. 10; siehe zur besonderen „Qualität" des Engagements auch bereits mit weiteren Nachweisen oben ab S. 40; dazu und zur Sinnhaftigkeit der Langfristorientierung *Ockert*, S. 115 ff.

719 *Europäische Kommission*, Grünbuch Langfristige Finanzierung der Europäischen Wirtschaft – KOM(2013) 150 endg. S. 10: *„Dank der langen Laufzeiten ihrer Verbindlichkeiten können institutionelle Anleger zumindest prinzipiell Daueranlagen in*

In diesem Abschnitt des Grünbuchs *Langfristige Finanzierung der europäischen Wirtschaft* sind viele relevante Aspekte der besonderen Eignung institutioneller Anleger für langfristige Anlagen zusammengefasst: Gerade die „traditionellen" institutionellen Anleger wie Pensionsfonds und Versicherungen haben ohnehin einen längeren Anlagehorizont.[720] Aufgrund dieses besonderen Abgrenzungsmerkmals ist es leichter, sie auch zu einem kontinuierlichen Engagement im Beteiligungsunternehmen zu motivieren, denn der längere Anlagehorizont bedeutet zugleich, dass sie weniger häufig die *Exit*-Strategie wählen werden, wenn die Performance des Beteiligungsunternehmens hinter den Erwartungen zurückbleibt.[721] Sie können es sich insofern – anders als vielleicht Privatanleger oder Anleger mit kürzeren Anlagehorizonten – leisten, die Situation zu evaluieren und selbst gegebenenfalls einzuschreiten. Dadurch bieten sie dem Unternehmen die nötige finanzielle Konstanz, um längerfristig zu planen.[722] Dies trägt wiederum zur Stabilität bei. Zudem kann selbst bei informellen Einwirkungen eine gewisse Kontinuität der Ansprechpartner zu produktiveren Gesprächen und damit besseren Ergebnissen für die Unternehmen führen.

d) Über die Eignung als Regulierungsobjekte hinausgehend: Notwendigkeit der Regulierung von institutionellen Anlegern

Vorgesagtes macht nicht nur deutlich, dass sich eine Regulierung institutioneller Anleger als geeignetes Mittel erweisen kann, um die besonderen Ziele der aktiven Rolle von Anlegern im Unternehmen sowie die Langfristigkeit der Anlagen zu erreichen: Zugleich wird in der jüngeren Literatur darauf hingewiesen, dass die besondere Stellung und die Konzentration der Einflussmöglichkeiten bei

---

langfristige Produktionsmittel tätigen, die zum Ausgleich der längerfristigen Risiken und der für viele dieser Vermögenswerte charakteristischen schwachen Liquidität höhere Renditen bieten. Aufgrund der längeren Zeithorizonte können institutionelle Anleger geduldig und antizyklisch agieren, sind nicht an kurzfristiges Denken gebunden und haben einen geringeren Bedarf an Fristentransformationen. Die Notwendigkeit der Diversifizierung und die Suche nach Rendite in einem Niedrigzinsumfeld haben der Expansion in langfristige Finanzierungen weiteren Vorschub geleistet. Mittlerweile ist ein erheblicher Anteil ihrer Portfolios in langfristigen Instrumenten wie Beteiligungskapital, Private Equity und anderen schwachliquiden Vermögenswerten angelegt (einige Pensionsfonds haben z. B. in den letzten Jahren direkt in großmaßstäbliche Projekte im Bereich der erneuerbaren Energien investiert)."

720 Dies beruht unter anderem auf der soeben bereits erwähnten fristenkongruenten Anlage – siehe dazu auch mit weiteren Nachweisen bereits oben ab S. 62.

721 Siehe dazu mit weiteren Nachweisen bereits oben ab S. 40.

722 *Europäische Kommission,* Grünbuch Langfristige Finanzierung der Europäischen Wirtschaft – KOM(2013) 150 endg., S. 10 f.

institutionellen Anlegern eine Regulierung gewissermaßen notwendig machen.[723] So würde sich gerade durch die besondere Marktmacht, die (verhältnismäßig wenigen) institutionellen Anlegern aufgrund ihrer Anlagevolumina[724] zukommt, eine besondere Risikolage verdichten, namentlich die Gefahr, dass beispielsweise ungünstige Managemententscheidungen von wenigen Entscheidungsträgern weitreichende Konsequenzen in vielen Beteiligungsunternehmen, die Rede ist sogar von „gesamtwirtschaftlichen Schieflagen"[725] haben kann.[726] Diese Gefahr kann sich auch insbesondere aus falschen Vergütungsanreizen ergeben, welche dann wiederum – wie bereits oben beschrieben – zu einem kurzfristigen Anlagehorizont führen kann; zudem wird der Regulierungsbedarf mit potenziellen Interessenkonflikten begründet.[727]

III. Art und Weise der Regulierung – Transparenzpflichten als Mittel der Regulierung

Regulierung hat nicht ausschließlich durch gesetzgeberische Verbote zu erfolgen. Ein weiteres typisches Gesetzgebungsinstrument sind auch Transparenzpflichten, die gerade in der Aktionärsrechterichtlinie 2017 und im ARUG II eine bedeutende Rolle spielen.[728]

1. Grundlagen: Transparenzpflichten als Regulierungsinstrument

a) Wirkungsweise von Transparenzpflichten

Transparenzvorschriften liegt die Idee zugrunde, dass beim Regulierungsadressaten eine Art Erkenntnisprozess eintritt, der zur Einsicht führt, dass die gewünschte Handlung durchgeführt werden sollte unter anderem auch um potentielle Nachteile zu vermeiden.[729] Oder die Transparenzpflicht ist mit dem Renommee oder tatsächlichen Wert (z. B. bei börsennotierten Unternehmen) verknüpft, sodass eine Offenlegung von ungünstigen Tatsachen mit einem Verlust dessen einhergeht.[730]

---

723 Grigoleit/*Splinter*, AktG, § 134a, Rn. 3 f.

724 Siehe zu den Anlagevolumina bereits mit weiteren Nachweisen oben ab S. 62.

725 Grigoleit/*Splinter*, AktG, § 134a, Rn. 3 f.

726 Grigoleit/*Splinter*, AktG, § 134a, Rn. 3 f.

727 Grigoleit/*Splinter*, AktG, § 134a, Rn. 3 f.

728 Siehe zur Verwendung in diesen beiden Rechtsakten mit weiteren Nachweisen unten ab S. 121 (Aktionärsrechterichtlinie 2017) und ab S. 259 (ARUG II) sowie speziell zur kritischen Analyse dieser Regelungstechnik bei der Umsetzung ab S. 298.

729 RL 2017/828/EU v. 17.05.2017, L 132/1 ff., Rn. 16 ff.; *Ockert*, S. 199 ff. und S. 225.

730 RL 2017/828/EU v. 17.05.2017, L 132/1 ff., Rn. 16 ff.

Diese doppelte Bedeutung gibt es bei der direkten Handlungsverpflichtung, der Hauptalternative zur Offenlegungspflicht als Regulierungsmittel, nicht.

b) Herleitung der Transparenzpflichten als Regulierungsinstrument des Zivilrechts

Insbesondere im Wirtschaftsrecht werden Transparenzpflichten als Regulierungsinstrument verwendet.[731] Ausgehend vom wörtlichen Verständnis des Begriffs lässt sich Transparenz definieren als „Durchsichtigkeit, Deutlichkeit, Verstehbarkeit, Erkennbarkeit“[732]. Überdies geht es bei Transparenz um das Offenlegen von Informationen; um das Erhöhen, Strukturieren und Aufbereiten der Informationsmenge für den Beobachter, um damit auch eine etwaige Komplexität zu reduzieren.[733]

Dabei kann Transparenz in verschiedene Unterbegriffe eingeteilt werden, die in dieser Form von *Böhmer* für Transparenz im öffentlichen Recht zusammengestellt wurden, aufgrund ihrer hohen Abstraktion indes genauso auch für andere Transparenzpflichten gelten: Die *Ergebnistransparenz* legt lediglich das Resultat eines Prozesses offen, wohingegen die *Verfahrenstransparenz* auch den Weg zu dem Ergebnis, das Verfahren, zeigt.[734] Etwas spezieller ist die *inhaltliche Transparenz*, die nicht nur das Verfahren, sondern auch die Gründe (im konkreten Fall war dies bezogen auf staatliche Handlungen) für den Laien offenlegt.[735] Schließlich nennt *Böhmer* noch die *Verantwortungstransparenz*, die klar werden lässt, wer für eine bestimmte Regelung oder Entscheidung verantwortlich war.[736]

Insbesondere die ersten drei Arten der Transparenz finden sich auch im Zivilrecht: So können Regelungen verlangen, dass bestimmte Ergebnisse veröffentlicht werden sollen, während andere Normen das Publizieren der Entscheidungsfindung bis hin zu den Entscheidungsgründen verlangen. Transparenzregelungen werden meist dann verwendet werden, wenn „der Zugang zu Informationen für bestimmte Entscheidungsfindungs- oder Steuerungsprozesse“ überragende Bedeutung hat.[737] Dieser Zugang zu Informationen ist gerade dann entscheidend, wenn die Informationsgewinnung dem Grunde nach erschwert ist.[738] Dies ist bei komplexen Behördenabläufen möglich oder im Zivilrecht eben in Unternehmen, die z. B. aus

---

731 *Bröhmer*, S. 29.

732 *Bröhmer*, S. 18. Der Autor verweist dabei auf den Duden bzw. Brockhaus in unbestimmter Auflage.

733 *Bröhmer*, S. 18 f.

734 *Bröhmer*, S. 20 f.

735 *Bröhmer*, S. 21.

736 *Bröhmer*, S. 21.

737 *Bröhmer*, S. 29.

738 *Bröhmer*, S. 29.

Wettbewerbsgründen darauf bedacht sind, die Menge an nach außen dringenden Informationen möglichst gering zu halten.[739]

c) Klassische Anwendungsbereiche von Transparenzvorschriften im Zivilrecht

So ergibt sich insbesondere im Zivilrecht die Besonderheit, dass die Transparenz in einem Spannungsverhältnis zu weiteren (zivil)rechtlichen Grundsätzen wie z. B. der Wettbewerbsfreiheit oder der Privatautonomie stehen kann: Neben den hier in Frage stehenden Transparenzpflichten im Gesellschaftsrecht gibt es insbesondere noch typische Transparenzvorschriften im AGB-Recht, insbesondere § 305 c Abs. 1 BGB, und die Publizitätspflichten in Bezug auf Teile der Rechnungslegung von Unternehmen gem. § 325 ff. HGB. Klassische Transparenzvorschriften finden sich auch in Bezug auf die Publizitätsträger, wie Handelsregister und Grundbuch (z. B. Gründung von Gesellschaften, Vertretungsmacht), bei denen es insbesondere darauf ankommt, dass die relevanten Ereignisse und Fakten für die Öffentlichkeit zugänglich gemacht werden, da an diese gewisse Rechtsfolgen geknüpft sind, die auch für Dritte relevant sind.[740]

Auch auf europäischer Ebene gibt es Regelungen zu zivilrechtlichen Transparenzvorschriften; allen voran ist dabei die Transparenzrichtlinie[741] zu nennen, die sich um eine Vereinheitlichung der Transparenzpflichten im Wertpapierrecht bemüht.[742] Ziel ist es, eine gleichmäßige Informationsbasis für alle Anleger zu schaffen, um auf diese Weise die Märkte zu stärken und eine möglichst effiziente Kapitalverteilung sicherzustellen.[743] Ein weiteres – ebenfalls europaweit geregeltes – wirtschaftsrechtliches Feld, für das Informationsverteilung eine überragende Bedeutung hat, sind die Regelungen zum Insiderhandel.[744] Dies betrifft nicht nur die Sicherstellung der Informationsversorgung, sondern – in einem zweiten Schritt – die gleichmäßige Verteilung der Informationen und den Umgang mit Situationen, in denen diese Informationen ungleich verteilt sind.[745]

Gerade bei den vorgenannten im weiteren Sinne zivilrechtlichen Transparenzregelungen geht es meist um die Offenlegung bestimmter Ergebnisse oder Tatsachen

---

739 *Bröhmer*, S. 29.

740 *Bröhmer*, S. 30.

741 RL 2004/109/EG v. 15.12.2004, Abl. 2004, L 390/38, passim; RL 2013/50/EU v. 22.10.2013, Abl. 2013 L294/13, passim.

742 RL 2004/109/EG v. 15.12.2004, Abl. 2004, L 390/38, passim; RL 2013/50/EU v. 22.10.2013, Abl. 2013 L294/13, passim.

743 RL 2004/109/EG v. 15.12.2004, Abl. 2004, L 390/38.

744 Zuletzt insbesondere geregelt durch: Verordnung (EU), Nr. 596/2014 v. 16.4.2014, Abl. 2014 L 173/1, passim.

745 *Ruffner*, S. 430.

(z. B. welche Allgemeinen Geschäftsbedingungen dem Vertrag zugrunde liegen bzw. wer Vertretungsmacht in der Gesellschaft hat).

2. Mögliche Arten von Transparenzpflichten – insbesondere das *Comply-Or-Explain*-Prinzip

a) Unterscheidung nach Intensitätsgraden

Transparenzpflichten können auf unterschiedliche Art als Regulierungsmittel eingesetzt werden. Die Intensität der Wirkung variiert dabei: Zunächst kann es eine Transparenz„pflicht" geben, die lediglich eine freiwillige Selbstverpflichtung ist und somit mehr eine „Anregung" darstellt.[746] Der Adressat kann also eine Tatsache offenlegen, muss es aber nicht.[747] Ihre Intensität ist besonders gering. Eine andere Möglichkeit ist die Pflicht zur Offenlegung ohne die Option der Abweichung und Erklärung, was die stärkste Intensität besitzt. Der Adressat muss also etwas offenlegen.

b) Das Comply-Or-Explain-*Prinzip als Transparenzpflicht im Wirtschaftsrecht*

Ein besonders im Wirtschaftsrecht häufig angewendeter Mittelweg und Offenlegungsmechanismus ist das *Comply-Or-Explain*-Prinzip:[748] Es ist in den letzten Jahrzehnten zu einem beliebten Regulierungsmechanismus geworden, obwohl zugleich bis heute seine Effektivität immer wieder in Frage gestellt wird.[749] Die typische *Comply-Or-Explain*-Methode wurde erstmals in einem größeren Rahmen in den 1990er Jahren durch den Cadbury-Report in Großbritannien eingeführt[750] und seitdem zunehmend im Rahmen von Corporate-Governance-Kodizes eingesetzt.[751] Damals wurde sie vorwiegend als Gegenentwurf zum amerikanischen

---

746 So etwa die „Anregungen" des Deutschen Corporate Governance Kodex, erläutert in der Präambel des *Regierungskommission Deutscher Corporate Governance Kodex*, DCGK 2015 – Vergleichsversion zur Vorfassung, S. 2.

747 *Regierungskommission Deutscher Corporate Governance Kodex*, DCGK 2015 – Vergleichsversion zur Vorfassung, S. 2.

748 Siehe zu den Vor- und Nachteilen des comply-or-explain-Prinzips auch die Analyse im Rahmen der Neuregelung im ARUG II mit weiteren Nachweisen unten ab S. 306.

749 Ausführlich zur derzeitigen Verbreitung des Mechanismus: *Sergakis*, Accounting, Economics and Law – A Convivium, S. 239 ff.

750 Cadbury Report, 1.3.

751 So z. B. auch im Niederländischen und Deutschen Corporate Governance Kodex und in der europäischen Gesetzgebung – näher zu Letzterem: *Sergakis*, Accounting, Economics and Law – A Convivium, S. 239 ff.

Modell des verpflichtenden Sarbanes-Oxley Act angesehen.[752] Die *Comply-Or-Explain*-Methode erkennt an, dass alle Unternehmen unterschiedlich sind und eine pauschale Verpflichtung zu bestimmten Verhaltensweisen diesen Unterschieden nicht immer gerecht wird.[753] Somit soll der Ansatz flexibler sein und eine „Feinabstimmung“ ermöglichen, indem er den Unternehmen die Möglichkeit gibt, von den Regeln abzuweichen.[754] Diese Abweichung muss wiederum öffentlich begründet werden.[755] Eine Verbindlichkeit erhalten die Kodizes durch ihre Einbettung in einen weiteren Kontext: So ist die Erklärung über den britischen Corporate Governance Code dort an die Börsenzulassung gebunden[756] und gem. § 161 AktG müssen Aktiengesellschaften in Deutschland eine Stellungnahme zum Deutschen Corporate Governance Kodex abgeben. Als Erklärung für den Anreiz der Unternehmen, eine solche Erklärung wahrheitsgemäß abzugeben, wird die Öffentlichkeitswirkung herausgestellt: Zugrundeliegende Idee ist, dass informierte Aktionäre die Erklärungen studieren und bei umfangreichem Befolgen der Regeln durch die Unternehmen eher eine positive Anlageentscheidung treffen, da sie von den positiven Auswirkungen einer guten Corporate Governance überzeugt sind, bzw. sich auch später zu einem Verkauf der jeweiligen Anlagen auf Basis der Informationen entscheiden können.[757]

c) Das Comply-Or-Explain-*Prinzip in der Kritik*

Die Effektivität des Prinzips stand in den letzten Jahrzehnten immer wieder in Frage und wurde Gegenstand von Studien.[758] Kritischster Punkt war immer

752 *Arcot/Bruno/Faure-Grimaud*, International Review of Law and Economics 2010, S. 193, 193 f.

753 *Arcot Bruno/Faure-Grimaud*, International Review of Law and Economics 2010, S. 193, 194.

754 Cadbury Report, 3.7.

755 Cadbury Report, 3.7 ff.

756 FCA Handbook, 7.2. der Disclosure and Transparency Rules (DTR) und 9.8.6R (5) and (6) der Listing Rules (LR).

757 *Sergakis*, Accounting, Economics and Law – A Convivium, S. 240 f.; *Europäische Kommission*, Empfehlung zur Qualität der Berichterstattung über die Unternehmensführung („Comply or Explain“), Abl. 2014, L 109/43.

758 *Arcot/Bruno/Faure-Grimaud*, International Review of Law and Economics 2010, S. 193, passim; *MacNeil/Li*, Corporate Governance 14 (2006), S. 486, passim; *Akkermans/van Ees/Hermes/Hooghiemstra/van der Laan/Postma/van Witteloostuijn*, Corporate Governance: An International Review 15 (2007), S. 1106, passim; *Hooghiemstra/van Ees*, Regulation & Governance 5 (2011), S. 480, passim; *Seidl/Sanderson/Roberts*, Journal of Management & Governance 2013, S. 791, passim.

wieder die Aussagekraft der Erklärungen im Falle der Abweichung.[759] Es waren dabei nicht nur die Fälle, in denen trotz Abweichung von der Kodex-Regelung gar keine Erklärung abgegeben wird, was gewissermaßen der schlimmste Fall ist.[760] Ebenfalls nicht zufriedenstellend ist, wenn zwar eine Erklärung für die Abweichung vom Kodex abgegeben wird, diese aber so pauschal und nichtssagend ist, dass sie dem Zweck der Transparenz über die Entscheidungsbeweggründe nicht mehr gerecht wird.[761] Sie wird dann nur noch zu einer reinen Pflichterfüllung (*box ticking exercise*).[762] Diese Defizite mindern die Effektivität des *Comply-Or-Explain*-Prinzips und damit auch die der Regelungen der Kodizes.[763] Um dieser Problematik entgegenzutreten, wurde von der Europäischen Kommission eine Empfehlung veröffentlicht, die konkrete Anforderungen an die Erklärung zur Corporate Governance im europäischen Rahmen beinhaltet.[764] Die daraus gezogenen Schlüsse und Anforderungen an „verbesserte" Erklärungen wurden jedoch zum Teil wiederum als „viel zu detailliert"[765] und kontraproduktiv bewertet.[766] Diesbezüglich ist zu berücksichtigten, dass die Flexibilität der *Comply-Or-Explain*-Methode mit einem größeren personellen und finanziellen Aufwand für die Unternehmen einhergeht.[767] So entstehen durch das Vorbereiten der Erklärung zur Corporate

759 *Arsalidou,* Rethinking corporate governance, S. 173 ff.; *Arcot/Bruno/Faure-Grimaud,* International Review of Law and Economics 2010, S. 193, 196 f.

760 *Arcot/Bruno/Faure-Grimaud,* International Review of Law and Economics 2010, S. 193, 196. Die Autoren fanden in einer Studie aus dem Jahr 2005 heraus, dass dies überraschenderweise gar nicht selten der Fall war, sondern bei im Schnitt 17 % der Abweichungen nicht begründet wurde.

761 *Arsalidou,* Rethinking corporate governance, S. 174 – die Autorin bezeichnet die Tiefe und Qualität gar als „Meilensteine der Effektivität" (*„milestones of efficiency"*); ebenfalls darauf hinweisend: *Sergakis,* Accounting, Economics and Law – A Convivium, S. 266.

762 *Arcot/Bruno/Faure-Grimaud,* International Review of Law and Economics 2010, S. 193, 193.

763 *Arcot/Bruno/Faure-Grimaud,* International Review of Law and Economics 2010, S. 193, 200 f. Die Unternehmen, die so vorgingen, hielten sich an den Wortlaut der Kodizes, nicht jedoch an ihren „Geist" (*„These companies comply with the ‚letter' of the law, not with the ‚spirit' "*).

764 *Europäische Kommission,* Empfehlung zur Qualität der Berichterstattung über die Unternehmensführung („Comply or Explain"), Abl. 2014, L 109/43, passim.

765 *Regierungskommission DCGK,* Stellungnahme zur Empfehlung der EU-Kommission vom 9. April 2014, S. 2.

766 *Regierungskommission DCGK,* Stellungnahme zur Empfehlung der EU-Kommission vom 9. April 2014, S. 2.

767 Die Regierungskommission spricht insoweit von „Zusatzaufwand": *Regierungskommission DCGK,* Stellungnahme zur Empfehlung der EU-Kommission vom 9. April 2014, S. 4.

Governance dem Unternehmen jedes Mal Kosten. Die Aktualisierung, ggf. auch unterjährig, sofern sich die erklärte Absicht geändert hat,[768] ist aufwendig und kostet – vor allem wenn die Erklärungen wirklich aussagekräftig sein sollen – Zeit und Geld. Somit muss hinsichtlich der Qualität der Erklärungen stets ein Mittelweg gefunden werden, der Kosten und Nutzen berücksichtigt.

d) Lösungsvorschläge zur Abschwächung der Kritikpunkte

Ein neuerer Vorschlag zur Verbesserung der Qualität der Erklärungen sieht eine separate Institution vor, die die Überwachung dieser Abwägung übernimmt.[769] Dabei ist zu berücksichtigen, dass dies in einigen europäischen Ländern ohnehin schon der Fall ist, je nachdem, wie weit man das Aufgabenspektrum sieht.[770] Im Rahmen des Stewardship Code in Großbritannien wurde zudem ein Klassifizierungssystem für die Qualität der Erklärungen eingeführt, das als letzte Konsequenz einen Ausschluss aus dem Kreis der Erklärenden beinhaltet.[771]

e) Fazit

Das *Comply-Or-Explain*-Prinzip ist ein Regelungsmechanismus, der für alle Beteiligten attraktiv scheint, da er sowohl Regulierungsnotwendigkeiten als auch die unternehmerische Freiheit zu kombinieren versucht.[772] Die Durchführung und Effektivität muss jedoch bei jeder neuen Einführung einer solchen Regelung (und auch bei der Fortentwicklung von bestehenden) insbesondere auf das Verhältnis von Kosten und Nutzen kritisch hinterfragt werden.

---

768 So die h. M. Henssler/Strohn-*E.Vetter*, § 161 AktG, Rn. 18 m.w.N.; a. A. Ederle, NZG 2010, S. 655,658.

769 *Sergakis*, Accounting, Economics and Law – A Convivium, S. 277 ff.

770 In den Niederlanden gibt es dafür den Monitoring Commissie Corporate Governance Code: vgl. *Monitoring Commissie Corporate Governance Code*, Website – About the Monitoring Committee); die Regierungskommission Corporate Governance in Deutschland hingegen ist mehr für die Schaffung und das Feedback für die Regelungen zuständig denn für die Qualität der Erklärungen, *Regierungskommission Deutscher Corporate Governance Kodex*, Dialog.

771 Vgl. zur aktuellen Diskussion hinsichtlich der Qualität der Erklärungen mit weiteren Nachweisen auch unten ab S. 98 und ab S. 307.

772 Siehe dazu die Diskussion mit weiteren Nachweisen soeben ab S. 83 sowie unten ab S. 298.

3. Ökonomische Grundlagen der Wirkungsweise von Transparenzpflichten

Transparenz lässt sich auch aus der Perspektive der (rechts)ökonomischen Wissenschaft betrachten.[773] Gerade in diesem Bereich ist das Wort „Transparenz" bzw. *„transparency"* in den letzten Jahren zum Modewort geworden.[774] Aber auch im Bereich der ökonomischen Grundlagen spielen Informationen und deren gleichmäßige Verteilung eine überragende Rolle: Gerade für das Funktionieren von Märkten ist eine gleichmäßige Informationsverteilung essenziell.[775] Für das Modell des „perfekten Marktes" wird gar vorausgesetzt, dass die Informationen für jedermann zugänglich sind und auch genutzt werden; die „vollständige Information" ist eine der Grundannahmen für viele wirtschaftswissenschaftliche Analysen.[776] Dies hat nicht den Anspruch einer Abbildung der Realität, sondern ist ein Mittel zur Vereinfachung der Komplexität, um durch logische Schlüsse fundierte Aussagen über bestimmte Markterscheinungen treffen zu können.[777] Indes sind die Aussagen umso sicherer zu treffen, je mehr sich die Realität an die „vollständige Information" annähert.[778] Jedes Stocken im Informationsfluss nimmt dem Markt ein Stück seiner Funktionsfähigkeit und beeinträchtigt das Zueinanderfinden von Anbieter und Nachfrager auf schnelle Art und Weise und ohne viele zusätzliche Kosten, also effizient.[779] Solche Risiken werden in der Wirtschaftswissenschaft über eine Vielzahl von Modellen dargestellt und vor allem zwei daraus resultierende Hauptprobleme identifiziert: adverse Selektion und *moral hazard*.[780]

„Adverse Selektion" meint, dass aufgrund von Informationsdefiziten eine Partei das Risiko eines Vertrags mit der Gegenseite zu hoch einschätzt und daraufhin dieses Risiko in ihre Preisvorstellung einkalkuliert; dies wiederum führt dazu, dass der angebotene Preis nur für solche Marktteilnehmer attraktiv ist, mit denen ein Vertragsschluss überdurchschnittlich risikoreich ist.[781] Unter *„moral hazard"* wird das Problem verstanden, dass gerade aufgrund eines abgeschlossenen Vertrags

---

773 Siehe dazu mit weiteren Nachweisen auch oben ab S. 22.

774 Forssbaeck/Oxelheim-*Forssbaeck/Oxelheim,* The multifaceted concept of transparency, S. 3.

775 *Ruffner,* S. 363.

776 *Engelkamp/Sell,* S. 11; *Ruffner,* S. 360.

777 *Engelkamp/Sell,* S. 11.

778 *Ruffner, S.* 367 ff., S. 430.

779 *Ruffner,* S. 360, S. 429.

780 Forssbaeck/Oxelheim-*Forssbaeck/Oxelheim,* The multifaceted concept of transparency, S. 3, 7.

781 *Akerlof,* The Market for „Lemons", in: The Quarterly Journal of Economics, 1970, S. 488, 492 f.; MüKo-Kartellrecht/*Eilmansberger/Bien,* Einleitung zu F. GVO Nr. 267/2010 (Versicherungs-GVO), Rn. 7 m.w.N.

einer der Vertragspartner den anderen deswegen übervorteilt, weil dieser keine vollständige Information über sein Verhalten oder Eigenschaften hat.[782] Auch dies ist Ausfluss eines Informationsdefizits.[783]

Den Defiziten kann auf unterschiedliche Arten und von verschiedenen Seiten begegnet werden: So können die Marktteilnehmer sich selbst bemühen, mehr Informationen zu beschaffen, wobei der dadurch entstehende Aufwand auch als sogenannte *Informationskosten*[784] bezeichnet wird. Ferner kann der Staat eingreifen und Regelungen treffen, die den Informationsfluss erleichtern, wobei es sich unter anderem um die besagten Transparenzpflichten handelt.[785] Letztere Vorgehensweise kann gesamtwirtschaftlich effizienter sein, da so nicht bei allen Marktteilnehmern und Intermediären individuell und damit mehrfach Informationskosten anfallen, sondern nur einmal, bei demjenigen, der der Information am nächsten steht.[786]

Auch im oben bereits dargestellten Prinzipal-Agenten-Modell[787] ist Transparenz relevant, da zwischen dem Prinzipal und dem Agenten eine Informationsasymmetrie zu Lasten des Prinzipals besteht.[788] Eine Möglichkeit zur Überwindung der Problematik ist das staatliche Eingreifen mittels Transparenzvorschriften zur Verbesserung der Informationsverteilung zwischen den Beteiligten.[789] Als eine spezifische Lösung für die Informationsasymmetrie wird auch in Bezug auf die vorliegend behandelte Problematik die Sonderstellung von bestimmten, größeren Aktionären diskutiert.[790] Dabei sollen bestimmte Mehrheitsaktionäre bewusst zu Insidern gemacht werden, sodass sie als eine Art Verifizierungsmechanismus die Informationen kontrollieren können und durch ihr Verbleiben im Unternehmen ein positives Signal an Nicht-Insider-Aktionäre senden können.[791]

---

782 MüKo-Kartellrecht/*Eilmansberger/Bien*, Einleitung zu F. GVO Nr. 267/2010 (Versicherungs-GVO), Rn. 8 m.w.N.

783 MüKo-Kartellrecht/*Eilmansberger/Bien*, Einleitung zu F. GVO Nr. 267/2010 (Versicherungs-GVO), Rn. 8 m.w.N.

784 *Engelkamp/Sell*, Einführung in die Volkswirtschaftslehre, S. 168.

785 *Ruffner*, S. 367.

786 *Ruffner*, S. 367.

787 Vgl. dazu mit weiteren Nachweisen oben S. 26 ff.

788 *Voigt*, Institutionenökonomik, S. 84; *Ruffner*, S. 133.

789 *Ruffner*, S. 134. Der Autor bezieht sich in diesem Zusammenhang allgemein auf Lösungsstrategien, um die Problematik der Informationsasymmetrie von außen zu lösen.

790 Hubbard-*Zeckhauser/Pound*, S. 149, S. 164; *Ruffner*, S. 470.

791 Hubbard-*Zeckhauser/Pound*, S. 149, S. 164, S. 178.

4. Kritik an der Wirksamkeit von Transparenzpflichten

Teils werden allerdings die so vielfach verwendeten und der fast zum Automatismus gewordene Gebrauch von Transparenzpflichten als Regulierungsinstrument auch in Frage gestellt:[792] So weist insbesondere *Avgouleas* bereits im Jahr 2009 darauf hin, dass auf Basis der bestehenden theoretischen Grundlagen schlicht angenommen werde, dass die – vermeintlich rationalen – Marktakteure schon zu den gewünschten Ergebnissen kommen würden, sofern ihnen nur die entscheidenden Informationen in ausreichender Form zur Verfügung gestellt würden.[793] Er kritisiert insbesondere, dass hierfür gerade keine ausreichende empirische Grundlage besteht.[794] Zudem wird in der Literatur vor übermäßigen Informationen durch ein Zuviel der Transparenz auf dem Kapitalmarkt gewarnt, die letztlich gar nicht wie gewünscht die Informationsasymmetrie ausgleichen sondern vielmehr den Zugang zu den wesentlichen Informationen erschweren, diese Problematik wird auch mit „*noise*"[795] bezeichnet.[796]

Hinsichtlich des Ziels der Beseitigung von Informationsasymmetrien im Allgemeinen (und insbesondere durch Offenlegungspflichten) ist jedoch auch der wichtige Zwischenruf von *Koch* zu beachten, der darauf hinweist, dass das Ziel der Regulierung meist nicht die vollständige Aufhebung der Informationsasymmetrie sein kann und sollte, sondern vielmehr die Identifikation von hinnehmbaren und nicht hinnehmbaren Informationsasymmetrien sein sollte.[797]

5. Ausblick: Der Zusammenhang zwischen Offenlegungspflichten und der Förderung des Aktionärsengagements unter der Aktionärsrechterichtlinie 2017 und ARUG II

In der Konstellation der Neufassung der Aktionärsrechterichtlinie und der entsprechenden Regelung unter dem ARUG II sollen die Transparenzpflichten im Verhältnis zwischen dem Beteiligungsunternehmen, den institutionellen Anlegern und den Endanlegern eingesetzt werden.[798]

---

792 Ausführlich zu weiteren Kritikpunkten siehe auch die Diskussion konkret im Hinblick auf ARUG II mit weiteren Nachweisen unten ab S. 298.

793 *Avgouleas*, ECFR 2009, S. 440 ff.

794 *Avgouleas*, ECFR 2009, S. 440 ff.; siehe dazu ferner mit weiteren Nachweisen auch ab S. 41.

795 *Ockert*, S. 200 m.w.N.

796 *Ockert*, S. 200 m.w.N.

797 *Koch*, ZGR 2020, S. 183, S. 184.

798 RL 2017/828/EU v. 17.05.2017, L 132/1, Erwäggründe S. 16 ff. (L 132/3 f.); siehe dazu eingehender unten die kritische Analyse der Verwendung dieser Regulierungsmethode mit weiteren Nachweisen unten ab S. 298.

Kerngedanke ist, das Ziel der Förderung des Engagements des institutionellen Anlegers zu erreichen, indem man diesen zur Offenlegung seiner Aktivitäten und Strategien gegenüber der Öffentlichkeit und damit auch dem Endanleger verpflichtet.[799] Die Transparenz dieser Pläne und Verhaltensweisen bezüglich des Engagements soll wiederum die Anlageentscheidung der Endanleger beeinflussen.[800] Diese Aussicht kann dann einen Anreiz für die institutionellen Anleger (bzw. ihr Management) darstellen, ihr Verhalten entsprechend der Regelungen auszurichten.[801] Ob und wie dies in den adressierten Konstellationen gelingen kann, wird an späterer Stelle der vorliegenden Arbeit zu diskutieren sein.[802]

799 Siehe zu dieser Wirkungswiese bereits mit weiteren Nachweisen oben ab S. 83.

800 *Fleischer/Strothotte*, AG 2011, S. 221, 231.

801 *Fleischer/Strothotte*, AG 2011, S. 221, 231.

802 Siehe dazu eingehender mit weiteren Nachweisen die kritische Analyse der Verwendung dieser Regulierungsmethode unten ab S. 298.

C. Rechtliche Rahmenbedingungen vor ARUG II im britischen, europäischen und deutschen Recht

Dieses Kapitel wertet die Normen aus, die vor Inkrafttreten des ARUG II den rechtlichen Rahmen für die Aktivitäten institutioneller Anleger bildeten.

- Zunächst werden die regulatorischen Rahmenbedingungen und das bisher bestehende gesellschaftsrechtliche Machtgefüge in Unternehmen für institutionelle Anleger in Großbritannien, Europa insgesamt und Deutschland speziell betrachtet (**I.** und **II.**).
- In einem zweiten Schritt wird im Wege eines Rechtsvergleichs untersucht, welche rechtlichen Handlungsoptionen, -pflichten und Grenzen der Handlungsspielräume sich (vor allem nach der bisherigen Rechtslage) ergaben (**III.**).

I. Regulatorische Rahmenbedingungen für institutionelle Anleger vor ARUG II

Der im Folgenden dargestellte vor ARUG II bestehende Überblick über die regulatorischen Rahmenbedingungen umfasst Großbritannien, da dies in unterschiedlicher Hinsicht – insbesondere über den UK Stewardship Code 2012 – als Vorbild für die neue Regulierung auf europäischer und deutscher Ebene galt, (**1.**), die europäischen Regelungen als länderübergreifende Regulierungsgrundlage für das deutsche Umsetzungsgesetz (**2.**) sowie Deutschland, da diese Regelungen die Grundlage für die Implementierung des ARUG II darstellen (**3.**).

1. Regulatorischer Rahmen in Großbritannien – ein Vorbild für europäische und deutsche Regelungen

In Großbritannien gab es in den letzten Jahrzehnten intensive Entwicklungen betreffend die Regulierung von institutionellen Anlegern: Nachdem vorab geklärt wird, wie sich die neuesten Entwicklungen des Brexit auf die bestehende Rechtslage und die europäischen Einflüsse in Großbritannien auswirkt (siehe dazu **a)**), werden diese Entwicklungen betreffend institutioneller Anleger im Folgenden der Betrachtung der bestehenden Normen, die speziell an diese Anlegergruppe gerichtet sind, vorangestellt (siehe dazu **b)**). Hinsichtlich der bestehenden Normen gibt es in Großbritannien zwei Bereiche, in denen sich für institutionelle Anleger geltendes Recht findet – zum einen in förmlichen Gesetzen, insbesondere im Companies Act 2006, zum anderen im UK Stewardship Code, einem speziellen Corporate Governance Kodex, der im Jahr 2010 erstmals veröffentlicht wurde und der sich spezifisch den Beitrag institutioneller Anleger zu einer guten Unternehmensführung zum Ziel gesetzt hat (siehe dazu unter **c)**).

a) Auswirkungen des Brexit auf den regulatorischen Rahmen

Mit dem Austritt Großbritanniens aus der europäischen Union, dem Brexit, gab es zunächst die Schwierigkeit, wie mit den europäischen Vorgaben und Gesetzen in Form von Richtlinien (dann umgesetzt in nationales Recht) und Verordnungen verfahren werden sollte, die gerade im europäischen Gesellschafts- und Kapitalmarktrecht weit verbreitet sind.[803] Lösung war eine Rahmengesetzgebung Großbritanniens, der sog. *European Union (Withdrawal) Acts 2018* („**European Union Withdrawal Act 2018**") *und 2020* („**European Union Withdrawal Act 2020**"), insbesondere Sec. 2 und 3 European Union Withdrawal Act 2018[804], und einige spezielle für die europäischen Gesellschaftsformen erlassenen Gesetze, die die weitergehende Anwendung des europäischen Rechts zunächst festlegen, sofern nicht explizit eine abweichende Regelung (etwa bei grenzüberschreitenden Verschmelzungen) getroffen wurde.[805] Auf dieser Basis der Entwicklungen wird in dieser Arbeit im Hinblick auf Großbritannien teils auf den europäischen Ursprung der Regelung hingewiesen werden, ansonsten aber – sofern nicht anders ausgeführt – davon ausgegangen, dass auch diese ursprünglich auf europäischen Richtlinien etc. beruhenden Regelungen grundsätzlich als nationales Recht in Großbritannien fortgelten.[806] Teilweise werden – wie an dieser Stelle – die britischen Regelungen vorangestellt, teilweise, sofern viele Regelungen noch auf europäischen Grundlagen beruhen auch die europäische Regelung zunächst vorgestellt und dann auf Großbritannien und Deutschland eingegangen.

b) Überblick zur Gesetzgebung und Berichten in Großbritannien

Die Entwicklung der Normen für institutionelle Anleger ist geprägt von sog. Berichten (*Reviews* bzw. *Reports*), die zur Corporate Governance veröffentlicht wurden. Bei den Erstellern der Berichte handelt es sich jeweils um Gruppen, die teilweise vom Parlament, von Interessengruppen oder gar Unternehmen aus sachverständigen Personen zusammengestellt werden, um bestimmte Themen vertieft

803 *Teichmann/Kreier*, EuZW 2020, S. 14 ff.

804 *European Union Withdrawal Act 2018* abrufbar unter https://www.legislation.gov.uk/ukpga/2018/16/crossheading/retention-of-existing-eu-law/enacted [zuletzt abgerufen am 19.01.2021] und der *European Union Withdrawal Act 2020* abrufbar unter https://www.legislation.gov.uk/ukpga/2020/1/contents/enacted [zuletzt abgerufen am 19.01.2021].

805 *Teichmann/Kreier*, EuZW 2020, S. 14 ff.

806 Vgl. dazu auch die ausführliche Analyse bei *Teichmann/Kreier*, EuZW 2020, S. 14 ff.

zu bearbeiten.[807] Viele dieser Berichte und Ausschüsse (keine parlamentarischen Ausschüsse) werden derzeit durch das Financial Reporting Council („**FRC**") koordiniert – eine Institution, die vor allem durch die Berufsgruppe der Wirtschaftsprüfer in Großbritannien (pflicht)finanziert wird und die für die Überwachung und Aktualisierung des britischen Corporate Governance Kodex zuständig ist.[808]

Eine sehr frühe Erwähnung findet die besondere Bedeutung der institutionellen Anleger im 1992 erschienenen Cadbury Report („**Cadbury Report**").[809] Schon damals wurde die Rolle der institutionellen Anleger als grundlegend bezeichnet.[810] Darüber hinaus werden im Cadbury Report drei Wege der Aktivität dieser Anleger identifiziert:

- der Austausch mit dem höheren Management,[811]
- das Gebrauchmachen von Stimmrechten und
- die Mitwirkung bei der Zusammensetzung des Vorstands.[812]

Der drei Jahre später folgende Greenbury Report 1995 („**Greenbury Report**")[813] behandelt die Rolle der Aktionäre bei der Festsetzung der Vorstandsvergütung.

Der im Jahr 1998 folgende Hampel Report („**Hampel Report**") wurde erstellt, um die Umsetzung der Resultate der vorangegangenen Reporte zu evaluieren. Auch er stellt einige Best-Practice-Regeln für institutionelle Anleger auf.[814] Hierbei wird insbesondere auf die bewusste Ausübung der Stimmrechte, den Dialog zwischen dem Vorstand und den Anlegern und die sinnvolle Nutzung der Hauptversammlungen für diese Zwecke eingegangen.[815] Die Ergebnisse dieser drei Berichte wurden dann in einem Kodex, dem Combined Code („**Combined Code**") zusammengefasst, der der Vorläufer des UK Corporate Governance Code war.[816]

2001 folgten dann der speziell institutionelle Anleger betrachtende Myners Report[817] („**Myners Report**") und der Higgs Review („**Higgs Review**")[818], die

807 Beispielhaft zur Arbeit und der Zusammensetzung der Committees: *Spira/Slinn*, The Cadbury Committee, 2013, passim.

808 Vgl. dazu die Selbstdarstellung der Finanzierung des FRC unter *FRC*, About the FRC.

809 Cadbury Report, S. 48 ff.

810 Cadbury Report, 6.10.

811 Cadbury Report, 6.11.

812 Cadbury Report, 6.11.

813 Greenbury Report, passim.

814 Hampel Report, S. 40 ff.

815 Hampel Report, 19 f.

816 Zur Geschichte des UK Corporate Governance Code: *Financial Reporting Council*, Comply or Explain – 20th Anniversary of the UK Corporate Governance Code, S. 25.

817 Myners Report, passim.

818 Higgs Review, passim.

bestimmte Voraussetzungen für die Kommunikation zwischen der Unternehmensleitung und großen Anteilsinhabern formulierten.[819]

2009 erschien schließlich der Walker Review („**Walker Review**"), der sich umfassend mit den Folgen der weltweiten Finanzkrise in Bezug auf die Lage in Großbritannien auseinandersetzte.[820] Dabei wird die Einführung eines an institutionelle Investoren gerichteten Wohlverhaltenskodex durch das FRC ausdrücklich empfohlen.[821] Der Walker Review gab den entscheidenden Anstoß für die Einführung des speziell an institutionelle Anleger gerichteten UK Stewardship Code im Jahr 2010.[822]

Im Anschluss daran wurde 2012 der Kay Review („**Kay Review**") herausgegeben, in dem die aktuellen Entwicklungen nach der Veröffentlichung kritisch hinterfragt wurden.[823] Das Oberthema dieses Reviews ist die Langfristigkeit von Anlagen.[824]

Der UK Stewardship Code wurde infolgedessen 2012 erstmals überarbeitet, eine erneute Überarbeitung folgte im Januar 2020 mit dem UK Stewardship Code 2020.

Diese Entwicklung zeigt deutlich, wie früh die Relevanz institutioneller Anleger in Großbritannien nicht nur durch die Wissenschaft, sondern auch durch diejenigen, die später an Gesetzesinitiativen mitwirkten, diskutiert wurde. Dies lässt sich vermutlich auch auf die umfangreichere Bedeutung von Fonds zur privaten Altersversorgung in Großbritannien zurückführen.[825] Auf diese Weise konnten jedenfalls die Initiativen, die es dann zum UK Stewardship Code gab, auf ein breites Erfahrungswissen in Bezug auf Kodizes, Soft Law und die Bedeutung institutioneller Anleger zurückgreifen.

c) Bestehende Regelungen in anderen Staaten – am Beispiel von Großbritannien

In Großbritannien sind die Regelungen betreffend institutionelle Anleger wie auch der restliche Teil der Regelungen zur Corporate Governance die Normen teils in förmlichen Gesetzen[826] und teils im selbstregulatorischen Kodex

---

819 *Sergakis*, Revue juridique Thémis de l'Université de Montreal 2013, S. 109, 121.

820 Walker Review, passim.

821 Walker Review, S. 16 f.

822 *Sergakis*, Revue juridique Thémis de l'Université de Montreal 2013, S. 109, 122.

823 Kay Review – Final, passim.

824 Kay Review – Final, passim.

825 Siehe zu den statistischen Besonderheiten mit weiteren Nachweisen oben – S. 76 ff.

826 Hinsichtlich der Rechtsform der Adressaten der Regelungen (und damit auch hinsichtlich der für sie geltenden Gesetze) ist eine wichtige Unterscheidung zu beachten: Im britischen Recht wird häufig der Begriff „*public company*" in zweierlei Zusammenhang gebraucht: Zum einen ist damit gemeint, dass die Gesellschaft ihre Anteile der Öffentlichkeit zum Kauf anbietet, zum anderen kann damit gemeint sein,

geregelt.[827]

aa) Gesetze

Das zentrale Gesetz betreffend das Gesellschaftsrecht und damit auch die Rolle der Aktionäre in Großbritannien ist der Companies Act 2006 („**CA 2006**").[828] Obwohl die Ursprünge des britischen Rechts i.S.d. Common Law auf Richterrecht beruhen, sind solche Kodifikationen mittlerweile nicht mehr ungewöhnlich – der CA 2006 regelt alle wichtigen Bereiche des britischen Gesellschaftsrechts vom Entstehen über die Organisation bis zur Finanzierung der Gesellschaften. Trotzdem können auch heute noch die Prinzipien des *Case Law* als Auslegungshilfe dienen.[829]

Schon bei Schaffung des Gesetzes war es eines der zentralen Anliegen des Gesetzgebers, die Rolle der Anteilsinhaber zu stärken und sie mit ausreichenden Informationen und Rechten auszustatten, damit diese sich langfristig im Unternehmen engagieren können.[830]

In Bezug auf institutionelle Anleger finden sich im CA 2006 Regelungen in den ss 1277 ff. Sie sind in den Unterpunkt „allgemeine Anordnungen" (*„miscellaneous provisions"*) eingeordnet und betreffen die Ausübung der Stimmrechte durch institutionelle Anleger. In s 1277 CA 2006 werden Finanzministerium bzw. Minister (*„the Treasury or the Secretary of State"*) dazu ermächtigt, Regelungen (*„provisions to take regulation"*) zu treffen, die institutionelle Anleger (*„institutions"*) dazu verpflichten, offenzulegen, wie sie die Stimmrechte ihrer Anteile oder der Anteile, an denen sie ein bestimmtes Interesse haben, ausüben. Bemerkenswert ist, dass in s 1277 (IV) CA 2006 sogar zivilrechtliche Sanktionen für den Fall des Verstoßes gegen eine Offenlegungspflicht möglich machen. Derzeit bestehen jedoch keine Pläne der britischen Regierung, von der Ermächtigung in s 1277 CA 2006 Gebrauch

---

dass die Anteile an einem öffentlichen Markt gehandelt werden. *Davies und Worthington* schlagen in diesem Zusammenhang vor, bei Letzterem von *„publicly traded companies"* zu sprechen. Ob institutionelle Anleger der einen oder anderen Gruppe unterfallen, ist jeweils im Einzelfall zu klären. Die Regelungen bezüglich *„publicly traded companies"* können jedoch noch weitreichender sein – *Davies/Worthington*, Rn. 1–22 ff.

827 Vgl. auch die Übersicht bei *Gong*, 42 ff. Der Autor gibt dort eine Übersicht über das Corporate Governance Framework im Ganzen. Hier soll sich allerdings nur auf eine Darstellung der Regelungen beschränkt werden, die Offenlegungspflichten für institutionelle Anleger beinhalten oder in diesem Kontext relevant sind.

828 Vgl. dazu auch schon mit weiteren Nachweisen oben ab S. 52; *Mack*, ZCG 2020, S. 197.

829 Dies ist ausdrücklich z. B. in s 170 CA 2006 geregelt.

830 *Department of Trade and Industry*, Company Law Reform – White Paper, S. 16 ff.

zu machen.[831] Zunächst soll abgewartet werden, wie sich die Gepflogenheiten des Marktes entwickeln, bevor die Gesetzgebungsermächtigung angewendet wird.[832]

S 1278 CA 2006 enthält im ersten Absatz lit. (a) bis (f) eine Aufzählung von Unternehmen, die als „institutionelle Anleger" angesehen werden. Das sind die bereits oben aufgezählten Typen: *unit trust schemes, open-ended investment companies, investment trusts* (also die Gruppen, die oben als Art „Investmentfonds" umschrieben wurden[833]), *pension schemes* (also insbesondere Pensionsfonds), *companies carrying long-term insurance businesses* (also insbesondere Lebensversicherungen) *und collective investment schemes.* Etwas überraschend ist in dieser Aufzählung auf den ersten Blick lediglich die letzte Position, da nicht ganz klar ist, wie sich die *collective investment schemes* von den zuerst genannten Gruppen unterscheiden. In der Literatur werden sie als Oberbegriff von *unit trusts* und *open-ended investment companies* angesehen.[834]

S 1279 CA 2006 enthält dann eine Beschreibung dessen, was unter „Anteil" im Sinne der s 1277 CA 2006 verstanden wird.

In s 1280 CA 2006 werden schon mögliche Offenlegungspflichten genannt, die im Rahmen des s 1277 CA 2006 angeordnet werden können. Dies umfasst die Art und Weise, wie die Stimmrechte ausgeübt werden sollen,[835] Anweisungen des Anlegers in Bezug auf die Ausübung der Stimmrechte[836] und für den Fall, dass die Stimmrechte von anderen Personen ausgeübt werden, an wen und wie sie delegiert werden.[837]

Auch wenn von dieser an das Finanzministerium gerichteten Normierungsmöglichkeit bisher kein Gebrauch gemacht wurde, muss ihr Effekt in einem größeren Kontext gesehen werden: Sie gibt den nicht förmlichen Regelungen, wie sie im Folgenden aufgeführt werden, einen gewissen Nachdruck. Denn wenn sich herausstellt, dass diese nicht zu den gewünschten Ergebnissen führen, hat die Regierung immer noch die Möglichkeit, kurzfristig verbindliche Normen – zumindest in Bezug auf die Stimmrechtsausübung – zu treffen. Diese bestünde natürlich auch sonst, aber die Kodifizierung macht sie greifbarer. Sie könnte – und sollte – die Adressaten des Softlaws zu einer besseren Berücksichtigung der freiwilligen Normierung veranlassen.

831 Bruno/Ruggiero/*Prentice*, S. 197, S. 227.

832 Bruno/Ruggiero/*Prentice*, S. 197, S. 227 – der Autor bezieht sich dabei nur allgemein auf die Gesetzgebungsmaterialien, ohne spezifische Diskussionen zu zitieren.

833 Vgl. dazu oben den entsprechenden Abschnitt im Grundlagenteil mit weiteren Nachweisen ab S. 64.

834 *Sachtleber*, S. 191.

835 s 1280 I (a) CA 2006.

836 s 1280 I (b) CA 2006.

837 s 1280 I (c) CA 2006.

Ein weiteres wichtiges Gesetz sind der Financial Services and Markets Act 2000 („**FSMA 2000**") sowie die Aktualisierung durch den Financial Services Act 2012 („**FSA 2012**"). Von besonderer Bedeutung sind dabei die Regelungen, die die Zulassung zum Kapitalmarkt betreffen.[838] An sie sind in Großbritannien Verpflichtungen geknüpft, die sich genauso gut im CA 2006 finden könnten, aber stattdessen als sogenannte *listing rules* eine Voraussetzung für das Angebot an öffentlichen Märkten, insbesondere an der London Stock Exchange sind.[839] So finden sich in den *listing rules* auch Regelungen zur Organisationsverfassung der Gesellschaften, die an der London Stock Exchange gehandelt werden möchten, und die maßgeblich die Machtverteilung in den Publikumsgesellschaften beeinflussen.[840] Zuständige Behörde für die Einhaltung *der listing rules* ist seit 2012[841] die Financial Conduct Authority („**FCA**"), die als „UK listing authority" („**UKLA**")[842] die Marktzulassung regelt. Die FCA ist die Nachfolgeorganisation der 1985 gegründeten Financial Service Authority („**FSA**"), die als eine unabhängige und nicht zur Regierung gehörende Institution ausschließlich von den von ihr regulierten Unternehmen finanziert wurde.[843] Dies trifft auch auf ihre Nachfolgerin zu.[844] Sie muss sich jährlich gegenüber dem britischen Finanzministerium und damit auch gegenüber dem Parlament verantworten; das Management wird durch das britische Finanzministerium berufen.[845] Neben den *listing rules* trifft die FCA auch weitere Regelungen zu Marktzulassungen; niemand darf am Markt tätig sein, ohne die Zulassung der FCA zu besitzen (s 19 (I) FSMA 2000). Eine Voraussetzung für solche Marktzulassungen ist die Einhaltung des Conduct of Business Sourcebook[846]. Das Conduct of Business Sourcebook gilt für viele Gruppen von institutionellen Anlegern und Vermögensverwaltern.[847]

---

838 Part VI FSMA 2000 und Part 2 FSA 2012.

839 *Davies/Worthington,* Rn. 1–23 ff.; *Mack,* ZCG 2020, 197.

840 *Davies/Worthington,* Rn. 1–23 ff. Als Beispiel werden dabei Regelung 10 und 11 der LR genannt, die Transaktionen mit nahestehenden Unternehmen und Personen und andere wesentliche Transaktionen regeln und die Regelungen zu diesen Sachverhalten im CA 2006 ergänzen (z. B. Chapter 3 ff. CA 2006).

841 S 6 FSA 2012, der s 1 FSMA 2000 ändert.

842 Von diesem Begriff versucht die FCA allerdings nach eigenen Aussagen seit 2017 zunehmend Abstand zu nehmen, da die unterschiedlichen Bezeichnungen die Betroffenen verwirrt habe, vgl. FCA – Looking for UKLA?.

843 *Gong,* S. 44.

844 S 1 A FSMA 2000.

845 Die konkreten Regelungen finden sich in Schedule 1ZA FSMA 2000. Weitere Informationen dazu unter: *FCA,* About.

846 FCA, Conduct of Business Sourcebook (COBS).

847 FCA, Conduct of Business Sourcebook, s 1.1 – „Application".

Sanktionen für Verstöße gegen die Regelungen können Strafzahlungen, einstweilige Verfügungen, Schadensersatz- und Ausgleichszahlungen oder der Entzug von Marktzulassungen (entsprechend s 19 (1) FSMA 2000) sein.[848]

bb) Kodizes

(1) Kodizes als Akte der Selbstregulierung

Neben den eben dargestellten formalen Gesetzen sind in Großbritannien die Kodizes als Akte der Selbstregulierung bedeutend.[849] Diese werden von nicht mit der Regierung assoziierten und auf privaten Initiativen gründenden Normgebern verfasst und betreut.[850] Es handelt sich dabei um eine Sammlung von Empfehlungen, die sich in der Vergangenheit bewährt haben. Sie beruhen auf der Idee, die sich aus dem Cadbury Report[851] entwickelt hat: Statt eine fest vorgegebene Norm zu setzen, wird den Adressaten häufig die Möglichkeit eröffnet, von den Empfehlungen abzuweichen und diese Abweichung zu begründen (comply or explain).[852] Inzwischen wird dieses Prinzip vom neuesten Stewardship Code leicht abgewandelt mit „apply and explain" bezeichnet.[853] Mit dieser Herangehensweise soll flexibel auf die unterschiedlichen Bedürfnisse der Adressaten reagiert werden und mehr noch an deren eigene Motivation zur Befolgung der Regeln appelliert werden.[854]

(2) Der UK Stewardship Code

Neben dem bekanntesten Kodex in Großbritannien, dem UK Corporate Governance Code[855], ist für institutionelle Anleger und Vermögensverwalter insbesondere der 2010 erschienene und zuletzt 2020 überarbeitete UK Stewardship Code[856] von großer Bedeutung.[857] Gerade der UK Stewardship Code 2020 ist das Produkt von bis 2010 zurückreichenden Evaluationen und ständiger kritischer Überarbeitung und bietet damit viele interessanten Ansatzpunkte und Lösungsmöglichkeiten im Hinblick auf die freiwillige Selbstverpflichtung von Anlegern. Zu beachten ist allerdings, dass aufgrund der zeitlichen Taktung wichtiges Vorbild für die Regeln der Aktionärsrechterichtlinie 2017 der UK Stewardship Code 2012 war.[858] Der UK

---

848 *Dignam/Lowry*, S. 82.
849 *Gong*, S. 45.
850 *Gong*, S. 45.
851 Cadbury Report, passim.
852 Cadbury Report, 1.10; vgl. zudem mit weiteren Nachweisen oben ab S. 83.
853 *FRC*, Stewardship Code 2020, S. 4.
854 Cadbury Report, 1.10.
855 *FRC*, UK Corporate Governance Code – Internetauftritt.
856 *FRC*, Stewardship Code 2012.
857 Vgl. dazu auch mit weiteren Nachweisen oben ab S. 31.
858 Dies klar herausstellend auch *Faure*, S. 120 ff.

Stewardship Code 2012 war noch wesentlich knapper gehalten und enthielt die folgenden 7 Prinzipien (sog. „*Principles*"):[859] „*So as to protect and enhance the value that accrues to the ultimate beneficiary, institutional investors should: (1.) publicly disclose their policy on how they will discharge their stewardship responsibilities. (2.) have a robust policy on managing conflicts of interest in relation to stewardship which should be publicly disclosed. (3.) monitor their investee companies. (4.) establish clear guidelines on when and how they will escalate their stewardship activities. (5.) be willing to act collectively with other investors where appropriate. (6.) have a clear policy on voting and disclosure of voting activity. (7.) report periodically on their stewardship and voting activities.*"[860]

(a) Organisation des UK Stewardship Code und Adressatenkreis

Sowohl der UK Corporate Governance Code als auch der UK Stewardship Code werden vom Financial Reporting Council („**FRC**") ausgearbeitet, überwacht und weiterentwickelt.[861] Das FRC ist eine von der britischen Regierung unabhängige Institution, die im Nachgang der großen Corporate-Governance-Skandale zu Beginn der 2000er Jahre gewachsen ist[862] und sich durch freiwillige Abgaben von Unternehmen finanziert.[863] Der UK Stewardship Code war ursprünglich speziell an institutionelle Anleger gerichtet,[864] wobei die aktuellste Version dieses Verständnis aufgibt, nun anders differenziert und zwischen *asset owner* sowie *asset manager* auf der einen Seite und *service provider*, also Investmentberater, *proxy advisor* und Anbieter von Daten- und Analyseservices, auf der anderen Seite, trennt.[865] Für die beiden Adressatenkreise sieht der UK Stewardship Code 2020 unterschiedliche Regelungen vor.[866]

(b) Die Entwicklung bis zum UK Stewardship Code 2020 – Evaluationen, Kritikpunkte und Überarbeitungen

Die Einführung des UK Stewardship Code erfolgte bereits im Jahr 2010 keineswegs überraschend. Er ist eine abgewandelte Fassung von einem Kodex des International

859 *FRC*, Stewardship Code 2012, S. 5 ff.
860 *FRC*, Stewardship Code 2012, S. 5 ff.
861 Mit gutem Überblick über die Entwicklung des UK Stewardship Code: *Reisberg*, Journal of Corporate Law Studies 2015, S. 217, 223.
862 *FRC*, The FRC and its regulatory approach, passim.
863 *FRC*, Funding – Internetdarstellung.
864 Noch im Code von 2012 wird dies ausdrücklich und wiederholt genannt: *FRC*, Stewardship Code 2012, S. 1 ff.
865 *FRC*, Stewardship Code 2020, S. 7 und S. 23 ff.
866 *FRC*, Stewardship Code 2020, S. 7 und S. 23 ff.

Shareholders Committee aus dem Jahr 2002 (überarbeitet 2009).[867] Die Umbenennung und neue Edition durch das FRC wurde durch den Walker Review im Nachgang zur Finanzkrise empfohlen.[868]

Die regelmäßig publizierten Berichte zur Befolgung des Kodex geben quantitativ ein positives Bild im Hinblick auf die Anzahl ihrer Unterzeichner und die daraus resultierende gewachsene Bedeutung: 2016, also mehr als fünf Jahre nach der Einführung, hatten sich bereits 302 Unternehmen den sieben Artikeln verschrieben.[869] Dies ist für seine kurze Geschichte eine positive Bilanz. Zudem wurde die Einführung des Kodex als Meilenstein bezeichnet, da es sich bei diesem Kodex für institutionelle Anleger um den ersten seiner Art handele.[870]

Allerdings musste selbst das Financial Reporting Council in einem später veröffentlichten Bericht feststellen,[871] dass viele sich auf diesem bloßen Bekenntnis zu den Werten des Kodex „ausruhen" würden und nicht bereit seien, die abstrakten Regelungen im Tagesgeschäft tatsächlich zu berücksichtigen.[872] Die Analyse dieser Problematik und der Wirksamkeit des *Comply-Or-Explain*-Prinzips wurde auch als eines der zentralen Arbeitsthemen der zuständigen Abteilung beim FRC für das Jahr 2016 bestimmt.[873]

Neben dieser Selbstkritik des FRC gab es auch in der zum UK Stewardship Code 2010 und 2012 erschienenen Literatur und in einem weiteren Bericht, dem sog. Kingman Report[874] von Beginn an nachhaltige Kritik.[875] Diese lässt sich grob zu fünf Hauptthemen zusammenfassen:

---

867 *ISC*, Statement of Principles, passim; *ISC*, Code on the Responsibilities of Institutional Investors, passim.

868 Walker Review, Recommendation 16 f.

869 *FRC*, Developments in Corporate Governance and Stewardship 2015, S. 12.

870 *Burgess/Johnson*, FRCs blueprint for investor engagement, in: Financial Times vom 02.07.2010.

871 *FRC*, Developments in Corporate Governance and Stewardship 2015, S. 12 ff.

872 *Alison Smith*, Investment Firms face FRC crackdown over Stewardship Code, in: Financial Times vom 15.01.2015.

873 *FRC*, Developments in Corporate Governance and Stewardship 2015, S. 21.

874 Kingman Report, S. 45 ff.

875 Vgl. z.B. *Cheffins*, Corporate Ownership and Control, S. 1013; *Reisberg*, Journal of Financial Crime 2011, S. 126, 139; *Arsalidou*, European Company and Financial Law Review 2012, S. 342, 355; *Faure*, S. 136; *Reisberg*, Journal of Corporate Law Studies 2015, S. 217, 228; *Chiu*, The Brooklyn Journal of Corporate, Financial & Commercial 2012, S. 387, 431.

- Das *erste* Kritikthema bezieht sich auf die Wirkungsweise des Kodex, auf das *Comply-Or-Explain*-Prinzip im Allgemeinen[876] und die bereits vom FRC angesprochene Gefahr des sog. *„box-ticking“* im Speziellen.[877] Mit Letzterer ist die Abgabe von zu pauschalen Erklärungen als „Pflichtaufgabe“ im Falle einer Abweichung gemeint.[878] Hintergrund dieses grundsätzlich unerwünschten Verhaltens ist, dass jede zusätzliche Anforderung an die Unternehmen bzw. Anleger eine Belastung bedeutet, mit der sie möglichst effizient umzugehen versuchen.[879] Um Zeit und Ressourcen zu sparen, ist es somit ein möglicher Schritt, den Aufwand hinsichtlich der Erklärungen möglichst gering zu halten, sofern für das Unternehmen selbst nicht ein unmittelbarer Mehrwert durch eine tiefergehende Qualität der Erklärungen ersichtlich ist.[880] Dieses Verhalten führt zu sehr allgemein gehaltenen und letztlich nicht aussagekräftigen Antworten.[881] Eng mit diesem Kritikpunkt hängt das Argument zusammen, dass einer unterlassenen oder unzureichenden Erklärung die nötigen Sanktionen fehlten und ein Verstoß damit auch aus Sicht der Unternehmen kaum Konsequenzen habe.[882] Auch dies ist einer der bereits angesprochenen Streitpunkte hinsichtlich der Funktionsweise des *Comply-Or-Explain*-Prinzips und die Problematik geht mit jeder Wahl dieses Prinzips als Regulierungsinstrument einher.[883] Ferner wurde auch die Regelung mittels Transparenzpflichten besonders kritisch hinterfragt.[884]
- Das *zweite* Thema umfasst die Position, die den Kodex als zu oberflächlich ansieht.[885] So waren insbesondere in der ersten Version sehr viele Begriffe – allen voran das Wort *stewardship* selbst – den Anwendern nicht verständlich.[886] Dies wurde teilweise mit der 2012 erfolgten Überarbeitung verbessert, war aber auch danach noch immer ein thematisierter Kritikpunkt.[887] Auch der Inhalt der

876 *Cheffins*, Corporate Ownership and Control, S. 1013; *Reisberg*, Journal of Financial Crime 2011, S. 126, 139; *Arsalidou*, European Company and Financial Law Review 2012, S. 342, 355; *Faure*, S. 136.

877 *Reisberg*, Journal of Financial Crime 2011, S. 126, 139.

878 *Reisberg*, Journal of Financial Crime 2011, S. 126, 139.

879 *Reisberg*, Journal of Corporate Law Studies 2015, S. 217, 252; die erhöhten Kosten in den Vordergrund stellend: *Faure*, S. 145 f.

880 Vgl. dazu auch mit weiteren Nachweisen oben ab S. 85.

881 Vgl. dazu auch mit weiteren Nachweisen oben ab S. 85.

882 *Arsalidou*, European Company and Financial Law Review 2012, S. 342, 371; *Reisberg*, Journal of Corporate Law Studies 2015, S. 217, 240 f.

883 Vgl. dazu mit weiteren Nachweisen auch oben ab S. 85.

884 Siehe dazu auch mit weiteren Nachweisen oben S. 83 ff., kritisch auch *Faure*, S. 146.

885 *Reisberg*, Journal of Corporate Law Studies 2015, S. 217, 228; *Chiu*, The Brooklyn Journal of Corporate, Financial & Commercial 2012, S. 387, 431.

886 *Reisberg*, Journal of Corporate Law Studies 2015, S. 217, 228.

887 *Reisberg*, Journal of Corporate Law Studies 2015, S. 217, 229.

Regelungen wurde teils als *„trivial“* und oberflächlich bezeichnet, wodurch es den Unternehmen erst ermöglicht worden wäre, die oben genannten pauschalen Pflichterklärungen abzugeben.[888] Gleichzeitig mache diese Oberflächlichkeit es aber auch für viele Anleger leichter, den Kodex überhaupt zu unterzeichnen, da sich der Aufwand in Grenzen hält.[889]

- Der *dritte* immer wieder auftauchende Kritikpunkt bezieht sich auf Kollisionsregelungen.[890] Diskutiert wird, ob beispielsweise das Verhältnis des Kodex zum Insiderhandel und zum Tatbestand des *„Acting-in-Concert“* ausreichend geklärt sei.[891]
- Ein *vierter* Kritikpunkt ist, dass das Ziel einer vermehrten Intervention der Aktionäre nicht zwangsweise zu guten Ergebnissen führen müsse, was vom Kodex schlicht unterstellt würde.[892] So könnte es auch sein, dass dadurch gerade das Risiko von kurzfristigen Planungen gesteigert werde, da es in vielen Fällen die Anteilseigner seien, die auf kurzfristigen Gewinnen bestünden und damit die Unternehmensleitung unter Druck setzen.[893]
- Schließlich wurde als *fünfter* Kritikpunkt der Adressatenkreis des Kodex kritisch erörtert[894]: So sei problematisch, dass viele institutionelle Anleger in Großbritannien aus dem Ausland stammten, der Kodex aber nur an inländische Anleger adressiert ist.[895] Zudem fehlten nach Ansicht einiger im angesprochenen Adressatenkreis insbesondere Hedgefonds, obgleich diese einen signifikanten Teil des Anteilseigners ausmachten.[896]

2020 erfolgte vor dem Hintergrund dieser Kritik und weiterer Evaluationen, insbesondere des Kingman Report,[897] eine grundlegende Überarbeitung des Kodex.[898] Viele der oben genannten Kritikpunkte, wie etwa die Oberflächlichkeit, wurden aufgegriffen und bei der Überarbeitung zu beheben versucht: Eine Erläuterung des Begriffes *stewardship* erfolgt direkt auf den ersten Seiten des Kodex.[899] Die

888 *Reisberg*, Journal of Corporate Law Studies 2015, S. 217, 242; Faure, S. 139.

889 *Reisberg*, Journal of Corporate Law Studies 2015, S. 217, 242; Faure, S. 139.

890 *Roach*, Journal of Corporate Law Studies 2011, S. 463, 486f.

891 *Roach*, Journal of Corporate Law Studies 2011, S. 463, 486f.

892 *Arsalidou*, European Company and Financial Law Review 2012, S. 342, 365 ff.; *Reisberg*, Journal of Corporate Law Studies 2015, S. 217, 232 f.; *Faure*, S. 133 ff.

893 *Arsalidou*, European Company and Financial Law Review 2012, S. 342, 365 ff.; *Reisberg*, Journal of Corporate Law Studies 2015, S. 217, 238 ff.

894 Zusammenfassend dazu auch: *Faure*, S. 1335 f.

895 *Cheffins*, Corporate Ownership and Control: British Business Transformed, S. 1014 ff.; *Arsalidou*, European Company and Financial Law Review 2012, S. 342, 358 ff.; *Reisberg*, Journal of Corporate Law Studies 2015, S. 217, 236 f.; *Faure*, S. 139 f.

896 *Cheffins*, Corporate Ownership and Control: British Business Transformed, S. 1023.

897 Kingman Report, S. 45 ff.

898 *FRC*, Stewardship Code 2020.

899 *FRC*, Stewardship Code 2020, S. 4.

strukturellen Probleme, wie etwa die Frage der Effektivität der Regulierungsmethode und die des richtigen Adressatenkreises, sind dem Kodex in weiten Teilen jedoch schlicht immanent.[900] Auf einige Neuerungen und ihre weiteren Schwächen wird im Folgenden vertieft eingegangen.

(c) *Regelungstechnik des UK Stewardship Code 2020 – „Apply-And-Explain" statt „Comply-Or-Explain"*

Die Wirkungsweise des UK Stewardship Code 2020 greift auf zwei Ebenen:

- Zum einen gibt es eine Anbindung für spezielle Anleger an Regulierung durch die FCA.[901]
- Zum anderen sollen die Wirkungen des Kodex durch die Veröffentlichungen der Erklärungen auf der Homepage des Financial Reporting Council eintreten.[902]

Für institutionelle Anleger erfolgt die Verpflichtung zur Berücksichtigung des Kodex ausschließlich auf freiwilliger Basis.[903] Über das bereits oben erwähnte Conduct of Business Sourcebook (Abschnitt 2.2.3) sind lediglich Vermögensverwalter, die für professionelle Kunden anlegen, verpflichtet, offenzulegen, ob und wie sie den UK Stewardship Code 2020 berücksichtigen oder, wenn nicht, was ihre alternative Anlagestrategie ist.[904] Erstaunlich ist, dass diese Einbindung in der entsprechenden Literatur zum UK Stewardship Code sehr wenig thematisiert wird, obwohl dies eine der verbindlichsten Vorschriften zur Anwendung des Kodex ist, da Verstöße gegen das *Conduct of Business Sourcebook* tatsächlich von der FCA sanktioniert werden können.[905] Eine der wenigen Erwähnungen stellt lediglich fest, dass der Adressatenkreis dieser Norm sehr gering ist und sich die Wirkung auf die Reichweite der Regulierungskompetenz der FCA beschränkt.[906]

---

900 Zu den Kritikpunkten siehe die obenstehende Auflistung mit weiteren Nachweisen ab S. 100.

901 *O'Dwyer*, Aberdeen Student Law Review 2014, S. 112, 124.

902 *FRC*, Stewardship Code 2020, S. 4.

903 Selten ausdrücklich in der Literatur erwähnt – lediglich: *O'Dwyer*, Aberdeen Student Law Review 2014, S. 112, 124.

904 Der Text im englischen Original des Abschnitts 2.2.3 lautet:
„A firm, other than a venture capital firm, which is managing investments for a professional client that is not a natural person must disclose clearly on its website, or if it does not have a website in another accessible form:
(1) the nature of its commitment to the Financial Reporting Council's Stewardship Code; or
(2) where it does not commit to the Code, its alternative investment strategy."

905 *Roach*, Journal of Corporate Law Studies 2011, S. 463, 476; *O'Dwyer*, Aberdeen Student Law Review 2014, S. 112, 124.

906 *Roach*, Journal of Corporate Law Studies 2011, S. 463, 475.

Daneben nennt das FRC im UK Stewardship Code 2020 die Wirkungsweise inzwischen *Apply-And-Explain*-Prinzip, während die frühere Fassung die Terminologie C*omply-Or-Explain*-Prinzip verwendete.[907] Vermutlich soll damit eine stärkere Verbindlichkeit und aktivere Rolle der Anleger symbolisiert werden und klargestellt werden, dass jedenfalls eine Anwendung der Prinzipien erwartet wird („*apply*"), diese aber entsprechend der jeweiligen Eigenschaften des Erklärenden, flexibel angepasst und ausgestaltet werden können („*explain*"), sofern dies ebenfalls offengelegt wird.[908] Mit der Umbenennung dieses Prinzips geht auch eine stärkere wertebasierte Ausrichtung einher [909]sowie dass die Anmerkungen, die früher „*Guidance*" hießen, nun mit „*Reporting Expectations*" betitelt werden.[910]

(d) Neuerungen und die zwölf „Principles" des UK Stewardship Code 2020

Während der UK Stewardship Code 2012 noch sieben Grundsätze („*Principles*") hatte[911], stellt der UK Stewardship Code 2020 für Anteilseigner und Anteilsmanager[912] nun zwölf Grundsätze auf, die in die vier Unterkategorien

- „*Purpose and governance*",
- „*Investment Approach*",
- „*Engagement*" und
- „*Exercising rights and responsibilities*"

eingeteilt werden.[913] Der Kodex beginnt mit einem Überblick und nach der Einleitung ist insbesondere der Abschnitt zu den generellen Erwartungen an das Reporting „*How to report*" hervorzuheben, die zudem auch die Regelungstechnik im Folgenden näher erläutern.[914] Darin wird sehr konkret geschildert, welche Form das Reporting haben sollte (ein Dokument, klar formuliert etc.), aber auch erläutert, dass die Erklärung inhaltlich dem jeweiligen Investor ganz flexibel angepasst

---

907 *FRC,* Stewardship Code 2012, S. 4; vgl. dazu auch mit weiteren Nachweisen oben ab S. 83 und ausführlich – *Mack*, ZCG 2020, S. 197, 199 ff.

908 So wird es in etwa auch in der Einleitung erläutert: *FRC,* Stewardship Code 2020, S. 4; *Mack*, ZCG 2020, S. 199 ff.

909 *Mack*, ZCG 2020, S. 197, 199 ff.

910 Z.B. *FRC,* Stewardship Code 2012, S. 8; *Davies,* ECGI-Working Paper 2020, S. 5.

911 *FRC,* Stewardship Code 2012, S. 5; siehe dazu ausführlich mit weiteren Nachweisen oben ab S. 99 f.

912 Die ebenfalls enthaltenen „*Principles for Service Providers*" werden an dieser Stelle ausgeklammert, da diese nur mittelbar institutionelle Anleger betreffen. Im Folgenden spricht der Kodex auch häufig von den „Signatories", also den „Unterzeichnern".

913 *FRC,* Stewardship Code 2020, S. 5 f.; *Davies,* ECGI-Working Paper 2020, S. 4 ff.; *Mack*, ZCG 2020, S. 197, 198.

914 *FRC,* Stewardship Code 2020, S. 5 f.

werden kann und soll.[915] Dies ist, wie sich im Folgenden noch zeigen wird, als Weiterentwicklung des *Comply-Or-Explain*-Prinzips im Ganzen zu verstehen, da an einigen Stellen schon verschiedene Handlungsoptionen zur Wahl gestellt werden.[916] Es bleibt also nicht beim bloßen Anwenden oder Erläuterung, sondern im Rahmen der Anwendung gibt es auch noch flexible Anpassungsmöglichkeiten.[917] Ob diese weitere Auswahl von den Unterzeichnern wertgeschätzt und genutzt wird, wird sich erst in der praktischen Anwendung zeigen.

Auch die weiteren Grundsätze wurden den neueren Entwicklungen und Kritikpunkten angepasst[918] und werden im Folgenden kurz dargestellt. Bemerkenswert ist, dass die Grundsätze in vielen Teilen der großen Diversität der Anleger gerecht werden möchten, sich gerade dadurch weiterhin nicht von der kritisierten inhaltlichen Oberflächlichkeit entfernen können.[919] Denn eine Regelung, die möglichst alle erfassen soll, aber größtmöglichen Spielraum für unterschiedliche Verhaltensweisen lassen soll, wird zum einen zunehmend komplexer und zum anderen zwangsweise abstrakter.[920] Letztlich führt dies bei einigen Grundsätzen dazu, dass von den Anlegern lediglich eine Art „Reflektion" über die Erwartungen, nicht aber eine konkrete Handlung erwartet wird und teils nur schwer herauszuarbeiten ist, welche Ziel konkret mit dem Grundsatz verfolgt werden soll.[921] Ob eine solche Reflektion effektiv ist, wird ebenfalls erst die konkrete Anwendung zeigen können. Positiv fallen die unter einigen Grundsätzen genannten Beispiele auf, die zumindest für einige Konstellation der abstrakten Regelung etwas mehr Tiefe geben.

Vor allem erfolgt in dieser überarbeiteten Version eine Erweiterung des ursprünglichen Zielbegriffs der unzureichenden Leitungskontrolle.[922]

Der Kodex bezieht nun auch die Ideen neuer Regulierungstrends mit ein, wie etwa die Berücksichtigung von umweltbezogenen, sozialen und nachhaltigen Aspekten bei der Unternehmensführung (sog. „ESG-Themen"), die im UK Stewardship Code 2020 intensiver als zuvor hervorgehoben werden.[923]

915 *FRC,* Stewardship Code 2020, S. 5 f.

916 *FRC,* Stewardship Code 2020, S. 5 f.

917 Siehe zum Comply-or-Explain-Prinzip allgemein mit weiteren Nachweisen auch oben S. 86.

918 *Davies,* ECGI-Working Paper 2020, S. 4 ff.

919 So ist bereits in Principle 1 gefordert, Zweck (*„purpose"*), Anlagegrundsätze (*„investment beliefs"*), Strategie (*„strategy"*) and (*„culture"*) auf langfristige Wertentwicklungen und Vorteile für die Gesamtwirtschaft auszurichten. Die geforderterte Handlung ist eine Darlegung, wie sie diese abstrakten und ausfüllungsbedürftigen Ziele anstreben und derzeit umsetzen – vgl. *FRC,* Stewardship Code 2020, S. 8.

920 Vgl. vorangehende Fn. und *FRC,* Stewardship Code 2020, S. 8.

921 Vgl. vorangehende Fn. und *FRC,* Stewardship Code 2020, S. 8.

922 *Davies,* ECGI-Working Paper 2020, S. 4 ff.

923 *FRC,* UK Stewardship Code – Internetauftritt; dazu auch ausführlich *Davies,* ECGI-Working Paper 2020, S. 4 ff.

(aa) Vorab: Die neue Terminologie des UK Stewardship Code 2020

Auffällig ist, dass sich die Begrifflichkeiten des UK Stewardship Code mit dem Kodex 2020 teils deutlich geändert haben, wenngleich im Kodex selbst darauf nicht explizit eingegangen wird.[924]

Neben der bereits beschriebenen Umformulierung des *„comply or explain"*-Prinzips zu *„apply and explain"* werden Beteiligungsunternehmen nun als „Emittenten" bzw. (*„issuers"*) bezeichnet und der Begriff „institutioneller Anleger/*institutional investor*", der die Diskussion der Regulierung im vergangenen Jahrzehnt nachhaltig prägte, wird gar nicht mehr verwendet[925] sondern durchgehend nur noch der „Unterzeichnende" (*„signatory"*) adressiert. Letzteres lässt sich durch den ohnehin weiteren Adressatenkreis verstehen, da der Kodex nicht nur die Anteilsinhaber (*„asset owners"*) betrifft sondern auch die Vermögensverwalter (*„asset managers"*) und das Verständnis von institutionellen Anlegern wie bereits oben dargelegt,[926] vielschichtig ist und auch schon zuvor häufiger kritisiert wurde.

(bb) Zusammenspiel von Zweck, Anlagegrundsätzen, Strategien und Unternehmenskultur zur langfristigen Wertbildung und Schaffung von nachhaltigen Vorteilen für die Gesamtwirtschaft, Umwelt und Gesellschaft

Mit dem ersten Grundsatz[927] wird die Gemeinwohldimension des *stewardship*-Gedankens stark herausgestellt.[928] Dies geschieht, wie schon in der Einleitung des Kodex ausgeführt wird, aufgrund der Entwicklung der vergangenen Jahre, die soziale und ökologische Aspekte vermehrt in den Vordergrund rückte.[929] Als Ziel dieses Grundsatzes wird dabei die Reflektion über diese Werte als Entscheidungsgrundlage sowie die daraus resultierenden Vorteile für die Endbegünstigten genannt.[930] Dabei geht diese neue Fassung des Grundsatzes 1 noch über den der Vorfassung hinaus, der lediglich allgemein auf die Ausübung der *stewardship*-Aktivitäten abstellte.[931]

---

924 So auch: *Davies*, ECGI-Working Paper 2020, S. 5.

925 So noch im *FRC*, Stewardship Code 2012, S. 1 ff.

926 Zum Begriff „institutioneller Anleger" oben mit weiteren Nachweisen, S. 52 ff.

927 *FRC*, Stewardship Code 2020, Grundsatz 1, S. 8.

928 Zu dieser Dimension ausführlich mit weiteren Nachweisen oben, S. 31 ff.

929 *FRC*, Stewardship Code 2020, S. 4.

930 *FRC*, Stewardship Code 2020, S. 8; speziell zum neuen – und nirgendwo konkret definierten Terminus „Endbegünstigter" auch *Bürkle*, VersR 2021, S. 1, 4.

931 *FRC*, Stewardship Code 2012, Grundsatz 1, S. 6.

(cc) Auswirkung der eigenen Unternehmensführung, Ressourcen und Anreizsetzung auf die stewardship-Aktivitäten

Zudem wird von den Anleger erwartet, dass sie kritisch die Unternehmensführung, Ressourcen und Anreizsetzung im Hinblick auf ihre Wirkung evaluieren und dies entsprechend berichten.[932] An dieser Stelle des Kodex wird das bereits oben genannte „Reflektionselement" besonders deutlich.[933]

(dd) Umgang mit Interessenkonflikten im Interesse der Endbegünstigten

Der Grundsatz der Strategieentwicklung zum nachhaltigen Umgang mit Interessenkonflikte[934] entspricht im Wesentlichen bereits früheren Regelungen in den Vorfassungen.[935] Sie sollen das Bewusstsein für mögliche Konflikte zwischen den Interessen ihrer Endanleger und beispielsweise Vergütungsinteressen des Managements oder aus Geschäftsbeziehungen mit den Anlageunternehmen resultierende Interessenkonflikte fördern.[936] Um dies zu unterstützen, enthält der UK Stewardship Code 2020 nun eine Liste von möglichen konfligierenden Interessen, an denen sich die Anleger orientieren können.

(ee) Umgang mit Marktrisiken und systemischen Risiken

Der Grundsatz, welcher die Entwicklung einer klaren Strategie zum Umgang mit Marktrisiken und systemischen Risiken fordert,[937] ist in dieser Form neu im UK Stewardship Code 2020 hinzugekommen. Auch hiermit soll das Bewusstsein für diese Risikogruppen und das Bereitlegen von Präventions- und Verhaltensstrategien zur Stärkung des Finanzsystems als Ganzem unterstützt werden. Insofern fordert auch dieser Punkt mehr eine Reflektion als ein Handeln.[938] Wenn auch mit etwas Verzögerung, spiegelt dieser Punkt im besonderen Maße die während der Finanzkrise gesammelten Erfahrungen wider und versucht ähnlichen Situationen in der Zukunft entgegenzuwirken. Zur weiteren Erläuterung enthält die Regelung eine beispielhafte Aufzählung der unterschiedlichen Risikoarten.

(ff) Überprüfung von Richtlinien, Prozessen und Effektivität der Aktivitäten

Einer der Grundsätze, der besonders deutlich zeigt, wie offen und allgemein einige der Regelungen formuliert sind, ist die Forderung gegenüber den Anlegern ihre

932 *FRC*, Stewardship Code 2020, Grundsatz 2, S. 9.
933 Siehe zur Kritik bereits mit weiteren Nachweisen oben S. 104 f.
934 *FRC*, Stewardship Code 2020, Grundsatz 3, S. 10.
935 *FRC*, Stewardship Code 2012, Grundsatz 2, S. 6 f.
936 Zur alten Fassung: *Faure*, S. 10.
937 *FRC*, Stewardship Code 2020, Grundsatz 4, S. 11.
938 Siehe zur Kritik mit weiteren Nachweisen bereits oben S. 104 f.

Richtlinien, Prozesse und weiteren Aktivitäten im Hinblick auf den *stewardship*-Gedanken zu überprüfen.[939] Auch wenn eine konkrete Zielsetzung formuliert wird, ist die Regelung doch so abstrakt, dass ihre Wirksamkeit fraglich ist. Insofern ist schwer abzuschätzen, welche Antworten auf diese sehr weite Fragestellung von den Unterzeichnern des Kodex zu erwarten sind.

(gg) Berücksichtigung der Interessen von Kunden und Endanlegern und Kommunikation der Ergebnisse des Stewardship- und Investmentprozesses

Die Regelung, dass die Unterzeichner des UK Stewardship Code 2020 die Interessen der Kunden und Endanleger zu berücksichtigen haben,[940] spiegelt in besonderem Maße deren doppelte Agentenstellung wider.[941] Bei den weiteren Erläuterungen werden mehrere Wege aufgezeigt. Die verschiedenen Handlungsoptionen, jeweils mit einem „oder" verbunden, zeigen dabei deutlich die neue Regulierungsvorstellung des FRC, dass die bereits die einzuhaltenden Normen flexibel an die jeweiligen Unterzeichner angepasst werden können.

(hh) Systematisches Zusammenfügen von stewardship-Aktivitäten und den Investments der Unterzeichner unter Berücksichtigung von ESG Themen

Mit diesem Grundsatz[942] wird auf den ersten Grundsatz Bezug genommen und von den Unterzeichnern gefordert, offenzulegen bzw. zu reflektieren, ob und wie sie sich bei ihren Investitionsprozessen an umweltbezogenen, sozialen oder Kriterien der nachhaltigen Unternehmensführung orientiert haben. Diese neue Dimension des Stewerdship Codes 2020 wird damit in besonderem Maße verstärkt.

(ii) Überwachung von Managern und Serviceanbietern

Dieser Teil des UK Stewardship Codes 2020 geht auf die verschiedenen Agentenbeziehungen in der Investmentkette ein: Der Unterzeichnender soll sich – entsprechend seiner Rolle – jeweils dazu äußern, wie die von ihm beauftragten Dienstleister und Manager seinen Anforderungen entsprochen hatten.[943] Auch dieser Grundsatz ist sehr offen formuliert[944]. Fest steht danach lediglich, dass

---

939 *FRC*, Stewardship Code 2020, Grundsatz 5, S. 12.
940 *FRC*, Stewardship Code 2020, Grundsatz 6, S. 13.
941 Siehe dazu mit weiteren Nachweisen auch oben S. 26 ff.
942 *FRC*, Stewardship Code 2020, Grundsatz 7, S. 15.
943 *FRC*, Stewardship Code 2020, Grundsatz 8, S. 16.
944 *FRC*, Stewardship Code 2020, Grundsatz 8, S. 16 – „meet their needs" – hier übersetzt als „Anforderungen entsprochen".

die Dienstleister zu überwachen sind.[945] An welchem Maßstab die Überwachung zu messen ist, wird dabei offen gelassen. Auf der einen Seite hat dies natürlich den Vorteil, dass der jeweilige Unterzeichnende seinen Maßstab festlegen kann, andererseits stellt sich dann auch die Frage, was überhaupt der Zweck der Überwachung sein soll. Teils scheint diese Unbestimmtheit dem offenen Adressatenkreis geschuldet zu sein. Die entsprechend genannten Beispiele im Kodex geben diesbezüglich nur etwas mehr Hintergrund und beziehen sich hinsichtlich *asset owners* auf die Überprüfung der Einhaltung der Investment und Stewardship Strategie durch beauftragte *asset manager* und *investment consultants.*[946] *Asset manager* als Adressaten wird *empfohlen,* dass diese *proxy advisor* hinsichtlich ihrer Abstimmungsstrategie überprüfen sollen und *Datendienstanbieter* in Bezug auf die Qualität und Genauigkeit ihrer Produkte.[947] Die Notwendigkeit einer solchen Regelung erschließt sich nur teilweise, da Themen wie die Qualität des Produkts auch im Eigeninteresse der Adressaten liegen sollte und nicht deutlich wird, was tatsächlicher Zweck der Regelung sein soll.

(jj) Zusammenarbeit mit Emittenten zum Erhalt oder Steigerung des Vermögenswertes

Mit diesem Grundsatz geht der Kodex auf die Beziehung zum Anlageobjekt ein. Abhängig von der Art des Unterzeichnenden und seiner jeweiligen Position in der Investmentkette werden unterschiedliche Erwartungen hinsichtlich einer Zusammenarbeit mit dem Beteiligungsunternehmen formuliert.[948] Dabei enthält dieser Grundsatz ausdrücklich ein Ziel, nämlich „den Erhalt oder die Steigerung der Vermögenswerte“ (im Hinblick auf die doppelte Agentenstellung könnte man hinzufügen „für die Endanleger“)[949].[950] Als Beispiele für die Zusammenarbeit nennt der Kodex persönliche Treffen mit den Vorständen/Geschäftsführern sowie anderen Managern, das Verfassen von Schreiben, um Bedenken zu äußern sowie Kernthemen über die Berater der Gesellschaft zu kommunizieren.[951] Zudem formuliert dieser Grundsatz die Erwartung, dass der Unterzeichnende zu den Ergebnissen seiner Bemühungen auf Basis von positiven und negativen Beispielen Stellung bezieht.[952]

945 *FRC,* Stewardship Code 2020, Grundsatz 8, S. 16.
946 *FRC,* Stewardship Code 2020, Grundsatz 8, S. 16.
947 *FRC,* Stewardship Code 2020, Grundsatz 8, S. 16.
948 *FRC,* Stewardship Code 2020, Grundsatz 9, S. 17 f.
949 Siehe zur doppelten Agentenstellung mit weiteren Nachweisen bereits oben S. 29 ff.; vgl. *Faure,* S. 94 f.
950 *FRC,* Stewardship Code 2020, Grundsatz 9, S. 17 f.
951 *FRC,* Stewardship Code 2020, Grundsatz 9, S. 17 f.
952 *FRC,* Stewardship Code 2020, Grundsatz 9, S. 17 f.

(kk) Zusammenwirken mit dem Ziel der Beeinflussung der Emittenten

Das Zusammenwirken mit anderen mit dem Ziel der Einflussnahme ist kein neues Thema, sondern war bereits viel diskutierter Bestandteil der Vorgängerversion.[953] Der Grundsatz verlangt von den Unterzeichnenden, dass sie offenlegen, welche Art von Zusammenarbeit sie (direkt oder indirekt) eingegangen sind.[954] Es werden wieder Beispiele genannt und zugleich von den Unterzeichnenden erbeten, wie die bearbeiteten Themen, die Methode oder ihre spezifische Rolle im Rahmen der Zusammenarbeit.[955] Zudem wird die Erwartung formuliert, dass die Unterzeichnenden auch ihre Ergebnisse, also die mit der Zusammenarbeit erreichten Veränderungen oder die Auswirkungen auf ihre Anlageentscheidung im Positiven wie im Negativen, kommunizieren.[956]

(ll) Eskalation der stewardship-Aktivitäten

Mit diesem Grundsatz wird von den Unterzeichnenden die Intensivierung bzw. Eskalation der Aktivitäten verlangt, ohne dies weiter zu konkretisieren.[957] Das Verständnis davon erklärt sich erst aus dem bisherigen Kodex[958], da der Begriff „Eskalation" gar nicht weiter erläutert wird. Letztlich meint der Kodex damit nur die Selbstüberprüfung der Erfolge der Einflussnahme und eine Intensivierung der Bestrebungen für den Fall, dass erste weniger intensive Einflussnahmeversuche keine Erfolge hatten: Der UK Stewardship Code 2012 nennt hier beispielhaft noch verschiedene Eskalationsstufen, beginnend mit vertraulichen Gesprächen, über Treffen in größerer Runde mit dem Management oder gegebenenfalls auch mit den Beratern und dem Vorstand bis hin zu öffentlichen Stellungnahmen oder formalen Eingaben bei Hauptversammlungen sowie einem Vorschlag bestimmte Vorstandsmitglieder auszutauschen.[959] Auch hier wird von den Unterzeichnenden erbeten, die entsprechenden Ergebnisse zu kommunizieren.[960]

(mm) Die Ausübung der Rechte und Verantwortung

Der letzte Grundsatz ist wieder sehr allgemein gefasst und fordert von den Unterzeichnenden ihre Rechte und Verantwortung aktiv auszuüben.[961] Dies ist eines der insgesamt mit dem Kodex verfolgten Ziele und wird an dieser Stelle noch einmal

---

953 *FRC*, Stewardship Code 2012, Grundsatz 5, S. 8 f.
954 *FRC*, Stewardship Code 2020, Grundsatz 10, S. 19.
955 *FRC*, Stewardship Code 2020, Grundsatz 10, S. 19.
956 *FRC*, Stewardship Code 2020, Grundsatz 10, S. 19.
957 *FRC*, Stewardship Code 2020, Grundsatz 11, S. 20.
958 *FRC*, Stewardship Code 2012, Grundsatz 4, S. 8.
959 *FRC*, Stewardshio Code 2012, Grundsatz 4, S. 8.
960 *FRC*, Stewardship Code 2020, Grundsatz 11, S. 20.
961 *FRC*, Stewardship Code 2020, Grundsatz 12, S. 21 f.

ausdrücklich und unter Zuhilfenahme von Beispielen formuliert.[962] Hierbei werden auch mögliche Aktivitäten klar geschildert und ebenfalls die Erwartungen geäußert, die Ergebnisse der Bestrebungen über die vergangenen zwölf Monate hinweg zu kommunizieren.[963] In der Vorgängerversion bezog sich eine ähnliche Regelung auf das Abstimmungsverhalten[964] sowie über das entsprechende Reporting, was jetzt in dieser abstrakteren Regelung[965] zusammengefasst ist. Da es neben dieser natürlich noch weitere Aktionärsrechte gibt, ist die allgemeinere Formulierung in der aktuellen Fassung nachvollziehbar.

(3) Die Initiative zur Verbesserung der Qualität der Erklärungen

In den letzten beiden Jahren hat das Financial Reporting Council insbesondere auf einen Kritikpunkt nachhaltig reagiert: Es nahm sich vor, Regelungen einzuführen, die die Qualität der Erklärungen zu den Themen des Kodex verbessern sollten.[966] Dafür führte es eine Kategorisierung („*Tiering*") in Kategorie 1, 2 und 3 (die letzte wurde zusätzlich für Vermögensverwalter eingeführt) der Erklärungen unter dem UK Stewardship Code ein.[967] Zunächst wurden Anfang 2016 die Stellungnahmen ausgewertet und den Unterzeichnern mitgeteilt, ob sie ihre Herangehensweise aus Sicht des FRC zufriedenstellend in der Erklärung vermittelten (dann wurden sie in Kategorie 1 eingeordnet) oder noch Verbesserungsbedarf bestehe (dann gehörten sie in Kategorie 2).[968] Eine signifikante Anzahl der zunächst in Kategorie 2 eingeordneten Unterzeichner arbeitete dann ihre Erklärung noch einmal nach und wurde daraufhin ebenfalls in Kategorie 1 eingestuft.[969] Zur Auswertung der Ergebnisse und des Prozesses gab es nach Aussagen des FRC über 200 Treffen mit den Unterzeichnern, bei welchen sich herausstellte, dass es angemessen war, noch eine dritte Gruppe derjenigen einzufügen, deren Erklärung nicht zufriedenstellend war und die sich auch nicht um eine Verbesserung bemühten; diese werden nach einer gewissen Karenzzeit und weiteren Kontaktversuchen von der Liste der Unterzeichner des UK Stewardship Code gestrichen.[970] Manche Unterzeichner entschieden sich infolge der Rückmeldung auch, von einer Erklärung unter dem UK

962 *FRC,* Stewardship Code 2020, Grundsatz 12, S. 21 f.
963 *FRC,* Stewardship Code 2020, Grundsatz 12, S. 21 f.
964 *FRC,* Stewardshio Code 2012, Grundsatz 6, S. 9.
965 *FRC,* Stewardshio Code 2012, Grundsatz 7, S. 9.
966 *FRC,* Developments in Corporate Governance and Stewardship 2016, S. 7.
967 *FRC,* Developments in Corporate Governance and Stewardship 2016, S. 7.
968 Für *Kategorie 1/Tier 1* forderte das FRC Folgendes: *„Signatories assessed as Tier 1 do not necessarily provide a ‚perfect' statement, but provide a good overview of their approach to stewardship."* *FRC,* Developments in Corporate Governance and Stewardship 2016, S. 26.
969 *FRC,* Developments in Corporate Governance and Stewardship 2016, S. 26.
970 *FRC,* Developments in Corporate Governance and Stewardship 2016, S. 26.

Stewardship Code 2012 ganz Abstand zu nehmen, da *stewardship* nicht zu ihrem Geschäftsmodell passte.[971] Das FRC zeigte sich mit den ersten Resultaten der Kategorisierung zufrieden.[972]

(4) Erfolgsaussichten des UK Stewardship Code 2020

Inwieweit der überarbeitete UK Stewardship Code 2020 Erfolg verspricht, bleibt abzuwarten. In der Literatur wird das neue breitere Verständnis von *stewardship* – insbesondere in Bezug auf ESG-Themen – wohlwollend zur Kenntnis genommen.[973] Allerdings wird zugleich nachdrücklich bemängelt, dass die eigentlichen Schwächen der Vorgängerversionen gar nicht ausreichend adressiert wurden und es somit fraglich ist, wieso dann die zweite Version mehr Erfolg versprechen sollte.[974] Insofern bleibt abzuwarten, ob möglicherweise der momentane Trend, dass Investoren ESG-Themen selbst vermehrt berücksichtigen und dies auch nach außen entsprechend werbewirksam kommunizieren auch dem UK Stewardship Code 2020 helfen wird, mehr Bedeutung zu erlangen, da die Investoren sich von sich aus vermehrt an die Ziele halten möchten.[975] In Teilen scheint es so, dass der Kodex zwar absolut an Umfang also Quantität zugenommen hat (der Kodex 2012 hatte noch 14 Seiten[976], wohingegen der Kodex 2020 bereits 34 Seiten, ohne die separaten Regelungen für Service Providers zumindest 22 Seiten, hat[977]), dies aber nicht mit einer eindeutigen Qualität und stärkeren Klarheit der Regelungen einhergeht. Bereits die Unterteilung der Erläuterungen in *context, activity* und *outcome*[978] scheint an einigen Stellen eher wie Pflichtübung, die aber keine zusätzlichen Informationen hervorgebracht hat und lediglich die Quantität der Erläuterungen erhöht. Auch der oben beschriebene Austausch der Begrifflichkeiten[979] unterstreicht den Eindruck, dass hier mehr die Form als substantiell der Inhalt verändert wurde, obwohl dies eigentlich in Folge der vorangegangenen Evaluationen als nachhaltige Verbesserung intendiert war.[980]

971 *FRC,* Developments in Corporate Governance and Stewardship 2016, S. 26.
972 *FRC,* Developments in Corporate Governance and Stewardship 2016, S. 24 ff.
973 *Davies,* ECGI-Working Paper 2020, S. 31 ff.
974 *Davies,* ECGI-Working Paper 2020, s. 31 ff.
975 *Davies,* ECGI-Working Paper 2020, s. 31 ff.
976 *FRC,* Stewardship Code 2012, passim.
977 *FRC,* Stewardship Code 2020, passim.
978 *FRC,* Stewardship Code 2020, z.B. S. 8.
979 Siehe dazu mit weiteren Nachweisen oben, S. 105 f.
980 So z.B. kritisiert Kingman Report, S. 45 ff. – siehe im Übrigen auch oben mit weiteren Nachweisen ab S. 100.

2. Regulatorischer Rahmen in Europa – die Aktionärsrechterichtlinie 2017 als Grundlage für die deutsche Regulierung

Das europäische Machtgefüge in Unternehmen war bisher bestimmt von den klassischen Leitungsorganen wie Vorstand und (abhängig von der Jurisdiktion ggf.) einem Aufsichtsorgan.[981] Dabei nahmen die Aktionäre zunächst eine eher untergeordnete Rolle ein.

a) Die Entwicklung der Regelungen zu institutionellen Anlegern

Den zentralen regulatorischen Rahmen für die Aktivierung (institutioneller) Anleger auf europäischer Ebene bildet die Aktionärsrechterichtlinie 2017 (siehe dazu unter **b)**).[982] Daneben gibt es in Teilbereichen des europäischen Gesellschafts- und Kapitalmarktrechts spezielle Regelungen, die sich nur an Untergruppen institutioneller Anleger richten, sog. sektorspezifische Regelungen (siehe dazu unter **c)**), sowie individuelle Regelungen in europäischen Staaten (siehe dazu unter **d)**).[983]

Die Entwicklungsgeschichte zum Bestreben, Anreize für institutionelle Anleger zu mehr Aktivität im Beteiligungsunternehmen zu schaffen, reicht allerdings über zehn Jahre zurück.[984] Immer wieder wird in vorbereitenden Dokumenten und Berichten von Expertenkommissionen auf die Notwendigkeit von aktiven Anlegern hingewiesen und Transparenzpflichten als mögliche Lösung diskutiert.[985]

Bei der Betrachtung der vielfältigen europäischen Publikationen während der vergangenen Dekade, welche im Folgenden genauer vorgestellt werden, fällt auf, dass es in Bezug auf die Aktivitäten institutioneller Anleger eine Vielzahl von Dokumenten, insbesondere Expertenberichte, Aktionspläne und Grünbücher gab.[986] Empirischen Untersuchungen in Bezug auf den Regelungsbedarf und Lösungsansätze wurden indes nicht durchgeführt.[987] Eine Spiegelung der

981 Siehe hierzu auch die späteren Ausführungen zum typischen Machtgefüge im Unternehmen mit weiteren Nachweisen ab S. 255.

982 RL 2017/828/EU v. 17.05.2017, L 132/1.

983 Für einen etwas kürzeren Überblick über die Entwicklungsgeschichte der Aktionärsrechterichtlinie 2017 siehe auch *Hein*, S. 170 ff.

984 So war eines der frühen Dokumente auf europäischer Ebene dahingehend: *Europäische Kommission,* Aktionsplan Modernisierung des Gesellschaftsrechts – KOM(2003) 284, endg., passim; *Faure*, S. 148 ff.

985 Siehe dazu ausführlich sogleich ab S. 112.

986 Siehe insbesondere zu diesen vorbereitenden Dokumenten sogleich ab S. 112.

987 Siehe zu diesem Kritikpunkt allegemein auch ab S. 41.

konzeptionellen Überlegungen mit der Praxis erfolgte allenfalls durch Konsultationen von Interessengruppen und potentiellen zukünftigen Adressaten.[988]

aa) Aktionspläne, Grünbücher und die erste Aktionärsrechterichtlinie

Ein erster Meilenstein hin zu einer stärkeren Regulierung war der Aktionsplan zur Modernisierung des Gesellschaftsrechts und Verbesserung der Corporate Governance in der Europäischen Union aus dem Jahr 2003 (sog. „Aktionsplan 2003").[989] Dieser nennt das Ziel, die Rechte der Aktionäre zu stärken und auf eine so genannte Aktionärsdemokratie hinzuwirken.[990] Daneben wurden schon in dieser Veröffentlichung spezielle Transparenzpflichten für institutionelle Anleger angesprochen, die Erforderlichkeit allerdings nicht weiter empirisch belegt.[991] Die Corporate Governance der Anleger selbst sollte optimiert und deren „Mitgestaltung" in den Beteiligungsunternehmen unterstützt werden.[992] Letzteres lässt sich auch als ein erster Grundstein zur Veränderung des Machtgefüges im Unternehmen bezeichnen. Als konkrete Maßnahmen nennt der Aktionsplan 2003:

- die Änderung bereits existierender Normen bezüglich spezieller Anlegergruppen[993] und
- die Lösung von Schwierigkeiten bei der grenzüberschreitenden Stimmabgabe.[994]

Von der Einführung einer Pflicht zur Abstimmung riet der Aktionsplan 2003 hingegen nachdrücklich ab.[995] Begründet wurde dies mit dem Risiko, dass personelle oder finanzielle Einschränkungen die Investoren zu opportunistischen

988 Siehe dazu z.B. die Fragen zu Aktionären im *Europäische Kommission,* Grünbuch – Corporate Governance in Finanzinstituten und Vergütungspolitik – KOM (2010) 284 endg., S. 18.

989 *Europäische Kommission,* Aktionsplan Modernisierung des Gesellschaftsrechts – KOM(2003) 284, endg., passim; siehe zur Aktionärsdemokratie auch schon ab S. 15.

990 *Europäische Kommission,* Aktionsplan Modernisierung des Gesellschaftsrechts – KOM(2003) 284, endg., S. 16; zu diesem Ziel siehe auch die Aufarbeitung der theoretischen Grundlagen oben mit weiteren Nachweisen ab S. 15 ff.

991 *Europäische Kommission,* Aktionsplan Modernisierung des Gesellschaftsrechts – KOM(2003) 284, endg., S. 15 f.

992 *Europäische Kommission,* Aktionsplan Modernisierung des Gesellschaftsrechts – KOM(2003) 284, endg., S. 16.

993 *Europäische Kommission,* Aktionsplan Modernisierung des Gesellschaftsrechts – KOM(2003) 284, endg., S. 16.

994 *Europäische Kommission,* Aktionsplan Modernisierung des Gesellschaftsrechts – KOM(2003) 284, endg., S. 16.

995 *Europäische Kommission,* Aktionsplan Modernisierung des Gesellschaftsrechts – KOM(2003) 284, endg., S. 16.

Abstimmungsverhalten verleiten könnten.[996] Schon zu diesem Zeitpunkt wurden Transparenzregelungen in Bezug auf folgende Bereiche vorgeschlagen:

- die Anlagestrategie der institutionellen Anleger,[997]
- die Strategie bei der Ausübung von Stimmrechten[998] sowie
- die Nutzung der Rechte gegenüber wirtschaftlichen Inhabern[999].

In direkter Konsequenz des Aktionsplans 2003 wurde im Jahr 2005 die erste Aktionärsrechterichtlinie erarbeitet[1000] und 2007 verabschiedet („**Aktionärsrechterichtlinie 2007**").[1001] In der Richtlinienbegründung wird ausdrücklich darauf hingewiesen, dass *„eine wirksame Kontrolle durch die Aktionäre eine Grundvoraussetzung für eine solide Unternehmensführung [ist] und (...) daher erleichtert und gefördert werden [sollte]"*[1002]. Deshalb sei es das Ziel, *„Hindernisse, die die Aktionäre von der Stimmabgabe abhalten, zu beseitigen, wie etwa Bestimmungen, die als Voraussetzung für die Ausübung der Stimmrechte die Sperrung der Aktien während eines bestimmten Zeitraums vor der Hauptversammlung verlangen"*[1003].[1004] Der Vorschlag des Aktionsplans in Bezug auf die Transparenzregelungen wurde hingegen nicht berücksichtigt. Spezielle Regelungen, die an institutionelle Anleger gerichtet waren, wurden ebenfalls nicht eingefügt.

Einen neuen Anstoß zur Weiterverfolgung der Thematik gaben die Ereignisse der Weltwirtschaftskrise – insofern wird in der Literatur auch teilweise herausgestellt, dass sich die Regulierung in diesem Rechtsgebiet häufig als „Reflex" auf bestimmte Ereignisse entwickele.[1005] Diese wurden zunächst durch ein Expertengremium im Jahr 2009 analysiert – Ergebnis dieses Gremiums unter der Leitung von *de Larosière* war ein umfangreicher Bericht, der erste Ansatzpunkte für die

---

996 *Europäische Kommission,* Aktionsplan Modernisierung des Gesellschaftsrechts – KOM(2003) 284, endg., S. 16.

997 *Europäische Kommission,* Aktionsplan Modernisierung des Gesellschaftsrechts – KOM(2003) 284, endg., S. 15.

998 *Europäische Kommission,* Aktionsplan Modernisierung des Gesellschaftsrechts – KOM(2003) 284, endg., S. 15.

999 *Europäische Kommission,* Aktionsplan Modernisierung des Gesellschaftsrechts – KOM(2003) 284, endg., S. 16.

1000 *Europäische Kommission,* Richtlinienvorschlag für eine erste Aktionärsrechterichtlinie – KOM(2005) 685, passim.

1001 RL 2007/36/EG v. 11.7.2007, Abl. 2007 L 184/17, passim; ausführlich zur Entwicklungsgeschichte und den Inhalten der Aktionärsrechterichtlinie 2007 auch *Hupprich,* S. 28 ff.

1002 RL 2007/36/EG v. 11.7.2007, Abl. 2007 L 184/17, S. 17.

1003 RL 2007/36/EG v. 11.7.2007, Abl. 2007 L 184/17, S. 17.

1004 RL 2007/36/EG v. 11.7.2007, Abl. 2007 L 184/17, S. 17.

1005 *Fleischer,* ZGR 2007, S. 500, 504 f.; *Faure,* S. 149.

Gründe der wirtschaftlichen Missstände am Vorabend der Finanzkrise gab.[1006] Im Bericht wurde wiederum als einer der Gründe für diese Missstände die mangelnde Kontrolle der Leitungsorgane durch die Aktionäre identifiziert.[1007] Teils durch den *Larosière*-Bericht veranlasst, wurden in den Jahren 2010[1008], 2011[1009] und 2013[1010] drei Grünbücher („**Grünbuch 2010**", „**Grünbuch 2011**" und das „**Grünbuch 2013**") der Europäischen Kommission als weiteren Versuch, die Folgen der Finanzkrise aufzuarbeiten veröffentlicht; in diesen Veröffentlichungen wurde insbesondere die Rolle institutioneller Anlegern herausgestellt.[1011] Die Europäische Kommission führte allerdings keine konkreten empirischen Studien durch (oder gab diese in Auftrag) um darauf ihre Veröffentlichungen zu stützen. Hinsichtlich der Ursachen und Kausalitäten der Weltwirtschaftskrise und Missstände in der Corporate Governance werden entweder Expertenmeinungen herangezogen, Vermutungen angestellt oder diese schlicht als gegeben hingenommen. Zusammen mit den Grünbüchern erfolgten allerdings sogenannte Konsultationen[1012], die versuchen, die von möglichen Regelungen betroffenen Stakeholder in einem Dialog mit einzubeziehen.

Im Einzelnen enthalten die Grünbücher die folgenden Kernaussagen in Bezug auf die Regulierung institutioneller Anleger:

Im Grünbuch 2010 wird die Möglichkeit erwähnt, dass fehlende Kontrollaktivitäten und fehlendes Verantwortungsbewusstsein gepaart mit einem *„kurzen bis sehr kurzen Anlagehorizont"*[1013] eine der denkbaren Ursachen, nämlich die starke Risikoneigung, noch verstärkt haben könnten.[1014] Gründe für diese Problematik

1006 *De Larosière – Bericht*, S. 7 ff.

1007 *De Larosière – Bericht*, S. 11.

1008 *Europäische Kommission,* Grünbuch – Corporate Governance in Finanzinstituten und Vergütungspolitik – KOM (2010) 284 endg., passim; vgl. dazu auch K. Schmidt/ Lutter/*Illhardt,* AktG, § 134a, Rn. 3; *Bürkle*, VersR 2021, S. 1.

1009 *Europäische Kommission,* Grünbuch – Europäischer Corporate Governance-Rahmen – KOM (2011) 164 endg., passim.; vgl. dazu auch K. Schmidt/Lutter/*Illhardt,* AktG, § 134a, Rn. 3.

1010 *Europäische Kommission,* Grünbuch Langfristige Finanzierung der Europäischen Wirtschaft – KOM (2013) 150 endg., passim.

1011 *Birkmose*, ECFR 2014, S. 214, 218.

1012 Die Ergebnisse dieser Konsultationen sind leider online nicht mehr abrufbar sondern nur noch indirekt in den darauf folgenden Grünbüchern widergegeben, so z.B. *Europäische Kommission,* Grünbuch – Europäischer Corporate Governance Rahmen – KOM (2011) 164 endg., S. 13.

1013 *Europäische Kommission,* Grünbuch – Corporate Governance in Finanzinstituten und Vergütungspolitik – KOM (2010) 284 endg., S. 8 f.; siehe dazu auch *Hein*, S. 173 f.

1014 *Europäische Kommission,* Grünbuch – Corporate Governance in Finanzinstituten und Vergütungspolitik – KOM (2010) 284 endg., S. 9.

seien hohe Kosten des Engagements, Interessenkonflikte, fehlendes *„Gefühl der Eigentümerschaft“*[1015] und mangelnde Kontrollrechte, zumindest in einigen Mitgliedstaaten.[1016]

Im Grünbuch 2011 geht die Kommission einen Schritt weiter und sucht nach Lösungsmöglichkeiten für den 2010 erkannten Missstand.[1017] Das Interesse der Aktionäre an nachhaltigen und langfristigen Investitionen soll nun aktiver gesteigert werden.[1018] Zudem wird als zusätzliche Ursache auch die beschränkte Haftung der Anleger als risikofördernde Institution identifiziert.[1019] Im Übrigen wird im Grünbuch 2011 erstmals auf die Ausgestaltung des wünschenswerten Engagements eingegangen: Dies bestünde vor allem aus

- einer *„aktive[n] Überwachung,*
- *(...) [einem] Dialog mit dem Verwaltungsrat des Unternehmens und (...) [der] Ausübung der Verwaltungsrechte, einschließlich der Stimmrechte,*
- *sowie gegebenenfalls (...) [der] Zusammenarbeit mit anderen Aktionären (...)“.*[1020]
- Von besonderer Bedeutung sei die langfristige Ausrichtung dieser Aktivitäten.[1021]

Ferner wurde noch einmal auf die Lösungsmöglichkeit der Offenlegung der Stimmrechtspolitik und auf die positiven Reaktionen in der auf das Grünbuch 2010 folgende Konsultation hingewiesen.[1022]

Fast parallel zum Grünbuch 2011 veröffentlichte die Kommission einen weiteren Bericht von der Reflection Group on the future of EU company law.[1023] Auch dort wird die Rolle von aktiven Aktionären[1024] und institutionellen Anlegern im

1015 *Europäische Kommission,* Grünbuch – Corporate Governance in Finanzinstituten und Vergütungspolitik – KOM (2010) 284 endg., S. 9.

1016 *Europäische Kommission,* Grünbuch – Corporate Governance in Finanzinstituten und Vergütungspolitik – KOM (2010) 284 endg., S. 9.

1017 *Hein,* S. 175 f.

1018 *Europäische Kommission,* Grünbuch – Europäischer Corporate Governance Rahmen – KOM (2011) 164 endg., 3 f.

1019 *Europäische Kommission,* Grünbuch – Europäischer Corporate Governance Rahmen – KOM (2011) 164 endg., S. 12.

1020 *Europäische Kommission,* Grünbuch – Europäischer Corporate Governance Rahmen – KOM (2011) 164 endg., S. 13.

1021 *Europäische Kommission,* Grünbuch – Europäischer Corporate Governance Rahmen – KOM (2011) 164 endg., S. 13.

1022 *Europäische Kommission,* Grünbuch – Europäischer Corporate Governance Rahmen – KOM (2011) 164 endg., S. 13.

1023 *Europäische Kommission, Report of the Reflection Group on the future of EU Company Law,* passim.

1024 *Europäische Kommission,* Report of the Reflection Group on the future of EU Company Law, S. 36.

Besonderen[1025] diskutiert. So wird zunächst auch die wachsende Bedeutung von institutionellen Anlegern herausgestellt – es endet mit der Feststellung, dass sich die Anlagehorizonte bei diesen Investoren in den letzten Jahren von langfristigen zu eher kurzfristigen gewandelt hätten.[1026] Dies wird unter anderem darauf zurückgeführt, dass einige Regulierungsansätze die Anleger dazu gedrängt hätten, ihr ursprünglich sehr gemischtes Portfolio fast nur noch aus Bonds, also festverzinslichen Wertpapieren, zusammenzusetzen.[1027] Dies habe wiederum dazu geführt, dass bei vielen Unternehmen gerade die Finanzierung durch die „stabilen Investoren" weggefallen sei.[1028] Außerdem gäbe es mehr und mehr neue Typen von Investoren, die eher kurzfristige Anlagehorizonte hätten.[1029] Ferner stellt die *Reflection Group* fest, dass institutionelle Anleger in einigen Mitgliedstaaten und in deren Corporate Governance Kodizes thematisiert werden, wohingegen in anderen Mitgliedstaaten das Thema noch wenig oder gar nicht angesprochen wird.[1030]

In dem ausführlichen Statement der *Reflection Group* gibt es neben den bisher genannten Erkenntnissen auch bisher noch nicht artikulierte Ansätze für die Europäische Union:[1031] So wird auf den UK Stewardship Code als mögliches Vorbild für alle Mitgliedstaaten verwiesen und es werden drei Empfehlungen für wünschenswertes Verhalten von institutionellen Anlegern sowie für das weitere Vorgehen des EU-Gesetzgebers ausgesprochen.[1032] Empfohlen wurden

- u.a. wieder Transparenzpflichten in Form eines Offenlegens des Abstimmungsverhaltens und des Anlagehorizonts durch die institutionellen Investoren,
- regelmäßige Analysen und Berichte hinsichtlich neuer Entwicklungen bei den Anlagestrategien durch die Europäische Union, die Auswertung dieser im Hinblick auf neue Regulierungsimpulse sowie

---

1025 *Europäische Kommission,* Report of the Reflection Group on the future of EU Company Law, S. 48.

1026 *Europäische Kommission,* Report of the Reflection Group on the future of EU Company Law, S. 48.

1027 *Europäische Kommission,* Report of the Reflection Group on the future of EU Company Law, S. 48.

1028 *Europäische Kommission,* Report of the Reflection Group on the future of EU Company Law, S. 48.

1029 *Europäische Kommission,* Report of the Reflection Group on the future of EU Company Law, S. 48.

1030 *Europäische Kommission,* Report of the Reflection Group on the future of EU Company Law, S. 48.

1031 *Europäische Kommission,* Report of the Reflection Group on the future of EU Company Law, S. 48.

1032 *Europäische Kommission,* Report of the Reflection Group on the future of EU Company Law, S. 48 f.

- die Untersuchung der Risiken, die eine langfristige Anlage in Aktienkapital durch institutionelle Investoren mit sich bringt.[1033]

Nur kurze Zeit nach diesem Bericht der Reflection Group folgte im Jahr 2012 ein weiterer Aktionsplan („**Aktionsplan 2012**") der Europäischen Kommission zum Gesellschaftsrecht und zur Corporate Governance.[1034] Die Themen ähneln denen der Grünbücher.[1035] In diesem Plan werden institutionelle Anleger insbesondere wieder im Abschnitt über „Verstärkte Transparenz"[1036] und im Abschnitt über die „Einbeziehung von Aktionären"[1037] thematisiert. Die Kommission kündigt an, dass es im Jahr 2013 eine Initiative geben werde, die die *„Offenlegung von Abstimmungsstrategien und Politiken auf dem Gebiet der Einbeziehung von Aktionären sowie (...) [frühere] Abstimmungen institutioneller Anleger"* betreffen werde.[1038] Grund für diese Initiative seien nach dem Aktionsplan unter anderem die möglicherweise (die Kommission verwendet das Wortpaar „könnte ... haben"[1039] wieder ohne empirische Grundlagen heranzuziehen[1040]) positiven Effekte auf den *„Dialog zwischen Anleger und Unternehmen"*[1041], auf die Aktivitäten der Aktionäre in den

1033 *Europäische Kommission,* Report of the Reflection Group on the future of EU Company Law, S. 49.

1034 *Europäische Kommission,* Aktionsplan: Europäisches Gesellschaftsrecht und Corporate Governance – ein moderner Rechtsrahmen für engagiertere Aktionäre und besser überlebensfähige Unternehmen – KOM(2012) 740, passim; siehe dazu auch *Hein,* S. 177 ff. und K. Schmidt/Lutter/*Illhardt,* AktG, § 134a, Rn. 4.

1035 So auch feststellend: *Hein,* S. 177.

1036 *Europäische Kommission,* Aktionsplan: Europäisches Gesellschaftsrecht und Corporate Governance – ein moderner Rechtsrahmen für engagiertere Aktionäre und besser überlebensfähige Unternehmen – KOM(2012) 740, 6 ff.

1037 *Europäische Kommission,* Aktionsplan: Europäisches Gesellschaftsrecht und Corporate Governance – ein moderner Rechtsrahmen für engagiertere Aktionäre und besser überlebensfähige Unternehmen – KOM(2012) 740, 9 ff.

1038 *Europäische Kommission,* Aktionsplan: Europäisches Gesellschaftsrecht und Corporate Governance – ein moderner Rechtsrahmen für engagiertere Aktionäre und besser überlebensfähige Unternehmen – KOM(2012) 740, S. 9.

1039 *Europäische Kommission,* Aktionsplan: Europäisches Gesellschaftsrecht und Corporate Governance – ein moderner Rechtsrahmen für engagiertere Aktionäre und besser überlebensfähige Unternehmen – KOM(2012) 740, S. 9.

1040 Zu diesem Kritikpunkt siehe auch mit weiteren Nachweisen oben ab S. 41.

1041 *Europäische Kommission,* Aktionsplan: Europäisches Gesellschaftsrecht und Corporate Governance – ein moderner Rechtsrahmen für engagiertere Aktionäre und besser überlebensfähige Unternehmen – KOM(2012) 740, S. 9.

Unternehmen[1042] sowie auf das Verantwortungsbewusstsein der Aktionäre gegenüber der Zivilgesellschaft.[1043] Gerade der letzte Punkt knüpft erstmals an die bereits oben angesprochene zweite – gemeinwohlorientierte – Dimension der Gründe für mehr Aktionärsaktivismus an, ohne dies jedoch weiter auszuführen.[1044] Überdies weist die Kommission darauf hin, dass die Offenlegungsstrategien auch für die Endanleger von Vorteil sein könnten, die dann besser informiert ihre Anlageentscheidung treffen könnten.[1045]

Als weiterer Schwerpunkt wird hervorgehoben, dass die Einbeziehung von Aktionären essenziell sei, um ein ausgewogenes Machtverhältnis im Unternehmen und damit auch eine effektive und gute Corporate Governance zu gewährleisten.[1046] Auch an dieser Stelle wird also eine Veränderung des Machtgefüges im Unternehmen ausdrücklich angesprochen.[1047] Im Aktionsplan 2012 finden sich mehrere Vorschläge für neue Kontrollaufgaben, die institutionellen Anlegern zugedacht werden können.[1048] Überdies kündigt die Kommission im Hinblick auf zuvor schon geäußerte Kritikpunkte an, dass das Verhältnis zwischen dem Tatbestand der *„gemeinsam handelnden Personen“*[1049] und dem Wunsch nach einer verstärkten Zusammenarbeit der größeren Investoren eines Unternehmens weiter aufgeklärt wird, um diesbezüglich größtmögliche Rechtssicherheit für die Anleger

---

1042 *Europäische Kommission,* Aktionsplan: Europäisches Gesellschaftsrecht und Corporate Governance – ein moderner Rechtsrahmen für engagiertere Aktionäre und besser überlebensfähige Unternehmen – KOM(2012) 740, S. 9.

1043 *Europäische Kommission,* Aktionsplan: Europäisches Gesellschaftsrecht und Corporate Governance – ein moderner Rechtsrahmen für engagiertere Aktionäre und besser überlebensfähige Unternehmen – KOM(2012) 740, S. 9.

1044 Vgl. dazu den entsprechenden Abschnitt im Grundlagenteil mit weiteren Nachweisen ab S. 31.

1045 *Europäische Kommission,* Aktionsplan: Europäisches Gesellschaftsrecht und Corporate Governance – ein moderner Rechtsrahmen für engagiertere Aktionäre und besser überlebensfähige Unternehmen – KOM(2012) 740, S. 9.

1046 *Europäische Kommission,* Aktionsplan: Europäisches Gesellschaftsrecht und Corporate Governance – ein moderner Rechtsrahmen für engagiertere Aktionäre und besser überlebensfähige Unternehmen – KOM(2012) 740, S. 9 f.

1047 *Hein,* S. 177 ff.

1048 *Europäische Kommission,* Aktionsplan: Europäisches Gesellschaftsrecht und Corporate Governance – ein moderner Rechtsrahmen für engagiertere Aktionäre und besser überlebensfähige Unternehmen – KOM(2012) 740, S. 10 f.

1049 *Europäische Kommission,* Aktionsplan: Europäisches Gesellschaftsrecht und Corporate Governance – ein moderner Rechtsrahmen für engagiertere Aktionäre und besser überlebensfähige Unternehmen – KOM(2012) 740, S. 12. Manchmal wird dies auch im Deutschen mit dem englischen Fachbegriff *„acting in concert“* bezeichnet.

zu schaffen.[1050] Die Einführung eines eigenen europäischen Kodex für institutionelle Investoren, wie im Grünbuch aus dem Jahr 2010 angesprochen[1051], wird hingegen nicht mehr erwähnt.[1052]

2013 folgte dann statt der geplanten Initiative zur Offenlegung des Aktionärsverhaltens ein weiteres Grünbuch (das „**Grünbuch 2013**"), in dem institutionelle Anleger erneut als bedeutende Akteure zur Verbesserung der Unternehmensführung herausgestellt wurden: Es handelt sich um das Grünbuch *Langfristige Finanzierung der Europäischen Wirtschaft.*[1053] Dieses hatte den Schwerpunkt mehr auf der bereits oben dargestellten qualitativen Dimension des Engagements institutioneller Anleger, speziell der Langfristigkeit. Überraschend kommt in diesem Zusammenhang der Vorschlag, institutionellen Anlegern gar *„größere Stimmrechte einzuräumen oder höhere Dividenden zu zahlen".*[1054] Zu diesen Ideen wird allerdings wieder weder eine empirische Grundlage noch überhaupt eine weitere Erläuterung oder Begründung geliefert.

Die geplante Initiative der Europäischen Union zur Offenlegung konkretisierte sich erst im Jahr 2014: Am 9. April 2014 erschien ein Richtlinienvorschlag, der vor allem in seinen Artikeln 3 f) bis 3 h) *„mehr Engagement der institutionellen Anleger"* beinhaltete.[1055] Diese Normen sollen die institutionellen Anleger oder deren Vermögensverwalter dazu veranlassen, eine sogenannte *„Einbeziehungspolitik zu entwerfen"*[1056] und diese dann nach dem *Comply-Or-Explain*-Prinzip

1050 *Europäische Kommission,* Aktionsplan: Europäisches Gesellschaftsrecht und Corporate Governance – ein moderner Rechtsrahmen für engagiertere Aktionäre und besser überlebensfähige Unternehmen – KOM(2012) 740, S. 13.

1051 *Europäische Kommission,* Grünbuch – Corporate Governance in Finanzinstituten und Vergütungspolitik – KOM (2010) 284 endg., S. 18.

1052 *Birkmose,* ECFR 2014, S. 214, 220.

1053 *Europäische Kommission,* Grünbuch Langfristige Finanzierung der Europäischen Wirtschaft – KOM(2013) 150 endg., passim.

1054 *Europäische Kommission,* Grünbuch Langfristige Finanzierung der Europäischen Wirtschaft – KOM(2013) 150 endg., S. 18.

1055 *Europäische Kommission,* Vorschlag für eine Richtlinie des Europäischen Parlaments und des Rates zur Änderung der Richtlinie 2007/36/EG im Hinblick auf die Förderung der langfristigen Einbeziehung der Aktionäre sowie der Richtlinie 2013/34/EU in Bezug auf bestimmte Elemente der Erklärung zur Unternehmensführung – KOM(2014) 213 endg., S. 9; siehe dazu auch *Hein,* S. 178 f. und K. Schmidt/Lutter/*Illhardt,* AktG, § 134a, Rn. 5.

1056 *Europäische Kommission,* Vorschlag für eine Richtlinie des Europäischen Parlaments und des Rates zur Änderung der Richtlinie 2007/36/EG im Hinblick auf die Förderung der langfristigen Einbeziehung der Aktionäre sowie der Richtlinie 2013/34/EU in Bezug auf bestimmte Elemente der Erklärung zur Unternehmensführung – KOM(2014) 213 endg., S. 9.

offenzulegen.[1057] Mit dem Vorschlag wurden zugleich fünf zentrale Probleme identifiziert, die mit der Richtlinie gelöst werden sollten.[1058] Ziel der „Einbeziehungspolitik"[1059] solle es sein, *„tatsächliche oder potentielle Konflikte"*[1060] zu verhindern.[1061] Ferner sollen institutionelle Anleger auch offenlegen müssen, *„wie ihre Aktienanlagestrategie an das Profil und die Laufzeit ihrer Verbindlichkeiten angepasst ist"*[1062], und es werden Transparenzregelungen hinsichtlich des Vertragsverhältnisses mit den Vermögensverwaltern vorgeschlagen.[1063]

1057 *Europäische Kommission,* Vorschlag für eine Richtlinie des Europäischen Parlaments und des Rates zur Änderung der Richtlinie 2007/36/EG im Hinblick auf die Förderung der langfristigen Einbeziehung der Aktionäre sowie der Richtlinie 2013/34/EU in Bezug auf bestimmte Elemente der Erklärung zur Unternehmensführung – KOM(2014) 213 endg., S. 4 ff.

1058 *Europäische Kommission,* Vorschlag für eine Richtlinie des Europäischen Parlaments und des Rates zur Änderung der Richtlinie 2007/36/EG im Hinblick auf die Förderung der langfristigen Einbeziehung der Aktionäre sowie der Richtlinie 2013/34/EU in Bezug auf bestimmte Elemente der Erklärung zur Unternehmensführung – KOM(2014) 213 endg., S. 9.

1059 „Einbeziehungspolitik" war insofern schon an dieser Stelle ein missverständlicher Begriff und meint vielmehr die Einbringung der institutionellen Anleger – dies wurde an späterer Stelle als Kommentar zum Richtlinienvorschlag 2014 noch häufiger angemerkt – siehe dazu z.B. S. 132.

1060 *Europäische Kommission,* Vorschlag für eine Richtlinie des Europäischen Parlaments und des Rates zur Änderung der Richtlinie 2007/36/EG im Hinblick auf die Förderung der langfristigen Einbeziehung der Aktionäre sowie der Richtlinie 2013/34/EU in Bezug auf bestimmte Elemente der Erklärung zur Unternehmensführung – KOM(2014) 213 endg., S. 9.

1061 *Europäische Kommission,* Vorschlag für eine Richtlinie des Europäischen Parlaments und des Rates zur Änderung der Richtlinie 2007/36/EG im Hinblick auf die Förderung der langfristigen Einbeziehung der Aktionäre sowie der Richtlinie 2013/34/EU in Bezug auf bestimmte Elemente der Erklärung zur Unternehmensführung – KOM(2014) 213 endg., S. 9.

1062 *Europäische Kommission,* Vorschlag für eine Richtlinie des Europäischen Parlaments und des Rates zur Änderung der Richtlinie 2007/36/EG im Hinblick auf die Förderung der langfristigen Einbeziehung der Aktionäre sowie der Richtlinie 2013/34/EU in Bezug auf bestimmte Elemente der Erklärung zur Unternehmensführung – KOM(2014) 213 endg., S. 9.

1063 *Europäische Kommission,* Vorschlag für eine Richtlinie des Europäischen Parlaments und des Rates zur Änderung der Richtlinie 2007/36/EG im Hinblick auf die Förderung der langfristigen Einbeziehung der Aktionäre sowie der Richtlinie 2013/34/EU in Bezug auf bestimmte Elemente der Erklärung zur Unternehmensführung – KOM(2014) 213 endg., S. 9.

bb) Die finalen Schritte zur Änderung der Aktionärsrechterichtlinie

Der 2014 veröffentlichte erste Vorschlag zur Änderung der Aktionärsrechterichtlinie, der auch die Transparenzvorschriften für institutionelle Anleger beinhaltet (der „**Richtlinienvorschlag 2014**", musste zunächst die weiteren Stadien des ordentlichen Gesetzgebungsverfahrens auf europäischer Ebene durchlaufen.[1064] Zur Vorbereitung der Beratung des Vorschlags im Europäischen Parlament wurden Stellungnahmen der Ausschüsse eingeholt, so z. B. des Europäischen Wirtschafts- und Sozialausschusses[1065] und des Wirtschafts- und Währungsausschusses (für den Rechtsausschuss) des Europäischen Parlaments.[1066]

Der Europäische Wirtschafts- und Sozialausschuss war der Regelung zu den Transparenzpflichten für institutionelle Anleger grundsätzlich positiv gegenüber eingestellt, veröffentlichte aber auf knapp sieben Seiten nur eine sehr kurze und oberflächliche Stellungnahme.[1067] Die Erfolgsaussichten, dass diese Regelungen tatsächlich zu einer verstärkten Mitwirkung führen könnten, lägen vor.[1068] Zudem stünde der Richtlinienvorschlag 2014 insbesondere im Einklang mit der Eigenkapitalrichtlinie[1069], der OGAW-Richtlinie,[1070] MiFID[1071] und AIFM-Richtlinie[1072] sowie mit dem EU-Rahmen für Corporate Governance.[1073] Die neue Richtlinie solle in diesem Kontext bewertet werden.[1074] Als Anregung für weitere Überlegungen weist der Ausschuss schließlich noch auf die besondere Rolle nicht nur

1064 *Europäische Union*, Überblick über das Gesetzgebungsverfahren zum Verfahren 2014/0121/COD; hierzu auch *Hein*, S. 179. Und K. Schmidt/Lutter/*Illhardt*, AktG, § 134a, Rn. 5.

1065 *Europäischer Wirtschafts- und Sozialausschuss*, Stellungnahme zu COM(2014), S. 213 final.

1066 *Europäisches Parlament – Ausschuss für Wirtschaft und Währung*, Stellungnahme zum Richtlinienentwurf 2014/0121(COD).

1067 *Europäisches Parlament – Ausschuss für Wirtschaft und Währung*, Stellungnahme zum Richtlinienentwurf 2014/0121(COD), Rn. 4.3 ff.

1068 *Europäisches Parlament – Ausschuss für Wirtschaft und Währung*, Stellungnahme zum Richtlinienentwurf 2014/0121(COD), Rn. 4.3.

1069 RL 2013/36/EU v. 26.06.2013, Abl. 2013 L 176/338.

1070 RL 2009/65/EG v. 13.07.2009, Abl. 2014 L 257/186.

1071 RL 2014/65/EU v. 15.05.2014, Abl. 2014 L 173/349.

1072 RL 2011/61/EU v. 08.06.2011, Abl. 2011 L 174/1; siehe zudem allgemein zu diesen vorgenannten Richtlinien teilweise oben mit weiteren Nachweisen S. 71 f.

1073 *Europäisches Parlament – Ausschuss für Wirtschaft und Währung*, Stellungnahme zum Richtlinienentwurf 2014/0121(COD), Rn. 4.4 f.

1074 *Europäisches Parlament – Ausschuss für Wirtschaft und Währung*, Stellungnahme zum Richtlinienentwurf 2014/0121(COD), Rn. 4.4 f.

der Anleger, sondern auch der im Unternehmen Beschäftigten für die Schaffung langfristiger Werte hin, mit der sich die Kommission auch noch befassen sollte.[1075]

Die Stellungnahme des Ausschusses für Wirtschaft und Währung des Europäischen Parlaments ist mit 68 Seiten ausführlicher.[1076] Die Stellungnahme enthält konstruktive Kritik in Form konkreter Änderungsanträge.[1077] Grundsätzlich wird das Bestreben nach einer verstärkten und langfristigen Einbeziehung der Anleger unterstützt.[1078] Allerdings wird darauf hingewiesen, dass es andere Akteure, wie Beschäftigte, Verbraucher und lokale Gebietskörperschaften gibt, die ebenso zu mehr Engagement angeregt werden sollten.[1079] Ein entscheidender „Berichtigungsvorschlag" ist der Hinweis, dass die Transparenz der Anleger nicht optional, sondern verbindlich sein sollte.[1080] Darüber hinaus werden Detailvorschläge zur Änderung des Wortlauts gemacht.[1081]

Eine Diskussion des Vorschlags fand erst im Juli 2015 statt.[1082] Das Ergebnis war, dass in einen sogenannten Trilog zwischen der Kommission, dem Parlament und dem Rat eingestiegen wurde, bei dem offene Punkte geklärt werden sollten.[1083] Dies dauerte bis zum Ende des Jahres 2016, danach begannen die konkreten Verhandlungen im Europäischen Parlament.[1084] Die finale Abstimmung erfolgte am 3. April 2017 und die neue Richtlinie wurde am 17. Mai 2017 durch den Präsidenten des Europäischen Parlaments und den Präsidenten des Rates unterzeichnet.[1085]

1075 *Europäisches Parlament – Ausschuss für Wirtschaft und Währung,* Stellungnahme zum Richtlinienentwurf 2014/0121(COD), Rn. 4.6.

1076 *Europäisches Parlament – Ausschuss für Wirtschaft und Währung,* Stellungnahme zum Richtlinienentwurf 2014/0121(COD), S. 5 ff.

1077 *Europäisches Parlament – Ausschuss für Wirtschaft und Währung,* Stellungnahme zum Richtlinienentwurf 2014/0121(COD), S. 5 ff.

1078 *Europäisches Parlament – Ausschuss für Wirtschaft und Währung,* Stellungnahme zum Richtlinienentwurf 2014/0121(COD), S. 3.

1079 *Europäisches Parlament – Ausschuss für Wirtschaft und Währung,* Stellungnahme zum Richtlinienentwurf 2014/0121(COD), S. 3.

1080 *Europäisches Parlament – Ausschuss für Wirtschaft und Währung,* Stellungnahme zum Richtlinienentwurf 2014/0121(COD), S. 4 und S. 37 ff.

1081 Z. B. das Einfügen des Wortes „kostenfrei" im Rahmen der Veröffentlichung auf der Website – vgl. *Europäisches Parlament – Ausschuss für Wirtschaft und Währung,* Stellungnahme zum Richtlinienentwurf 2014/0121(COD), S. 37 ff.

1082 *Verse/Wiersch,* EuZW 2016, S. 330, 335.

1083 *Verse/Wiersch,* EuZW 2016, S. 330, 335 f.

1084 *Europäische Union,* Überblick über das Gesetzgebungsverfahren zum Verfahren 2014/0121/COD; K. Schmidt/Lutter/*Illhardt,* AktG, § 134a, Rn. 5.

1085 *Europäische Union,* Überblick über das Gesetzgebungsverfahren zum Verfahren 2014/0121/COD; vgl. auch K. Schmidt/Lutter/*Illhardt,* AktG, § 134a, Rn. 5.

b) Die Aktionärsrechterichtlinie 2017 als Grundlage für ARUG II

Die Aktionärsrechterichtlinie 2017 ist die Grundlage für das deutsche Umsetzungsgesetz und damit wesentliche europäische Rahmenbedingung. Die Analyse dieser Richtlinie bildet die Basis für die später folgende Analyse des ARUG II.

Insgesamt lässt die offene Formulierung der Richtlinie durchaus Raum für Auslegung und Interpretation. Dies birgt vor allem das Risiko, dass die entsprechenden Veröffentlichungen der Unternehmen ebenso allgemein und offen gehalten werden und der Zweck des Ausgleichs der Informationsasymmetrie aufgrund sicherer zusätzlicher Informationen verfehlt wird.[1086]

Bemerkenswert ist, dass sich die Aktionärsrechterichtlinie 2017 in vielen Teilen eng am UK Stewardship Code 2012 orientiert, sodass bei der Auslegung teils auf den wesentlich ausführlicheren und praxiserprobten UK Stewardship Code 2012 zurückgegriffen werden kann.[1087] Problematisch ist indes, dass es inzwischen einen stark veränderten UK Stewardship Code 2020 gibt (der zum Zeitpunkt des Richtlinienerlasses so noch nicht bestand) und der sich so stark gewandelt hat, dass er nicht mehr ohne weiteres als Vorlage und Interpretationshilfe für die Aktionärsrechterichtlinie 2020 herangezogen werden kann.[1088] Insofern wird im Folgenden in der Regel auf den UK Stewardship Code 2012 als Auslegungshilfe für die Richtlinie zurückgegriffen.

aa) Begründung der Richtlinie

Die Begründung der Richtlinie stützt sich auf die Ziele des Aktionsplans 2012 der Kommission „Europäisches Gesellschaftsrecht und Corporate Governance".[1089] Neben der vom Aktionsplan 2012 genannten geringen Transparenz in Bezug auf die Unternehmensführung und die nicht ausreichende Einbeziehung von einflussreichen Aktionären[1090] nennt die Aktionärsrechterichtlinie 2017 als weiteren Mangel, dass die Aktionäre selbst die kurzfristige Risikobereitschaft des Managements gefördert hätten.[1091] Die momentane „Überwachung" der Beteiligungsunternehmen durch institutionelle Anleger sei nicht ausreichend und zudem zu sehr auf kurzfristige Gewinnerzielung fokussiert; dies führe zu einer schlechten Corporate

1086 Auf dieses Risiko in Bezug auf ARUG II hinweisend: *DAV*, Stellungnahme zum Referentenentwurf ARUG II, NZG 2019, S. 12,20.

1087 *Habersack/Verse*, § 7, Rn. 84; *Hein*, S. 179.

1088 Siehe dazu den noch folgenden Überblick mit weiteren Nachweisen, unten ab S. 99.

1089 RL 2017/828/EU v. 17.05.2017, L 132/1, S. 1; mit einer kritischen Würdigung der allgemeinen Zielsetzung der Richtlinie auch *Faure*, S: 160 ff.

1090 *Europäische Kommission*, Aktionsplan: Europäisches Gesellschaftsrecht und Corporate Governance – ein moderner Rechtsrahmen für engagiertere Aktionäre und besser überlebensfähige Unternehmen – KOM(2012) 740, passim.

1091 RL 2017/828/EU v. 17.05.2017, L 132/1, S. 1.

Governance und Wertentwicklung bei den Unternehmen.[1092] Wesentliche empirische Grundlagen werden auch in der Richtlinienbegründung nicht genannt. In vielen Teilen werden schlicht die Formulierungen der vorangegangenen Grünbücher und Aktionspläne wieder aufgegriffen und erneut zusammengetragen, hier wäre es wünschenswert gewesen stärker herauszustellen, warum es gerade die institutionellen Anleger sind, die für die Schwierigkeiten durch zusätzliches (langfristiges) Engagement Abhilfe schaffen können.[1093] Nur an wenigen Stellen finden sich tiefergehende Ausführungen. Das Ziel der stärkeren Einbindung institutioneller Anleger wird allerdings ausführlicher argumentativ hergeleitet:[1094]

- Zunächst wird auf den Bezug des Mitwirkungserfordernisses zur Corporate Governance und dem Machtgleichgewicht („*checks and balances*") im Unternehmen verwiesen.[1095] Gesamtziel sei es, sowohl die finanzielle als auch die nichtfinanzielle Leistung der Unternehmen zu verbessern, wobei als nichtfinanzielle Leistung ökologische, soziale und Governance-Faktoren genannt werden und auf die Grundsätze der Vereinten Nationen für verantwortungsvolle Investitionen Bezug genommen wird.[1096] Zudem sollten alle Interessenträger („*Stakeholder*") stärker eingebunden werden und so ein langfristiger Ansatz erreicht werden.[1097]
- Weiter begründet die Richtlinie, dass die Einbringung der institutionellen Anleger bisher unzureichend war und es von Seiten der Kapitalmärkte Druck hinsichtlich kurzfristiger Erfolge gab.[1098] Dies habe zu „suboptimalen Investitionen" geführt, da Themen wie Forschung und Entwicklung vernachlässigt worden seien.[1099] Dies wiederum habe negative Auswirkungen auf den langfristigen Unternehmenserfolg.[1100]

1092 RL 2017/828/EU v. 17.05.2017, L 132/1, S. 1.

1093 Siehe zu diesem Themenbereich ausführlich im Grundlagenteil mit weiteren Nachweisen oben S. 80 ff.

1094 RL 2017/828/EU v. 17.05.2017, L 132/1, S. 3.

1095 RL 2017/828/EU v. 17.05.2017, L 132/1, S. 3; vgl. dazu auch K. Schmidt/Lutter/*Illhardt,* AktG, § 134a, Rn. 7.

1096 RL 2017/828/EU v. 17.05.2017, L 132/1, S. 3. Eine Auflistung der Prinzipien findet sich auf der Website der *PRI Initiative*-Principles for Responsible Investment; vgl. dazu auch K. Schmidt/Lutter/*Illhardt,* AktG, § 134a, Rn. 7.

1097 RL 2017/828/EU v. 17.05.2017, L 132/1, S. 3.

1098 RL 2017/828/EU v. 17.05.2017, L 132/1, S. 3.

1099 RL 2017/828/EU v. 17.05.2017, L 132/1, S. 3; vgl. dazu auch K. Schmidt/Lutter/*Illhardt,* AktG, § 134a, Rn. 7 ff.

1100 RL 2017/828/EU v. 17.05.2017, L 132/1, S. 3; vgl. dazu auch K. Schmidt/Lutter/*Illhardt,* AktG, § 134a, Rn. 8 ff.

- Als Lösung wird eine verstärkte Transparenz hinsichtlich der Anlagestrategie vorgeschlagen.[1101] Dies versetze die Anleger, z. B. Rentner, in die Lage, über ihre eigene Anlageentscheidung die Mitwirkung des Investors herauszufordern.[1102] Zudem könne die Transparenz die Grundlage eines Dialogs mit weiteren Interessenträgern aus der Gesellschaft bilden.[1103]
- Konkretisiert wird dann die Offenlegungspflicht in Bezug auf die Mitwirkungspolitik und die Ausgestaltung als *Comply-Or-Explain*-Prinzip. Dabei wird auch auf die notwendigen Lösungsansätze für tatsächliche oder potentielle Interessenkonflikten hingewiesen, dies sich insbesondere aus mit dem Unternehmen zugleich bestehenden Interessenkonflikten ergeben könnten.[1104]
- Die Ausgestaltung der Transparenzpflicht wird zudem insofern weiter konkretisiert, als dass die Stimmrechtsausübung in den Gremien der Beteiligungsunternehmen offengelegt werden solle.[1105] Allerdings greift die Richtlinie dabei die schon vor Erlass der Norm verlautbarte Sorge auf, dass diese Offenlegung zu einem immensen bürokratischen Aufwand führen könne, und begrenzt die Mitwirkungspflicht allein auf bedeutenden Beteiligungen institutioneller Anleger.[1106] Auch eine weitere Konkretisierung der „bedeutenden Beteiligung" bleibt die Richtlinie dann nicht gänzlich schuldig, recht allgemein gehalten wird gesagt, dass diese relativ zu betrachten sei und die Anleger selbst festlegen können sollten, wann die Beteiligung bedeutend sei.[1107]
- Schließlich geht die Richtlinie ausdrücklich auf das Erfordernis einer mittel- bis langfristigen Planung ein.[1108] Dabei fordert sie, dass die oben bereits dargestellte Anlagestrategie zu der Laufzeit der Verbindlichkeiten passe und dass dies zur langfristigen Wertentwicklung des Unternehmens beitrage.[1109] Dann folgt bereits die Überleitung zur Rolle des Vermögensverwalters, für den der institutionelle Anleger Anreize setzen soll, dass auch dieser auf eine langfristige Anlage hinwirke.[1110]
- Am Ende gibt es eine Erklärung zum Verhältnis der Aktionärsrechterichtlinie 2017 zu weiteren sektorspezifischen Bestimmungen zur Regulierung bestimmter

---

1101 RL 2017/828/EU v. 17.05.2017, L 132/1, S. 3; vgl. dazu auch K. Schmidt/Lutter/*Illhardt*, AktG, § 134a, Rn. 8 ff.

1102 RL 2017/828/EU v. 17.05.2017, L 132/1, S. 3; so auch *Gröntgen*, S. 171 ff.

1103 RL 2017/828/EU v. 17.05.2017, L 132/1, S. 3.

1104 RL 2017/828/EU v. 17.05.2017, L 132/1, S. 3; neutral erläuternd – im Hinblick auf den Richtlinienentwurf – *Faure*, 175 ff.

1105 RL 2017/828/EU v. 17.05.2017, L 132/1, S. 4.

1106 RL 2017/828/EU v. 17.05.2017, L 132/1, S. 4.

1107 RL 2017/828/EU v. 17.05.2017, L 132/1, S. 4.

1108 RL 2017/828/EU v. 17.05.2017, L 132/1, S. 4.

1109 RL 2017/828/EU v. 17.05.2017, L 132/1, S. 4.

1110 RL 2017/828/EU v. 17.05.2017, L 132/1, S. 4.

Arten von Gesellschaften oder bestimmter Arten von Einrichtungen. Diese sollen der Richtlinie grundsätzlich als *leges specialis* vorgehen.[1111] Jedoch gilt dies nur mit der Einschränkung, dass jene spezielleren Regeln nicht die Ziele der Richtlinie beeinträchtigen.[1112] Eine ähnliche Regelung trifft die Richtlinie in Bezug auf andere Normen der Mitgliedstaaten: Diesen ist es erlaubt, strengere Anforderungen an die Adressaten zu stellen, sofern diese nicht den Zielen der Richtlinie widersprechen.[1113]

bb) Gliederung und Regelungskontext

Die Aktionärsrechterichtlinie 2017 ist in insgesamt vier Artikel untergliedert, wovon der erste die Änderung der Aktionärsrechterichtlinie 2007 beinhaltet, Artikel 2 Regelungen zur Umsetzung trifft, Artikel 3 das Inkrafttreten auf den zwanzigsten Tag nach der Veröffentlichung im Amtsblatt festlegt und Artikel 4 als Adressaten der Richtlinie „die Mitgliedstaaten" bestimmt.[1114] Der zentrale Artikel 1 lässt sich wiederum in sechs (Haupt-)Themenkomplexe untergliedern, wobei das Kapitel I b für die vorliegende Arbeit insbesondere wesentlich ist:[1115]

- Neufassung der Definitionen (*Art. 2*),[1116]
- Identifizierung der Aktionäre,[1117]
- Übermittlung von Informationen,[1118]
- Erleichterung der Ausübung von Aktionärsrechten (zusammen mit den beiden Vorgenannten als neues *Kapitel I a*)),[1119]
- **Transparenz bei institutionellen Anlegern, bei Vermögensverwaltern und bei Stimmrechtsberatern (als neues *Kapitel I b*))**,[1120]
- Vergütungspolitik ((*Art. 9a*)) – sogenanntes *Say on pay*),[1121]
- Transparenz von und Zustimmung zu Geschäften mit nahestehenden Unternehmen oder Personen (*Art. 9c*)) – sogenannte *Related Party Transactions*)[1122]
- Sanktionen (als neues *Kapitel II a*))[1123].

1111 RL 2017/828/EU v. 17.05.2017, L 132/1, S. 9 f.
1112 RL 2017/828/EU v. 17.05.2017, L 132/1, S. 9 f.
1113 RL 2017/828/EU v. 17.05.2017, L 132/1, S. 9 f.
1114 Mit einem Überblick der relevanten Neuregelungen auch *Faure*, S. 161 f.
1115 Siehe dazu auch *Hein*, S. 181.
1116 RL 2017/828/EU v. 17.05.2017, L 132/1, S. 11 f.
1117 RL 2017/828/EU v. 17.05.2017, L 132/1, S. 13 ff.
1118 RL 2017/828/EU v. 17.05.2017, L 132/1, S. 13 ff.
1119 RL 2017/828/EU v. 17.05.2017, L 132/1, S. 13 ff.
1120 RL 2017/828/EU v. 17.05.2017, L 132/1, S. 16; siehe hierzu auch *Hein*, S. 184 ff.
1121 RL 2017/828/EU v. 17.05.2017, L 132/1, S. 19 ff.
1122 RL 2017/828/EU v. 17.05.2017, L 132/1, S. 22 ff.
1123 RL 2017/828/EU v. 17.05.2017, L 132/1, S. 24.

Bisher haben weniger die hier thematisierten Transparenzpflichten im neuen Kapitel I b) sondern vor allem die Themen wie Mitspracherechte bei der Vergütungspolitik oder die Geschäfte mit nahestehenden Unternehmen für erhebliches Aufsehen und eine Vielzahl von Diskussionen im Zusammenhang mit der Aktionärsrechterichtlinie 2017 gesorgt.[1124]

cc) Regelungen in Bezug auf das Engagement von institutionellen Anlegern

(1) Art. 1 Aktionärsrechterichtlinie 2017 – Gegenstand, Anwendungsbereich und Konkurrenzregelungen

Zunächst sieht die Richtlinie eine Neufassung der Art. 1 Abs. 1 und 2 Aktionärsrechterichtlinie 2017 („*Gegenstand und Anwendungsbereich*") vor.[1125] Entsprechend der Erweiterung des Anwendungsbereichs wird in Art. 1 Abs. 1 Aktionärsrechterichtlinie 2017 ein Satz hinsichtlich der neuen Pflichten der Aktionäre mit dem Ziel der langfristigen Mitwirkung hinzugefügt, bei der auch die Transparenzpflichten Erwähnung finden.[1126]

Der neu gefasste Art. 1 Abs. 2 Aktionärsrechterichtlinie 2017 enthält ebenfalls Regelungen in Bezug auf institutionelle Anleger.[1127] Zuvor waren in dem Absatz lediglich generell die örtlichen Anwendungsbereiche normiert. Zu dem bestehenden Art. 1 Abs. 2 Aktionärsrechterichtlinie 2007 sind Spezialregelungen in Bezug auf das neu eingefügte Kapitel I b) gekommen, das insbesondere die Transparenzvorschriften von institutionellen Anlegern umfasst. In Art. 1 Abs. 2 S. 2 lit. a) Aktionärsrechterichtlinie 2017 wird festgelegt, dass der Mitgliedstaat i.S.d. Art. 1 Abs. 2 S. 1 Aktionärsrechterichtlinie 2017 derjenige Mitgliedstaat ist, der auch „Herkunftsmitgliedstaat" i. S. einer sektorspezifischen Regelung für die jeweilige Anlegergruppe im Unionsrecht ist.[1128] Dieser Verweis bedeutet also, dass für die Frage, ob ein Anleger von der Regelung erfasst ist, ein weiterer Rechtsakt der Union herangezogen werden muss, unter dem dieser Anleger ebenfalls reguliert ist.[1129] In jenem weiteren Rechtsakt muss dann wiederum festgelegt sein, welcher Mitgliedstaat für die jeweilige Anlegergruppe als „Herkunftsmitgliedstaat" gilt.[1130] Hier setzt sich der bereits oben dargestellte Kritikpunkt fort, dass es kein einheitliches gemeinsames Begriffsverständnis des „institutionellen Anlegers" gibt,

1124 Stellvertretend für viele Abhandlungen sei verwiesen auf den Überblicksaufsatz zur Planung der Neuregelungen von *Seibt*, DB 2014, S. 1910, 1910 ff.

1125 RL 2017/828/EU v. 17.05.2017, L 132/1, S. 10; siehe hierzu auch *Hein*, S. 185.

1126 Hervorhebungen der neuen Teile hier und im Folgenden jeweils hinzugefügt durch die Autorin.

1127 *Hein*, S. 185.

1128 *Zetzsche*, AG 2020, S. 637, 641.

1129 *Zetzsche*, AG 2020, S. 637, 641.

1130 *Zetzsche*, AG 2020, S. 637, 641.

sondern darunter vielmehr kumulativ eine Reihe von Anlegertypen gefasst wird, die aber wiederum selbst bereits reguliert werden.[1131] Dies macht jegliche Regulierung der Obergruppe – wie auch hier – komplex und in Teilen unübersichtlich, lässt sich allerdings möglicherweise durch die Zielsetzung, insbesondere solche institutionellen Anleger zu erfassen, die einen langfristigen Anlagehorizont haben, rechtfertigen.[1132]

Überdies wurden Art. 1 Abs. 3 a) und b) Aktionärsrechterichtlinie 2017 mit Bezug auf institutionelle Anleger geändert, da sich die in Bezug genommenen Rechtsakte, wie die OGAW-Richtlinie[1133], ebenfalls geändert hatten.

Insbesondere in den Absätzen Art. 1 Abs. 6a) und 7 Aktionärsrechterichtlinie 2017 finden sich zudem entscheidende Weichenstellungen für den Anwendungsbereich der Transparenzpflichten auf bestimmte institutionelle Anleger, die die Gruppe der betroffenen Anleger – zusammen mit den neuen Definitionen in Art. 2 Aktionärsrechterichtlinie 2017 – konkretisieren.[1134] So legt Art. 1 Abs. 6a) Aktionärsrechterichtlinie 2017 fest, dass auch dann institutionelle Anleger von den Regelungen erfasst sind, wenn sie nur indirekt über Vermögensverwalter investieren und nur, wenn ihre Aktien auf einem „geregelten Markt" (wiederum definiert in Art. 2 a) Aktionärsrechterichtlinie 2017) gehandelt werden.[1135] Art. 1 Abs. 7 Aktionärsrechterichtlinie 2017 hingegen regelt das in der Begründung thematisierte Konkurrenzverhältnis zu bestehenden „sektorspezifischen Rechtsakten der Union", indem er festschreibt, dass die Aktionärsrechterichtlinie 2017 unbeschadet sektorspezifischer Bestimmungen gilt und deren kumulative Geltung klarstellt:

> *„(...) Enthält diese Richtlinie spezifischere Regelungen oder fügt sie Anforderungen gegenüber den Bestimmungen, die in sektorspezifischen Rechtsakten der Union festgelegt sind, hinzu, werden die betreffenden Bestimmungen zusammen mit den Bestimmungen dieser Richtlinie angewandt."*

Dies ist gerade für die sehr diverse Gruppe der institutionellen Anleger von Relevanz.[1136]

1131 Siehe dazu bereits die Darstellung mit weiteren Nachweisen oben, ab S. 52; siehe dazu auch *Hein*, S. 185 f.

1132 *Hein*, S. 186; *Freitag*, AG 2014, S. 647, 650.

1133 RL 2009/65/EG v. 13. Juli 2009, L 302 vom 17.11.2009, S. 32.

1134 *Hein*, S. 186 f.

1135 *Hein*, S. 187 f.; *Zetzsche*, AG 2020, S. 637, 640 f.; siehe dazu auch noch einmal ausführlich mit weiteren Nachweisen unten im Rahmen der Umsetzung mit dem ARUG II S. 262 ff.

1136 Siehe dazu mit weiteren Nachweisen oben S. 121 ff.

(2) Definitionen im neuen Art. 2 Aktionärsrechterichtlinie 2017

Während Art. 2 Aktionärsrechterichtlinie 2007 mit nur drei Definitionen zum „geregelten Markt“, „Aktionär“ und „Vertretung“ vergleichsweise kurz ausfiel, werden mit Art. 2 Aktionärsrechterichtlinie 2017 neben der Neufassung der Definition des geregelten Marktes nun weitere sieben Begriffe definiert.[1137]

Neue hinzugekommen sind die Begriffe *„Intermediär“*, *„Institutioneller Anleger“*, *„Vermögensverwalter“*, *„Stimmrechtsberater“*, *„nahestehende Unternehmen und Personen“*, *„Mitglied der Unternehmensleitung“* und *„Informationen über die Identität von Aktionären“*.[1138] Den für vorliegende Arbeit besonders relevanten Begriff des institutionellen Anlegers definiert Art. 2 lit e) Aktionärsrechterichtlinie 2017 wie folgt:

> *„e) ‚institutioneller Anleger‘ bezeichnet*
> *i) ein Unternehmen, das Tätigkeiten der Lebensversicherung im Sinne von Artikel 2 Absatz 3 Buchstaben a, b und c der Richtlinie 2009/138/EG des Europäischen Parlaments und des Rates (***) und der Rückversicherung im Sinne von Artikel 13 Nummer 7 der genannten Richtlinie ausübt, sofern diese Tätigkeiten sich auf Lebensversicherungsverpflichtungen beziehen, und das nicht nach der genannten Richtlinie ausgeschlossen ist;*
> *ii) eine Einrichtung der betrieblichen Altersversorgung, die gemäß Artikel 2 der Richtlinie (EU) 2016/2341 des Europäischen Parlaments und des Rates (****) in deren Anwendungsbereich fällt, es sei denn, ein Mitgliedstaat hat im Einklang mit Artikel 5 der genannten Richtlinie beschlossen, die genannte Richtlinie auf die betreffende Einrichtung nicht oder nur teilweise anzuwenden“.*[1139]

Diese Definition unterscheidet sich stark von den anderen gängigen – auch den aufzählenden – Definitionen für die Anlegergruppe von institutionellen Anlegern.[1140] Verwiesen wird lediglich auf drei relevante Untergruppen, für die weitere sektorspezifische Regelungen der Union bestehen – namentlich Lebensversicherungen, Rückversicherungen und Einrichtungen der betrieblichen Altersvorsorge.[1141] Andere maßgebliche – und teils ebenfalls als institutionelle Anleger verstandene – Typen wie Banken, Private-Equity-Unternehmen oder Ähnliches[1142] sind damit eindeutig nicht umfasst. Die wirklich umfassten Unternehmen lassen sich erst aus den in Bezug genommenen Normen ermitteln. Bemerkenswert ist, dass Art. 2 lit. e) i) Aktionärsrechterichtlinie 2017 gerade nicht auf die Qualifikation als ein solches Unternehmen i.S.d. anderen Richtlinie abgestellt, sondern allein auf die

---

1137 Siehe dazu auch *Hein*, S. 189.

1138 RL 2017/828/EU v. 17.05.2017, L 132/1, S. 12 f.

1139 RL 2017/828/EU v. 17.05.2017, L 132/1, S. 12 f. – Art. 2 lit e) Aktionärsrechterichtlinie 2017.

1140 Vgl. dazu den Überblick S. 52 ff. sowie bei *Faure*, S. 162 f.

1141 RL 2017/828/EU v. 17.05.2017, L 132/1, S. 12; vgl. auch *Faure*, S. 162 f.

1142 Vgl. dazu den Überblick S. 52 ff.

Tätigkeit dieser Unternehmen („*ein Unternehmen, das Tätigkeiten (...) ausübt*"). Bei den Einrichtungen der betrieblichen Altersversorgung wird dagegen auf die Einordnung als ein solches Unternehmen und nicht auf die Tätigkeit abgestellt.[1143]

Hinzu kommt, dass jeweils noch weitere Ausnahmen geregelt sind: In Bezug auf Lebens- und Rückversicherungen wird klargestellt, dass die Definition in der anderen Richtlinie nur dann gilt, wenn die Tätigkeiten sich auf „Lebensversicherungsverpflichtungen beziehen, und das nicht nach der genannten Richtlinie ausgeschlossen ist".[1144] Die Ausnahme in Bezug auf betriebliche Altersversorgungseinrichtungen bezieht sich auf die Abweichungsmöglichkeit, die auch in der entsprechenden Richtlinie nach Art. 5 RL 2016/2341/EU vorgesehen ist. In den anderen Richtlinien finden sich dann wiederum Definitionen.[1145]

Auch diese vorgenannte Aufzählung mittels Verweistechnik zeigt deutlich die Schwäche der aufzählenden Definition auf: Durch die Verweise auf andere Richtlinien wird die Regulierung kompliziert und unnötig komplex.[1146] Wenngleich nicht direkt auf institutionelle Anleger bezogen, so ist die neue Definition von Vermögensverwaltern in Art. 2 lit. f) Aktionärsrechterichtlinie 2017 auch für diese Arbeit von Bedeutung. Diese waren in der ursprünglichen Aktionärsrechterichtlinie 2007 noch nicht definiert und die Aktionärsrechterichtlinie 2017 sieht nun die folgende Definition vor:

> *„‚Vermögensverwalter' bezeichnet eine Wertpapierfirma gemäß Artikel 4 Absatz 1 Nummer 1 der Richtlinie 2014/65/EU, die Portfolioverwaltungsdienstleistungen für Anleger erbringt, einen AIFM (Verwalter alternativer Investmentfonds) im Sinne des Artikels 4 Absatz 1 Buchstabe b der Richtlinie 2011/61/EU, der die Bedingungen für eine Ausnahme gemäß Artikel 3 der genannten Richtlinie nicht erfüllt, oder eine Verwaltungsgesellschaft im Sinne des Artikels 2 Absatz 1 Buchstabe b der Richtlinie 2009/65/EG, oder eine gemäß der Richtlinie 2009/65/EG zugelassene Investmentgesellschaft, sofern diese keine gemäß der genannten Richtlinie für ihre Verwaltung zugelassene Verwaltungsgesellschaft benannt hat".*

1143 RL 2017/828/EU v. 17.05.2017, L 132/1, S. 12.

1144 RL 2017/828/EU v. 17.05.2017, L 132/1, S. 12.

1145 So z.B. in Artikel 2 Absatz 3 Buchstaben a, b und c der Richtlinie 2009/138/EG des Europäischen Parlaments und des Rates für Lebensversicherungen und in Artikel 2 der Richtlinie (EU) 2016/2341 des Europäischen Parlaments und des Rates für Einrichtungen der betrieblichen Altersversorgung.

1146 So auch kritisch im Rahmen der Umsetzung durch das ARUG II *Tröger*, ZGR 2019, S. 126, 140; *Koch*, BKR 2020, S. 1, 3; *Faure*, S. 163 – noch in Bezug auf den Entwurfsvorschlag.

(3) Das neue Kapitel I b) Aktionärsrechterichtlinie 2017

Das neue Kapitel I b) Aktionärsrechterichtlinie erhält die Überschrift *„Transparenz bei institutionellen Anlegern, bei Vermögensverwaltern und bei Stimmrechtsberatern“*. Dabei untergliedert es sich in die fortlaufend nummerierten fünf neuen

- Art. 3 g) (*Mitwirkungspolitik*),
- Art. 3 h) (*Anlagestrategie institutioneller Anleger und Vereinbarungen mit Vermögensverwaltern*),
- Art. 3 i) (*Transparenz bei Vermögensverwaltern*),
- Art. 3 j) (*Transparenz bei Stimmrechtsberatern*) und
- Art. 3 k) (*Überprüfung*).[1147]

Relevant für die vorliegende Bearbeitung sind insbesondere Art. 3 g), h) und k).

(a) Art. 3 g) Aktionärsrechterichtlinie 2017

Zunächst legt sich der Artikel auf das sogenannte *Comply-Or-Explain*-Prinzip fest,[1148] indem vorgesehen wird, dass institutionelle Anleger entweder die später aufgestellten Offenlegungspflichten zu erfüllen haben oder aber eine Erklärung öffentlich abzugeben haben, warum sie den Pflichten nicht entsprechen.[1149]

Der Unterbuchstabe a) beschäftigt sich dann mit der sogenannten Mitwirkungspolitik und ihrem vorgesehenen Inhalt und ist damit eine der Kernregelungen der neuen Offenlegungspflichten, die in vielen Teilen dem UK Stewardship Code 2012 ähnelt.[1150] Dabei geht es darum, wie die Mitwirkung ein Teil der Anlagestrategie werden soll, ist also auf die Zukunft gerichtet.[1151] Diese Mitwirkungspolitik ist vom institutionellen Anleger auszuarbeiten und öffentlich bekannt zu machen.[1152] Genauer handelt es sich dabei um die Planung der Einwirkung auf das Unternehmen unter folgenden Gesichtspunkten:[1153]

- Überwachung bezüglich
  - Strategie
  - Finanzielle/nichtfinanzielle Leistung

1147 Siehe dazu auch *Hein*, S. 190 ff.

1148 Noch zum entsprechenden Artikel im Richtlinienentwurf – *Faure*, S. 168 f.

1149 *Habersack/Verse*, § 7, Rn. 85.

1150 *Hein*, S. 190; auf die Problematik hinweisend, dass zwar starke Ähnlichkeiten zum UK Stewardship Code 2012 bestehen, im – damals noch Richtlinienentwurf – aber die erläuternden Hinweise fehlen, was das Verständnis der Normen entsprechend erschwert – *Faure*, S. 170.

1151 *Hein*, S. 190.

1152 RL 2017/828/EU v. 17.05.2017, L 132/1, S. 16; darauf hinweisend, dass dafür keine zeitliche Beschränkung vorgesehen ist: *Gröntgen*, S. 178.

1153 RL 2017/828/EU v. 17.05.2017, L 132/1, S. 16.

  - o Risiko
  - o Kapitalstruktur
  - o Soziale und ökologische Auswirkungen
  - o Corporate Governance
- Führen eines Dialogs mit den Anlagegesellschaften
- Kommunikation mit anderen Stakeholdern
- Vorbeugung von Interessenkonflikten durch Engagement.[1154]

Buchstabe b) sieht vor, dass jährlich bekannt zu machen ist, wie die mit der Mitwirkungspolitik aufgestellten Planungen im jeweiligen vorausgegangenen Jahr umgesetzt wurden, soll also einen Bericht über die vergangenen Entwicklungen darstellen.[1155] Ein spezieller Hinweis erfolgt in Bezug auf das Abstimmungsverhalten und die Verwendung von Stimmrechtsberatern – hier findet sich die bereits in der Begründung angekündigte Ausnahme in Bezug auf „unbedeutende Beteiligung", um einen übermäßigen Verwaltungsaufwand vorzubeugen.[1156]

Art. 3 g Abs. 2 Aktionärsrechterichtlinie 2017 trifft Regelungen bezüglich der Art und Weise der Veröffentlichung der in Art. 3 g) Abs. 1 Aktionärsrechterichtlinie 2017 beschriebenen Informationen.[1157] Gem. Art. 3 g) Abs. 2 S.1 Aktionärsrechterichtlinie 2017 sind insbesondere die Informationen kostenfrei auf der Website des institutionellen Anlegers zur Verfügung zu stellen.[1158] Eine Klausel gem. Art. 3 g) Abs. 2 S.2 Aktionärsrechterichtlinie 2017 eröffnet die Möglichkeit, dass die Mitgliedstaaten auch noch weitere Veröffentlichungsmedien vorsehen können.[1159] Der Art. 3 g) Abs. 2 S.3 Aktionärsrechterichtlinie 2017 bezieht sich auf die Konstellation, dass der institutionelle Anleger einen Vermögensverwalter beauftragt, die Mitwirkungspolitik umzusetzen – es genügt statt der Veröffentlichung der erforderlichen Informationen der Verweis auf die Veröffentlichung durch den jeweiligen Vermögensverwalter.

Art. 3 g Abs. 3 Aktionärsrechterichtlinie 2017 enthält einen Verweis auf die bereits bestehenden Bestimmungen hinsichtlich Interessenkonflikten, der nur durch die gleichzeitige Lektüre der zitierten Richtlinien verständlich ist.

Bei der in Bezug genommenen Richtlinie 2011/61/EU handelt es sich um die *„Richtlinie über die Verwalter alternativer Investmentfonds und zur Änderung der*

1154 Auch diese Auswahl ähnelt stark den sieben Principles im UK Stewardship 2012 – vgl. dazu auch *Hein*, S. 190 sowie ausführlicher zu den 7 Grundsätzen/Prinzipien mit weiteren Nachweisen oben S. 99 ff.

1155 Zur entsprechenden systematischen Einordnung der Umsetzungsregelungen im ARUG II siehe z.B. auch Grigoleit/*Splinter*, AktG, § 134b, Rn. 14.

1156 Siehe dazu bereits mit weiteren Nachweisen oben S. 121 ff.

1157 Siehe dazu und zu den Veränderungen, die sich im Hinblick auf den ursprünglichen Richtlinienvorschlag ergeben *Hein*, S. 190 f.

1158 RL 2017/828/EU v. 17.05.2017, L 132/1, S. 16.

1159 RL 2017/828/EU v. 17.05.2017, L 132/1, S. 16.

Richtlinien 2003/41/EG und 2009/65/EG und der Verordnungen (EG) Nr. 1060/2009 und (EU) Nr. 1095/2010"[1160], die Richtlinie 2009/65/EG ist die *„Richtlinie zur Koordinierung der Rechts- und Verwaltungsvorschriften betreffend bestimmte Organismen für gemeinsame Anlagen in Wertpapieren (OGAW)"*[1161] und die Richtlinie 2014/65/EU ist *„über Märkte für Finanzinstrumente sowie zur Änderung der Richtlinien 2002/92/EG und 2011/61/EU"*[1162]. Alle beinhalten die in Bezug genommenen Regelungen über Interessenkonflikte und mit Art. 3 g Abs. 3 Aktionärsrechterichtlinie 2017 wird klargestellt, dass diese Regelungen auch für den Fall gelten, dass diese Interessenkonflikte Mitwirkungstätigkeiten betreffen.

(aa) Normadressat

Adressaten sind institutionelle Anleger im Sinne der Definition nach Art. 2 Aktionärsrechterichtlinie 2017.[1163] Welches Organ innerhalb des Anlegers genau zur Abgabe der Erklärung nach Art. 3 g) Aktionärsrechterichtlinie 2017 verpflichtet sein soll, wird nicht spezifiziert.[1164] Dies entspricht der Regelung im UK Stewardship Code 2012, in dem auch nur von den Pflichten der *„institutional investors"* die Rede ist. In der ähnlichen Transparenzvorschrift in Bezug auf den Corporate Governance Kodex in § 161 AktG werden hingegen direkt der Vorstand und der Aufsichtsrat angesprochen.

Die weniger spezifische Regelung in der Aktionärsrechterichtlinie 2017 ist insgesamt nachvollziehbar, da, wie bereits dargestellt, auch die Leitungsorgane und die interne Unternehmensorganisation in den Mitgliedstaaten (und abhängig von der jeweiligen Rechtsform des Anlegers) voneinander abweichen können. Insofern bleibt es den mitgliedstaatlichen Gesetzgebern überlassen, ob sie die Regelung noch weiter spezifizieren möchten oder nicht.[1165]

(bb) Inhalt der Erklärung

Der Erwartungshorizont hinsichtlich des Inhalts der Erklärung wird in Art. 3 g) Abs. 1 lit. a) und b) Aktionärsrechterichtlinie 2017 formuliert. Ganz ähnlich wie bei der Erklärung zum Corporate Governance Kodex nach § 161 AktG wird zweierlei erwartet:[1166]

1160 RL 2011/61/EU v. 08.06.2011, Abl. 2011 L 174/1.

1161 RL 2009/65/EG v. 13.07.2009 (OGAW-Richtlinie) Abl. 2009 L 302/1, zuletzt geändert durch RL 2014/91/EU v. 23.07.2014, Abl. 2014 L 257/186.

1162 RL 2014/65/EU v. 15.05.2014, Abl. 2014 L 173/349.

1163 *Faure*, S. 162 f. – noch in Bezug auf den Richtlinienentwurf.

1164 *Bürkle*, VersR 2021, S. 1, 10.

1165 Wie an späterer Stelle noch gezeigt wird, ist dies im Rahmen des ARUG II nicht erfolgt – siehe dazu mit weiteren Nachweisen die Analyse unten ab S. 259.

1166 Henssler/Strohn-*Vetter*, § 161 Rn. 9.

- zum einen eine auf die Zukunft gerichtete Absichtserklärung, die sogenannte Mitwirkungspolitik (Art. 3 g) Abs. 1 lit. a) Aktionärsrechterichtlinie 2017),[1167]
- zum anderen eine Wissenserklärung über das Verhalten in der Vergangenheit (Art. 3 g) Abs. 1 lit. b) Aktionärsrechterichtlinie 2017)).[1168]

i. Grundsätzliche Inhalte der Erklärung, u.a. im Vergleich zum Richtlinienvorschlag 2014

Die Mitwirkungspolitik entspricht inhaltlich in etwa den Vorgaben des Richtlinienvorschlags 2014.

- Zunächst wird allgemein gefordert, dass die Anleger erklären, wie sie ihre Mitwirkung im Beteiligungsunternehmen in ihre Anlagestrategie integrieren.[1169]
- Danach wird noch genauer erklärt, was unter „Mitwirkung" zu verstehen ist: In der letztlich gewählten Darstellungsvariante wird deutlich, dass dies eine Konkretisierung der „Mitwirkung" sein soll, wohingegen diese Punkte im Vorschlag noch gleichrangig nebeneinander standen und nicht ganz deutlich wurde, wie diese zueinander in Bezug zu setzen sind.[1170]
- Eine der offensichtlichsten Abweichungen zwischen Richtlinienvorschlag 2014 und Aktionärsrechterichtlinie 2017 ist der Begriff „Mitwirkungspolitik". Nachdem der Begriff „Einbeziehungspolitik" im Richtlinienvorschlag 2014 recht offensichtlich eine verwirrende und misslungene Übersetzung war und deutlich in der Literatur kritisiert wurde[1171], lässt sich die Wortwahl „Mitwirkungspolitik" besser nachvollziehen. Der Begriff „Einbeziehung" deutete eher auf eine Handlungspflicht des Beteiligungsunternehmens in Bezug auf die aktivere Rolle der Aktionäre hin.[1172] In der finalen Fassung ist der Wortlaut deutlicher: Die Initiative für die Mitwirkung der Anleger an der Unternehmensführung soll vom Anleger selbst ausgehen.[1173]

1167 Vgl. zur Umsetzungsregelung mit dem ARUG II insofern auch Grigoleit/*Splinter*, AktG, § 134b, Rn. 8.

1168 Vgl. zur Umsetzungsregelung mit dem ARUG II insofern auch Grigoleit/*Splinter*, AktG, § 134b, Rn. 8.

1169 *Gröntgen*, S. 175; noch in Bezug auf die alte Formulierung die „Einbeziehung" enthielt und dies stark kritisierend: *Faure*, S. 165.

1170 *Gröntgen*, S. 175.

1171 *Zetzsche*, NZG 2014, S. 1121, 1123; sehr kritisch und mit weiteren Nachweisen auch *Faure*, S. 163 f.

1172 *Zetzsche*, NZG 2014, S. 1121, 1123.

1173 *Gröntgen*, S. 175 ff.; *Zetzsche*, NZG 2014, S. 1121, 1123.

ii. *Absichtserklärung „Mitwirkungspolitik" – gem. Art. 3 g) Abs. 1 lit. a) Aktionärsrechterichtlinie 2017*

a. *„Überwachung" des Investitionsunternehmens*

Der erste Inhaltsbestandteil der Mitwirkungspolitik ist in Art. 3 g) Abs. 1 lit. a) Aktionärsrechterichtlinie 2017ist die „Überwachung" des Investitionsunternehmens „hinsichtlich wichtiger Angelegenheiten".[1174]

Die Wortwahl „wichtige Angelegenheiten" ist dabei sehr offen. Klar wird lediglich, dass keine vollständige Überwachung sicherzustellen ist. Dies würde auch mit der unternehmerischen Entscheidungsfreiheit und der typischen Arbeitsteilung in Kapitalgesellschaften kollidieren.[1175] Welche Angelegenheiten „wichtig" sind, scheinen die Anleger selbst festzulegen zu haben. Ausgeführt wird dann lediglich, dass sich die Überwachung auf die „Strategie" zu beziehen habe und auch auf „nicht finanzielle Leistungen". Ferner werden beispielhaft folgende Parameter ausgeführt: *„Risiko, Kapitalstruktur, soziale und ökologische Auswirkungen und Corporate Governance"*.

Die Inhalte „Risiko und Kapitalstruktur und Corporate Governance" waren zu erwarten. Bemerkenswert sind die beiden „nicht finanziellen" Punkte, „soziale und ökologische Auswirkungen". Hier werden Gesichtspunkte in den Überwachungsauftrag integriert, die nicht zwingend finanzielle Vorteile für die Anleger bringen, sondern ihre Rolle als gesellschaftlich motivierte Überwacher unterstreichen soll. Dies kommt der Idee des *stewardship*[1176] nahe und ähnelt der *Enlightened-Shareholder-Value*-Herangehensweise des britischen Gesellschaftsrechts.[1177] Die Auswahl verdeutlicht die ganzheitliche Zielsetzung der Aktionärsrechterichtlinie 2017: Die Regulierung ist nicht nur ein bloßer wirtschaftlicher Ausgleich des Informationsdefizits zum Wohle der Endanleger, sondern ist als ganzheitliche politische Richtungsentscheidung als gesellschaftspolitischer Auftrag an die Anleger zu verstehen.

Im Vergleich zu diesen Inhaltsvorgaben ist der UK Stewardship Code 2012 hinsichtlich der „Überwachung der finanziellen Leistung" ausführlicher und zählt beispielhaft Unterpunkte auf.[1178] Auch für die Auslegung der Richtlinie können diese

1174 Noch in Bezug auf den Richtlinienentwurf: *Faure*, S. 165 – im Entwurf war zunächst noch als erster Bestandteil die Integration der „Einbeziehung der Aktionäre" in die Anlagestrategie der institutionellen Anleger vorgesehen, was missverständlich war.

1175 Vgl. dazu die allgemeinen Ausführungen mit weiteren Nachweisen oben unter S. 295 ff.

1176 Siehe zum *stewardship*-Ansatz mit weiteren Nachweisen oben S. 31 ff.

1177 Siehe zum Enlightened Shareholder Value mit weiteren Nachweisen oben S. 23 f.

1178 Vgl. auch den Vergleich durch *Faure*, S. 165 f. mit Principle 3 des UK Stewardship Code 2012.

Unterpunkte als Anhaltspunkte dienen. So finden sich in *Principle 3 UK Stewardship Code 2012* die folgenden Themen (Hervorhebungen hinzugefügt):[1179]

Regelung *in Principle 3* UK Stewardship Code 2012
When monitoring companies, institutional investors should seek to: • keep abreast of the **company's performance**; • keep abreast of **developments**, both internal and external to the company, **that drive the company's value and risks**; • satisfy themselves that the **company's leadership** is effective; • satisfy themselves that the **company's board and committees** adhere to the spirit of the UK Corporate Governance Code, including through **meetings with the chairman and other board members**; • consider the **quality of the company's reporting**; and • attend the **General Meetings of companies** in which they have a major holding, where appropriate and practicable.

Zentrale Themen der Überwachung nach dem UK Stewardship Code 2012 sind demnach die generelle Performance der Gesellschaft, wichtige Entwicklungen mit Auswirkungen auf den Wert und die Risiken des Unternehmens, eine effektive und eine gute Unternehmensführung durch den Vorstand und Ausschüsse, eine gute Qualität der Buchführung und eine regelmäßige Teilnahme an den Hauptversammlungen des Unternehmens.[1180] Auch wenn es hinsichtlich dieser Punkte immer noch Auslegungsbedarf (z. B. Bedeutung einer „effektiven Unternehmensführung") gibt, so konkretisiert dieser grundsätzlich die Überwachungspflichten etwas mehr als die „wichtigen Angelegenheiten" des Art. 3 g) Abs. 1 S. 2 Var. 2 der Aktionärsrechterichtlinie 2017.

b. Dialoge mit dem Beteiligungsunternehmen

Ein weiterer Inhalt, den die Mitwirkungspolitik behandeln soll, sind die Dialoge mit dem Investitionsunternehmen.[1181] Kernfrage der Auslegung dieser Inhaltsvorgabe ist, was unter „Dialog" zu verstehen ist.[1182]

Auch im UK Stewardship Code 2012 findet sich das Thema an drei Stellen und kann als Auslegungshilfe dienen:

1179 *FRC*, Stewardship Code 2012, Principle 3.

1180 *FRC*, Stewardship Code 2012, Principle 3.

1181 *Gröntgen*, S. 45 f.; *Faure*, S. 166 – noch in Bezug auf den Richtlinienentwurf.

1182 Noch zum Richtlinienentwurf: *Faure*, S. 166 – in diesem Fall auf Principle 1 des UK Stewardship Code 2012 verweisend.

- In den Erläuterungen zu *Principle 1* wird bereits der „purposeful dialogue" erwähnt.[1183]
- Zum einen wird der Dialog im Zusammenhang mit der Überwachung in *Principle 3* erwähnt.
- Aber auch noch einmal in *Principle 4* UK Stewardship Code 2012, in dem es um konkrete Eingriffe in die Unternehmensleitung geht, ist der Dialog aufgeführt. Dies gilt für den Fall, dass die Anleger Missstände im Unternehmen feststellen und versuchen wollen, dies zu ändern. Principle 4 UK Stewardship Code 2012 sieht dabei vor, dass dies unabhängig von einer aktiven oder passiven Anlagestrategie gelten solle.[1184] Das Verständnis des UK Stewardship Code 2012 geht dabei über den bloßen vom Wortlaut des Art. 3 g) Aktionärsrechterichtlinie 2017 umfassten „Dialog" hinaus und meint tatsächliches Eingreifen in mehreren „Eskalationsstufen", wie die folgenden Abschnitte unter Principle 4 zeigen.

Auch wenn der UK Stewardship Code 2012 auch an dieser Stelle weitreichendere Vorgaben aufstellt als die Inhaltsvorgabe der Aktionärsrechterichtlinie 2017, so kann der UK Stewardship Code 2012 als Beispiel dienen, wie der Begriff „Dialog" umgesetzt werden kann:

Der Dialog: Aktivitäten nach *Principle 4* UK Stewardship Code 2012
„(...) Initial discussions should take place on a confidential basis. However, if companies do not respond constructively when institutional investors intervene, then institutional investors should consider whether to escalate their action, for example, by: • holding additional meetings with management specifically to discuss concerns; • expressing concerns through the company's advisers; • meeting with the chairman or other board members; • intervening jointly with other institutions on particular issues; • making a public statement in advance of General Meetings; • submitting resolutions and speaking at General Meetings; and • requisitioning a General Meeting, in some cases proposing to change board membership."

Zunächst sieht der UK Stewardship Code 2012 dabei vertrauliche Diskussionen mit dem Management des Investitionsunternehmens vor.[1185] Nur für den Fall, dass das Unternehmen die Punkte der Anleger in diesen vertraulichen Gesprächen nicht konstruktiv aufgreift, sollten die Aktivitäten der Anleger weiterreichender werden.[1186] Dann folgt eine Aufzählung möglicher weitergehender

1183 *FRC*, Stewardship Code 2012, Principle 1, S. 6; vgl. auch: *Faure*, S. 166.
1184 *FRC*, Stewardship Code 2012, Principle 4, S. 8.
1185 *FRC*, Stewardship Code 2012, Principle 4, S. 8.
1186 *FRC*, Stewardship Code 2012, Principle 4, S. 8.

Punkte.[1187] Diese Aufzählung zeigt zugleich eine Vielzahl von Optionen auf, inwiefern ein „Dialog“ mit dem Unternehmen in der Praxis geführt werden kann. Im Rahmen des sogenannten Eskalationsprozesses steigt auch die Intensität der aufgezählten Beiträge:

- spezielle Management-Meetings zur Diskussion der konkreten Kritikpunkte;
- das Suchen des Dialogs mit den Beratern des Unternehmens; Gespräche mit einzelnen Vorstandsmitgliedern oder gar mit dem Vorstandsvorsitzenden;
- ein gemeinsames Vorgehen mit anderen institutionellen Anlegern, das Veröffentlichen einer Stellungnahme im Vorlauf der Hauptversammlung;
- aktive Beiträge im Rahmen der Hauptversammlung und das Drängen auf die Einberufung einer Hauptversammlung, um die Zusammensetzung des Vorstands zu verändern.[1188]

Die detaillierten Ausführungen zeigen, dass unter dem Begriff „Dialog“ weitaus mehr zu verstehen ist als das bloße Suchen des (informellen) Gesprächs mit dem Management.[1189] Dementsprechend ist auch der Begriff in der Aktionärsrechterichtlinie 2017 weit auszulegen und kann z. B. ebenso Gespräche mit dem Aufsichtsrat umfassen oder bestimmte Kandidatenvorschläge für Posten gegenüber Mitgliedern des Aufsichtsrats.[1190]

c. *Ausübung von Stimmrechten und anderen mit den Aktien verbundenen Rechten*

Ferner hat die Mitwirkungspolitik eine Aussage des institutionellen Anlegers zu seiner Ausübung der mit den Aktien verbundenen mitgliedschaftlichen Rechte, insbesondere zur Ausübung seiner Stimmrechte, zu enthalten (Art. 3 g) Abs. 1 S. 2 Var. 3 Aktionärsrechterichtlinie 2017).[1191]

Im Vergleich zum Richtlinienvorschlag 2014 wurde klargestellt, dass die Ausübung der Stimmrechte nicht die einzige gesellschaftsrechtlich vorgesehene Art der Mitwirkung sein muss.[1192] Es kann auch andere Arten der Mitwirkung geben, wie beispielsweise die bereits erwähnte Partizipation in der Hauptversammlung. Auch dies ist teilweise mit der weiten Auslegung des Begriffs „Dialog“, wie sie oben vertreten wurde, verwoben. Denn auch das Gebrauchmachen von Mitwirkungsrechten – wie das Wortergreifen in der Hauptversammlung oder das Anstreben einer Einberufung – ist im weitesten Sinne von „Dialog“ umfasst. Allerdings

---

1187 *FRC*, Stewardship Code 2012, Principle 4, S. 8.

1188 *FRC*, Stewardship Code 2012, Principle 4, S. 8.

1189 So auch *Gröntgen*, S. 45 f.

1190 *Kocher*, DB 2016, S. 2887, 2890; *Gröntgen*, S. 45 f.

1191 Vgl. noch in Bezug auf den Richtlinienvorschlag – *Faure*, S. 166.

1192 Noch sehr kritisch in Bezug auf den Richtlinienvorschlag – *Faure*, S. 166.

sollte bei diesem Punkt wiederum die Erklärung über die Ausübung der Stimmrechte über das bloße Darlegen der Aktivität hinausgehen.[1193] Vielmehr dürfte von den Anlegern zu erwarten sein, dass sie zu dieser Thematik mehr erklären.

Zum einen könnte in diesem Rahmen darzulegen sein, ob sie eine aktive oder passive Anlagestrategie verfolgen; also grundsätzlich, ob sie überhaupt planen, von ihren Stimmrechten Gebrauch zu machen.

Darüber hinaus könnten die Anleger für sich allgemeine Regeln zu Abstimmung geltend machen.[1194] So wäre es denkbar zu erklären, ob erst ab einer bestimmten prozentualen Grenze der Anteile von den Stimmrechten Gebrauch gemacht werden soll. Zudem könnten die institutionellen Anleger darlegen, ob sie sich ansonsten Stimmrechtsberatern bedienen oder dies bis zu einem bestimmten Schwellenwert machen wollen. Insofern ist zu berücksichtigen, dass in der Wissenserklärung über das Verhalten in der Vergangenheit und die Einbeziehung von Stimmrechtsberatern eine Erklärung zu erfolgen hat.[1195] Ferner könnte die Erklärung zur Ausübung der Mitgliedschaftsrechte auch andere Leitlinien umfassen, etwa wie die Anleger im Hinblick auf bestimmte umstrittene Themen abstimmen wollen – etwa wenn es um ökologische oder soziale Aspekte geht.[1196] Insofern besteht auf diese Weise auch die Möglichkeit für die institutionellen Anleger, auf diese Weise auch ihr Profil gegenüber den Endanlegern zu schärfen.

1193 Vgl. noch in Bezug auf den Richtlinienvorschlag – *Faure*, S. 166.

1194 Mit Verweis auf Principle 6 des UK Stewardship Code 2012 und weiteren Gepflogenheiten im anglo-amerikanischen Rechtsraum – *Faure*, S. 166 f.

1195 Dazu eingehender dazu auf der folgenden Seite.

1196 Mit Verweis auf die teilweise bereits veröffentlichten und üblichen Leitlinien von Blackrock, CalPERS und ähnlichen Investoren – *Faure*, S. 167.

Auch in Bezug auf die Ausübung des Abstimmungsverhaltens finden sich im UK Stewardship Code 2012 weitergehende Ausführungen, die für die Auslegung der Richtlinie als Hilfestellung dienen können: Im *Principle 6* geht es um *„Voting and Disclosure of Voting Activities"*.[1197] Die Anmerkungen (*„Guidance"*) dazu sind wie folgt:

Abstimmungsverhalten institutioneller Anleger gem. *Principle 6* UK Stewardship Code 2012
„(...) Institutional investors should seek to vote all shares held. They should not automatically support the board. If they have been unable to reach a satisfactory outcome through active dialogue then they should register an abstention or vote against the resolution. In both instances, it is good practice to inform the company in advance of their intention and the reasons why. Institutional investors should disclose publicly voting records. Institutional investors should disclose the use made, if any, of proxy voting or other voting advisory services. They should describe the scope of such services, identify the providers and disclose the extent to which they follow, rely upon or use recommendations made by such services. Institutional investors should disclose their approach to stock lending and recalling lent stock."

Hierin wird zunächst klargestellt, dass die Ausübung der Stimmrechte grundsätzlich der Regelfall sein sollte.[1198] Die Wortwahl „sollte" lässt dabei auch die Option offen, die Stimmrechte nicht auszuüben. Dies ist zu begrüßen und es ist fraglich, ob die Thematik überhaupt wertend zu betrachten ist. Vielmehr könnte auch schlicht akzeptiert werden, dass bestimmte Anleger ihre Stimmrechte gerade nicht ausüben möchten und die Passivität wählen. Somit ist die Unbestimmtheit der Aktionärsrechterichtlinie 2017 im Vergleich zu den konkreteren Ausführungen des *Principle 6* UK Stewardship Code 2012 unter Umständen toleranter. Andererseits ist zu berücksichtigen, dass es erklärtes Ziel der Aktionärsrechterichtlinie 2017 ist, eine vermehrte Aktivität der Anleger zu fördern. Es ist also davon auszugehen, dass die Ausübung von Stimmrechten der Regelfall ist. Eine Abweichung davon sollte mithin in ein anderes nachvollziehbares strategisches Anlagekonzept eingebettet werden.

Die weitere Erläuterung des Kodex, dass die Anleger nicht automatisch den Empfehlungen des Vorstandes hinsichtlich der Abstimmung folgen sollten,[1199] ist

---

1197 Mit diesem Bezug auf den Richtlinienentwurf auch *Faure*, S. 167.

1198 *FRC*, Stewardship Code 2012, Principle 6, S. 9.

1199 *FRC*, Stewardship Code 2012, Principle 6, S. 9.

ebenfalls im Kontext einer Förderung des Gesamtkonzepts „*Shareholder Activism*“ zu interpretieren: Das Abstimmen sollte kein blindes „*box-ticking*“ sein – vielmehr sollten die Anleger zuvor die verschiedenen Optionen abwägen und auf ihre Anlagestrategie abstimmen und so als „aufgeklärte“ bzw. „selbstbestimmte“ Anleger handeln.

Im Übrigen sprechen sich die Anmerkungen zum Kodex ausdrücklich für das Gebrauchmachen von der Option aus, mit „Nein“ zu stimmen.[1200] Allerdings wird dann empfohlen, zuvor den Dialog mit der Unternehmensführung zu suchen und diese, falls der Dialog nicht fruchtbar sein sollte, über die abweichende Abstimmung im Voraus zu informieren.[1201] Der dann folgende Absatz der Guidance verweist auf die Empfehlung zur Offenlegung der Beziehungen zu Stimmrechtsberatern, konkret empfiehlt der *Principle 6* UK Stewardship Code 2012, sich zum Ob zu erklären, ferner zu erläutern, in welchem Umfang von der Beratung Gebrauch gemacht wurde, wer der Stimmrechtsberater war und inwieweit sie sich auf die Ergebnisse und Empfehlungen von Stimmrechtsberatern verlassen.[1202] Dies entspricht bereits dem oben entwickelten „Spiegelbild“ zur später geforderten „Wissenserklärung“.

Schließlich empfiehlt der UK Stewardship Code 2012 eine Erklärung der Anleger zum Thema Wertpapierleihe[1203] und Rückruf von solchen verliehenen Aktien.[1204] Während vielleicht auf den ersten Blick verwunderlich ist, dass sich diese Erklärungsempfehlung auch im Themenkomplex „Abstimmungsverhalten“ findet, wird die Einordnung klar, wenn man sich die praktische Anwendung der Aktienleihe in der Vergangenheit verdeutlicht.[1205] Häufig wurde im Rahmen des sogenannten *Empty Votings* die Aktie nur für die Zeit der Hauptversammlung ausgeliehen.[1206] Die Motivation für dieses Vorgehen kann unterschiedlich sein, oft ist das zusätzliche Generieren der Gebühren ein wichtiger Faktor.[1207]

1200 *FRC*, Stewardship Code 2012, Principle 6, S. 9.

1201 *FRC*, Stewardship Code 2012, Principle 6, S. 9.

1202 *FRC*, Stewardship Code 2012, Principle 6, S. 9.

1203 *FRC*, Stewardship Code 2012, Principle 6, S. 9. Tatsächlich handelt es sich dabei nicht um eine „Leihe“ im rechtlichen Sinn, sondern vielmehr um Verkauf mit Rückkaufsrecht, da der Entleiher für das Zurverfügungstellen der Aktien in der Regel eine Gebühr an den Entleiher entrichtet und es damit gerade nicht ohne Entgelt erfolgt (RL 2017/828/EU v. 17.05.2017, L 132/1, S. 5 Rz. 21 – näheres zur Wertpapierleihe im Allgemeinen: *Bachmann*, ZHR 2009, 596, 596 ff., wobei diese auch als Sachdarlehen qualifiziert werden kann.

1204 *FRC*, Stewardship Code 2012, *Principle 6*, S. 9.

1205 *FRC*, Stewardship Code 2012, *Principle 6*, S. 9.

1206 *Bachmann*, ZHR 2009, S. 596, 596 ff.

1207 *Bachmann*, ZHR 2009, S. 596, 596 ff.; *Zetzsche*, AG 2020, S. 637, 653.

d. Zusammenarbeit mit anderen Aktionären

Des Weiteren erwähnt die Aktionärsrechterichtlinie 2017, dass ein Teil der Mitwirkungspolitik die Zusammenarbeit mit anderen Aktionären beschreiben soll (Art. 3 g) Abs. 1 S. 2 Var. 4 Aktionärsrechterichtlinie 2017).

Tatsächlich verbirgt sich hinter dem Halbsatz ein weitreichender Themenkomplex: Zum einen eröffnet sich in diesem Zusammenhang die weiter unten ausführlicher diskutierte Problematik des *acting in concert.*[1208] Zum anderen stellt sich die Frage, inwieweit die Anleger überhaupt eine Zusammenarbeit kommunizieren möchten.

Die Relevanz der Thematik wird dadurch verdeutlicht, dass der UK Stewardship Code 2012 diesem Thema einen ganzen eigenen Abschnitt, *Principle 5* UK Stewardship Code 2012, widmet.[1209] *Principle 5* UK Stewardship Code 2012 und die dazugehörigen Erläuterungen können wiederum als Auslegungshilfe des Begriffs „Zusammenarbeit" in der Aktionärsrechterichtlinie 2017, was zu erklären ist, dienen. Das *Principle 5* UK Stewardship Code 2012 lautet:

> *„Institutional Investors should be willing to act collectively with other investors where appropriate."*[1210]

Die Anmerkungen sehen vor:

Principle 5 UK Stewardship Code 2012
„(...) At times collaboration with other investors may be the most effective manner in which to engage. Collective engagement may be most appropriate at times of significant corporate or wider economic stress, or when the risks posed threaten to destroy significant value. Institutional investors should disclose their policy on collective engagement, which should indicate their readiness to work with other investors through formal and informal groups when this is necessary to achieve their objectives and ensure companies are aware of concerns. The disclosure should also indicate the kinds of circumstances in which the institutional investor would consider participating in collective engagement."

Der UK Stewardship Code 2012 hält eine Zusammenarbeit insbesondere bei drohendem großem Wertverlust, also in ökonomischen Krisenzeiten, für sinnvoll.[1211] Damit wird zugleich klargestellt, dass eine Zusammenarbeit – anders als

1208 Vergleiche eingehender zur Problematik mit weiteren Nachweisen unten ab S. 230 sowie noch zum Richtlinienentwurf *Faure*, S. 167.

1209 Ebenfalls *Principle 5* des UK Stewardship Code 2012 heranziehend: *Faure*, S. 167.

1210 *FRC*, Stewardship Code 2012, Principle 5, S. 8 f.

1211 *FRC*, Stewardship Code 2012, Principle 5, S. 8 f.

beispielsweise die Ausübung der Stimmrechte – nicht unbedingt der Regelfall sein muss. Darum erwartet der Kodex vor allem, dass die Anleger ihre grundsätzliche Einstellung zum gemeinsamen Handeln offenlegen.[1212] Mögliche Wege des kollektiven Handelns können dabei das Treffen in formellen oder informellen Gruppen sein.[1213] Ferner wird vorgeschlagen, die Situationen, in denen eine Zusammenarbeit stattfinden soll, nicht zu abstrakt zu beschreiben.[1214]

Dies kann auch für die Anwendung der Aktionärsrechterichtlinie 2017 eine Leitlinie sein. Dabei ist von beiden Seiten darauf Acht zu geben, dass die Schwelle zum *acting in concert* nicht überschritten wird.[1215]

e. Kommunikation mit einschlägigen Interessenträgern der Investitionsgesellschaften

Die Mitwirkungspolitik soll der Aktionärsrechterichtlinie 2017 zufolge auch eine Absichtserklärung hinsichtlich der Kommunikation der Anleger mit einschlägigen Interessenträgern der Investitionsgesellschaften enthalten (Art. 3 g) Abs. 1 S. 2 Var. 5 Aktionärsrechterichtlinie 2017).[1216]

Wer vom Begriff der „einschlägigen Interessenträger" genau umfasst ist, wird nicht weiter ausgeführt. Aus der englischsprachigen Version wird die Zielsetzung der Aktionärsrechterichtlinie 2017 deutlicher, da dort der Fachterminus „Stakeholder" verwendet wird. Da dies ein wirtschaftswissenschaftlicher Fachbegriff mit eigenen Konnotationen ist, ist erstaunlich, aber letztlich unschädlich, dass eine Übersetzung für den Begriff gewählt wurde. „Stakeholder" eines Unternehmens im ökonomischen Sinne sind *„sämtliche Personengruppen innerhalb oder außerhalb des Unternehmens, die durch finanzielle oder andere Interessen mit dem Unternehmen verbunden sind. Unter den Begriff der Stakeholder fallen demnach – neben den Gesellschaftern/Aktionären (...)"*.[1217] Eine allumfassende Definition gibt es nicht, sodass eine Vielzahl von Beteiligten denkbar ist. Jedenfalls dazu gezählt werden wohl Arbeitnehmer, Kreditgeber, Versicherer, andere Vertragspartner und solche, die in anderer Art und Weise wirtschaftlich mit dem Unternehmen verbunden sind,[1218] wie z. B. der Staat über Steuereinnahmen. Stakeholder sind in der Wissenschaft insbesondere im Rahmen des stakeholderorientierten Ansatzes der

---

1212 *FRC*, Stewardship Code 2012, Principle 5, S. 8 f.

1213 *FRC*, Stewardship Code 2012, Principle 5, S. 8 f.

1214 *FRC*, Stewardship Code 2012, Principle 5, S. 8 f.

1215 Siehe zum Tatbestand des abgestimmten Verhaltens mit weiteren Nachweisen oben S. 230 ff.

1216 Vgl. zur Umsetzungsregelung mit dem ARUG II insofern auch Grigoleit/*Splinter*, AktG, § 134b, Rn. 8.

1217 *Risse/Kästle*, M&A A–Z unter *„Stakeholder"*.

1218 Eine ähnliche Aufzählung auch bei *Risse/Kästle*, M&A A–Z unter *„Stakeholder"*.

Corporate-Governance-Theorie bedeutsam.[1219] Eine Offenlegung der Kommunikationswege mit diesen Interessenträgern könnte beispielsweise umfassen, dass der Anleger sich selbst als Vorgabe setzt, in kritischen Situationen auch mit Arbeitnehmervertretern und Kreditgebern – genauso wie mit dem Management – den Dialog zu suchen, um eine gemeinsame Lösung für die jeweilige Schwierigkeit zu finden. Insgesamt zeigt es, dass der Gesetzgeber als Idealbild den rücksichtsvollen, verantwortungsbewussten und am Gemeinwohl orientierten Anleger hat, der nicht nur für sich, sondern gewissermaßen auch im Interesse der anderen Stakeholder tätig wird.[1220] Dies kommt wiederum dem Steward im Rahmen der *stewardship*-Theorie[1221] sehr nahe.

f. Umgang mit tatsächlichen und potenziellen Interessenkonflikten im Zusammenhang mit dem Engagement

Schließlich sollen sich die institutionellen Anleger in ihrer Mitwirkungspolitik auch dazu erklären, wie sie planen, mit gegenwärtigen oder zukünftigen Interessenkonflikten im Zusammenhang mit ihrem Engagement umzugehen (Art. 3 g) Abs. 1 S. 2 Var. 6 Aktionärsrechterichtlinie 2017).[1222]

Diese Thematik war so bereits im Richtlinienvorschlag 2014 vorgesehen.[1223] (Art. 3 f) Abs. 2 Richtlinienvorschlag 2014). Dort war die Regelung in Art. 3f) Abs. 2 lit. a)–d) Richtlinienvorschlag 2014 allerdings noch wesentlich ausführlicher ausgestaltet, es gab mehrere Unterpunkte von möglichen Konfliktsituationen: So waren als mögliche Situationen aufgeführt, dass die institutionellen Anleger oder verbundene Unternehmen zugleich Geschäftspartner des Investitionsunternehmens sind (Art. 3 f) Abs. 2 lit. a) Richtlinienvorschlag 2014), dass es Überschneidungen bei der personellen Zusammensetzung der Unternehmensleitung gibt (Art. 3 f) Abs. 2 lit. lit. b) Richtlinienvorschlag 2014) oder dass eine Verbindung zwischen dem institutionellen Anleger und einem Unternehmen besteht, für dessen Aktien das Investitionsunternehmen ein Übernahmeangebot abgegeben hatte (Art. 3 f) Abs. 2 lit. lit. d) Richtlinienvorschlag 2014). Aus der Endfassung der Aktionärsrechterichtlinie 2017 geht nicht mehr hervor, welche Arten von Interessenkonflikten mit diesem Unterpunkt gemeint sein könnten, vielmehr findet sich ein Verweis auf den Wortlaut anderer Richtlinien.[1224]

1219 Vgl. dazu auch die Ausführungen im Grundlagenteil auf S. 22.

1220 Vgl. dazu auch die Ausführungen im Grundlagenteil ab S. 31.

1221 Vgl. hierzu die Ausführungen im Grundlagenteil auf S. 33.

1222 Vgl. zum Richtlinienvorschlag auch *Faure*, S. 167 f.

1223 Siehe zu diesem eigenen Absatz auch *Faure*, S. 167 f.

1224 Der Verweis in Art. 3 g) Abs. 3 Aktionärsrechterichtlinie 2017 umfasst „Artikel 14 der Richtlinie 2011/61/EU, Artikel 12 Absatz 1 Buchstabe b und Artikel 14 Absatz 1 Buchstabe d der Richtlinie 2009/65/EG und ihre jeweiligen Durchführungsbestimmungen sowie Artikel 23 der Richtlinie 2014/65/EU“.

Betrachtet man die Normen, auf die verwiesen wurde, genauer, so ist anzunehmen, dass der Gesetzgeber also davon ausgeht, dass mit diesen sektorspezifischen Regelungen zu AIFM, Verwaltungsgesellschaften und Wertpapierfirmen zugleich auch alle institutionellen Anleger im Sinne der Aktionärsrechterichtlinie 2017 erfasst sind und darum eine erneute Regelung des Umgangs mit möglichen Interessenkonflikten redundant wäre. Möglicherweise ist dem Richtliniengeber erst im Verlauf des Gesetzgebungsprozesses aufgefallen, dass daraus bereits eine Verpflichtung dieser Art für institutionelle Anleger aus anderen Richtlinien resultiert und somit eine erneute Aufführung der potenziellen Konfliktsituationen nicht nötig sei.

In allen oben zitierten Vorschriften geht es allgemein sowohl um Erkennungsmechanismen als auch um Vermeidungsmechanismen und den Umgang mit erkannten und unvermeidbaren Interessenkonflikten. Die Vorschriften ähneln dabei den im Richtlinienentwurf vorgesehenen Regelungen. Insgesamt trägt allerdings der Verweis auf die sehr umfangreichen Regelungen nicht zur Übersichtlichkeit der Normen bei.[1225]

Wiederum ist auch die Regelung im UK Stewardship Code 2012 zu diesem Themenkomplex ausführlich und kann Anregungen zur Auslegung der Richtlinie bieten. Im dort geregelten *Principle 2* UK Stewardship Code 2012 heißt es:

> *„Institutional investors should have a robust policy on managing conflicts of interest in relation to stewardship which should be publicly disclosed".*

Die Erläuterungen dazu lauten:

Umgang mit Interessenkonflikten – *Principle 2* im UK Stewardship Code 2012
„An institutional investor's duty is to act in the interests of its clients and/or beneficiaries. Conflicts of interest will inevitably arise from time to time, which may include when voting on matters affecting a parent company or client. Institutional investors should put in place, maintain and publicly disclose a policy for identifying and managing conflicts of interest with the aim of taking all reasonable steps to put the interests of their client or beneficiary first. The policy should also address how matters are handled when the interests of clients or beneficiaries diverge from each other."

Interessenkonflikte können sich also insbesondere aus der bereits oben dargestellten doppelten „Agentenstellung" der institutionellen Anleger ergeben.[1226]

1225 Überraschenderweise hat der deutsche Umsetzungsgesetzgeber einen zu Art. 3 g) Abs. 3 Aktionärsrechterichtlinie 2017 vergleichbaren Verweis in die Regelung des § 134b AktG gar nicht übernommen – siehe mit weiteren Nachweisen dazu unten S. 266 ff.

1226 Vgl. zu den theoretischen Begründungsansätzen insbesondere S. 22 ff.

Zum einen sind sie gegenüber den Endanlegern in der Pflicht, ihr Geld verantwortungsvoll anzulegen, zum anderen tragen sie auch im Verhältnis zum Beteiligungsunternehmen eine Verantwortung. Der UK Stewardship Code 2012 stellt klar, dass Interessenkonflikte insbesondere dann entstehen können, wenn die Abstimmung im Rahmen der Hauptversammlung des Investitionsunternehmens zugleich auch Interessen der Endanleger oder mit dem Anleger verbundener Unternehmen betrifft.[1227] Dann kann es zu der Situation kommen, dass eine bestimmte Position für das Unternehmen gut ist, für die Endanleger jedoch negativ.[1228] Der UK Stewardship Code 2012 sieht vor, dass der Anleger schon im Voraus bestimmte Erkennungsmechanismen einrichtet und sich selbst einheitliche Regelungen zum Umgang mit Situationen wie diesen vorgibt.[1229] Ebenfalls wurde daran gedacht, dass die Interessen der Endanleger eines institutionellen Anlegers voneinander abweichen können; auch für solche Situationen sollte eine einheitliche Vorgehensweise im Voraus bestimmt werden.[1230] In der letzteren Situation könnte es beispielsweise sinnvoll sein, sich der Stimme bei einer etwaigen Abstimmung zu enthalten oder zuvor im Dialog mit beiden Endanlegern gemeinsame Lösungen zu suchen.

g. *Keine zeitlich Festlegung*

In der Literatur wird darauf hingewiesen, dass abweichend von der Regelung in Art. 3 g) Abs. 1 lit. lit. b) Aktionärsrechterichtlinie 2017 in Art. 3 g) Abs. 1 lit. lit. a) Aktionärsrechterichtlinie 2017 gerade keine zeitliche Festlegung (wie etwa jährlich) für die Veröffentlichung vorgesehen ist.[1231] Allerdings ist diese Unterscheidung nicht gänzlich fernliegend und lässt sich jedenfalls mit der Tatsache erklären, dass die Mitwirkungspolitik des lit. a) gerade nicht zeitlich beschränkt ist, sondern eine abstrakte *ex ante* Darstellung enthält, die – so sich dabei nichts ändert – auch nicht angepasst oder neu veröffentlicht werden muss.[1232] In lit. b) hingegen bezieht sich die Erklärung auf einen ganz konkreten *ex post*-Sachverhalt, der sich selbstverständlich jedes Jahr ändern kann und darum einer jährlichen Aktualisierungspflicht unterliegt.[1233]

1227 *FRC,* Stewardship Code 2012, Principle 2, S. 6.

1228 *FRC,* Stewardship Code 2012, Principle 2, S. 6.

1229 *FRC,* Stewardship Code 2012, Principle 2, S. 6.

1230 *FRC,* Stewardship Code 2012, Principle 2, S. 6.

1231 *Freitag,* AG 2014, S. 647, 652; darauf bezugnehmend auch *Gröntgen,* S. 178.

1232 So für die Umsetzungsregelungen im ARUG II zutreffend – Grigoleit/*Splinter,* AktG, § 134b, Rn. 8.

1233 Ebenfalls zutreffend für ARUG II: Grigoleit/*Splinter,* AktG, § 134b, Rn. 8.

iii. Wissenserklärung hinsichtlich des Handelns in der Vergangenheit gem. Art. 3 g) Abs. 1 lit. b) Aktionärsrechterichtlinie 2017

Im Art. 3 g) Abs. 1 lit. b) Aktionärsrechterichtlinie 2017 geht es um die Veröffentlichung der tatsächlich umgesetzten Vorsätze, welche mit der „Mitwirkungspolitik" noch beabsichtigt waren.[1234] Diese sind gem. Art. 3 g) Abs. 1 lit. b) Aktionärsrechterichtlinie 2017 jährlich öffentlich bekannt zu machen. Im Weiteren wird dann genauer ausgeführt, auf welche Punkte sich die Berichtspflicht insbesondere bezieht – es geht dabei vor allem um das Abstimmungsverhalten der institutionellen Anleger.

Im UK Stewardship Code finden sich im *Principle 7* UK Stewardship Code 2012 ähnliche Anforderungen, allerdings ist in diesem Fall die Aktionärsrechterichtlinie 2017 hinsichtlich ihrer Anforderungen an die Erklärung ausführlicher.

a. Allgemeine Beschreibung des Abstimmungsverhaltens

Die Erklärung der institutionellen Anleger hat Art. 3 g) Abs. 1 lit. b) S. 1 Var.1 Aktionärsrechterichtlinie 2017 eine allgemeine Beschreibung über ihr Abstimmungsverhalten im vergangenen Jahr zu enthalten.[1235] Da im Folgenden auch noch aufgezählt wird, dass die Anleger konkret zu den wichtigsten Abstimmungen genauere Erläuterungen machen sollen, wird es im Umkehrschluss bei diesem ersten Punkt nicht um einzelne getätigte Abstimmungen, sondern um allgemeine Verhaltensweisen oder interne Richtlinien gehen, die sich die institutionellen Anleger selbst gegeben und umgesetzt haben. Denkbar wäre eine Erklärung dahingehend, dass Anleger im vergangenen Jahr alle oder gar keine der Stimmrechte, die sie hatten, ausgeübt haben.

b. Erläuterung der wichtigsten Abstimmungen

Ferner haben die Anleger die wichtigsten Abstimmungen gem. Art. 3 g) Abs. 1 b) S. 1 Var. 2 Aktionärsrechterichtlinie 2017 zu erläutern. Im Kontrast zur allgemeinen Beschreibung des Abstimmungsverhaltens sind hier vom institutionellen Anleger bestimmte Abstimmungen des vergangenen Jahres zunächst auszuwählen und diese genauer zu „erläutern". Auszulegen sind dabei insbesondere die Begriffe „wichtig" und „erläutern".

Unter welchen Gesichtspunkten die Auswahl zu erfolgen hat, wird offengelassen. Dennoch ergibt sich aus der Anforderung, dass es die „wichtigsten" zu sein haben und dass eine nachvollziehbare Priorisierung stattzufinden hat. Jedenfalls wird durch die Wahl des Plurals vorausgesetzt, dass es sich dabei um mehr als eine Abstimmung zu handeln hat, sofern es jedenfalls mehr als eine Abstimmung gab. Die „wichtigsten" können dabei einerseits im quantitativen Sinne zu verstehen

1234 Vgl. Grigoleit/*Splinter*, AktG, § 134b, Rn. 8.

1235 Noch kritisch in Bezug auf die Unklarheit im Richtlinienentwurf – *Faure*, S. 167.

sein, wenn sie im Rahmen der größten Beteiligungen für den Anleger waren und damit zugleich die finanziell bedeutendsten Abstimmungen. Dies ist allerdings nicht zwingend. Denkbar ist beispielsweise, dass bestimmte Stimmrechtsausübungen besonders viel Medienaufmerksamkeit erfahren haben und deswegen für den institutionellen Anleger von besonderer Bedeutung waren oder dass es sich zugleich um bedeutende Richtungsentscheidungen für das Investitionsunternehmen gehandelt hat. Letztlich wird sich nicht allgemein bestimmen lassen, was unter „die wichtigsten“ zu verstehen ist. Der Erklärungspflicht sollte genügt sein, sofern eine nach nachvollziehbaren Kriterien erfolgte Auswahl durch die Anleger getroffen wurde.

Der Begriff „erläutern“ indiziert, dass es nicht genügt, darzustellen, wie bei diesen ausgewählten Stimmrechtsausübungen abgestimmt wurde. Vielmehr umfasst diese Anforderung zusätzlich noch eine vertiefte Darlegungskomponente.[1236] Es ist also im Zweifel auch zu begründen, warum gerade so abgestimmt wurde. Diesem Erfordernis könnte mit einem Verweis auf die „Mitwirkungspolitik“ und den Abschnitt „Ausübung von Stimmrechten“ genügt werden, sofern die Abstimmung im Einklang damit steht. Andernfalls könnte erläutert werden, warum davon abgewichen wurde. Weiterhin könnten besonders ungewöhnliche Abstimmungen erläutert werden oder solche, bei denen von der Empfehlung des Vorstandes abgewichen wurde. Insofern ist eine Vielzahl von Konstellationen denkbar. Schwierig ist eine solche eingehende „Erläuterung“ möglicherweise in solchen Fällen, in denen das Abstimmungsverhalten interne Gründe hat, die vielleicht Geschäftsgeheimnisse des Anlegers betreffen. Davon wird allerdings nur selten auszugehen sein, im Zweifel ist dann eine im Einzelfall zu treffende Entscheidung des Vorstands über den Umfang der unter diesen Umständen möglichen Erklärung notwendig.[1237]

c. *Rückgriff auf die Dienste von Stimmrechtsberatern*

Darüber hinaus ist Art. 3 g) Abs. 1 b) S. 1 Var. 3 Aktionärsrechterichtlinie 2017 auch zu „erläutern“,[1238] inwiefern auf die Dienste von Stimmrechtsberatern zurückgegriffen wurde.[1239] Hinsichtlich der Anforderungen, die sich aus der Verwendung des Begriffs „erläutern“ ergeben, gilt das bereits soeben Gesagte: Es wird somit erwartet, dass die Erklärung in gewissem Maße über das bloße Ob

---

1236 Vgl. dazu auch *Duden*, Online-Wörterbuch, *„erläutern“* unter Bedeutung: *„(einen komplizierten Sachverhalt) näher erklären, durch Beispiele o. Ä. verdeutlichen“*.

1237 Vgl. hierzu auch die Darstellung der Rahmenbedingungen zur Offenlegung von Geschäftsgeheimnissen mit weiteren Nachweisen oben S. 210 ff.

1238 Siehe zum Begriffsverständnis mit weiteren Nachweisen oben S. 144 – einschließlich der entsprechenden Fußnote.

1239 Noch im Hinblick auf den Richtlinienentwurf – *Faure*, S. 167.

der Inanspruchnahme hinausgeht.[1240] Da die Gründe allerdings in der Regel ähnlich sein werden, werden daran so hohe Anforderungen zu stellen sein wie an die Erläuterung der „wichtigsten Abstimmungen".[1241]

Wer mit „Stimmrechtsberatern" gemeint ist, findet sich wiederum in den Definitionen in Art. 2 lit. g) Aktionärsrechterichtlinie 2017.[1242]

d. *Öffentliche Bekanntmachung, wie Stimmen in Hauptversammlungen abgegeben wurden*

Schließlich haben die institutionellen Anleger Art. 3 g) Abs. 1 b) S. 2 Aktionärsrechterichtlinie 2017 zu erklären, wie sie die Stimmen in der Hauptversammlung abgegeben haben. Im Gegensatz zu den vorher genannten Themen geht es hierbei im Grunde lediglich um das rein formale Aufzählen, wie genau in welcher Hauptversammlung abgestimmt wurde. Diese Darstellung kann unter Umständen, je nach Anzahl der gehaltenen Beteiligung durch den Anleger, sehr umfangreich werden. Aus diesem Grund wurde diese Pflicht, die sich so auch schon im Richtlinienentwurf wiedergefunden hat, bereits früh in der einschlägigen Literatur kritisiert und als *„regulatorischer overkill"* bezeichnet.[1243] Während an der grundsätzlichen Pflicht auch in der finalen Version nichts geändert wurde, wurde schließlich noch eine Ausnahme für „unbedeutende Abstimmungen oder Beteiligungen" hinzugefügt (dazu sogleich).

Ein weiteres – bereits aus den Erklärungen zum Corporate Governance Code bekanntes – Problem ist die Frage, was eigentlich genau mit „jährlich" gemeint ist. Nicht geklärt wurde die bereits im Gesetzgebungsverfahren aufgeworfene Frage, ob die Offenlegungspflichten rein stichtagsbezogen sind oder ob jede Änderung sofort wieder offengelegt werden muss.[1244]

1240 Siehe dazu soeben mit weiteren Nachweisen oben auf S. 144 f. – sowie *Faure*, S. 167 mit Hinweis darauf, dass dies im Stewardship Code 2012 bereits bei der Offenlegung zum Abstimmungsverhalten allgemein einbezogen ist.

1241 Siehe dazu mit weiteren Nachweisen oben auf S. 144 f.

1242 Art. 2 lit. g) Aktionärsrechterichtlinie 2017: „‚Stimmrechtsberater' bezeichnet eine juristische Person, die gewerbsmäßig und entgeltlich Offenlegungen durch Gesellschaften und gegebenenfalls andere Informationen börsennotierter Gesellschaften analysiert, um Anleger für ihre Abstimmungsentscheidungen zu informieren, indem sie Recherchen, Beratungen oder Stimmempfehlungen in Bezug auf die Ausübung von Stimmrechten erteilt".

1243 *Freitag*, AG 2014, S. 647, 652.

1244 *Freitag*, AG 2014, S. 647, 652.

e. *Ausnahme für unbedeutende Abstimmungen oder Beteiligungen*

Wichtig und im Richtlinienvorschlag 2014 noch nicht vorgesehen ist die Ausnahme für unbedeutende Beteiligungen. In Bezug auf diesen Satz stellen sich gleich zwei Auslegungsschwierigkeiten:

Zum einen wird nicht eindeutig klar, auf welchen Abschnitt sich die Ausnahmeregelung bezieht. Einerseits kann sie den ganzen Absatz betreffen, andererseits lässt sich der Satz auch so verstehen, dass diese Ausnahme nur den vorhergehenden Satz betrifft. Von letzterer Variante ist auszugehen, da die unmittelbar vorhergehende Pflicht mit der Einleitung *„Sie machen öffentlich bekannt, (...)"* beginnt. Die Ausnahme wird dann wiederum eingeleitet mit *„Von einer solchen Bekanntmachung können Abstimmungen ausgenommen werden, die (...)"*. Die Bezugnahme macht hinreichend deutlich, dass die Ausnahme nur für den letzten Satz greift und nicht auch auf die allgemeine Beschreibung des Abstimmungsverhaltens oder die anderen Berichtspflichten anzuwenden ist.

Was genau unter „unbedeutend" zu verstehen ist,[1245] ist aus der Richtlinie nicht erkennbar und bestimmt sich nach dem Einzelfall.[1246] Dabei wird insbesondere der Umfang der Beteiligung an dem Investitionsunternehmen ins Verhältnis zum sonstigen Portfolio des institutionellen Anlegers zu setzen sein. In der Praxis wird sich vermutlich einmal ein bestimmter Grenzwert etablieren. Dabei wird zu berücksichtigen sein, dass diese Ausnahmeregel grundsätzlich eng auszulegen ist, da ansonsten das Erklärungserfordernis zu leicht umgangen werden kann. Andererseits hat die Erklärungspflicht auch für den institutionellen Anleger verhältnismäßig zu sein, denn auch insgesamt ist zu beachten, dass die Anleger dadurch mit einem relevanten Mehraufwand belastet werden.

Als Richtwert könnte beispielsweise eine Erklärungspflicht angenommen werden, wenn die Beteiligung 1 %[1247] oder mehr des Gesamtportfolios des institutionellen Anlegers ausmacht.

(b) Art. 3 h) Aktionärsrechterichtlinie 2017

Der mit *„Anlagestrategie institutioneller Anleger und Vereinbarungen mit Vermögensverwaltern"* betitelte Art. 3 h) Abs. 1 Aktionärsrechterichtlinie 2017 geht auf die zu veröffentlichenden Informationen ein.[1248] So haben die institutionellen Investoren

---

1245 *Zetzsche*, FS Baums, S. 1505, S. 151 ff.

1246 Siehe im Detail dazu auch die Umsetzung in Deutschland mit weiteren Nachweisen unten S. 271 f.

1247 Aus Art. 3 g) Abs. 1 lit. b) Aktionärsrechterichtlinie 2017 diese Grenze bereits herauslesend wollend: *Zetzsche*, FS Baums, S. 1505, S. 1519. Jedenfalls sei davon auszugehen, dass sich die Grenze der „unbedeutenden Beteiligung" im einstelligen Prozentbereich halten werde.

1248 Siehe dazu auch *Hein*, S. 195.

öffentlich bekannt zu machen, wie die Anlagestrategie mit der Laufzeit ihrer langfristigen Verbindlichkeiten zusammenwirkt und wie dies zum vorgegebenen Ziel der mittel- bzw. langfristigen Wertentwicklung passt.[1249] Damit entspricht der erste Absatz der bereits in der Begründung genannten Zielsetzung, nicht nur eine aktive Mitwirkung durch Aktionäre zu fördern, sondern auch die Qualität dieser Mitwirkung, namentlich das Hinwirken auf eine nachhaltige Wertentwicklung – insbesondere auch gegenüber und im Sinne der Endanleger, festzulegen.[1250]

Art. 3 h) Abs. 2 Aktionärsrechterichtlinie 2017 legt die Offenlegungspflichten fest, die den institutionellen Anleger treffen, wenn dieser einen Vermögensverwalter beauftragt.[1251] Dann hat der institutionelle Anleger Informationen hinsichtlich des Vertrags mit dem Vermögensverwalter zu veröffentlichen.[1252] Die konkreten Pflichten sind dann in den Buchstaben a)–e) des Absatzes näher aufgeführt. Der letzte Satz von Art. 3 h) Abs. 2 S. 1 Aktionärsrechterichtlinie sieht eine Sonderregelung für den Fall vor, dass Themen aus den Buchstaben a)–e) nicht in der Vereinbarung mit dem Vermögensverwalter enthalten sind. Dies hat der institutionelle Anleger dann stattdessen zu erläutern.

Mit Art. 3 h) Abs. 2 lit. a) Aktionärsrechterichtlinie wird die Pflicht des institutionellen Anlegers aus Art. 3 h) Abs. 1 Aktionärsrechterichtlinie 2017 auf die Vereinbarung zwischen Vermögensverwalter und Anleger ausgedehnt.[1253] Trifft der institutionelle Anleger also seine Anlageentscheidungen nicht selbst, so trifft ihn zumindest die Pflicht, die Pflichten, die ihn diesbezüglich sonst selbst getroffen hätten, mittels vertraglicher Vereinbarungen mit seinem Beauftragten sicherzustellen.[1254] Dies wird insbesondere deutlich durch die Wahl der Formulierung *„Wie durch die Vereinbarung (...) Anreize geschaffen werden, (...)“.*[1255]

Gleiches gilt auch für die „Übertragung“ der in Art. 3 g) Abs. 2 lit. b) Aktionärsrechterichtlinie 2017 festgelegten Pflichten des institutionellen Anlegers. Nimmt der institutionelle Anleger diese Aufgaben der Mitwirkung nicht selbst wahr, so hat er auch die Einhaltung seines Beauftragten durch eine vertragliche Vereinbarung entsprechend sicherzustellen.

Ebenso hat der institutionelle Anleger im Rahmen der Leistungsbewertung gem. Art. 3g) Abs. 2 lit. c) Aktionärsrechterichtlinie 2017 und der darauf basierenden Vergütung die oben genannten Pflichten zu berücksichtigen.

1249 RL 2017/828/EU v. 17.05.2017, L 132/1, S. 16 f.

1250 *Gröntgen*, S. 172 ff.

1251 *Hein*, S. 195 f.

1252 RL 2017/828/EU v. 17.05.2017, L 132/1, S. 16 f.

1253 Mit Vergleich zu den Richtlinienvorschlägen *Hein*, S. 196 f.; *Faure*, S. 171 – auf die tatsächlich Erweiterung der Transparenzanforderungen hinweisend.

1254 RL 2017/828/EU v. 17.05.2017, L 132/1, S. 16 f.

1255 RL 2017/828/EU v. 17.05.2017, L 132/1, S. 16 f.

Art. 3 h) Abs. 2 lit. d) Aktionärsrechterichtlinie 2017 bezieht sich auf die Beziehung zwischen institutionellem Anleger und Vermögensverwalter an sich und versucht die Vertragsbeziehung zwischen beiden auch für Dritte – insbesondere für diejenigen, die als Endanleger in den institutionellen Anleger investieren – transparent zu machen. Gleiches gilt für Art. 3 h) Abs. 2 lit. e) Aktionärsrechterichtlinie. Der letzte Satz von Art. 3 h) Aktionärsrechterichtlinie geht dann – wie bereits oben ausgeführt – auf die Situation ein, dass eines der Themen nicht in der Vereinbarung mit dem Vermögensverwalter geregelt wurde dann hat der Anleger i.S.d. *Comply-Or-Explain*-Prinzips eine unmissverständliche und mit Gründen versehene Erklärung, warum dies der Fall ist, abzugeben.

Art. 3 h) Abs. 3 Aktionärsrechterichtlinie ist – ähnlich dem Art. 3 g) Abs. 3 Aktionärsrechterichtlinie eine Regelung, die die Umsetzung der Verpflichtung betrifft. So sollen die Informationen kostenfrei auf der Website zur Verfügung stehen.[1256] Insbesondere ist auch eine jährliche Aktualisierungspflicht vorgesehen. Es besteht für die Mitgliedstaaten auch hier die Option einer weitergehenden Verpflichtung.[1257] Zudem gibt es eine Ausnahmeregelung für solche institutionellen Anleger, die von der Richtlinie 2009/138/EG betreffend die Aufnahme und Ausübung der Versicherungs- und der Rückversicherungstätigkeit (Solvabilität II)[1258] erfasst werden.[1259]

(aa) Anlagestrategie und Laufzeit der Verbindlichkeiten (Abs. 1)

Im Art. 3 h) Abs. 1 Aktionärsrechterichtlinie 2017 wird den institutionellen Anlegern nicht grundsätzlich eine langfristige Anlagestrategie vorgeschrieben, sondern die Mitgliedstaaten haben sicherzustellen, dass die institutionellen Anleger öffentlich bekannt machen, „inwieweit […] die Anlagestrategie dem Profil und den Laufzeiten ihrer Verbindlichkeiten entspricht“[1260]. Hervorgehoben werden dabei vor allem die langfristigen Verbindlichkeiten.[1261] Zudem ist darzulegen, inwiefern die Anlagestrategie „zur mittel- bis langfristigen Wertentwicklung der Vermögenswerte“[1262] beiträgt. Während also der erste Halbsatz wertungsneutral formuliert ist und lediglich eine Darlegung des Verhaltens der Anleger fordert, hat der zweite Satz einen normativen Beiklang. Er könnte so verstanden werden, dass es aus Sicht des Richtliniengebers für institutionelle Anleger eine erstrebenswerte Anlagestrategie ist, die mittel- bis langfristige Wertentwicklung zu berücksichtigen.[1263]

1256 RL 2017/828/EU v. 17.05.2017, L 132/1, S. 17.

1257 RL 2017/828/EU v. 17.05.2017, L 132/1, S. 17.

1258 RL 2009/138/EG v. 25.11.2009, Abl. 2009 L 335/1.

1259 RL 2017/828/EU v. 17.05.2017, L 132/1, S. 17.

1260 Art. 3 h) Abs. 1 Hs. 1 Aktionärsrechterichtlinie 2017.

1261 Vgl. auch *Gröntgen*, S. 172 ff.

1262 Art. 3 h) Abs. 1 Hs. 2 Aktionärsrechterichtlinie 2017.

1263 Dass dies tatsächlich der Fall ist, wird auch aus der Begründung deutlich – vgl. RL 2017/828/EU v. 17.05.2017, L 132/1, Rn. 19.

Die Offenlegungspflicht und normative Tendenz ist im Kontext der weltweiten Finanzkrise und der daraus gezogenen Schlüsse zu lesen.[1264] Die Sicht der Kommission auf die Ereignisse, die zugleich eine Basis für den darauf folgenden Gesetzgebungsprozess bildete, findet sich vor allem im Grünbuch aus dem Jahr 2011 unter der Überschrift *„Kurzfristiges Denken auf den Kapitalmärkten"*[1265]. Das Grünbuch stellt fest, dass es während der Weltwirtschaftskrise die Kurzfristorientierung, also das Streben nach kurzfristigen und schnellen Gewinnen, war, die zur Destabilisierung der einzelnen Investitionsunternehmen und damit der Wirtschaft als Ganzem beigetragen hat.[1266] Während die Kommission im Aktionsplan auch anerkennt, dass unter bestimmten Umständen eine kurzfristige Anlagestrategie sinnvoll sein kann und nicht generell als schlecht zu bewerten ist, so stellt sie im Grünbuch auch die Nachteile dar, die damit einhergehen können.[1267] So hätten kurzfristig orientierte Anleger auch das Management des Beteiligungsunternehmens teils zu risikoreichen Maßnahmen veranlasst, die in vielen Fällen dem Anleger als auch den Unternehmen mehr schadeten als nützten.[1268] Im Nachhinein wurde festgestellt, dass dieses Verhalten, obwohl es auf den ersten Blick genau gegenteilig ausgesehen habe, den durch die institutionellen Anleger für die Endanleger angelegten Werten geschadet hätte.[1269] Denn gerade für institutionelle Anleger, die z. B. als Lebensversicherer langfristige Verbindlichkeiten von mehreren Jahrzehnten haben, sind bei einer Kurzfristorientierung in ihrer Anlagestrategie leicht Risiken vorstellbar: Während sie zu ihrer langfristigen Leistung stets zu ihren ursprünglichen Konditionen verpflichtet bleiben (z. B. Zinshöhe), können bei kurzfristigen Anlagen schließlich erhebliche Schwankungen auftreten. Dies könnte dazu führen, dass bei ungünstigen Umständen (z. B. einer Niedrigzinsphase) den höheren Verpflichtungen wesentlich geringere Einkünfte gegenüberstehen und letztlich das Endinvestment gefährdet ist. Legten hingegen die institutionellen Anleger das Vermögen ebenfalls mit langfristigen Bindungen an, so können die sich aus kurzfristigen Schwankungen ergebenden Risiken vermieden werden. Daraus ergibt sich, dass eine kurzfristige Anlage nicht per se schlecht ist und gegebenenfalls auch besonders gute Renditen erzielen kann, sie aber im Hinblick auf mögliche

1264 Zu dieser Thematik vergleiche die Ausführungen mit weiteren Nachweisen oben S. 112 ff.; vgl. auch *Gröntgen*, S. 174 f.

1265 *Europäische Kommission,* Grünbuch – Europäischer Corporate Governance Rahmen – KOM (2011) 164 endg., S. 13 ff.

1266 *Europäische Kommission,* Grünbuch – Europäischer Corporate Governance Rahmen – KOM (2011) 164 endg., S. 13 ff.

1267 *Europäische Kommission,* Grünbuch – Europäischer Corporate Governance Rahmen – KOM (2011) 164 endg., S. 13 ff.

1268 *Europäische Kommission,* Grünbuch – Europäischer Corporate Governance Rahmen – KOM (2011) 164 endg., S. 13 ff.

1269 Vgl. zu dieser Argumentation mit weiteren Nachweisen S. 62 ff.

Veränderungen des Anlageumfelds nur mit Bedacht und unter Berücksichtigung der langfristig bestehenden Verbindlichkeiten gewählt werden sollte. Dieser Hintergrund macht die Begründung der Aktionärsrechterichtlinie 2017 (die ihn allerdings gerade nicht ausdrücklich benennt) nachvollziehbar: *„Ein mittel- bis langfristiger Ansatz ist eine wichtige Voraussetzung für eine verantwortungsbewusste Vermögensverwaltung.“*[1270]

Das Verhältnis zwischen Anlagestrategie und den Laufzeiten der Verbindlichkeiten ist ebenfalls unter diesen Vorzeichen zu betrachten. Festgestellt wurde im Nachgang zur Finanzkrise nämlich auch, dass dieses Verhältnis bei vielen Unternehmen gestört war.[1271] Hervorzuheben ist diesbezüglich der eindeutig artikulierte Wunsch des Richtliniengebers, dass durch die verschiedenen Verpflichtungen die Anleger grundsätzlich motiviert werden, längerfristige Anlagestrategien zu entwickeln, und dass auf diese Weise auch längerfristige Beziehungen zu den Beteiligungsgesellschaften unter Mitwirkung der Aktionäre aufgebaut werden.[1272] Ob eine solche Wirkungsbeziehung überhaupt besteht, lässt sich nicht abschließend klären, da zumindest in der Richtlinie und ihrer Begründung sowie in den entsprechenden Gesetzesmaterialien keine empirischen Studien dazu zitiert werden.[1273] Vorstellbar ist allerdings, dass sich die Anleger durch die Verpflichtung, sich mit der Thematik generell auseinanderzusetzen, auch der Bedeutung der Langfristigkeit und deren Vorteile bewusst werden und sich aufgrund dieses „neuen“ Bewusstseins zu einem längerfristigen Ansatz entschließen. Diese Erwägung ist aber insbesondere deswegen kritisch zu sehen, da die Anleger grundsätzlich schon jetzt professionell agieren und nicht willkürlich eine bestimmte Anlagestrategie verfolgen. Insofern ist fraglich, welche Art von äußerem Druck sie nun bewegen wird, die Anlagestrategie zu ändern. Insofern bleibt der Praxistest im Rahmen der Umsetzungsgesetze abzuwarten, um die Effektivität dieser Regelungsart abschließend beurteilen zu können.

(bb) Vereinbarungen mit Vermögensverwaltern (Abs. 2)

Art. 3 h) Abs. 2 Aktionärsrechterichtlinie 2017 enthält eine an institutionelle Anleger gerichtete Offenlegungspflicht, die nicht nur ihr eigenes Handeln, sondern ihr Verhältnis zu Vermögensverwaltern betrifft.[1274] Dies lässt sich damit erklären, dass

---

1270 RL 2017/828/EU v. 17.05.2017, L 132/1, Rn. 19.

1271 Auch bekannt unter dem Begriff *„short terminism“* – vgl. dazu *Freitag*, AG 2014, 647, 648 f.; insgesamt zur Mechanik auch *Europäische Kommission*, Grünbuch Langfristige Finanzierung der Europäischen Wirtschaft – KOM(2013) 150 endg., S. 2 ff.; RL 2017/828/EU v. 17.05.2017, L 132/1, Erwägungsgrund (2).

1272 RL 2017/828/EU v. 17.05.2017, L 132/1, Rn. 19.

1273 Dies wird auch von den Kritikern aufgegriffen, die die mangelnde empirischen Grundlagen rügen – siehe dazu allgemein mit weiteren Nachweisen oben ab S. 90 sowie ab S. 41 und allgemein *Zöllner/Noack*, AktG, *Zetzsche*, § 135, Rn. 15.

1274 Noch zum Richtlinienentwurf – *Faure*, S. 172.

eine Einschaltung von Vermögensverwaltern nicht zu einer Umgehung der an institutionelle Anleger gerichteten Pflichten führen soll sondern vielmehr auch eine ergänzende Offenlegung notwendig erscheint.[1275]

Verdeutlicht werden kann dies mit einer Betrachtung der Beziehung zwischen institutionellen Anlegern und Vermögensverwaltern: Vermögensverwalter werden verhältnismäßig häufig von den Anlegern beauftragt, was die Investmentkette um ein weiteres Glied verlängern kann.[1276] Die institutionellen Anleger beauftragen Vermögensverwalter, um ihre Investmentaufgaben „auszulagern". Dabei kann es – wie in der Richtlinie berücksichtigt – entweder ein Einzelkundenmandat sein oder es kann sich um einen Organismus für gemeinsame Anlagen in Wertpapiere handeln.[1277] Beide Varianten sind von der Regulierung erfasst. Aus der Vertragsbeziehung mit dem Vermögensverwalter hat der institutionelle Anleger bestimmte Bestandteile zu veröffentlichen. Diese sind spiegelbildlich zu den Pflichten der institutionellen Anleger aus Art. 3 g) Aktionärsrechterichtlinie 2017 und entspricht der dargestellten Zielsetzung des Umgehungsschutzes. Art. 3 h) Abs. 2 Aktionärsrechterichtlinie 2017 umfasst fünf Untergliederungen:

i. *Anreize zur Anpassung der Anlagestrategie an die Laufzeiten der Verbindlichkeiten*

Zunächst haben die institutionellen Anleger darzulegen, wie sie durch ihre Vereinbarung mit den Vermögensverwaltern Anreize dafür schaffen, dass der Vermögensverwalter seine Anlagestrategie und Anlageentscheidungen auf das Profil und die Laufzeit der Verbindlichkeiten (insbesondere langfristige) der institutionellen Anleger abstimmt. Diese Regelung ist offensichtlich eine Weiterverlagerung der an institutionelle Anleger gerichteten Pflicht aus Art. 3 g) Abs. 1 Aktionärsrechterichtlinie 2017, ihre Anlagestrategie an das Profil und die Laufzeit ihrer (langfristigen) Verbindlichkeiten anzupassen. Wenn sie die Anlageentscheidung auf einen Dritten, in diesem Fall einen professionellen Vermögensverwalter, übertragen, müssen die institutionellen Anleger zugleich Anreize setzen, dass eben diese Verpflichtung auch durch die Vermögensverwalter nicht vernachlässigt wird. Welche Anreize gesetzt werden können/sollen, wird nicht weiter erläutert. Denkbar sind zum einen positive monetäre Anreize in Form von Bonuszahlungen oder vertragliche Verpflichtungen mit der Androhung von Vertragsstrafen bei Verstoß. Letztlich ist hierdurch der Kreativität und der Verhandlung der institutionellen Anleger keine Grenze gesetzt.

1275 Noch zum Richtlinienentwurf – *Faure*, S. 172.

1276 Zu den verschiedenen Beziehungen: Schimansky/Bunte/Lwowski-Walz-*Walz*, § 111 Rn. 1.

1277 RL 2017/828/EU v. 17.05.2017, L 132/1, S. 16.

ii. Berücksichtigung der mittel- bis langfristigen finanziellen Entwicklung des Investitionsunternehmens

Thema des zweiten offenzulegenden Vertragsbestandteils nach Art. 3 h) Abs. 2 lit. b) Aktionärsrechterichtlinie 2017 ist die Verbesserung der mittel- und langfristigen Ausrichtung der Anlagestrategie. Die institutionellen Anleger sollen sicherstellen, dass die von ihnen beauftragten Vermögensverwalter die Anlageentscheidungen auf der Grundlage einer Bewertung der mittel- bis langfristigen Entwicklung der finanziellen und nichtfinanziellen Leistung der Beteiligungsgesellschaft treffen und sich anstelle der institutionellen Anleger in die Gesellschaft einbringen, um deren Leistung mittel- bis langfristig zu verbessern. Nicht weiter erläutert wird, wie diese Anreize aussehen können. Denkbar sind auch hier Anreize über die Vergütungsstruktur der Vermögensverwalter oder jedenfalls vertragliche Berichtspflichten. Die tatsächliche Umsetzung dieser Offenlegungspflicht wird zeigen, welche Wege die institutionellen Anleger einschlagen.

iii. Langfristorientierung der Bewertungsmechanismen für Leistung/ Vergütung des Vermögensverwalters

Ein neues Thema betrifft der dritte Unterpunkt der Offenlegungspflicht von Vertragsbestandteilen in Art. 3 h) Abs. 2 lit. c) Aktionärsrechterichtlinie 2017: Die institutionellen Anleger sollen veröffentlichen, mit welcher Methode und in Bezug auf welche Zeitspanne die Leistungsbewertung des Vermögensverwalters erfolgt. Zudem fordert die Richtlinie eine Offenlegung, wie die Vergütung der Vermögensverwalter dem Profil und der Laufzeit der Verbindlichkeiten, insbesondere der langfristigen Verbindlichkeiten, des institutionellen Anlegers angepasst ist. Die Begründung der endgültigen Fassung der Aktionärsrechterichtlinie 2017 bleibt eine Erläuterung für diese Verpflichtung schuldig. Ein Erklärungsansatz lässt sich jedoch in der Begründung zum Richtlinienentwurf finden.[1278] Dort fand sich der folgende Passus, der grundsätzlich ebenfalls auf die aktuelle Fassung passt:

> *„Die Ursache für kurzfristig orientiertes Anlageverhalten scheint in abweichenden Interessen von Vermögenseigentümern und Vermögensverwaltern zu liegen. Wenngleich die Eigentümer umfangreicher Vermögenswerte wegen ihrer langfristigen Verbindlichkeiten in der Regel langfristige Interessen verfolgen, verlassen sie sich bei der Auswahl und Bewertung von Vermögensverwaltern häufig auf Referenzwerte wie Marktindizes. Die Leistung eines Vermögensverwalters wird zudem oft vierteljährlich bewertet, so dass für viele Vermögensverwalter der kurzfristige Erfolg, gemessen an einem Referenzwert oder anderen Vermögensverwaltern, im Mittelpunkt steht. Kurzfristig orientierte Anreize führen dazu, dass Investitionen auf der Grundlage von Fundamentaldaten (Strategie,*

1278 *Europäische Union*, Verfahren 2014/0121/COD, Vorschlag für eine Richtlinie des Europäischen Parlaments und des Rates zur Änderung der Richtlinie 2007/36/ EG, S. 15.

Wertentwicklung und Unternehmensführung) und längerfristigen Aussichten, die Beurteilung des tatsächlichen Wertes und der längerfristigen Wertschaffungsfähigkeit von Unternehmen sowie die Wertsteigerung von Aktienanlagen durch die Einbeziehung der Aktionäre in den Hintergrund treten.“[1279]

Aus dieser – so in der aktuellen Fassung nicht mehr wiederholten – Begründung wird deutlich, warum sich die Offenlegungspflicht auch auf die Vergütungsanreize der Vermögensverwalter beziehen soll. Der Kern der Problematik liegt in der Verlängerung der Investmentkette begründet – während die institutionellen Anleger im Fall von langfristigen Investments auch bereit sind, eine langfristige Betrachtung vorzunehmen, und an einer nachhaltigen Entwicklung des Beteiligungsunternehmens interessiert sind, kann ihre eigene Anreizsetzung gegenüber dem Vermögensverwalter dieses Interesse nicht mehr widerspiegeln. Die Kommission hatte zuvor insbesondere übliche Vereinbarungen zwischen Anleger und Vermögensverwalter, wie etwa die vierteljährliche Bewertung, als kontraproduktiv zu einem langfristigen Investment identifiziert.[1280] Als erstrebenswert erachtet werden dagegen die im zweiten Abschnitt des Absatzes dargestellten Verhaltensweisen, namentlich die Investitionsentscheidung auf Grundlage von Fundamentaldaten und die längerfristige Betrachtung des Beteiligungsunternehmens.[1281] Diese sollte nun also auch in der Vertragsbeziehung zum Vermögensverwalter zum Gegenstand gemacht werden, um sicherzugehen, dass auch durch diesen eine nachhaltige Entwicklung des Beteiligungsunternehmens gefördert wird.[1282] In Bezug auf die Wahl der Offenlegungspflicht lässt sich zwar wiederum fragen, ob diese den Inhalt der Vertragsbestandteile zu steuern bzw. zu verändern vermag. Das wird aber erst die Anwendung der Regelungen in der Praxis abschließend zeigen.

1279 *Europäische Union,* Verfahren 2014/0121/COD, Vorschlag für eine Richtlinie des Europäischen Parlaments und des Rates zur Änderung der Richtlinie 2007/36/EG, S. 15.

1280 *Europäische Union,* Verfahren 2014/0121/COD, Vorschlag für eine Richtlinie des Europäischen Parlaments und des Rates zur Änderung der Richtlinie 2007/36/EG, S. 15.

1281 *Europäische Union,* Verfahren 2014/0121/COD, Vorschlag für eine Richtlinie des Europäischen Parlaments und des Rates zur Änderung der Richtlinie 2007/36/EG, S. 15.

1282 *Europäische Union,* Verfahren 2014/0121/COD, Vorschlag für eine Richtlinie des Europäischen Parlaments und des Rates zur Änderung der Richtlinie 2007/36/EG, S. 15.

iv. Überwachung der Portfolioumsatzkosten und Festlegung des angestrebten Portfolioumsatzes

Art. 3 h) Abs. 2 lit. d) Aktionärsrechterichtlinie 2017 sieht ferner eine Offenlegung im Hinblick auf die Überwachung der Portfolioumsatzkosten der Vermögensverwalter und die Festlegung und Überwachung des Portfolioumsatzes vor.

Auch hierzu beinhaltet die Aktionärsrechterichtlinie 2017 keine weitere Begründung. Weitere Erläuterungen sind in der Begründung des Richtlinienentwurfs zu finden und stehen sehr allgemein gehalten zusammen mit der Begründung für die bereits oben dargestellten Verpflichtungen. Danach würde eine Offenlegung des angestrebten Portfolioumsatzes der Vermögensverwalter *„zu einer angemessenen Abstimmung der Interessen"* aller Beteiligten beitragen[1283] *„sowie möglicherweise zur Entwicklung längerfristiger Anlagestrategien und zu längerfristigen Beziehungen"* zu den Beteiligungsunternehmen[1284] führen.

Zum weiteren Verständnis dieses Absatzes ist zunächst auszulegen, was unter „Portfolioumsatz" bzw. „Portfolioumsatzkosten" zu verstehen ist. Auf diese Weise wird erst die Bedeutung dieser Verpflichtung im Kontext der Förderung von längerfristigen Anlagen deutlich. Betrachtet man die englischsprachige Version des Art. 3 h) Abs. 2 lit. d) Aktionärsrechterichtlinie 2017, werden dort die Begriffe *„portfolio turnover costs"* und *„targeted portfolio turnover"* sowie *„turnover range"* verwendet. Dies sind feststehende Begriffe innerhalb der Investmentbranche, was die deutsche Übersetzung auf den ersten Blick nicht zeigt: Um den inhaltlichen Gehalt des Begriffs vollständig zu erfassen, ist *„turnover"* nicht mit „Umsatz", sondern mit „Umschlag" zu übersetzen, *„portfolio turnover"* ist damit als die „Umschlagshäufigkeit des Portefeuilles" zu verstehen.[1285] Es geht also darum, wie oft die Bestandteile des Portefeuilles in einem bestimmten Zeitraum ge- und verkauft werden, letztlich also um die Frage, wie lange die Investments durch den Vermögensverwalter gehalten werden. Die *portfolio turnover costs* sind wiederum die Kosten, die dem Vermögensverwalter durch den An- und Verkauf entstehen, mithin die Transaktionskosten. Somit hat der institutionelle Anleger nach diesem Absatz darzulegen, welche vertraglichen Regelungen er mit dem Vermögensverwalter hinsichtlich der Haltedauer der Investments sowie der Kosten der Transaktionen im Portefeuille getroffen hat. Es ist vorstellbar, dass entsprechende Regelungen beeinflussen könnten, ob für den Vermögensverwalter Anreize bestehen, die Investments möglichst kurzfristig auszugestalten und schnell etwaige Gewinne zu realisieren, oder

---

1283 *Europäische Union,* Verfahren 2014/0121/COD, Vorschlag für eine Richtlinie des Europäischen Parlaments und des Rates zur Änderung der Richtlinie 2007/36/EG, S. 15.

1284 *Europäische Union,* Verfahren 2014/0121/COD, Vorschlag für eine Richtlinie des Europäischen Parlaments und des Rates zur Änderung der Richtlinie 2007/36/EG, S. 15.

1285 Vgl. zur Wahl dieser Übersetzung im anderen Kontext: *Lang,* WM 2004, S. 53, 57.

ob es für ihn schon aufgrund der Vereinbarung mit dem institutionellen Anleger vorteilhafter ist, die Investments länger zu halten und eher eine aktive Rolle im Beteiligungsunternehmen einzunehmen.

v. Laufzeit der Vereinbarung mit dem Vermögensverwalter

Schließlich soll gem. Art. 3 h) Abs. 2 lit. e) Aktionärsrechterichtlinie 2017 die Laufzeit der Vereinbarung mit dem Vermögensverwalter offengelegt werden. Die Begründung dafür lässt sich ebenfalls aus der identifizierten Schwäche der Kurzfristigkeit solcher Vereinbarungen herleiten: Ein nur für kurze Zeit laufender Vermögensverwaltungsvertrag lässt sich nur schwer mit dem Ziel einer langfristigen Investition und eines langfristigen Engagements im Investitionsunternehmen vereinbaren. Vermutlich soll die Offenlegungspflicht diesbezüglich zumindest ein Bewusstsein dafür schaffen, in welchem Verhältnis die Laufzeit dieser Verträge zu den Anlagehorizonten der institutionellen Anleger steht. Ob dies erfolgreich ist, wird ebenfalls die Anwendung der Regelung in der Praxis zeigen.

(cc) Zurverfügungstellen der Informationen (Abs. 3)

Im Art. 3 h) Abs. 3 Aktionärsrechterichtlinie 2017 ist die Art und Weise geregelt, auf die die institutionellen Anleger die Informationen zu veröffentlichen haben. Hierbei gibt es insbesondere keine Möglichkeit der Abweichung mit Erklärung, wie es für Art. 3 g) Aktionärsrechterichtlinie 2017 vorgesehen ist.[1286] Ort der Bekanntmachung soll die Website des institutionellen Anlegers sein und die Regelungen müssen kostenlos und öffentlich zugänglich sein. Positiv ist, dass diese ausdrückliche Regelung Unklarheiten bzw. Umgehungsversuche verhindert und sogar über die Regelung im UK Stewardship Code 2012 hinausgeht.[1287] Kritisiert wird, dass die Verpflichtung zur Offenlegung einen unverhältnismäßigen Eingriff in Geschäftsgeheimnisse darstelle.[1288]

Ein wiederum auslegungsbedürftiger Teil der Regelung ist, dass die Offenlegung „jährlich" zu erfolgen hat. Auch hier könnte man fragen, ob „jährlich" eine stichtagsbezogene Offenlegungspflicht ist oder die Informationen ständig aktuell gehalten werden müssen.[1289] Vorliegend ist von der ersten Interpretationsmöglichkeit auszugehen. Dies ergibt sich indirekt aus der dann folgenden Erklärung, wonach von einer Aktualisierung sogar abgesehen werden kann, wenn es keine wesentliche Veränderung gibt. Dementsprechend wird erst recht nicht zu

---

1286 Auch schon auf Verbindlichkeit im Richtlinienvorschlag hinweisend: *Faure*, S. 171.

1287 Noch bezogen auf den Richtlinienvorschlag: *Faure*, S. 171.

1288 *Faure*, S. 171 mit Verweis auf die Stellungnahme zum Richtlinienentwurf durch den *DAV Handelsrechtsausschuss*, NZG 2015, S. 54, 57.

1289 Vgl. dazu auch die Darstellung der Problematik mit weiteren Nachweisen oben ab S. 337.

erwarten sein, dass eine Aktualisierung häufiger als einmal im Jahr erfolgt. Die an institutionelle Anleger gerichtete Möglichkeit, auch andere online kostenfrei und öffentlich zugängliche Publikationsmittel zuzulassen, ist unproblematisch. Denkbar ist in diesem Fall eine Veröffentlichung, die nicht über die Homepage des Anlegers abrufbar ist, sondern auf der ebenfalls frei zugänglichen Seite eines Drittanbieters steht.

Der zweite Abschnitt des dritten Absatzes ist ebenfalls zu begrüßen, da dieser der Vermeidung doppelter Erklärungen dient und die Veröffentlichung für die institutionellen Anleger auf diese Weise erleichtert: Danach können solche Anleger, die ohnehin einen Solvabilitätsbericht nach Art. 51 RL 2009/138/EG veröffentlichen müssen, die in Art. 3 h) Aktionärsrechterichtlinie 2017 genannten Offenlegungspflichten darin aufnehmen. Die Richtlinie 2009/138/EG wird auch „Solvabilität II" bezeichnet und betrifft sowohl Lebens- als auch Rückversicherer und somit eine Vielzahl der von der Aktionärsrechterichtlinie 2017 adressierten institutionellen Anleger.[1290]

(c) Art. 3 i) Aktionärsrechterichtlinie 2017

Im Kern richtet sich Art. 3 i) Aktionärsrechterichtlinie an Vermögensverwalter und soll darum in dieser Arbeit nur am Rande behandelt werden.[1291] Da aber Art. 3 i) Aktionärsrechterichtlinie 2017 eng mit den an institutionelle Anleger gerichteten Offenlegungspflichten aus Art. 3 h) Aktionärsrechterichtlinie 2017 verbunden ist und er entsprechend auch im deutschen Entwurf des Umsetzungsgesetzes in einer Norm verortet wird, soll er nicht unerwähnt bleiben: Wesentliche Zweckrichtung der Norm erscheint danach, die Pflichten des institutionellen Anlegers nach Art. 3 h) Aktionärsrechterichtlinie 2017 widerzuspiegeln, um alle Teile der Investmentkette umfassend einzubeziehen.[1292]

(d) Art. 3 k) Aktionärsrechterichtlinie 2017

Während die Art. 3 i) und Art. 3 j) Aktionärsrechterichtlinie sich ausschließlich auf Vermögensverwalter und nicht auf institutionelle Anleger beziehen, ist Art. 3 k) Aktionärsrechterichtlinie wiederum für alle – und damit auch für diese Arbeit relevant. Art. 3 k) Aktionärsrechterichtlinie trägt die Überschrift „*Überprüfung*" und trifft keine Regelung in Bezug auf die Offenlegungspflichten an sich, sondern sieht

---

1290 Zu den genau umfassten institutionellen Anlegern vgl. die entsprechende Diskussion der Adressaten der Aktionärsrechterichtlinie 2017 mit weiteren Nachweisen oben auf S. 328.

1291 Noch zum Richtlinienentwurf – *Faure*, S. 173.

1292 RL 2017/828/EU v. 17.05.2017, L 132/1, S. 5 – Begründung Rz. 20 ff.; *Hein*, S. 196 f.; noch zum Richtlinienentwurf – *Faure*, S. 173.

vor, dass die Kommission bis zum 10. Juni 2022 einen Bericht zu veröffentlichen hat, in dem sie die Durchführung der neu eingeführten Artikel beschreibt.[1293]

Art. 3 k) Abs. 2 Aktionärsrechterichtlinie bezieht sich wiederum auf eine Norm, die sich auf Art. 3 j) und damit nicht die Kernthematik dieser Arbeit bezieht. Eine Berichterstattungspflicht, gegebenenfalls ergänzt durch einen Gesetzesvorschlag, war im ursprünglichen Entwurf der Aktionärsrechterichtlinie 2017 nicht vorgesehen[1294] und ist erst im Rahmen weitergehender Verhandlungen in die Richtlinie aufgenommen worden. Auf diese Weise wird eine strukturierte Basis für eine Evaluation der neuen Herangehensweise gelegt.

Diese Pflicht zur Reflexion ähnelt den Reviewprozessen zum UK Stewardship Code[1295] und ist grundsätzlich zu begrüßen.[1296] Eine Pflicht dieser Art war schon vergleichsweise früh vorgesehen, sodass schon der Entwurf der Aktionärsrechterichtlinie 2017 mit einem leichten Anflug von Sarkasmus in der Literatur als *„kostenlose umfangreiche Marktstudie"* bezeichnet wurde.[1297] Angesichts der teilweise bestehenden Schwächen im empirischen Fundament hinsichtlich Regulierung der institutionellen Anleger wären weitergehende Erhebungen hierzu durchaus wünschenswert. Insofern bleibt zu hoffen, dass eine solche Evaluierung selbst aussagekräftige Ergebnisse liefert. Diesbezüglich ist bedauerlich, dass die Aktionärsrechterichtlinie 2017 noch keine detaillierteren Regelungen der Art und Weise des Evaluierungsprozesses trifft, sodass auch dieser intensiver in der Literatur hätte diskutiert werden können.

(4) Bindungskraft der Regelung – Art. 14b Aktionärsrechterichtlinie 2017

Im neuen Art. 14b Abs. 1 Aktionärsrechterichtlinie 2017 ist vorgesehen, dass die Mitgliedstaaten selbst für Durchsetzungsmechanismen (*„Maßnahmen und Sanktionen"*) zu sorgen haben.[1298] Den Mitgliedstaaten wird ausdrücklich der Auftrag erteilt, dass sie sicherzustellen haben, dass diese angewandt werden.[1299] Welche Mechanismen damit gemeint sind, wird nicht weiter ausgeführt.[1300] In Art. 14b Abs. 2 Aktionärsrechterichtlinie 2017 wird konkretisiert, dass sämtliche

1293 *Hein*, S. 197.

1294 Europäische Kommission, Vorschlag für eine Richtlinie des Europäischen Parlaments und des Rates zur Änderung der Richtlinie 2007/36/EG im Hinblick auf die Förderung der langfristigen Einbeziehung der Aktionäre sowie der Richtlinie 2013/34/EU in Bezug auf bestimmte Elemente der Erklärung zur Unternehmensführung – KOM(2014) 213 endg.

1295 Siehe dazu mit weiteren Nachweisen oben, S. 99 ff.

1296 *Freitag*, AG 2014, S. 647, 654.

1297 *Freitag*, AG 2014, S. 647, 654.

1298 So auch *Hein*, S. 204 f.

1299 RL 2017/828/EU v. 17.05.2017, L 132/1, S. 9 – Rz. 50; vgl. *Hein*, S. 204.

1300 Vgl. sehr kritisch gegenüber dieser Regelung: *Gröntgen*, S. 178.

Maßnahmen und Sanktionen „*wirksam, verhältnismäßig und abschreckend sein*“[1301] müssen.[1302] Die vom Mitgliedstaat ausgewählten Regelungen sind gem. Art. 14b Abs. 2 S. 2 Aktionärsrechterichtlinie 2017 bis zur Umsetzungsfrist der Richtlinie der Kommission mitzuteilen und jegliche Änderung anzuzeigen.

Zunächst ist im Rahmen der Auslegung dieses Artikels zu berücksichtigen, dass es sich bei den Offenlegungspflichten für die Anleger grundsätzlich um „Muss-Vorschriften“ handelt. Anders als bei einer „Soll-Vorschrift“ haben die nationalen Gesetzgeber in der Umsetzung also tatsächlich eine Pflicht zu schaffen.

Welche Konsequenzen der Verstoß gegen diese Pflicht hat, müssen die Mitgliedstaaten dann selbst festlegen.[1303] Dies ist vermutlich aus Sicht der Mitgliedstaaten positiv, da ihnen auf diese Weise eine große Gestaltungsfreiheit eingeräumt wurde; Andererseits führt eine europaweit unterschiedliche Regelung zu einer gewissen Rechtsunsicherheit, erhöhtem Beratungsbedarf und damit zu einer stärkeren Kostenbelastung auf Seiten der institutionellen Anleger.[1304] Auch der Gesetzgebungsprozess wird durch das Suchen und Evaluieren verschiedener Durchsetzungsmechanismen erschwert und in gewissem Maße hinausgezögert. Insofern wäre eine einheitliche Regelung vorteilhafter gewesen.

In der Literatur wurden von *Freitag*[1305] schon vor Umsetzung ins ARUG II einige Ideen bezüglich Durchsetzungsmechanismen geäußert: So differenziert *Freitag* zwischen zweierlei Aspekten der Durchsetzung der Offenlegungspflichten:[1306] den öffentlich-rechtlichen und den privatrechtlichen Verstoßfolgen. Zum einen könnte es beim Verstoß gegen die Offenlegungspflicht bestimmte aufsichtsrechtliche Sanktionen geben – andererseits wäre auch die Regelung im Rahmen eines sogenannten *Private Enforcements*, also vor allem einer privatrechtlichen Haftung, denkbar.[1307]

Die aufsichtsrechtlichen Sanktionen könnten beispielsweise in einer Geldbuße oder auch im Entzug der Zulassung bestehen – sie lägen nahe, da viele der institutionellen Anleger ohnehin einer sektorspezifischen Aufsicht unterliegen.[1308] Allerdings sei diese Form der Überwachung mit einem extrem hohen bürokratischen Aufwand auf Behördenseite verbunden, da diese permanent alle Internetauftritte auf Veröffentlichungen und ihre Aktualität hin prüfen müssten.[1309]

1301 Art. 14b Abs. 2 Aktionärsrechterichtlinie 2017.

1302 Art. 14b Abs. 2 Aktionärsrechterichtlinie 2017.

1303 RL 2017/828/EU v. 17.05.2017, L 132/1, S. 9 – Rz. 50; *Hein*, S. 204 f.

1304 Grundsätzlich kritisch aufgrund der offenen Formulierung möglicher Pflichtverstöße als Anknüpfungspunkt: *Gröntgen*, S. 178.

1305 *Freitag*, AG 2014, S. 647, 653.

1306 *Freitag*, AG 2014, S. 647, 653.

1307 *Freitag*, AG 2014, S. 647, 653.

1308 *Freitag*, AG 2014, S. 647, 653; auf Geldbußen ebenfalls abstellend: *Hein*, S. 204.

1309 *Freitag*, AG 2014, S. 647, 653.

Einen Mittelweg hinsichtlich der Sanktionen schlägt *Hein* aufgrund der aktuellen Vorgehensweise des FRC im Hinblick auf die Maßnahmen unter dem UK Stewardship Code (damals noch 2012) vor[1310]: so ließe sich auch erwägen, die Erklärungen in drei verschiedene Qualitätskategorien einzuteilen („*Tiering*", *Tier 1* wären dann zufriedenstellende Erklärungen, *Tier 2* Erklärungen mit Überarbeitungsbedarf und *Tier 3* nicht zufriedenstellende Kriterien, die auch nicht überarbeitet wurden – diese werden nach Ablauf einer Karenzzeit als Unterzeichner gestrichen)[1311] und diese dann zu veröffentlichen.[1312] Angesichts der bisher positiven Erfahrungen des FRC mit dieser Vorgehensweise als Sanktionsinstrument[1313], sprechen tatsächlich gute Argumente dafür, dass diese Maßnahme auch „*wirksam, verhältnismäßig und abschreckend*" (Art. 14b Abs. 2 Aktionärsrechterichtlinie 2017) verhindern kann, dass nicht aussagekräftige Erklärungen abgegeben werden. Ob sie sich tatsächlich insgesamt als ausreichende Maßnahme i.S.d. Art. 14b Abs. 2 Aktionärsrechterichtlinie 2017 darstellt,[1314] ist fraglich. Schließlich geht sie über das „*naming and shaming*" nicht hinaus und sie bietet keine Sanktionsmöglichkeiten gegenüber denjenigen, die keinerlei Veröffentlichung vornehmen und bereits damit gegen die Regelungen der Richtlinie bzw. der entsprechenden Umsetzungsgesetze verstießen. Diese würden dann nicht mehr als Veröffentlichende gelistet, würden aber nach dieser Logik keine weiteren Konsequenzen fürchten müssen.

Unter dem von Freitag als *Private Enforcement* bezeichneten Sanktionsregime sind verschiedene mögliche private Einflussmechanismen zu verstehen, die nicht staatlich begründet sind, sondern den institutionellen Anleger über andere Anreizmechanismen motivieren.[1315] *Freitag* diskutiert insofern dreierlei Varianten: zum einen den Entzug von Stimmrechten für die Zukunft, Auswirkungen auf die entgegen der vorher publizierten Mitwirkungspolitik abgegebene Stimme und ihre Wirksamkeit sowie eine Haftung des entgegen der Veröffentlichung handelnden institutionellen Anlegers.[1316]

Während das Verbot der Ausübung des Stimmrechts als Konsequenz einer Abstimmung entgegen der Mitwirkungspolitik eindeutig kontraproduktiv ist, bewertet *Freitag* auch den zweiten Weg zutreffenderweise als „*stumpfes Schwert*".[1317] Der Möglichkeit, dass solche Stimmabgaben, die der Mitwirkungspolitik

---

1310 *FRC*, Developments in Corporate Governance and Stewardship 2016, S. 7; siehe dazu sogleich ab S. 110 ff.; *Hein*, S. 204 f.

1311 *FRC*, Developments in Corporate Governance and Stewardship 2016, S. 26.

1312 *FRC*, Developments in Corporate Governance and Stewardship 2016, S. 7; Siehe dazu sogleich S. 110 ff.; *Hein*, S. 204 f.

1313 *FRC*, Developments in Corporate Governance and Stewardship 2016, S. 24 ff.

1314 *Hein*, S. 204.

1315 *Freitag*, AG 2014, S. 647, 653.

1316 *Freitag*, AG 2014, S. 647, 653.

1317 *Freitag*, AG 2014, S. 647, 653.

widersprechen, als widersprüchliches Verhalten und damit unwirksam zu werten sind,[1318] stehen vor allem zwei Erwägungen entgegen: Zum einen ist es unwahrscheinlich, dass die Unternehmen die Vorgaben der Mitwirkungspolitik so konkret formulieren, dass eindeutig ein „Verstoß" festgestellt werden kann; zum anderen würde eine Abweichung sich vermutlich in dem speziellen Einzelfall auch tatsächlich erklären lassen.[1319] Denn wie bereits oben dargestellt, treffen institutionelle Anleger bzw. Vermögensverwalter ihre Anlageentscheidungen aufgrund ihrer Professionalität jedenfalls im Idealfall gerade nicht willkürlich oder intuitiv, sondern vielmehr auf Basis von rationalen Erwägungen.[1320] Eben diese rationalen Erwägungen können dann jede Abweichung von der Mitwirkungspolitik begründen.

Übrig bleibt somit die drohende Haftung als privater Durchsetzungsmechanismus der Richtlinie.[1321] Ein denkbares Haftungsszenario wäre, dass ein Endanleger aufgrund der öffentlich publizierten Informationen zur Mitwirkungspolitik (ähnlich einem „Prospekt") eine Investitionsentscheidung trifft. Durch die Nichteinhaltung dieser selbst auferlegten Politik könnte dann dem Endanleger ein (vermutlich äußerst schwer nachweisbarer) Schaden entstanden sein, da wiederum z. B. die Anlage des institutionellen Anlegers sich wirtschaftlich nachteilig entwickelt.[1322] Zwischen dem Endanleger und dem institutionellen Anleger bestünde – z. B. nach deutschem Schuldrecht – vermutlich eine Vertragsbeziehung im Sinne des § 280 BGB.[1323] Aufgrund dieser Anspruchsgrundlage, ggf. in Verbindung mit § 241 Abs. 2 BGB oder schon in einem vorvertraglichen Schuldverhältnis über § 311 Abs. 2 BGB, könnte der Endanleger dann vom Institutionellen entsprechenden Ersatz des ihm entstandenen Schadens verlangen.[1324] Ein weiteres Haftungsszenario könnte sich im deutschen Recht auf § 823 BGB bzw. § 826 BGB stützen.[1325]

Freitag lehnt ein solches Haftungsszenario letztlich mit dem Argument ab, dass aufgrund des Rechts des institutionellen Anlegers, die Mitwirkungsstrategie auch unterjährig anzupassen, *„solange er berechtigterweise annehmen"*[1326] dürfte, *„dabei im Interesse seiner Kunden zu handeln"*[1327], der Endanleger in keinem Fall auf die Mitwirkungsstrategie vertrauen dürfte.[1328] Dieser Argumentation ist jedoch nicht *per se* zuzustimmen. Durch den Stichtag der Anlageentscheidung und der öffentlich

1318 *Freitag*, AG 2014, S. 647, 653.
1319 *Freitag*, AG 2014, S. 647, 653.
1320 *Freitag*, AG 2014, S. 647, 653.
1321 *Freitag*, AG 2014, S. 647, 653.
1322 *Freitag*, AG 2014, S. 647, 653.
1323 *Freitag*, AG 2014, S. 647, 654.
1324 *Freitag*, AG 2014, S. 647, 654.
1325 *Freitag*, AG 2014, S. 647, 653.
1326 *Freitag*, AG 2014, S. 647, 654.
1327 *Freitag*, AG 2014, S. 647, 654.
1328 *Freitag*, AG 2014, S. 647, 653.

publik gemachten Version der Mitwirkungspolitik lässt sich jedenfalls nachvollziehen, von welcher Art der Mitwirkungspolitik der Endanleger ausgehen durfte. Unabhängig von der Möglichkeit, eine solche Mitwirkungspolitik auch unterjährlich zu ändern, sind auch Sachverhalte konstruierbar, in denen der Anleger diese Mitwirkungspolitik möglicherweise nicht im Interesse des Kunden ändert. Ließe sich somit der (zugegebenermaßen unwahrscheinliche) Umstand nachweisen, dass der Anleger in Kenntnis dieser Mitwirkungspolitik – aus welchen Gründen auch immer – anders handelt, ist eine Haftung nicht vollkommen ausgeschlossen und vielmehr eine Frage der Nachweisbarkeit der Kausalität. Das Verschulden würde gar bei § 280 Abs. 1 S. 1 BGB vermutet.

Insofern bietet sich letztlich vermutlich eine Kombination der vorgenannten Sanktionsinstrumente, zugeschnitten auf die jeweiligen Mitgliedsstaaten an.[1329]

dd) Zusammenfassung

Die Regulierung institutioneller Anleger ist ein in der Europäischen Union bereits ausführlich behandeltes Thema: Die Reihe von Grünbüchern und Aktionsplänen setzt sich bereits seit über zehn Jahren mit den Möglichkeiten der Aktivierung dieser Anlegergruppe auseinander.[1330] Dennoch ist es bis zur Aktionärsrechterichtlinie 2017 noch zu keinem Gesetzgebungsakt gekommen, mit dem „institutionelle Anleger" explizit angesprochen wurden. Dies erfolgte nun erstmals mit der Aktionärsrechterichtlinie 2017 und bietet eine umfangreiche, aber in vielen Teilen interpretationsbedürftige Grundlage für das ARUG II in Deutschland.[1331] Allerdings ist festzustellen, dass – obwohl in der Aktionärs**rechte**richtlinie geregelt, die Transparenzpflichten, wie sie sich in der Aktionärsrechterichtlinie 2017 finden, keine zusätzlichen Rechte statuieren, sondern lediglich ein vertieftes Gebrauchmachen von den bestehenden Mitwirkungsmöglichkeiten fördern sollen – dies wird auch bei der Interpretation der Regelungen zum ARUG II im Hinterkopf zu behalten sein.[1332] Eine konkrete Art und Weise der Mittel, mit der die Pflichten zu erfüllen sind, von den Regelungen in den Art. 3g) Aktionärsrechterichtlinie nicht vorgeschrieben.[1333]

1329 Zur Umsetzung speziell in Deutschland siehe mit weiteren Nachweisen unten ab S. 286.

1330 Siehe mit weiteren Nachweisen dazu oben ab S. 112.

1331 Kritisch mit vielen Referenzen auf den Richtlinienvorschlag z.B. *Hein*, S. 197 ff., insbesondere S. 201.

1332 *Gröntgen*, S. 36 f.

1333 *Gröntgen*, S. 36 f.

c) *Sektorspezifische Regelungen auf europäischer Ebene*

Wie bereits im Rahmen der Definitionsfindung dargelegt, gibt es auf europäischer Ebene einige Regelungen, die sich speziell an Untergruppen institutioneller Anleger richten: Diese werden in der Aktionärsrechterichtlinie 2017 auch als „sektorspezifische Rechtsakte" bezeichnet, aber nicht weiter konkretisiert.

Speziell auf die Offenlegung der Mitwirkungspolitik ist dabei eine an Verwalter alternativer Investmentfonds gerichtete Regelung in Art. 37 der Delegierten VO (EU) Nr. 231/2013 der Kommission v. 19.12.2012 (Abl. EU L 83, S.).[1334] Auch müssen spezifische Untergruppen bereits verpflichtend ihre Vorgehensweise („**Politik**") zur Behandlung von Interessenkonflikten offenlegen.[1335]

d) *Normen in anderen EU-Staaten*

Neben den eben bereits aufgezeigten Regelungen auf europäischer, britischer und deutscher Ebene gibt es andere europäische Staaten, die bei der Regulierung institutioneller Anleger aktiv waren. Insbesondere sind hier noch die Niederlande zu nennen, die in ihrem Corporate Governance Kodex spezielle an institutionelle Anleger gerichtete Regelungen haben.[1336] Zudem gibt es dort auch einen dem UK Stewardship Code ähnlichen Kodex, der 2011 von einem privaten Zusammenschluss institutioneller Anleger[1337] herausgegeben wurde.[1338]

3. Regulatorischer Rahmen in Deutschland vor ARUG II

a) *Überblick zu Forschung und Berichten in Deutschland*

In Deutschland gab es bisher nur wenige Normen, die sich speziell an institutionelle Anleger richteten. Dies mag darauf zurückzuführen sein, dass sich diese Gruppe erst in den letzten Jahren weiter entwickelt hat[1339] und Untergruppen wie Pensionsfonds erst durch den demografischen Wandel an Bedeutung gewonnen

1334 Art. 37 der Delegierten VO (EU) Nr. 231/2013 der Kommission v. 19.12.2012 (Abl. EU L 83, S. 1).

1335 Art. 36 der Delegierten VO (EU) Nr. 231/2013 der Kommission v. 19.12.2012 (Abl. EU L 83, S. 1).

1336 So z. B. die Regelung im niederländischen Corporate Governance Kodex: *Monitoring Commissie Corporate Governance Code*, Dutch Corporate Governance Code, Abschnitt 4.3.5 f; mit einem ausführlichen Überblick über weltweite Stewardship Kodizes – siehe auch *Hein*, S. 72 ff., speziell mit einem Überblick über den niederländischen Kodex – siehe *Hein*, S. 119 ff.

1337 *Eumedion*, About Eumedion.

1338 *Eumedion*, Dutch Stewardship Code; siehe dazu auch ausführlich *Hein*, S. 119 ff.

1339 Hopt/Wymeersch-*Gerke/Bank/Steiger*, S. 357, S. 359 f.

haben.[1340] Vermehrt in den Fokus der wissenschaftlichen Diskussion ist das Thema der Regulierung dieser Anlegergruppe erst in den letzten Jahren erneut gerückt.[1341] Häufig bezogen sich die Äußerungen im Schrifttum auf europäische Entwicklungen[1342] oder auf den Vergleich mit dem britischen UK Stewardship Code.[1343]

b) Die Regelungslandschaft in Deutschland und ihre Entwicklung vor ARUG II

Im Gegensatz zu Großbritannien beruht die deutsche Rechtsordnung hauptsächlich auf kodifiziertem Recht.[1344] Der Großteil der Regelungen findet sich somit in Parlamentsgesetzen.[1345] Auch die deutsche Rechtsordnung kennt jedoch die Möglichkeit der Regulierung mittels eines Kodex: So gibt es seit 2002 den Deutschen Corporate Governance Kodex, der von einer Regierungskommission permanent weiterentwickelt wird.[1346] Über § 161 Abs. 1 AktG wird den Regelungen des Kodex durch eine gesetzliche Pflicht zur Abgabe einer Entsprechenserklärung (i.S.d. *Comply-Or-Explain*) eine rechtliche Verbindlichkeit gegeben.[1347] Eine besondere Erwähnung finden institutionelle Anleger seit 2017 in der Präambel zum DCGK.[1348] In der aktuellen Fassung heißt es dort: *„Institutionelle Anleger sind für die Unternehmen von besonderer Bedeutung. Von ihnen wird erwartet, dass sie ihre Eigentumsrechte aktiv und verantwortungsvoll auf der Grundlage von transparenten und die Nachhaltigkeit berücksichtigenden Grundsätzen ausüben.*“.[1349] Eine weitere Erläuterung dazu gibt es allerdings nicht.

Die meisten Regelungen hinsichtlich der Beteiligungsrechte von Aktionären sind im Aktiengesetz normiert. Dennoch fanden bis zum ARUG II institutionelle Anleger dort keine spezifische Erwähnung.

1340 Ballwieser-Kümmel, S. 185, S. 201.

1341 Hopt/Wymeersch-*Gerke/Bank/Steiger,* 357, passim.

1342 *Strenger/Zetzsche,* AG 2013, S. 397, passim; *Freitag,* AG 2014, S. 647, passim; *Schmolke,* Hedgefonds, ZGR 2007, S. 701, passim.

1343 *Fleischer/Strothotte,* AG 2011, S. 221, passim; *Hucke,* ZCG 2011, S. 269, passim.

1344 *Haase,* JA 2005, S. 232, 236 – mit Hinweis auf die schwierige Generalisierbarkeit dieser Unterscheidung.

1345 *Haase,* JA 2005, S. 232,236.

1346 *Regierungskommission Deutscher Corporate Governance Kodex,* DCGK – vom 16. Dezember 2019.

1347 *Regierungskommission Deutscher Corporate Governance Kodex,* DCGK – vom 16. Dezember 2019.

1348 *Regierungskommission Deutscher Corporate Governance Kodex,* DCGK 2017 – Vergleichsversion zur Vorfassung, S. 1.

1349 *Regierungskommission Deutscher Corporate Governance Kodex,* DCGK – vom 16. Dezember 2019, S. 2.

c) Sektorspezifische Regelungen in Deutschland

Ein früher Rechtssetzungsakt, der ausdrücklich institutionelle Anleger ansprach, war das 1986 erlassene Gesetz zur Verbesserung der Rahmenbedingungen für institutionelle Anleger.[1350] Aus den entsprechenden Gesetzgebungsmaterialien wird klar, dass der Zweck dieser Änderungen, die das Versicherungsaufsichtsgesetz („**VAG**“) und das damalige Gesetz über Kapitalanlagegesellschaften betrafen, dazu dienen sollten, die Eigenkapitalausstattung deutscher Unternehmen zu verbessern.[1351] Dies sollte dadurch erreicht werden, dass man es „institutionellen Anlegern“ (in diesem Fall wurden darunter „Versicherungsunternehmen und Kapitalanlagegesellschaften“ verstanden)[1352] erleichterte, ihr Kapital in Unternehmen zu investieren.[1353] Es war vermutlich einer der ersten Schritte, der den Wandel zu einer von einer Vielzahl institutioneller Anleger geprägten Aktionärslandschaft begründen sollte, schaffte aber keine spezifischen an institutionelle Anleger gerichtete Pflichten, geschweige denn Transparenzpflichten.

Auch in aktuell geltenden Gesetzen wird der Terminus „institutionelle Anleger“ oder ähnliche Bezeichnungen wie „professionelle Anleger“ verschiedentlich erwähnt: Genannt seien hier insbesondere noch einmal § 1 Abs. 19 Nr. 32 und 33 KAGB[1354] und § 67 Abs. 2 Nr. 1 WpHG[1355]. Die vorgenannten Regelungen zeigen zudem, dass diese Art von Aktionären dem deutschen Gesetzgeber nicht grundsätzlich fremd ist, dennoch lässt sich nicht sagen, dass die Regulierung institutioneller Anleger bisher einen Schwerpunkt der Gesetzgebung darstellte.[1356]

1350 Gesetz zur Verbesserung der Rahmenbedingungen für institutionelle Anleger – BGBl. vom 24. Dezember 1986, S. 2485.

1351 BT Drucks. 10/4671 vom 16. Januar 1986 – „Entwurf eines Gesetzes zur Verbesserung der Rahmenbedingungen für institutionelle Anlager“, S. 1; BT-Drucks. 10/6154 vom 15. Oktober 1986 – „Beschlußempfehlung und Bericht des Finanzausschusses (7. Ausschuß) zu dem vom Bundesrat eingebrachten Entwurf eines Gesetzes zur Verbesserung der Rahmenbedingungen für institutionelle Anleger – Drucksache 10/4671“, S. 1.

1352 BT Drucks. 10/4671 vom 16. Januar 1986 – „Entwurf eines Gesetzes zur Verbesserung der Rahmenbedingungen für institutionelle Anlager“, S. 1.

1353 BT Drucks. 10/4671 vom 16. Januar 1986 – „Entwurf eines Gesetzes zur Verbesserung der Rahmenbedingungen für institutionelle Anlager“, S. 1.

1354 Siehe zum genauen Wortlaut mit weiteren Nachweisen oben ab S. 53, dort ist die Rede von „professionellen“ und „semiprofessionellen Anlegern“.

1355 Hier ist im Rahmen der Definition der „professionellen Kunden“ tatsächlich der „institutionelle Anleger“ an sich erwähnt – vgl. dazu ebenfalls mit weiteren Nachweisen bereits oben ab S. 53.

1356 Vgl. auch *Habersack/Verse*, § 7, Rn. 84, die die Vorgaben der deutschen Aktionärsrechterichtlinie als „aus deutscher Sicht völlig neu[e]“ bezeichnen.

Daneben gibt es zum Beispiel weitere spezifische an Untergruppen von institutionellen Anlegern gerichtete Transparenzpflichten betreffend OGAW-Kapitalverwaltungsgesellschaften:

- Nach § 3 Abs. 2 VO zur Konkretisierung der Verhaltensregeln und Organisationsregeln nach dem Kapitalanlagegesetzbuch („**KaVerVO**" v. 16.7.2013, BGBl. I (2013), S. 2460) haben OGAW bereits verpflichtend ihre Mitwirkungspolitik offenzulegen.[1357]
- Eine ähnliche verpflichtende Regelung dieser Art betrifft die Offenlegung des standardisierten Umgangs („**Politik**") Maßnahmen zum Umgang mit Interessenkonflikten, die ebenfalls nach § 27 KAGB i.V.m. § 3 Abs. 1 KaVerVO OGAW trifft.[1358]
- Weiterhin finden sich technische Offenlegungspflichten spezielle für Versicherungsunternehmen in der sog. Solvabilitätsübersicht nach §§ 74–88 VAG.[1359]

4. Fazit

Der Überblick über die direkt an den Akteur institutioneller Anleger gerichteten Regelungen in den betrachteten Rechtskreisen zeigt ein sehr unterschiedliches Bild: Während in Großbritannien schon ein eigener an diese Anlegergruppe gerichteter spezieller Kodex mit speziellen Pflichten bestand,[1360] gab es bisher in Deutschland, abgesehen von einigen Erwähnungen in anderen Zusammenhängen, keine speziell an institutionelle Anleger adressierte Pflichten.[1361] Auf europäischer Ebene gab es eine Fülle von vorbereitenden Konsultationen und Absichtserklärungen zur Regulierung, ein direkt an diese Anleger gerichtetes Regelwerk mit einem Pflichtenkanon wie in Großbritannien existierte hingegen ebenfalls nicht – erst die Aktionärsrechterichtlinie 2017 beinhaltet erstmals eine übergreifend an institutionelle Anleger gerichtete europäische Regelung.[1362] Letztere ist in Teilen an bereits bestehenden Kodizes wie dem UK Stewardship Code 2012 angelehnt, obwohl sie selbst zu ihrer Umsetzung keinen Kodex vorsieht.[1363] So lässt sich bei

1357 Auf diese bereits bestehenden Regelungen mit Nachdruck hinweisend: *Baums*, ZHR 283 (2019), S. 605,609 f.

1358 Auf diese bereits bestehenden Regelungen mit Nachdruck hinweisend: *Baums*, ZHR 283 (2019), S. 605,609 f.

1359 Grigoleit/*Splinter*, AktG, § 134c, Rn. 1.

1360 Siehe mit weiteren Nachweisen hierzu oben ab S. 99.

1361 Eine Zusammenfassung der bestehenden Normen findet sich mit weiteren Nachweisen oben ab S. 162.

1362 Ausführlich zu den einzelnen Regelungen der Aktionärsrechterichtlinie 2017 mit weiteren Nachweisen oben ab S. 121.

1363 Siehe mit weiteren Nachweisen dazu oben ab S. 125.

ihrer Auslegung und zum weiteren Verständnis auf einen Vergleich mit den entsprechenden Regelungen im UK Stewardship Code 2012 zurückgreifen.[1364]

II. Diskussion alternativer Regelungsoptionen vor ARUG II / der Aktionärsrechterichtlinie 2017

Neben der kritischen Betrachtung der neuen Regelung standen in den vergangenen Jahren auch alternative Lösungswege für die Apathie der institutionellen Anleger zur Wahl und wurden in der Literatur diskutiert.[1365]

1. Stimmpflicht

Noch bevor sich die Pläne zur Einführung der Aktionärsrechterichtlinie 2017 konkretisiert hatten, gab es verschiedene Überlegungen, gegen die geringen Hauptversammlungspräsenzen und dementsprechend geringen Stimmabgaben anzugehen.[1366] Dabei wurde auch diskutiert, eine sogenannte Stimmpflicht einzuführen.[1367] Einigen Rechtsordnungen sind diese Stimmpflichten in Hauptversammlungen nicht unbekannt, teilweise allerdings nur für bestimmte (wichtige) Entscheidungen.[1368] Auch im deutschen Recht kann sich in seltenen Fällen eine solche Pflicht zur Abstimmung aus gesellschaftsrechtlichen Treuepflichten ergeben;

1364 Siehe mit weiteren Nachweisen dazu oben ab S. 125.

1365 Zur Vermeidung einer übermäßigen *kurzfristigen Strategie* von institutionellen Anlegern wird in der Literatur zudem die Option aufgeworfen, an eine Veräußerung der Aktien nachteilige Folgen wie Entgelte oder gar ein temporäres schuldrechtliches oder gar dingliches Veräußerungsverbot mit Schadensersatzforderungen bei Verstößen (so z.B. sehr ausführlich diskutiert bei *Ockert*, S. 201 ff.). Diese Regelungen – beispielsweise in der Satzung (*Ockert*, S. 240 ff.) – unterlagen bereits häufiger einer gerichtlichen Überprüfung, die in der Vergangenheit zur Unwirksamkeit der Regelung geführt hat (*Ockert*, S. 201 ff.) Die Regelungen tragen bereits ihrer Zweckrichtung nach ohnehin lediglich zum längerfristigen Verbleib der Aktionäre in der Gesellschaft, nicht jedoch automatisch zu einem stärkeren Engagement bei und helfen somit für die hier untersuchten Ziele nur stark eingeschränkt oder können gar ein negatives Verhalten verursachen (*Ockert, S.* 234 f.).

1366 Vgl. z. B. die Erwägungen *Europäische Kommission,* Aktionsplan Modernisierung des Gesellschaftsrechts – KOM(2003) 284, endg., S. 15 ff.; ausführlich zur Stimmpflicht in Kapitalgesellschaften auch *Winkler*, S. 138 ff.

1367 Stimmpflichten ansprechend, aber abratend: *Europäische Kommission,* Aktionsplan Modernisierung des Gesellschaftsrechts – KOM(2003) 284, endg., S. 16; eingehende Diskussion auch bei: *Winkler*, S. 384 f.

1368 *Zetzsche*, FS Baums, S. 1505, 1510, Fn. 34 m.w.N.

dies ist aber keinesfalls der Regelfall, sondern nur in extremen Ausnahmefällen und sehr zurückhaltend anzunehmen.[1369]

Unter einer Stimmpflicht wird gemeinhin verstanden, dass den Aktionären keine Wahlmöglichkeit, also kein bloßes Stimmrecht eröffnet wird, ob sie bei Hauptversammlungen abstimmen, sondern die Pflicht auferlegt wird, dies zu tun; dies ist von der Diskussion solcher Abstimmungspflichten abzugrenzen, die verlangen, auf einem bestimmten Antrag aus Treuepflichtsgesichtspunkte positiv/ bzw. negativ zu votieren, wobei dies natürlich dennoch zugleich eine Pflicht zur Abgabe der Stimme und zur Teilnahme an der Hauptversammlung impliziert.[1370] Ein Vorteil einer solchen generellen Pflicht zur Abstimmung wäre sicherlich, dass die geringen Hauptversammlungspräsenzen verhindert würden und dass jeder Aktionär zu den verschiedenen zur Abstimmung gestellten Themen Stellung beziehen müsste.[1371]

Andererseits wird in der Literatur zu Recht darauf hingewiesen, dass eine solche Pflicht die gegenteilige Wirkung haben kann.[1372] Vielleicht vermag sie dazu führen, dass wirklich jeder Aktionär seine Stimme abgibt. Das eigentlich Bezweckte aber, nämlich dass die wirtschaftlichen Eigentümer eines Unternehmens auch die entsprechende Verantwortung übernehmen und auf Basis dieser inneren Einstellung aktiv dazu beitragen, dass das Unternehmen langfristig wirtschaftlich stabil bleibt, lässt sich dadurch dennoch nicht erzwingen: Vielmehr besteht das Risiko, dass die Unternehmen erst recht nur pro forma abstimmen und – um Ressourcen zu sparen – pauschal den Vorschlägen des Vorstands folgen.[1373] Damit wäre nichts gewonnen. Vielmehr bestünde darüber hinaus genauso wie ohne Stimmpflicht die Gefahr, dass stattdessen kurzfristige Haltedauern der Anlagen gefördert würden – indem die (institutionellen) Anleger sich genötigt sähen, die Anlagen sofort zu verkaufen, sobald sich das Unternehmen in eine Richtung entwickelte, die ihnen nicht zusagt, anstatt dann aktiv zu werden und den Dialog mit dem Vorstand und anderen Stakeholdern zu suchen.[1374] Dies erzwingt dann ein Aktionärsverhalten wie die bereits oben beschriebene *Exit*-Option oder *Wall Street-Rule*.[1375]

1369 Fuchs, FS Immenga, 589, 600 f.; Grigoleit/*Grigoleit*, AktG, § 1, Rn. 74; MüKo-AktG, Bd. 1, *Götze*, Vorbem. zu § 53a AktG, Rn. 28.

1370 Seibt, ZIP 2014, S. 1909, 1912 – u.a. verweisend auf BGHZ 129, 136, 144 f.; MüKo-AktG, Bd. 4, *Stein*, § 179, Rn. 219; Grigoleit/*Grigoleit*, AktG, § 1, Rn. 74.

1371 Eine ausführliche Diskussion dazu auch bei: *Winkler*, S. 384 f. und *Zetzsche*, FS Baums, S. 1505, 1510.

1372 *Europäische Kommission*, Aktionsplan Modernisierung des Gesellschaftsrechts – KOM(2003) 284, endg., S. 16; *Zetzsche*, FS Baums, S. 1505, S. 1510.

1373 *Zetzsche*, FS Baums, S. 1505, S. 1510; *Europäische Kommission*, Aktionsplan Modernisierung des Gesellschaftsrechts – KOM(2003) 284, endg., S. 16.

1374 *Zetzsche*, FS Baums, S. 1505, 1510.

1375 *Zetzsche*, FS Baums, S. 1505, 1510; *Hirschman*, Exit, voice, and loyalty, S. 4; siehe dazu ausführlich mit weiteren Nachweisen oben ab S. 17.

2. Die Lösung über gesellschaftsrechtliche Treuepflichten

Eine weitere alternative Lösungsmöglichkeit, die gewissermaßen eine allgemeinere Variante der Ausführungen zur Stimmpflicht darstellt, sind gesellschaftsrechtliche Treuepflichten (im Englischen *fiduciary duties* bzw. je nach Kontext auch *duty of good faith*).[1376] Unter Treuepflichten werden gemeinhin solche Pflichten verstanden, die gerade aus der gemeinschaftlichen Verbundenheit der Personen in einem rechtlichen Verband resultieren und über die herkömmliche vertragliche Pflichtenstellung hinausgehen.[1377] Sie können sowohl bei Personen- als auch bei Kapitalgesellschaften bestehen und sind jedenfalls in der deutschen Rechtsordnung gewohnheitsrechtlich anerkannt.[1378] Der Rückgriff auf diese Pflichtengruppe beinhaltet gewissermaßen einen Perspektivenwechsel – fort von der bloßen Betrachtung der Aktivität aus Sicht der institutionellen Anleger und hin zu einer Sicht auf den Anleger als Aktionär im Beteiligungsunternehmen: Kerngedanke ist die Überlegung, dass es gar nicht nötig ist, die Aktionäre zu mehr Aktivitäten zu verpflichten, da sie ohnehin bereits eine gesellschaftsrechtliche Pflicht gegenüber dem Unternehmen und seinen Mitaktionären trifft, aufgrund ihrer Einflussmöglichkeiten Verantwortung zu übernehmen,[1379] ihre Anteile aktiv zu halten und in einem kritischen und konstruktiven Austausch mit dem Beteiligungsunternehmen zu stehen.[1380] Insofern müsste man nur diese Pflichten stärker in den Vordergrund der Diskussion stellen oder sie vermehrt durchsetzen.

In einigen wenigen Fällen bestand in Deutschland z. B. schon vor Umsetzung der Aktionärsrechterichtlinie 2017 eine Treuepflicht für Aktionäre, aktiv zu werden.[1381] Für lange Zeit wurden diese Treuepflichten allerdings vornehmlich für Personengesellschaften diskutiert und anerkannt, da diese in besonderem Maße von der engen Bindung der Mitglieder, die aufgrund ihrer persönlichen Haftung gewissermaßen eine „Schicksalsgemeinschaft" darstellen, geprägt sind.[1382] Sie wurden aber auch von der Rechtsprechung für Kapitalgesellschaften akzeptiert – in Deutschland ist dies vom BGH beispielsweise für den Fall einer GmbH bestätigt worden, in dem es eine neue Rechtslage gibt und der Gesellschaftsvertrag an diese anzupassen ist.[1383] Aber grundsätzlich sind derartige Treuepflichten ebenso für die als eher anonyme Anlageform konzipierte Aktiengesellschaft anerkannt und gehen

---

1376 So zum Beispiel positiv hervorgehoben von *Zetzsche*, FS Baums, S. 1505, 1513.

1377 Zusammenfassend auch: *Winkler*, S. 133; *Ockert*, S. 129 ff.

1378 *Winkler*, S. 133 m.w.N.

1379 BGHZ 103, 184, 195; MüKo-AktG, Bd. 1, *Götze*, § 117, Rn. 22; *Winkler*, S. 133 m.w.N.

1380 *Zetzsche*, FS Baums, S. 1505, 1513; *Winkler*, S. 141.

1381 *Fuchs*, FS Immenga, S. 589, 599 ff.; *Hoffmann-Becking*, Münchener Handbuch des Gesellschaftsrechts, Bd. 4, *Rieckers*, § 17 – Mitgliedschaft des Aktionärs, Rn. 22, 24.

1382 *Winkler*, S. 135 m.w.N.

1383 BGH, Urteil vom 25.09.1986, Az. II ZR 262/85.

hier ebenfalls bereits auf das Reichsgericht zurück.[1384] Dabei kann die Treuepflicht in der AG in unterschiedlichen Rechtsbeziehungen bestehen – zwischen dem Aktionär und der Aktiengesellschaft und umgekehrt sowie zwischen den Aktionären untereinander.[1385] Dementsprechend kann die Einhaltung der Treuepflichten auch von den verschiedenen Begünstigten geltend gemacht werden. Ein häufig auftretender Fall ist die Geltendmachung eines die Treuepflichten berücksichtigenden Verhaltens durch einen Minderheits- gegenüber einem Mehrheitsaktionär.[1386]

Auch in Großbritannien sind *fiduciary duties* ein wichtiges Thema insbesondere in Bezug auf institutionelle Anleger. Allerdings ist das Begriffsverständnis meist etwas abweichend[1387] und wird häufig im Zusammenhang mit den Pflichten der Vorstände (*Directors*) einer Gesellschaft verwendet.[1388] Gerade in jüngerer Vergangenheit sind Treuepflichten auch von Anlegern jedoch Gegenstand umfangreicher Forschungsprojekte geworden.[1389]

Es gibt eine Reihe von Literaturstimmen, die eine Lösung über eine Ausdehnung des bestehenden Systems der gesellschaftsrechtlichen Treuepflichten auch in Bezug auf die Apathie der Aktionäre positiv hervorheben.[1390] Dafür spricht nach Ansicht der Vertreter, dass auf diese Weise die Problematik, wer genau Adressat der Regelung ist bzw. sein soll, so nicht bestanden hätte, da die Treuepflichten auf alle Aktionäre gleichermaßen Anwendung finden.[1391] Eine Definition des Begriffs „institutioneller Anleger" wäre ebenso wenig erforderlich gewesen wie eine Lösung der Schwierigkeit hinsichtlich des geografischen Anwendungsbereichs der Regelungen.[1392]

Insgesamt wäre eine Ausdehnung über die Anerkennung weiterer Treuepflichten und ein Ausnutzen der bestehenden Rechtslage in vielen Mitgliedstaaten ein weiterer gangbarer Weg zur Aktivierung der Anleger gewesen.[1393] In einigen Staaten bestehen ohnehin schon Aspekte, die Aktionäre allgemein und dementsprechend auch institutionelle Anleger zu einem aktiveren Verhalten verpflichten.[1394]

1384 *Hoffmann-Becking*, Münchener Handbuch des Gesellschaftsrechts, Bd. 4, *Rieckers*, § 17 – Mitgliedschaft des Aktionärs, Rn. 19 ff.

1385 *Hoffmann-Becking*, Münchener Handbuch des Gesellschaftsrechts, Bd. 4, *Rieckers*, § 17 – Mitgliedschaft des Aktionärs, Rn. 20.

1386 *Hoffmann-Becking*, Münchener Handbuch des Gesellschaftsrechts, Bd. 4, *Rieckers*, § 17 – Mitgliedschaft des Aktionärs, Rn. 23.

1387 Intensiv diskutiertes Thema – einen guten Überblick bietet: *UK Law Commission*, Fiduciary Duties of Investment Intermediaries, S. 31 ff.

1388 *Kasolowsky*, passim.

1389 *Tomlinson*, OBLB v. 13.02.2017, passim.

1390 *Zetzsche*, FS Baums, S. 1505, 1513; *Winkler*, S. 141.

1391 *Zetzsche*, FS Baums, S. 1505, 1513

1392 *Zetzsche*, FS Baums, S. 1505, 1513.

1393 *Zetzsche*, FS Baums, S. 1505, 1513.

1394 Siehe dazu im Detail mit weiteren Nachweisen auch oben, S. 92 ff.

Allerdings zeigt bereits der Vergleich zwischen Deutschland und Großbritannien, dass auf diese Weise jedenfalls nicht ohne weitere Zwischenschritte eine vergleichbare Einheitlichkeit hätte hergestellt werden können, da sich die Anwendung relativ deutlich von Rechtsordnung zu Rechtsordnung unterscheidet und in weiten Teilen auf Gewohnheits- bzw. Richterrecht beruht.[1395] Damit geht einher, dass mit einer Regulierung dieser Art jedenfalls nicht in gleicher Weise der öffentliche Eindruck hätte erzielt werden können, dass die Europäische Union Maßnahmen zur Aktivierung institutioneller Anleger ergreift.

Schwierig ist zudem, dass im Rahmen der üblichen europäischen gesetzgeberischen Möglichkeiten nur schwer Regelungen denkbar sind, mit denen eine speziell auf die Ausgestaltung von Treuepflichten in den Mitgliedstaaten zugeschnittene Regelung hätte realisiert werden können.[1396] Während die „Lösung über Treuepflichten" somit für die einzelnen Mitgliedstaaten eine tatsächliche Alternativlösung ist, ist sie auf gesamt-europäischer Ebene wesentlich schwerer denkbar.

Dies gilt umso mehr deshalb, da die Treuepflichten häufig erst durch die Rechtsprechung oder über die Wissenschaft und vielmehr für den Einzelfall entwickelt worden sind.[1397] Es wäre zwar eine entsprechende legislative Maßnahme denkbar, die im Rahmen einer Richtlinie verbindlich bestimmte Treuepflichten formuliert.[1398] Dies wäre allerdings wie die Offenlegungspflichten ebenso Neuland und wäre ansonsten auch nicht mehr mit den Vorteilen der Treuepflichten – nämlich dass sie als Gewohnheitsrecht ohnehin schon bestehen – vereinbar. Ebenso lässt sich nicht argumentieren, dass aufgrund der bestehenden Treuepflichten eine weitere Regelung von aktiveren Verhaltenspflichten obsolet ist, da diese sich eben von Mitgliedstaat zu Mitgliedstaat deutlich unterscheiden und noch nicht ausreichend zu mehr Aktivitäten anreizen, sonst bestünde ja gerade kein Regelungsbedarf.

3. Lösung über *„größere Stimmrechte oder höhere Dividenden"*[1399]

Als alternative Lösungsmöglichkeit für aktivere und langfristigere Anleger wurde von *Habersack* im Rahmen eines Gutachtens für den 69. Deutschen Juristentag in München im Jahr 2012 vorgeschlagen, dass die Aktionäre ein doppeltes Stimmrecht

1395 Siehe dazu im Detail mit weiteren Nachweisen auch oben, S. 92 ff.

1396 Auch *Zetzsche*, FS Baums, S. 1505, 1513 und *Winkler*, S. 141 gehen nicht weiter auf die Ausgestaltung auf europäischer Ebene im Detail ein.

1397 *Winkler*, S. 141.

1398 Unklar, ob dies ein Lösungsweg sein soll: *Zetzsche*, FS Baums, S. 1505, 1513.

1399 *Europäische Kommission*, Grünbuch Langfristige Finanzierung der Europäischen Wirtschaft – KOM(2013) 150 endg., S. 11; ähnlich auch bei *Faure*, S. 210 ff.; *Habersack*, Gutachten E: „Staatliche und nichtstaatliche Eingriffe in die Unternehmensführung", S. 90.d

erhalten sollten, wenn die Aktien länger als zwei Jahre gehalten würden.[1400] Dieser Vorschlag knüpft an das sogenannte *Treuestimmrecht* an, das es im französischen Gesellschaftsrecht gibt.[1401] Ebenso wird das Inaussichtstellen höherer Dividenden im Fall von einer Haltedauer der Aktien von über zwei Jahren vorgeschlagen und darauf verwiesen, dass solche Regelungen beispielsweise in der Satzung vorgesehen werden könnten.[1402] Hiergegen wurden bereits früh Bedenken im Hinblick auf den aktienrechtlichen Gleichbehandlungsgrundsatz geäußert.[1403] Diese wären jedoch mit der unten näher auszuführenden Argumentation (i.E.: es ist im Rahmen der Kompetenz des europäischen Gesetzgebers durchaus möglich eine Ausnahme zum Gleichbehandlungsgrundsatz zu regeln) lösbar gewesen.[1404] Dennoch wurde der Weg vom europäischen Gesetzgeber nicht aufgegriffen bzw. weiterverfolgt, obwohl er ihn auch in seinen Vorerwägungen berücksichtigt hatte.[1405]

Im Gegensatz zur vorgenannten Stimmpflicht versucht dieser Ansatz Anreizeffekte zu nutzen, allerdings ist bei seinen möglichen Erfolgen zu differenzieren: Dass ein solcher Weg auch Anreize für ein *längerfristiges Halten* der Aktien geschaffen und zu einer stärkeren Langfristorientierung geführt hätte, ist möglich.[1406] Eine Anreizwirkung eines doppelten Stimmrechts im Hinblick auf ein *aktiveres Handeln* ist hingegen nicht zu erwarten, da dies lediglich das Stimmgewicht betrifft, aber keine weitere Belohnung für den Fall verspricht, dass der Anleger sich mehr

1400 *Habersack,* Gutachten E: „Staatliche und nichtstaatliche Eingriffe in die Unternehmensführung", S. 90; Mehrstimmrechtsaktien diskutiert auch ausführlich *Ockert,* S. 159.

1401 *Habersack,* Gutachten E: „Staatliche und nichtstaatliche Eingriffe in die Unternehmensführung", S. 90 mit Verweis auf *„Art. L 225-123 alinéa 1 Code de Commerce"*; darauf auch eingehend – aber aufgrund des sehr begrenzten Adressatenkreises ablehnend: *Faure,* S. 211; diesen Vergleich auch diskutierend *Ockert,* S. 170 ff.

1402 *Europäische Kommission,* Grünbuch – Corporate Governance in Finanzinstituten und Vergütungspolitik – KOM (2010) 284 endg., S. 11; ebenfalls diskutiert bei *Ockert,* S. 182 ff. unter dem Stichwort „Loyalitätsdividende" – *Ockert* spricht sich letztlich dagegen aus.

1403 Allgemein im Hinblick auf die Informationspolitik: *Fleischer/Strothotte,* AG 2011, S. 221, 227.

1404 Vgl. dazu die unten mit weiteren Nachweisen genauer ausgeführte Argumentation auf S. 316 ff.; so auch *Ockert,* S. 172 ff.

1405 *Europäische Kommission,* Grünbuch – Corporate Governance in Finanzinstituten und Vergütungspolitik – KOM (2010) 284 endg., S. 11; zur Entwicklung auf europäischer Ebene auch *Ockert,* S. S. 159 f.

1406 *Habersack* spricht insofern auch nur zutreffend von der *„Förderung des langfristigen Denkens"*: *Habersack,* Gutachten E: „Staatliche und nichtstaatliche Eingriffe in die Unternehmensführung", S. 90; darum wird dies auch ausführlich diskutiert in der Arbeit zur Langfristigkeit von *Ockert,* S. 167 ff.

im Zielunternehmen engagiert.[1407] Insofern hätte es einer zusätzlichen Anreizsetzung im Hinblick auf vermehrtes Engagement bedurft, die so nicht vorgeschlagen wurde. Damit ist der nun eingeschlagene europäische Weg jedenfalls umfassender im Vergleich zu der vorgeschlagenen Einzellösung im Hinblick auf die Länge des Engagements der Anleger.

Ferner wurden auch finanzielle Anreize, wie zum Beispiel höhere Dividenden oder Sonderzahlungen in Form einer „Stewardship Abgabe"[1408] angesprochen.[1409] Dadurch soll es schlicht für die institutionellen Anleger attraktiver gemacht werden, sich zu engagieren, indem auch möglicherweise entstehende Kosten oder andere Nachteile ausgeglichen werden.[1410] Diese Sonderzahlungen stehen jedoch in einem wohl nur durch eine weitere Gesetzesänderung überwindbaren Spannungsfeld zu § 57 AktG, der die Einlagenrückgewähr verbietet.[1411]

4. Die Kodexlösung

Betrachtet man die weiteren Regulierungsbestrebungen in Europa, so wäre eine andere naheliegende Regulierungsmöglichkeit das Schaffen eines (europäischen) Kodex, vergleichbar mit dem UK Stewardship Code oder auch im weiteren Sinne mit den verschiedenen Corporate Governance Kodizes, gewesen.[1412] Die Vor- und Nachteile von Kodexlösungen allgemein sowie die Übertragbarkeit dieser Kodizes ins deutsche/europäische Recht bzw. auf institutionelle Anleger wurden schon frühzeitig in der einschlägigen Literatur diskutiert[1413] und wurden auch in letzter Zeit erneut ins Spiel gebracht.[1414] Dabei bezog sich die Diskussion allerdings vielfach auf die generelle Übertragbarkeit und in geringerem Maße auf die Geeignetheit der Regulierung in Kodexform an sich.[1415] Da eine solche finanzielle Anreizsetzung für mehr Engagement das Risiko einer rein formalen Erfüllung der Pflichten mit sich bringt und gerade das Engagement der Aktionäre umfassender

---

1407 *Habersack*, Gutachten E: „Staatliche und nichtstaatliche Eingriffe in die Unternehmensführung", S. 90; so auch *Ockert*, S. 182.

1408 Faure, S. 210.

1409 *Habersack*, Gutachten E: „Staatliche und nichtstaatliche Eingriffe in die Unternehmensführung", S. 90; *Fleischer/Strothotte*, AG 2011, 221, 227; *Faure*, S. 210.

1410 *Faure*, S. 210.

1411 *Faure*, S. 210.

1412 *Hucke*, ZCG 2011, S: 269, passim; *Fleischer/Strothotte*, AG 2011, 221, passim; *Hirt*, ZGR 2012, 280, passim; *Hein*, S. 336 ff.

1413 *Hucke*, ZCG 2011, 269, passim; *Fleischer/Strothotte*, AG 2011, 221, passim; *Hirt*, ZGR 2012, 280, passim; *Hein*, S. 336 ff.; *Faure*, S. 134 ff. vor allem die Rezeption des UK Stewardship Code 2012 beschreibend.

1414 *Baums*, ZHR 183 (2019), 605, 610; *Hein*, S. 336 ff.

1415 *Hucke*, ZCG 2011, S: 269, passim; *Fleischer/Strothotte*, AG 2011, S. 221, passim; *Hirt*, ZGR 2012, S. 280, passim.

und nachhaltiger sein sollte, wird eine solche Änderung derzeit in der Literatur als nicht unbedingt sachdienlich erachtet.[1416]

a) Typische Vor- und Nachteile

Ein genereller Nachteil der Lösung über reines Soft Law, als bloße freiwillige Selbstverpflichtung, den Kodex einzuhalten (wie z. B. in Großbritannien die *signatories*), wäre die geringere Verbreitung und die daraus folgende geringere Verbindlichkeit gewesen.[1417] Würden sich weniger Unternehmen zum Befolgen des Kodex verpflichten, dann wären die Regelungen nicht gleich effektiv für die Gesamtwirtschaft.[1418] Eine unmittelbare gesetzliche Verpflichtung hingegen ist stärker bindend, insbesondere für alle institutionellen Anleger gleichermaßen verbindlich und kann bei Verstößen entsprechende Sanktionen vorsehen.[1419] Der damit einhergehende Vorteil ist zudem der aus der Verbindlichkeit resultierende weitaus größere Bekanntheitsgrad, während es bei einer freiwilligen Selbstverpflichtung denkbar ist, dass gar nicht alle Regulierten vollständig über den Kodex informiert sind, weil sie etwa keine Ressourcen dafür vorgesehen haben, sich permanent über neue Entwicklungen im freiwilligen Bereich zu informieren – dies kann oder jedenfalls sollte gemeinhin bei einer alle gleichermaßen verpflichtenden gesetzlichen Regelung nicht passieren.

Ein Vorteil der Regulierung über einen Kodex, der von den entsprechenden Interessengruppen konzipiert und fortgeschrieben wird, liegt allerdings zum einen in seiner Ausführlichkeit: Dies wurde z. B. oben in der kritischen Analyse des Art. 3 g) Aktionärsrechterichtlinie 2017 besonders deutlich.[1420] Während eine Regelung in einem Gesetz oder in diesem Fall in einer Richtlinie meist deutlich knapper ausfällt, bleibt in einem Kodex die Möglichkeit, auch Erläuterungen direkt mit in die Vorschriften aufzunehmen.[1421] Im UK Stewardship Code 2012 wurde von dieser Möglichkeit sehr intensiv in den Guidances bzw. im UK Stewardship Code 2020 in den sog. „*Reporting Expectations*" Gebrauch gemacht.[1422] Auf diese Weise wird eine Kommentierung gleichzeitig mit der Regulierung veröffentlicht und trägt im Idealfall zu einer leichteren Anwendbarkeit bei. Allerdings soll nicht

---

1416 *Faure*, S. 210.

1417 Siehe allgemein zu den Kritikpunkten an Soft Law Regulierung und weiteren Nachweisen oben, S. 86 ff. sowie speziell in Bezug auf den UK Stewardship Code und seine Rezeption *Faure*, S. 136 ff.

1418 Siehe allgemein zu den Kritikpunkten an Soft Law Regulierung und weiteren Nachweisen oben, S. 86 ff. sowie *Faure*, S. 136 ff.

1419 Zu den nun tatsächlich vorgesehenen Sanktionen vgl. im Folgenden S. 157.

1420 Viele Regelungen ließen sich durch die Guidances viel leichter verstehen. Vgl. dazu mit weiteren Nachweisen oben S. 132 ff.

1421 Vgl. dazu mit weiteren Nachweisen oben S. 98 ff.

1422 Vgl. dazu mit weiteren Nachweisen oben S 103 f.

verschwiegen werden, dass diese Erläuterungen wiederum Schwierigkeiten mit sich bringen können, nicht immer vollkommen eindeutig sind und gegebenenfalls auch selbst zunächst einmal ausgelegt werden müssen.[1423]

Ferner kann als Vorteil eines Kodex an sich genannt werden, dass er speziell, die Regelungen, die mit diesem Kodex geregelt werden sollen in den Mittelpunkt stellt und damit den Fokus der Öffentlichkeit auch darauf richten kann, wie es sicherlich mit dem UK Stewardship Code 2010 und 2012 in den vergangenen Jahrzehnt geschehen ist.[1424]

Ein weiterer Vorteil der Regelung mittels eines Kodex ist seine weitaus größere Flexibilität im Vergleich zur gesetzlichen Lösung.[1425] Die Regulierung mittels Soft Law bietet die Möglichkeit, Unstimmigkeiten und Unklarheiten schnell und vergleichsweise einfach zu ändern und ggf. aufgedeckte Fehler zu korrigieren.[1426] Auch hierfür ist der UK Stewardship Code ein Beispiel:[1427] So gab es an der ersten Version des UK Stewardship Code aus dem Jahr 2010 sehr unterschiedliche Kritik.[1428] Diese wurde durch einen speziellen Evaluationsprozess stetig abgefragt und gelangte so zu den Erstellern.[1429] Auf diese Weise konnten bereits im Jahr 2012 einige der Kritikpunkte aufgenommen und entsprechend in der zweiten Version des Kodex verbessert werden.[1430] So befindet sich jeder Kodex in einem stetigen Anpassungs- und Verbesserungsprozess.[1431]

Als positives Beispiel ist auch der Umgang mit der wiederholt geäußerten Kritik an der Qualität der Erklärungen zum UK Stewardship Code zu nennen: Dies ist als einer der zentralen Kritikpunkte am *Comply-Or-Explain*-Prinzip und damit

---

1423 *Faure*, S. 136 ff.

1424 *Faure*, S. 134.

1425 *Arsalidou*, European Company and Financial Law Review 2012, S. 342, 356; *Faure*, S. 136 ff.

1426 *Arsalidou*, European Company and Financial Law Review 2012, S. 342, 356; *Faure*, S. 136 ff.

1427 Ähnliches gilt natürlich auch für die Corporate Governance Codes in den verschiedenen Staaten, aufgrund der größeren Sachnähe wurde an dieser Stelle der Vergleich zum UK Stewardship Code vorgezogen; *Faure*, S. 136 ff.

1428 Daneben gab es auch grundsätzliche Kritik, aber diese soll an dieser Stelle nicht weiter thematisiert werden, vgl. mit weiteren Nachweisen hierzu bereits oben S. 83 ff.

1429 Vgl. dazu *FRC*, UK Stewardship Code – Internetauftritt.

1430 Beispielhaft sei an dieser Stelle die wiederkehrend geäußerte Frage nach einer Erklärung/Definition des Begriffs „Stewardship" zu nennen. Diese ist seit 2012 auf S. 1 unter Nr. 4 des Kodex zu finden.

1431 *Arsalidou*, European Company and Financial Law Review 2012, S. 342, 356; *Faure*, S. 136 ff.

auch an der Kodexlösung zu sehen.[1432] Wenn die Entsprechenserklärungen und die offengelegten Informationen keine umfangreiche Aussagekraft besitzen, weil sie – etwa um sich vor einer möglichen Haftung zu schützen[1433] – sehr allgemein gehalten sind, stellt dies die Effektivität eines Kodex nachhaltig in Frage.[1434] Das in Großbritannien dafür zuständige FRC hat sich jedoch mit der Problematik beschäftigt und hat seit Kurzem mit einer Kategorisierung und einem Feedbackprozess zu den Erklärungen nach dem UK Stewardship Code begonnen.[1435] Dieser neue Lösungsansatz zeigt vielversprechende erste Ergebnisse hinsichtlich der Qualität der Erklärungen.[1436]

b) Kodexvorschläge in Deutschland

Teils wurde in der deutschen Literatur eine Umsetzung der Aktionärsrechterichtlinie 2017 mittels Kodex sogar als zwingend angesehen.[1437] Dass dies nicht der Fall ist, hat sich inzwischen durch die Umsetzung im AktG mittels ARUG II gezeigt. Dennoch sind zum einen auf dieser Grundannahme bzw. allgemeinen Bestrebungen zwei Kodexvorschläge entstanden. Zum einen hat *Hein* auf Basis einer vergleichenden Analyse einen Vorschlag für einen Kodex entwickelt, der Art. 3 g) der Aktionärsrechterichtlinie 2017 umsetzen soll.[1438] Als Grundprinzip greift dieser die Regelungsmechanik des Deutschen Corporate Governance Kodex und schlägt vor, die mit § 161 AktG vergleichbare Pflicht zur Abgabe einer Entsprechenserklärung etwa im VAG oder KAGB zu regeln und dann auf den Kodex zu verweisen.[1439] Hervorzuheben ist, dass dieser Kodex – naturgemäß – viele der Probleme, die im Rahmen der Kodizes in anderen Jurisdiktionen offenbar wurden, thematisiert und versucht, entsprechende Lösungen vorzuschlagen – dabei obliegt er auch den Anlegern eine Pflicht auf, die Pflichten der Mitaktionären – wie Gleichbehandlung, Geheimhaltung und das Verbot des *acting-in-concert* zu achten.[1440] Zudem

---

1432 Vgl. dazu die Darstellung mit weiteren Nachweisen unten S. 308 ff. sowie *Faure*, S. 136 ff.

1433 Vgl. zu der problematischen Auswirkung von allgemeinen Erklärungen mit weiteren Nachweisen auch oben S. 157.

1434 *Faure*, S. 137.

1435 Vgl. dazu ausführlich mit weiteren Nachweisen im Folgenden S. 307.

1436 Vgl. dazu ausführlich mit weiteren Nachweisen im Folgenden S. 307.

1437 *Hein*, S. 336 ff.

1438 *Hein*, S. 336 ff.

1439 *Hein*, S. 336 f.

1440 *Hein*, S. 340; zu den Schwierigkeiten und Konfliktlagen siehe insbesondere Ziff. 4.4 und Ziff. 5.2 des von Hein vorgeschlagenen *„Deutschen Stewardship Code"* – weiter erläuternd dazu dann *Hein*, S. 351 f. Zu den Schwierigkeiten, die sich aus diesen Konfliktlagen ergeben, siehe auch mit weiteren Nachweisen sogleich, S. 175 ff.

ist die Erwähnung von ESG-Aspekte zu Beginn des Kodexvorschlags in Ziff. 1.2 zu begrüßen.[1441]

Der Vorschlag der DVFA Deutsche Vereinigung für Finanzanalyse und Asset Management e.V. („**DVFA**") für DVFA Stewardship Leitlinien vom 5. September 2019 wirkt hingegen etwas weniger auf die bisher identifizierten Schwierigkeiten eingehend und stark an den alten UK Stewardship Code 2012 angelehnt, wobei auch hier in Ziff. 5 inzwischen auf die ökologische und soziale Verantwortung abgestellt wird.[1442]

c) *Zusammenfassung*

Aufgrund der bereits vorangegangenen Erfahrungen mit dem UK Stewardship Code und der größeren Flexibilität, den diese Regelungstechnik hat,[1443] wäre eine Kodexlösung auch in diesem Zusammenhang durchaus denkbar, aber nicht zwingend, gewesen: So hätten dem europäischen Gesetzgeber in einem Regulierungsbereich, in dem jedenfalls er noch keine Erfahrungen gesammelt hat und für den allein der Gesetzgebungsprozess viele Jahre gedauert hat, welcher wiederum mit weitreichenden Kontroversen einherging, noch mehr kurzfristige Nachjustierungsmöglichkeiten zur Verfügung gestanden.[1444] Mit der stattdessen gewählten Lösung über Transparenzpflichten, kombiniert mit einigen *Comply-Or-Explain*-Elementen, versucht der Richtliniengeber allerdings einen Mittelweg zu beschreiten. Insbesondere auch die längerfristig angelegten Evaluationspflichten scheinen die Vorteile einer Soft-Law-Regulierung mit einzubeziehen.[1445] Diese Vorgehensweise ist zu begrüßen. Zudem besteht auch weiterhin die Möglichkeit, die Regulierung über ARUG II durch einen vertiefenden und erläuternden Kodex zu ergänzen.[1446] Hier sollte allerdings darauf geachtet werden, dass die Themen, die sich bisher als unklar oder problematisch darstellen, ausreichend adressiert werden.[1447]

1441 Vgl. *Hein*, S. 340.

1442 *DVFA*, Stewardship-Leitlinien: die Kernelemente, S. 1 f.; siehe dazu auch im Detail mit weiteren Nachweisen unten S. 348 ff.

1443 *Arsalidou*, European Company and Financial Law Review 2012, S. 342, 356; *Faure*, S. 136 ff.

1444 *Arsalidou*, European Company and Financial Law Review 2012, S: 342, 356; *Faure*, S. 136 ff.

1445 Zu den Evaluationspflichten vgl. mit weiteren Nachweisen oben S. 98 ff.

1446 Siehe zu dieser möglichen Zukunftsperspektive mit weiteren Nachweisen auch später S. 348 ff.

1447 Siehe zu dieser möglichen Zukunftsperspektive mit weiteren Nachweisen auch später S. 348 ff.

III. Die rechtlichen Rahmenbedingungen vor ARUG II und der Aktionärsrechterichtlinie 2017 – Analyse der Handlungsoptionen und ihrer Grenzen

Der im Folgenden angestellte Vergleich betrachtet, welche verschiedene Mitwirkungsmöglichkeiten institutioneller Anleger durch Rechtsordnungen in Deutschland und Großbritannien bereits vor der Aktionärsrechterichtlinie 2017 bzw. dem ARUG II[1448] hatten und welche alternativen Regelungsoptionen diskutiert wurden. Dies bildet gewissermaßen das „Spielfeld", auf dem die Aktionäre (insbesondere auch die institutionellen Anleger) sich bisher bewegten und nun in weiten Teilen noch immer die Grundforderung nach zusätzlicher Aktivität[1449] umsetzen müssen. Auf Basis der Grundannahme der Neufassung der Aktionärsrechterichtlinie und des ARUG II, dass zusätzliches (und vor allem langfristiges) Engagement institutioneller Anleger notwendig sei,[1450] soll mithin betrachtet werden, auf welche rechtlichen Rahmenbedingungen diese Forderung trifft.

Zunächst werden die alternative Regulierungsansätze, bevor sich für die Regelung mittels der Aktionärsrechterichtlinie 2017 und der Umsetzung mittels ARUG II entschieden wurde, vorgestellt (1.). Danach wird aufgezeigt, inwieweit institutionelle Anleger schon vor der Aktionärsrechterichtlinie 2017 überhaupt Handlungsspielräume zur Mitwirkung hatten und ob sie sogar bereits Pflichten zu bestimmten Aktivitäten trafen (2.). In diesem Rahmen wird weiter untersucht, was die wesentlichen rechtlichen Grenzen bzw. Hinderungsgründe für die geforderten Arten des Engagements waren (und in weiten Teilen noch immer sind) (3.). Im Fokus stehen dabei die für Deutschland und Großbritannien spezifischen an institutionelle Anleger gerichteten Regelungen,[1451] welchen teils wiederum europäische Regelungen zugrunde liegen.

1448 RL 2017/828/EU v. 17.05.2017, L 132/1.

1449 Siehe zur Begründung der Europäischen Union bereits mit weiteren Nachweisen S. 121 f. und zur Eignung institutioneller Anleger ausführlich mit weiteren Nachweisen im Grundlagenteil oben, S. 80 ff.

1450 Siehe auch hierzu bereits mit weiteren Nachweisen S. 121 f. und S. 80 ff.

1451 Zu berücksichtigen ist allgemein, dass zuvorderst solche Regelungen betrachtet werden sollen, die speziell an institutionelle Anleger als Adressaten gerichtet sind. Diese gibt es allerdings in vielen Fällen (noch) nicht. Dann werden unter Umständen solche Normen erörtert, die lediglich Untergruppen der institutionellen Anleger ansprechen, oder es werden allgemeine an alle Aktionäre eines Unternehmens gerichtete Normen betrachtet, um das Bild der Handlungsoptionen so vollständig wie möglich zu skizzieren.

1. Typische Mitwirkungsmöglichkeiten und Mitwirkungspflichten institutioneller Anleger

a) Handlungskategorien

Die Mitwirkungsmöglichkeiten korrespondieren mit den Handlungsoptionen (*Voice*) der Aktionäre, wie sie bereits im Grundlagenteil dargestellt wurden.[1452] Zudem lassen sich die Aktionärsrechte traditionell in Vermögens- und Verwaltungsrechte unterteilen, wobei die Verwaltungsrechte sich wiederum in Teilhabe- und Schutzrechte trennen lassen.[1453]

In der folgenden Grafik werden typische denkbare Handlungsmöglichkeiten im Rahmen der Verwaltungsrechte weiter dargestellt, zugleich wird dabei die Vielschichtigkeit der Beziehungen institutioneller Anleger deutlich[1454]:

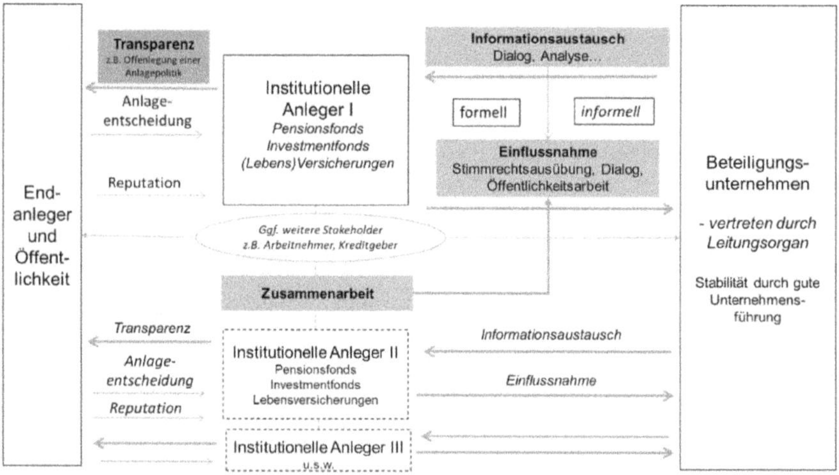

Abbildung 3: Schematische Darstellung der Mitwirkungsmöglichkeiten und -pflichten institutioneller Anleger.

1452 Vgl. dazu mit weiteren Nachweisen oben im Grundlagenteil S. 17 ff.

1453 Eine ausführliche Darstellung mit weiteren Nachweisen aus der Grundlagenliteratur dazu auch bei *Bassler*, S. 122; mit einer etwas anderen Unterteilung der Mitwirkungsmöglichkeiten aber ähnlichen Ergebnissen: *Gröntgen*, S. 21 ff.

1454 Dabei soll die Darstellung möglicher Handlungsoptionen keinesfalls abschließend sein, die Wege der Mitwirkung verändern sich stetig – vorliegende Darstellung soll lediglich die derzeit in Studien, Gesetzgebungsmaterialien und der einschlägigen Literatur am deutlichsten herausgestellten Handlungsmöglichkeiten aufgreifen. Viele der Erkenntnisse lassen sich auf neue und möglicherweise bis heute unbekannte Interaktionsmöglichkeiten übertragen.

Institutionelle Anleger können vor allem mit den Beteiligungsunternehmen, möglichen weiteren Stakeholdern und mit den Endanlegern bzw. der Öffentlichkeit agieren. Innerhalb dieses Beziehungsgeflechts gibt es vier typische Handlungskategorien, die den Anlegern offenstehen und in die sich viele ihrer Aktivitäten einordnen lassen.

- Der **Informationsaustausch und die Informationsgewinnung** bilden dabei die Basis für weitere Handlungen und können beispielsweise durch gesetzlich oder satzungsmäßig vorgeschriebene Fragerechte und Auskunftspflichten wahrgenommen werden.[1455] Zudem können Informationen auch über den informellen Dialog mit Vorständen oder anderen Unternehmensvertretern ausgetauscht werden.[1456] Schließlich ist eine Informationsgewinnung durch die Analyse öffentlich zugänglicher Informationen des Beteiligungsunternehmens, wie Jahresabschlüsse etc. möglich.[1457]
- Auf der auf diese Weise gewonnenen Informationsbasis besteht dann die Möglichkeit, weiter **aktiv Einfluss auf das Beteiligungsunternehmen zu nehmen**. Dies kann wiederum durch gesetzlich oder satzungsmäßig vorgeschriebene Wege, wie das Stimmrecht bei der Hauptversammlung oder durch informelle Vorgehensweisen, wie im Dialog mit Unternehmensvertretern, erfolgen.[1458]
- Die Einflussnahmemöglichkeiten können intensiviert werden, wenn sich mehrere Anleger oder die Anleger mit anderen Stakeholdern **zusammenschließen und gemeinsam vorgehen**.[1459]
- Eine weitere Beziehung und damit auch zu berücksichtigende Handlungskategorie, innerhalb derer institutionelle Anleger agieren, besteht mit ihren Endanlegern und der Öffentlichkeit (die zugleich auch einen potenziellen zukünftigen Endanleger der institutionellen Anleger darstellt). Auf diese Beziehung wirken die **Transparenzpflichten**, die nun auch die Europäische Union vorsieht[1460]: Wenn die Anleger offenlegen, wie sie ihre anderen Handlungsmöglichkeiten wahrnehmen, so wird angenommen, dass dies Reaktionen bei den Endanlegern und der Öffentlichkeit hervorruft, wie z. B. die Entscheidung, das Geld bei dem jeweiligen institutionellen Anleger anzulegen.[1461] Dies wird auch

1455 Unterteilend in formelle und informelle Kontrolltätigkeiten z.B.: *Winkler*, S. 102ff., 109 ff. m.w.N.; später auch *Bassler*, S. 121 ff.; siehe zu weiteren Quellen auch oben S. 19 ff.

1456 *Winkler*, S. 102ff., 104 ff. m.w.N.; *Bassler*, S. 230 ff.; siehe mit weiteren Nachweisen oben S. 19 ff.

1457 *Winkler*, S. 102ff., 103 m.w.N.; siehe mit weiteren Nachweisen oben S. 19 ff.

1458 *Winkler*, S. 102ff., 103 m.w.N.; siehe mit weiteren Nachweisen oben S. 19 ff.

1459 Z.B. mittels Vereinbarungen zwischen den Investoren oder Gesellschaftern – vgl. *Bassler*, S. 311 ff.

1460 RL 2017/828/EU v. 17.05.2017, L 132/1.

1461 Vor allem auf die öffentliche Kritik abstellend: *Winkler*, S. 107 ff.

von der generellen Reputation beeinflusst, auf die die „Transparenz" bzw. die Öffentlichkeitsarbeit Institutioneller Einfluss hat.[1462]

In diesem Koordinatensystem von Handlungsmöglichkeiten und Auswirkungen der Handlungen wird sich die folgende Analyse der Rechtslage vor der Aktionärsrechterichtlinie 2017 und ihrer Umsetzung in Deutschlachland bewegen. Die Untersuchung konzentriert sich auf die vier Hauptaktivitäten der **Informationsgewinnung, Einflussnahme**, **Zusammenarbeit** und **Transparenz** und betrachtet, inwieweit diese in den drei Rechtskreisen Großbritannien, Europa und Deutschland bereits vorgesehen bzw. möglich waren.

b) Mitwirkungsmöglichkeiten und -pflichten nach britischem Recht

Anhand der oben erfolgten Kategorisierung der Handlungsoptionen[1463] wird im Folgenden das „Spielfeld" und der Verantwortungsbereich für die Mitwirkung der Aktionäre in Großbritannien umrissen.

aa) Informations- und Überwachungsmöglichkeiten und -pflichten

Kodifizierte Informationsrechte (sogenannte *information rights)* der (indirekten)[1464] Aktionäre von am Markt gehandelten Gesellschaften[1465] finden sich in s 146 ff. CA 2006; in s 146 Abs. 3 CA 2006 sind Informationsrechte definiert, wie beispielsweise alle Kommunikationspapiere, die die Gesellschaft an ihre Mitglieder sendet, den Jahresabschluss und andere Berichte zu erhalten.[1466]

1462 *Winkler*, S. 107 ff.

1463 Siehe zur Herleitung der vier untersuchten Handlungskategorien mit weiteren Nachweisen oben, S. 175 ff.

1464 S 145 CA 2006 eröffnet die Möglichkeit, dass in der Satzung vorgesehen ist, dass Aktionäre die Ausübung der Mitgliedschaftsrechte auf Dritte übertragen dürfen – insofern gelten die in s 146 CA 2006 genannten Informationsrechte in diesem Kontext vornehmlich für indirekte Anleger – erst recht sind es aber auch Beispiele für die Rechte der Aktionäre selbst.

1465 S 146 Abs. 1 CA 2006: *„applies to a company whose shares are admitted to trading on a regulated market"*.

1466 Wortlaut von s 146 CA 2006:
„Traded companies: nomination of persons to enjoy information rights
(1) This section applies to a company whose shares are admitted to trading on a regulated market.
(2) A member of such a company who holds shares on behalf of another person may nominate that person to enjoy information rights.
(3) ‚Information rights' means –

Informationsmöglichkeiten können auch – und werden auch häufig[1467] – in der Satzung einer Gesellschaft geregelt werden, dies ist in den *Model Articles of Association for Public Companies* widergespiegelt.[1468] Darüber hinaus haben die Aktionäre von Gesellschaften, deren Anteile gehandelt werden, die Möglichkeit, im Rahmen der Hauptversammlungen Fragerechte auszuüben; dies richtet sich nach s 319A CA 2006, der erst infolge der Umsetzung der Aktionärsrechterichtlinie[1469] eingefügt wurde.[1470]

(a) the right to receive a copy of all communications that the company sends to its members generally or to any class of its members that includes the person making the nomination, and
(b) the rights conferred by –
(i) section 431 or 432 (right to require copies of accounts and reports), and
(ii) section 1145 (right to require hard copy version of document or information provided in another form).
(4) The reference in subsection (3)(a) to communications that a company sends to its members generally includes the company's annual accounts and reports. For the application of section 426 (option to provide [F1strategic report with supplementary material]) in relation to a person nominated to enjoy information rights, see subsection (5) of that section.
(5) A company need not act on a nomination purporting to relate to certain information rights only."

1467 *Mack*, ZCG 2020, S. 197, 198.

1468 Basis für diese Model Articles of Association for Public Companies ist die Vorschrift in s 19 CA 2006 – die aktuellen Model Articles of Association for Public Companies finden sich beim *Companies House*, Model Articles of Association for Public Companies, S. 79 f.; gem. s 20 CA 2006 werden die Model Articles of Association for Public Companies auch dann standardmäßig angewendet, wenn keine andere Version eingereicht wurde.

1469 *Grundmann*, Europäisches Gesellschaftsrecht S. 238; *Witt*, AG 2000, S. 257, passim.

1470 Wortlaut der Norm:
„*Traded companies: questions at meetings*
(1) At a general meeting of a traded company, the company must cause to be answered any question relating to the business being dealt with at the meeting put by a member attending the meeting.
(2) No such answer need be given-
(a) if to do so would –
(i) interfere unduly with the preparation for the meeting, or
(ii) involve the disclosure of confidential information;
(b) if the answer has already been given on a website in the form of an answer to a question; or
(c) if it is undesirable in the interests of the company or the good order of the meeting that the question be answered."

Eine Pflicht zur Überwachung der Aktivitäten des Management des Beteiligungsunternehmens durch institutionelle Anleger ergibt sich in Großbritannien nicht unmittelbar aus dem Gesetz, wohl aber aus dem bereits vorgestellten *Principle 8* des UK Stewardship Code 2020, der sich nach seinem Update allerdings wie bereits oben dargelegt nicht mehr ausdrücklich an institutionelle Anleger richtet (anders noch zuvor im *Principle 3* des UK Stewardship Code 2012 *„Institutional investors should monitor their investee companies."*), nun: *„Signatories monitor and hold to account managers and/or service providers."*.[1471]

Die erläuternden Hinweise zu *Principle 3* UK Stewardship Code 2012[1472] zählten zudem noch ausführlicher die Punkte auf, auf die die institutionellen Anleger bei ihren Überwachungsaktivitäten achten sollen:

- Die allgemeine Performance des Unternehmens,

1471 *FRC*, Stewardship Code 2020, S. 16.

1472 Sie lauten im Wortlaut:
„Effective monitoring is an essential component of stewardship. It should take place regularly and be checked periodically for effectiveness. When monitoring companies, institutional investors should seek to:
•keep abreast of the company's performance;
•keep abreast of developments, both internal and external to the company, that drive the company's value and risks;
•satisfy themselves that the company's leadership is effective;
•satisfy themselves that the company's board and committees adhere to the spirit of the UK Corporate Governance Code, including through meetings with the chairman and other board members;
•consider the quality of the company's reporting; and
•attend the General Meetings of companies in which they have a major holding, where appropriate and practicable.
Institutional investors should consider carefully explanations given for departure from the UK Corporate Governance Code and make reasoned judgements in each case. They should give a timely explanation to the company, in writing where appropriate, and be prepared to enter a dialogue if they do not accept the company's position. Institutional investors should endeavour to identify at an early stage issues that may result in a significant loss in investment value. If they have concerns, they should seek to ensure that the appropriate members of the investee company's board or management are made aware. Institutional investors may or may not wish to be made insiders. An institutional investor who may be willing to become an insider should indicate in its stewardship statement the willingness to do so, and the mechanism by which this could be done. Institutional investors will expect investee companies and their advisers to ensure that information that could affect their ability to deal in the shares of the company concerned is not conveyed to them without their prior agreement." – *FRC*, Stewardship Code 2012, Principle 3.

- Entwicklungen, die den Unternehmenswert und das Risiko beeinflussen,
- die Effektivität der Unternehmensleitung,
- die Einhaltung des UK Corporate Governance Code,
- die Qualität der Berichterstattung[1473] durch das Unternehmen und
- ihre eigene Teilnahme an Hauptversammlungen, sofern dies geboten erscheint.[1474]

Warum dies im UK Stewardship Code 2020 weggefallen ist, wird nicht deutlich. Dort jedenfalls findet sich eine solche Aufzählung nicht mehr. In der Literatur wird diskutiert, ob die Forderung nach mehr Überwachung als eine über die bloße Kontrolle als Lösung des Agency-Problems[1475] hinausgehende Aufgabe der institutionellen Anleger auszulegen ist.[1476] Dabei wird der Begriff *„monitoring"*[1477] im Zusammenhang mit dem Titel „Stewardship" als ein Handeln unter Berücksichtigung des öffentlichen Interesses und des Gemeinwohls interpretiert.[1478] Andererseits wird aber auch vertreten, dass mit dem Begriff *„monitoring"* keine neuen Aspekte zur Debatte hinzugefügt werden, sondern damit lediglich weiterhin das Vertreten der privaten Interessen der Anleger gemeint ist.[1479] Darauf deuten auch die nicht auf das Gemeinwohl etc. Bezug nehmenden Erläuterungen hin.[1480]

In den Erläuterungen zum UK Stewardship Code 2010 gibt es ferner die Anregung, sich mit dem *„chairman"* oder, wenn angemessen, anderen Mitgliedern des Leitungsorgans zu treffen.[1481] In der Version aus dem Jahr 2012 wurde der Satzteil

---

1473 Hier wurde das Wort *„reporting"* verwendet, was sich wohl zentral auf das *financial reporting* wie Jahresabschlüsse etc. bezieht.

1474 *FRC*, Stewardship Code 2012, S. 7 – Die Reihenfolge der Aufzählung wurde beibehalten, freie Übersetzung der Autorin.

1475 *Jensen/Meckling*, Journal of Financial Economics 1976, S. 305, 308 ff.

1476 Sullivan/Mackenzie-*Hawley/Williams*, S. 217, S. 223; *Chiu*, The Brooklyn Journal of Corporate, Financial & Commercial 2012, S. 387, 397 f.

1477 *FRC*, Stewardship Code 2012, S. 7.

1478 *Chiu*, The Brooklyn Journal of Corporate, Financial & Commercial 2012, S. 387, 397.

1479 *Chiu*, The Brooklyn Journal of Corporate, Financial & Commercial 2012, S. 387, 397.

1480 *Chiu*, The Brooklyn Journal of Corporate, Financial & Commercial 2012, S. 387, 397.

1481 Der Wortlaut in der ersten Version war: *„As part of this monitoring, institutional investors should: l seek to satisfy themselves, to the extent possible, that the investee company's board and committee structures are effective, and that independent directors provide adequate oversight, including by meeting the chairman and, where appropriate, other board members"*; FRC, Stewardship Code 2010, S. 6. Für die zweite Version 2012 wurde dies tatsächlich nochmal geändert. Nun heißt es: *„When monitoring companies, institutional investors should seek to (...) satisfy themselves that the company's board and committees adhere to the spirit of the UK Corporate Governance Code, including through meetings with the chairman and other board members". FRC,* Stewardship Code 2012, S. 7.

zur Angemessenheit gestrichen, sodass nun gar empfohlen wird, sowohl mit dem *chairman* als auch mit anderen Mitgliedern des Leitungsorgans Kontakt aufzunehmen.[1482] Im *Principle 8* UK Stewardship Code 2020 findet sich eine solche Empfehlung nicht mehr, allerdings wird dies jetzt in *Principle 9* UK Stewardship Code 2020 („*Signatories engage with issuers to maintain or enhance the value of assets*").[1483]

Zudem gab es im UK Stewardship Code 2012 eine Empfehlung zur Anwesenheit bei Hauptversammlungen,[1484] der die Lobbygruppen kritisch gegenüberstehen.[1485] Sie halten die Regelung vor allem deswegen für nicht weiterführend, da viele der Hauptversammlungen zur ähnlichen Zeit im Jahr stattfänden und die institutionellen Anleger teilweise Anteile von Hunderten von verschiedenen Unternehmen hielten.[1486]

Abgesehen von diesen für alle institutionellen Anleger geltenden Regelungen gibt es keine konkreten Normen, die speziell an Untergruppen gerichtet sind: Pensionsfonds müssen aber ein sogenanntes *Statement of Investment Principles* („***SIP***") (s 244 Pensions Act 2004) erstellen. Der Inhalt dieses Statements ist teilweise vorgeschrieben (s 244 Abs. 2 Pensions Act 2004). In den Handreichungen, die der Normgeber für die Treuhänder (*trustees*), die in Großbritannien den Pensionsfond verwalten, bereitstellt, finden sich einige Hinweise zum Aufbau und Inhalt der SIP.[1487] Dabei wird unter anderem aufgezählt, dass das SIP auch einen Plan enthalten sollte, wie Rechte, die mit Anlagen einhergehen (auch Stimmrechte), genutzt werden.[1488] Neben Stimmrechten kann das Rechte zur Überwachung des

1482 S. o. „*When monitoring companies, institutional investors should seek to (...) satisfy themselves that the company's board and committees adhere to the spirit of the UK Corporate Governance Code, including through meetings with the chairman and other board members*". *FRC*, Stewardship Code 2012, S. 7.

1483 *FRC*, Stewardship Code 2020, S. 17.

1484 *FRC*, Stewardship Code 2012, S. 7: „*As part of this monitoring, institutional investors should seek to: (...) attend the General Meetings of companies in which they have a major holding, where appropriate and practicable.*"

1485 *Roach*, Journal of Corporate Law Studies 2011, S. 463, 483.

1486 *Roach*, Journal of Corporate Law Studies 2011, S. 463, 482.

1487 *The Pensions Regulator*, Trustee Guidance.

1488 „*The SIP must include your policy on:*
- choosing investments;
- the kinds of investments to be held, and the balance between different kinds of investment;
- risk, including how risk is to be measured and managed, and the expected return on investments;
- realising investments;
- the extent, if at all, you take account of social, environmental or ethical considerations when taking investment decisions; and

Beteiligungsunternehmens erfassen. In der Praxis zeigt sich, dass die Ausführungen der Unternehmen in diesen Statements eher knapp sind und keinen Bezug auf die Überwachung des Beteiligungsunternehmens nehmen.[1489]

Auch für die Investmentabteilungen der Lebensversicherer gibt es keine anderen Offenlegungsvorschriften als den UK Stewardship Code in Großbritannien; bezogen auf Investmentfonds gilt Ähnliches.[1490] Im sogenannten AIC-Kodex gibt es lediglich einen allgemeinen Hinweis auf die Möglichkeit der freiwilligen Berücksichtigung des UK Stewardship Code.[1491]

bb) Einwirkungsmöglichkeiten und Zusammenarbeit

(1) Die Rechte der Aktionäre rund um die Hauptversammlung

Da Großbritannien vor allem in den vergangenen Jahrzehnten noch europäischer Gesetzgebung unterlag, spiegeln sich in den britischen Regeln zum Gesellschaftsrecht die auf europäischer Ebene vorgesehenen Mitwirkungsmöglichkeiten wider. Die Rechte der Aktionäre im Umfeld der Hauptversammlung sind in Teil 13 CA 2006 geregelt – darin gibt es einen Allgemeinen Teil sowie verschiedene Unterabschnitte. Einer der Unterabschnitte betrifft die Jahreshauptversammlung von „*Public and Traded Companies*“[1492], also den Gesellschaften, deren Anteile öffentlich gehandelt werden (Kapitel 4, Teil 13 CA 2006).

Ein weiterer Unterabschnitt betrifft „*Quoted Companies and Traded Companies*“[1493], also Gesellschaften, deren Anteile an der Börse gehandelt werden (Kapitel

---

- *using the rights (including voting rights) attached to investments if you have them.*“ (Hervorhebungen von der Autorin eingefügt) Abrufbar unter: *The Pensions Regulator*, Trustee Guidance.

1489 So z. B. das Vodafone Pension Scheme unter – *Vodafone*, Statement of Investment Principles; dort gibt es nur folgenden Hinweis: „*The Trustee's policy is to delegate responsibility for the exercising of rights (including voting rights) attaching to investments to the investment managers and to encourage the managers to exercise those rights.*“

1490 *AIC*, Corporate Governance Guide for Investment Companies, S. 13.

1491 *AIC*, Corporate Governance Guide for Investment Companies, S. 21.

1492 Definiert in s 360C CA 2006: „*Meaning of ‚traded company‘*
In this Part, ‚traded company‘ means a company any shares of which –
(a) carry rights to vote at general meetings, and
(b) are admitted to trading on a regulated market in an EEA State by or with the consent of the company.“

1493 Definiert in section 361 i.V.m. section 385 CA 2006: „*Quoted and unquoted companies*
(1) For the purposes of this Part a company is a quoted company in relation to a financial year if it is a quoted company immediately before the end of the accounting reference period by reference to which that financial year was determined.
(2) A ‚quoted company‘ means a company whose equity share capital –

5, Teil 13 CA 2006). Beide Unterkapitel sind für institutionelle Anleger als Aktionäre relevant.

Aus diesen Abschnitten ergeben sich insbesondere die folgenden Einwirkungsmöglichkeiten für Aktionäre auf das Management der Unternehmen, in die sie investieren:

- Zunächst können auch die Aktionäre darauf hinwirken, dass die Vorstände (*directors*) eine Hauptversammlung einberufen lassen; dies ist in s 303 CA 2006 geregelt.
- Sollten die Vorstände dieser Forderung nicht folgen und alle Voraussetzungen der s 303 CA 2006 vorliegen, besteht auch die Möglichkeit, dass die Mitglieder selbst eine Hauptversammlung gem. s 305 CA 2006 einberufen.
- In Vorbereitung auf die Hauptversammlung können die Mitglieder verlangen, dass Stellungnahmen von ihnen bezüglich bestimmter Punkte auf der Tagesordnung unter den Voraussetzungen der s 314 CA 2006 an die anderen Aktionäre gesendet werden. Auf diese Weise können sie schon frühzeitig ihre Position zu den verschiedenen Abstimmungen den anderen Aktionären mitteilen und versuchen, sie von ihrer Argumentation überzeugen.
- Während der Hauptversammlung haben die Anleger bei öffentlich gehandelten Aktiengesellschaften das Recht, Fragen zu stellen (s 319A CA 2006), unter bestimmten Umständen Abstimmungen zu fordern (s 321 CA 2006) und abzustimmen (ss 322 ff. CA 2006) – gegebenenfalls kann die Stimme vorab abgegeben werden. Möglichkeiten der Stimmrechtsvertretung sind in den ss 324 ff. CA 2006 geregelt.
- Ferner ist vorgesehen, dass die Aktionäre einer Publikumsgesellschaft das Recht haben, von Abstimmungen während der Hauptversammlung im Voraus zu erfahren (s 338 CA 2006) und selbst Punkte zur Tagesordnung hinzuzufügen (s 339 CA 2006).

(a)has been included in the official list in accordance with the provisions of Part 6 of the Financial Services and Markets Act 2000 (c. 8), or
(b) is officially listed in an EEA State, or
(c) is admitted to dealing on either the New York Stock Exchange or the exchange known as Nasdaq.In paragraph (a) ‚the official list' has the meaning given by section 103(1) of the Financial Services and Markets Act 2000.
(3) An ‚unquoted company' means a company that is not a quoted company.
(4) The Secretary of State may by regulations amend or replace the provisions of subsections (1) to (2) so as to limit or extend the application of some or all of the provisions of this Part that are expressed to apply to quoted companies.
(5) Regulations under this section extending the application of any such provision of this Part are subject to affirmative resolution procedure.
(6) Any other regulations under this section are subject to negative resolution procedure."

- Hinsichtlich an der Börse gehandelter Aktiengesellschaften sieht der Companies Act ferner das Recht einzelner Aktionäre vor, unter bestimmten Voraussetzungen einen unabhängigen Bericht (gewissermaßen ein Gutachten) zu einer Abstimmung zu erhalten (s 342 CA 2006), bevor oder nachdem die Abstimmung stattgefunden hat.
- Eine Pflicht zur Ausübung der Stimmrechte und der weiteren mit der Hauptversammlung verbundenen Aktionärsrechte besteht auch in Großbritannien nicht.

(2) Zusammenarbeit mit anderen Aktionären

Der UK Stewardship Code 2020 regt in seinem *Principle 10* an, dass die Unterzeichner dazu bereit sein sollten, soweit notwendig, mit anderen Investoren gemeinsam zu agieren, um die Beteiligungsunternehmen zu beeinflussen.[1494] *Principle 10* UK Stewardship Code 2020 ähnelt dem *Principle 5* im UK Stewardship Code 2012 stark, wobei die Anmerkungen zum UK Stewardship Code 2012 wieder etwas präziser waren: Diese nannten die Handlungsoption der Zusammenarbeiten vor allem für die Fälle, dass eine Wirtschaftskrise vorherrscht[1495] oder die Gefahr eines signifikanten Wertverlusts besteht.[1496] Dabei wird von den institutionellen Anlegern erwartet, dass diese Richtlinien zum kollektiven Handeln veröffentlichen.[1497] Darin sollen die Bereitschaft zur Zusammenarbeit aufgezeigt werden und gleichzeitig Umstände umrissen werden, unter denen die Anleger ein gemeinsames Vorgehen in Erwägung ziehen könnten.[1498]

Der Einführung dieser *Principles* gingen jedenfalls ausführliche Erwägungen im Walker Review voraus.[1499] Ursprünglich war dabei sogar angedacht, dass diesbezüglich von bedeutenden langfristigen Investoren vorab ein *memorandum of understanding* entwickelt werden könnte, in dem eine bestimmte Person/Institution auf Zeit als Kontaktpunkt benannt wird.[1500] Dazu sollte dann gleich eine entsprechende Geheimhaltungserklärung unterzeichnet werden und Personen als feste

1494 Sinngemäße Übersetzung der Autorin aus dem Englischen: „*Institutional Investors should be willing to act collectively with other investors where appropriate.*"

1495 Sinngemäße Übersetzung der Autorin aus dem Englischen: „*at times of wider economic stress*".

1496 Sinngemäße Übersetzung der Autorin aus dem Englischen: „*when the risks posed threaten to destroy signifikant value*".

1497 *FRC,* Stewardship Code 2012, S. 9.

1498 *FRC,* Stewardship Code 2012, 8 f.

1499 *Walker Review,* 85 ff.

1500 Sinngemäße Übersetzung der Autorin aus dem Englischen: „appointment on a rotational basis from a major participating institution of a corporate governance executive to act for a specified period as point of contact and intermediary", in: *Walker Review,* S. 86.

Ansprechpartner des Vorstandes benannt werden.[1501] Die Einführung eines derartige grundlegenden *memorandum of understanding* wurde jedoch nach einigen Befragungen wieder verworfen, da die Beteiligten eine solche präventive Vereinbarung insbesondere in Schriftform als zu bindend ansahen.[1502] Es wurde befürchtet, dass dies eine Abschreckungswirkung für einige Interessenten haben könnte und darüber hinaus spontane und flexible Zusammenschlüsse verhindern könnte, sodass diese Regelung am Ende vielleicht sogar eher kontraproduktiv im Hinblick auf die Akzeptanz des Kodex sei.[1503]

(3) Weitere Aktionärsrechte und -pflichten im britischen Recht

Andere Anregungen als die bereits genannten Mitwirkungsoptionen und die im Folgenden noch behandelten Transparenzpflichten ergeben sich aus dem oben ausführlich dargestellten UK Stewardship Code 2020. So sieht *Princple 11* des UK Stewardship Code 2020 vor, dass institutionelle Anleger klar beschreiben sollten, wann und wie sie ihre *stewardship*-Aktivitäten intensivieren (*„escalate"*) wollen. Auch hier gibt der UK Stewardship Code 2012 noch mehr Kontext zu dieser recht abstrakten Forderung: Aus den Erläuterungen zum vergleichbaren *Principle 4* UK Stewardship Code 2012 wird ersichtlich, was mit „Intensivierung" in diesem Zusammenhang gemeint ist.[1504] Es werden einige Beispiele für denkbare *stewardship*-Aktivitäten der Anleger genannt: Zunächst wird klargestellt, dass unabhängig von der verfolgten Anlagestrategie die Intervention und die Kontaktaufnahme mit dem Beteiligungsunternehmen immer eine Handlungsoption sein sollte.[1505] Wenn die erste Kontaktaufnahme keine konstruktive Verhaltensveränderung beim Vorstand bewirken konnte,

- könnten zusätzliche Meetings mit dem Management anberaumt,
- die weiteren Berater des Unternehmens hinzugezogen,
- ein Treffen mit dem Vorstandsvorsitzenden oder anderen Vorstandsmitgliedern in Erwägung gezogen,
- andere Anleger als Mitwirkende hinzugebeten,
- ein öffentliches Statement im Vorlauf zur Hauptversammlung oder Erklärungen bzw. Stellungnahmen während der Hauptversammlung erwogen oder
- gar eine eigene Hauptversammlung zur Abberufung des Vorstandes einberufen werden.[1506]

1501 *Walker Review*, S. 86.
1502 *Walker Review*, S. 87.
1503 *Walker Review*, S. 87.
1504 *FRC*, Stewardship Code 2012, S. 8.
1505 *FRC*, Stewardship Code 2012, S. 8.
1506 *FRC*, Stewardship Code 2012, S. 8.

Principle 12 UK Stewardship Code 2020 sieht ferner vor, dass die Anleger aktiv ihre Rechte und Verantwortung ausüben sollen.[1507] Unter dem Abschnitt der möglichen Aktivitäten ist vergleichsweise präzise beschrieben, welche Maßnahmen die Unterzeichner insbesondere für *„listed equity assets"* genau ergreifen können: So sollen sie ihr Abstimmungsverhalten für das vergangene Jahr offenlegen[1508] und für spezielles Abstimmungsverhalten, bei dem sie zum Beispiel gegen den Vorstand abgestimmt haben, den Hintergrund ihres Verhaltens erläutern[1509] sowie sich dazu erklären, ob sie ihre Entscheidungen im Hinblick auf Abstimmungen ausgelagert haben und wie sie die Anteile und Stimmrechte für sich selbst überwacht haben[1510]. Schließlich wird angeregt, dass auch Beispiele der Resultate der Beschlüsse, bei denen sie in den vergangenen 12 Monaten mit abgestimmt haben, offenlegen.[1511]

cc) Transparenzpflichten

Offenlegungspflichten speziell für institutionelle Anleger finden sich hinsichtlich ihrer Mitwirkung im Beteiligungsunternehmen ebenfalls im UK Stewardship Code 2020.[1512] Dabei hat sich das Financial Reporting Council für die Methode des *Apply-And-Explain*-Prinzips entschieden, das im Wesentlichen bedeutet, dass nun erklärt werden soll, wie die Principles angewendet werden und nicht nur warum sie nicht angewendet werden.[1513] Der Kodex ist dabei nicht *per se* verbindlich, sondern nur für diejenigen institutionellen Anleger und Vermögensverwalter, die sich dazu entschließen, Unterzeichner (*„signatories"*) zu werden.[1514] Diese veröffentlichen auf ihrem Internetauftritt (falls sie keinen solchen haben, in einer anderen leicht zugänglichen Form) ihre entsprechenden Erklärungen.[1515] Das Financial Reporting Council überprüft regelmäßig die Anwendung des Kodex.[1516] Vermutlich aufgrund vorherigen Feedbacks gibt es im UK Stewardship Code 2020 zudem ausführlichere

1507 *FRC,* Stewardship Code 2020, S. 21.
1508 *FRC,* Stewardship Code 2020, S. 22.
1509 *FRC,* Stewardship Code 2020, S. 22.
1510 *FRC,* Stewardship Code 2020, S. 22.
1511 *FRC,* Stewardship Code 2020, S. 22.
1512 Vgl. zum Inhalt und zur Entstehungsgeschichte der Regelungen ausführlich mit weiteren Nachweisen oben S. 98 ff.
1513 Vgl. zum Mechanismus ausführlich mit weiteren Nachweisen oben (Grundlagen) ab S. 85; zur Anwendung des Prinzips im Rahmen des Kodex – *FRC,* Stewardship Code 2020, S. 4; *Mack,* ZCG 2020, S. 197, 199 ff. (Mack mit einer ausführlichen Diskussion einer Übertragung des *Apply-And-Explain*-Prinzips auf den DCGK mit einer grundsätzlich positiven Einstellung dazu).
1514 *FRC,* Stewardship Code 2020, S. 5 f.
1515 *FRC,* Stewardship Code 2020, S. 6.
1516 *FRC,* Stewardship Code 2012, S. 6.

Hinweise zur Form des Berichts (z. B. „*Reports should be fair balanced and understandable (...)*“[1517]) und der konkreten Ausgestaltung und erwarteten Tiefe der Erläuterungen, die durchaus abhängig von der Größe und Art des Unterzeichners sein kann.[1518]

c) *Mitwirkungsmöglichkeiten und -pflichten im Unionsrecht*

Anhand der oben erfolgten Kategorisierung der Handlungsoptionen[1519] wird im Folgenden das „Spielfeld“ und der Verantwortungsbereich für die Mitwirkung der Aktionäre auf europäischer Ebene umrissen.

aa) *Informationsgewinnung/Überwachung*

Das Unionsrecht regulierte schon vor Erlass der Aktionärsrechterichtlinie 2017 verschiedene Möglichkeiten der Informationsgewinnung durch die Aktionäre im Allgemeinen und damit auch der institutionellen Anleger: Die wesentlichen Rechte der Aktionäre sind in der ersten Fassung der Aktionärsrechterichtlinie 2007 geregelt.[1520] Zentrale Norm der Informationsgewinnung ist der darin enthaltene Art. 9, der verschiedene Frage- und Auskunftsrechte der Aktionäre in der Hauptversammlung vorsieht.[1521]

Im Laufe des Gesetzgebungsverfahrens der ersten Aktionärsrechterichtlinie war diesbezüglich sogar ein Frage- und Antwortenkatalog auf der Website im Vorlauf der Hauptversammlung vorgesehen, der die Stimmrechtsausübung in Abwesenheit hätte ergänzen sollen.[1522] Aufgrund weitreichender Kritik und einiger Unstimmigkeiten, die ohnehin noch hätten geklärt werden müssen, wurde davon letztlich abgesehen[1523] und es verblieb bei der Regelung, dass die Unternehmen auf die Fragen der Aktionäre zu antworten haben (Art. 9 Abs. 1 Aktionärsrechterichtlinie 2007), dies aber auch zuvor online machen können (Art. 9 Abs. 3 Aktionärsrechterichtlinie 2007).

Weitere Regelungen zur verpflichtenden Informationsgewinnung bzw. Überwachung werden auch mit den Regelungswerken der Untergruppen institutioneller Anleger getroffen: So sind in einer Durchführungsrichtlinie zur OGAW-Richtlinie („**Durchführungsrichtlinie OGAW**“) bestimmte Wohlverhaltenspflichten geregelt, die fast einem Kodex ähneln.[1524] Dort findet sich unter anderem in Art. 23

1517 *FRC*, Stewardship Code 2012, S. 6.

1518 *FRC*, Stewardship Code 2012, S. 6.

1519 Siehe zur Herleitung der vier untersuchten Handlungskategorien mit weiteren Nachweisen oben, S. 175 ff.

1520 Zur weiteren Entwicklung der ursprünglichen Richtlinie *Ochmann*, S. 7 ff.

1521 *Habersack/Verse*, § 7, Rn. 23 ff.

1522 *Ochmann*, S. 144.

1523 *Ochmann*, S. 144 ff.

1524 RL 2010/43/EU v. 01.07.2010, Abl. 2010 L 176/42, passim.

(*Sorgfaltspflichten*), der den OGAW vorschreibt, ausreichende Erkenntnisse über die Unternehmen, in die sie anlegen, einzuholen.[1525]

bb) Einwirkungsmöglichkeiten und Zusammenarbeit

(1) Ausübung der Stimmrechte in der Hauptversammlung

Eine gesetzlich vorgesehene und allein darum sehr bedeutende Handlungsoption ist die Ausübung der Stimmrechte in der Hauptversammlung. Diese Option wird in einer Vielzahl von Richtlinien vorausgesetzt[1526] und ist eines der zentralen mitgliedschaftlichen Rechte eines jeden Aktionärs.[1527] Zur Ausübung des Stimmrechts trifft die erste Aktionärsrechterichtlinie eine Reihe von Regelungen[1528]:

- Zum einen finden sich in Art. 7 Aktionärsrechterichtlinie 2007 unterschiedliche Regelungen, die zuvor identifizierte Hindernisse für die Stimmrechtsausübung durch Aktionäre (Hinterlegungssystem, Sperrfrist) beseitigen sollten;[1529]
- daneben sieht Art. 8 eine elektronische Teilnahme an der Hauptversammlung und damit auch eine entsprechende Ausübungsmöglichkeit für Stimmrechte vor und während der Hauptversammlung vor;[1530]
- schließlich ist in Art. 10 die zuvor stark umstrittene Stimmrechtsvertretung[1531] geregelt.

Während diese Normen alle zusätzliche Rechte für die Aktionäre schaffen, die die Teilnahme an der Hauptversammlung und das Abstimmen erleichtern, gibt es nach europäischen Rechtsgrundlagen gerade keine Pflicht zur Abstimmung in der Hauptversammlung.

Die Durchführungsrichtlinie zur OGAW-Richtlinie[1532] sieht ebenfalls eine Regulierung in Bezug auf die Mitwirkung der Anleger im Beteiligungsunternehmen vor. So ist in Art. 21 Durchführungsrichtlinie OGAW geregelt, dass die Anleger eine Strategie auszuarbeiten haben, nach der sie die in ihrem Portfolio

---

1525 Der Wortlaut von Art. 23 Abs. 2 lautet: *„Die Mitgliedstaaten verpflichten die Verwaltungsgesellschaften sicherzustellen, dass sie über ausreichendes Wissen und ausreichende Erkenntnisse über die Anlagen, in die die OGAW investiert werden, verfügen."* – vgl. RL 2010/43/EU v. 01.07.2010, Abl. 2010 L 176/42, Art. 23 Abs. 2.

1526 RL 2010/43/EU v. 01.07.2010, Abl. 2010 L 176/42.

1527 Darauf hinweisend, dass dies in Deutschland schon seit langem Standard ist, während dies in anderen Jurisdiktionen teils vor der Aktionärsrechterichtlinie noch nicht durchgängig üblich war: *Habersack/Verse*, § 7, Rn. 23.

1528 RL 2007/36/EG v. 11.7.2007, Abl. 2007 L 184/17, Art. 7 ff.

1529 *Habersack/Verse*, § 7, Rn. 17 ff.

1530 *Habersack/Verse*, § 7, Rn. 19 ff.

1531 *Ochmann*, S. 148 ff. m.w.N.; *Habersack/Verse*, § 7, Rn. 26.

1532 Siehe dazu mit weiteren Nachweisen vor allem oben S. 71 ff. und 186 f.

befindlichen Stimmrechte ausüben wollen.[1533] Dabei sind es insbesondere die möglichen Inhalte in Art. 21 Abs. 2 Durchführungsrichtlinie OGAW, die verdeutlichen, was sich der Gesetzgeber unter den Aktivitäten der Anleger im Hinblick auf die Vorbereitung der Stimmrechtsausübung vorstellt: So sollen gem. Art. 21 Abs. 2 lit. a) Durchführungsrichtlinie OGAW vor allem bestimmte „*Corporate Events*" verfolgt werden und gem. Art. 21 Abs. 1 und Abs. 2 lit. b) Durchführungsrichtlinie OGAW sichergestellt werden, dass die Ausübung ausschließlich zum Nutzen der OGAW ist und mit deren Anlagepolitik übereinstimmt. In diesem Zusammenhang besteht somit ausdrücklich die Pflicht, sich zumindest aktiv und in überprüfbarem Maße mit den gesetzlichen Einwirkungsmöglichkeiten (Stimmrechtsausübung) auseinanderzusetzen.

(2) Weitere Einwirkungsoptionen

Als weitere Einwirkungsoptionen sind insbesondere die Ausübung von Antragsrechten, das Recht zur Mitbestimmung der Tagesordnung, Aktionärsklagen, die Zusammenarbeit mit anderen Aktionären und der informelle Dialog mit dem Unternehmen denkbar. Eine spezifisch an „institutionelle Anleger" gerichtete Regulierung diesbezüglich gab es allerdings vor der Aktionärsrechterichtlinie 2017 nicht. Es existieren zwar europäische Normen, die dieses Verhalten von Aktionären im Allgemeinen oder in Bezug auf spezielle Untergruppen institutioneller

1533 Wortlaut der Norm:
„Artikel 21
Strategien für die Ausübung von Stimmrechten
(1) Die Mitgliedstaaten verpflichten die Verwaltungsgesellschaften, wirksame und angemessene Strategien im Hinblick darauf auszuarbeiten, wann und wie die mit den Instrumenten in den verwalteten Portfolios verbundenen Stimmrechte ausgeübt werden sollen, damit dies ausschließlich zum Nutzen des betreffenden OGAW ist.
(2) Die in Absatz 1 genannte Strategie enthält Maßnahmen und Verfahren, die
a) eine Verfolgung der maßgeblichen Corporate Events ermöglichen;
b) sicherstellen, dass die Ausübung von Stimmrechten mit den Anlagezielen und der Anlagepolitik des jeweiligen OGAW in Einklang steht;
c) Interessenkonflikte, die aus der Ausübung von Stimmrechten resultieren, verhindern oder regeln.
(3) Den Anlegern wird eine Kurzbeschreibung der in Absatz 1 genannten Strategien zur Verfügung gestellt.
Nähere Angaben zu den aufgrund dieser Strategien getroffenen Maßnahmen sind den Anteilinhabern auf Verlangen kostenfrei zur Verfügung zu stellen."
– RL 2010/43/EU v. 01.07.2010, Abl. 2010 L 176/42, Art. 21.

Anleger ermöglichen bzw. zumindest voraussetzen.[1534] Gleichsam besteht in keiner dieser Normen eine Pflicht, diese Optionen wahrzunehmen.

cc) Transparenz

Allgemeine an alle institutionellen Anleger gerichtete Transparenzpflichten der Öffentlichkeit und ihren Endanlegern gegenüber gab es bisher nicht.

Als freiwillige Selbstverpflichtung gibt es auf europäischer Ebene die vom europäischen Fondsverband EFAMA empfohlenen Prinzipien zur Ausübung der Beteiligungsrechte im Portfoliounternehmen (*EFAMA Code for External Governance*).[1535] Der Kodex wurde im Juni 2018 überarbeitet und in „*EFAMA Stewardship Code for asset managers*“ umbenannt – er umfasst sechs Grundsätze mit Wohlverhaltensregeln zur Ausübung der Mitwirkungsrechte im Beteiligungsunternehmen.[1536] Obwohl die Inhalte und Verpflichtungen an dieser Stelle eine hohe Relevanz aufweisen, sind die Adressaten lediglich Asset Manager und keine institutionellen Anleger, wie schon aus dem Namen deutlich wird. Somit ergeben sich auch hieraus keine Transparenzpflichten für institutionelle Anleger an sich.

Allerdings gibt es spezifische an die typischen Untergruppen der institutionellen Anleger gerichtete Normierungen, die teils Offenlegungspflichten bezüglich des Verhältnisses institutioneller Anleger mit den Beteiligungsunternehmen beinhalten: Die überarbeitete europäische Pensionsfondsrichtlinie („**EbAV II Richtlinie**“) [1537] sieht ausdrücklich keine an die Mitgliedstaaten gerichtete Pflicht vor, die Einrichtungen der betrieblichen Altersversorgung zur Überwachung ihrer Beteiligungsunternehmen zu veranlassen. Allerdings fordert Art. 30 EbAV II Richtlinie, dass die Mitgliedstaaten sicherstellen müssen, dass jeder EbAV eine Anlagepolitik erstellen muss.[1538] In der Richtlinienbegründung wird etwas weiter zum Inhalt der

---

1534 Hinsichtlich der Ausübung von Antragsrechten in der Hauptversammlung und der Mitwirkung an der Tagesordnung: beides vorgesehen in Art. 6 RL 2007/36/EG v. 11.7.2007, Abl. 2007 L 184/17. Hinsichtlich der Klagemöglichkeit von Aktionären gibt es keine einheitliche europäische Regelung – selbst in der Verordnung über die Societas Europea, Verordnung (EG) Nr. 2157/2001 v. 08.10.2001, wird in Art. 53 auf die aktienrechtlichen Vorschriften des jeweiligen Mitgliedstaats zur Beschlussanfechtung verwiesen. Hinsichtlich der Zusammenarbeit mit anderen Aktionären: vorausgesetzt z. B. in den Art. 9 ff. RL 2004/109/EG v. 15.12.2004, Abl. 2004, L 390/38. Hinsichtlich des Führens eines informellen Dialogs gibt es keine ausdrücklichen Normen.

1535 *EFAMA*, Code for External Governance Principles, passim.

1536 *EFAMA*, Stewardship Code 2018, S. 2.

1537 RL 2016/2341 vom 14. Dezember 2016, Abl. 2016 L 354/37 – vormals Pensionsfondsrichtlinie RL 2003/41/EG vom 3. Juni 2003, Abl. 2003 L 235/10.

1538 Der Wortlaut des Art. 30 EbAV II Richtlinie lautet:

Anlagepolitik ausgeführt und dabei auf die „Ökologische, soziale und Governance-Faktoren nach Maßgabe der von den Vereinten Nationen" verwiesen.[1539] Daneben wird auch auf die Langfristorientierung dieser Anlageform hingewiesen.[1540] Diese Anlagepolitik und Anlagegrundsätze werden sich mehr auf die finanzielle Stabilität und Qualität der Anlagen im weiteren Sinne beziehen und weniger auf das Engagement des institutionellen Anlegers im Beteiligungsunternehmen im Speziellen – dies mag allerdings im Hinblick auf die im Grundlagenteil dargestellten Erkenntnisse zum Aktionärsengagement ebenfalls ein Unteraspekt sein.[1541]

Die gewählte Methode ist in diesem Fall eine Offenlegungspflicht der Strategie als Anreiz zur Ausführung der gewünschten Handlung, ähnlich der nun in der Aktionärsrechterichtlinie 2017 vorgesehenen Transparenzpflicht, als Adressaten sind zunächst die „zuständigen Behörden und auf Antrag auch [die] Versorgungsanwärter[n] und [die] Leistungsempfänger[n] vorgesehen".[1542]

In der europäischen Richtlinie betreffend Lebensversicherer, der Solvabilität-II-Richtlinie[1543], findet sich kein Artikel, der der Regelung in der Pensionsfondsrichtlinie entspricht. Es besteht lediglich die Vorschrift, dass die Versicherer und Rückversicherer bestimmte Anlagegrundsätze erstellen und dann auch veröffentlichen sollten,[1544] nicht jedoch zu Verhaltensregelungen als Aktionär. Bei diesen Anlagegrundsätzen geht es nur um die Solvabilitäts- und Finanzlage der Anleger.[1545] Dies liegt vor allem darin begründet, dass die Richtlinie vor allem auf den Schutz der Versicherten abzielt und den Fokus somit weniger auf das Beteiligungsunternehmen gerichtet hat.[1546] Sofern eine zusätzliche Überwachung des

---

„1Die Mitgliedstaaten stellen sicher, dass jede in ihrem Hoheitsgebiet eingetragene oder zugelassene EbAV eine schriftliche Erklärung über die Grundsätze ihrer Anlagepolitik ausarbeitet und mindestens alle drei Jahre überprüft. 2Diese Erklärung muss unverzüglich nach jeder wesentlichen Änderung der Anlagepolitik aktualisiert werden. 3Die Mitgliedstaaten tragen dafür Sorge, dass in dieser Erklärung zumindest auf Themen wie die Verfahren zur Bewertung des Anlagerisikos, des Risikomanagementprozesses, die strategische Allokation der Vermögensanlagen, je nach Art und Dauer der Altersversorgungsverbindlichkeiten, und die Frage eingegangen wird, wie bei der Anlagepolitik Belangen aus den Bereichen Umwelt, Soziales und der Unternehmensführung Rechnung getragen wird. 4Die Erklärung wird öffentlich zugänglich gemacht."

1539 RL 2016/2341 vom 14. Dezember 2016, Abl. 2016 L 354/37, Rn. 58.

1540 RL 2016/2341 vom 14. Dezember 2016, Abl. 2016 L 354/37, Rn. 45.

1541 Vgl. mit weiteren Nachweisen dazu oben S. 22 ff. und S. 27 ff.

1542 RL 2016/2341 vom 14. Dezember 2016, Abl. 2016 L 354/37, Rn. 60.

1543 RL 2009/138/EG v. 25.11.2009, Abl. 2009 L335/1.

1544 RL 2009/138/EG v. 25.11.2009, Abl. 2009 L 335/1, Art. 41 ff sowie Begründung Rn. 38.

1545 RL 2009/138/EG v. 25.11.2009, Abl. 2009 L 335/1, Begründung Rn. 38.

1546 RL 2009/138/EG v. 25.11.2009, Abl. 2009 L 335/1, Begründung Rn. 14 ff.

Beteiligungsunternehmens also auch für den Versicherten Vorteile mit sich bringt, könnte dies nach dem Sinn und Zweck bei der Auslegung der Regelungen der Richtlinie berücksichtigt werden. Zunächst ist aber festzustellen, dass es bisher auf europäischer Ebene keine ausdrückliche Offenlegungsverpflichtung für Lebensversicherer zur Darlegung ihrer Strategie zur Überwachung und Analyse der Beteiligungsunternehmen gab.

In der OGAW-Richtlinie ist ebenfalls keine Regelung zu finden, die sich auf die Offenlegungspflichten der Anleger („**OGAW**") bezieht. Allerdings finden sich ab Art. 17 der OGAW Durchführungsrichtlinie[1547] Pflichten, die den Wohlverhaltensregeln eines Kodex ähneln und zum Teil Offenlegungspflichten enthalten. In Art. 21 Durchführungsrichtlinie wird erwartet, dass die OGAW eine Strategie entwickeln, wie sie die Stimmrechte in den von ihnen verwalteten Portfolios ausüben werden. Gem. Art. 21 Abs. 3 Durchführungsrichtlinie besteht dann die Pflicht, den Anlegern eine Kurzbeschreibung dieser Strategie zur Verfügung zu stellen.

Die AIFM-Richtlinie selbst schweigt ebenfalls zu Informations- bzw. Überwachungspflichten der Anleger im Beteiligungsunternehmen. Und auch eine Durchführungsverordnung[1548] der Kommission trifft hierzu keine ausdrückliche Regelung. Art. 37 Durchführungsverordnung bezieht sich lediglich auf die Ausübung der Stimmrechte und nicht auf allgemeinere Pflichten zur Überwachung. Eine Überwachungs- oder Analysepflicht für AIFM gibt es mithin nicht.

d) Mitwirkungsmöglichkeiten und -pflichten nach deutschem Recht

Auch die deutsche Rechtsordnung unterliegt aufgrund der Mitgliedschaft Deutschlands in der Europäischen Union den bereits dargestellten europäischen Grundlagen, sodass viele deutsche Regelungen tatsächlich Umsetzungsgesetze der entsprechenden Richtlinien sind. Anhand der oben erfolgten Kategorisierung der Handlungsoptionen[1549] wird im Folgenden das „Spielfeld" und der Verantwortungsbereich für die Mitwirkung der Aktionäre in Deutschland umrissen, im folgenden Abschnitt finden sich dann die jeweiligen Grenzen,[1550] wobei in der entsprechenden Literatur festgestellt wird, dass es kein grundsätzliches Verbot der (informellen) Mitwirkung gibt.[1551]

1547 RL 2010/43/EU v. 01.07.2010, Abl. 2010 L 176/42, passim.

1548 Ohne Gesetzescharakter, sondern lediglich eine Durchführungsbestimmung: Delegierte Verordnung (EU) Nr. 231/2013 vom 19.12.2012, Abl. 2013 L 83/1, passim.

1549 Siehe zur Herleitung der vier untersuchten Handlungskategorien mit weiteren Nachweisen oben, S. 175 ff.

1550 Siehe zu den verschiedenen Grenzen der Mitwirkungsmöglichkeiten in den betrachteten Jurisdiktionen mit weiteren Nachweisen unten ab S. 208; vgl. auch den grundsätzlichen Überblick bei *Faure*, S. 103 ff.

1551 *Gröntgen*, S. 43 ff.

aa) Informationsgewinnung

(1) Das Fragerecht in der Hauptversammlung

Ein zentraler gesetzlich geregelter Weg der Informationsgewinnung ist das Auskunftsrecht eines jeden Aktionärs, § 131 AktG.[1552]

(a) Sinn und Zweck der Regelung und systematische Einordnung

Sinn und Zweck der Regelung ist, durch die gewonnenen Informationen den Anleger in die Lage zu versetzen, seine weiteren Rechte, wie vor allem das Stimmrecht, gut informiert auszuüben und der typischen Informationsasymmetrie zwischen Aktionär und Vorstand der Aktiengesellschaft entgegenzuwirken.[1553] Die ebenfalls dafür vorgesehenen Publizitätspflichten mögen manchmal nicht ausreichend Informationen für den Aktionär bereithalten und sollten darum bei Schaffung der Norm durch die individuelle Aufklärungsmöglichkeit des Aktionärs flankiert werden.[1554] Als „weitere Rechte" werden in der Gesetzesbegründung und den einschlägigen Kommentaren die Mitgliedschaftsrechte, wie das Stimmrecht und Minderheitenrechte, genannt.[1555] Es ist denkbar, dass der Aktionär aus den erlangten Informationen weitergehende Schlüsse wie z. B. den Entschluss zum Verkauf seiner Aktien zieht, sodass er neben den Optionen der Einflussnahme insofern auch eine *Exit*-Entscheidung vorbereiten kann.[1556] § 131 AktG muss im Kontext anderer für die Gesellschaft geltender Publizitätspflichten gesehen werden, die inhaltlich ein Mindestmaß der möglichen Fragen durch den Aktionär bilden.[1557] Gegenüber denen der GmbH (§ 51a GmbHG) sind die Informationsrechte in der AG deutlich eingeschränkt.[1558] Begründet wird dies mit strukturellen Unterschieden – der Beitrittsoffenheit und Anonymität der Aktiengesellschaft.[1559]

Praktisch befindet sich § 131 AktG in einem Spannungsfeld: Einerseits gelten die soeben aufgeführten Gründe, die dieses Recht auf Auskunft, insbesondere zu den Punkten der Tagesordnung, unabdingbar machen. Es ist als Teil der Mitgliedschaft über Art. 14 GG grundrechtlich – aber nicht schrankenlos (Art. 14 Abs. 1 S. 2 GG) – gewährleistet.[1560] Auf der anderen Seite bietet es ein Einfallstor für

---

1552 *Faure,* S. 104 f.

1553 Henssler/Strohn-*Liebscher,* § 131 AktG, Rn. 1; MüKo-AktG, Bd. 3, *Kubis,* § 131 BGB, Rn. 1; Spindler/Stilz/*Poelzig,* BeckOGK-AktG, § 131 Rn. 32.

1554 BT-Drucks. 04/171, 153 f.

1555 BT-Drucks. 04/171, 153; Henssler/Strohn-*Liebscher,* § 131 AktG, Rn. 3; MüKo-AktG, Bd. 3, *Kubis,* § 131 BGB, Rn. 1.

1556 Spindler/Stilz/*Poelzig,* BeckOGK-AktG, § 131 Rn. 32.

1557 MüKo-AktG, Bd. 3, *Kubis,* § 131 BGB, Rn. 6 ff.

1558 Hüffer/Koch-*Koch,* AktG, § 131 Rn. 1.

1559 Hüffer/Koch-*Koch,* AktG, § 131 Rn. 1.

1560 Hüffer/Koch-*Koch,* AktG, § 131 Rn. 2.

eine übermäßige oder gar missbräuchliche Verwendung – das gilt vor allem für die Problematik der professionellen Anfechtungskläger.[1561] Vor diesem Hintergrund sind die unten aufgeführten Grenzen des Auskunftsrechts von maßgeblicher Bedeutung.[1562] In letzter Zeit zudem darauf hingewiesen, dass das Auskunftsrecht im Rahmen der Hauptversammlung aufgrund alternativer Informationswege wie speziell über „*Investor Relations*" bzw. schlicht über weitere Informationen auf der Website des Unternehmens an Bedeutung verliert.[1563]

(b) Voraussetzungen des Auskunftsrechts

Das Auskunftsrecht besteht für jeden Aktionär, der berechtigt ist, an der Hauptversammlung teilzunehmen,[1564] gleichermaßen; somit nicht nur für institutionelle Anleger oder Aktionäre mit bestimmten Mindestvolumina an Aktien.[1565] Auch stimmrechtslose Aktionäre können Auskunft verlangen genauso wie Aktionäre, die ihre Rechte elektronisch ausüben, aber gem. § 118 AktG auch Teilnehmer der Hauptversammlung sind.[1566] Eine Ausübung in Stellvertretung ist möglich.[1567]

Mit Einführung der Aktionärsrechterichtlinie gibt es für dieses – in Deutschland schon seit 1937[1568] verankerte – Recht eine europarechtliche Grundlage: Art. 9 Abs. 1 der Aktionärsrechterichtlinie 2007.

Gegenstand des Auskunftsrechts können gem. § 131 Abs. 1 S. 1 Hs. 2 AktG alle Themen sein, die zur „sachgemäßen Beurteilung des Gegenstands der Tagesordnung erforderlich" sind. Zudem muss es eine „Angelegenheit der Gesellschaft" sein (§ 131 Abs. 1 S. 1 Hs. 1 AktG). Dieses Kriterium ist sehr weit auszulegen,[1569] sodass ihm teilweise gar seine Funktion als Abgrenzungskriterium abgesprochen wird.[1570]

1561 MüKo-AktG, Bd. 3, *Kubis,* § 131 BGB, Rn. 5.

1562 Siehe zu den Grenzen des Auskunftsrechts in Deutschland mit weiteren Nachweisen unten S. 211 ff.

1563 Siehe zu Investor Relations mit weiteren Nachweisen sogleich unten, S. 197 ff.; Spindler/Stilz/*Poelzig*, BeckOGK-AktG, § 131 Rn. 46 ff.

1564 Dies ist ein ungeschriebenes Merkmal, das sich jedoch daraus ergibt, dass das Auskunftsrecht nur in der Hauptversammlung ausgeübt werden kann: Hölters-AktG/*Drinhausen,* § 131 Rn. 3 ¸ Spindler/Stilz/*Poelzig*, BeckOGK-AktG, § 131 Rn. 51.

1565 Henssler/Strohn-*Liebscher,* § 131 AktG, Rn. 2; Spindler/Stilz/*Poelzig*, BeckOGK-AktG, § 131 Rn. 51.

1566 Spindler/Stilz, AktG, Bd. 1, *Siems,* § 131 Rn. 12 f.

1567 Henssler/Strohn-*Liebscher,* § 131 AktG, Rn. 3.

1568 Zöllner/Noack, AktG, *Kersting,* § 131 Rn. 2.

1569 Hoffmann-Becking, Münchener Handbuch des Gesellschaftsrechts, Bd. 4, *Hoffmann-Becking,* § 38 Rn. 9 ff.

1570 Zöllner/Noack, AktG, *Kersting,* § 131 Rn. 96.

Für einige Fälle bleibt es dennoch auslegungsbedürftig:[1571] Mit dem Begriff können Angelegenheiten gemeint sein, die direkt die Gesellschaft betreffen, als auch solche, die sich nur indirekt auf die Gesellschaft beziehen.[1572] Die direkten (unmittelbaren) Angelegenheiten[1573] sind offensichtliche Punkte, wie Fragen zu den Finanzen der Gesellschaft oder zu den Verhältnissen der Organe zueinander.[1574] Für die nicht offensichtlichen Angelegenheiten der Gesellschaft trägt der fragende Aktionär die Darlegungslast,[1575] dies können beispielsweise äußere Umstände von Produktionsstandorten oder persönliche Angelegenheiten von Organmitgliedern sein, die aber Auswirkungen auf die Gesellschaft (z. B. deren Renommee) haben.[1576] Auch hier ist eine weite Auslegung geboten.[1577]

Darüber hinaus kann der Aktionär auch Fragen zu Themen stellen, die nicht auf der Tagesordnung stehen, sofern diese den anderen Aktionären außerhalb der Hauptversammlung mitgeteilt wurden (§ 131 Abs. 4 AktG). Beantwortet werden kann das Auskunftsverlangen vom Vorstand (§ 131 Abs. 1 S. 1 AktG). Die Qualität der Antwort muss die Anforderungen an eine „gewissenhafte und getreue Rechenschaft“ erfüllen (§ 131 Abs. 2 S. 1 AktG). Der Vorstand muss sich also vor der Hauptversammlung auf mögliche Fragestellungen bezüglich der Tagesordnungspunkte ausreichend vorbereiten; falls er dann trotzdem Fragen (teilweise) nicht beantworten kann, erlischt das Fragerecht allerdings.[1578] Denn § 131 AktG sieht das Fragerecht nur „in der Hauptversammlung“ vor.[1579] Im Übrigen erlischt das Auskunftsrecht durch „Erfüllung“, also durch Beantwortung der Frage entsprechend den oben genannten Qualitätskriterien.[1580] Grundsätzlich muss der Aktionär seine Frage nicht vorab (schriftlich) ankündigen, in Einzelfällen kann dies jedoch geboten sein, da sich der Vorstand dann auf die Antwort dementsprechend besser vorbereiten konnte.[1581]

1571 Hoffmann-Becking, Münchener Handbuch des Gesellschaftsrechts, Bd. 4, *Hoffmann-Becking*, § 38 Rn. 10 ff.

1572 Spindler/Stilz/*Poelzig*, BeckOGK-AktG, § 131 Rn. 66 f.

1573 MüKo-AktG, Bd. 3, *Kubis,* § 131 BGB, Rn. 35 f.

1574 MüKo-AktG, Bd. 3, *Kubis,* § 131 BGB, Rn. 36; Spindler/Stilz/*Poelzig*, BeckOGK-AktG, § 131 Rn. 68 f.

1575 MüKo-AktG, Bd. 3, *Kubis,* § 131 BGB, Rn. 35.

1576 Hoffmann-Becking, Münchener Handbuch des Gesellschaftsrechts, Bd. 4, *Hoffmann-Becking*, § 38 Rn. 12.

1577 MüKo-AktG, Bd. 3, *Kubis,* § 131 BGB, Rn. 37; Hoffmann-Becking, Münchener Handbuch des Gesellschaftsrechts, Bd. 4, *Hoffmann-Becking*, § 38 Rn. 9.

1578 OLG Celle, Urteil vom 24.11.2004 – 9 U 119/04, AG 2005, S. 438, 439 f.; Henssler/Strohn-*Liebscher,* § 131 AktG, Rn. 12.

1579 Henssler/Strohn-*Liebscher,* § 131 AktG, Rn. 12.

1580 MüKo-AktG, Bd. 3, *Kubis,* § 131 BGB, Rn. 73.

1581 Hoffmann-Becking, Münchener Handbuch des Gesellschaftsrechts, Bd. 4, *Hoffmann-Becking*, § 38 Rn. 31.

(c) *Besondere Modifizierungen der Voraussetzungen des Auskunftsrechts bei Online-Teilnahme und virtuellen Hauptversammlungen*

Modifizierungen erfahren Voraussetzungen und Inhalt des Auskunftsrechts teils durch die Möglichkeit zur Online-Teilnahme, die auch die Nichtgewährung eines Auskunftsrechts bei virtueller Teilnahme zulässt (§ 118 Abs. 1 S. 2 AktG),[1582] sowie die Möglichkeit der virtuellen Hauptversammlung nach dem *Gesetz über Maßnahmen im Gesellschafts-, Genossenschafts-, Vereins-, Stiftungs- und Wohnungseigentumsrecht zur Bekämpfung der Auswirkungen der COVID-19-Pandemie* („**COVMG**")[1583], welches eine Fragemöglichkeit per elektronischer Kommunikation vorsieht.[1584] Gerade bei letzterer sind weitere Limitierungen, wie zum Beispiel die häufig genutzte Verpflichtung zur Einreichung der Fragen bis spätestens zwei Tage vor der Versammlung gem. § 1 Abs. 2 S. 2 Hs. 2 COVMG, denkbar.[1585] Im Hinblick auf diese Maßnahmen stellen sich zwar langfristig eine Vielzahl von Vereinbarkeitsfragen mit europäischen Primärrecht aber auch mit Grundrechten; zu beachten ist insofern allerdings, dass das Gesetz zunächst nur auf Hauptversammlungen im Jahr 2020 beschränkt sind (§ 7 COVMG).[1586]

(d) *Streitpunkt: Erforderlichkeitskriterium und Vereinbarkeit mit europäischen Rechtsgrundlagen*

Kritischer Punkt des Auskunftsrechts ist die Frage, was unter „erforderlich" zu verstehen ist.[1587] Hierzu gibt es eine Vielzahl von Urteilen[1588]:

Danach kommt es grundsätzlich objektiv auf die Perspektive eines „*vernünftigen*"[1589] Aktionärs an, der Kenntnis von den durch die Gesellschaft öffentlich gemachten Informationen besitzt.[1590]

1582 Spindler/Stilz/*Poelzig*, BeckOGK-AktG, § 131 Rn. 285.

1583 Vgl. Art. 2 Gesetz zur Abmilderung der Folgen der COVID-19-Pandemie im Zivil-, Insolvenz- und Strafverfahrensrecht v. 27.3.2020, BGBl. 2020 I, S. 569.

1584 Spindler/Stilz/*Poelzig*, BeckOGK-AktG, § 131 Rn. 292 ff.

1585 Spindler/Stilz/*Poelzig*, BeckOGK-AktG, § 131 Rn. 289 ff. mit ausführlicher Erörterung der weiteren praktischen und grundsätzlichen Problemen, die in den ersten Monaten der Anwendung des Gesetzes aufkamen (Fristberechnung, Zulässigkeit unter dem Gesichtspunkt des Gleichbehandlungsgebots, Vereinbarkeit mit Art. 9 Abs. 1 S. 2 Aktionärsrechterichtlinie 2007 etc.).

1586 *Lieder*, ZIP 2020, S. 837 ff.; Spindler/Stilz/*Poelzig*, BeckOGK-AktG, § 131 Rn. 289 ff.

1587 Beispielhaft für die Diskussion in Bezug auf die richtlinienkonforme Auslegung in der Literatur: *Hupprich*, S. 387 ff. m.w.N.

1588 Beispielhaft nur: *BayObLGZ*, 193, 193. (Auskunftsrecht des Aktionärs); OLG Stuttgart GWR 2010, 600, 600; BGH NZG 2009, 342, 342 ff.; BGH NJW 2014, 541, 543, Rz. 27 ff.; *Habersack/Verse*, § 7 Rn. 23 ff. m.w.N.; *Kocher/Lönner*, AG 2010, S. 153, 156.

1589 Henssler/Strohn-*Liebscher*, § 131 AktG, Rn. 6.

1590 Henssler/Strohn-*Liebscher*, § 131 AktG, Rn. 6.

Die Diskrepanz zwischen Art. 9 Abs. 1 Aktionärsrechterichtlinie 2007 und dem in § 131 Abs. 1 AktG enthaltenen Erforderlichkeitskriterium wurde teilweise dazu herangezogen, für eine richtlinienkonforme weite Auslegung des Auskunftsrechts zu plädieren.[1591] Dies knüpft insbesondere an die Tatsache an, dass in Art. 9 Abs. 1 Aktionärsrechterichtlinie 2007 lediglich von *„Fragen zu Punkten auf der Tagesordnung der Hauptversammlung"* die Rede ist und eine Einschränkung, die mit dem deutschen *„Erforderlichkeitskriterium"* vergleichbar ist, fehlt; dementsprechend müsse die deutsche Norm richtlinienkonform – und somit ohne das Erforderlichkeitskriterium – ausgelegt werden.[1592]

Dem wird unter anderem vom BGH mit dem Argument widersprochen, dass Art. 9 Abs. 2 S. 1 Fall 2 Aktionärsrechterichtlinie 2007 Einschränkungen zugunsten der Durchführbarkeit der Hauptversammlung zulasse und ein fast unbegrenztes Fragerecht zur praktischen Undurchführbarkeit führe.[1593] Auch die große Mehrheit der Literatur vertritt diese Ansicht.[1594] Der BGH hat auch eine Vorlage dieser Frage zum EuGH unter Rückgriff auf die *Acte-Clair-Doktrin*, also als offenkundige Anwendung des Unionsrechts,[1595] als nicht notwendig angesehen.[1596]

Die Argumente für die Richtlinienkonformität überzeugen. Zwar ist die Abweichung des Wortlauts von Art. 9 Abs. 1 Aktionärsrechterichtlinie 2007 nicht zu leugnen, sodass eine teilweise vertretene tatbestandliche Vereinbarkeit nicht in Betracht kommt.[1597] Allerdings fällt die Beschränkung auf „erforderliche" Fragen unter die zulässigen Beschränkungen des Art. 9 Abs. 2 S. 1 Aktionärsrechterichtlinie 2007: Diese Ansicht scheint schon aufgrund des oben bereits dargestellten praktischen Spannungsfeldes zwischen sinnvoller Informationsmöglichkeit für Aktionäre und der übermäßigen Inanspruchnahme vorzugswürdig.[1598] Die Handhabung umfangreicher Fragen bringt die Durchführbarkeit von Hauptversammlungen schon heute an ihre organisatorischen Grenzen.[1599] Insofern muss es möglich sein, die Fragen in einem gewissen, vertretbaren Maße einzuschränken – was schon die Gesetzesbegründung so vorsieht.[1600] Das entspricht im Übrigen

---

1591 Zöllner/Noack, AktG, *Kersting* § 131 Rn. 112 ff., 128 ff.

1592 Zöllner/Noack, AktG, *Kersting*, § 131 Rn. 128.

1593 BGH, Beschluss vom 5.11.2013 – II ZB 28/12; *BGH*, NJW 2013, 541, 541 f.

1594 Henssler/Strohn-*Liebscher*, § 131 AktG, Rn. 6; MüKo-AktG, Bd. 3, *Kubis*, § 131 BGB, Rn. 12; Spindler/Stilz, AktG, Bd. 1, *Siems*, § 131, Rn. 28; *Kocher/Lönner*, AG 2010, S. 153, 156; *Teichmann*, NZG 2014, S. 401, 401 ff. A.A. Zöllner/Noack, AktG, *Kersting*, § 131 Rn. 128; *Bassler*, S. 149 ff.; *Pöschke*, ZIP 2010, S. 1221 ff.

1595 Vgl. zur *acte clair-Doktrin* ausführlich: *Habersack/Verse*, § 3 Rn. 77, m.w.N.

1596 BGH NJW 2014, 541, 543, Rz. 27 ff.; *Kocher/Lönner*, AG 2010, S. 153, 156; a.A. Kersting, ZIP 2013, S. 2454, 2462.

1597 *Teichmann*, NZG 2014, S. 401, 404 f.; *Lutter/Schmidt/Bayer*, § 29 Rn. 105.

1598 Siehe zum Spannungsfeld mit weiteren Nachweisen auch oben ab S. 191.

1599 MüKo-AktG, Bd. 3, *Kubis*, § 131 BGB, Rn. 5.

1600 BT-Drucks. 04/171, S. 154.

auch Art. 9 Abs. 2 S. 1 Aktionärsrechterichtlinie 2007, der vorsieht, dass sowohl die Mitgliedstaaten als auch die Versammlungsleitung die Möglichkeit haben, mit Einschränkungen des Auskunftsrechts unter anderem *„den ordnungsgemäßen Ablauf der Hauptversammlung“* (Art. 9 Abs. 2 S. 1 Var. 2 Aktionärsrechterichtlinie 2007) zu sichern.

Dieser Beschränkungsvorbehalt (Art. 9 Abs. 2 S. 1 Var. 2 Aktionärsrechterichtlinie 2007) ist entgegen mancher Literaturansicht nicht nur auf rein organisatorische Handlungen zu reduzieren,[1601] da sich eine organisatorische und eine inhaltliche Beschränkung des Auskunftsrechts nicht zwingend ausschließen, sondern vielmehr sogar ergänzen. Die praktischen Probleme zeigen, dass der ordnungsgemäße Hauptversammlungsablauf nur durch eine inhaltliche Beschränkung der Auskunftsersuche eingedämmt werden kann.[1602] Zuzustimmen ist jedoch der Ansicht, die die Einschränkung jedenfalls nicht unter den Schutz der Geschäftsinteressen in Art. 9 Abs. 2 S. 1 Var. 5 Aktionärsrechterichtlinie 2007 fallen lassen möchte.[1603] Es ist nicht ersichtlich, wieso es – über einen reibungslosen Ablauf der Hauptversammlung hinaus – ein Geschäftsinteresse der Gesellschaft sein sollte, die Auskünfte mittels des Erforderlichkeitskriteriums zu beschränken: Sofern davon Geschäftsgeheimnisse oder Ähnliches betroffen sind, so ist es schwer vorstellbar, dass diese sich durch das Kriterium *„zur sachgemäßen Beurteilung eines Tagesordnungspunkts erforderlich“* aussondern lassen.[1604] Hierfür sind vielmehr andere gesellschaftliche Normen, die Geheimhaltungsinteressen der Gesellschaft schützen, einschlägig.[1605] Aufgrund der Regelung in Art. 9 Abs. 2 Var. 2 Aktionärsrechterichtlinie 2007 ist das Erforderlichkeitskriterium somit jedoch insgesamt mit der Richtlinie vereinbar.

(2) Informationsgewinnung über öffentliche Informationen und Rechnungslegungspflichten

Informationen können institutionelle Anleger auch durch Einsichtnahme in die offenzulegenden Informationen des Unternehmens erhalten.[1606] Dies ist ein „formeller“ Weg der Informationserlangung, da es dafür keiner besonderen Kontakte oder Stellung bedarf, zugleich definieren sie aber Mindestanforderungen an die Informationsrechte des Aktionärs.[1607] Die handelsrechtlichen Publizitätspflichten für Aktiengesellschaften finden sich in den §§ 325 ff. HGB sowie in §§ 242 ff. HGB, daneben ist an die üblichen Offenlegungspflichten im Handelsregister zu denken.

Offenzulegen sind gem. § 325 Abs. 1 HGB:

1601 So vertreten von: *Bassler*, S. 154 f.
1602 Henssler/Strohn-*Liebscher*, § 131 AktG, Rn. 13.
1603 Siehe mit weiteren Nachweisen oben, S. 194 ff.
1604 So z. B. auch *Pöschke*, ZIP 2010, S. 1221, 1222.
1605 Mit weiteren Argumenten, insbesondere zum Wortlaut, *Bassler*, S. 156 f.
1606 Spindler/Stilz/*Poelzig*, BeckOGK-AktG, § 131 Rn. 30 f.
1607 Spindler/Stilz/*Poelzig*, BeckOGK-AktG, § 131 Rn. 30 f.

- Der festgestellte oder der gebilligte Jahresabschluss (Bilanz, Gewinn- und Verlustrechnung und Anhang),
- der Lagebericht (ggf. inkl. des Bestätigungsvermerks des Abschlussprüfers),
- der Bericht des Aufsichtsrats,
- die Erklärung zum Deutschen Corporate Governance Kodex gem. § 161 AktG.

„Offenlegen“ heißt gem. § 325 Abs. 1 S. 2 HGB die elektronische Einreichung beim Betreiber des Bundesanzeigers, der eine Veröffentlichung ermöglicht. Dies geschieht dann *„unverzüglich“* im elektronischen Bundesanzeiger.[1608] Eingesehen werden können diese Informationen von jedermann, also auch von institutionellen Anlegern, die auf diese Weise die Möglichkeit haben, diese für ihre Anlageentscheidungen zu nutzen.[1609]

(3) Informationsgewinnung der Aktionäre durch weitere aktien- und kapitalmarktrechtliche Publizitätspflichten und spezielle Auskunftsrechte

Neben dem Auskunftsrecht der Aktionäre in der Hauptversammlung und den ohnehin öffentlichen Informationen können weitere aktienrechtliche Informationsmöglichkeiten aus Publizitätspflichten der Gesellschaft gegenüber ihren Aktionären in Spezialsituationen resultieren.[1610] Diese können sich zum Beispiel aus Situationen ergeben, in denen es um für die Gesellschaft bedeutende Themen geht: Denkbar sind Einsichtnahmerechte, die bei der Planung großer Veränderungen für die Gesellschaft entstehen und vom Vorstand in diesem Zusammenhang vor Umsetzung den Aktionären offengelegt werden müssen.[1611] Dies ist beispielsweise nach § 52 Abs. 2 S. 2 AktG im Rahmen von Nachgründungsgeschäften zum Schutz der Kapitalaufbringungsvorschriften der Fall.[1612] Gleiches gilt bei der Übertragung des Gesellschaftsvermögens als Ganzes gem. § 179a Abs. 2 S. 1 AktG, im Fall einer Eingliederung einer anderen Gesellschaft gem. § 319 Abs. 3 S. 1 AktG, bei Ausschluss von Minderheitsaktionären gem. § 327c Abs. 3 AktG oder im Rahmen von Unternehmensverträgen nach § 293f Abs. 1 AktG.[1613] In diesen Fällen kann jeder Aktionär auch eine Abschrift der ausgelegten Dokumente verlangen.[1614]

1608 *Baumbach/Hopt*, § 325 Rn. 5.

1609 Spindler/Stilz/*Poelzig*, BeckOGK-AktG, § 131 Rn. 31.

1610 Mit weiterem Überblick dazu auch: Spindler/Stilz/*Poelzig*, BeckOGK-AktG, § 131 Rn. 25.

1611 Spindler/Stilz/*Poelzig*, BeckOGK-AktG, § 131 Rn. 27.

1612 Henssler/Strohn-*Wardenbach*, § 52 AktG, Rn. 8.

1613 Diese als „kollektive aktienrechtliche Informationspflichten bezeichnend: Spindler/Stilz/*Poelzig*, BeckOGK-AktG, § 131 Rn. 27.

1614 MüKo-AktG, Bd. 4, *Stein*, § 179a, Rn. 61.

Weitere besonders an Aktionäre gerichtete Publizitätspflichten gelten im Rahmen der Vorbereitung der Hauptversammlung.[1615] Hervorzuheben ist die Publizitätspflicht in den Geschäftsblättern der Aktiengesellschaft und darüber hinaus zur Einberufung der Hauptversammlung: Hier sind insbesondere § 121 Abs. 4 und 4a AktG zu nennen, der Inhalt ist aus § 121 Abs. 3 AktG zu entnehmen, sowie die Zugänglichmachung der Unterlagen der Rechnungslegung gem. §§ 175 Abs. 2, 176 AktG durch den Vorstand.[1616] Börsennotierte Unternehmen treffen dabei gem. § 121 Abs. 3 S. 3 AktG darüber hinausgehende Pflichten.

Häufig stehen im Zusammenhang mit den für die oben genannten existenzerheblichen Entscheidungen der Gesellschaft auch entsprechende spezielle Auskunftsrechte der Aktionäre, die diese in der Hauptversammlung ausüben dürfen – diese Regelungen haben neben § 131 AktG insofern zusätzliche Bedeutung, als sie sich z. B. auf weitere – noch nicht verbundene – Gesellschaften beziehen können (§ 319 Abs. 3 S. 5 AktG). Trotzdem ist es wahrscheinlich, dass sich mit § 131 AktG Schnittmengen ergeben. Jedenfalls stellen die weiteren Auskunftsrechte klar, dass hinsichtlich der Themen wie „Unternehmensverträge" (§ 293g AktG) oder „Eingliederung" (§ 319 Abs. 3 S. 5 AktG, § 320 Abs. 4 S. 3 AktG) weitreichende Auskunftsrechte im Rahmen der Hauptversammlung bestehen.[1617]

Ferner gibt es ein individuelles Auskunftsrecht im Vorfeld der Hauptversammlung gem. § 327b Abs. 1 S. 2 AktG für den Aktionär, der einen Squeeze-out vorbereiten möchte. Insofern ist der Vorstand von der eigentlich bestehenden Geheimhaltungspflicht gem. § 93 Abs. 1 S. 3 AktG befreit.[1618] Dafür ist der Hauptaktionär zur Verschwiegenheit verpflichtet, was sich aus seiner mitgliedschaftlichen Treuepflicht ergibt.[1619]

Neben den aktienrechtlichen Informationsrechten und -pflichten stehen den Aktionären am Kapitalmarkt gehandelter Aktiengesellschaften daneben noch kapitalmarktrechtliche Informationsmöglichkeiten – gewissermaßen als Spiegelbild zu den entsprechenden Informationspflichten – zur Verfügung, deren Erfüllung sich teilweise wiederum auf den Umfang des aktienrechtlichen Informationsrechts des Aktionärs auswirkt.[1620] Insbesondere sind insofern die Ad

1615 Diese als „kollektive aktienrechtliche Informationspflichten bezeichnend: Spindler/Stilz/*Poelzig*, BeckOGK-AktG, § 131 Rn. 27.

1616 Spindler/Stilz/*Poelzig*, BeckOGK-AktG, § 131 Rn. 27.

1617 Spindler/Stilz/*Poelzig*, BeckOGK-AktG, § 131 Rn. 27 ff. m.w.N. und auf die Wechselwirkungen zwischen individuellen und kollektiven Informationsrechten verweisend.

1618 *Bassler*, S. 257.

1619 Emmerich/Habersack/Schürnbrand-*Habersack*, AktG § 327b Rn. 5; Hüffer/Koch-*Koch*, AktG, § 327b Rn. 9.

1620 Siehe hierzu auch mit weiteren Nachweisen sogleich unten, S. 211 ff.; zur Wechselwirkung auch Spindler/Stilz/*Poelzig*, BeckOGK-AktG, § 131 Rn. 33 ff.; *Kocher/Sambulski*, DB 2018, S. 1905 ff.

Hoc-Pflichten nach Art. 17 Marktmissbrauchsverordnung („**MMVO**"), die ergänzend zu den Rechnungslegungspflichten wirkende Regelpublizität nach §§ 114 ff. WpHG sowie die Beteiligungspublizität nach §§ 33 ff. WpHG zu nennen.[1621] Der Zweck der kapitalmarktrechtlichen Publizitätspflichten wird vor allem im Schutz der Funktionsfähigkeit des Kapitalmarktes durch ein möglichst gleichmäßige Informationsverteilung[1622] sowie in der Ermöglichung einer weitgehend fundierten Entscheidung über das Halten oder Verkaufen der Aktien gesehen.[1623]

(4) Informationen aus persönlichem Dialog mit Unternehmensvertretern

Als informeller Weg zur Erlangung von Informationen betreffend die Gesellschaft stehen institutionellen Anlegern persönliche Kontakte mit der Geschäftsleitung und dem Aufsichtsrat zur Verfügung.[1624] In der Beteiligungsgesellschaft wird dies unter „Investor Relations" geführt.[1625] Darüber hinaus ist auch denkbar, dass der Investor selbst Vertreter im Aufsichtsrat hat, sodass in jedem Fall zusätzlich die formale Informationspflicht nach § 90 AktG in Betracht käme.[1626]

Häufig handelt es sich dabei um individuelle Dialoge zwischen Vorstandsmitgliedern des Beteiligungsunternehmens und Vertretern der Anleger.[1627] Sie werden entweder speziell verabredet (auch als Telefonkonferenzen) oder im Rahmen von „Roadshows" oder Analystenversammlungen[1628] durchgeführt.[1629] Dazu gehört die Übersendung von Aktionärsinformationen wie beispielsweise Aktionärsbriefen, Quartals- oder Zwischenberichte oder Unternehmensbroschüren.[1630]

Das Konzept der *Investor Relations* entstammt dem amerikanischen Rechts- und Wirtschaftskreis der 1950er Jahre und ist erst nach einigen Jahrzehnten Ende der 1980er, Anfang der 1990er Jahre in Deutschland aufgegriffen worden.[1631] Ein

---

1621 Spindler/Stilz/*Poelzig*, BeckOGK-AktG, § 131 Rn. 32, der in dieser Reihe zugleich auch weitere aktienrechtliche Vorschriften wie §§ 161 und 111c AktG zählt.

1622 Siehe zu den theoretischen Grundlagen im Detail mit weiteren Nachweisen oben, S. 88 ff.; Spindler/Stilz/*Poelzig*, BeckOGK-AktG, § 131 Rn. 32.

1623 Spindler/Stilz/*Poelzig*, BeckOGK-AktG, § 131 Rn. 32.

1624 MüKo-AktG, Bd. 3, *Kubis*, § 131 BGB, Rn. 7; *Kocher*, DB 2016, S. 2887, 2890; *Bassler*, S. 320 ff.; vgl. auch *Gröntgen*, S. 39 ff.

1625 Zum Begriff: *Fleischer*, ZGR 2009, S. 506 ff.

1626 *Bassler*, S. 247 ff.

1627 *Ekkenga*, NZG 2001, S. 1; *Bassler*, S. 230 ff.

1628 Häufig werden diese Analystenkonferenzen von an der Gesellschaft unbeteiligten Analysten besucht, es ist aber auch denkbar, dass einige Analysten speziell für bestimmte Anleger arbeiten. Vgl. dazu: *Verse*, Gleichbehandlungsgrundsatz, S. 533; *Bassler*, S. 230 ff.

1629 *Winkler*, S. 107; *Bassler*, S. 230.

1630 Mit weiteren Beispielen: *Ekkenga*, NZG 2001, S. 1.

1631 Von 1953 sprechend: Dirk e. V.-*Streuer*, Investor Relations – Begriff, S. 3, S. 5.

Meilenstein war die Gründung des DIRK e. V. im Jahr 1994,[1632] des Deutschen Investor Relations Kreises (heute: Deutscher Investor Relations Verband), der nach einem amerikanischen Vorbild zusammenfand.[1633] Dabei sind gerade institutionelle Anleger wichtige Adressaten der Investor Relations.[1634]

Dem Begriffsverständnis nach geht es bei Investor Relations hauptsächlich um freiwillige Kommunikation mit gegenwärtigen und zukünftigen Aktionären (zudem mit Experten/Ratingagenturen und Fremdkapitalgeber[1635]), teils mit darunter gefasst werden aber die bereits oben dargestellten Pflichtberichterstattungen.[1636] Zuweilen gibt es einen eigenen Investor-Relations-Manager, der eng mit dem Vorstand des Unternehmens zusammenarbeitet.[1637] Das erklärte Ziel dieses Managers ist es, durch eine gute Öffentlichkeitsarbeit das Vertrauen und eine positive Erwartungshaltung des Kapitalmarktes in die Gesellschaft zu stärken und damit den Unternehmenswert zu steigern.[1638] Ähnlich wie die spiegelbildliche Frage des Erfolgs des aktiven Einbringens durch Aktionäre ist der Erfolg solcher Investor-Relations-Abteilungen nur schwer bis gar nicht messbar.[1639] Dennoch erfreut sich die Branche zunehmender Beliebtheit, was zu einer starken Spezialisierung geführt hat.[1640]

Für den vorliegenden Zusammenhang der Informationserlangung durch die Aktionäre sind vor allem solche Kommunikationssituationen relevant, in denen die institutionellen Anleger Informationen in persönlichen Gesprächen erhalten. Diese werden in der Literatur – insbesondere *Bassler* – allerdings durchaus als kritisch gesehen, da diese Gespräche an sich von der aktienrechtlichen Ordnung nicht vorgesehen und zudem nur sehr schwer nachzuvollziehen sind.[1641] Insofern haben die gesetzlichen Schranken, auf die später noch einzugehen ist, an dieser Stelle sowohl rechtlich als auch in praktischer Hinsicht eine große Bedeutung.[1642]

1632 *Fleischer*, ZGR 2009,S. 506, 507; Dirk e. V.-*Streuer*, Investor Relations – Begriff, S. 3, S. 5.

1633 Das ist das amerikanische National Investor Relations Institute, das 1969 gegründet wurde: *NIRI*, Internetauftritt – About.

1634 Dirk e. V.-*Staab*, Investor Relations und Institutionelle Investoren, S. 283, S. 290.

1635 Diese sollen vorliegend außer Betracht gelassen werden.

1636 *Fleischer*, ZGR 2009, S. 506, 509.

1637 Dirk e. V.-*Streuer*, Investor Relations – Begriff, S. 3, S. 17; Dirk e. V.-*Streuer*, Organisation der Investor Relations, S. 65, S. 67.

1638 Dirk e. V.-*Streuer*, Ziele der Investor Relations, S. 21 f.

1639 Näher dazu: *Fleischer*, ZGR 2009, S. 506, 511. Zu möglichen Messmethoden: Dirk e. V.-Streuer, Erfolgsmessung der Investor Relations, S. 77 ff.

1640 Dirk e. V.-Streuer, Investor Relations – Begriff, S. 3, S. 17 f.

1641 *Bassler*, S. 231.

1642 Siehe zu den Grenzen bei individuellen Dialogen mit weiteren Nachweisen unten, S. 208 ff.; *Bassler*, S. 232 ff.

Inzwischen gibt es allerdings speziell für den Dialog mit dem Aufsichtsrat eigens von einer Arbeitsgruppe aus Wissenschaft und Praxis entworfenen und auf der Website des BVI zur Verfügung gestellten Grundsatzkatalog für den Dialog zwischen Investor und Aufsichtsrat.[1643] Das Dokument knüpft dabei ausdrücklich an die Zielsetzung der damals noch zukünftigen Aktionärsrechterichtlinie 2017 an und betont die Vorteile, die ein solcher Dialog zwischen Aufsichtsrats und institutionellen Anlegern bieten kann.[1644] Die insgesamt acht Leitsätze sind dabei sehr offen formuliert und betreffen vor allem die folgenden Themen: Initiative für den Dialog beim Unternehmen und ausschließlich über Verantwortungsbereiche des Aufsichtsrats, Besetzung und Vergütung des Aufsichtsrats, Prozesse im Aufsichtsrat und Überwachung, Vorstandsbestellung und Vergütung, Mitwirkung des Aufsichtsrats bei der Strategieentwicklung des Vorstandes, Kriterien für Auswahl und Zusammenarbeit des Abschlussprüfers, in den Dialog einzubeziehende Teilnehmer sowie die Grundsätze für den Dialog selbst.[1645]

bb) Überwachungspflichten

(1) Allgemeine Überwachungspflichten

Allgemeine an institutionelle Anleger gerichtete Pflichten zur Überwachung des Beteiligungsunternehmens gab es vor ARUG II nicht. Ebenso finden sich im KAGB und in den an Pensionsfonds und Versicherungen gerichteten speziellen Regelungen keine ausdrücklichen Anreize, zur aktiven Überwachung des Beteiligungsunternehmens. Auch in den BVI Wohlverhaltensregeln[1646] ist keine ausdrückliche Überwachungspflicht für die Investoren vorgesehen. Es wird lediglich auf den EFAMA Stewardship Code[1647] und darauf verwiesen, dass die Aktionärs- und Gläubigerrechte ausschließlich im Interesse der Anleger und des Marktes[1648] ausgeübt werden sollen. Ob dies auch für die Überwachung des Beteiligungsunternehmens gilt, hängt davon ab, was unter „Recht des Aktionärs“ zu verstehen ist. Da aber die Stoßrichtung beider Regelungen gar nicht auf die vermehrte Aktivität im Beteiligungsunternehmen gerichtet ist, sondern in der Wahrung der Interessen der Endanleger liegt, kann die Frage an dieser Stelle dahinstehen.

1643 *BVI*, Leitsätze für den Dialog zwischen Investor und Aufsichtsrat 2016, passim. Die Mitglieder der Arbeitsgruppe waren: Prof. Dr. Alexander Bassen, Dr. Jürgen Hambrecht, Dr. Hans-Christoph Hirt, Prof. Dr. Dr. Dr. h.c. mult. Klaus J. Hopt, Prof. Dr. Ulrich Lehner, Dr. Stephan Lowis, Ingo R. Mainert, Daniela Mattheus, Prof. Christian Strenger.

1644 *BVI*, Leitsätze für den Dialog zwischen Investor und Aufsichtsrat 2016, S. 3 f.

1645 *BVI*, Leitsätze für den Dialog zwischen Investor und Aufsichtsrat 2016, S. 3 f.

1646 *BVI*, Wohlverhaltensregeln 2019, S. 9 ff.

1647 *EFAMA*, Stewardship Code 2018, passim.

1648 *BVI*, Wohlverhaltensregeln 2019, S. 9.

(2) Überwachungspflichten aufgrund von gesellschaftsrechtlichen Treuepflichten

In bestimmten Konstellationen könnte sich eine aus der gesellschaftsrechtlichen Treuepflicht folgende Überwachungspflicht für alle oder bestimmte Aktionäre ergeben: Treuepflichten sind im Aktienrecht eine ungeschriebene und seit langem umstrittene, aber letztlich von Literatur und Rechtsprechung weitgehend anerkannte Sonderverbindung zwischen den Aktionären.[1649] Sie obliegen in besonderem Maße Mehrheitsaktionären, sind allerdings – anders als in Bezug auf (passive) Rücksichtnahmepflichten – bezüglich (aktiver) Förderpflichten sehr restriktiv anzuwenden.[1650] Schließlich ist es gerade eines der prägenden Merkmale der Aktiengesellschaft, dass die Mitwirkungspflichten der Aktionäre beschränkt sind, um z. B. eine leichtere Handelbarkeit zu ermöglichen.[1651] Je stärker der Einfluss des jeweiligen (Mehrheits-) Aktionärs, umso eher wird allerdings gemeinhin auch von Mitwirkungs- und dementsprechend Überwachungspflichten ausgegangen.[1652]

cc) Einwirkungsmöglichkeiten und Zusammenarbeit

Eine Pflicht zur Ausübung der typischen Verwaltungsrechte der Aktionäre nach dem deutschen Aktienrecht gibt es im Regelfall nicht,[1653] sodass im folgenden jeweils nur verschiedenen Möglichkeiten der freiwilligen Mitwirkung und Zusammenarbeit aufgezeigt werden.[1654]

(1) Ausübung des Stimmrechts in der Hauptversammlung

Eines der wesentlichen Rechte der Aktionäre zur Einwirkung auf das Beteiligungsunternehmen ist die Ausübung des ihnen zustehenden Stimmrechtes.[1655] Die

---

1649 MüKo-AktG-Götze, Bd. 1, Vorbemerkung zu § 53a AktG, Rn. 21 ff.; siehe dazu auch mit weiteren Nachweisen ausführlich bereits oben, S. 166 ff.; mit Schwerpunkt auf Grenze des Handelns: *Gröntgen*, S. 53 ff.

1650 MüKo-AktG-*Götze*, Bd. 1, Vorbemerkung zu § 53a AktG, Rn. 19 ff.

1651 MüKo-AktG-*Götze*, Bd. 1, Vorbemerkung zu § 53a AktG, Rn. 19 ff.; Henssler/Strohn-*Lange*, § 53a AktG, Rn. 7.

1652 MüKo-AktG-*Götze*, Bd. 1, Vorbemerkung zu § 53a AktG, Rn. 19 ff.

1653 Allenfalls können diese sich aus gesellschaftsrechtlichen Treuepflichten ergeben, siehe dazu mit weiteren Nachweisen oben S. 166 ff. und mit weiteren Nachweisen *Bassler*, S. 122.

1654 Als „Mitwirkungsrechte" einordnend: *Gröntgen*, S. 22 ff.

1655 Vgl. dazu auch eine ausführliche Darstellung bei *Bassler*, S. 199 und *Faure*, S. 103 ff. und der eher kurze Hinweis bei *Gröntgen*, S. 24; darüber hinaus weist *Bassler* darauf hin, dass abgesehen vom Stimmrecht und Fragerecht auch noch ein **Rederecht** des Aktionärs in der Hauptversammlung besteht, dass zwar nicht ausdrücklich geregelt ist, sich aber aus einem Zusammenspiel von §§ 118 Abs. 1 und 131 Abs. 1

Regelungen zur Abstimmung in Hauptversammlungen von Aktiengesellschaften finden sich in § 133 ff. AktG. Die zentrale Norm zum Stimmrecht ist, wie auch die Überschrift schon sagt, § 134 AktG. Dort ist in § 134 Abs. 1 und 2 AktG vorgesehen, welche „Stimmkraft" eine Aktie unter verschiedenen Bedingungen hat.[1656] Hier gilt der sog. Proportionalitätsgrundsatz.[1657] Die früher möglichen Beschränkungen von Stimmrechten im Wege von in der Satzung geregelten Höchststimmrechte sind seit 2000 für börsennotierte Aktiengesellschaften abgeschafft.[1658] Nach § 134 Abs. 3 AktG können allerdings für die Ausübung des Stimmrechts Vollmachten erteilt werden und § 134 Abs. 4 AktG verweist auf die Satzung, die die genaue Form der Ausübung des Stimmrechts (also die Abstimmungsmethode) regeln kann – ansonsten macht dies der Versammlungsleiter.[1659] Zu den mit dem neuen ARUG II eingefügten Regelungen §§ 134a–d AktG und ihrer Verortung an dieser Stelle siehe unten.[1660]

Im Zusammenhang mit institutionellen Anlegern ist darüber hinaus § 135 AktG relevant. Darin ist die Ausübung des Stimmrechts durch Kreditinstitute und geschäftsmäßig Handelnde geregelt. Die Norm stellt klar, dass das früher bestehende Depotstimmrecht sich nun nach den Regeln für Vollmachtstimmrechte richtet:[1661] Mit dem Depotstimmrecht war früher gemeint, dass die Kreditinstitute die Stimmrechte der bei ihnen im Depot hinterlegten Aktien allein aufgrund des Depotvertrags und einer in den AGB enthaltenen Ermächtigung ausüben durften.[1662] Somit konnten sie eine große Summe an Stimmrechten kraft Ermächtigung nach § 185 BGB im eigenen Namen ausüben und – sofern es keine Vorgaben des Aktionärs gab – nach bestem Ermessen handeln.[1663] Diese Regelung stand lange in der Diskussion und wurde nach und nach eingeschränkt.[1664] Die nun klargestellte Anwendbarkeit von Vollmachtstimmrechten auf diese Sachverhalte bedeutete zunächst eine Einschränkung der freien Ausübungsmöglichkeiten der Stimmrechte durch die Banken (die damit gewissermaßen auch im eigenen Interesse handeln

S. 2 AktG ergibt. Auch dies kann natürlich eine Form der Einwirkungsmöglichkeit darstellen, da der Aktionär hierbei die Chance hat seine Position mitzuteilen und ggf. andere Aktionäre oder die Leitungsorgane davon zu überzeugen (*Bassler*, S. 144 f).

1656 Henssler/Strohn-*Liebscher*, § 131 AktG, Rn. 1.

1657 Spindler/Stilz/*Rieckers*, BeckOGK-AktG, § 134, Rn. 6.

1658 Henssler/Strohn-*Liebscher*, § 134 AktG, Rn. 3.

1659 Henssler/Strohn-*Liebscher*, § 134 AktG, Rn. 12.

1660 Siehe dazu mit weiteren Nachweisen unten S. 255 ff.

1661 Henssler/Strohn-*Liebscher*, § 135 AktG, Rn. 1.

1662 Spindler/Stilz, AktG, Bd. 1, *Rieckers*, § 135, Rn.2.

1663 MüKo-AktG, Bd. 3, *Arnold*, § 135, Rn. 7.

1664 Ausführliche Entwicklungsgeschichte: MüKo-AktG, Bd. 3, *Arnold*, § 135, Rn. 8 ff.

konnten).[1665] Gerade im Rahmen der Auflösung der „Deutschland AG“[1666] wurden erhebliche bürokratische Hürden für den Abstimmungsprozess und damit auch zur Verringerung des Einflusses der Banken eingeführt.[1667] Diese wurden in den darauffolgenden Jahren wieder gelockert, und die Vollmachterteilung bei Fehlen von Einzelweisungen durch die Aktionäre wurde wiederum weniger bürokratisch gestaltet, um auf diese Weise die Beteiligung bei Abstimmungen zu erhöhen.[1668] Insofern soll diese Regelung auch der Überwindung der rationalen Apathie der Aktionäre dienen.[1669]

(2) Weitere bedeutende formelle Aktionärsrechte im Zusammenhang mit der Hauptversammlung

Weitere wichtige Mitwirkungsregelungen finde sich zum Beispiel auch in § 122 AktG[1670]: Nach § 122 Abs. 1 AktG kann auf Verlangen einer Minderheit der Aktionäre unter bestimmten Voraussetzungen die Hauptversammlung einberufen werden und gem. § 122 Abs. 2 AktG können Aktionäre, die zusammen mehr als den „zwanzigsten Teil“, also 5 % des Grundkapitals halten oder den anteiligen Betrag von EUR 500.000, die Ergänzung der Tagesordnung verlangen.[1671]

Aktionäre können zudem unter bestimmten Voraussetzungen Gegenanträge gegen Vorschläge von Vorstand und Aufsichtsrat stellen, die dann an die anderen Teilnehmer der Hauptversammlung weiterzuleiten sind (§ 126 AktG), dasselbe geht für Wahlvorschläge durch Aktionäre (§ 127 AktG).[1672]

Darüber hinaus ergibt sich auch eine Mitwirkungsmöglichkeit der Aktionäre durch die für bestimmte Konstellationen vorgesehenen „Sonderbeschlüsse“ der Aktionäre, die gem. § 138 AktG im Rahmen einer gesonderten Versammlung gefasst werden können. Bei den Sonderbeschlüssen geht es um von der

---

1665 Spindler/Stilz, AktG, Bd. 1, *Rieckers*, § 135, Rn. 1 ff.

1666 Siehe dazu mit weiteren Nachweisen oben S. 162 und ausführlich zur Auflösung der „Deutschland AG“ auch *Faure*, S. 26 ff.

1667 Spindler/Stilz, AktG, Bd. 1, *Rieckers*, § 135, Rn. 4.

1668 Spindler/Stilz, AktG, Bd. 1, *Rieckers*, § 135, Rn. 4 ff.

1669 Siehe zur rationalen Apathie mit weiteren Nachweisen oben S. 25 f.; Spindler/Stilz, AktG, Bd. 1, *Rieckers*, § 135, Rn. 1.

1670 Siehe zu weiteren „formellen Einflussnahmeinstrumenten“ auch ausführlich *Bassler*, S 122 ff.; *Faure*, S. 104 f.

1671 Spindler/Stilz, AktG, Bd. 1, *Rieckers*, § 122, Rn. 7 ff, und 40 ff., darauf hinweisend, dass aufgrund der zusätzlichen Möglichkeit der EUR 500.000-Grenze, das Tagesordnugsergänzungsverlangen eine erheblich größere Bedeutung hat.

1672 Siehe insbesondere auch zur Praxisrelevanz und zu den detaillierten Voraussetzungen diesere Mitwirkungsrechte: *Bassler*, S. 123.; *Faure*, S. 103 f.

Zustimmung bestimmter Anleger abhängige Beschlüsse der Hauptversammlung oder der Geschäftsführung.[1673]

Zudem haben Aktionäre die Möglichkeit, unter bestimmten Voraussetzungen die Einsetzung eines Sonderprüfers gem. § 142 Abs. 4 AktG zu verlangen. Ferner können die Aktionäre im Anschluss an die Hauptversammlung nach vorheriger Durchführung eines Klagezulassungsverfahrens Ersatzansprüche gegen die Gesellschaft geltend machen (§ 147 ff. AktG).

(3) Zusammenarbeit mit anderen Aktionären

Spezielle Anreize oder Pflichten zur Zusammenarbeit gab es vor dem ARUG II in Deutschland weder für institutionelle Anleger im Allgemeinen noch für eine der Untergruppen. In letzter Zeit wurden durch den Gesetzgeber mehr Möglichkeiten geschaffen, durch die eine freiwillige Zusammenarbeit der Aktionäre allgemein gefördert wird. Es gibt seit 2005[1674] beispielsweise gem. § 127a AktG einen für die Absprachen zwischen Anlegern eingerichteten Abschnitt im Bundesanzeiger. Ziel der Einführung war die Ermöglichung einer Kontaktaufnahme zwischen den Aktionären, ohne dass es dafür eines Einschreitens der Gesellschaft bedarf.[1675] Zur konkreten Ausgestaltung wurde eine Aktionärsforumsverordnung („**AktFoV**") erlassen. Die Aktionäre respektive Aktionärsvereinigungen müssen zur Eintragung in den Abschnitt des Bundesanzeigers gewisse Daten und ihr Anliegen in ein elektronisches Formular eintragen, der Inhalt wird dann auf verschiedenen Internetportalen – unter anderem unter www.ebundesanzeiger.de – veröffentlicht (§ 1 Abs. 1 S. 2 AktFoV). In den ersten Jahren nach der Einführung hat das Forum allerdings einige Schwächen offenbart und wurde teils sogar als „enttäuschend" bezeichnet.[1676] So sei es nur schwer zu finden gewesen, es gab Fälle des Missbrauchs des Forums mit „Verstopfungen" durch stereotype Aufforderungen einer Aktionärsvereinigung, und andere Möglichkeiten der informellen elektronischen Kommunikation wurden häufiger genutzt.[1677] Es bleibt abzuwarten, ob sich dieser Kommunikationskanal in der Zukunft noch mehr durchsetzen wird.

1673 Mit weiteren Nachweisen und einer Aufzählung der gesetzlich vorgesehenen Sonderbeschlusstatbestände Henssler/Strohn-*Liebscher*, § 138 AktG, Rn. 1 ff.

1674 Vgl. zur Gesetzgebungshistorie genauer: Henssler/Strohn-*Liebscher*, § 127a AktG, Rn. 1.

1675 MüKo-AktG, Bd. 3, *Kubis*, § 127a, passim; vgl. auch *Gröntgen*, S. 26 f.

1676 MüKo-AktG, Bd. 3, *Kubis*, § 127a, Rn. 2.

1677 MüKo-AktG, Bd. 3, *Kubis*, § 127a, Rn. 2.

(4) *Weitere Einwirkungsmöglichkeiten – Investorenvereinbarungen, persönliche Einwirkung der Anleger auf Vorstand und Aufsichtsrat sowie Öffentlichkeitsarbeit und andere Einflusskanäle*

Teilweise werden in der Literatur noch weitere – formelle und informelle, bzw. nicht im Gesetz geregelte – Einwirkungsmöglichkeiten der Aktionäre auf das Beteiligungsunternehmen aufgezählt, genannt werden dabei zum Beispiel die Einwirkung mittels alternativer vertraglicher Ausgestaltungen, wie beispielsweise Investorenvereinbarungen,[1678] die bereits oben angesprochenen informellen Dialoge mit Vorstand und Aufsichtsrat sowie die mittelbare Einwirkung durch Presse- und Öffentlichkeitsarbeit der institutionellen Anleger.[1679] Als ein weiteres typisches Vorgehen wird dann auch die Verbindung, bzw. Eskalation der verschiedenen Vorgehensweisen beschrieben.[1680]

Investorenvereinbarungen haben sich erst in den vergangenen Jahren stärker etabliert – meist geht es dabei um die schuldrechtliche Verpflichtungen eines bedeutenden Aktionärs gegenüber dem Beteiligungsunternehmen im Rahmen einer M&A-Transaktion, bei denen dieser auf typische Mitgliedschaftsrechte temporär verzichtet und dafür vom Unternehmen eine bestimmte Gegenleistung erhält.[1681] Dabei kann die Gegenleistung sich zum Beispiel auf Zusagen hinsichtlich der Art und Weise der Ausübung der Unternehmensleitung beziehen, was in den letzten Jahren in der Literatur insbesondere im Hinblick auf § 76 Abs. 1 AktG kritisch hinterfragt wurde, wobei die grundsätzliche rechtliche Möglichkeit solcher schuldrechtlichen Nebenabreden zur Satzung nicht in Frage gestellt werden.[1682] Entscheidend ist vielmehr die Zulässigkeit des konkreten Inhalts im Einzelfall, wie beispielsweise Festlegung im Hinblick auf die Besetzung bestimmter Organe, Unternehmensziele oder auch Details im Rahmen des Erwerbs von Beteiligungen.[1683] Der Investor sagt dafür dann seine Unterstützung bezüglich von bestimmten Zielen der Unternehmensleitung zu.[1684] Durch das Versprechenlassen von Sonderrechten (beispielsweise Personalmitspracherechte etc.) lässt sich als Anleger insgesamt weit über das übliche Mitwirkungsreportoire sehr nachhaltig auf das Schicksal des Unternehmens einwirken.[1685]

1678 *Bassler,* S. 311 ff.

1679 *Bassler,* S. 398 ff.; *Gröntgen,* S. 40 ff.

1680 *Kocher,* DB 2016, S. 2887, 2889; *Gröntgen,* S. 42.

1681 Spindler/Stilz/*Fleischer,* BeckOGK-AktG, § 76 Rn. 89 m.w.N.; *Otto,* NZG 2013, S. 930; *Kiem,* AG 2009, S. 301; *Bassler,* S. 311.

1682 *Otto,* NZG 2013, S. 930, 930 f.; Spindler/Stilz/*Fleischer,* BeckOGK-AktG, § 76 Rn. 89 m.w.N.

1683 *Kiem,* AG 2009, S. 301, 312.

1684 *Bassler,* S. 311.

1685 *Bassler,* S. 312 f. mit einer sehr ausführlichen Erörterung der rechtlichen Schranken solcher Vereinbarungen.

Noch weitaus weniger geregelt sind die typischen informellen Treffen zwischen Investor und Vorstand bzw. Aufsichtsrat, bei denen natürlich nicht nur Informationen gewonnen werden können, sondern auch auf die Entscheidungen der jeweiligen Organvertreter im Rahmen des rechtlich zulässigen eingewirkt werden kann.[1686] Der Vorteil dieser Treffen gegenüber vielen formellen Einflussnahmealternativen ist selbstredend die Möglichkeit diese Treffen speziell auf die Bedürfnisse und Ziele des jeweiligen Investors abzustimmen.[1687]

Ebenso gibt es keine weiteren Regelungen zur mittelbaren Einwirkung über (teils aggressive) Presse- und Öffentlichkeitsarbeit.[1688] Natürlich spielt aber gerade im Rahmen des Wirkmechanismus von Transparenzpflichten auch die Öffentlichkeit eine nicht unbedeutende Rolle, ferner eignet sie sich im Rahmen der Eskalationsstufen des Engagements durchaus, um weiteren Druck auf die institutionellen Anleger auszuüben.[1689] Andererseits ist sie auch ein riskantes Mittel, da sie häufig stark von psychologischen Kriterien geprägt und damit nur sehr schwer zu steuern ist.[1690]

Wie bereits oben erwähnt, bestehen darüber hinaus noch die bekannten Minderheits- bzw. Klagerechte, von denen auch institutionelle Anleger theoretisch Gebrauch machen können, in der Praxis aber selten Bedeutung erlangen.[1691] Ferner bestehen natürlich auch grundsätzliche Einwirkungsmöglichkeiten auf Lobbyismus und Gesetzgebungsakten.[1692]

(5) Mitwirkungsanreiz über den Deutschen Corporate Governance Kodex

Nicht verpflichtend aber grundsätzlich auch als Anreiz wirkend ist ein an institutionelle Anleger gerichteter Satz in der Präambel zum Deutschen Corporate Governance Kodex 2020, die besagt: *„Institutionelle Anleger sind für die Unternehmen von besonderer Bedeutung. Von ihnen wird erwartet, dass sie ihre Eigentumsrechte aktiv und verantwortungsvoll auf der Grundlage von transparenten und die Nachhaltigkeit berücksichtigenden Grundsätzen ausüben.“*[1693]

1686 *Bassler*, S. 230 ff.; siehe dazu bereits auch ausführlich mit weiteren Nachweisen oben 197 ff. Mit einem ausführlichen Überblick auch zu den Grenzen der Einwirkungsmöglichkeiten bei informellen Zusammenkünften mit dem Aufsichtsrat *Gröntgen*, S. 253 ff.; *Faure*, 106 ff.

1687 *Bassler*, S. 231.

1688 Kurzer Überblick über Fälle in der Vergangenheit: *Bassler, S.* 401 f.

1689 *Kocher*, DB 2016, S. 2887, 2889; *Faure*, S. 113 f.; siehe dazu mit weiteren Nachweisen auch oben S. 17 ff.

1690 *Faure*, S. 113 f.

1691 Siehe zu dieser Mitwirkungsform mit weiteren Nachweisen auch oben S. 17 ff.; sowie *Faure*, S. 109 f.

1692 *Faure*, S. 115 f.

1693 *Regierungskommission Deutscher Corporate Governance Kodex*, DCGK – vom 16. Dezember 2019, S. 2.

Es ist jedoch bemerkenswert, dass sich dies lediglich in der Präambel, nicht aber in dem dann folgenden Kodex selbst findet, damit also nicht Teil des eigentlichen Reportings ist, wobei dies ursprünglich anders gedacht war.[1694] In der Literatur wird die Verortung dieses Satzes im Deutschen Corporate Governance Kodex zutreffend als unschädlich, aber etwas systemfremd eingeschätzt, da die Adressaten des Deutschen Corporate Governance Kodex ja gerade nicht die Aktionäre bzw. institutionellen Anleger sind.[1695] Gewissermaßen systemkonform reflektiert wird der Dialog mit institutionellen Anlegern allerdings an späterer Stelle in den an den Aufsichtsrat gerichteten Regelungen, die Gespräche mit Investoren anregen.[1696]

dd) Transparenzpflichten

Konkret an alle institutionelle Anleger gerichtete Offenlegungspflichten in Bezug auf ihre Mitwirkung im Beteiligungsunternehmen, wie sie nun in der neuen Aktionärsrechterichtlinie und ihren Umsetzungsgesetzen vorgesehen sind, gab es in dieser Form bisher im deutschen Recht nicht.

Teils wird auf private Kodizes verwiesen, die ähnliche Pflichten enthalten.[1697] So gibt es beispielsweise vom Bundesverband Investment und Asset Management („**BVI**") die sogenannten Wohlverhaltensregeln[1698], die eine Konkretisierung des ehemaligen § 9 InvG[1699] darstellen sollten.[1700] Durch ein Rundschreiben der BaFin erhielten die Wohlverhaltensregeln eine besondere Bedeutung im Hinblick auf die Auslegung des § 9 InvG – inzwischen ist diese Bezugnahme allerdings widerrufen worden.[1701] Adressaten der Regeln sind deutsche, aber auch europäische Kapitalanlagegesellschaften, die am deutschen Markt tätig sind.[1702] Der Kodex sieht vor,

---

1694 Zur Entwicklungsgeschichte des Satzes: Kremer/*v. Werder*, DCGK-Kommentar, 3. Teil., Nr. 1., Rn. 113a.

1695 Kremer/*v. Werder*, DCGK-Kommentar, 3. Teil., Nr. 1., Rn. 113e.

1696 *Regierungskommission Deutscher Corporate Governance Kodex*, DCGK – vom 16. Dezember 2019, S. 5; dieser Hinweis zur Vorversion auch bei Kremer/*v. Werder*, DCGK-Kommentar, 3. Teil., Nr. 1., Rn. 113a.

1697 *Fleischer/Strothotte*, AG 2011, S. 221, 230; *Bassler*, S. 311 m.w.N. insbesondere zur grundsätzlichen rechtlichen Zulässigkeit.

1698 *BVI*, Wohlverhaltensregeln 2019, passim.

1699 Inzwischen ist diese Norm nicht mehr in Kraft – ersetzt durch das Kapitalanlagegesetzbuch (KAGB) – vergleichbar ist § 26 KAGB.

1700 *BaFin, Aufhebung des Schreibens der BaFin zur Anwendung der BVI-Wohlverhaltensregeln.*

1701 *BaFin, Aufhebung des Schreibens der BaFin zur Anwendung der BVI-Wohlverhaltensregeln.*

1702 von Böhlen/Kan-*Forster/Kirsten*, S. 147, S. 155; *Bundesverband Investment und Asset Management e. V.*, BVI Wohlverhaltensregeln – Stand: 2019, S. 2.

dass die Unterzeichner eine Offenlegungspflicht nach dem *Comply-Or-Explain*-Prinzip trifft und sie die Aktualität ihrer Veröffentlichung jährlich überprüfen.[1703]

Die aktuelle Fassung des Kodex aus dem Jahr 2019 umfasst fünf (Haupt-)Regeln mit jeweils zahlreichen Untererläuterungen.[1704] Insbesondere die letzte Regel sieht eine Empfehlung vor, die eine ähnliche gemeinwohlorientierte Stoßrichtung wie der UK Stewardship Code 2020 aufweist:

> *„V. Die Fondsgesellschaft übernimmt gesellschaftliche Verantwortung in ökologischen, sozialen Belangen sowie zur guten Unternehmensführung."*[1705]

Insbesondere besagt dazu Anmerkung 5.):

> *„5. Die Fondsgesellschaft übt die mit den im Fonds gehaltenen Vermögensgegenständen verbundenen Aktionärs- und Gläubigerrechte treuhänderisch sowohl im In- als auch im Ausland aus, sofern dies nach Einschätzung der Fondsgesellschaft im Interesse der Anleger ist. Sie übt die Aktionärs- und Gläubigerrechte unabhängig von Interessen Dritter und ausschließlich im Interesse der Anleger aus. Sie berücksichtigt in angemessener Weise die vom europäischen Fondsverband EFAMA empfohlenen Prinzipien zur Ausübung der Stimmrechte in Portfoliounternehmen (sog. „EFAMA Stewardship Code", Stand 13. April 2018)."*[1706]

Hiermit wird auf die besondere Verantwortung der Anleger im Hinblick auf die Beteiligungsgesellschaft hingewiesen. Inwiefern die Gesellschaften konkret zu dieser Thematik etwas im Rahmen des *Comply-Or-Explain*-Prinzips veröffentlichen sollen, wird aus den Erläuterungen nicht abschließend deutlich.

Darüber hinaus gibt es speziell für Kapitalverwaltungsgesellschaften die Verordnung zur Konkretisierung der Verhaltensregeln und Organisationsregeln nach dem Kapitalanlagegesetzbuch (die Kapitalanlage-Verhaltens- und -Organisationsverordnung bzw. die „**KAVerOV**") der BaFin vom 16. Juli 2013, die aufgrund von Normen des Kapitalanlagegesetzbuches erlassen wurde, aber zugleich auch der Umsetzung verschiedener europäischer Richtlinien und Verordnungen dient.[1707]

1703 *Bundesverband Investment und Asset Management e. V.*, BVI Wohlverhaltensregeln – Stand: 2019, S. 2.

1704 *Bundesverband Investment und Asset Management e. V.*, BVI Wohlverhaltensregeln – Stand: 2019, S. 3 ff.

1705 *Bundesverband Investment und Asset Management e. V.*, BVI Wohlverhaltensregeln – Stand: 2019, S. 9.

1706 *Bundesverband Investment und Asset Management e. V.*, BVI Wohlverhaltensregeln – Stand: 2019, S. 9.

1707 Die amtliche Anmerkung zur Verordnung lautet: *„Diese Verordnung dient der weiteren Umsetzung der Richtlinie 2010/43/EU der Kommission vom 1. Juli 2010 zur Durchführung der Richtlinie 2009/65/EG des Europäischen Parlaments und des Rates im Hinblick auf organisatorische Anforderungen, Interessenkonflikte, Wohlverhalten,*

Ihr Anwendungsbereich ist das Verhalten von Kapitalverwaltungsgesellschaften bei der Verwaltung von OGAW und Publikums-AIF (§ 1 Abs. 1 KAVerOV).[1708] In den acht Paragraphen der KAVerOV sind unterschiedliche Konkretisierungen der Pflichten aus dem KAGB geregelt, die insgesamt eine verstärkte Transparenz zwischen Kapitalverwaltungsgesellschaft und Endanleger über Themen wie Umgang mit Interessenkonflikten, Risikomanagement und Liquiditätsmanagement schaffen können.[1709]

2. Wesentliche Grenzen der Mitwirkung in Beteiligungsunternehmen und der Zusammenarbeit mit anderen Anlegern

Das bereits zuvor genannte „Spielfeld"[1710] definiert sich nicht nur über die oben genannten Mitwirkungsmöglichkeiten und -pflichten sondern zugleich auch über ihre Grenzen, die in diesem Abschnitt im Hinblick auf die drei untersuchten Rechtskreise aufgezeigt werden.

Die wesentlichen Grenzen der Mitwirkung lassen sich in vier Hauptthemen[1711] untergliedern, die so immer wieder im Zusammenhang mit den Aktivitäten der Aktionäre im Allgemeinen diskutiert werden.[1712] Sie lassen sich in die bereits oben vorgestellte Grafik der Mitwirkungsoptionen einflechten – dadurch wird deutlich,

Risikomanagement und den Inhalt der Vereinbarung zwischen Verwahrstelle und Verwaltungsgesellschaft (Abl. L 176 vom 10.7.2010, S. 42)".

1708 Siehe zu diesen Anlegerarten mit weiteren Nachweisen auch oben, S. 71 ff.

1709 § 1 Abs. 1 KAVerOV.

1710 Siehe zu den Handlungsoptionen und den Pflichten in den verschiedenen Rechtsordnung mit weiteren Nachweisen oben, S. 175 ff.

1711 Andere Grenzen sind unter Umständen auch noch denkbar. Um eine Vorstellung von den derzeitigen Rahmenbedingungen zu vermitteln, sollen hier vor allem die am häufigsten diskutierten Einschränkungen dargestellt werden – die Argumentationsansätze lassen sich ggf. auf weitere Szenarien übertragen; Grenzen des Aktionärsaktivismus werden in einer Vielzahl von Veröffentlichungen immer wieder angesprochen, zuletzt sehr systematisch und mit vielen weiteren Nachweisen bei *Gröntgen*, S. 53 ff.

1712 Vorliegend sollen die einzelnen Grenzen erläutert, aber nicht erschöpfend diskutiert werden. Ziel der folgenden Darstellung ist es, einen Überblick über die Rahmenbedingungen zu schaffen, denen die Anleger vor Umsetzung der Aktionärsrechterichtlinie 2017 unter Umständen begegneten. Detailprobleme bleiben der entsprechenden Kommentarliteratur vorbehalten, auf die an entsprechender Stelle verwiesen wird.

an welchen Schnittpunkten typischerweise Beschränkungen für die Handlungen institutioneller Anleger eingreifen können:[1713]

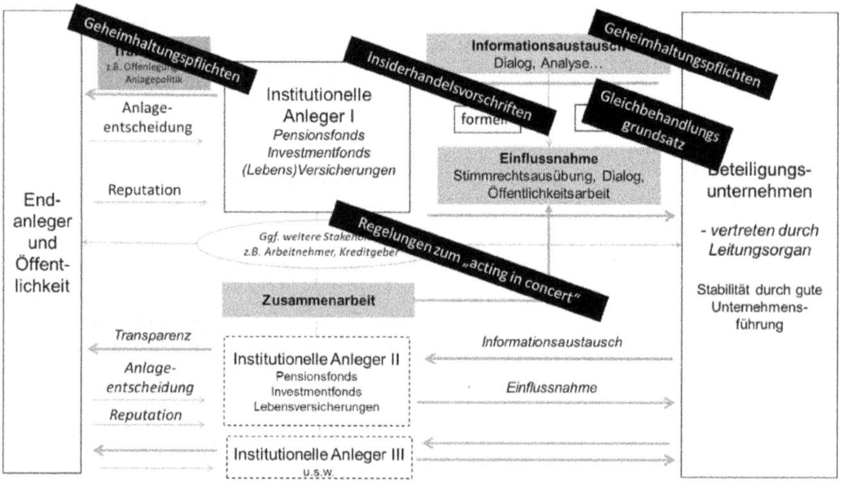

Abbildung 4: Problemfelder in Bezug auf die Mitwirkungsmöglichkeiten und -pflichten institutioneller Investoren.

- Denkbar sind zunächst sowohl auf Seiten des Beteiligungsunternehmens als auch auf Seiten der institutionellen Anleger Geheimhaltungspflichten, die insbesondere die Informationsweitergabe betreffen (a)).[1714]
- Dann hat das Beteiligungsunternehmen sowohl im Rahmen der Informationsweitergabe als auch im Rahmen der Reaktion auf Einflussnahmeversuche der Anleger unter Umständen den Gleichbehandlungsgrundsatz zu berücksichtigen (b)).[1715]
- Ferner können auch die Vorschriften zum Insiderhandel eingreifen, wenn Informationen an nur einige Aktionäre weitergegeben werden (c)).[1716]

1713 Dies ist lediglich ein Ausschnitt der typischerweise genannten und wohl herausstechendsten Grenzen der Mitwirkung, weitere werden zum Beispiel zuletzt genannt bei *Gröntgen*, S. 53 ff.

1714 Siehe dazu mit weiteren Nachweisen unten S. 210 ff.; zuletzt auch diskutiert m.w.N. z.B. bei *Gröntgen*, S. 226 ff.

1715 Siehe dazu mit weiteren Nachweisen unten S. 222 ff.; zuletzt auch diskutiert m.w.N. z.B. bei *Gröntgen*, S. 216 ff. sowie bei *Faure*, S. 191 ff.

1716 Siehe dazu mit weiteren Nachweisen unten S. 242 ff.; zuletzt auch diskutiert m.w.N. z.B. bei *Gröntgen*, S. 127 ff.

- Institutionelle Anleger wiederum müssen schließlich berücksichtigen, dass sie, sofern sie sich entschließen, mit anderen Anlegern zu kooperieren und gemeinsam Einfluss auf das Beteiligungsunternehmen zu nehmen, unter Umständen den wertpapierhandelsrechtlichen Tatbestand des *acting in concert* erfüllen und sich die Stimmrechte des Kooperationspartners zurechnen lassen müssen (d)).[1717]

Obwohl viele dieser Grenzen europarechtlichen Ursprungs sind, lassen sie sich, ihre Umsetzung und Reichweite auch in den Rechtsordnungen Deutschlands und Großbritanniens gesondert betrachten.[1718] Anders allerdings als bei der oben erfolgten Darstellung zu Mitwirkungsmöglichkeiten und Mitwirkungspflichten erfolgt aufgrund der vielfach einheitlichen europäischen Grundlage an dieser Stelle die Darstellung primär nach Themen sortiert und nicht nach Jurisdiktionen.[1719]

a) Geheimhaltungspflichten und weitere Grenzen von Auskunftsrechten

aa) Großbritannien

In Großbritannien gibt es im Gesellschaftsrecht kein ausdrücklich kodifiziertes Geheimhaltungsverbot. Allerdings kann sich eine Pflicht zur Geheimhaltung bzw. ein Verbot der Informationsweitergabe für den Vorstand aus der Vielzahl an Pflichten ergeben, die alle Vorstände treffen, den sogenannten *Director's Duties.* Die Konsequenzen einer unberechtigten Weitergabe von Informationen müssen im jeweiligen Einzelfall betrachtet werden und können unter unterschiedliche *Director's Duties* subsumiert werden:

- Denkbar ist beispielsweise ein Verbot unter den sogenannten *Duties of Loyalty*[1720] – wonach es gem. s 175 Abs. 2 CA 2006 den Vorständen

---

1717 Siehe dazu mit weiteren Nachweisen unten S. 230 ff.; zuletzt auch diskutiert m.w.N. z.B. bei *Gröntgen*, S. 151 ff.

1718 Trotz des Austritts Großbritanniens aus der Europäischen Union basieren zumindest derzeit noch eine Reihe von Regelungen auf den europäischen Grundlagen, siehe dazu ausführlicher mit weiteren Nachweisen oben S. 93.

1719 Oben wurden die zuerst die britischen Mitwirkungsmöglichkeiten und – pflichten dargestellt, dann die europäischen und schließlich die deutschen (siehe dazu oben mit weiteren Nachweisen ab S. 178), nun werden zunächst die Schranken durch Geheimhaltungspflichten, dann durch den Gleichbehandlungsgrundsatz, durch Stimmrechtszurechnung aufgrund „*acting in concert*", aufgrund von Insiderhandelsvorschriften und schließlich weitere Schranken im Einzelfall vorgestellt.

1720 Zu den *Duties of Loyalty* im Allgemeinen vgl. *Davies/Worthington*, Rn. 16–21 f.

verboten ist, bestimmte informationelle Vorteile zum Nachteil der Gesellschaft auszunutzen.[1721]

- Im Übrigen könnte sich eine Geheimhaltungspflicht auch aus der sogenannten *Duty to Act within Powers* nach s 171 CA 2006 ergeben, sofern eine Geheimhaltungspflicht in der Satzung der Gesellschaft festgelegt ist.

Die Konsequenzen eines Verstoßes der in ss 170 ff. CA 2006 geregelten Treuepflichten finden sich in den ss 178 ff. CA 2006. Darüber hinaus kann sich ein Verbot der Weitergabe von Informationen auch aus den entsprechenden Normen des Insiderrechts ergeben, was an späterer Stelle thematisiert werden soll.[1722] Letztlich stößt die Informationsweitergabe also auch in Großbritannien an gesellschaftsrechtlich vorgegebene Grenzen, sie findet sich jedoch nicht nur in einer Norm, sondern kann sich, wie oben aufgezeigt, aus einer Gemengelage von unterschiedlichen Vorschriften je nach Einzelfall ergeben.

bb) Unionsrechtliche Grundlagen

Eine grundsätzliche unionsrechtliche Grundlage für ein gesellschaftsrechtliches Informationsweitergabeverbot gibt es nicht. Dies wird auch im Umkehrschluss aus der Vorschrift deutlich, die für die europäische Aktiengesellschaft („**SE**") gem. Art. 49 SE-VO gilt:

> *„Art. 49 [Vertraulichkeit]*
> *Die Mitglieder der Organe der SE dürfen Informationen über die SE, die im Falle ihrer Verbreitung den Interessen der Gesellschaft schaden könnten, auch nach Ausscheiden aus ihrem Amt nicht weitergeben; dies gilt nicht in Fällen, in denen eine solche Informationsweitergabe nach den Bestimmungen des für Aktiengesellschaften geltenden einzelstaatlichen Rechts vorgeschrieben oder zulässig ist oder im öffentlichen Interesse liegt."*

Der letzte Halbsatz der Norm zeigt, dass es vom Gesetzgeber für möglich gehalten wird, dass nach den nationalen Vorschriften keine Verschwiegenheitspflicht des Vorstands besteht; dann soll diese auch nicht für den Vorstand der SE gelten.[1723] Insofern richten sich die Informationsweitergabe und der gesellschaftsrechtliche Geheimnisschutz nach den nationalen Rechtsordnungen. Die Grenze richtet sich somit ebenfalls danach.

1721 Zum allgemeinen Umfang der Norm und den speziellen Aspekten vgl. *Davies/Worthington*, Rn. 16–86 ff.

1722 Vgl. dazu mit weiteren Nachweisen unten S. 249.

1723 MüKo-AktG, Bd. 7, *Reichert/Brandes*, SE-VO Art. 49, Rn. 2.

cc) Deutschland

(1) Immanente Grenzen des Fragerechts in der Hauptversammlung

In der deutschen Rechtsordnung findet sich zunächst im Rahmen der Norm zum Auskunftsrecht in der Hauptversammlung eine immanente Grenze zur Informationsgewinnung[1724]:

Die immanenten Grenzen von § 131 AktG ist – neben den bereits oben dargestellten Abgrenzungskriterien des Wortlauts[1725] und der Beschränkung auf Fragen „in der Hauptversammlung"[1726] – in § 131 Abs. 2 und 3 AktG geregelt.[1727] So lässt § 131 Abs. 2 S. 2 AktG nähere Satzungs- oder Geschäftsordnungsbestimmungen zum Frage- und Rederecht zu, insbesondere zur zeitlichen Beschränkung.[1728] § 131 Abs. 3 AktG enthält darüber hinaus einen abschließenden Katalog von möglichen Auskunftsverweigerungsgründen:[1729]

- Als Erstes können gem. § 131 Abs. 3 S. 1 Nr. 1 AktG solche Auskünfte verweigert werden, deren Beantwortung der Gesellschaft einen nicht unerheblichen Nachteil zufügen kann. Mit Nachteil ist jede „gewichtige Beeinträchtigung des Gesellschaftsinteresses"[1730] gemeint, die vom Vorstand objektiv „nach vernünftiger kaufmännischer Beurteilung" (§ 131 Abs. 3 S. 1 Nr. 1 AktG) zu bestimmen ist.[1731] Letztlich ist dies im Einzelfall objektiv *ex ante* zu beurteilen.[1732]
- § 131 Abs. 3 S. 1 Nr. 2 AktG sieht eine Auskunftsverweigerungsmöglichkeit in Bezug auf bestimmte steuerliche Themen vor, die den – in diesem Zusammenhang als „unmündig" angesehenen – Aktionär vor Verwechslungen des steuerlichen mit dem betriebswirtschaftlichen Gewinn schützen soll.[1733] Diese Wertung

---

1724 Zum indirekt mitgeregelten Rederecht als Instrument der Einwirkung siehe mit weiteren Nachweisen oben S. 202 und die entsprechende Fußnote.

1725 Siehe zu den Wortlautgrenzen und zur Vereinbarkeit mit europäischen Rechtsgrundlagen bereits mit weiteren Nachweisen oben, S. 194.

1726 Spindler/Stilz/*Poelzig*, BeckOGK-AktG, § 131 Rn. 196.

1727 Spindler/Stilz/*Poelzig*, BeckOGK-AktG, § 131 Rn. 145 ff.; *Bassler*, S. 167 ff.

1728 Spindler/Stilz/*Poelzig*, BeckOGK-AktG, § 131 Rn. 197 ff.; *Bassler*, S. 167 ff.

1729 Spindler/Stilz/*Poelzig*, BeckOGK-AktG, § 131 Rn. 146 ff. mit Hinweis darauf, dass auch in diesem Absatz die Vereinbarkeit mit Art. 9 Aktionärsrechterichtlinie 2007 grundsätzlich umstritten ist, hierbei aber neben der unionsrechtskonformen Auslegung auf den jeweiligen Unterpunkt abzustellen ist (Spindler/Stilz/*Poelzig*, BeckOGK-AktG, § 131 Rn. 148).

1730 *BayObLG* NJW-RR 1996, S. 994, 995; MüKo-AktG, Bd. 3, *Kubis*, § 131 Rn. 115.

1731 OLG Stuttgart, Beschluss vom 29. Februar 2012, Az. 20 W 5/11, Rz. 354 ff.; Hüffer/Koch-*Koch*, AktG, § 131 Rn. 56.

1732 Spindler/Stilz/*Poelzig*, BeckOGK-AktG, § 131 Rn. 165.

1733 Hüffer/Koch-*Koch*, AktG, § 131 Rn. 59; Spindler/Stilz/*Poelzig*, BeckOGK-AktG, § 131 Rn. 166.

des Gesetzgebers wird heutzutage kritisiert, was dazu führt, dass das Verweigerungsrecht eng auszulegen ist.[1734] Gerade auch hinsichtlich Fragestellungen durch institutionelle Anleger scheint eine solche Beurteilung der Fähigkeiten von Aktionären ob des Professionalitätskriteriums verfehlt.[1735] Da Art. 9 Aktionärsrechterichtlinie 2007 eine solche Ausnahme nicht vorsieht, wird sie teils als europarechtswidrig qualifiziert und die letztinstanzlichen Gerichte auf ihre Vorlagepflicht hingewiesen.[1736]

- Ein weiteres Verweigerungsrecht kann sich bezüglich der Auskünfte über stille Reserven ergeben (§ 131 Abs. 3 S. 1 Nr. 3 AktG).[1737] Als Ratio dieses Verweigerungsrechtes ist auch der Schutz der Gesellschaft vor Nahteilen durch Konkurrenten anerkannt, sodass dies Vereinbarkeit über Art. 9 Abs. 2 Aktionärsrechterichtlinie 2007 angenommen werden kann.[1738]
- Ebenso kann es Verweigerungsrechte hinsichtlich der Bilanzierungs- und Bewertungsmethoden (§ 131 Abs. 3 S. 1 Nr. 4 AktG) geben, in Sonderfällen gem. § 131 Abs. 3 S. 1 Nr. 6 AktG für die Auskünfte durch Kredit- und Finanzinstitute sowie dann, wenn die Auskunft bereits veröffentlicht ist (§ 131 Abs. 3 S. 1 Nr. 7 AktG). Auch hier ist der Schutzzweck in europarechtskonformer Weise unter anderem der Schutz vor Wettbewerbern.[1739]
- Ein viel diskutiertes Verweigerungsrecht findet sich zudem in § 131 Abs. 3 S. 1 Nr. 5 AktG für den Fall, dass der Vorstand sich durch die Erteilung der Auskunft strafbar macht.[1740] Davon sind sowohl Straftaten in allen denkbaren Täter- und Beteiligungsformen als auch Ordnungswidrigkeiten umfasst.[1741] Das Verweigerungsrecht richtet sich nach dem objektiven Vorliegen der Voraussetzungen der Straftat, auf die Vorstellung des Vorstands ist insoweit nicht abzustellen.[1742] Im Prinzip ist diese Norm redundant, da für niemanden eine Pflicht zum strafbaren Handeln bestehen kann.[1743] Dennoch werden unter diesem Punkt eine Reihe von Problemen hinsichtlich von Kollisionsnormen, die Pflichten zur Geheimhaltung bestimmter Informationen regeln, diskutiert.[1744] Besonders hervorzuheben ist dabei zum einen die Diskussion um das Verhältnis zu den Regeln

---

1734 Hüffer/Koch-*Koch,* AktG, § 131 Rn. 59.

1735 Vgl. zum Kriterium der Professionalität mit weiteren Nachweisen oben ab S. 59.

1736 Spindler/Stilz/*Poelzig,* BeckOGK-AktG, § 131 Rn. 166 m.w.N. für die wohl h.M. Ansicht; a.A. Schmidt BB 2006, S: 1641, 1643.

1737 Spindler/Stilz/*Poelzig,* BeckOGK-AktG, § 131 Rn. 168 ff. m.w.N.

1738 Spindler/Stilz/*Poelzig,* BeckOGK-AktG, § 131 Rn. 170.

1739 Spindler/Stilz/*Poelzig,* BeckOGK-AktG, § 131 Rn. 174 ff.

1740 MüKo-AktG, Bd. 3, *Kubis,* § 131, Rn. 132 m.w.N.; Spindler/Stilz/*Poelzig,* BeckOGK-AktG, § 131 Rn. 176 ff.

1741 MüKo-AktG, Bd. 3, *Kubis,* § 131, Rn. 132 m.w.N.

1742 MüKo-AktG, Bd. 3, *Kubis,* § 131, Rn. 132.

1743 MüKo-AktG, Bd. 3, *Kubis,* § 131, Rn. 132.

1744 MüKo-AktG, Bd. 3, *Kubis,* § 131, Rn. 133.

des Insiderrechts sowie zu § 404 AktG, der Offenbarung von Betriebs- und Geschäftsgeheimnissen:[1745]

§ 404 AktG verbietet das Offenbaren eines Betriebs- oder Geschäftsgeheimnisses der Gesellschaft und bezweckt damit den Schutz der Gesellschaft.[1746] Dies wird von Teilen der Literatur als mit § 131 AktG in Konflikt stehend interpretiert, sodass daraus ein Auskunftsverweigerungsrecht gem. § 131 Abs. 3 Nr. 5 AktG entstünde, von der ganz vorherrschenden Meinung wird dies mit unterschiedlichen Begründungen abgelehnt: Zum einen wird darauf verwiesen, dass eine solche Auskunft schon nicht „unbefugt" im Sinne des § 404 Abs. 1 AktG sei,[1747] oder nicht rechtswidrig[1748] sei. Andere verweisen auf den anderen Ansichten zugrunde liegenden Zirkelschluss[1749] und sehen § 131 Abs. 3 Nr. 1 AktG als *lex specialis* an.[1750] Letztlich kommen fast alle zu dem Ergebnis, dass kein Auskunftsverweigerungsrecht besteht, wenn der Vorstand sich nach einem Auskunftsverlangen eines Aktionärs zu einem Thema äußern müsste, das ein Betriebs- oder Geschäftsgeheimnis berührt.[1751] Dies bedeutet allerdings nicht, dass damit auf der Hauptversammlung jegliches Geheimnis der Gesellschaft offengelegt werden muss: Vielmehr muss der Vorstand schon eine § 131 Abs. 3 Nr. 1 AktG unterfallende Abwägung bezüglich jeder Aussage treffen und prüfen, ob die Erfüllung der angeforderten Auskunft der Gesellschaft schaden würde oder nicht.[1752] Aufgrund dieser Abwägungsmöglichkeit und damit der Möglichkeit, jeden Einzelfall individuell zu bewerten, ist den letztgenannten Ansichten auch der Vorzug zu gewähren – wenn es im Auskunftsverlangen um Betriebs- und Geschäftsgeheimnisse geht, gelangt man somit gar nicht zu § 131 Abs. 3 Nr. 5 AktG, da schon vorher die speziellere Regelung der Nr. 1 in derselben Norm greift.[1753]

Eine zu § 404 AktG ähnliche Problematik stellt sich auch, wenn die verlangte Information unter Art. 7 MMVO[1754] fällt, eine Insiderinformation ist. Das ist gem. Art. 7 Abs. 1 a) MMVO vor allem eine:

1745 Ausführlich dazu auch *Bassler*, S. 176 ff.

1746 Henssler/Strohn-*Raum*, § 404 AktG, 4. Aufl., 2019, § 404 Rn. 1.

1747 Hölters-*Drinhausen, AktG*, §131, Rn. 34; Hüffer/Koch-*Koch*, AktG, § 131 Rn. 62 m.w.N. u.A. auch anderen Ansichten.

1748 MüKo-AktG, Bd. 3, *Kubis*, § 131, Rn. 133.

1749 Spindler/Stilz, AktG, Bd. 1, *Siems*, § 131 Rn. 49.

1750 Spindler/Stilz, AktG, Bd. 1, *Siems*, § 131 Rn. 39; *Bassler*, S. 178.

1751 MüKo-AktG, Bd. 3, *Kubis*, § 131, Rn. 133.

1752 Hoffmann-Becking, Münchener Handbuch des Gesellschaftsrechts, Bd. 4, *Hoffmann-Becking*, § 38 Rn. 48; Hölters-*Drinhausen, AktG*, §131, Rn. 34; MüKo-AktG, Bd. 3, *Kubis*, § 131, Rn. 133.

1753 MüKo-AktG, Bd. 3, *Kubis*, § 131, Rn. 133.

1754 Früher § 13 Abs. 1 S. 1WpHG, jetzt geregelt durch die Marktmissbrauchsverordnung (EU), Nr. 596/2014 v. 16.4.2014, Abl. 2014 L 173/1 ff.

„nicht öffentlich bekannte präzise Informationen, die direkt oder indirekt einen oder mehrere Emittenten oder ein oder mehrere Finanzinstrumente betreffen und die, wenn sie öffentlich bekannt würden, geeignet wären, den Kurs dieser Finanzinstrumente oder den Kurs damit verbundener derivativer Finanzinstrumente erheblich zu beeinflussen".

Die Folge dieser Qualifikation als Insiderinformation liegt dann im Verbot der Mitteilung oder Nutzung von Insiderinformationen als Grundlage von Kauf- oder Verkauf(sempfehlungen) (Art. 8 MMVO). Im Zusammenhang mit dem Auskunftsrecht ist dabei Art. 14 c) MMVO, die unrechtmäßige Offenlegung von Insiderinformationen, relevant.[1755] Gem. § 119 Abs. 1, 3 Nr. 3 WpHG ist dies mit Freiheitsstrafe bis zu fünf Jahren oder Geldstrafe bewehrt.[1756] Ob diese Strafbarkeitsandrohung nun eine solche gem. § 131 Abs. 3 Nr. 5 AktG ist, wird in der einschlägigen Literatur nicht einheitlich beurteilt.[1757] Auch hierzu wird vertreten, dass eine Kollision beider Normen bereits tatbestandlich von § 14 c) MMVO ausgeschlossen werde, der ebenfalls die „Unberechtigkeit" der Weitergabe voraussetze,[1758] bzw. jedenfalls auf Art. 10 MMVO gestützt werden könne, da dieser solche Weitergaben im Rahmen der üblichen Geschäftstätigkeit erlaube.[1759] Die Weitergabe sei aber z. B. nicht „unberechtigt", wenn sie aufgrund eines Auskunftsverlangens i.S.d. § 131 AktG erfolge.[1760]

Demgegenüber hält die wohl herrschende Meinung ein Auskunftsverweigerungsrecht gem. § 131 Abs. 3 Nr. 5 AktG basierend auf § 119 Abs. 1, 3 WpHG, Art. 14 MMVO für einschlägig.[1761] Dem Vorstand stünde der Weg offen, bei möglicherweise kursbeeinflussenden Tatsachen die Regelungen zur Ad-hoc-Publizität anzuwenden und dann die nach den festen Regelungen des Art. 17 MMVO, § 26 WpHG veröffentlichten Informationen ggf. in der Hauptversammlung zu wiederholen.[1762] Diese speziell darauf zugeschnittenen Regeln dürften nicht durch eine Nichtanwendung des Auskunftsverweigerungsrechts unterlaufen werden.[1763]

Die letztgenannte Ansicht überzeugt, auch hier würde die Annahme des Merkmals „unberechtigt" wieder zu einem Zirkelschluss führen: Die Regelungen zur Ad-hoc-Publizität sind speziell auf die Veröffentlichung kursrelevanter Tatsachen zugeschnitten.[1764] Insofern würde es zu widersprüchlichen Ergebnissen führen,

---

1755 Spindler/Stilz/*Poelzig*, BeckOGK-AktG, § 131 Rn. 179 ff. m.w.N.
1756 Früher § 38 Abs. 1 Nr. 2 WpHG.
1757 Spindler/Stilz/*Poelzig*, BeckOGK-AktG, § 131 Rn. 179 ff.
1758 Hölters-*Drinhausen, AktG,* §131, Rn. 34.
1759 Spindler/Stilz/*Poelzig*, BeckOGK-AktG, § 131 Rn. 179.
1760 Hölters-*Drinhausen, AktG,* §131, Rn. 34.
1761 Henssler/Strohn-*Liebscher,* § 131 Rn. 17.
1762 MüKo-AktG, Bd. 3, *Kubis,* § 131 Rn. 134.
1763 Henssler/Strohn-*Liebscher,* § 131 Rn. 17.
1764 Baumbach/Hopt/*Kumpan*, HGB, 38. Aufl. 2018, Art. 18 MMVO, Rn. 1.

wenn der Vorstand Informationen preisgeben müsste, die er nach dem System des Art. 17 MMVO (noch) nicht veröffentlichen müsste.[1765] Für den Fall, dass eine Information nicht gem. Art. 17 MMVO, § 26 WpHG vor der Hauptversammlung veröffentlicht wurde, etwa weil eine Ausnahme unter der Norm griff, muss sich der Vorstand auf § 131 Abs. 3 S. 1 Nr. 5 AktG berufen können.[1766] Umgekehrt ist auch zu beachten, dass das Preisgeben einer Insiderinformation als Antwort auf das Auskunftsverlangen in der Hauptversammlung nicht den Anforderungen der Publizitätspflicht gem. Art. 17 MMVO genügt.[1767] Die Frage kann sich jedoch unabhängig von dieser Argumentation stellen, wenn Art. 17 MMVO eine Aufschubentscheidung über die Veröffentlichung getroffen wurde.[1768] Allerdings wird sich in der Praxis dann bereits eine gleicher Auskunftsverweigerungsgrund nach § 131 Abs. 3 Nr. 1 AktG aufgrund der Nachteilhaftigkeit ergeben.[1769]

Eine Europarechtskonformität kann trotz des von Art. 9 Aktionärsrechterichtlinie 2007 abweichenden Schutzzwecks (Schutz der Vorstandsmitglieder), da meist zugleich ein Geschäftsinteresse der Gesellschaft angenommen werden kann.[1770]

- Zudem gibt es gem. § 131 Abs.3 Nr. 6 AktG Sonderauskunftsverweigerungsrechte für Kredit- und Finanzinstitute, was in diesem Zusammenhang – zwischen institutionellen Anleger und ggf. Auskunftsverweigerungsberechtigten Beteiligungsunternehmen – eher selten einschlägig sein dürfte.[1771] Und sofern die Information bereits länger (mind. sieben Tage vor Beginn der Hauptversammlung) auf der Website des Unternehmens steht ist eine gesonderte Auskunft dazu gem. § 131 Abs. 3 Nr. 7 AktG ebenfalls nicht notwendig.[1772]
- Trotz des abschließenden Charakters von § 131 Abs. 3 AktG ist anerkannt, dass die Auskunft auch unter dem Gesichtspunkt des Rechtsmissbrauchs verweigert werden kann.[1773] Dies ist aber aufgrund des weitgehend anerkannten individualrechtlichen Charakters des Auskunftsrechts weit auszulegen, da auch eigennützige Fragen des Aktionärs zulässig sind.[1774]

1765 Henssler/Strohn-*Liebscher*, § 131 Rn. 17.

1766 MüKo-AktG, Bd. 3, *Kubis*, § 131 Rn. 134.

1767 MüKo-AktG, Bd. 3, *Kubis*, § 131 Rn. 134; differenzierend: Spindler/Stilz/*Siems*, AktG, 4. Aufl.2019, § 131 Rn. 50.

1768 Spindler/Stilz/*Poelzig*, BeckOGK-AktG, § 131 Rn. 180.

1769 Spindler/Stilz/*Poelzig*, BeckOGK-AktG, § 131 Rn. 180.

1770 Spindler/Stilz/*Poelzig*, BeckOGK-AktG, § 131 Rn. 176.

1771 *Bassler*, S. 185 mit weiteren Informationen zum Hintergrund des Rechts.

1772 Hüffer/Koch-*Koch*, AktG, § 131 Rn. 65 – mit Hinweis darauf, dass die Auskunftsverweigerung nicht immer dogmatisch korrekt ist und es auf die jeweilige Fallgruppe ankommt.

1773 MüKo-AktG, Bd. 3, *Kubis*, § 131 Rn. 14.

1774 MüKo-AktG, Bd. 3, *Kubis*, § 131 Rn. 134.

Wird die Auskunft vom Vorstand verweigert, sieht § 131 Abs. 5 AktG ein Recht zur Niederschrift der Frage und der Gründe der Verweigerung vor. Die Entscheidung des Vorstands über die Frage, ob eine Auskunft erteilt wird oder nicht, ist eine gebundene Entscheidung und kann gem. § 132 AktG vollumfänglich gerichtlich kontrolliert werden.

(2) Das aktienrechtliche Geheimhaltungsverbot

Im Rahmen persönlicher Gespräche mit Vorstandsmitgliedern des Beteiligungsunternehmens kann die Informationsweitergabe an institutionelle Anleger an die Grenzen der aktienrechtlichen Verschwiegenheitspflicht gem. § 93 Abs. 1 S. 3 AktG – als Unterfall der Treuepflicht des Vorstands gegenüber der Gesellschaft – stoßen.[1775] Informelle Gespräche können im Vorfeld wichtiger Hauptversammlungsentscheidungen, beispielsweise im Rahmen einer Kapitalerhöhung, zwischen Vorstand und bestehenden (Groß-)Aktionären stattfinden.[1776] Somit hat ein Vorstandsmitglied grundsätzlich vor einer Informationsweitergabe zu prüfen, welche Informationen die Vorstandsmitglieder einzelnen, ausgewählten institutionellen Anlegern mitteilen dürfen und welche sie – zum Wohle der Gesellschaft – für sich behalten müssen.[1777]

§ 93 Abs. 1 S. 3 AktG wird als Unterfall sowohl der organschaftlichen Sorgfalts- als auch der organschaftlichen Treuepflicht angesehen.[1778] Durch die Norm sind alle Vorstandsmitglieder, gegenwärtig und ehemalig,[1779] unabhängig von der Art ihrer Bestellung,[1780] dazu verpflichtet, Geheimnisse und vertrauliche Angaben der Gesellschaft, die sie während ihrer Amtszeit erlangen, für sich zu behalten.[1781] Der Zweck dieser Regelung wird im Schutz des Gesellschafts-[1782] bzw. Unternehmensinteresses[1783] gesehen. Als Unterfälle davon versteht der Gesetzgeber sowohl Betriebs- als auch Geschäftsgeheimnisse (§ 93 Abs. 1 S. 3 AktG). Als „Geheimnis" werden in diesem Zusammenhang alle Tatsachen in Bezug auf das Unternehmen verstanden, die nur ein begrenzter Personenkreis kennt und die bei objektiver verständiger Betrachtung für die Gesellschaft von solcher wirtschaftlichen Bedeutung

---

1775 *Bassler*, S. 232 f.; Spindler/Stilz/*Fleischer*, BeckOGK-AktG, § 93, Rn. 193 ff.; *Gröntgen*, S. 226 ff.

1776 Dieses und weitere Beispiele: *Bassler*, S. 232 f.

1777 *Bassler*, S. 263 ff.

1778 BGH, Urteil vom 05. Juni 1975 – II ZR 156/73 –, BGHZ 64, 325, 327 (zum Verschwiegenheitsgebot für Aufsichtsratsmitglieder); Hölters-*Hölters*, AktG, § 93, Rn. 13.

1779 Hölters-*Hölters*, AktG, § 93, Rn. 134.

1780 Hölters-*Hölters*, AktG, § 93, Rn. 134.

1781 Spindler/Stilz/*Fleischer*, BeckOGK-AktG, § 93, Rn. 193 ff.

1782 Spindler/Stilz, AktG, Bd. 1, *Fleischer*, § 93 Rn. 160.

1783 BGH, Urteil vom 05. Juni 1975 – II ZR 156/73 –, BGHZ 64, 325, 329 (zum Verschwiegenheitsgebot für Aufsichtsratsmitglieder).

sind, dass sie ein Interesse daran hat, dass diese nicht öffentlich bekannt werden:[1784] Wenn also ein Vorstandsmitglied, beispielsweise auf einer Roadshow, einen Termin mit einem Vertreter eines institutionellen Anlegers hat und dabei diesem mitteilt, dass das Unternehmen gerade an einer bahnbrechenden Erfindung arbeitet, die es sich demnächst patentieren lassen möchte, und vielleicht auch noch Details der Erfindung erläutert, so kann dies – abhängig von den Umständen des Einzelfalls – der Regelung in § 93 Abs. 1 S. 3 AktG unterfallen.

Die Rechtsfolgen einer unbefugten Weitergabe von Unternehmensgeheimnissen können zweierlei sein: Zum einen können die Vorstandsmitglieder dafür gem. § 93 Abs. 2 S. 1 AktG gesamtschuldnerisch haften müssen.[1785] Zum anderen können sie sich, wieder abhängig von den Umständen des Einzelfalls, über § 404 AktG strafbar machen.[1786]

Dennoch sind auch Konstellationen denkbar, in denen eine Weitergabe der „Gesellschaftsinterna" an einzelne (institutionelle) Anleger für die Gesellschaft sinnvoll und damit zulässig sein kann – drei Fallvarianten sind für die Informationsweitergabe an Anleger typischerweise relevant[1787]:

- Da eine Voraussetzung des Geheimnisbegriffs das objektive Gesellschaftsinteresse ist, ist es immer dann schon dem Sinn und Zweck nach eine zulässige Weitergabe, wenn sie im Gesellschaftsinteresse liegt.[1788]
  Die Beurteilung, wann ein solcher Fall gegeben ist, liegt wiederum im „Ermessen" des (Gesamt-)Vorstands.[1789] Teilweise wird vertreten, dass bei Ausübung dieses Ermessens eine „analoge" Anwendung der in § 92 Abs. 1 S. 2 AktG statuierten *business judgement rule* entscheidend sei;[1790] da es aber hier nicht um eine Bewertung einer wirtschaftlichen Fragestellung, sondern der rechtlichen Möglichkeiten ginge, sollte es gewissermaßen eine *legal judgement rule* sein.[1791]

1784 BGH, Urteil vom 05. Juni 1975 – II ZR 156/73 –, BGHZ 64, 325, 329 (zum Verschwiegenheitsgebot für Aufsichtsratsmitglieder); Hüffer/Koch-*Koch, AktG*, § 53a Rn. 30; Spindler/Stilz/*Fleischer*, BeckOGK-AktG, § 93, Rn. 193 ff.

1785 Henssler/Strohn-*Dauner-Lieb,* AktG, § 93 Rn. 37 zur gesamtschuldnerischen Haftung.

1786 Hölters-*Hölters*, AktG, § 93, Rn. 152 m.w.N. – ferner unter Verweis auch auf die insiderrechtlichen Tatbestände – dazu sogleich S. 242 ff.

1787 Eine a.A. hierzu vertritt die Auffassung, dass das Geheimhaltungsinteresse – jedenfalls bei der betrachteten Informationsweitergabe im Rahmen einer *Due Diligence* – stets überwiegt und sieht dabei keine Ausnahmen, *Lutter*, ZIP 1997, S. 613,617.

1788 Henssler/Strohn-*Dauner-Lieb,* AktG, § 93 Rn. 15; Spindler/Stilz/*Fleischer*, BeckOGK-AktG, § 93, Rn. 204.

1789 Henssler/Strohn-*Dauner-Lieb,* § 93 Rn. 15; Spindler/Stilz/*Fleischer*, BeckOGK-AktG, § 93, Rn. 204.

1790 *Kocher*, CCZ 2009, S. 215,217.

1791 Zum Streitstand ausführlich: *Bassler*, S. 241 f. m.w.N.

Dies würde bedeuten, dass die Entscheidung darüber, ob der Vorstand richtig geurteilt hat, nur begrenzt möglich wäre, wohingegen ansonsten *ex post* eine volle Kontrolle des Vorstandshandelns möglich ist.[1792]

Unabhängig von dieser Frage wird es jedoch bei jeder Entscheidung über die Weitergabe von sensiblen Unternehmensinterna auf die Umstände des Einzelfalls im Moment der Weitergabe ankommen.[1793] Dass sich der Vorstand im Vorfeld einer solchen für das Unternehmen riskanten Handlung stets gut vorab informieren, vorbereiten und wenn nötig auch externen Rechtsrat einholen sollte, steht insofern außer Frage.[1794] Für die Frage, ob dies dann im Unternehmensinteresse liegt, wie im Beispiel einer Sanierungsanfrage an einen großen Investor, von dem der Vorstand nicht weiß, ob dieser die nötigen Mittel besitzt, müssen die Vor- und Nachteile schließlich abgewogen werden.[1795] Bei wirklich wesentlichen Informationen wird die Entscheidung der Weitergabe nicht von einem Vorstandsmitglied allein zu treffen sein, sondern in der Regel eine gemeinsame Entscheidung der Organmitglieder erfordern.[1796]

Insofern haben sich Fallgruppen herausgebildet, in denen das Unternehmensinteresse einen Informationsaustausch mit Großaktionären gebieten kann:

Eine teils in der Literatur genannte weitere Fallgruppe ist das Einholen des *„sachkundigen Rats Dritter"*[1797]. Diese könnte gerade bei den Gesprächen mit sich einbringenden institutionellen Anlegern relevant sein, da ihre häufig unterstellte Fachkundigkeit einer der Gründe ist, warum sie als aktive Aktionäre in Betracht gezogen werden.[1798] Selbstverständlich ist in diesem Zusammenhang durch den Vorstand sicherzustellen, dass der Gesprächspartner die Information dann nur für den vorgesehenen Zweck (also z. B. die Erteilung eines fachkundigen Ratschlags) verwendet.[1799] Parallel zur Lösung der Problematik der Informationsweitergabe im Rahmen einer *Due Diligence*[1800] könnte man auch für solche Situationen erwägen, dass der Informationsempfänger – also in diesem Fall der Vertreter des institutionellen Anlegers – auch bei persönlichen Gesprächen vorab durch eine Vereinbarung die Geheimhaltung der erlangten

---

1792 *Bassler,* S. 244 f.

1793 Spindler/Stilz/*Fleischer*, BeckOGK-AktG, § 93, Rn. 204 m.w.N; *Bassler,* S. 265.

1794 *Bassler,* S. 265.

1795 So das Beispiel bei *Bassler,* S. 244 f.

1796 MüKo-AktG, Bd. 2, *Spindler,* § 93, Rn. 141; Spindler/Stilz/*Fleischer*, BeckOGK-AktG, § 93, Rn. 204 m.w.N.

1797 Hölters-*Hölters*, AktG, § 93, Rn. 138.

1798 Vgl. dazu mit weiteren Nachweisen oben S. 59 ff.

1799 Vgl. dazu mit weiteren Nachweisen oben S. 59 ff.

1800 Anstelle vieler: MüKo-AktG, Bd. 2, *Spindler,* § 93, Rn. 137.

Informationen zusichert oder aus anderen Gründen selbst einer Schweigepflicht unterliegen.[1801]
Eine weitere Fallgruppe ist die *Vorbereitung von Hauptversammlungsbeschlüssen.*[1802] Damit sich der organisatorische Aufwand der Vorbereitung, beispielsweise einer Kapitalerhöhung, lohnt, ist es für die Vorstandsmitglieder geboten, zuvor Sondierungsgespräche mit Aktionären zu führen, die eine erhebliche Beteiligung am Unternehmen halten.[1803] Ob dies gerade institutionelle Anleger sind, ist fraglich, da diese, wie bereits oben festgestellt, aus Diversifizierungsgründen meist kleinere Aktienpakete haben.[1804] Dennoch ist es nicht ausgeschlossen, dass auch sie – abhängig von der Anlegerzusammensetzung der betreffenden Gesellschaft – zu den bedeutenden Aktionären zählen. Auch bei einer Informationsweitergabe in diesem Rahmen wäre es ebenfalls erforderlich, wenn zuvor der Gesprächspartner zusichert, die erlangten Informationen für sich zu behalten, oder ohnehin einer Schweigepflicht unterliegen.[1805]

- Daneben kann die Informationsweitergabe zulässig sein, wenn für das einzelne Vorstandsmitglied andere Belange gegenüber dem Geheimhaltungsinteresse überwiegen.[1806] Letzteres ist insbesondere dann der Fall, wenn eine gesetzliche Auskunftspflicht besteht.[1807] Ein wichtiger Fall der Auskunftspflichten ist die oben schon ausführlich diskutierte Informationserteilung gem. § 131 Abs. 1 AktG in der Hauptversammlung.[1808] Darüber hinaus ermöglicht auch das Auskunftsrecht gem. § 327b Abs. 1 S. 2 AktG im Rahmen der Vorbereitung eines Squeeze-out eine Informationsweitergabe trotz sensibler Themen.[1809] Daneben ist an Auskunftspflichten zu denken, die die nicht unbedingt Aktionäre betreffen, wie die Pflichten gegenüber öffentlichen Stellen und Wirtschaftsprüfern, die aber ihrerseits Schweigepflichten unterliegen.[1810] Auch für den Fall, dass das Vorstandsmitglied die Informationen offenbaren muss, um sich gegen bestimmte gegen ihn gerichtete Maßnahmen (Schadensersatzansprüche der Gesellschaft,

1801 Hölters-*Hölters*, AktG, § 93, Rn. 142; MüKo-AktG, Bd. 2, *Spindler*, § 93, Rn. 158; *Bassler*, S. 267 f.

1802 Hölters-*Hölters*, AktG, § 93, Rn. 142. Die Situation im Zusammenhang mit dem Gleichbehandlungsgrundsatz bewertend: *Fleischer*, ZGR 2009, S. 506, 521.

1803 *Fleischer*, ZGR 2009, S. 506, 521 f.

1804 Vgl. dazu mit weiteren Nachweisen oben S. 62 ff.

1805 MüKo-AktG, Bd. 2, *Spindler*, § 93, Rn. 158; *Bassler*, S. 267 f.

1806 MüKo-AktG, Bd. 2, *Spindler*, § 93, Rn. 133; *Bassler*, S. 265 ff. mit ausführlichen Abwägungskriterien für den Vorstand.

1807 Hölters-*Hölters*, AktG, § 93, Rn. 143.

1808 Vgl. dazu mit weiteren Nachweisen oben S. 191.

1809 Emmerich/Habersack/Schürnbrand-*Habersack*, AktG, § 327b, Rn. 5.

1810 Hölters-*Hölters*, AktG, § 93, Rn. 143; Spindler/Stilz, AktG, Bd. 1, *Fleischer*, § 93, Rn. 167; MüKo-AktG, Bd. 2, *Spindler*, § 93 Rn. 133 ff.

Abberufung) zu verteidigen oder eigene Rechte (z. B. Schadensersatzansprüche gegen die Gesellschaft) durchzusetzen, ist anerkannt, dass § 93 Abs. 1 S. 3 AktG unter der Fallgruppe der „Unzumutbarkeit“ zurücktreten kann.[1811]

- Ein weiterer bedeutender Informationskanal, über den sensible Informationen erteilt werden dürfen – wenn auch nicht zwingend eine Auskunftspflicht –, ist der Austausch gem. § 90 AktG mit dem Aufsichtsrat[1812], in dem auch Vertreter wichtiger Anleger(gruppen) sitzen können.[1813]
- Ein Sonderfall der Informationsweitergabe besteht im Rahmen von *Due Diligence*-Prüfungen. Dies kann auch für bestehende (Groß-)Aktionäre relevant werden, wenn es darum geht, das Unternehmen bei einem Zukauf von Aktien vorab noch einmal zu untersuchen.[1814] Letztlich ist eine Weitergabe der für die Findung der Käuferentscheidung notwendigen Informationen möglich, soweit von diesem auch in jenem Zusammenhang eine Geheimhaltungserklärung abgegeben wird.[1815]

(3) Weitere Grenzen der Informationsweitergabe im Rahmen persönlicher Gespräche mit Vorstand und Aufsichtsrat

Das Kernproblem liegt in der Konstellation persönlicher Kommunikation meist darin, dass es in informellen Situationen sehr leicht Aktionäre gibt, die mehr erfahren als anderen Aktionäre und dadurch einen Informationsvorsprung erhalten; diesen könnten sie nicht nur, wie im Rahmen der Theorie des Aktionärsengagements meist angenommen,[1816] zu Gunsten der Gesellschaft, sondern auch zu deren Nachteil bzw. zumindest zum Nachteil der Mitaktionäre nutzen.[1817] Die bevorzugten Aktionäre sind meist die professionellen (bzw. institutionellen) Anleger, die auch aus Sicht des Beteiligungsunternehmens attraktive Gesprächspartner sind, da sie hohe Anlagevolumina halten (bzw. sie genügend Ressourcen haben, damit es noch (Zu-)Erwerbspotenzial gibt) und sie sich aufgrund ihrer Professionalität auch als beratende Gesprächspartner eignen.[1818]

1811 Hölters-*Hölters*, AktG, § 93, Rn. 144. Mit Einschränkungen auch: MüKo-AktG, Bd. 2, *Spindler*, § 93, Rn. 133.

1812 Hoffmann-Becking, Münchener Handbuch des Gesellschaftsrechts, Bd. 4, *Wiesner*, § 25 Rn. 68 ff.

1813 *Bassler*, S. 247.

1814 *Bassler*, S. 164 ff.

1815 Ausführliche Darstellung des Streitstands: MüKo-AktG, Bd. 2, *Spindler*, § 93, Rn. 154 m.w.N.

1816 Vgl. dazu mit weiteren Nachweisen oben im Grundlagenteil ab S. 37.

1817 *Bassler*, S. 276 ff.

1818 Vgl. bezüglich dieser besonderen Eignung mit weiteren Nachweisen auch oben, S. 62 ff.

Das aufgezeigte Spannungsverhältnis stellt sich insbesondere hinsichtlich von zwei Grundthemen:

- Zum einen betrifft es Thema, ob die Informationsweitergabe an nur einen engagierten institutionellen Anleger in einem informellen Gespräch gegen ein grundsätzliches Gleichbehandlungsgebot aller Aktionäre verstößt.[1819] Dieses Gleichbehandlungsgebot kann sich – allgemein – aus § 53a AktG ergeben oder den bereits oben angesprochenen § 131 Abs. 4 AktG auslösen, sodass die anderen Aktionäre zumindest auch ein Recht auf Auskunft zu den im informellen Gespräch mitgeteilten Themen hätten.[1820]
- Zum anderen betrifft das Spannungsverhältnis auch die kapitalmarktrechtliche Relevanz der Information. Wie schon hinsichtlich des Auskunftsrechts in der Hauptversammlung diskutiert, kann gerade die Weitergabe von Informationen im persönlichen Gespräch kursrelevant sein und damit ggf. gegen die Normen des Insiderhandels verstoßen (hier ist insbesondere wieder Art. 14 MMVO zu nennen).[1821]
- Zudem wird in Teilen der Literatur darauf hingewiesen, dass der Vorstand natürlich auch das Recht (oder sogar die Pflicht) hat, Anfragen von Aktionären, ob formell oder informell, aufgrund eigener Pflichten abzulehnen.[1822] Genannt werden dabei beispielsweise die Sorgfaltspflicht aus § 93 Abs. 1 S. 1 und 2 AktG, organschaftliche Treuepflichten oder auch die bestehende Kompetenzordnung (z. B. in Fällen reiner Hauptversammlungskompetenzen).[1823] Ähnliche Grenzen können auch aus den Rechten/Pflichten des Aufsichtsrats resultieren.[1824]

b) Gleichbehandlungsgrundsatz als Grenze von Auskunfts- und Informationsrechten

aa) Unionsrechtliche Grundlagen

Eine Grenze für die Informationsweitergabe durch das Beteiligungsunternehmen an seine Aktionäre setzt bereits Art. 4 der Aktionärsrechterichtlinie 2007 voraus.[1825] Der Wortlaut lautet:

1819 Ausführlich *Bassler*, S. 276 ff.

1820 Vgl. allgemein zum Gleichbehandlungsgrundsatz sogleich S. 222 ff.

1821 Vgl. zur kapitalmarktrechtlichen Beurteilung allgemein sogleich S. 242 ff.

1822 Vgl. *Gröntgen*, S. 189 ff.

1823 Ausführliche Aufzählung hierzu bei *Gröntgen*, S. 189 ff. mit selbst gebildeten Anwendungsbeispielen ab S. 203.

1824 Siehe dazu ebenfalls *Gröntgen*, S. 200 ff.

1825 Zwischen „informationeller und kommunikativer Gleichbehandlung“ unterscheidend: *Faure*, S. 192 ff.

> *„Die Gesellschaft muss für alle Aktionäre, die sich bei der Teilnahme an der Hauptversammlung und der Ausübung der Stimmrechte in der Hauptversammlung in der gleichen Lage befinden, die gleiche Behandlung sicherstellen.“*[1826]

Diese Vorschrift bezieht sich vor allem auf die Behandlung der Aktionäre während der Hauptversammlung und Ausübung der Stimmrechte, wie z. B. hinsichtlich Redezeiten etc.[1827] Allerdings findet sich die Gleichbehandlung auch in anderen europäischen Vorschriften und kann als ein anerkannter Grundsatz des europäischen Gesellschaftsrechts angesehen werden.[1828] Weitere Normierungen sind z. B. zu finden in Art. 85 RL 2017/1132[1829] und in Art. 17 Abs. 1 Transparenzrichtlinie („Transparenz-RL“)[1830].[1831]

Zweck der Transparenz-RL ist die *„informationelle Gleichbehandlung“*[1832] und börsennotierte Gesellschaften sind Objekte der Regelung.[1833] Bezogen auf institutionelle Anleger bedeutet dies, dass eine (auch informelle) Kommunikation der Anleger mit Vertretern der Gesellschaft, bei der wichtige Informationen weitergegeben werden, die eine Überwachung des Unternehmens auch durch die Aktionäre ermöglichen, im Konflikt mit Art. 17 Abs. 1 Transparenz-RL bzw. mit der diesen Artikel umsetzenden nationalen Regelung stehen kann.[1834] Art. 17 Abs. 1 Transparenz-RL verbietet eine Ungleichbehandlung der Aktionäre durch den Emittenten jedoch nicht grundsätzlich, sondern nur, sofern sich die Anleger *„in der gleichen Lage“* befinden.[1835] Somit ist es denkbar, dass mit einer sachlichen Rechtfertigung die Aktionäre ungleiche Informationen erhalten können. Zudem gibt es bereits eine Reihe von gesetzlich bzw. satzungsmäßig geregelten Fällen der Ungleichbehandlung, die noch nicht einmal einer sachlichen Rechtfertigung bedürfen.[1836]

Eine bereits bestehende Regelung, die eine sachliche Rechtfertigung entbehrlich macht, gibt es auf europäischer Ebene grundsätzlich nicht.[1837] Trotzdem lässt sich überlegen, ob die Unterschiede, die institutionelle Anleger im Gegensatz zu

---

1826 Art. 4 der Aktionärsrechterichtlinie 2007
1827 Habersack/Verse, § 7 Rn. 7.
1828 *Ochmann*, S. 30 m.w.N.; Habersack/Verse, § 6 Rn. 91 ff. und § 7 Rn. 7.
1829 RL 2017/1132 v. 14.06.2017, Abl. 2017 L 169/46.
1830 RL 2004/109/EG v. 15.12.2004, Abl. 2004, L 390/38.
1831 Habersack/Verse, § 6 Rn. 91 ff. und § 7 Rn. 7.
1832 *Faure*, S. 192.
1833 *Verse*, Gleichbehandlungsgrundsatz, S. 98; Habersack/Verse, § 1 Rn. 5; *Faure*, S. 192.
1834 *Bassler*, S. 278.
1835 *Verse*, Gleichbehandlungsgrundsatz, S. 99 f.
1836 *Verse*, Gleichbehandlungsgrundsatz, S. 99 f.
1837 Vgl. dazu mit weiteren Nachweisen oben S. 92 ff.

anderen Anlegern auszeichnen, bereits für sich genommen eine sachliche Rechtfertigung darstellen.[1838]

Die Anforderungen, die an diese sachliche Rechtfertigung zu stellen sind, sind auf europäischer Ebene jedoch nicht eindeutig geklärt.[1839] So müsste man in diesem Fall die beiden Interessenlagen vermutlich ähnlich einer Verhältnismäßigkeitsprüfung (obwohl diese von der Transparenz-RL nicht zwingend verlangt wird) gegeneinander abwägen.[1840]

Unabhängig vom Einzelfall (der natürlich immer gesondert berücksichtigt werden müsste) ständen auf der einen Seite das Interesse der institutionellen Anleger, das Beteiligungsunternehmen zu überwachen (dies spiegelt den Vorteil der institutionellen Anleger durch die Überwachung auf den professionellen Erfahrungsschatz der Anleger zurückgreifen zu können), auf der anderen Seite das Interesse der anderen Aktionäre an gleichermaßen ausfallenden Informationen.[1841]

Darüber hinaus kommt es dann etwas auf die Stoßrichtung der Informationsbeschaffung im Einzelfall an: Wenn es den Institutionellen darum geht, das Unternehmen kritisch zu überwachen und ggf. bei Fehlentscheidungen zu intervenieren, könnte die Interessenlage auch für die anderen Aktionäre anders liegen, als wenn der Investor das Ziel hat, seine Anteile ggf. im Sinne der *Exit*-Option zu verkaufen.[1842]

bb) Großbritannien

Aufgrund der noch einheitlichen europäischen Regelung[1843] gab es bis zum *Brexit* auch für Großbritannien eine Pflicht, den in der Aktionärsrechterichtlinie 2007 und Transparenz-RL geltenden Gleichbehandlungsgrundsatz im nationalen Recht zu verankern.[1844] Die wohl für börsennotierte Unternehmen bedeutendste Regelung findet sich in einem Teil der britischen Börsenzulassungsregeln, den

1838 Für die deutschrechtliche Beurteilung zu § 53a AktG analog analysierend: *Bassler* S. 282 ff.

1839 *Verse,* Gleichbehandlungsgrundsatz, 109 f.

1840 *Verse,* Gleichbehandlungsgrundsatz, S. 110.

1841 *Bassler,* S. 288 „Einholung externer Expertise“ als Rechtfertigungsgrund im Rahmen von § 53a AktG.

1842 *Bassler,* S. 288 f. „Abwendung schädlicher Aktionärsmaßnahmen“ als Rechtfertigungsgrund im Rahmen von § 53a AktG.

1843 Vgl. dazu mit weiteren Nachweisen oben S. 222 ff. – aufgrund dieser europäischen Grundlage erfolgt die Darstellung des britischen Rechts hier an zweiter Stelle nach den unionsrechtlichen Grundlagen – siehe dazu auch mit weiteren Nachweisen oben ab S. 93.

1844 Durch die sog. *European Union (Withdrawal) Acts 2018* und *2020* gelten die bisherigen Richtlinien / Verordnungen als nationales Recht fort, soweit dies nicht abweichend geregelt ist – vgl. *Teichmann/Kreier,* EuZW 2020, S. 15.

Disclosure Rules and Transparency Rules[1845] („**DTR**"), die von der *Financial Conduct Authority* („**FCA**")[1846] in ihrem Handbuch herausgegeben werden. Der Abschnitt 6.1.3. Abs. 1 DRT sagt: *„An issuer of shares must ensure equal treatment for all holders of shares who are in the same position."* und gibt damit den Wortlaut von Art. 17 Abs. 1 Transparenz-RL wieder, auf den auch direkt verwiesen wird. Dieser Kodifizierung wird allerdings wenig Bedeutung zugemessen.[1847]

Eine Kodifizierung der ursprünglich lediglich als Common-Law-Regel existierenden Pflicht *„to act fairly as between different shareholders"* erfolgt zudem in s 172(1) lit. e) CA 2006.[1848] Sie beruht auf einer Regel, die ursprünglich eine Konkretisierung der sehr weiten Regelung des *bona-fides*-Prinzips war und durch Entscheidungen aus den 1970er und 1980er Jahren geprägt wurde.[1849] Heute ist sie eingebettet in die Grundsatzregel, dass die *directors,* zu vergleichen mit Vorständen, den Erfolg der Gesellschaft vorantreiben müssen (s 172 (1) CA 2006).[1850] Diese Regel basiert auf dem neu eingeführten Konzept des *enlightened shareholder value,* das zwar grundsätzlich die Interessen der Aktionäre im Zentrum hat, dabei aber auch die von anderen Stakeholdern (Arbeitnehmer, Gläubiger etc.) berücksichtigt.[1851] Die *Fairness*-Regel ist dann Teil einer (nicht abschließenden) Aufzählung von Punkten, die der einzelne *director* bei seiner Entscheidungsfindung berücksichtigen sollte.[1852]

Hinsichtlich der früheren *Common Law*-Fassung lässt sich sagen, dass *Fairness* nicht zwangsweise Gleichbehandlung bedeutete, sondern gewisse Umstände auch eine Ungleichbehandlung akzeptabel machen konnten, ohne dass dies als *„unfair"* zu bewerten gewesen wäre.[1853] Bezogen auf den Anwendungsfall institutioneller

---

1845 Die *Disclosure Guidance and Transparency Rules* (DTR) sind Teil des *FCA Handbook*, das wiederum in Umsetzung des *Financial Services and Markets Act 2000* geschaffen wurde. Sie sind Teil des Regelwerks, das auch als *„Part IV-Rules"* bezeichnet wird, da sie unter Part IV des FSMA 2000 vorgesehen sind. Dazu gehören auch noch die Listing Rules, Prospectus Rules und Corporate Governance Rules.

1846 Die *Financial Conduct Authority* ist die britische Regulierungsbehörde für solche Unternehmen, die nach dem FSMA 200 zum Markt zugelassen sind. Sie wurde unter Teil 1A des FSMA 2000 eingerichtet.

1847 *Verse,* Gleichbehandlungsgrundsatz, S. 131 m.w.N.

1848 *Verse,* Gleichbehandlungsgrundsatz, S. 132 ff.

1849 Zum *bona-fides*-Prinzip und dem Gleichbehandlungsgrundsatz vgl. *Verse,* Gleichbehandlungsgrundsatz, S. 132 ff.

1850 Übersetzung der Autorin: *„to promote the success of the company"*.

1851 *Davies/Worthington,* Rn. 16–38 ff.

1852 *Davies/Worthington,* Rn. 16–40 ff.

1853 *Verse,* Gleichbehandlungsgrundsatz, S. 140 – *Verse* verweist dabei auf die Differenzierung zwischen den Begriffen „Fairness" und „Gleichbehandlung", die aber, sofern man auch Rechtfertigungsgründe für eine Ungleichbehandlung zuließe, zu ähnlichen Resultaten kommen könnten.

Anleger kann diese Regel für den *director* bedeuten, dass er, wenn er gewisse Informationen an institutionelle Anleger weitergibt, damit diese ihre Überwachungstätigkeit ausüben können, in Erwägung ziehen muss, ob er damit unfair gegenüber anderen Aktionären handelt. Letztlich ließe sich dann aber auch mit Verweis auf die spezielle Aufgabe und das besondere Know-how von institutionellen Anlegern analog zum deutschen und europäischen Recht argumentieren, dass es nicht unfair sei, sie zum Zwecke der Ermöglichung der Überwachungstätigkeit mit besonderen Informationen zu versorgen.[1854]

Darüber hinaus gibt es in ss 994 ff. CA 2006 noch einen Schutz vor sogenannter *unfair prejudice* als britische Form des Minderheitenschutzes[1855] in der Gesellschaft. In s 994 (1) a) CA 2006 findet sich die allgemeine, aber bereits auf die Gleichbehandlung zielende Regel, dass jeder das Gericht ersuchen kann, Abhilfe zu schaffen (*„petition the court for relief“*), wenn das Unternehmensgeschäft die Mitglieder im Allgemeinen (Aktionäre) unfair benachteiligt oder zumindest einen Teil der Mitglieder (mindestens den Ersuchenden).[1856] Typische Fälle sind, dass informelle Absprachen getroffen werden.[1857] Wichtig ist, dass ein Aktionär eine Benachteiligung durch ein Organ der Gesellschaft erfährt und diese Benachteiligung nach einem objektiven Test als unfair zu qualifizieren ist.[1858]

cc) Deutschland

Der Gleichbehandlungsgrundsatz bestand in Deutschland als allgemeines Rechtsprinzip,[1859] schon bevor die Einführung erstmals durch die sogenannte zweite gesellschaftsrechtliche Richtlinie vorgegeben wurde.[1860] Er ist seit 1979 in § 53a AktG klarstellend normiert und entspricht damit den europäischen Vorgaben.[1861]

1854 *Bassler*, S. 288 *„Einholung externer Expertise“* als Rechtfertigungsgrund im Rahmen von § 53a AktG.

1855 *Verse*, Gleichbehandlungsgrundsatz, S. 141 – *Verse* bezieht sich dabei auf die Vorgängernorm s 459 Companies Act 1985.

1856 Summarische Übersetzung der Autorin; Wortlaut: *„that the company's affairs are being or have been conducted in a manner that is unfairly prejudicial to the interests of members generally or of some part of its members (including at least himself), or“* (s 994(1) lit. a) CA 2006).

1857 *Davies/Worthington*, Rn. 20-7 ff.

1858 So zusammenfassend *Verse* zur Vorgängernorm s 459 Companies Act 1985 in: *Verse*, Gleichbehandlungsgrundsatz, 142 ff.

1859 *RGZ 41, 97/99*, 99 (RGZ 41, 97/99); *BGHZ 33 175*, 186 ff. (Zulässigkeit von ungleicher Behandlung der Aktionäre).

1860 RL 77/91/EWG v. 13.12.1976 Abl. 1977 L 26/1; Hölters-*Laubert*, AktG, § 53a Rn. 1; Hoffmann-Becking, Münchener Handbuch des Gesellschaftsrechts, Bd. 4, *Rieckers*, § 17 Rn. 11; *Faure*, S. 191 ff.

1861 Hölters-*Laubert*, AktG, § 53a Rn. 1.

(1) Der Gleichbehandlungsgrundsatz gem. § 53a AktG und Informationsweitergaben an institutionelle Anleger

§ 53a AktG besagt, dass die Aktionäre „unter gleichen Voraussetzungen gleich zu behandeln“ sind. Hinsichtlich des Zwecks dieser Regelung wird zum einen auf die Notwendigkeit für die Verkehrsfähigkeit der Aktie verwiesen[1862]: So muss jeder Aktionär, der eine „normale“ Aktie kauft, davon ausgehen dürfen, dass damit die gleichen Rechte verbunden sind wie für die anderen Aktionäre.[1863] Wegen der Garantie in § 53a AktG muss der potenzielle Käufer also keine weiteren Recherchen unternehmen, was ihn beispielsweise Transaktionskosten spart.[1864] Zum anderen wird der Zweck im Ausgleich des im Kapitalgesellschaftsrechts fehlenden Konsensprinzips – mithin als Instrument des Minderheitenschutzes – gesehen, also der Tatsache, dass die Gesellschaft Entscheidungen treffen kann, die teilweise starke Auswirkungen auf die Anteilsinhaber haben, diese aber nicht dazu befragt werden.[1865] Somit schafft die Regelung, dass alle Aktionäre dennoch gleich behandelt werden, einen gewissen Ausgleich für das Auseinanderfallen von Eigentum und Verfügungsmacht und die Sicherheit, dass im Fall einer Ungleichbehandlung der Aktionär geschützt ist.[1866] Voraussetzung der Norm ist die Eigenschaft als Aktionär beim Betroffenen.[1867] Darüber hinaus muss eine Benachteiligung (*„Ungleichbehandlung“*) durch die Gesellschaft, die wiederum durch ihre Organe handelt, vorliegen und diese Ungleichbehandlung darf sachlich nicht gerechtfertigt sein.[1868] Insofern ähnelt sie strukturell – und durch den Gesetzgeber bewusst – dem grundrechtlichen Gleichheitsgrundsatz aus Art. 3 Abs. 1 GG.[1869]

Somit kann, aber muss nicht jede Informationsweitergabe, die im Rahmen eines informellen Dialogs an einen (institutionellen) Anleger erfolgt, aber nicht unmittelbar an alle anderen Aktionäre, ein Verstoß gegen das Gleichbehandlungsgebot sein.[1870] Vielmehr darf die Ungleichbehandlung zudem nicht durch wesentliche Unterschiede gerechtfertigt sein.[1871]

1862 Spindler/Stilz/*Cahn/v. Spannenberg*, BeckOGK-AktG, § 53a Rn. 2.

1863 Auf die Verkehrsfähigkeit verweisend: Spindler/Stilz/*Cahn/v. Spannenberg*, BeckOGK-AktG, § 53a Rn. 2.

1864 Kremer/*v. Werder*, DCGK-Kommentar, 3. Teil, Nr. 6, Rn. 1604, Fn. 6 – ableitend aus der „rationalen Apathie“.

1865 Henssler/Strohn-*Lange*, § 53a AktG, Rn. 1.

1866 *Verse*, Gleichbehandlungsgrundsatz, 76 ff.

1867 Spindler/Stilz/*Cahn/v. Spannenberg*, BeckOGK-AktG, § 53a Rn. 6.

1868 Spindler/Stilz/*Cahn/v. Spannenberg*, BeckOGK-AktG, § 53a Rn. 5 ff.

1869 BT-Drucks. 08/1678, S. 13; MüKo-AktG, Bd. 1, *Bungeroth*, § 53a Rn. 3.

1870 *Verse*, Gleichbehandlungsgrundsatz, S. 509 ff; *Bassler*, S. 282 ff. mit vielen Beispielen.

1871 Siehe dazu auch mit weiteren Nachweisen unten ab S. 227; *Bassler*, S. 282 ff. mit vielen Beispielen.

(2) Rechtsfolgen eines Verstoßes gegen § 53a AktG

Die Rechtsfolge des Verstoßes gegen § 53a AktG hängt wiederum davon ab, durch welche Handlung gegen das Gleichbehandlungsgebot verstoßen wurde.[1872] Dabei kann es entweder Auswirkungen auf die Wirksamkeit von Beschlüssen und anderen Rechtsgeschäften haben (Anfechtbarkeit, Nichtigkeit etc.) oder zu Ansprüchen des Benachteiligten – insbesondere auch Informationsansprüchen[1873] – gegen die Gesellschaft oder ihre Organe führen.[1874] Im Zusammenhang mit aus persönlichen Gesprächen erlangten Informationen ist insbesondere an einen Anspruch auf „aktive Gleichbehandlung"[1875] oder unter Umständen Schadensersatzanspruch des Benachteiligten zu denken; für den Fall eines regelmäßigen Dialogs ggf. an einen Unterlassensanspruch direkt aus § 53a AktG.[1876] Das Bestehen eines direkten Unterlassensanspruchs wird in Literatur und Rechtsprechung nicht einheitlich betrachtet, häufig aber auch gar nicht diskutiert: Bedenken bestehen aufgrund der Tatsache, dass dies die Kompetenzordnung der Gesellschaft unterlaufen könne; die Gleichbehandlung sei Gegenstand der Geschäftsführung der Gesellschaft, die Korrektur unterfiele der Kontrolle durch Aufsichtsrat etc. und könne nachträglich ausgeglichen werden.[1877] Dagegen wird darauf hingewiesen, dass der Grundsatz des „Dulde und Liquidiere" dem deutschen Recht weitgehend fremd sei[1878] und zudem die Kontrolle durch die eigentlichen vom Mehrheitsprinzip bestimmten Kontrollorgane nicht immer im Sinne des Minderheitenschutzes garantiert werden könne.[1879] Gerade um einen effektiven Rechtsschutz auch im Sinne der europarechtlichen Vorgaben zu gewähren, ist darum die Annahme des Bestehens eines präventiven Unterlassungsanspruchs als sinnvoll zu erachten.[1880] Dies umfasst auch den Fall, in dem ein anschließender Anspruch auf Nachinformation besteht.[1881]

Häufig resultieren aus den Informationen zunächst keine weiteren Rechtsgeschäfte, sodass eine Anfechtbarkeit oder Nichtigkeit in der Regel ausscheidet; auch eine Rückgewähr der entgegen § 53a AktG erlangten Information ist praktisch nicht vorstellbar.[1882] Der Anspruch auf eine aktive informatorische Gleichstellung

---

1872 Henssler/Strohn-*Lange*, § 53a AktG, Rn. 11; *Bassler*, S. 289 ff.

1873 *Bassler*, S. 289 f.

1874 Systematische Darstellung: *Verse*, Gleichbehandlungsgrundsatz, S. 353 ff.

1875 MüKo-AktG, Bd. 1, *Bungeroth*, § 53a Rn. 33; Hüffer-*Koch*, AktG, § 53a Rn. 12; *Verse*, Gleichbehandlungsgrundsatz, S. 389 ff.

1876 *Verse*, Gleichbehandlungsgrundsatz, S. 414 ff.

1877 Mit weiteren Nachweisen zur einschlägigen Rechtsprechung und Literatur: *Verse*, Gleichbehandlungsgrundsatz, S. 414 ff.

1878 *Verse*, Gleichbehandlungsgrundsatz, S. 416.

1879 *Verse*, Gleichbehandlungsgrundsatz, S. 417.

1880 *Verse*, Gleichbehandlungsgrundsatz, S. 418.

1881 *Verse*, Gleichbehandlungsgrundsatz, S. 419.

1882 In diese Richtung *Bassler*, S. 289 f.

ergibt sich hingegen bereits aus § 131 Abs. 4 AktG; auf dessen Verhältnis zu § 53a AktG wird sogleich zurückzukommen sein.[1883] Schadensersatzansprüchen aus den §§ 823 ff. BGB mangelt es in vielen Fällen an den jeweiligen Tatbestandsmerkmalen; ggf. kommen aber Ansprüche aus § 826 BGB und § 823 Abs. 2 BGB in Betracht.[1884] § 823 Abs. 1 BGB scheidet aus, da § 53a AktG dem Aktionär kein selbstständiges subjektives Recht gewährt.[1885]

(3) Ausnahmen vom Gleichbehandlungsgrundsatz nach § 53a AktG bezüglich Sachverhalte betreffend institutionelle Anleger

Schon der Wortlaut von § 53a AktG sieht Ausnahmen zum Gleichbehandlungsgrundsatz vor: Nur „unter gleichen Voraussetzungen" sind die Aktionäre gleich zu behandeln.[1886]

Sind also die Voraussetzungen unterschiedlich, kann auch eine Ungleichbehandlung möglich sein.[1887] Ferner ist eine sachliche Rechtfertigung möglich.[1888] Diese Rechtfertigung ergibt sich in der Regel aus dem Gesellschaftsinteresse bzw. aus dem Gesellschaftszweck.[1889] Ob darüber hinaus die Beteiligungshöhe von Aktionären an sich ein sachlicher Differenzierungsgrund sein kann, wird in der Literatur nicht einheitlich beurteilt, aber von der wohl herrschenden Ansicht abgelehnt.[1890]

Eine sachliche Rechtfertigung aufgrund des Gesellschaftsinteresses muss jeweils im Einzelfall durch die die Informationen teilenden Organe der AG entschieden werden.[1891] Darüber hinaus kann der betroffene Aktionär auch einer Ungleichbehandlung zustimmen oder sie kann in der Satzung so vorgesehen sein.[1892] In Bezug auf persönliche Gespräche des Vorstands mit institutionellen Anlegern im Rahmen der Investor Relations sind mehrere typische Sachlagen denkbar, die eine bevorzugte Informationserteilung sachlich rechtfertigen können, ansonsten ist aber jeweils der Einzelfall zu betrachten[1893]:

1883 Siehe dazu mit weiteren Nachweisen unten S. 229 f.; auch *Bassler*, S. 290.

1884 MüKo-AktG, Bd. 1, *Bungeroth,* § 53a Rn. 39.

1885 MüKo-AktG, Bd. 1, *Bungeroth,* § 53a Rn. 39; Henssler/Strohn-*Lange,* § 53a AktG, Rn. 12.

1886 *Faure,* S. 191.

1887 *Faure,* S. 191.

1888 Henssler/Strohn-*Lange,* § 53a AktG, Rn. 6; Grigoleit/*Grigoleit/Rachlitz,* AktG, § 53a Rn. 18; *Faure,* S. 191.

1889 Grigoleit/*Grigoleit/Rachlitz,* AktG, § 53a Rn. 19.

1890 Mit umfassender Darstellung der beiden Positionen, letztlich ablehnend: *Bassler,* S. 282 ff. m.w.N.

1891 MüKo-AktG, Bd. 1, *Bungeroth,* § 53a Rn. 5.

1892 Henssler/Strohn-*Lange,* § 53a AktG, Rn. 2.

1893 Zu weiteren möglichen Fallgruppen der sachlichen Rechtfertigung von Ungleichbehandlungen siehe auch *Bassler,* S. 286 ff.; ebenfalls mit einer Reihe von

- Gängige Praxis ist es, dass im Vorfeld zu für die Gesellschaft wichtigen Entscheidungen, die dann in der Hauptversammlung gefällt werden sollen, „Sondierungsgespräche“ mit beteiligten Aktionären geführt werden.[1894] Dies ist sinnvoll, da solche wesentlichen Abstimmungen – wie beispielsweise über eine Kapitalerhöhung – sehr viel Vorbereitungsaufwand bedürfen und der Vorstand sich so absichern kann bzw. sogar muss, dass diese Vorbereitungen nicht vergeblich sind, sondern die Entscheidung tatsächlich die Zustimmung von bedeutenden Aktionären erhalten kann.[1895] Dennoch stehen auf der anderen Seite Geheimhaltungsinteressen der Gesellschaft,[1896] z. B. Befürchtungen vor plötzlichen Kursreaktionen, die verhindern, dass zuvor sämtliche Aktionäre informiert werden.
- Eine weitere Situation dieser Art ist vorstellbar, wenn die Gesellschaft mit den Aktionären, die wesentliche Beteiligungen halten, weitergehende Verträge schließen möchte – auch in diesem Fall müssen die für den Käufer und die Aktionäre relevanten Informationen weitergereicht werden können, ohne dass dies dem Gleichbehandlungsgebot zuwiderläuft.[1897]

(4) Spezielle Ausprägungen des Gleichbehandlungsgebots und ihr Verhältnis zu § 53a AktG

Neben dem allgemeinen aktienrechtlichen Gleichbehandlungsgebot gibt es noch weitere, speziellere Ausprägungen. Hinsichtlich der Informationsweitergabe ist dies vor allem der bereits oben erwähnte § 131 Abs. 4 AktG.[1898]

Da § 131 Abs. 4 AktG – im Gegensatz zu § 53a AktG – auch eine speziellere Rechtsfolge, namentlich den Anspruch auf Auskunft über das nur an einen Aktionär Mitgeteilte auf der jährlichen Hauptversammlung regelt, wird dieser vielfach als vorrangig angesehen.[1899] Dies wurde auch schon in den Gesetzgebungsmaterialien

---

verschiedenen Fallgruppen für Deutschland durchdeklinierend: *Gröntgen*, S. 216 ff.; dies unter dem Stichwort „kommunikative Gleichbehandlung“ diskutierend – *Faure*, S. 196 ff.

1894 *Verse,* Gleichbehandlungsgrundsatz, S. 535.

1895 *Verse,* Gleichbehandlungsgrundsatz, S. 536, unterstreicht, dass dies bei einer Kapitalerhöhung bereits aus zwei Gründen sinnvoll ist: zum einen, weil dann das Abstimmungsverhalten erfragt werden kann, zum anderen kann auch geklärt werden, ob die Großaktionäre auch von ihrem Bezugsrecht Gebrauch machen wollen.

1896 *Verse,* Gleichbehandlungsgrundsatz, S. 535.

1897 *Verse,* Gleichbehandlungsgrundsatz, S. 534 ff.

1898 Zum Konkurrenzverhältnis: *Bassler*, S. 290.

1899 BT-Drucks. 04/171, S. 155; Hüffer-*Koch,* AktG, § 53a Rn. 12; MüKo-AktG, Bd. 1, *Bungeroth,* § 53a Rn. 33; Hölters-*Drinhausen,* AktG, § 131 Rn. 38; Hüffer-*Koch,* AktG, § 53a Rn. 36.

so formuliert[1900] und wird auch in den meisten Kommentierungen der Norm, die § 131 Abs. 4 AktG meist als „Ausfluss“ von § 53a AktG sehen, nicht infrage gestellt.[1901] Jedoch wurden gerade in letzter Zeit in der Literatur Zweifel geäußert.[1902] Der Kern der Kritik liegt darin, dass mit der Annahme des Spezialitätsgrundsatzes der Rückgriff auf § 53a AktG ausgeschlossen ist und somit ein Anspruch auf gleichmäßige Informationsverteilung an erheblicher Durchsetzungskraft verliert, wenn der Benachteiligte erst auf die nächste Hauptversammlung (die vermutlich nur jährlich stattfindet) warten muss, um ebenfalls die gewünschte Information zu erhalten.[1903] Insofern werden auch Zweifel an der rechtstatsächlichen Bedeutung der Norm geltend gemacht.[1904]

Zum anderen deckt sich der Wortlaut von § 131 Abs. 4 AktG nicht komplett mit § 53a AktG, wie es eigentlich von einer spezielleren Regelung zu erwarten wäre.[1905] Vielmehr deutet der Wortlaut von § 131 Abs. 4 AktG darauf hin, dass es bei der Anwendung dieser Norm keine mit § 53a AktG vergleichbare sachliche Rechtfertigungsmöglichkeit für Ungleichbehandlungen gibt.[1906] Demzufolge hat jeder Aktionär uneingeschränkt in jedem Fall einen Informationserteilungsanspruch, sofern die Information schon einem anderen Aktionär mitgeteilt wurde[1907], was auch teilweise in der Literatur so wortlautgetreu interpretiert wird.[1908] Ein anderer Lösungsansatz für die Problematik besteht darin, § 131 Abs. 4 AktG teleologisch zu reduzieren, da dies das Effektivitätsgebot des zugrunde liegenden Gemeinschaftsrechts gebiete.[1909]

Eine weitere spezielle Ausprägung des Gleichbehandlungsgebots findet sich z. B. in § 48 Abs. 1 Nr. 1 WpHG (§ 30a WpHG a. F.).[1910] Hiernach ist unter gleichen Voraussetzungen eine Gleichbehandlung der Wertpapierinhaber verpflichtend, es sei denn, eine Ungleichbehandlung wäre sachlich gerechtfertigt.[1911] Inhaltlich deckt sich die Norm weitestgehend mit § 53a AktG – sie hat in Bezug auf den

---

1900 BT-Drucks. 04/171, S. 155.

1901 Hüffer-*Koch,* AktG, § 53a Rn. 12; MüKo-AktG, Bd. 1, *Bungeroth,* § 53a Rn. 33; Hölters-*Drinhausen,* AktG, § 131 Rn. 38; Hüffer-*Koch,* AktG, § 53a Rn. 36.

1902 *Bassler,* S. 291.

1903 *Bassler,* S. 292 f.

1904 MüKo-AktG, Bd. 3, *Kubis,* § 131 Rn. 147.

1905 *Fleischer,* ZGR 2009, 506, 520.

1906 *Fleischer,* ZGR 2009, 506, 520.

1907 *Fleischer,* ZGR 2009, 506, 520.

1908 *Duden,* Gleichbehandlung bei Auskünften an Aktionäre, S. 499, S. 508 ff.

1909 *Verse,* Gleichbehandlungsgrundsatz, S. 513 ff.; a. A. Zöllner/Noack, AktG, *Kersting* § 131, Rn. 427; *Bassler,* S. 295 f.

1910 Noch zu § 30a WpHG a. F.: Fuchs-*Zimmermann,* WpHG, § 30a, Rn. 5 ff.

1911 Noch zu § 30a WpHG a. F.: Fuchs-*Zimmermann,* WpHG, § 30a, Rn. 7.

Anwendungsbereich bei Aktionären eine weiterreichende Bedeutung, da auch ausländische Emittenten erfasst sind.[1912]

Im Hinblick auf Soft-Law-Regelungen sieht ferner auch der Deutsche Corporate Governance Kodex 2020 in Grundsatz 20 vor: „Die Gesellschaft behandelt die Aktionäre bei Informationen unter gleichen Voraussetzungen gleich.".[1913]

Hier ist die Besonderheit zu verzeichnen, dass unter dem Unterpunkt „F. Transparenz und externe Berichterstattung" die Gleichbehandlung hinsichtlich der zur Verfügung gestellten Informationen geregelt wird.[1914] Laut der folgenden Empfehlung „F.1" sind dies insbesondere „sämtliche wesentlichen neuen Tatsachen, die Finanzanalysten und vergleichbaren Adressaten mitgeteilt worden sind".[1915] Angesichts der Qualifikation als Soft Law und des speziellen Anwendungsbereichs des Deutschen Corporate Governance Kodex,[1916] ergeben sich in Bezug auf diese Regelung keine Konkurrenzprobleme.

c) *Die Grenze des* acting in concert *als Grenze der möglichen Zusammenarbeit*

aa) Unionsrechtliche Grundlagen

Obwohl vor der Aktionärsrechtlinie 2017 bzw. ARUG II nicht hinsichtlich aller institutioneller Anleger gezielt gefordert, ist es nach europäischem Recht grundsätzlich denkbar, dass institutionelle Anleger zusammenarbeiten. In den europäischen Richtlinien finden sich allerdings zugleich übergeordnete Regelungen, die Grundlagen für nationale Regelungen darstellen, die die Zusammenarbeit institutioneller Anleger einschränken können: Hier sind vor allem die kapitalmarkt- und übernahmerechtlichen Mitteilungs- und Offenlegungspflichten zu nennen.[1917] Insbesondere das darin enthaltene „abgestimmte Verhalten" (*acting in concert*) bezeichnet für die Zusammenarbeit von institutionellen Anlegern eine wichtige Grenze der Handlungsmöglichkeiten und ein Verstoß dagegen kann weitreichende Konsequenzen haben.[1918]

1912 Noch zu § 30a WpHG a. F.: Fuchs-*Zimmermann*, WpHG, § 30a, Rn. 8.

1913 *Regierungskommission Deutscher Corporate Governance Kodex*, DCGK – vom 16. Dezember 2019, S. 14.

1914 *Regierungskommission Deutscher Corporate Governance Kodex*, DCGK – vom 16. Dezember 2019, S. 14.

1915 *Regierungskommission Deutscher Corporate Governance Kodex*, DCGK – vom 16. Dezember 2019, S. 14.

1916 Zum Anwendungsbereich / Regelungszielen z.B.: Kremer/*Bachmann*, DCGK-Kommentar, 2. Teil., Rn. 33 ff.

1917 *Winkler*, S. 186 ff.; *Hein*, S. 327 ff.

1918 *Winkler*, S. 187 ff.; *Hein*, S. 327 ff.

(1) Grenzen durch europäische Transparenzrichtlinien

Die europäischen kapitalmarktrechtlichen Pflichten wurden ursprünglich durch die Beteiligungstransparenzrichtlinie[1919] eingeführt.[1920] Inzwischen wurde die Beteiligungstransparenzrichtlinie durch die Kapitalmarktpublizitätsrichtlinie[1921] ersetzt, die wiederum durch eine Transparenzrichtlinie aus dem Jahr 2004[1922] (sog. „Transparenzrichtlinie 2004") ersetzt wurde.[1923] Diese wurde zuletzt 2013 geändert (sog. „Transparenzrichtlinie 2013" und in der konsolidierten Fassung „Transparenzrichtlinie").[1924]

Der Zweck dieser Mitteilungs- und Offenlegungspflichten ist es nicht, direkt die Zusammenarbeit zwischen den Anlegern zu unterbinden, sondern durch eine Transparenz hinsichtlich der Beteiligungsstrukturen die Anleger im Wertpapiersektor angemessen zu schützen und durch deren Vertrauen gleichzeitig die Funktionsfähigkeit des Kapitalmarktes zu stärken.[1925] Die Richtlinie verfolgt die Strategie einer Mindestharmonisierung (Art. 3 Abs. 1 Transparenzrichtlinie 2004).[1926] Nach der 2013 erfolgten Revision[1927] entwickelt sich die Richtlinie mehr zu einem Akt der Vollharmonisierung.[1928] So besagt der neu eingefügte Art. 3 Abs. 1a S. 4 Transparenzrichtlinie 2013 ausdrücklich, dass die Mitgliedstaaten grundsätzlich keine strengeren Anforderungen als die in der Richtlinie vorsehen dürfen.

Nach diesen Richtlinien müssen die Anleger bei Erreichen bestimmter Schwellenwerte sowohl den Emittenten als auch die Öffentlichkeit innerhalb von wenigen Handelstagen informieren (Art. 9 ff. Transparenzrichtlinie). Die Schwellenwerte liegen dabei bei 5 %, 10 %, 15 %, 20 %, 25 %, 30 %, 50 % und 75 % der Stimmrechte (Art. 9 Abs. 1 S. 1 Transparenzrichtlinie). Grundsätzlich treffen diese Regelungen institutionelle Anleger genauso wie alle anderen Investoren. Relevant für die Zusammenarbeit zwischen den Anlegern wird die Mitteilungs- und Veröffentlichungspflicht erst durch die Möglichkeit, dass Stimmen von unterschiedlichen Anlegern zusammengerechnet werden können (Art. 10 lit. a) Transparenzrichtlinie). Dies ist gedacht, um Umgehungen der oben genannten Pflichten zu verhindern:[1929]

1919 RL 88/627/EWG v. 12.12.1988 Abl. 1988, L348.

1920 Darstellung der Entwicklung der Transparenzrichtlinien z.B. bei *Fleischer/Schmolke*, NZG 2010, S. 1241.

1921 RL 2001/34/EG v. 28.05.2001 Abl. 2001, L184/1.

1922 RL 2004/109/EG v. 15.12.2004, Abl. 2004, L 390/38.

1923 Darstellung der weiteren Entwicklung bei: Assmann/Schütze/Buck-Heeb, *Assmann/Buck-Heeb*, Handbuch Kapitalanlagerecht, § 1 Rn. 77 ff.

1924 RL 2013/50/EU v. 22.10.2013, Abl. 2013, L 294/13.

1925 Schwark/Zimmer/*Schwark*, Vorb. zu §§ 33 ff. WpHG, Rn. 3 ff.

1926 *Fleischer/Schmolke*, NZG 2010, S. 1241, 1242.

1927 RL 2004/109/EG v. 15.12.2004, Abl. 2004, L 390/38.

1928 *Parmentier*, AG 2014, S. 15, 18 f.

1929 *Psaroudakis*, Acting in Concert in börsennotierten Gesellschaften, 2009, S. 141.

„(Die Mitteilungspflicht nach Artikel 9 Absätze 1 und 2 gilt auch für eine natürliche oder juristische Person, sofern sie in einem oder mehreren der folgenden Fälle zum Erwerb, zur Veräußerung oder zur Ausübung von Stimmrechten berechtigt ist:)
Stimmrechte, die von einem Dritten gehalten werden, mit dem diese natürliche oder juristische Person eine Vereinbarung getroffen hat, die beide verpflichtet, langfristig eine gemeinsame Politik bezüglich der Geschäftsführung des betreffenden Emittenten zu verfolgen, indem sie die von ihnen gehaltenen Stimmrechte einvernehmlich ausüben".

Denkbar ist, dass, wenn sich zwei institutionelle Anleger zusammentun, um eine bestimmte Handlung des Unternehmens zu unterstützen oder zu unterbinden, sie diesem Tatbestand unterliegen könnten.[1930] Dies hätte dann die oben genannte Mitteilungspflicht zur Folge.[1931] Die Regelung in der Transparenzrichtlinie beschränkt sich in sachlicher Hinsicht auf Abstimmungen hinsichtlich der Stimmabgabe („*indem sie die von ihnen gehaltenen Stimmrechte einvernehmlich ausüben*" (Art. 10 a) Transparenzrichtlinie).

In dem Abschnitt finden sich ausfüllungsbedürftige Formulierungen, die bei der Umsetzung in nationales Recht Interpretationsschwierigkeiten bereiteten: So gab es beispielsweise Unstimmigkeiten über den Begriff „langfristig"[1932].

(2) Grenzen durch europäische Übernahmerichtlinien

Neben den Regelungen in der Transparenzrichtlinie gibt es noch eine entsprechende Norm in der sog. „Übernahmerichtlinie"[1933] (gem. Art. 2 Abs. 1 d) i.V.m. Art. 5 Abs. 1 Übernahmerichtlinie[1934], die ebenfalls eine Grenze für die Zusammenarbeit zwischen institutionellen Anlegern darstellen kann.[1935]

Zentraler Begriff ist in diesem Zusammenhang „gemeinsam handelnde Personen", die Art. 2 Abs. 1 d) Übernahmerichtlinie definiert als: „natürliche oder juristische Personen, die mit dem Bieter oder der Zielgesellschaft auf der Grundlage einer ausdrücklichen oder stillschweigenden, mündlich oder schriftlich getroffenen Vereinbarung zusammenarbeiten, um die Kontrolle über die Zielgesellschaft zu erhalten bzw. den Erfolg des Übernahmeangebots zu vereiteln". Im Gegensatz zu der Transparenzrichtlinie steht hier also der Zweck der Unternehmenskontrolle im Vordergrund des Begriffsverständnisses.

1930 *Schneider*, ZGR 2012, S. 518, 531; bzg. deutsches Umsetzungsrecht auch *Hein*, S. 328 f.

1931 Vornehmlich im Hinblick auf die deutschen Umsetzungsnormen so auch *Hein*, S. 328 f.

1932 *Rulf*, S. 164.

1933 RL 2004/25/EG, Abl. 2004, L 142/12.

1934 RL 2004/25/EG, Abl. 2004, L 142/12.

1935 RL 2004/25/EG, Abl. 2004, L 142/12.

Gem. Art. 3 Abs. 2 Übernahmerichtlinie stellt auch diese Richtlinie nur eine Mindestharmonisierung dar und die Aufsichtsbehörden können in vielen Teilen abweichen (Art. 4 Abs. 5 S. 2 Übernahmerichtlinie).

Zweck der Regelung in der Übernahmerichtlinie ist die Schaffung eines europäischen *level playing fields*[1936] im Übernahmerecht.[1937] Dieses soll insbesondere durch den Schutz der Minderheitsaktionäre und durch das Aufstellen allgemeingültiger Grundsätze erreicht werden.[1938] Durch die Richtlinie soll verhindert werden, dass sich Aktionäre, die ein Unternehmen übernehmen möchten, „anschleichen" können, um so wiederum das Überraschungsmoment ohne Konkurrenz ausnutzen und zu niedrigen Preisen kaufen zu können.[1939]

Zentrale Rechtsfolge der Regelungen ist gem. Art. 5 Abs. 1 Übernahmerichtlinie, dass der Aktionär, der eine neue Mehrheit am Unternehmen erwirbt, den restlichen Aktionären ein Pflichtangebot machen muss.[1940] So sind diese zum einen gewarnt, dass sich die Beteiligungsstruktur im Unternehmen, von der er bisher (und vor allem bei seinem Kauf der Anteile) ausgegangen ist, verändert hat.[1941] Zum anderen dient die Pflicht dem Ziel, dass die Minderheitsaktionäre ggf. die Möglichkeit haben, das Unternehmen rechtzeitig und zu einem angemessenen Preis zu verlassen.[1942]

Auf die Zusammenarbeit institutioneller Anleger bezogen, kann dies bedeuten, dass, wenn sie sich untereinander absprechen, dies ab einer gewissen Intensität auch als „abgestimmtes Verhalten" i.S.d. Art. 2 Abs. 1 d) Übernahmerichtlinie gewertet werden müsste.[1943] In der Folge müssten ihre Anteile gem. Art. 5 Abs. 1 Übernahmerichtlinie zusammengerechnet werden und damit einen der Schwellenwerte nach dem jeweiligen nationalen Umsetzungsgesetz der Übernahmerichtlinie überschreiten.[1944] Ein dann erforderliches Pflichtangebot[1945] kann für die institutionellen Investoren und letztlich auch für deren Endanleger zu massiven Vermögenseinbußen führen.[1946]

1936 Der Begriff/Zweck taucht in der einschlägigen Literatur immer wieder auf, vgl. auch Schwark/Zimmer/*Noack/Zetzsche*, Einleitung WpÜG, Rn. 18 ff.

1937 *Veil*, FS Schmidt, S. 1645, S. 1661.

1938 RL 2004/25/EG, Abl. 2004, L 142/12, Erwägungsgründe 3,6,9.

1939 *Fleischer*, ZGR 2008, S. 185,206 f.

1940 *Kleindiek*, ZGR 2002, S. 546,558 f.

1941 *Kleindiek*, ZGR 2002, S. 546,558 f.

1942 *Psaroudakis*, S. 147 f.; *Kleindiek*, ZGR 2002, S. 546,558 f.

1943 Für die entsprechende Subsumtion unter das deutsche Umsetzungsgesetz – vgl. *Winkler*, S. 191 ff.

1944 Für die entsprechende Subsumtion unter das deutsche Umsetzungsgesetz – vgl. *Winkler*, S. 191 ff.

1945 Vgl. *Winkler*, S: 194 ff.

1946 *Winkler*, S. 187.

bb) Großbritannien

In Umsetzung der europäischen Richtlinien gibt es bisher auch noch im britischen Recht Regelungen, die das Zusammenwirken von Anlegern betreffen: Bereits im Walker Review wurde angesprochen, ob durch die Ermunterung zur Zusammenarbeit eine Situation geschaffen werden könnte, die dem Tatbestand des *acting in concert* unterfiele, der in Großbritannien in *Rule 9 des Takeover Code* geregelt wird.[1947] Somit wurde schon im *Annex 7* zum Walker Review festgestellt, dass für die Investoren ganz klar abgegrenzt werden müsste, welche Fälle *Rule 9* erfüllen und welche ein erwünschtes Zusammenwirken sind.[1948] Einer großzügigen *Safe-Harbour*-Regelung, die mit ihrer Eindeutigkeit für die Investoren maximale Sicherheit bedeutet hätte, hat sich dann aber wiederum das *Takeover Panel*[1949] entgegengestellt, das sich die Möglichkeit einer Beurteilung der Einzelfälle offenlassen wollte.[1950] Somit beschränkte sich das *Takeover Panel* darauf, einen Hinweis auf die Abgrenzung zu veröffentlichen, der als Practice Statement No 26 am 9. September 2009 veröffentlicht wurde.[1951]

Trotz dieser Lösung, die schon gefunden wurde, bevor der UK Stewardship Code 2010 überhaupt in Kraft trat, kam diese Problematik auch in den folgenden Jahren in der Literatur[1952] wiederholt auf.

cc) Deutschland

Eine Umsetzung der europäischen Vorlagen bezüglich des *acting in concert* gibt es natürlich auch in Deutschland: Grundsätzlich ist es möglich, sich als institutioneller Anleger mit anderen Anlegern abzustimmen – diesem erlaubten Verhalten sind teilweise Grenzen gesetzt.[1953] Besonders hervorzuheben sind die kapitalmarktrechtlichen Publizitätspflichten, die in weiten Teilen die bereits dargestellten europäischen Richtlinien, insbesondere also die Übernahme- und Transparenzrichtlinie umsetzen.[1954] Diese Pflichten sind bei der Zusammenarbeit institutioneller Anleger relevant, da bei der Berechnung der Stimmen auch ein „abgestimmtes Verhalten" zur Addition der Stimmanteile verschiedener Anleger führen kann, was dann die

1947 *Walker Review*, S. 151.

1948 *Walker Review*, S. 151.

1949 Diese Institution überwacht die Einhaltung des Takeover Code http://www.takeoverpanel.org.uk/structure (zuletzt besucht am: 12.07.2015).

1950 *Walker Review*, S. 151.

1951 *Walker Review*, S. 151.

1952 *Fleischer/Strothotte*, AG 2011, S. 221, 227; *Roach*, Journal of Corporate Law Studies 11 (2011), 463, 486 ff.; *Hucke*, ZCG 2011, S. 269, 272.

1953 Vgl. zu den alten Normen *Winkler*, S. 187 ff.

1954 Vgl. z.B. zum WpÜG Schwark/Zimmer/*Noack/Zetzsche*, Einleitung zum WpÜG, Rn. 18 ff.

Schwellenwerte zur Meldepflicht auslöst.[1955] Die Regelungen zum „abgestimmten Verhalten" finden sich sowohl im WpHG als auch im WpÜG.[1956]

(1) Unterschiedliche Auslegung der Tatbestände des WpHG und WpÜG?

Die Regelungen zum „abgestimmten Verhalten" sind vom Wortlaut in § 34 Abs. 2 WpHG[1957] und im Übernahmerecht in § 30 Abs. 2 WpÜG identisch geregelt;[1958] der Gesetzgeber hatte ursprünglich auch eine parallele Auslegung beider Begriffe beabsichtigt.[1959] In letzter Zeit hat sich allerdings gerade in der Literatur eine Gegenbewegung aufgetan, die eine unterschiedliche Auslegung beider Normen vertritt.[1960]

Die Argumente dieser Strömung sind vor allem, dass die Zwecke des WpHG und des WpÜG unterschiedliche seien, was bei der Auslegung berücksichtigt werden müsste.[1961] Während das WpHG grundsätzlich die Markttransparenz sicherzustellen versuche, wäre das WpÜG auf den individuellen Schutz der Minderheitsaktionäre vor Kontrolle durch Großaktionäre ausgerichtet.[1962] Darüber hinaus beruhten beide Normen auf unterschiedlichen Richtlinien, was auch eine unterschiedliche Auslegung erfordere.[1963]

Die Vertreter der einheitlichen Auslegung[1964] geben hingegen zu bedenken, dass der erste und vorrangige Zweck beider Normen, nämlich die Zurechnung von

---

1955 Vgl. zu den alten Normen *Winkler*, S. 187 ff.; zu den neuen Regelungen *Gröntgen*, S. 151 ff.

1956 Vgl. zu den alten Normen *Winkler*, S. 187 ff.; zu den neuen Regelungen *Gröntgen*, S. 151 ff.

1957 Früher § 22 Abs. 2 WpHG.

1958 So auch schon zur Vorgängernorm § 22 Abs. 2 WpHG: Fuchs-*Zimmermann*, WpHG, § 22, Rn. 1.

1959 Begründung in RegE Risikobegrenzungsgesetz, BT-Drucks. 16/7438, S. 11, 15; Begründung in RegE Wertpapierübernahmegesetz, BT-Drucks. 14/7034, S. 53, 70; Begründung in RegE Transparenzrichtlinien-Umsetzungsgesetz, BT-Drucks. 16/2498, S. 29.

1960 *Drinkuth*, ZIP 2008, S. 675, 676 ff.; *Fleischer*, ZGR 2008, S. 185, 196 ff. und einen allgemeinen Überblick über den Streitstand gebend: MüKo-AktG, Bd. 6, *Wackerbarth*, § 30 WpÜG, Rn. 5 ff.

1961 *Drinkuth*, ZIP 2008, S. 675, 678; *Dieckmann*, DStR 2007, S. 445, 446; *Franck*, BKR 2002, S. 709, 709 ff.

1962 *Drinkuth*, ZIP 2008, S. 675, 678; *Dieckmann*, DStR 2007, S. 445, 446; *Franck*, BKR 2002, S. 709, 709 ff.

1963 OLG Stuttgart AG 2005, S. 125, 129; *Fleischer*, ZGR 2008, S. 185, 197.

1964 *Dieckmann/Merkner*, NZG 2007, S. 921, 922; MüKo-AktG, Bd. 6, *Wackerbarth*, § 30 WpÜG, Rn. 6.m.w.N.

Stimmblöcken, durchaus vergleichbar sei.[1965] Darüber hinaus hätten beide Normen den übergeordneten Zweck der Transparenz, der aber nie reiner Selbstzweck sein könne, sondern zumindest auch der Integrität des Marktes diene.[1966] Bezüglich der richtlinienkonformen Auslegung sei dies kein Problem, da auch auf europäischer Ebene die Einheit der Rechtsordnung von großer Bedeutung, somit grundsätzlich eine einheitliche Auslegung möglich sei und auch durch die Ähnlichkeit beider Richtlinien in Bezug auf diese Materie durchaus naheliege.[1967]

Für die Zwecke des Rechtsvergleichs soll grundsätzlich der Auffassung der einheitlichen Auslegung beider Tatbestände gefolgt werden und gegebenenfalls auf potenzielle Abweichungen hingewiesen. Allerdings wird auch von den Vertretern der herrschenden Meinung darauf hingewiesen, dass nach den neuesten Änderungen des WpHG auch trotz der einheitlichen Auslegung unterschiedliche Ergebnisse bei der Zurechnung möglich sind.[1968]

(2) Grenzen aus dem WpÜG

Eine entsprechende Grenze für die Zusammenarbeit institutioneller Anleger findet sich für das Übernahmerecht im WpÜG.

(a) Sinn und Zweck der Regelungen des WpÜG zum abgestimmten Verhalten

Zweck ist, die Minderheitsaktionäre (und ihr Vertrauen auf das Fortbestehen der Beteiligungsverhältnisse) zu schützen, wenn ein großer Aktionär die Kontrolle über das Unternehmen erreicht – sie sollen dann die Möglichkeit haben, das Unternehmen, dessen Anteile sie unter anderen Umständen gekauft haben, wieder zu verlassen.[1969] Dazu dient das Pflichtangebot und die Publizitätspflicht gemäß § 35 WpÜG.[1970] Der Aktionär, der die Kontrollschwelle des § 29 Abs. 2 WpÜG überschreitet (30 % der Stimmrechte), hat gem. § 35 Abs. 2 WpÜG den anderen Aktionären ein Pflichtangebot zu unterbreiten.[1971] Zur Berechnung der Kontrollschwelle

---

1965 MüKo-AktG, Bd. 6, *Wackerbarth,* § 30 WpÜG, Rn. 6.

1966 MüKo-AktG, Bd. 6, *Wackerbarth,* § 30 WpÜG, Rn. 8.

1967 MüKo-AktG, Bd. 6, *Wackerbarth,* § 30 WpÜG, Rn. 8.

1968 MüKo-AktG, Bd. 6, *Wackerbarth,* § 30 WpÜG, Rn. 8a; mit Verweis auf die Schaffung neuer Melderegime für bestimmte Finanzinstrumente und die Einbeziehung von schuldrechtlichen Vereinbarungen nach § 21 Abs. 3 WpHG.

1969 MüKo-AktG, Bd. 6, *Schlitt,* § 35 WpÜG, Rn. 5 ff.; Schwark/Zimmer/*Noack/Zetzsche,* § 35 WpÜG, Rn. 3 f. Darüber hinaus nennen die Autoren auch hier einen frühen Konzerneingangsschutz als Ziel.

1970 Schwark/Zimmer/*Noack/Zetzsche,* § 35 WpÜG, Rn. 3 f.

1971 MüKo-AktG, Bd. 6, *Schlitt,* § 35 WpÜG, Rn. 51 ff.; Schwark/Zimmer/*Noack/Zetzsche,* § 35 WpÜG, Rn. 5 ff.

ist § 30 Abs. 2 WpÜG von besonderer Relevanz, der der Regelung in § 34 Abs. 2 WpHG dem Wortlaut nach in weiten Teilen entspricht.[1972] Lediglich die Beschränkung auf den Herkunftsstaat fehlt in § 30 Abs. 2 WpÜG und die Begriffe „Bieter“ statt „Meldepflichtigen“ und „Zielgesellschaft“ statt „Emittent“ unterscheiden sich. Wenn sich also zwei institutionelle Anleger untereinander absprechen, um bestimmte Handlungen des Unternehmens zu erreichen oder zu verhindern, kann dies dazu führen, dass ihre Stimmrechtsanteile nach § 30 Abs. 2 WpÜG zusammenzurechnen sind.[1973] Wenn sie dann 30 % überschreiten, müssen die beiden Anleger ein Angebot i.S.d. § 35 Abs. 2 WpÜG veröffentlichen.[1974] Entscheidend ist also für die institutionellen Anleger auch hier, wann der Tatbestand des § 30 Abs. 2 WpÜG erfüllt ist und es sich bei ihrer Zusammenarbeit um ein „abgestimmtes Verhalten“ in diesem Sinn handelt.[1975]

Dieses Verhalten muss stets ein „bewusster geistiger Kontakt“[1976] beider Parteien sein.[1977] Ob diese Kommunikation durch eine Drohung zustande gekommen ist oder nur ein „Gentleman's Agreement“ sein soll, ist dabei unerheblich.[1978]

(b) Weite Auslegung des Begriffs „abgestimmtes Verhalten“ nach § 30 WpÜG

(aa) Definition des „abgestimmten Verhaltens“

Das „abgestimmte Verhalten“ wird in § 30 Abs. 2 S. 2 WpÜG genauer umschrieben: Ziel muss eine Verständigung über die *„Ausübung der Stimmrechte“* (§ 30 Abs. 2 S. 2 Var. 1 WpÜG) oder ein Zusammenwirken in sonstiger Weise *„mit dem Ziel einer dauerhaften und erheblichen Änderung der unternehmerischen Ausrichtung der Zielgesellschaft“* (§ 30 Abs. 2 S. 2 Var. 2 WpÜG) sein.[1979] Gemeint sind vornehmlich Absprachen über das gemeinsame Abstimmen in der Hauptversammlung (§ 30 Abs. 2 S. 2 Var. 1 WpÜG), was auch durchaus bei der Zusammenarbeit von zwei institutionellen Anlegern vorkommen kann, allerdings nicht das einzige Ziel der Abstimmung sein muss.[1980]

1972 So auch schon zur Vorgängernorm des § 22 Abs. 2 WpHG (inzwischen § 34 Abs. 2 WpHG): Fuchs-*Zimmermann*, WpHG, § 22, Rn. 1.

1973 *Winkler*, S. 327 ff.

1974 MüKo-AktG, Bd. 6, *Schlitt*, § 35 WpÜG, Rn. 51 ff.; Schwark/Zimmer/*Noack/Zetzsche*, § 35 WpÜG, Rn. 5 ff.

1975 Schwark/Zimmer/*Noack/Zetzsche*, § 30 WpÜG, Rn. 27 ff.

1976 Schwark/Zimmer/*Noack/Zetzsche*, § 30 WpÜG, Rn. 27 ff.

1977 *Assmann/Pötzsch/Schneider/Schneider*, WpÜG, § 30, Rn. 176; *Drinkuth*, ZIP 2008, S. 675, 676.

1978 *Pentz*, ZIP 2003, S. 1478, 1487; *BGHZ 169 98*, 98, 104 Rn. 14 f. („WMF“).

1979 MüKo-AktG, Bd. 6, *Schlitt*, § 30 WpÜG, Rn. 42 f.

1980 *Winkler*, S. 327 ff.; *Hein*, S. 200 ff.

Darüber hinaus können sogar noch weit informellere Situationen von § 30 Abs. 2 S. 2 Var. 2 WpÜG umfasst sein: Dann muss der Gegenstand der Abstimmung allerdings für das Unternehmen einen hohen Stellenwert haben und eine gewisse zeitliche Dauerhaftigkeit besitzen.[1981] Wichtig ist dann die *„Änderung der unternehmerischen Ausrichtung"*, also beispielsweise gerade keine Vereinbarung darüber, dass eine Änderung verhindert werden soll.[1982]

(bb) Auslegung der Norm im Hinblick auf Aktivitäten institutioneller Anleger

Inwiefern die Kommunikation zwischen institutionellen Anlegern von diesen Varianten umfasst ist, kann sich auch durch eine Auslegung mittels der üblichen Auslegungsmethoden angenähert werden.[1983]

Nach dem Wortlaut des § 30 Abs. 2 S. 1 WpÜG beinhaltet das abgestimmte Verhalten ein Verhalten *„in Bezug auf die Zielgesellschaft"*: Diese Wortwahl lässt sehr viel Interpretationsspielraum, da dies hinsichtlich der Zielgesellschaft alle Handlungen, Entscheidungen und Unterlassungen der Zielgesellschaft und/oder deren Organe beinhalten kann.[1984] Satz 2 konkretisiert dieses Verhaltens weiter auf *„die Ausübung von Stimmrechten"* (Var. 1) oder auf *„das Ziel einer dauerhaften und erheblichen Änderung der unternehmerischen Ausrichtung der Zielgesellschaft"* (Var. 2).[1985] Somit muss es beim Inhalt der Absprachen zumindest um die wesentlichen Entscheidungen des Unternehmens und dessen Herrschaftsstrukturen gehen.[1986] Bezüglich der ersten Variante können allerdings auch noch unterschiedliche Arten von Stimmrechten (in der Hauptversammlung/im Aufsichtsrat) gemeint sein.[1987] Auch die zweite Variante enthält eine Vielzahl unbestimmter Begriffe („dauerhaft", „erheblich"; „unternehmerische Ausrichtung"), die selbst wieder auslegungsbedürftig und keinesfalls eindeutig sind. Somit lässt sich sagen, dass die Zusammenarbeit institutioneller Anleger auf einer Vielzahl von Feldern unter den Wortlaut dieser Norm fallen kann.[1988]

Ein anderes Verständnis könnte sich aus der Intention des Gesetzgebers ergeben. Diese entspricht zunächst in ihrer Weite dem Wortlaut der Norm: § 30 Abs. 2 WpÜG wurde 2001 gleichzeitig mit der Änderung des ab diesem Zeitpunkt (damals)

1981 *Von Bülow/Stephanblome*, ZIP 2008, S. 1797, 1799; *Korff*, AG 2008, S. 692, 693 f.

1982 Schwark/Zimmer/*Noack/Zetzsche*, § 30 WpÜG, Rn. 36 ff.; MüKo-AktG, Bd. 6, *Wackerbarth*, § 30 WpÜG, Rn. 43; *Korff*, AG 2008, S. 692, 693 f.

1983 Mit einer ähnlichen Vorgehensweise, allerdings dabei nicht auf die richtlinienkonforme Auslegung eingehend: *Winkler*, S. 202 ff.

1984 MüKo-AktG, Bd. 6, *Wackerbarth*, § 30 WpÜG, Rn. 38.

1985 MüKo-AktG, Bd. 6, *Wackerbarth*, § 30 WpÜG, Rn. 42 f.

1986 Schwark/Zimmer/*Noack/Zetzsche*, § 30 WpÜG, Rn. 22.

1987 Schwark/Zimmer/*Noack/Zetzsche*, § 30 WpÜG, Rn. 33 ff.

1988 Schwark/Zimmer/*Noack/Zetzsche*, § 30 WpÜG, Rn. 33 ff.

wortgleichen ehemaligen § 22 Abs. 2 WpHG[1989] eingeführt.[1990] Eine bedeutende Änderung erfolgte 2007/2008 mit der Einführung des zweiten Satzes durch das Risikobegrenzungsgesetz,[1991] der eine nach dem Erlass der Übernahmerichtlinie[1992] und einem sehr restriktiven Urteil des BGH[1993] ausgelöste heftige Diskussion zur Auslegung[1994] vorerst beendete: Der BGH hatte in seiner sog. WMF-Entscheidung die alte Fassung des § 30 Abs. 1 WpÜG dahingehend ausgelegt, dass damit lediglich Absprachen bezüglich Stimmrechte in der Hauptversammlung umfasst seien und gerade nicht solche beispielsweise innerhalb des Aufsichtsrats.[1995] Mit dem neuen Satz 2 aus dem Risikobegrenzungsgesetz hat der Gesetzgeber klargestellt, dass nicht nur die Absprachen über Stimmrechte zur gegenseitigen Zurechnung führen können, sondern dass die Vereinbarung in einem viel weiteren Sinn zu verstehen ist, sofern weitere Voraussetzungen erfüllt sind.[1996] In der entsprechenden Gesetzesbegründung heißt es ausdrücklich, dass der Anwendungsbereich der Norm durch die neue Gesetzgebung ausgeweitet werden soll.[1997] Dabei sei der neue Satz 2 als „Korrektiv" zum ersten Satz zu verstehen.[1998]

Zudem geht der Gesetzgeber ausdrücklich auf den Konflikt mit möglichen Kommunikationsmöglichkeiten im Aktionärsforum gem. § 127a AktG[1999] ein und zeigt damit, dass er sich der neuen Weite des Tatbestandes bewusst ist, dies aber nicht als Hinderungsgrund für jegliche Form der Kommunikation der Aktionäre untereinander verstanden wissen möchte.[2000] Dies grenze sich dadurch ab, dass bei der Nutzung der öffentlichen und für jeden einsehbaren Kommunikationsplattform bei einem darauf begründeten abgestimmten Vorgehen der § 30 Abs. 2 WpÜG (bzw. § 34 Abs. 2 WpHG) schon rein tatbestandlich nicht erfüllt sei, da dann nur ein „paralleles Vorgehen" vorliege.[2001] Wo genau dieser Unterschied zwischen einem

---

1989 Jetzt: § 34 Abs. 2 WpHG.

1990 Entwurf eines Gesetzes zur Regelung von öffentlichen Angeboten zum Erwerb von Wertpapieren und von Unternehmensübernahmen – Gesetzentwurf der Bundesregierung, BT-Drucks. 14/7034, S. 22, S. 53.

1991 Art. 2 Nr. 1 des Gesetzes v. 12.8.2008, BGBl. I 2008, S. 1666.

1992 RL 2004/25/EG, Abl. 2004, L 142/12, Art. 5 Abs. 1.

1993 *BGHZ 169 98*, 98 („WMF").

1994 Schwark/Zimmer/*Noack/Zetzsche*, § 30 WpÜG, Rn. 21 m.w.N.

1995 *BGHZ 169 98*, 98, 98 ff. Rn. 17 („WMF").

1996 BT-Drucks. 0763-07, 11 f., 15; MüKo-AktG, Bd. 6, *Wackerbarth*, § 30 WpÜG, Rn. 42 ff.

1997 BT-Drucks. 0763-07, S. 11.

1998 BT-Drucks. 0763-07, S. 12.

1999 BT-Drucks. 0763-07, S. 12.

2000 Insofern ausdrücklich eine teleologische Reduktion vorschlagend: Schwark/Zimmer/*Noack/Zetzsche*, § 30 WpÜG, Rn. 38.

2001 BT-Drucks. 0763-07, S. 12.

„abgestimmten“ und einem „parallelen“ Vorgehen liegen soll, wird allerdings nicht weiter ausgeführt.[2002] Hiernach bleibt es also bei der weiten Auslegung nach dem Wortlaut, dass von dem Verhalten nahezu jegliche Zusammenarbeit zwischen zwei Investoren gemeint sein kann.[2003] Insofern ist eine Auslegung nach dem gemeinen Wortverständnis der Begriffe möglich: Richtet es sich lediglich auf ein gemeinsames Ziel, ohne dies zuvor untereinander zu kommunizieren, kann es eher als parallel[2004] angesehen werden, wenn ein Akt der Kommunikation zwischen beiden stattfindet, wohl eher als gemeinsames Handeln.[2005] Zusammenfassend hat der deutsche Gesetzgeber zumindest deutlich gemacht, dass sich das Zusammenwirken nicht nur auf das gemeinsame Abstimmen in der Hauptversammlung bezieht, sondern tatsächlich zahlreiche Verhaltensweisen umfassen kann.[2006] Dies ist von institutionellen Anlegern bei ihrer Kommunikation untereinander zu berücksichtigen.

Bedeutend auch für die Kommunikation zwischen institutionellen Anlegern ist die insofern in Teilen der Literatur vorgeschlagene teleologische Reduktion der Zurechnung von Stimmrechten.[2007] Dies soll gelten, „soweit die Verhaltenszurechnung die durch andere gesetzgeberische Maßnahmen geförderte Kommunikation zwischen den Aktionären und der Verwaltung beeinträchtigt“.[2008] *Noack/Zetzsche* nennen insofern vor allem die transparenten und damit auch für den Markt ersichtlichen Abstimmungsforen wie das Aktionärsforum nach § 127a AktG oder die typischen Auskunfts- und Rederechte in der Hauptversammlung sowie Informationen über die Internetseite der Gesellschaft.[2009] Insofern ließe sich auch argumentieren, dass angesichts der *ratio* hinter den neuen Transparenzpflichten in § 134b Abs. 1 Nr. 4 AktG „Zusammenarbeit mit anderen Aktionären“, nämlich eine vermehrte Zusammenarbeit zu inzentivieren, eine solche teleologische Reduktion in Betracht.[2010]

2002 MüKo-AktG, Bd. 6, *Wackerbarth,* § 30 WpÜG, Rn. 33.

2003 MüKo-AktG, Bd. 6, *Wackerbarth,* § 30 WpÜG, Rn. 33; Schwark/Zimmer/*Noack/Zetzsche,* § 30 WpÜG, Rn. 38.

2004 Als Negativbeispiel wird etwa die „gleichgerichtete Stimmabgabe genannt“, die für sich genommen den Tatbestand noch nicht erfüllt, aber ein „Indiz“ sein kann – hierzu: MüKo-AktG, Bd. 6, *Wackerbarth,* § 30 WpÜG, Rn. 37.

2005 Als Negativbeispiel wird etwa die „gleichgerichtete Stimmabgabe genannt“, die für sich genommen den Tatbestand noch nicht erfüllt, aber ein „Indiz“ sein kann – hierzu: MüKo-AktG, Bd. 6, *Wackerbarth,* § 30 WpÜG, Rn. 37.

2006 BT-Drucks. 0763-07, S. 11.

2007 Schwark/Zimmer/*Noack/Zetzsche,* § 30 WpÜG, Rn. 38.

2008 Schwark/Zimmer/*Noack/Zetzsche,* § 30 WpÜG, Rn. 38.

2009 Schwark/Zimmer/*Noack/Zetzsche,* § 30 WpÜG, Rn. 38.

2010 Siehe dazu auch mit weiteren Nachweisen unten S. 266 ff.

(c) Rechtsfolgen der Zurechnung nach dem WpÜG

Die Rechtsfolgen sind in § 35 WpÜG geregelt: Nach Kontrollerlangung – in diesem Fall durch Zurechnung der Stimmrechte der anderen Anleger – muss dies veröffentlicht und ein Angebot abgegeben werden.[2011] Bei Verstoß gegen diese Pflichten sieht das Gesetz verschiedene Sanktionen wie beispielsweise Bußgelder oder Schadensersatzzahlungen vor.[2012]

(3) Grenzen aus dem WpHG

Trotz der bereits erwähnten unterschiedlichen Zweckrichtung von WpÜG und WpHG,[2013] gelten für die aus dem WpHG resultierenden Grenzen für Abstimmungen institutioneller Anleger dennoch ähnliche Erwägungen wie zu den Grenzen des WpÜG:

Für bestimmte Schwellenwerte besteht eine Meldepflicht nach WpHG, die in §§ 33 ff. WpHG geregelt ist: Die Schwellenwerte beginnen schon unterhalb derer der Transparenzrichtlinie bei 3 %, entsprechen dann aber den weiteren bei 5 %, 10 %, 15 %, 20 %, 25 %, 30 %, 50 % und 75 % (§ 33 Abs. 1 S. 1 WpHG).[2014] Das Erreichen dieser Schwellen, sowohl durch Zu- als auch Abnahme der Stimmrechte, ist innerhalb von vier Handelstagen der Gesellschaft und der BaFin zu melden (§ 33 Abs. 1 S. 1 a. E. WpHG i.V.m. § 47 WpHG).[2015] Gem. § 40 Abs. 1 WpHG muss der (inländische) Emittent dies dann veröffentlichen.[2016] Die Meldepflichten nach dem WpHG gelten nur, sofern der Emittent Deutschland als Herkunftsstaat hat (der Herkunftsstaat des Aktionärs ist insofern unerheblich) und an einem organisierten Markt zugelassen ist (§ 33 Abs. 1 S. 1 und Abs. 2 WpHG i.V.m. § 2 Abs. 11, 17 WpHG).[2017]

Zweck der deutschen Regelung sind zum einen die bereits dargestellten Erwägungsgründe zur Transparenzrichtlinie, die sich auch der deutsche Gesetzgeber zu eigen gemacht hat.[2018] Danach sollen die Anleger geschützt werden, indem eine ausreichende Transparenz bezüglich der Beteiligungsstruktur sie in die Lage versetzt, fundierte Anlageentscheidungen zu treffen.[2019] Aber auch dem Emittenten

---

2011 MüKo-AktG, Bd. 6, *Schlitt*, § 35 WpÜG, Rn. 51 ff.; Schwark/Zimmer/*Noack/Zetzsche*, § 35 WpÜG, Rn. 5 ff.

2012 Schwark/Zimmer/*Noack/Zetzsche*, § 30 WpÜG, Rn. 4 und § 35 WpÜG, Rn. 48 ff.

2013 Siehe dazu bereits mit weiteren Nachweisen oben, S. 234 ff.

2014 Schwark/Zimmer/*v. Hein*, § 33 WpHG, Rn. 18.

2015 MüKo-AktG, Bd. 1, *Bayer*, § 33 WpHG, Rn. 35, 44 ff.

2016 MüKo-AktG, Bd. 1, *Bayer*, § 40 WpHG, Rn. 2 ff.

2017 MüKo-AktG, Bd. 1, *Bayer*, § 40 WpHG, Rn. 2 ff.

2018 So auch schon in: BT-Drucks. 12/6679, S. 52; MüKo-AktG, Bd. 1, *Bayer*, § 33 WpHG, Rn. 2.

2019 Schwark/Zimmer/*Schwark*, Vorb. zu §§ 33 ff. WpHG, Rn. 3 ff.; MüKo-AktG, Bd. 1, *Bayer*, § 33 WpHG, Rn. 1; *Winkler*, S. 188.

soll eine gute Informationslage über die eigenen Aktionäre ermöglicht werden, sodass er sich auch gegebenenfalls besser gegen feindliche Übernahmen wappnen kann.[2020] In Bezug auf institutionelle Anleger sah schon die Gesetzesbegründung aus dem Jahr 1994 die besondere Bedeutung der Mitteilungspflichten für diese Anlegergruppe.[2021]

Im Kontext der Zusammenarbeit von institutionellen Anlegern und als Grenze dieser ist § 34 WpHG (§ 22 WpHG a. F.), die Zurechnung von Stimmrechten von Dritten, besonders wichtig.[2022] Auch diese Norm geht in ihrem Anwendungsbereich noch über die Regelung der Richtlinie aus Art. 10 lit. a) Transparenzrichtlinie hinaus.[2023] Ob dies nach dem Erlass der Transparenzrichtlinie 2013 möglich ist, wird durchaus kritisch beurteilt, im Ergebnis aber bejaht.[2024] Da die Transparenzrichtlinie 2013 eine Vollharmonisierung dieses Regelungsbereiches bezweckt, könnte man argumentieren, dass alle darüber hinausgehenden Regelungen bei der mitgliedstaatlichen Umsetzung nicht gewollt sein können.[2025] Andererseits lassen sich auch Argumente finden, die für den betroffenen Bereich dennoch eine abweichende Regelung ermöglichen.[2026]

§ 34 Abs. 1 WpHG sieht verschiedene Zurechnungstatbestände vor, die bewirken, dass der tatsächliche Einfluss und nicht nur die formalen Stimmrechte bei den Meldeschwellen berücksichtigt werden.[2027] Dies soll auch Umgehungsversuche zur Meldepflicht verhindern.[2028] Die Zurechnung der Stimmrechte von Dritten aufgrund von Verhaltensabstimmungen nach § 34 Abs. 2 WpHG kann für institutionelle Anleger besonders wichtig sein.[2029]

Dabei unterscheidet sich § 34 Abs. 2 WpHG von der Transparenzrichtlinie vor allem in folgender Hinsicht:[2030] Die zurechnungsbegründende Abstimmung kann in Form einer Vereinbarung (wie die Richtlinie vorsieht) oder auch *„in sonstiger Weise“* (§ 34 II S. 1 WpHG) erfolgen.[2031] Wenn es ein Abstimmen *„in sonstiger*

2020 Schwark/Zimmer/*Schwark,* Vorb. zu §§ 33 ff. WpHG, Rn. 3 ff.

2021 BT-Drucks. 12/6679, S. 52.

2022 *Winkler,* S. 327.

2023 Schwark/Zimmer/*v. Hein,* § 34 WpHG, Rn. 2.

2024 *Parmentier,* AG 2014, S. 15, 18 f.

2025 *Parmentier,* AG 2014, S. 15, 18 f.

2026 *Parmentier,* AG 2014, S. 15, 18 f.

2027 Noch zu § 22 WphG a. F.: Fuchs-*Zimmermann,* WpHG, 2. Aufl. 2016, § 22, Rn. 4.

2028 MüKo-AktG, Bd. 1, *Bayer,* § 34 WpHG, Rn. 1.

2029 Daneben wird in der Literatur auch noch auf die besondere Bedeutung der Zurechnung von Stimmen beim Treuhänder hingewiesen (vgl. *Winkler,* S. 189), die aber als Grenze der Zusammenarbeit von institutionellen Anlegern untereinander eher nachrangig ist.

2030 *Fleischer/Schmolke,* NZG 2009, S. 401, 403; *Parmentier,* AG 2014, S. 15, 18 f.

2031 MüKo-AktG, Bd. 1, *Bayer,* § 34 WpHG, Rn. 38 f.

Weise" ist, so muss es *„mit dem Ziel einer dauerhaften und erheblichen Änderung der unternehmerischen Ausrichtung des Emittenten in sonstiger Weise zusammenwirken"* (§ 34 Abs. 2 S. 2 a. E. WpHG).[2032] Hier gilt im Prinzip das hierzu bereits zu § 30 Abs. 2 WpÜG Ausgeführte.[2033]

Für die Kommunikation zwischen institutionellen Anlegern ist besonders wichtig, wo die Grenze zwischen einem folgenlosen Dialog und einer mit weitreichenden Konsequenzen verbundenen „Abstimmung" erfolgt: § 34 Abs. 2 S. 2 WpHG gibt dafür schon direkt im Gesetz eine Erläuterung.[2034] Danach liegt ein „abgestimmtes Verhalten" vor, wenn

- *„der Meldepflichtige oder sein Tochterunternehmen und der Dritte sich*
- *über die Ausübung von Stimmrechten verständigen*
- *oder mit dem Ziel einer dauerhaften und erheblichen Änderung der unternehmerischen Ausrichtung des Emittenten in sonstiger Weise zusammenwirken"*[2035] (§ 34 Abs. 2 S. 2 WpHG).

Jedoch ist diese Konkretisierung weiter auslegungsbedürftig, um die Kommunikation zwischen institutionellen Anlegern einordnen zu können.[2036] Ursprünglich wurden damit häufig *„Poolvereinbarungen"* gemeint, die auf eine längere Dauer ausgerichtet waren.[2037] „In sonstiger Weise" kann auch eine Vereinbarung über ein gemeinsames Abstimmen bei der Hauptversammlung umfassen.[2038] Genauso können damit auch andere Arten von gemeinsamen Einwirkungen gemeint sein.[2039] Interessanterweise werden in der einschlägigen Literatur auch gemeinsame Pressekampagnen aktivistischer Aktionäre genannt.[2040] *„Unternehmerische Ausrichtung"* ist in diesem Zusammenhang die vom Vorstand verfolgte Unternehmenspolitik.[2041]

Auch hier ließe sich die von *Noack/Zetzsche* zu den Regelungen des WpÜG in Betracht gezogene teleologische Reduktion im Hinblick auf vom Gesetzgeber gewollte Abstimmungen in Betracht ziehen; allerdings ist insofern zu berücksichtigen, dass zumindest die Rechtsfolge der Mitteilungspflicht nach dem WpHG eine geringere Einwirkungsintensität als die Rechtsfolgen des WpÜG aufweist und

---

2032 *Fleischer/Schmolke*, NZG 2010, S. 1241, 1242.

2033 MüKo-AktG, Bd. 1, *Bayer*, § 34 WpHG, Rn. 40; siehe dazu auch die weiteren Erläuterungen zu § 30 WpÜG mit weiteren Nachweisen oben, S. 235 ff.

2034 MüKo-AktG, Bd. 1, *Bayer*, § 34 WpHG, Rn. 40.

2035 Unterteilung in Unterpunkte von der Autorin zur Verdeutlichung ergänzt.

2036 MüKo-AktG, Bd. 1, *Bayer*, § 34 WpHG, Rn. 39.

2037 Noch zu § 22 WphG a. F.: Fuchs-*Zimmermann*, WpHG, 2. Aufl. 2016, § 22, Rn. 88 ff.

2038 Noch zu § 22 WphG a. F.: Fuchs-*Zimmermann*, WpHG, 2. Aufl. 2016, § 22, Rn. 92.

2039 Noch zu § 22 WphG a. F.: Fuchs-*Zimmermann*, WpHG, 2. Aufl. 2016, § 22, Rn. 93.

2040 Schwark/Zimmer/*v. Hein*, § 34 WpHG, Rn. 38.

2041 Schwark/Zimmer/*v. Hein*, § 34 WpHG, Rn. 41.

eine Anpassung durch Auslegung insofern auf den ersten Blick weniger drängend erscheint.[2042]

d) *Insiderhandelsvorschriften als Grenzen möglicher Informationsweitergabe*

aa) *Unionsrechtliche Grundlagen*

Grenzen für die Informationsbeschaffung und -verwertung durch institutionelle Anleger – insbesondere auch im Rahmen von nicht förmlichen Kontaktaufnahmen – setzen auch die auf europäischer Ebene existierenden Vorschriften zum Insiderhandelsverbot aus dem Wertpapierrecht.[2043] Insbesondere wenn die von den Anlegern erfragten Informationen zu Themen sind, die Auswirkungen auf den Kurs der Aktien des Unternehmens haben, kann es zu Spannungen mit diesen Regelungen kommen.[2044]

Problematisch ist, dass bei informellen Gesprächen nur ein kleiner Teil der Investoren die kursrelevanten Informationen erhält und dementsprechend reagieren kann.[2045] Dies kann zu einer Informationsasymmetrie führen.[2046] Informationsasymmetrien schmälern die am Kapitalmarkt essenzielle Transparenz und können somit eine Vertrauenskrise der Anleger auslösen, die wiederum neue Investitionen hemmt und somit dem Kapitalmarkt als Ganzem schaden kann.[2047] Für die Situation, in der ein Investor (es muss kein institutioneller sein) mehr Informationen bekommt als die anderen Marktteilnehmer, gibt es die Regelungen des Insiderrechts.[2048] Sinn und Zweck des Insiderrechts im Allgemeinen ist der Schutz des Kapitalmarktes und der Anlegerinteressen.[2049]

Teilweise wird argumentiert, dass der Anleger schutzwürdig ist, da der Kauf oder Verkauf von einem Insider in der Regel mit wirtschaftlichen Nachteilen

2042 Schwark/Zimmer/*Noack/Zetzsche*, § 30 WpÜG, Rn. 38. Siehe dazu bereits mit weiteren Nachweisen oben, S. 237 ff.

2043 Vgl. insofern auch *Winkler*, S. 255 ff. und *Bassler*, S. 378 ff. speziell für die deutschen Umsetzungsnormen.

2044 *Winkler*, S. 255 ff.; *Bassler*, S. 378 ff. und *Gröntgen*, S. 229 ff. speziell für die deutschen Umsetzungsnormen.

2045 Die denkbaren Konstellationen ausführlich beschreibend: *Winkler*, S. 255.

2046 *Winkler*, S. 255.

2047 Fuchs-*Mennicke*, WpHG, Vorb. § 12 bis § 14, Rn. 133 ff. m.w.N.; Meyer/Veil/Rönnau/*Veil*, Handbuch Marktmissbrauchsrecht § 7, Rn. 1 ff.

2048 Fuchs-*Mennicke*, WpHG, Vorb. § 12 bis § 14, Rn. 133 ff. m.w.N.; Meyer/Veil/Rönnau/*Veil*, Handbuch Marktmissbrauchsrecht § 7, Rn. 1 ff.

2049 Fuchs-*Mennicke*, WpHG, Vorb. § 12 bis § 14, Rn. 113 ff.

verbunden ist, weil nicht der tatsächliche Wert der Aktie zugrunde gelegt wird.[2050] Diese Ansicht wird aber inzwischen angezweifelt.[2051] Jedenfalls wird durch den Insiderhandel eine gewisse Informationsungleichheit und damit ein Machtungleichgewicht hervorgerufen, dessen Ausgleich im Sinne der Chancengleichheit ein Ziel des Insiderhandelsrechts ist.[2052] Das vorderste Ziel ist die Stärkung des Vertrauens der Anleger in den Kapitalmarkt.[2053] Dieser Zweck unterscheidet das Insiderrecht beispielsweise vom oben genannten Gleichbehandlungsgrundsatz und kann dazu führen, dass die Ungleichbehandlung nach der einen Regelung – auch im Hinblick auf Minderheitenschutz – durchaus noch vertretbar ist, aber nach dem Zweck des Wertpapierhandelsrechts unter Aspekten des Schutz des Vertrauens der Anleger in den Markt schon entgegensteht.[2054]

(1) Die neue Marktmissbrauchsverordnung 2014

Die Regelungen zum Insiderrecht sind seit 2014 europaweit einheitlich geregelt.[2055] Ursprünglich war dies mittels einer Richtlinie, der Marktmissbrauchsrichtlinie aus dem Jahr 2003 (MMRL), erfolgt.[2056] Sie wurde durch die Marktmissbrauchsverordnung aus dem Jahr 2014 (MMVO) und die damit einhergehende Sanktionsrichtlinie (MMS-RL) aufgehoben und die Regelungen wurden neu gefasst.[2057] Die Regelungen entfalten ihre jeweiligen Wirkungen seit dem 3. Juli 2016.[2058] Als unmittelbar geltende Verordnung gem. Art. 288 Abs. 2 AEUV ergeben sich keine Unterschiede mehr auf mitgliedstaatlicher Ebene, wie es bis dato mit dem Gestaltungsspielraum, der den Mitgliedstaaten bei einer Richtlinie offenstand, der Fall war.[2059]

In diesem Zusammenhang lässt sich die für einen Rechtversgleich relevante Frage stellen, ob bei der Verordnung eine Vollharmonisierung oder nur eine

2050 Fuchs-*Mennicke*, WpHG, Vorb. § 12 bis § 14, Rn. 114; Assmann/Döhmel/Hönsch/Koller/Mülbert/Sethe/Schneider/Schneider/Vogel, *H.-D. Assmann*, WpHG, Vor § 12, 6. Aufl., 2012, 41 ff.

2051 Fuchs-*Mennicke*, WpHG, Vorb. § 12 bis § 14, Rn. 115 f.

2052 Fuchs-*Mennicke*, WpHG, Vorb. § 12 bis § 14, Rn. 116.

2053 Fuchs-*Mennicke*, WpHG, Vorb. § 12 bis § 14, Rn. 118 ff.; Assmann/Döhmel/Hönsch/Koller/Mülbert/Sethe/Schneider/Schneider/Vogel, *H.-D. Assmann*, WpHG Vor § 12, 6. Aufl., 2012, 41 ff.

2054 Vgl. zum Gleichbehandlungsgrundsatz als Grenze der Handlungen institutioneller Anleger auch mit weiteren Nachweisen oben S. 222 ff.

2055 *Hein*, S. 323 ff.

2056 RL 2003/6/EG vom 28. Januar 2003, Abl. 2003 L 96/16.

2057 Verordnung (EU), Nr. 596/2014 v. 16.4.2014, Abl. 2014 L 173/1.

2058 Verordnung (EU), Nr. 596/2014 v. 16.4.2014, Abl. 2014 L 173/1, Rz. 87 f.

2059 Hier ist zu beachten, dass jedenfalls mit dieser Verordnung in dem hier relevanten Bereich des Insiderrechts eine Vollharmonisierung intendiert ist, so in: *Seibt/Wollenschläger*, AG 2014, 593, 595.

Teilharmonisierung bezweckt ist.[2060] Bei einer Teilharmonisierung kann es trotz der Rechtsform der Verordnung zu unterschiedlichen Regelungen in den Mitgliedstaaten kommen, wohingegen die Vollharmonisierung abschließend ist.[2061] Teils wird der Wahl der Rechtsform eine Indizwirkung beigemessen.[2062] Über diese mögliche Indizwirkung hinaus ist auch in diesem Fall von einer Vollharmonisierung auszugehen: So spricht bereits die Begründung der Kommission für die Neuregelung dafür, die die Effektivität der Regelung durch Minimierung von Ermessensspielräumen erhöhen möchte.[2063] Auch der häufige Gebrauch von Begriffen wie *„einheitlich"* und *„gleiche Regeln"* in den Erwägungsgründen in diesem Kontext unterstützt die Annahme einer Vollharmonisierung.[2064] Des Weiteren zeigt die Regelung von vielen Details (Ausnahmeregelungen z. B. in Art. 9 MMVO) bis hin zu Sondertatbeständen (z. B. Art. 11 MMVO), dass der europäische Gesetzgeber alle möglichen Situationen regeln wollte und somit eine Vollharmonisierung intendierte.[2065]

(2) Anwendungsbereich der Insiderregelungen

Da es in dieser Arbeit ausschließlich um die Aktivitäten der Aktionäre in börsennotierten Gesellschaften geht, ist für den Anwendungsbereich insbesondere Art. 2 Abs. 1 Satz 1 lit. a MMVO relevant.[2066] Dieser unterwirft alle

> *„Finanzinstrumente, die zum Handel auf einem geregelten Markt zugelassen sind oder für die ein Antrag auf Zulassung zum Handel auf einem geregelten Markt gestellt wurde"* (Art. 2 Abs. 1 Satz 1 lit. a MMVO),

der Verordnung. Damit sind die für diese Arbeit relevanten Aktien der Beteiligungsunternehmen jedenfalls umfasst.[2067]

(3) Insiderinformationen

Regelungsobjekt des Insiderrechts sind die Insiderinformationen.[2068] Diese werden durch Art. 7 Abs. 1 lit. a MMVO legaldefiniert als:

2060 *Seibt/Wollenschläger*, AG 2012, S. 305, 306.
2061 *Seibt/Wollenschläger*, AG 2012, S. 305, 306.
2062 *Veil*, ZBB 2014, S. 85, 87.
2063 *Seibt/Wollenschläger*, AG 2014, S. 593, 595.
2064 *Seibt/Wollenschläger*, AG 2014, S. 593, 595.
2065 Im Ergebnis auch: *Seibt/Wollenschläger*, AG 2014, S. 593, 595.
2066 Noch zur alten Rechtslage aber mit demselben Ergebnis: *Winkler*, S. 257 und S. 269 ff.
2067 Meyer/Veil/Rönnau/*Veil*, Handbuch Marktmissbrauchsrecht, § 7 Rn. 12; zur alten Rechtslage: *Winkler*, S. 257.
2068 Schwark/Zimmer/*Kumpan/Misterek*, Art. 7 MMVO, Rn. 1.

„nicht öffentlich bekannte präzise Informationen, die direkt oder indirekt einen oder mehrere Emittenten oder ein oder mehrere Finanzinstrumente betreffen und die, wenn sie öffentlich bekannt würden, geeignet wären, den Kurs dieser Finanzinstrumente oder den Kurs damit verbundener derivativer Finanzinstrumente erheblich zu beeinflussen".

„Präzise" sind diese Informationen gem. Art. 7 Abs. 2 Satz 1 MMVO,

„wenn damit eine Reihe von Umständen gemeint ist, die bereits gegeben sind oder bei denen man vernünftigerweise erwarten kann, dass sie in Zukunft gegeben sein werden, oder ein Ereignis, das bereits eingetreten ist oder von den vernünftigerweise erwarten kann, dass es in Zukunft eintreten wird, und diese Informationen darüber hinaus spezifisch genug sind, um einen Schluss auf die mögliche Auswirkung dieser Reihe von Umständen oder dieses Ereignisses auf die Kurse der Finanzinstrumente oder des damit verbundenen derivativen Finanzinstruments, der damit verbundenen Waren-Spot-Kontrakte oder der auf den Emissionszertifikaten beruhenden Auktionsobjekte zuzulassen."

Wenn ein Vertreter des Investors in einem informellen Gespräch mit einem Abteilungsleiter eines an der Börse notierten Unternehmens erfährt, dass das Unternehmen plant, demnächst einen Zulieferer aufzukaufen, so kann dies durchaus – abhängig von den Umständen im Einzelfall – also eine derartige „präzise Information" sein[2069]: Bereits das bloße Erwägen des Kaufs betrifft den Emittenten direkt und könnte selbst, je nach Einschätzung des Marktes über die Erfolgsaussichten, den Kurs des kaufenden Unternehmens steigern oder drücken.[2070] Auch „präzise" genug scheint diese Information zu sein, da die Planungsabsichten bereits gegeben sind.[2071] In Zusammenhang mit der sonstigen Lage des kaufenden und zu kaufenden Unternehmens könnte man mit dieser Information bereits Rückschlüsse auf mögliche Kursentwicklungen nach Bekanntwerden ziehen.[2072] Damit ist es möglich, dass in einem solchen Zusammenhang das Regelungsobjekt „Insiderinformation" i.S.d. Art. 7 Abs. 1 lit. a MMVO vorliegt, an das dann die weiteren Konsequenzen der Verordnung geknüpft werden.

(4) Insiderhandelsverbot

Insbesondere das Insiderhandelsverbot knüpft an den oben genannten Begriff der „Insiderinformation" an.[2073] Verboten sind laut Art. 14 MMVO:

„(...)das Tätigen von Insidergeschäften und der Versuch hierzu,

2069 Mit anderen Beispielen aber im Grunde ähnlich zur alten Rechtslage: *Winkler*, S. 255 ff. und S. 269 ff.

2070 I.E. ebenso, allerdings zur alten Rechtslage: *Winkler*, S. 255 und S. 269 ff.

2071 Vgl. *Winkler*, S. 258 und S. 269 ff.

2072 Vgl. *Winkler*, S. 255 und S. 269 ff.

2073 Schwark/Zimmer/*Kumpan/Grütze*, Art. 14 MMVO, Rn. 25.

Dritten zu empfehlen, Insidergeschäfte zu tätigen, oder Dritte anzustiften, Insidergeschäfte zu tätigen, oder
die unrechtmäßige Offenlegung von Insiderinformationen.".[2074]

Definitionen zu *„Insidergeschäften"* und die *„unrechtmäßige Offenlegung von Insiderinformationen"* enthält die Verordnung jeweils in Art. 8 MMVO und Art. 10 MMVO.[2075] *„Insidergeschäfte"* sind gegeben,

> *„(...) wenn eine Person über Insiderinformationen verfügt und unter Nutzung derselben für eigene oder fremde Rechnung direkt oder indirekt Finanzinstrumente, auf die sich die Informationen beziehen, erwirbt oder veräußert."* (Art. 8 Abs. 1 Satz 1 MMVO).

Wenn der eben bereits erwähnte Vertreter des institutionellen Anlegers im Rahmen seiner Überwachungstätigkeit von der zukünftigen Transaktion erfährt und diese Entwicklungen für den Investor als untragbar erachtet und der institutionelle Investor infolgedessen seine Anteile verkauft, so könnte dies also als ein dem Insiderhandelsverbot geltendes Geschäft erachtet werden.[2076] Nimmt der institutionelle Anleger aber, wie es rechtspolitisch erwünscht ist,[2077] die *Voice*-Option in Anspruch und versucht das Unternehmen von dieser Transaktion abzubringen, so wäre es zumindest nicht als Insidergeschäft zu werten, sofern die Voraussetzungen des Insidergeschäfts in Form des „Erwerbens" oder „Veräußerns" wohl nicht gegeben sein werden.

Auch das Empfehlen und Anstiften zu Insidergeschäften findet sich in Art. 8 Abs. 2 MMVO.[2078]

In diesem Fall könnte man z. B. an einen Asset-Manager denken, der statt des direkten Vertreters von der Information Kenntnis erlangt (dabei auf eigene Rechnung arbeitet und nicht als Vertreter des institutionellen Anlegers zu behandeln ist – also abhängig vom Einzelfall) und dann dem Kunden anrät, seine Anteile z. B. zu verkaufen, ohne aber weitere Gründe dafür zu nennen.[2079]

2074 Art. 14 MMVO.

2075 Schwark/Zimmer/*Kumpan/Grütze*, Art. 14 MMVO, Rn. 24 ff.

2076 Vgl. *Winkler*, S. 255 und S. 269 ff.

2077 Vgl. dazu mit weiteren Nachweisen oben, S. 17 ff.

2078 Schwark/Zimmer/*Kumpan/Schmidt*, Art. 8 MMVO, Rn. 35 ff.; Im Wortlaut: *„(...) wenn eine Person über Insiderinformationen verfügt und a) auf der Grundlage dieser Informationen Dritten empfiehlt, Finanzinstrumente, auf die sich die Informationen beziehen, zu erwerben oder zu veräußern, oder sie dazu anstiftet, einen solchen Erwerb oder eine solche Veräußerung vorzunehmen, oder auf der Grundlage dieser Informationen Dritten empfiehlt, einen Auftrag, der ein Finanzinstrument betrifft, auf das sich die Informationen beziehen, zu stornieren oder zu ändern, oder sie dazu anstiftet, eine solche Stornierung oder Änderung vorzunehmen. (...)" – Art. 8 Abs. 2 MMVO.*

2079 Ähnlich im weitesten Sinne zur alten Rechtslage: *Winkler*, S. 267 und S. 269 ff.

Schließlich gibt es noch den Tatbestand des Offenlegens in Art. 10 MMVO[2080] Die Norm betrifft die auf Seiten des Emittenten tätige Person, kann aber institutionelle Anleger in eine Konfliktsituation bringen.[2081] Denkbar sind Fälle, in denen ein Mitarbeiter des Investors im Aufsichtsrat eines Unternehmens sitzt, oder auch, wenn der institutionelle Anleger seinen Kunden Ratschläge in einer Anlageberatung erteilt, die auf den Insiderinformationen basieren.[2082]

Zu beachten hinsichtlich aller Verbotstatbestände ist, dass ggf. die in Art. 9 MMVO aufgelisteten widerleglichen Ausnahmetatbestände greifen können.[2083] Diese in der Verordnung neu gefassten Ausnahmetatbestände gelten als eine Kodifizierung der zuvor in der Rechtsprechung geschaffenen Fallgruppen.[2084] Vorstellbar wäre insofern gegebenenfalls die Fallgruppe der „Erfüllungsgeschäfte" in Art. 9 Abs. 3 lit. b) MMVO, wenn also ein institutioneller Anleger ein zuvor (vor Kenntnis von der Insiderinformation) getätigtes Geschäft nun mit Kenntnis des Sachverhalts erfüllen muss.[2085]

Eine weitere Spezialregelung, die im Kontext von institutionellen Anlegern relevant werden könnte, ist die in Art. 11 MMVO geregelte Marktsondierungsregelung.[2086] Sie ist allerdings kein Ausnahmetatbestand zum Insiderhandelsverbot, sondern trifft lediglich explizite Regelungen für den speziellen Sachverhalt.[2087] Die Neueinführung in der MMVO dient dabei vornehmlich der Rechtssicherheit und Bestätigung der Marktpraxis.[2088] Dies betrifft Fälle, in denen der Emittent vor Veröffentlichung von bestimmten Transaktionen „vorfühlt", wie deren Einschätzung dazu ist.[2089] Gerade institutionelle Anleger mit ihrem Know-how könnten

2080 Im Wortlaut: „*wenn eine Person, die über Insiderinformationen verfügt und diese Informationen gegenüber einer anderen Person offenlegt, es sei denn, die Offen-legung geschieht im Zuge der normalen Ausübung einer Beschäftigung oder eines Berufs oder der normalen Erfüllung von Aufgaben.*" (Art. 10 MMVO).

2081 Vgl. *Winkler*, S. 269 ff.

2082 Auf diese Konstellationen macht aufmerksam: *Winkler*, S. 278 ff.

2083 Schwark/Zimmer/*Kumpan/Schmidt*, Art. 9 MMVO, Rn. 1 ff.

2084 *Seibt/Wollenschläger*, AG 2014, S. 593, 597: Die Autoren verweisen dabei insbesondere auf das Urteil „*Spector Photo Group*" EuGH v. 23.12.2009 – Rs. C-45/08, Slg 2009, I-12073; Schwark/Zimmer/*Kumpan/Schmidt*, Art. 9 MMVO, Rn. 1 ff. auch auf vorgenanntes Urteil „Spector Photo Group" verweisend.

2085 Ausführlich zu diesem Merkmal: Schwark/Zimmer/*Kumpan/Schmidt*, Art. 9 MMVO, Rn. 52 ff.

2086 Zur Marktsondierung und der bisherigen Marktpraxis auch im Hinblick auf Investoren allgemein: Schwark/Zimmer/*Kumpan/Grütze*, Art. 11 MMVO, Rn. 5 ff.

2087 *Seibt/Wollenschläger*, AG 2014, S. 593, 599.

2088 *Seibt/Wollenschläger*, AG 2014, S. 593, 599; Schwark/Zimmer/*Kumpan/Grütze*, Art. 11 MMVO, Rn. 10 ff.

2089 *Seibt/Wollenschläger*, AG 2014, S. 593, 599.

geeignete Ansprechpartner für eine solche Marktsondierung sein.[2090] Hier ist allerdings die in Art. 11 Abs. 7 MMVO vorgesehen Abgrenzung der, Personen, „die die Marktsondierung erhalten" genau vorzunehmen, teils wird in der Literatur bereits darauf hingewiesen, dass dies manche Fondsverwalter beispielsweise nicht betrifft.[2091]

Der Emittent muss dafür dann spezielle, in Art. 11 Abs. 3 und Abs. 5 MVVO geregelte Verfahrens- und Dokumentationspflichten berücksichtigen.[2092]

(5) Konsequenzen von Verstößen gegen das Insiderhandelsverbot

Hinsichtlich der Konsequenzen der Insiderregelungen ist nach Adressaten zu differenzieren.

Für den Emittenten gibt es bestimmte Pflichten, wie die Publizitätspflichten in Art. 17 MMVO und Art. 19 MMVO.[2093] Diese Perspektive ist bei der Frage für die Handlungsgrenzen der institutionellen Anleger nachrangig, da sie meist in diesem Kontext nicht als Emittenten agieren.

Vielmehr sind vorliegend die Konsequenzen entscheidend, die für die Investoren unmittelbar gelten. Hier ist die Folge eines Verstoßes gegen das Insiderhandelsverbot zentral – es besteht die Besonderheit, dass die Sanktionen im neuen Marktmissbrauchsregime nicht ausschließlich in der MMVO zu finden sind, sondern dass die ergänzende Marktmissbrauchs-Sanktionsrichtlinie („**MMSRL**") Teile des Sanktionenrechts regelt.[2094] Dabei setzt das Sanktionenrecht lediglich Mindestvorgaben, sodass in diesem Bereich – anders als bei den Tatbeständen und -ausnahmen etc.[2095] – gerade keine Vollharmonisierung gegeben ist.[2096]

Wenn also institutionelle Anleger gegen das Insiderhandelsverbot verstoßen, drohen vor allem die folgenden Konsequenzen:[2097]

- Geldstrafen, die von der Verwaltung verhängt werden. Diese können gegen die juristische Person des institutionellen Anlegers direkt gerichtet sein.[2098] Dann

---

2090 In Bezug auf „*Investoren*" Schwark/Zimmer/*Kumpan/Grütze,* Art. 11 MMVO, Rn. 10.

2091 Schwark/Zimmer/*Kumpan/Grütze,* Art. 11 MMVO, Rn. 23.

2092 Art. 11 MMVO als Ausnahmetatbestand qualifizierend: Schwark/Zimmer/*Kumpan/Grütze,* Art. 11 MMVO, Rn. 10 ff.

2093 Schwark/Zimmer/*Kumpan/Grütze,* Art. 17 MMVO, Rn. 1 ff.

2094 Die Teilung beruht darauf, dass die Europäische Union keine Kompetenz zur Vereinheitlichung des Strafrechts hat und somit nur „Mindestvorschriften" (Art. 82 Abs. 2 Satz 1 AEUV) in einer Richtlinie setzen durfte. So die Erklärung von *Seibt/Wollenschläger,* AG 2014, 593, 595; Schwark/Zimmer/*Zimmer,* Einleitung zur MMVO, Rn. 2.

2095 Vgl. dazu mit weiteren Nachweisen oben S. 245 f.

2096 *Seibt/Wollenschläger,* AG 2014, S. 593, 603.

2097 Überblick bei *Seibt/Wollenschläger,* AG 2014, S. 593, 603, 604.

2098 *Seibt,* ZHR 2013, 388, 419 m.w.N.

liegt der Bereich, in dem sich das Bußgeld bewegt, mindestens lt. Art. 30 Abs. 2 lit. j) (i) MMVO bei bis zu 15 Mio. EUR oder 15 % des Jahresumsatzes. Stark umstritten[2099] ist die Anlehnung der Bußgeldhöhe an die Regelungen des Kartellrechts, das ebenfalls auf einen Anteil des Umsatzes abstellt.[2100] Die juristische Person hat in diesem Fall die Möglichkeit, Regress bei den handelnden Organen zu nehmen.[2101] Eine Begrenzung der Regresssumme wird nicht einheitlich beurteilt.[2102] Ferner können die verwaltungsrechtlichen Geldstrafen direkt gegen die natürliche Person gerichtet sein, bei der es sich um Vertreter des institutionellen Anlegers handeln würde. Dann liegt der Mindesthöchstbetrag für einen Verstoß gegen das Insiderhandelsverbot bei bis zu 5 Mio. EUR. In Art. 31 Abs. 1 MMVO stehen Kriterien zur Zumessung des Bußgelds im Einzelfall.

- Denkbar sind strafrechtliche Sanktionen gegen die handelnden natürlichen Personen und die juristischen Personen (Art. 7, 8 und 9 MMRSL). Die Einbeziehung von Strafen gegen juristische Personen (sog. „Unternehmensstrafrecht") ist dabei ein viel diskutiertes Thema, wird aber von der Richtlinie vorausgesetzt.[2103] Die strafrechtlichen Folgen beziehen sich dabei sowohl auf die täterschaftliche Begehung (Art. 3 Abs. 3 S. 2 MMRSL), beide Formen der Beteiligung (Art. 6 Abs. 1 MMRSL) und den Versuch (Art. 6 Abs. 2 MMRSL). Art. 9 MMSRL nennt weitere mögliche Sanktionen neben Geldstrafen/Geldbußen speziell gegenüber juristischen Personen.
- Zudem gibt es gem. Ar. 34 Abs. 1 MMVO eine Veröffentlichung der Verstöße (*„naming and shaming"*).[2104] Auch diese Konsequenz ist für institutionelle Anleger, die besonders auf das Vertrauen ihrer Endanleger angewiesen sind, nicht zu unterschätzen: Dabei müssen die Behörden ihre Entscheidungen auf ihrer Website einschließlich der Art des Verstoßes und der Identität des Verstoßenden bekannt geben (Art. 34 Abs. 1 Unterabs. 1 MMVO).[2105] Datenschutzbelange sind dabei insbesondere bei natürlichen Personen zu berücksichtigen (Art. 34 Abs. 1 Unterabs. 3 MMVO).

2099 *Seibt*, ZHR 2013, 388, 419 m.w.N.

2100 *Seibt/Wollenschläger*, AG 2014, S. 593, 603.

2101 *Seibt/Wollenschläger*, AG 2014, S. 593, 603, 604.

2102 Näheres zum Streitstand: *Seibt/Wollenschläger*, AG 2014, S. 593, 603.

2103 RL 2009/65/EG v. 13.07.2009 (OGAW-Richtlinie) Abl. 2009 L 302/1, zuletzt geändert durch RL 2014/91/EU v. 23.07.2014, Abl. 2014 L 257/186, Fn. 191 f. m.w.N.

2104 *Seibt/Wollenschläger*, AG 2014, S. 593, 605.

2105 *Seibt/Wollenschläger*, AG 2014, S. 593, 605.

bb) Großbritannien

(1) Nach MMRL 2003

Die Überwachungspflicht des UK Stewardship Code konnte auch schon vor Erlass der MMVO unter bestimmten Umständen in einem Spannungsverhältnis zum *Insiderrecht* in Großbritannien stehen.[2106] Insoweit ergaben sich schon vor der Neuregelung Probleme mit dem auf der Richtlinie (2003) basierenden britischen Insiderrecht.[2107] Die zentrale nationale Regelung zum Insiderhandelsverbot fand und findet sich in s 52(1) 1993 Criminal Justice Act.

Eine mögliche Rechtsfolge wäre, dass es dem institutionellen Investor verwehrt wäre, mit den ihm gehörenden Anteilen über einen gewissen Zeitraum zu handeln.[2108] In seiner Version aus dem Jahr 2012 greift der UK Stewardship Code diese Problematik auf.[2109] Dabei wird anerkannt, dass einige institutionelle Investoren bereit dazu sind, Insider zu werden, andere hingegen nicht.[2110] Letztlich trüge aber das Beteiligungsunternehmen die Verantwortung, sicherzustellen, dass relevante Informationen nur an diejenigen weitergegeben werden, die sie kennen möchten.[2111]

(2) Die Neuregelung nach MMVO 2014

Das bereits oben beschriebene Spannungsverhältnis zwischen dem UK Stewardship Code und dem Insiderrecht wird in Großbritannien auch nach der Änderung des europäischen Rechts und bei unmittelbarer Geltung der Verordnung in ähnlicher Form weiterbestehen – insofern gilt das bereits oben zur Europäischen Union Gesagte.[2112] Wie bereits oben ausgeführt, werden die Regelungen werden auch nach dem Brexit zunächst als nationales Recht fortbestehen.[2113] Zu beachten ist, dass unabhängig von weiteren Regelungen, die der *Brexit* insofern mit sich gebracht hat, Großbritannien (anders als Irland aber ebenso wie Dänemark) gegen die Umsetzung der MMSRL optiert hat.[2114]

2106 *FRC*, Stewardship Code 2012, S. 7; interessanterweise scheint die Thematik im *FRC*, Stewardship Code 2020 nicht mehr enthalten zu sein.

2107 *FRC*, Stewardship Code 2012, S. 7.

2108 *Ss 52 1993 Criminal Justice Act.*

2109 *FRC*, Stewardship Code 2012, S. 7.

2110 *FRC*, Stewardship Code 2012, S. 7.

2111 *FRC*, Stewardship Code 2012, S. 7 a. E.

2112 Vgl. dazu mit weiteren Nachweisen oben ab S. 242.

2113 Vgl. zum britischen Umgang mit europäischen Recht nach dem Brexit mit weiteren Nachweisen oben ausführlicher ab S. 93 sowie bei *Teichmann/Kreier*, EuZW 2020, S. 14 ff.

2114 RL 2014/57/EU v. 16.04.2014, Abl. L 173/179, Rn. 29 und für Dänemark Rn. 31.

cc) Deutschland

(1) Historische Entwicklung – alte Grenzen nach der MMRL 2003

Insiderrecht war auch schon vor der MMVO in Deutschland eine weitere Grenze für die Informationsweitergabe an die und Überwachungsaktivitäten von institutionellen Anlegern.[2115] Bis zur Neuregelung 2014 galten die Marktmissbrauchsrichtlinie 2003 und ihr entsprechendes Umsetzungsgesetz[2116] – Zweck dieser Normen war zunächst die Umsetzung der europäischen Insiderregelungen, sodass die Richtlinienkonformität bei der Auslegung berücksichtigt werden musste.[2117] Darüber hinaus gab es Regelungen zum Insiderrecht auch in Deutschland schon vor einer europäischen Vereinheitlichung; diese Regelungen hatten allerdings keinen Gesetzescharakter.[2118] Die ehemalige Regelung und ihre damaligen Streitstände sollen an dieser Stelle kurz umrissen werden, da sie auch bei der Auslegung und Einordnung der Regelungen der MMVO noch hilfreiche Hintergrundinformationen bieten kann.

Als über diesen rein formalen Zweck hinausgehende *ratio* des Rechtsgebiets wurde in Deutschland die Sicherstellung der Funktionsfähigkeit des Marktes gesehen.[2119] Insidergeschäfte störten das Vertrauen der Investoren darin, dass alle Anleger am Markt die gleichen Chancen hätten.[2120] Diese Argumentation wurde jedoch nicht einhellig vertreten und in Deutschland gab es teils Stimmen, die sich gegen diese *ratio* im Ganzen[2121] oder gegen die strafrechtliche Sanktionierung von Insidergeschäften[2122] gestellt haben. Bedeutend für die Einordnung der deutschen Regelungen war, dass dabei einer „markt(funktions)bezogenen

---

2115 Vgl. zur alten Rechtslage ausführlich *Winkler*, S. 255 ff. m.w.N.

2116 Vgl. zur alten Rechtslage ausführlich *Winkler*, S. 255 ff. m.w.N.

2117 Assmann/Döhmel/Hönsch/Koller/Mülbert/Schneider/Sethe/Vogel, *H.-D. Assmann*, WpHG, Vor § 12, 6. Aufl., 2012, Rn. 10 ff.; ansonsten würden die bisherigen europäischen Regelungen als nationales Recht in Großbritannien fortgelten, dies regeln die sog. European Union (Withdrawal) Acts 2018 und 2020 – vgl. insofern auch *Teichmann/Kreier*, EuZW 2020, S. 14 ff.

2118 Assmann/Döhmel/Hönsch/Koller/Mülbert/Schneider/Sethe/Vogel, *H.-D. Assmann*, WpHG, Vor § 12, 6. Aufl., 2012, Rn. 6.

2119 Assmann/Döhmel/Hönsch/Koller/Mülbert/Schneider/Sethe/Vogel, *H.-D. Assmann*, WpHG, Vor § 12, 6. Aufl., 2012, Rn. 49.

2120 Assmann/Döhmel/Hönsch/Koller/Mülbert/Schneider/Sethe/Vogel, *H.-D. Assmann*, WpHG, Vor § 12, 6. Aufl., 2012, Rn. 42.

2121 Assmann/Döhmel/Hönsch/Koller/Mülbert/Schneider/Sethe/Vogel, *H.-D. Assmann*, WpHG, Vor § 12, 6. Aufl., 2012, Rn. 43 m.w.N.; Fuchs-*Mennicke*, WpHG, Vorb. § 12 bis § 14, Rn. 97 ff.

2122 Assmann/Döhmel/Hönsch/Koller/Mülbert/Schneider/Sethe/Vogel, *H.-D. Assmann*, WpHG, Vor § 12, 6. Aufl., 2012, Rn. 44 m.w.N.

Regelungsperspektive“[2123] gefolgt wurde. Damit war gemeint, dass die gesellschaftsrechtliche Zugehörigkeit einer Person für die Qualifizierung als Insider irrelevant war und es bei der Anwendung der Normen allein darauf ankam, ob die Verwertung durch bestimmte Empfänger das Vertrauen der anderen Anleger einschränken und somit das Funktionieren des Marktes gefährden konnte.[2124]

Im Hinblick auf den oben dargestellten Gleichbehandlungsgrundsatz ist die unterschiedliche Stoßrichtung als einer der zentralen Unterschiede beider Normen relevant, beide können Grenzen des Informationsflusses zwischen Gesellschaft und Aktionär sein:

Der Gleichbehandlungsgrundsatz bezieht sich gerade auf die Beziehung der Gesellschaft zu ihren Aktionären und ist eine Ausprägung der gesellschaftsrechtlichen Treuepflicht,[2125] wohingegen die insiderrechtlichen Regelungen die Weitergabe und Verwertung von Informationen als Bestandteil des Marktes sahen, den es im Gleichgewicht zu halten gilt.[2126] Nicht unumstritten im Insiderrecht war allerdings auch die Frage, ob das Insiderrecht über die Funktionsfähigkeit des Marktes hinaus auch noch eine individualschützende Komponente in sich trüge und aufgrund dessen die Normen beispielsweise auch als Schutzgesetz i. S. v. § 823 Abs. 2 BGB gelten könnten.[2127] Gerade im Hinblick auf die oben erläuterte Regelungsperspektive wurde dies jedoch von der wohl h. M. verneint.[2128]

Die entsprechenden für die Beziehung zwischen Unternehmen und institutionellen Anlegern relevanten Normen fanden sich im deutschen Recht in den §§ 12 ff. WpHG.[2129] In § 12 WpHG waren die Regelungsobjekte, also die Insiderpapiere, definiert. Dazu zählen auch Aktien (§ 2 Abs. 2 lit. b) i.V.m. § 2 Abs. 1 Nr. 1 WpHG).[2130] Somit waren auch dort die von institutionellen Anlegern gehaltenen Anteile an Publikumsgesellschaften von den Regelungen erfasst.[2131]

2123 Assmann/Döhmel/Hönsch/Koller/Mülbert/Schneider/Sethe/Vogel, *H.-D. Assmann*, WpHG, Vor § 12, 6. Aufl., 2012, Rn. 47; Fuchs-*Mennicke*, WpHG, Vorb. § 12 bis § 14, Rn. 128.

2124 Assmann/Döhmel/Hönsch/Koller/Mülbert/Schneider/Sethe/Vogel, *H.-D. Assmann*, WpHG, Vor § 12, 6. Aufl., 2012, Rn. 47 f.

2125 MüKo-AktG, Bd. 1, *Bungeroth*, § 53a, Rn. 4.

2126 Fuchs-*Mennicke*, WpHG, Vorb. § 12 bis § 14, Rn. 133.

2127 Fuchs-*Mennicke*, WpHG, Vorb. § 12 bis § 14, Rn. 114 ff.; Assmann/Döhmel/Hönsch/Koller/Mülbert/Schneider/Sethe/Vogel, *H.-D. Assmann*, WpHG, Vor § 12, 6. Aufl., 2012, Rn. 49.

2128 Fuchs-*Mennicke*, WpHG, Vorb. § 12 bis § 14, Rn. 134 f.; Assmann/Döhmel/Hönsch/Koller/Mülbert/Schneider/Sethe/Vogel, *H.-D. Assmann*, WpHG, Vor § 12, 6. Aufl., 2012, Rn. 49.

2129 Vgl. zur alten Rechtslage ausführlich *Winkler*, S. 255 ff. m.w.N.

2130 *Winkler*, S. 257 ff.

2131 *Winkler*, S. 257 ff.

Darüber hinaus fand sich der Begriff der Insiderinformation in § 13 I WpHG, der sowohl gegenwärtige als auch zukünftige Geschehnisse umfassen kann.[2132] In diesem Kontext war streitig, wie mit bewusst unwahren Behauptungen umzugehen ist.[2133]

In § 14 WpHG fand sich dann das zentrale Verbot, Insidergeschäfte zu tätigen.[2134]

(2) Neue Grenzen nach der MMVO 2014

Diese Grenzen bestehen auch bei unmittelbarer Geltung der MMVO 2014 so weiter fort.[2135] Insofern gilt das bereits unter dem europäischen Teil Gesagte.[2136] Ob die soeben dargestellten Problemlagen sich durch die einheitliche europäische Regelung besser oder schlechter lösen lassen, wird der Test in der Praxis zeigen.

e) Weitere denkbare Schranken im Einzelfall

Neben den bisher genannten Grenzen von Mitwirkungsmöglichkeiten sollen noch einige weitere im Einzelfall zu prüfende der Vollständigkeit halber Erwähnung finden:

- Zum einen wurde in den letzten Jahren in der Literatur die Frage aufgeworfen, inwiefern der Austausch auf informeller Basis zwischen dem Unternehmen und institutionellen Anlegern auch kartellrechtlichen Schranken unterliegen kann.[2137] Diese Problematik kann, anknüpfend an die Verbote in § 1 GWB, bzw. Art. 101 AEUV, insbesondere im Fall der Verhandlungen und Abstimmungen von Beteiligungstransaktionen unter institutionellen Anlegern Relevanz erlangen.[2138] Die Erfüllung der Tatbestandsvoraussetzungen für einen Kartellverstoß wird allerdings im Regelfall fraglich sein, sollte aber im Einzelfall vom institutionellen Anleger jedenfalls geprüft werden.[2139]
- Weitere Grenzen der Einwirkungsmöglichkeiten können sich in Bezug auf die speziellen Handlungsoptionen, insbesondere bei den bereits oben erläuterten

2132 Assmann/Döhmel/Hönsch/Koller/Mülbert/Schneider/Sethe/Vogel, *H.-D. Assmann*, WpHG, Vor § 12, 6. Aufl., 2012, Rn. 20; *Winkler*, S. 257 ff.

2133 *Winkler*, S. 258.

2134 *Winkler*, S. 263 ff.

2135 Zur aktuellen Rechtslage auch *Faure*, S. 197 ff. und *Gröntgen*, S. 127 ff.

2136 Ausführlich die Darstellung speziell für Deutschland z.B. auch bei *Gröntgen*, S. 127 f.

2137 Ausführlicher dazu *Bassler*, S. 387 ff. m.w.N.; kurz erwähnend *Bürkle*, VersR 2021, S. 1, 6.

2138 *Bassler*, S. 388 f.

2139 *Bassler*, S. 388 f. darauf hinweisend, dass vermutlich die Voraussetzung des „Wettbewerbsverhältnisses“ häufig schon fehlen könnte.

Investorenvereinbarungen zwischen einem Investor im Rahmen einer M&A-Transaktion und der Geschäftsleitung des Zielunternehmens[2140] ergeben.[2141] Eine wesentliche Grenze finden die Regelungen der Investorenvereinbarung bereits in der aktienrechtlichen Kompetenzordnung, da meist Themen betroffen sind, die weniger von der jeweiligen Geschäftsführung/Vorstand zu entscheiden sind, als solche, die jedenfalls bei primärer Betrachtung der Entscheidungskompetenz der Anteilseigner zufallen.[2142] Während grundsätzliche Änderungen der Binnenstruktur der Gesellschaft durch solche Vereinbarungen nichtig wären,[2143] ist ansonsten die übliche Kompetenzzuweisung in einen angemessenen Ausgleich der berechtigten Verfolgung des Unternehmensinteresses durch den Vorstand zu bringen.[2144] Dabei kann es im Regelfall auch erforderlich sein, den Aufsichtsrat bei den Entscheidungen (ergänzend)[2145] zu involvieren.[2146] Ferner wird in der Literatur auf mögliche inhaltliche Schranken hingewiesen: so darf zum einen nicht ein Organ zu seinen Lasten gebunden werden (oder auch nur begrenzt sich selbst binden)[2147], zum anderen darf sich auch der Aktionär nicht entgegen der Regelung in § 136 Abs. 2 AktG bzw. auch § 405 Abs. 3 Nr. 4–7 AktG oder entsprechenden Satzungsregelungen[2148] verpflichten, wobei dabei vertreten wird, dass dies nur für zwingende Hauptversammlungskompetenzen zutrifft.[2149] Ebenso kritisch aber möglich werden auch Vereinbarungen über die Gremienbesetzung gesehen.[2150] Letztlich ist also eine Investorenvereinbarung grundsätzlich als Mitwirkungsinstrument einsetzbar, jedoch ist jeweils im Einzelfall zu prüfen, ob mit der Einbeziehung bestimmter Themen in die Vereinbarung rechtliche Grenzen, insbesondere der gesellschaftsrechtlichen Kompetenzordnung überschritten werden.[2151]

- Schließlich wird in der Literatur auch darauf hingewiesen, dass die bereits o.g. gesellschaftsrechtlichen Treuepflichten nicht nur eine Grundlage für die Mitwirkungspflicht[2152] bilden können, sondern zugleich auch eine Grenze

2140 Siehe dazu mit weiteren Nachweisen oben, ab S. 205.

2141 *Bassler*, S. 311 ff.; *Kiem*, AG 2009, S. 301 ff.

2142 *Bassler*, S. 318 ff.; *Kiem*, AG 2009, S. 301,305.

2143 *Bassler*, S. 318.

2144 *Bassler*, S. 337 ff.; *Kiem*, AG 2009, S. 301, 305 ff.

2145 *Bassler*, S. 331 ff.

2146 *Bassler*, S. 319 ff. (mit verschiedenen Beispielkonstellationen); *Kiem*, AG 2009, S. 301,307.

2147 *Bassler*, S. 348 ff.

2148 *Bassler*, S. 312.

2149 *Kiem*, AG 2009, S. 301, 307 ff.

2150 *Kiem*, AG 2009, S. 301,308.

2151 *Kiem*, AG 2009, S. 301,311 f.

2152 Siehe dazu bereits mit weiteren Nachweisen oben S. 166 ff.

der Mitwirkung darstellen können.[2153] Allerdings hängen insbesondere diese Grenzen dann wiederum stark vom Einzelfall ab und können nur schwer in allgemeingültigen Kriterien aufgeschlüsselt werden.[2154] Als kodifizierte Formen dieses Grundprinzips werden daneben noch § 117 Abs. 1 AktG und § 826 BGB genannt.[2155]

3. Fazit zu den rechtlichen Rahmenbedingungen vor ARUG II

Der Überblick über die Möglichkeiten und Grenzen der Aktivität zeigt zunächst grundsätzlich ein sehr heterogenes Regelungsumfeld.[2156] Während in Großbritannien schon ein einheitliches und breit akzeptiertes Regelungswerk speziell an institutionelle Anleger adressiert wurde,[2157] sahen vor der Aktionärsrechterichtlinie 2017 und vor ARUG II die europäische Ebene und Deutschland als Mitgliedstaat vielfach nur Regelungen an alle Aktionäre zusammen oder speziell an einzelne Untergruppen von Aktionären vor.[2158] Den „institutionellen Anleger" als Adressaten und Akteur auf diesem „Spielfeld" gab es im Übrigen nur sehr selten.[2159]

Bereits vor der Aktionärsrechterichtlinie 2017 und dem ARUG II wurden auf Basis dieses Regelungsumfeldes zahlreiche alternative Regelungsmöglichkeiten diskutiert, die auch nach Inkrafttreten und innerhalb der entsprechenden Diskussion immer wieder in die Diskussion eingebracht werden.[2160]

Dennoch gab es, auch vor der Aktionärsrechterichtlinie 2017 und ARUG II, bereits ein deutlich abgestecktes „Spielfeld" für die Aktionäre als rechtliche Rahmenbedingungen für die geforderten zusätzlichen Aktivitäten:[2161] Die Handlungsoptionen sind schon in einigen Bereichen vom europäischen Gesetzgeber reguliert und entsprechen in weiten Teilen den auch in der Wirtschaftswissenschaft vorgesehenen Aktivitäten, die institutionelle Anleger im Verhältnis zum

2153 Mit einer sehr ausführlichen Analyse der Grenze durch Treuepflichten in Bezug auf die vielfältigen Mitwirkungsmöglichkeiten *Gröntgen*, S. 53 ff., der allerdings letztlich auch nur auf den Einzelfall abstellt dabei allerdings vielfältige Kriterien identifiziert – vgl. *Gröntgen*, S. 105.

2154 *Gröntgen*, S. 54 ff.

2155 *Gröntgen*, S. 122 f.

2156 Siehe dazu mit weiteren Nachweisen oben S. 92 ff.

2157 Siehe dazu mit weiteren Nachweisen oben S. 92 ff.

2158 Siehe dazu mit weiteren Nachweisen oben S. 161 ff.

2159 Vor allem gab es ihn bisher im UK Stewardship Code in Großbritannien, dort fiel aber die Bezugnahme mit dem neuen Kodex aus dem Jahr 2020 überraschenderweise weg – siehe dazu mit weiteren Nachweisen oben S. 99 ff.

2160 Siehe dazu mit weiteren Nachweisen oben S. 165 ff.

2161 Siehe dazu mit weiteren Nachweisen oben ab S. 175 ff.

Beteiligungsunternehmen wahrnehmen können.[2162] Speziell an institutionelle Anleger gerichtete Transparenzpflichten gibt es hingegen kaum, eine Ausnahme bildet der schon viel thematisierte UK Stewardship Code for Institutional Investors aus dem Jahr 2012 (der UK Stewardship Code 2020 hat sich insofern schon wieder zu stark gewandelt um ihn als Vergleichsobjekt heranzuziehen) – in den übrigen Regelungsumfeldern sind allenfalls partielle Transparenzpflichten (oder Offenlegungsoptionen) für Untergruppen wie Kapitalanlagegesellschaften vorgesehen.[2163]

Die Grenzen der Handlungsspielräume sind wiederum so vielfältig wie die Handlungsoptionen:[2164] Sie sind teilweise stark vom Europarecht geprägt (Insiderrecht),[2165] teils auch abhängig von nationalen Rechtsordnungen (Geheimhaltungspflichten des Vorstandes)[2166]. Hier ist in vielen Fällen der Einzelfall zu betrachten und zu schauen, welche Informationen in welchem Rahmen weitergereicht werden sollen oder wer wie unter welchen Umständen gemeinsame Ziele verfolgen möchte.[2167] Eine grundsätzliche Aussage, dass eine Vorschrift jeglicher Aktivität von vornherein entgegenstünde, lässt sich jedenfalls nicht treffen.[2168]

Eine mögliche Machtverschiebung durch zusätzliche Regulierung[2169] trifft mithin auf ein bereits ausdifferenziertes rechtliches Regelungsumfeld der Aktionäre mit Handlungsspielräumen aber auch klaren Grenzen, von denen nicht zu erwarten ist, dass Offenlegungspflichten eine wesentliche Verschiebung dieser rechtlichen Grenzen herbeizuführen vermögen.[2170] Vielmehr wird sich eine zusätzliche Aktivität der institutionellen Anleger auch zukünftig auf diesem Spielfeld bewegen, kann aber durch verstärktes Ausnutzen der vorgenannten Handlungsoptionen verstärkt ausgenutzt werden, sodass zu erwarten ist, dass durch die neuen Regelungen der Einfluss institutioneller Anleger auf die Entscheidungen im Beteiligungsunternehmen zwar nicht rechtlich aber faktisch vergrößert werden.

IV. Typische gesellschaftsrechtliche Kompetenzordnung in den untersuchten Rechtsordnungen vor ARUG II / der Aktionärsrechterichtlinie 2017

Ein späterer Kritikpunkt an den neuen Regelungen sind etwaige Brüche mit der bisher bestehenden gesellschaftsrechtlichen Kompetenzordnung bzw. mit dem

2162 Siehe dazu mit weiteren Nachweisen oben S. 17 ff. und 175 ff.
2163 Siehe dazu mit weiteren Nachweisen oben, speziell S. 185 ff.
2164 Siehe dazu mit weiteren Nachweisen oben S. 208 ff.
2165 Siehe dazu mit weiteren Nachweisen oben, speziell S. 242 ff.
2166 Siehe dazu mit weiteren Nachweisen oben, speziell S. 210 ff.
2167 Siehe dazu mit weiteren Nachweisen oben, speziell S. 210 ff.
2168 Siehe dazu mit weiteren Nachweisen oben, speziell S. 210 ff.
2169 *Faure*, S. 91 ff.
2170 Siehe dazu mit weiteren Nachweisen oben S. 208 ff.

bisherigen gesellschaftsrechtlichen Machtgefüge in den Jurisdiktionen, in denen das Aktionärsengagement stärker gefördert werden soll.[2171] Unter gesellschaftsrechtlicher Kompetenzordnung/Machtgefüge wird dabei das Zusammenspiel der verschiedenen gesellschaftsrechtlichen Organe, ihrer Aufgaben und der innergesellschaftlichen Machtverteilung verstanden.[2172] Letztlich ließe sich dies mit dem Anspruch der Vollumfänglichkeit nur mit einer Wiedergabe der Gesamtheit des Gesellschafts(organisations)rechts der jeweiligen Jurisdiktion beschreiben, die über die Grenzen dieser Arbeit hinausgehen würde. Dies wird auch häufig im Rahmen der sog. Vergleichenden Corporate Governance untersucht und umschrieben.[2173]

Als prägend anzusehen ist in diesem Zusammenhang jedoch eine gesellschaftsrechtliche Grundentscheidung, die in den einzelnen Jurisdiktionen deutlich herausgearbeitet werden kann, in Europa als Ganzem allerdings nicht einheitlich geregelt ist.[2174] So lässt sich üblicherweise bei den gesellschaftsrechtlichen Leitungs- und Kontrollgestaltungen zwischen sog. „monistischen" und „dualistischen" Systemen differenzieren.[2175]

Unter einem monistischen System wird dabei verstanden, dass es lediglich ein Leitungsorgan gibt, ohne dass ein speziell designiertes Kontrollorgan daneben besteht.[2176]

In einem dualistischen System gibt es neben dem Leitungsorgan noch ein mit speziellen Rechten und Einflussfaktoren ausgestattetes Kontrollorgan.[2177]

Grundsätzlich lässt sich eine solche Einteilung nicht generell für die europäische Union treffen, Großbritannien (ebenso die USA und einigen anderen auch kontinentaleuropäischen Rechtsordnungen) wird mit seinem *Board of Directors*

2171 *Fleischer/Strothotte*, AG 2011, S. 221, 227; *Habersack*, Gutachten E: „Staatliche und nichtstaatliche Eingriffe in die Unternehmensführung", S. 88; *Bassler*, S. 480 ff.; *Faure*, S. 91 ff., S. 106 ff.

2172 *Fleischer/Strothotte*, AG 2011, S. 221, 227; *Habersack*, Gutachten E: „Staatliche und nichtstaatliche Eingriffe in die Unternehmensführung", S. 88; *Faure*, S. 106 ff.

2173 Vgl. z.B. *Hopt*, ZHR 2011, S. 444, 465 ff.

2174 *Fleischer/Strothotte*, AG 2011, S. 221, 227; *Faure*, S. 106 ff.

2175 Ein besonderes Thema sind diese beiden Modelle im Rahmen der Organisationsverfassung der Societas Europea, bei der gem. Art. 38 SE-VO zwischen beiden Modellen gewählt werden kann und die Unterscheidung darum besonders ausführlich kommentiert wird: Spindler/Stilz/*Eberspächer*, BeckOGK-AktG, Art. 38 SE-VO, Rn. 3 f. m.w.N.; natürlich können es dabei fließende Übergänge geben und jede Kategorisierung beinhaltet auch eine gewisse Abstraktion, allerdings bildet sie dennoch eine Grundlage zur Differenzierung -so zum Beispiel bei: *Habersack*, Gutachten E: „Staatliche und nichtstaatliche Eingriffe in die Unternehmensführung", S. 88; *Bassler*, S. 484 ff.; *Faure*, S. 106 ff.; *Mack*, ZCG 2020, S. 197, 198.

2176 Spindler/Stilz/*Eberspächer*, BeckOGK-AktG, Art. 38 SE-VO, Rn. 3; *Faure*, S. 106 ff.

2177 Spindler/Stilz/*Eberspächer*, BeckOGK-AktG, Art. 38 SE-VO, Rn. 4; *Faure*, S. 106 ff.

in Kapitalgesellschaften eher als monistisches System eingestuft,[2178] während Deutschland mit seiner Trennung der Aufgaben zwischen Vorstand und Aufsichtsrat in der hier maßgeblichen Aktiengesellschaft als klassisches dualistisches System eingeordnet wird.[2179]

Aus dieser bloßen begrifflichen Unterscheidung lässt sich allerdings noch keine abschließende Aussage über das Machtverhältnis der Organe in der jeweiligen Rechtsordnung treffen: so gibt es in den typischen anglo-amerikanischen Rechtsordnungen inzwischen auch häufig zusätzliche Kontrollinstanzen wie beispielsweise die sog. *non-executive* oder *outside directors* oder *monitoring boards*, die – meist als Untergruppe des *Board of Directors* – entsprechende Kontrollfunktionen übernehmen und damit ebenfalls einen Teil des Machtgefüges ausmachen.[2180] Als Grundtendenz lässt sich allerdings festhalten, dass die Leitungsmacht in monistischen Systemen eher bei einem Organ liegt, wohingegen sie bei dualistischen System eher auf zwei Organe, wie eben den Vorstand und den Aufsichtsrat in Deutschland aufgeteilt ist.[2181] Weitere Akteure – wie eben Aktionäre bzw. die Hauptversammlung – werden bei dieser Betrachtung der Verteilung der Leitungsmacht bisher üblicherweise nicht oder nur am Rande berücksichtigt.[2182]

2178 Spindler/Stilz/*Eberspächer*, BeckOGK-AktG, Art. 38 SE-VO, Rn. 4; *Hein*, S. 198 in Bezug auf die Aktionärsrechterichtlinie 2017; *Mack*, ZCG 2020, S. 197, 198.

2179 Spindler/Stilz/*Eberspächer*, BeckOGK-AktG, Art. 38 SE-VO, Rn. 3; *Faure*, S. 106 ff.

2180 Davies, ZGR 2001, S. 268 ff.; Spindler/Stilz/*Eberspächer*, BeckOGK-AktG, Art. 38 SE-VO, Rn. 4; *Mack*, ZCG 2020, S. 197, 198.

2181 Spindler/Stilz/*Eberspächer*, BeckOGK-AktG, Art. 38 SE-VO, Rn. 3; *Hopt*, ZHR 2011, S. 444, 465 ff.

2182 *Habersack*, Gutachten E: „Staatliche und nichtstaatliche Eingriffe in die Unternehmensführung", S. 88

D. ARUG II – Umsetzung und Auswirkungen der Aktionärsrechterichtlinie 2017 in Deutschland – die neuen Pflichten institutioneller Anleger und Einordnung in aktuelle Entwicklungstendenzen

Obwohl die Umsetzungsfrist für die Richtlinie gem. Art. 2 Abs. 1 der Aktionärsrechterichtlinie 2017 bereits am 10. Juni 2019 abgelaufen war, dauerte die Umsetzung in Deutschland bis zum 12. Dezember 2019.[2183] Grund für die Verzögerung war vor allem, dass die Diskussion im Hinblick auf weitere umstrittene in der Richtlinie geregelte Themen wie „*Say on Pay*" und „*Related Party Transactions*" noch andauerte.[2184]

I. Umsetzung des Gesetzes in Deutschland

1. Der Umsetzungsprozess in Deutschland

Mit der technische Umsetzung der europäischen Gesetzesvorgaben in Deutschland wurde eine „Expertenkommission des Bundesministeriums der Justiz und für Verbraucherschutz zur Umsetzung der Aktionärsrechterichtlinie" beauftragt, die am 18. September 2017 von Staatssekretärin Christiane Wirtz einberufen wurde.[2185] Das Ergebnis der Expertenkommission war der am 11. Oktober 2018

2183 Ein umfangreicher Überblick zum deutschen Gesetzgebungsprozess bei *Hirte/Heidel*, Das neue Aktienrecht, Das ARUG II im parlamentarischen Prozess, Rn. 2 ff; K. Schmidt/Lutter/*Illhardt*, AktG, § 134a, Rn. 5 f.; *Bürkle*, VersR 2021, S. 1.

2184 *Noack*, Handelsblatt Rechtsblog vom 02.07.2019; *Hirte/Heidel*, Das neue Aktienrecht, Das neue Aktienrecht, Das ARUG II im parlamentarischen Prozess, Rn. 9; K. Schmidt/Lutter/*Illhardt*, AktG, § 134a, Rn. 10 – darauf verweisend, dass die Vernachlässigung des vorliegenden Themas teils zu unbefriedigenden Ergebnissen in der Gesetzgebung geführt hat; *Bürkle*, VersR 2021, S. 1, 2.

2185 *BMJV*, Pressemitteilung zur Expertenkommission zur Umsetzung der Aktionärsrechterichtlinie vom 27.09.2017, passim: Den Vorsitz für die Kommission hatte Ministerialrat Prof. Dr. Ulrich Seibert. Die Mitglieder waren: Prof. Dr. Ulrich Noack, Heinrich Heine Universität Düsseldorf, Prof. Dr. Dirk Andreas Zetzsche LL.M. (Toronto), Université du Luxembourg, Prof. Dr. Jessica Schmidt LL.M. (Nottingham),

vom Bundesministerium der Justiz und für Verbraucherschutz veröffentlichte Referentenentwurf zum ARUG II (sog. „Referentenentwurf ARUG II“).[2186] Auf die Veröffentlichung des Referentenentwurfs ARUG II folgten viele Stellungnahmen von Experten zwischen Anfang November und Ende Dezember 2018.[2187] Der Entwurf wurde dann noch einmal überarbeitet und am 5. April 2019 erneut als sog. „interministeriell abgestimmter Entwurf“ veröffentlicht.[2188] Dieser weitere Entwurf wurde im Mai und November 2019 im Bundesrat und Bundestag bearbeitet, in einer Sachverständigenanhörung am 5. Juni 2019 intensiv diskutiert[2189], am 14. November 2019 durch den Bundestag verabschiedet[2190] und schließlich am 12. Dezember 2019 im Bundesgesetzblatt veröffentlicht.[2191]

2. ARUG II – Umsetzung der Aktionärsrechterichtlinie 2017 im deutschen Aktienrecht

a) Problematische Entscheidung für die Einbettung im Aktiengesetz, die Umsetzung allgemein und deren Begründung

Die Verortung der Umsetzung des Gesetzes in Deutschland war geprägt von zwei möglichen Optionen: Diskutiert wurde vor allem eine Einführung der Regelungen über das Aktien-[2192] oder das Finanzmarktrecht[2193].[2194] Entschieden hat sich der

Universität Bayreuth, Prof. Dr. Tim Florstedt, EBS Universität für Wirtschaft und Recht Wiesbaden, und Prof. Dr. Jochen Vetter, Honorarprofessor an der Universität zu Köln.

2186 *BMJV*, Referentenentwurf des Gesetzes zur Umsetzung der zweiten Aktionärsrechterichtlinie (ARUG II) vom 11.10.2018; *Bürkle*, VersR 2021, S. 1, 2.

2187 *Hirte/Heidel*, Das neue Aktienrecht, Das neue Aktienrecht, Das ARUG II im parlamentarischen Prozess, Rn. 14 f. mit Verweis auf die Homepage des BMJV für einen Überblick; *Bürkle*, VersR 2021, S. 1, 2.

2188 *Hirte/Heidel*, Das neue Aktienrecht, Das neue Aktienrecht, Das ARUG II im parlamentarischen Prozess, Rn. 14 f.

2189 Mit weiteren Informationen dazu im Detail *Hirte/Heidel*, Das neue Aktienrecht, Das ARUG II im parlamentarischen Prozess, Rn. 22 ff.

2190 Gem. *Hirte/Heidel*, Das neue Aktienrecht, Das ARUG II im parlamentarischen Prozess, Rn. 37 folgte der finale Abschluss dann am 29. November 2019 indem mehrheitlich beschlossen wurde, keinen Vermittlungsausschuss anzurufen.

2191 Gesetz zur Umsetzung der zweiten Aktionärsrechterichtlinie (ARUG II) vom 12. Dezember 2019, BGBl. I S. 2637 ff.

2192 *Hippeli*, jurisPR-HaGesR 1/2017, Abschnitt C. und D.

2193 *Zetzsche*, FS Baums, S. 1505, S. 1520.

2194 Dazu sogleich, S. 259 ff. sowie beispielhaft die Diskussion bei K. Schmidt/Lutter/*Illhardt*, AktG, § 134a, Rn. 11 ff.

Gesetzgeber für das Aktiengesetz.[2195] Die dortige Regelung ist umstritten.[2196] Teile der Literatur sahen den richtigen Ort für die Umsetzung der Aktionärsrechterichtlinie 2017 vielmehr im Finanzmarktaufsichtsrecht.[2197] Teils wird die Zuordnung zum Aktienrecht als „systemfremd"[2198] und als Erreichen einer neuen Stufe beim „Vordringen des Kapitalmarkt(recht)s in das Aktienrecht"[2199] bezeichnet.[2200]

Ein Argument für das Finanzmarktaufsichtsrecht ist, dass die Normen nicht das Verhältnis der Aktiengesellschaft zu ihren Aktionären regeln, sondern vielmehr die Binnenorganisation der institutionellen Anleger und ihr Verhältnis zu den Endbegünstigten.[2201] Aufgrund dieses fehlenden gesellschaftsrechtlichen Bezuges sei vielmehr das Finanzmarktaufsichtsrecht als Regelungsumfeld für die Pflichten vorzuziehen.[2202] Fokus seien nicht mitgliedschaftliche oder organschaftliche Pflichten und die Regelung richte sich ferner nicht an die üblichen Adressaten des AktG, wie den Aktionären insgesamt.[2203] Dies lasse sich auch nicht mehr dadurch erklären, dass inzwischen auch die Aktionärsstellung grundsätzlich weitere Elemente aus dem Kapitalmarktrecht beinhalte.[2204] Zudem könne auf diese Weise auch stärker möglichen Überschneidungen mit anderen Spezialregelungen vorgebeugt werden.[2205] Desweiteren wird argumentiert, dass die Regelung gar nicht in Bezug auf deutsche Aktiengesellschaften erfolge, sondern die institutionellen Anleger genauso gut in Gesellschaften aus anderen europäischen Jurisdiktionen anlegen könnten und dennoch den Offenlegungspflichten nach §§ 134a ff. AktG unterlägen.[2206] Letztlich handele es sich um einen vielgestaltigen „hybriden Regelungskomplex"[2207], der unter Umständen besser – abhängig von der Offenlegungspflicht im Einzelfall und dem jeweiligen Adressaten – in spezielleren Gesetzen geregelt worden wäre.[2208] Auch die Ahndung der Rechtsfolgen bzw. die Sanktionierung ließe sich, insbesondere für institutionelle Anleger und Vermögensverwalter,

2195 Vgl. Art. 1 ARUG II.

2196 Vgl. z.B. *Zetzsche*, FS Baums, S. 1505, S. 1520; *Tröger*, ZGR 2019, S. 126, 140; *Koch*, BKR 2020, S. 1; K. Schmidt/Lutter/*Illhardt*, AktG, § 134a, Rn. 11 ff.

2197 *Zetzsche*, FS Baums, S. 1505, S. 1520; *Tröger*, ZGR 2019, S. 126, 140.

2198 Grigoleit/*Splinter*, AktG, § 134a, Rn. 11.

2199 *Mülbert*, AG 2021, S. 53, 54.

2200 Grigoleit/*Splinter*, AktG, § 134a, Rn. 11; *Mülbert*, AG 2021, S. 53, 54.

2201 *Zetzsche*, FS Baums, S. 1505, 1520; K. Schmidt/Lutter/*Illhardt*, AktG, § 134a, Rn. 11 ff; *Mülbert*, AG 2021, S. 53, 54.

2202 *Zetzsche*, FS Baums, S. 1505, 1520.

2203 *Tröger*, ZGR 2019, S. 126, 140; *Mülbert*, AG 2021, S. 53, 54.

2204 *Mülbert*, AG 2021, S. 53, 55.

2205 *Zetzsche*, FS Baums, S. 1505, 1520.

2206 Grigoleit/*Splinter*, AktG, § 134a, Rn. 11.

2207 Grigoleit/*Splinter*, AktG, § 134a, Rn. 11.

2208 Grigoleit/*Splinter*, AktG, § 134a, Rn. 11.

besser durch die BaFin, statt wie nun durch das Bundesamt für Justiz, im Kapitalmarktrecht abbilden.[2209]

Andere Autoren stimmen der Umsetzung der Richtlinie im AktG zu.[2210] Aus der oben stehenden Analyse der Normen ergibt sich, dass sich für beide Varianten Argumente finden lassen: Tatsächlich ist der erste Anknüpfungspunkt der Offenlegungspflicht der Anleger und nicht die Aktiengesellschaft – der Fokus liegt somit zunächst stärker auf dem Finanzmarktrecht.[2211] Andererseits hat die Regelung zugleich starke Auswirkungen auf die Binnenorganisation der Aktiengesellschaft, indem sie den Aktionären – je nach Rechtsordnung des Mitgliedstaates – neue zusätzliche Verantwortung und jedenfalls indirekt auch Überwachungspflichten zuspricht.[2212] Zudem wird als überzeugendes Argument für die Verortung im Aktiengesetz der eigentliche Sinn und Zweck der Regelung, nämlich eine Optimierung der Corporate Governance durch Wahrung bzw. Wiederherstellung der Parallelität zwischen Eigentum und Leitungsmacht, genannt.[2213] Die kapitalmarktrechtliche Transparenz sei somit nur eine erfreuliche Nebenwirkung.[2214]

Die Regierungsbegründung für den Gesetzesentwurf des ARUG II[2215] („**Gesetzesbegründung ARUG II**"), dessen Entscheidung für die Einbettung ins Aktiengesetz und speziell nach dem § 134 AktG, sind bedauerlicherweise äußerst kurz gehalten:

> *„Da die neuen Regelungen im Zusammenhang mit der Ausübung des Stimmrechts in börsennotierten Aktiengesellschaften stehen, ist eine Aufnahme im für das Stimmrecht maßgeblichen Vierten Unterabschnitt des Vierten Abschnitts, Zweiter Teil des AktG sinnvoll."*[2216]

Warum dies „sinnvoll" ist, wird nicht weiter erörtert. Gerade die Kürze ist angesichts der zuvor in der Literatur zitierten vielfältigen anderen Lösungen überraschend.[2217]

2209 *Mülbert*, AG 2021, S. 53, 54; *Baums*, ZHR 183 (2019), S. 605, 612 ff.

2210 *Hippeli*, jurisPR-HaGesR 1/2017, Abschnitt C. und D.

2211 *Zetzsche*, FS Baums, S. 1505, 1520.

2212 Vgl. dazu die Analyse mit weiteren Nachweisen unten S. 293 ff.

2213 *Koch*, BKR 2020, S. 1, 2; so auch als Gegenargument grundsätzlich anerkennend: *Mülbert*, AG 2021, S. 53, 54.

2214 *Koch*, BKR 2020, S. 1, 2.

2215 Bezug genommen wird im Folgenden auf die ausführliche Begründung des Gesetzesentwurfs der Bundesregierung vom 29.04.2019 mit dem Titel „Entwurf eines Gesetzes zur Umsetzung der zweiten Aktionärsrechterichtlinie (ARUG II)", die alle wesentlichen Teile des neuen Gesetzes abdeckt und als BT-Drucks. 19/9739 veröffentlicht wurde; dies wird im Folgenden als die „Gesetzesbegründung" zum ARUG II bezeichnet.

2216 BT-Drucks. 19/9739, S. 98.

2217 *Koch*, BKR 2020, S. 1.

Letztlich ist aber eine Regelung im Aktienrecht trotz der grundsätzlichen Systemfremdheit dennoch gut vertretbar: Zwar handelt es sich bei institutionellen Anlegern tatsächlich nicht um die typischen Adressaten des Aktienrechts,[2218] allerdings werden sie in diesem Zusammenhang auch gerade nicht in ihrer Eigenschaft als Investoren allgemein angesprochen, sondern die Regulierung bezieht sich vorliegend spezifisch auf ihr Verhalten als Aktionäre des Beteiligungsunternehmens.[2219] Eine Regulierung in Investoreneigenschaft hätte eine andere Zielsetzung, nämlich z. B. ein Hinwirken auf besonders sichere Investitionen – nicht notwendigerweise in Unternehmensanteile –, um dadurch die Interessen der Endbegünstigten zu schützen. Vorliegend ist die Zielsetzung aber auf das Wohl des Beteiligungsunternehmens, der Aktiengesellschaft, gerichtet und die Förderung ihrer nachhaltigen Entwicklung durch z. B. das Hinwirken auf langfristige Investitionen.[2220]

Berücksichtigt man zudem die Signalwirkung an die Öffentlichkeit, die von dieser Regelung zugleich nach dem Willen des europäischen Gesetzgebers ausgehen soll,[2221] so ist eine Regelung im Aktiengesetz prominenter als im Finanzmarktaufsichtsrecht. Darüber hinaus ist zu berücksichtigen, dass es sich bei der vorliegenden Richtlinie um eine Änderung der Aktionärsrechterichtlinie handelt, die mit dem Aktionärsrechterichtlinienumsetzungsgesetz („**ARUG**") vom 30. Juli 2009 ins deutsche Recht umgesetzt wurde. Der Schwerpunkt des ARUG lag ebenfalls eindeutig auf einer Änderung des AktG und nur zu einem geringen Teil in anderen Normen, z. B. dem WpÜG. Dementsprechend ist es konsequent, diese Schwerpunktsetzung im Aktienrecht fortzusetzen und dem Namen entsprechend die „Aktionärsrechte" (und eben auch „-pflichten") an einheitlicher Stelle umzusetzen.[2222]

Das Aktiengesetz ist aufgrund des Sinn und Zwecks der Regelung, die Corporate Governance zu stärken, sachnäher.[2223] Der Sachzusammenhang wird durch die im Zusammenhang mit diesen Regelungen diskutierte Verschiebung der Machtverhältnisse in Aktiengesellschaften zugunsten der Anteilsinhaber[2224] noch einmal unterstrichen. Zudem ist die Regelung im Aktiengesetz schlicht im Sinne einer einheitlichen Lösung der Gesamtumsetzung nachvollziehbar, da viele der weiteren Gegenstände der Richtlinie (z. B. Vorstandsvergütung, Geschäfte mit nahestehenden Personen) klar dem Aktienrecht zuzuordnen sind. Eine einheitliche Umsetzung der Richtlinie im Aktienrecht ist auch unter diesem Aspekt stringent.

2218 Siehe ausführlich zum genaueren Verständnis dieser Anlegergruppe mit weiteren Nachweisen oben ab S. 52.

2219 BT-Drucks. 19/9739, S. 1.

2220 BT-Drucks. 19/9739, S. 1 ff.

2221 Mit kritischer Note darauf verweisend: *Freitag*, AG 2014, S. 647, 655.

2222 *Zetzsche*, FS Baums, S. 1505, 1520.

2223 *Koch*, BKR 2020, S. 1, 2.

2224 *Neuscheler*, FAZ vom 30. August 2019, S. 17.

b) Technische Umsetzung der Richtlinienvorgaben in Deutschland: Die Umsetzungsregelungen im Einzelnen und ihre jeweilige Begründung

Im ARUG II ist die Umsetzung der Richtlinienvorgaben in Bezug auf die Transparenzpflichten institutioneller Anleger und Vermögensverwalter auf drei neu im Aktiengesetz einzufügende Normen aufgeteilt.[2225] § 134a AktG regelt den Anwendungsbereich und die Definitionen der Begriffe institutionelle Anleger, Vermögensverwalter und Stimmrechtberater (siehe unten unter aa)). In § 134b AktG finden sich die Normen zur Mitwirkungspolitik der institutionellen Anleger und Vermögensverwalter (siehe unten unter bb)), § 134c AktG beinhaltet die Umsetzung der Regelungen zur Anlagestrategie der institutionellen Anleger und Vereinbarungen zwischen Vermögensverwaltern und institutionellen Anlegern (siehe unten unter cc)).

Eine Regelung, die weder in der Aktionärsrechterichtlinie 2017 vorgesehen war und dementsprechend auch nicht mit dem ARUG II umgesetzt wurde, ist die Organzuständigkeit für die Offenlegungspflichten beim institutionellen Anleger – in der Literatur wird dafür auf die allgemeine Zuständigkeit des Vorstands verwiesen, die dann wiederum vom Aufsichtsrat kontrolliert wird.[2226]

aa) § 134a AktG (Begriffsbestimmungen; Anwendungsbereich)

Der neue § 134a AktG teilt sich in die Begriffsbestimmungen in Absatz 1 und den Anwendungsbereich in Absatz 2.[2227]

§ 134a Abs. 1 AktG dient der Umsetzung des Artikel 2 e) bis g) der Aktionärsrechterichtlinie 2017.[2228] Die Umsetzungsregelung hält sich in der Reihenfolge an die Definitionen der Richtlinie und beginnt mit institutionellen Anlegern, definiert sodann Vermögensverwalter und schließlich Stimmrechtsberater.[2229] Damit wird die Begriffsbestimmung im traditionellen Sinne „vor die Klammer gezogen"[2230].[2231]

2225 Überdies gibt es noch eine zusätzliche Regelung in § 134d AktG, die sich auf Stimmrechtsberater beziehen, die aber in dieser Arbeit nicht vertieft diskutiert werden sollen; vgl. z.B. den Überblick bei K. Schmidt/Lutter/*Illhardt,* AktG, § 134a, Rn. 1.

2226 Siehe dazu bereits mit weiteren Nachweisen oben S. 131; sowie bei *Bürkle*, VersR 2021, S. 1, 10.

2227 K. Schmidt/Lutter/*Illhardt,* AktG, § 134a, Rn. 2.

2228 *Hirte/Heidel, Müller,* Das neue Aktienrecht, § 134a AktG, Rn. 2; Grigoleit/*Splinter,* AktG, § 134a, Rn. 8; *Bürkle,* VersR 2021, S. 1, 2.

2229 Grigoleit/*Splinter,* AktG, § 134a, Rn. 8; K. Schmidt/Lutter/*Illhardt,* AktG, § 134a, Rn. 2.

2230 K. Schmidt/Lutter/*Illhardt,* AktG, § 134a, Rn. 15.

2231 BT-Drucks. 19/9739, S. 98; *Hirte/Heidel, Müller,* Das neue Aktienrecht, § 134a AktG, Rn. 1; in Grigoleit/*Splinter,* AktG, § 134a, Rn. 12 wird die Norm als „Definitions- und Verweisungsnorm" bezeichnet; K. Schmidt/Lutter/*Illhardt,* AktG, § 134a, Rn. 15.

Auch innerhalb der Definition für institutionelle Anleger in § 134a Abs. 1 Nr. 1 AktG orientiert sich der Umsetzungstext eng an den Formulierungen der Richtlinie.[2232] Ein Unterschied besteht lediglich darin, dass die Verweise der Richtlinie auf andere Richtlinien im Umsetzungsgesetz nun durch Verweise auf das nationale Recht, also das Versicherungsaufsichtsgesetz („**VAG**") ersetzt wurden.[2233] Die Normen dienen wiederum der Umsetzung der jeweils genannten Richtlinien,[2234] sodass der Inhalt sich letztlich nicht verändert. Umfasst sind Lebensversicherungen,[2235] Rückversicherungen[2236] und Einrichtungen der betrieblichen Altersversorgung, welche nach dem Versicherungsaufsichtsgesetz Pensionskassen (§§ 232 ff. VAG) und Pensionsfonds (§§ 236 ff. VAG) einschließen.[2237] Die Gesetzesbegründung zum ARUG II stellt klar, dass der Begriff des „Unternehmens" in Bezug auf institutionelle Anleger jeweils dem Begriffsverständnis des Versicherungsaufsichtsgesetzes

---

2232 *Koch*, BKR 2020, S. 1, 3; K. Schmidt/Lutter/*Illhardt,* AktG, § 134a, Rn. 15.

2233 Grigoleit/*Splinter*, AktG, § 134a, Rn. 13 ff.; K. Schmidt/Lutter/*Illhardt,* AktG, § 134a, Rn. 16.

2234 Brand/Baroch Castellvi/*Brand*, VAG, § 8, Rn. 1; K. Schmidt/Lutter/*Illhardt,* AktG, § 134a, Rn. 16 ff. Gegenüberstellung der Verweisnormen:

Versicherungstyp	**Verweis in der Richtlinie**	**Verweis im Umsetzungsgesetz**
Lebensversicherung	Artikel 2 Absatz 3 Buchstaben a, b und c der Richtlinie 2009/138/EG	§ 8 Absatz 1 in Verbindung mit Anlage 1 Nummer 19 bis 24 des Versicherungsaufsichtsgesetzes
Rückversicherung	Artikel 13 Nummer 7 der Richtlinie 2009/138/EG	§ 8 Absatz 1 und 4 des Versicherungsaufsichtsgesetzes
Einrichtung der betrieblichen Altersversorgung	Artikel 2 der Richtlinie (EU) 2016/2341	§§ 232 bis 244d des Versicherungsaufsichtsgesetzes

2235 Zu den umfassten Lebensversicherern im Detail siehe den Spezialaufsatz von Bürkle, VersR 2021, S. 1, 3.

2236 Zu den umfassten Rückversicherern im Detail siehe ebenfalls den Spezialaufsatz von Bürkle, VersR 2021, S. 1, 3.

2237 Grigoleit/*Splinter*, AktG, § 134a, Rn. 13 ff.; *Koch*, BKR 2020, S. 1, 3; K. Schmidt/Lutter/*Illhardt,* AktG, § 134a, Rn. 16.

entspricht.[2238] Diese Änderung des Verweises auf das nationale Recht ist selbstredend nachvollziehbar und konsequent.[2239] Eine eigenständige Definition ist auch im deutschen Recht erforderlich, weil institutionelle Anleger gerade keine typischen Akteure des Aktiengesetzes sind.[2240] Die Nachvollziehbarkeit und enge Orientierung an der Aktionärsrechterichtlinie 2017 ändert jedoch nichts an der bereits oben geäußerten Kritik, dass diese Verweistechnik dem Grunde nach zu einer unübersichtlichen Definition des Begriffs führt[2241], bringt aber in der Form der Umsetzung in diesem Fall zumindest keine zusätzliche Verkomplizierung mit sich.[2242]

Die Definition der Vermögensverwalter bedient sich einer eben solchen Technik.[2243] Während die Richtlinie auf andere Richtlinien verweist, verweist das Umsetzungsgesetz nun auf das nationale Kreditwesengesetz und das Kapitalanlagegesetzbuch; auch diese dienen jeweils der Umsetzung der in Bezug genommenen Richtlinien.[2244]

§ 134a Abs. 2 AktG setzt Artikel 1 Abs. 2 und 6 der Aktionärsrechterichtlinie 2017 um und legt den Anwendungsbereich des Umsetzungsgesetzes in Bezug auf die definierten Anlegergruppen fest.[2245]

Für institutionelle Anleger bedeutet dieser ebenfalls sehr unübersichtliche Verweis, der schlicht die Aktionärsrechterichtlinie 2017 in Bezug nimmt,[2246] dass die folgenden Normen also nur Anwendung finden, soweit Deutschland der *„Herkunftsmitgliedstaat im Sinne eines anwendbaren sektorspezifischen Rechtsakts der Union“* ist (§ 134a Abs. 2 Nr. 1 Alt. 1 AktG i.V.m. Art. 1 Abs. 2 a) Aktionärsrechterichtlinie 2017), worunter letztlich der Ort der Zulassung des institutionellen Anlegers verstanden wird,[2247] der sich wiederum nach den einschlägigen sektorspezifischen Regelungen

---

2238 BT-Drucks. 19/9739, S. 98.

2239 *Koch*, BKR 2020, S. 1, 3.

2240 *Tröger*, ZGR 2019, S. 126, 140.

2241 Vgl. dazu oben die Analyse mit weiteren Nachweisen ab S. 331, mit ähnlicher Kritik auch *Tröger*, ZGR 2019, S. 126, 140; *Koch*, BKR 2020, S. 1, 3.

2242 *Zetzsche*, AG 2020, S. 637, 643 – spricht insofern von dem Versuch der Vermeidung jeglichen „Goldplatings“ durch den Gesetzgeber.

2243 *Koch*, BKR 2020, S. 1, 3.

2244 *Hirte/Heidel*, *Müller*, Das neue Aktienrecht, § 134a AktG, Rn. 5 ff.; Grigoleit/*Splinter*, AktG, § 134a, Rn. 16 ff.

2245 *Hirte/Heidel*, *Müller*, Das neue Aktienrecht, § 134a AktG, Rn. 11 ff.; K. Schmidt/Lutter/*Illhardt,* AktG, § 134a, Rn. 26 ff.

2246 K. Schmidt/Lutter/*Illhardt,* AktG, § 134a, Rn. 26; *Bürkle*, VersR 2021, S. 1, 3 – als *„grenzwertig komplexe Definition“* beschreibend.

2247 BT-Drucks. 19/9739, S. 99; K. Schmidt/Lutter/*Illhardt,* AktG, § 134a, Rn. 27; *Bürkle*, VersR 2021, S. 1, 3 f. – mit einer weiteren Aufschlüsselung der verschiedenen Fallgruppen im Detail.

richtet.[2248]

Ferner finden die Normen nur Anwendung, soweit die institutionellen Anleger *„entweder direkt oder über einen Vermögensverwalter in Aktien investieren, die auf einem geregelten Markt gehandelt werden"* (§ 134a Abs. 2 Nr. 1 Alt. 2 AktG i.V.m. Art. 1 Abs. 6 a) Aktionärsrechterichtlinie 2017).[2249] „Geregelter Markt" ist wiederum im neuen Art. 2 a) Aktionärsrechterichtlinie 2017 definiert und verweist auf *„Artikel 4 Absatz 1 Nummer 21 der Richtlinie 2014/65/EU des Europäischen Parlaments und des Rates"*.[2250]

Dabei verweist die Gesetzesbegründung ARUG II darauf, dass dies unabhängig davon gelte, ob die Aktien in Drittstaaten gehandelt würden.[2251] Gleiches soll der Gesetzesbegründung ARUG II zufolge auch für den Sitz der Beteiligungsgesellschaften gelten.[2252] Laut einer abweichenden Literaturansicht soll hingegen jedenfalls der „geregelte Markt" entsprechend dem „organisierten Markt" nach § 2 Abs. 11 WpHG – also grundsätzlich als EU-Markt – zu verstehen sein und lediglich ein Verzicht auf den Sitz der Portfoliogesellschaft in der EU möglich sein.[2253] Dies ist jedoch nicht durch den Wortlaut des Gesetzes, der Aktionärsrechterichtlinie 2017 und der entsprechenden Verweise abgedeckt, der Regulierungszweck – einer Stärkung der europäischen Corporate Governance – könnte allerdings vielmehr eher für eine Beschränkung auf Beteiligungsunternehmen mit einem Sitz in der Europäischen Union sprechen.[2254]

2248 *Zetzsche*, AG 2020, S. 637, 641 – insbesondere dort auch Fn. 38, wobei *Zetzsche* darauf hinweist, dass dies bei grenzüberschreitenden Gestaltungen noch einmal gesondert zu betrachten ist.

2249 BT-Drucks. 19/9739, S. 99; *Hirte/Heidel, Müller*, Das neue Aktienrecht, § 134a AktG, Rn. 11 ff.; *Zetzsche*, AG 2020, S. 637, 640; K. Schmidt/Lutter/*Illhardt*, AktG, § 134a, Rn. 28.

2250 Dabei handelt es sich um die Richtlinie 2014/65/EU des Europäischen Parlaments und des Rates vom 15. Mai 2014 über Märkte für Finanzinstrumente sowie zur Änderung der Richtlinien 2002/92/EG und 2011/61/EU (**„MiFID II"**). Die entsprechende Definition lautet dort in Art. 4 Abs. 1 Nr. 21: *„„geregelter Markt" ein von einem Marktbetreiber betriebenes und/oder verwaltetes multilaterales System, das die Interessen einer Vielzahl Dritter am Kauf und Verkauf von Finanzinstrumenten innerhalb des Systems und nach seinen nichtdiskretionären Regeln in einer Weise zusammenführt oder das Zusammenführen fördert, die zu einem Vertrag in Bezug auf Finanzinstrumente führt, die gemäß den Regeln und/oder den Systemen des Marktes zum Handel zugelassen wurden, sowie eine Zulassung erhalten hat und ordnungsgemäß und gemäß Titel III dieser Richtlinie funktioniert;"*

2251 BT-Drucks. 19/9739, S. 99; K. Schmidt/Lutter/*Illhardt*, AktG, § 134a, Rn. 28.

2252 BT-Drucks. 19/9739, S. 99; K. Schmidt/Lutter/*Illhardt*, AktG, § 134a, Rn. 28.

2253 *Zetzsche*, AG 2020, S. 637, 640; K. Schmidt/Lutter/*Illhardt*, AktG, § 134a, Rn. 28.

2254 Zum Hintergrund der Regulierung siehe mit weiteren Nachweisen oben ab S. 112.

Für Vermögenverwalter gilt der Verweis auf Art. 1 Abs. 2 a) Aktionärsrechterichtlinie 2017 ebenso und zudem *„soweit diese im Namen von Anlegern in solche Aktien investieren“* (Art. 1 Abs. 6 b) Aktionärsrechterichtlinie 2017), wobei *„solche Aktien“* sich dabei auf die bezüglich der institutionellen Anleger genannten Aktien in Buchst. a) bezieht.[2255]

Wenn institutionelle Anleger zugleich den Anwendungsbereichen mehrerer Mitgliedsstaaten unterlägen, so genügt der Gesetzesbegründung ARUG II die Erfüllung der Pflichten in einem Mitgliedsstaat, da natürlich von einer gleichwertigen Umsetzung ausgegangen wird.[2256] Dies ist nachvollziehbar.

bb) § 134b AktG (Mitwirkungspolitik, Mitwirkungsbericht, Abstimmungsverhalten)

§ 134b AktG wird in der Literatur als Kern der deutschen Umsetzung des in der Richtlinie aufgegriffenen *stewardship*-Ansatzes bezeichnet, da es bei den Offenlegungspflichten vor allem um die Ausübung der typischen Mitgliedsrechte im Beteiligungsunternehmen geht.[2257] Ein Ziel ist, durch die zusätzliche Transparenz die Kontrollmöglichkeiten der Endanleger[2258] zu erhöhen und auf diese Weise differenziertere Anlageentscheidungen zu ermöglichen.[2259] Als übergeordnetes Ziel dieser Offenlegungspflicht ist dann allerdings wiederum die indirekte Verpflichtung der Anleger sich – soweit möglich – stärker im Beteiligungsunternehmen zu engagieren und im Sinne der Endanleger die Geschicke mitzubestimmen, zu sehen.[2260] Es soll als Mittel der Überwindung der rationalen Apathie der Anteilseigentümer wirken und gerade die Anleger aktivieren, die als ohnehin schon langfristig orientierte und mit dem nötigen Know-how ausgestatteten Anleger für diese Aufgabe besonders geeignet sind.[2261] Damit ist es auch insbesondere diese Norm, die durch zusätzliche Kontrollmöglichkeiten durch Endanleger[2262] Anreize

---

2255 *Hirte/Heidel, Müller,* Das neue Aktienrecht, § 134a AktG, Rn. 12; K. Schmidt/Lutter/*Illhardt,* AktG, § 134a, Rn. 20 f.

2256 BT-Drucks. 19/9739, S. 100; K. Schmidt/Lutter/*Illhardt,* AktG, § 134a, Rn. 29.

2257 Tröger, ZGR 2019, S. 126, 143; Grigoleit/*Splinter,* AktG, § 134b, Rn. 1; K. Schmidt/Lutter/*Illhardt,* AktG, § 134a, Rn. 2, § 134b, Rn. 1.

2258 Zum Verständnis des „Endanlegers/Endbegünstigten“ als Anleger bzw. Versicherungsnehmer vgl. z.B. *Koch,* BKR 2020, S. 1, 4; *Zetzsche,* AG 2020, S. 637, 643 f.; *Bürkle,* VersR 2021, S. 1, 4.

2259 *Hirte/Heidel, Müller,* Das neue Aktienrecht, § 134b AktG, Rn. 2; *Koch,* BKR 2020, S. 1, 4.

2260 BT-Drucks. 19/9739, S. 101; zum theoretischen Hintergrund insgesamt vgl. mit weiteren Nachweisen oben S. 22 ff.; Grigoleit/*Splinter,* AktG, § 134b, Rn. 1.

2261 Vgl. zu dieser Sonderstellung der institutionellen Anleger mit weiteren Nachweisen oben S. 50 ff.

2262 *Zetzsche,* AG 2020, S. 637, 643 f.

zur Ausübung stärkerer Verantwortung – Macht – der Aktionäre setzt[2263] und damit – indirekt – zu einer Verschiebung der Machtverhältnisse im Unternehmen beitragen kann.[2264] Die Offenlegungspflicht folgt dabei dem *Comply-Or-Explain-Ansatz.*[2265] Teils wird in der Literatur auf die enge Nähe zum UK Stewardship Code 2012 hingewiesen.[2266]

(1) § 134b Abs. 1 Nr. 1–5 AktG

§ 134b Abs. 1 AktG sieht die Veröffentlichung einer „Mitwirkungspolitik" der institutionellen Anleger vor und macht diesbezüglich inhaltliche Vorgaben mittels einer beispielhaften („insbesondere") Aufzählung von fünf Stichpunkten.[2267] Vermutlich, da im Richtlinienentwurf häufiger die missverständliche Terminologie der „Einbeziehungspolitik" verwendet wurde[2268], gibt es in der Gesetzesbegründung des ARUG II nun folgende zusätzliche Erläuterung:

> *„‚Mitwirkungspolitik' zielt nicht auf eine Mitwirkung oder Einbeziehung der hinter den institutionellen Anlegern oder Vermögensverwaltern stehenden Endbegünstigten bzw. Anleger ab, sondern auf das eigene Engagement der institutionellen Anleger oder Vermögensverwalter in ihrer Eigenschaft als Aktionäre. Eine Aktionärseigenschaft, die sie freilich im Interesse der Endbegünstigten wahrnehmen sollen."*[2269]

Hieraus wird ersichtlich, dass auch der deutsche Gesetzgeber die doppelte Agentenstellung im Blick hatte.[2270]

2263 Grigoleit/*Splinter*, AktG, § 134b, Rn. 1.

2264 Siehe dazu eingehender mit weiteren Nachweisen unten, ab S. 342 und *Faure*, S. 91.

2265 *Hirte/Heidel, Müller*, Das neue Aktienrecht, § 134b AktG, Rn. 2; *Koch*, BKR 2020, S. 1, 4; K. Schmidt/Lutter/*Illhardt*, AktG, § 134b, Rn. 2.

2266 K. Schmidt/Lutter/*Illhardt*, AktG, § 134b, Rn. 1.

2267 „1. die Ausübung von Aktionärsrechten, insbesondere im Rahmen ihrer Anlagestrategie, 2. die Überwachung wichtiger Angelegenheiten der Portfoliogesellschaften, 3. der Meinungsaustauch mit den Gesellschaftsorganen und den Interessenträgern der Gesellschaft, 4. die Zusammenarbeit mit anderen Aktionären sowie 5. der Umgang mit Interessenkonflikten." (§ 134b Abs. 1 S. 1 AktG); Grigoleit/*Splinter*, AktG, § 134b, Rn. 3; *Hirte/Heidel, Müller*, Das neue Aktienrecht, § 134b AktG, Rn. 3.

2268 Vgl. hierzu die vergleichende Analyse des Richtlinienentwurfs mit der finalen Richtlinienfassung ab S. 131; K. Schmidt/Lutter/*Illhardt*, AktG, § 134b, Rn. 1.

2269 BT-Drucks. 19/9739, S. 101 – im Folgenden wird noch häufiger auf die Begründung des Gesetzesentwurfs zurückgegriffen werden, da diese sehr umfangreiche Informationen enthält und anzunehmen ist, dass diese – sofern es keine inhaltlichen Abweichungen zum tatsächlichen Gesetz gibt – auch als Erwägungen für den letztlich beschlossenen Wortlaut galten.

2270 Siehe zur sog. „doppelten Agentenstellung" mit weiteren Nachweisen oben, S. 29 ff.; vgl. *Faure*, S. 94 f.

In der bisher hierzu erschienenen Kommentarliteratur wird aus Systematik gelesen, dass die Vorstellung des europäischen/deutschen Gesetzgebers ist, dass zunächst eine solche „Mitwirkungspolitik" abstrakt zu entwerfen sei und diese vorab bzw. *ex ante* nach § 134b Abs. 1 AktG zu veröffentlichen ist, während die tatsächliche Umsetzung der Mitwirkungspolitik dann *ex post* nach § 134b Abs. 2 AktG berichtet werden muss.[2271] Mitwirkung als Begriff soll dem Grunde nach weit zu verstehen sein und erfordert allgemein eine Erklärung zu der Art und Weise der Einbringung der institutionellen Anleger im Beteiligungsunternehmen, nicht aber zur Zweckrichtung der Mitwirkung.[2272]

Während der Referentenentwurf ARUG II noch einen zusätzlichen, in der Aktionärsrechterichtlinie 2017 nicht erwähnten Punkt, nämlich unter 1. die „Einflussnahme auf die Portfoliogesellschaften" vorgesehen hatte,[2273] ist diese inhaltliche Vorgabe in der finalen Fassung des ARUG II gestrichen. Dies ist zu begrüßen, da dieser Punkt ein übergeordneter ist und das Verlangen von eigenständigen Ausführungen dazu im Rahmen der Erklärung zur Mitwirkungspolitik eher verwirrend gewesen wäre.[2274]

Erster genannter Punkt ist nun die „Ausübung von Aktionärsrechten" gem. § 134b Abs. 1 Nr. 1 AkG, was die abstrakte Erstellung von Leitlinien erfasst, wie in welcher Situation bestimmte Aktionärsrechte – vermutlich insbesondere das Stimmrecht – ausgeübt werden sollen.[2275] Teils wird angenommen, dass zudem zu erläutern ist, wie die bestimmte Auswirkung der Aktionärsrechte eine Wertsteigerung des Anlageportfolios herbeiführt.[2276] Dies ergibt sich allerdings nicht ausdrücklich aus dem Wortlaut und kann allenfalls aus dem Sinn und Zweck so ausgelegt werden. Durch die Erwähnung der „Anlagestrategie" wird deutlich, dass der Gesetzgeber auch eine Aussage zum Verhältnis dieser Leitlinien zur gesamten Anlagestrategie des Investors erwartet[2277] – wie intensiv dies in der Praxis umgesetzt wird, bleibt abzuwarten.[2278] In der Literatur wird beispielsweise angeführt, dass dabei auf bestimmte Konstellationen in den Beteiligungsunternehmen eingegangen werden könnte, die dann eine bestimmte Ausübung der Rechte nach sich zögen.[2279] Dies setzt im Übrigen wieder voraus, dass auch eine solche

---

2271 Grigoleit/*Splinter*, AktG, § 134b, Rn. 8; *Bürkle*, VersR 2021, S. 1, 5.

2272 K. Schmidt/Lutter/*Illhardt*, AktG, § 134b, Rn. 3.

2273 *BMJV*, Referentenentwurf des Gesetzes zur Umsetzung der zweiten Aktionärsrechterichtlinie (ARUG II) vom 11.10.2018, S. 14.

2274 *Tröger*, ZGR 2019, S. 126, 143.

2275 Grigoleit/*Splinter*, AktG, § 134b, Rn. 6; K. Schmidt/Lutter/*Illhardt*, AktG, § 134b, Rn. 4.

2276 *Zetzsche*, AG 2020, S. 637, 643 f.

2277 Grigoleit/*Splinter*, AktG, § 134b, Rn. 6.

2278 *Koch*, BKR 2020, S. 1, 4.

2279 Grigoleit/*Splinter*, AktG, § 134b, Rn. 7.

„Anlagestrategie“ der institutionellen Anleger vorab festgelegt und zumindest in gewissem Maße öffentlich gemacht wird.[2280]

Im Rahmen von § 134b Abs. 1 S. 1 Nr. 2 AktG hat die Mitwirkungspolitik die Überwachung wichtiger Angelegenheiten der Portfoliogesellschaften zu enthalten. Spezielle Ausführung in der Richtlinie, nämlich die Formulierung „wichtige Angelegenheiten“ (§ 134b Abs. 1 S. 1 Nr. 2 AktG) im Gesetzestext näher zu konkretisieren,[2281] wurde im ARUG II hingegen nicht aufgegriffen.[2282] Allerdings findet sich eine entsprechende Erläuterung mit Verweis auf die Grundlage in der Richtlinie in der Gesetzesbegründung zum ARUG II.[2283] Diese Ausführung ist insofern bedeutend, als sie in besonderem Maße die gemeinwohlbezogene Dimension der Einflussnahme[2284] – im Sinne des *stewardship*-Gedankens – widerspiegelt und sich nicht unmittelbar aus dem Begriff „wichtige Angelegenheiten“ ablesen lässt.[2285] Somit ist bei der Auslegung der Begriffe auf die Gesetzesbegründung ARUG II zurückzugreifen: Danach sind unter „wichtigen Angelegenheiten“ gem. Art. 3g) Abs. 1 Buchstabe a) Aktionärsrechterichtlinie 2017 *„zumindest solche ‚in Bezug auf Strategie, finanzielle und nicht finanzielle Leistung und Risiko, Kapitalstruktur, soziale und ökologische Auswirkungen und Corporate-Governance‘“* zu verstehen.[2286] Gerade die sozialen und ökologischen sowie nicht finanziellen Auswirkungen greifen noch einmal deutlich die neuerdings häufig zu findende Grundtendenz der Gesetzgebung auf, die sog. ESG-Kriterien zu fördern und in der Gesetzgebung zu verankern.[2287] Auch was konkret mit dem Begriff „Überwachung“ vom Gesetzgeber erwartet wird, wird nicht weiter ausgeführt – typischerweise wird eine Analyse der öffentlich zugängigen Informationen zu erwarten sein.[2288] Aber, wie bereits oben ausgeführt, wäre auch eine Intensivierung des Informationsaustauschs durch individuelle Gespräche mit dem Vorstand etc. möglich.[2289]

2280 Grigoleit/*Splinter*, AktG, § 134b, Rn. 8.

2281 Mit Verweis auf Art. 3 g) Abs. 1 lit. a) Aktionärsrechterichtlinie 2017: Tröger, ZGR 2019, 126, 143.

2282 Grigoleit/*Splinter*, AktG, § 134b, Rn. 8.

2283 BT-Drucks. 19/9739, S. 101.

2284 Vgl. dazu oben mit weiteren Nachweisen S. 31 ff.; *Koch*, BKR 2020, S. 1, 4 – mit Verweis auf ESG-Kriterien.

2285 *Tröger*, ZGR 2019, S. 126, 143; *Koch*, BKR 2020, S. 1, 4.

2286 BT-Drucks. 19/9739, S. 101; K. Schmidt/Lutter/*Illhardt,* AktG, § 134b, Rn. 5 mit weiteren Ausführungen.

2287 Ebenfalls auf die gesamtgesellschaftliche Bedeutung verweisend: Grigoleit/*Splinter*, AktG, § 134b, Rn. 8; K. Schmidt/Lutter/*Illhardt,* AktG, § 134b, Rn. 5; *Bürkle*, VersR 2021, S. 1, 5 f. – darauf hinweisend, dass es hier zu Überschneidungen mit nachhaltigkeitsbezogenen Pflichten nach Art. 3 ff. Transparenz-VO kommen kann.

2288 Grigoleit/*Splinter*, AktG, § 134b, Rn. 9.

2289 Vgl. dazu die Analyse oben mit weiteren Nachweisen, S. 175 ff.

Jedenfalls wird die erforderliche zu veröffentlichende Mitwirkungspolitik so verstanden, dass nicht jede einzelne Überwachungsaufgabe aufzuführen ist, sondern eine allgemeine Strukturplanung der Überwachung darzustellen ist.[2290]

In der Literatur wird zudem noch darauf hingewiesen, dass den institutionellen Anlegern zur Ausführung dieser speziellen Mitwirkungsthemen keine weiteren Informationsmöglichkeiten oder andere Überwachungsmittel zur Verfügung gestellt werden, sondern diese auf die „normalen" öffentlich zugänglichen Informationen verwiesen bleiben und sich nicht auf eine Ausdehnung der Rechte im Investorendialog berufen können.[2291]

Dies unterscheidet sich dann wiederum von dem in § 134b Abs. 1 Nr. 3 AktG genannten Berichtspunktes „Meinungsaustausch mit den Gesellschaftsorganen und den Interessenträgern der Gesellschaft", Überschneidungen sind aber selbstverständlich auch denkbar und unschädlich.[2292] In der Begründung des ARUG II ist eine weitere Erläuterung des Terminus „Interessenträger", wie sie auch schon oben im Hinblick auf die Übersetzung der Richtlinie thematisiert wurde[2293]: Gemeint sei damit der Fachterminus „Stakeholder";[2294] zur Vermeidung von Unklarheiten wäre es wünschenswert gewesen, wenn der entsprechende Fachbegriff entsprechend im Gesetzestext verwendet worden wäre, ein übersetzungsbedürftiger fremdsprachlicher Begriff liegt in diesem Fall nämlich aufgrund der Etablierung als Fachterminus nicht vor.[2295] Zur weiteren Klarstellung zählt die Gesetzesbegründung des ARUG II einzelne Stakeholder beispielhaft auf:

> *„Der Begriff der Interessenträger der Gesellschaft in Nummer 3 entspricht dem in der Praxis allgemein üblichen Ausdruck der sogenannten ‚Stakeholder' und umfasst insbesondere die Aktionäre und Organe der Gesellschaft, die Beschäftigten, die Kunden sowie Lieferanten."*[2296]

Keine Erwähnung finden zum Beispiel Kreditgeber, aber in der Literatur werden auch diese zutreffend dem Sinn und Zweck der Norm nach den „Interessenträgern" zugeordnet.[2297] Bemerkenswert ist überdies der Hinweis in der Gesetzesbegründung ARUG II auf eine Konkurrenz zu KAVerOV, bei dem der Gesetzgeber

2290 *Zetzsche*, AG 2020, S. 637, 644.

2291 *Koch*, BKR 2020, S. 1, 4 f.; *Zetzsche*, AG 2020, S. 637, 644; K. Schmidt/Lutter/*Illhardt*, AktG, § 134b, Rn. 6; *Bürkle*, VersR 2021, S. 1, 6.

2292 Grigoleit/*Splinter*, AktG, § 134b, Rn. 11; K. Schmidt/Lutter/*Illhardt*, AktG, § 134b, Rn. 7.

2293 Vgl. dazu die Analyse oben mit weiteren Nachweisen, S. 140.

2294 BT-Drucks. 19/9739, S. 101; K. Schmidt/Lutter/*Illhardt*, AktG, § 134b, Rn. 8.

2295 Der Begriff ist nämlich auch im Duden zu finden – vgl. Duden, Online-Wörterbuch, Stichwort: *Stakeholder*.

2296 BT-Drucks. 19/9739, S. 101.

2297 *Koch*, BKR 2020, S. 1, 5; K. Schmidt/Lutter/*Illhardt*, AktG, § 134b, Rn. 9.

klarstellt, dass es schon eine entsprechende Regulierung von Kapitalverwaltungsgesellschaften gibt[2298], und damit direkt Überschneidungen mit bestehenden Regelungen anspricht. Offen bleibt jedoch an dieser Stelle, wie im Fall einer solchen Kollision zu verfahren ist – sodass am Ende auf die allgemeine Konkurrenzregelungen wie beispielsweise auf den Vorrang des höherrangigen Rechts[2299] oder des spezielleren Gesetzes zurückzugreifen sein wird.

Zudem wird in der Literatur noch darauf hingewiesen, dass sich aus der an institutionelle Anleger gerichtete Pflicht jedoch keine spiegelbildliche Pflicht der Vertreter des Beteiligungsunternehmens zur Förderung des Dialogs ergebe.[2300]

Gem. § 134b Abs. 1 Nr. 4 AktG ist zudem zur „Zusammenarbeit mit anderen Aktionären" Stellung zu beziehen: dies kann beispielsweise durch Umreißen bestimmter Rahmenbedingungen erfolgen, nach denen die Kontaktaufnahme mit anderen Anlegern erfolgen kann oder durch die Veröffentlichung von Mitgliedschaften in bestimmten Investorenverbänden.[2301] Die Intensität dieser vorgesehenen Aktivitäten kann dabei variabel sein und bis zum offiziell „abgestimmten Verhalten" i.S.d. WpHG oder WpÜG reichen.[2302] Insofern ist auch der bereits oben dargestellte Vorschlag einer teleologischen Reduktion des Tatbestandes der Zurechnung von Stimmrechten im Rahmen des Tatbestandes des *„acting-in-concert"* zu beachten.[2303] Parallel zum Vorschlag von *Noack/Zetzsche* im Hinblick auf Kommunikation im Aktionärsforum nach § 127a AktG lässt sich auch diesbezüglich mit guten Gründen eine solche Ausnahme in diesem Kontext vertreten.[2304]

2298 Vgl. dazu schon im Rahmen des Rechtsvergleichs ab S. 205 – der Hinweis im Wortlaut: *„Kapitalverwaltungsgesellschaften, die dem Anwendungsbereich der Kapitalanlage-Verhaltens- und -Organisationsverordnung (KAVerOV) unterfallen, sind allerdings ohnehin bereits gemäß § 3 KAVerOV in Verbindung mit Artikel 30 bis 37 der Verordnung (EU) Nr. 231/2013 der Kommission vom 19. Dezember 2012 zur Ergänzung der Richtlinie 2011/61/EU des Europäischen Parlaments und des Rates im Hinblick auf Ausnahmen, die Bedingungen für die Ausübung der Tätigkeit, Verwahrstellen, Hebelfinanzierung, Transparenz und Beaufsichtigung (Abl. L 83 vom 22.3.2013, S. 1) (AIFM-Level-2-Verordnung) zur Erfüllung verschiedener Informationspflichten verpflichtet.";* auch noch weiter ausführend: K. Schmidt/Lutter/*Illhardt*, AktG, § 134b, Rn. 9.

2299 *Rüthers/Fischer/Birk*, Rn. 274 f.

2300 K. Schmidt/Lutter/*Illhardt*, AktG, § 134b, Rn. 10.

2301 Grigoleit/*Splinter*, AktG, § 134b, Rn. 12.

2302 Siehe dazu ausführlich oben mit weiteren Nachweisen, S. 230 ff.; Grigoleit/*Splinter*, AktG, § 134b, Rn. 12.

2303 Siehe dazu bereits die Erläuterungen oben mit weiteren Nachweisen ab S. 237; Hinweis auch bei K. Schmidt/Lutter/*Illhardt*, AktG, § 134b, Rn. 11.

2304 Schwark/Zimmer/*Noack/Zetzsche*, § 30 WpÜG, Rn. 38; siehe zur weiteren Argumentation mit weiteren Nachweisen oben S. 237 ff.

Hinsichtlich des Punktes „Interessenkonflikte“ nach § 134b Abs. 1 Nr. 5 AktG im Rahmen der Mitwirkungspolitik ist im Übrigen interessant, dass auf den umfangreichen Verweis in Art. 3g) Abs. 3 Aktionärsrechterichtlinie 2017, der die geltenden Spezialregelungen zu Interessenkonflikten aufzählt,[2305] nicht mehr eingegangen wird. Dieser ist dann allerdings im Rahmen einer richtlinienkonformen Auslegungen zu berücksichtigen. Überdies handelt es sich bei dem Begriff „Interessenkonflikt“ um einen sehr weiten und auslegungsbedürftigen Rechtsbegriff.[2306] In der Literatur wird auf eine Auslegung des Begriffs anhand des Sinn und Zwecks der Regelung verwiesen, der die Interessen der Endanleger und die gemeinwohlorientierten Ansätze im Fokus hat.[2307] Weiterhin müsste der Begriff „Konflikt“ weit verstanden werden und neben aktuellen auch zukünftige/„potentielle“[2308] Konflikte erfassen.[2309]

Ob Anlagen in anderen Portfoliogesellschaften einen solchen Interessenkonflikt darstellen können, wird bereits jetzt in der Literatur nicht einhellig beurteilt.[2310] Wenn sich solche Konflikte aus Anlagen in anderen Portfoliogesellschaften oder auch allgemein weiteren Geschäftsbeziehungen ergäben, müssten die Anleger in ihrer Mitwirkungspolitik dann zumindest abstrakt bestimmte Lösungsansätze benennen.[2311] *Zetzsche* weist allerdings – ohne weitere Details zu nennen – darauf hin, dass dieses Thema im Gesetzgebungsverfahren diskutiert und letztlich abgelehnt worden sei.[2312] Letztlich wird auch diesbezüglich der Einzelfall zu betrachten sein und eine pauschale Lösung wenig weiterführen: wenn Beteiligungen an anderen Portfoliogesellschaften bei einem institutionellen Anleger abstrakt und regelmäßig ein Ausmaß haben, dass es potentiell zu Interessengegensätzen kommen könnten, wären auch diese zu berücksichtigen; das alleinige Halten von anderen Anteilen, was sicherlich regelmäßig und typischerweise bei institutionellen Anlegern der Fall ist,[2313] würde hingegen als zu niedrigschwellig zu bewerten sein, um hierfür separate Vorkehrungen in der Mitwirkungspolitik zu treffen.

2305 Vgl. dazu die Ausführungen mit weiteren Nachweisen oben S. 141 f.

2306 *Koch*, BKR 2020, S. 1, 5; K. Schmidt/Lutter/*Illhardt,* AktG, § 134b, Rn. 12.

2307 Grigoleit/*Splinter*, AktG, § 134b, Rn. 13.

2308 *Koch*, BKR 2020, S. 1, 5; K. Schmidt/Lutter/*Illhardt,* AktG, § 134b, Rn. 12.

2309 *Koch*, BKR 2020, S. 1, 5; K. Schmidt/Lutter/*Illhardt,* AktG, § 134b, Rn. 12.

2310 Dies als typischen Anwendungsfall nennend: Grigoleit/*Splinter*, AktG, § 134b, Rn. 13; a.A. *Zetzsche,* AG 2020, S. 637, 644.

2311 Grigoleit/*Splinter*, AktG, § 134b, Rn. 13.

2312 *Zetzsche,* AG 2020, S. 637, 645.

2313 Siehe dazu auch die grundsätzlichen Charakteristika institutioneller Anleger mit weiteren Nachweisen oben ab S. 62.

(2) § 134b Abs. 2 AktG

§ 134b Abs. 2 AktG reflektiert Art. 3 g) Abs. 1 lit. b) Aktionärsrechterichtlinie 2017 und enthält eine konkrete jährliche Verpflichtung der Aktionäre zum Bericht über die Umsetzung Mitwirkungspolitik.[2314] Die Gesetzesbegründung ARUG II stellt ausdrücklich klar, dass mit „jährlich" ein Zwölfmonatszeitraum gemeint ist.[2315] Parallel zur Entsprechenserklärung beim Corporate Governance Kodex gem. § 161 AktG soll es auf eine taggenaue Berechnung nicht ankommen, vielmehr soll der gleiche Monat des nächsten Jahres genügen.[2316]

Aus der Systematik – insbesondere aus der Position direkt nach der Aufzählung in Absatz 1 – ergibt sich, dass sich die *ex post* Berichterstattung inhaltlich zusätzlich auf ähnliche Themen wie in § 134b Abs. 1 AktG beziehen kann und § 134b Abs. 2 S. 2 AktG, der als Inhalte „Erläuterungen allgemeiner Art zum Abstimmungsverhalten, zu den wichtigsten Abstimmungen und zum Einsatz von Stimmrechtsberatern"[2317] aufzählt, eine Konkretisierung und keine Einschränkung bedeutet.[2318] Von besonderer Bedeutung sind also das allgemeine Abstimmungsverhalten im vergangenen Jahr und der Einsatz von Stimmrechtsberatern dabei, wobei im Rahmen einer wertenden Gesamtabwägung festzustellen ist, welche Abstimmung nun zu den „wichtigsten Abstimmungen" zu zählen ist.[2319]

(3) § 134b Abs. 3 AktG

Einer gesonderten Auslegung bedarf wiederum der § 134b Abs. 3 AktG, der zum einen eine Pflicht zur Veröffentlichung der Stimmabgabe etabliert, zugleich aber eine Ausnahmeregelung in Form einer Wesentlichkeitsgrenze bei „unbedeutenden" Abstimmungen vorsieht.[2320] Mit anderen Worten erwartet der Gesetzgeber, dass nicht nur allgemeine Leitlinien beschrieben werden, sondern im Grundsatz von jeder (konkreten) Stimmabgabe berichtet wird,[2321] sofern sie nicht als

2314 Grigoleit/*Splinter*, AktG, § 134b, Rn. 14; K. Schmidt/Lutter/*Illhardt*, AktG, § 134b, Rn. 13.

2315 BT-Drucks. 19/9739, S. 101; *Hirte/Heidel, Müller*, Das neue Aktienrecht, § 134b AktG, Rn. 7; K. Schmidt/Lutter/*Illhardt*, AktG, § 134b, Rn. 13; *Bürkle*, VersR 2021, S. 1, 6.

2316 K. Schmidt/Lutter/*Illhardt*, AktG, § 134b, Rn. 13.

2317 § 134b Abs. 2 S. 2 AktG; *Zetzsche*, AG 2020, S. 637, 645 weist nochmal ausdrücklich darauf hin, dass dies allerdings kein „insbesondere" enthält und somit keine beispielhafte sondern durchaus abschließende Aufzählung ist; *Bürkle*, VersR 2021, S. 1, 6.

2318 Grigoleit/*Splinter*, AktG, § 134b, Rn. 14; *Zetzsche*, AG 2020, S. 637, 645.

2319 Grigoleit/*Splinter*, AktG, § 134b, Rn. 14.

2320 *Hirte/Heidel, Müller*, Das neue Aktienrecht, § 134b AktG, Rn. 7.

2321 K. Schmidt/Lutter/*Illhardt*, AktG, § 134b, Rn. 14; *Bürkle*, VersR 2021, S. 1, 6.

„unbedeutend" einzuordnen ist, wobei in der Literatur vertreten wird, dass diese Ausnahme eng auszulegen sei und selten eingreifen werde.[2322] Beispielhaft nennt *Zetzsche* als möglichen Inhalt der Veröffentlichung eine Darstellung der vergangenen Abstimmungen „nach Emittenten, Tagesordnungs- bzw. Abstimmungspunkten und abgegebenen Stimmen"[2323].[2324]

Zweck der Ausnahme sind ausweislich der Gesetzesbegründung ARUG II und die Vermeidung unnötiger Bürokratiekosten.[2325] Während in der Literatur darauf hingewiesen wird, dass dies zu Abgrenzungsschwierigkeiten führen kann,[2326] gibt die Gesetzesbegründung ARUG II Auslegungshilfen und Beispiele.[2327] „Unbedeutend" können demnach sein

- „Stimmabgaben zu rein verfahrensrechtlichen Angelegenheiten"[2328] oder
- wenn der Umfang der Beteiligung im Verhältnis zu den übrigen Beteiligungen des Anlegers sehr gering ist.[2329]

Das erste Beispiel wurde in der Stellungnahme des DAV zum Referentenentwurf ausdrücklich kritisiert.[2330] So wird darauf hingewiesen, dass nicht per se jeder Verfahrensantrag als unbedeutend anzusehen sei.[2331] Schließlich könne z. B. ein Vertagungsantrag oder auch Anträge zur Abwahl des Versammlungsleiters durchaus bedeutend sein.[2332] Dem ist im Prinzip zuzustimmen. Allerdings nennt die Gesetzesbegründung ARUG II diese Aspekte lediglich als Anhaltspunkte, sodass andere, abweichende Interpretationen im Einzelfall denkbar sind.[2333] Letztlich überlässt die Gesetzesbegründung ARUG II die Frage der Bedeutung einer Angelegenheit und der Kriterien für die Einordnung noch einmal ausdrücklich den institutionellen Anlegern und Vermögensverwaltern – wichtig sei nur die konsequente

2322 Grigoleit/*Splinter*, AktG, § 134b, Rn. 16; *Bürkle*, VersR 2021, S. 1,6.

2323 *Zetzsche*, AG 2020, S. 637,645.

2324 *Zetzsche*, AG 2020, S. 637,645.

2325 BT-Drucks. 19/9739, S. 101; *Zetzsche*, AG 2020, S. 637,646.

2326 *Tröger*, ZGR 2019, 126, 144; *DAV*, Stellungnahme zum Referentenentwurf ARUG II, NZG 2012, 12, 20; auch *Hirte/Heidel, Müller*, Das neue Aktienrecht, § 134b AktG, Rn. 7 verweisen darauf, dass nicht genügend Beispiele/Anhaltspunkte für die Einordnung als „unbedeutend" vom Gesetzgeber zur Verfügung gestellt werden.

2327 BT-Drucks. 19/9739, S. 101.

2328 BT-Drucks. 19/9739, S. 101; K. Schmidt/Lutter/*Illhardt*, AktG, § 134b, Rn. 15.

2329 BT-Drucks. 19/9739, S. 101.

2330 *DAV*, Stellungnahme zum Referentenentwurf ARUG II, NZG 2019, S. 12,20.

2331 *DAV*, Stellungnahme zum Referentenentwurf ARUG II, NZG 2019, S. 12, 20; *Koch*, BKR 2020, S. 1,5.

2332 *DAV*, Stellungnahme zum Referentenentwurf ARUG II, NZG 2019, S. 12, 20; K. Schmidt/Lutter/*Illhardt*, AktG, § 134b, Rn. 15.

2333 Hüffer/Koch-*Koch*, AktG, § 134b, Rn. 3.

Anwendung der einmal gefundenen Kriterien.[2334] In der Literatur wird zwar darauf hingewiesen, dass dies die Überprüfbarkeit durch Gerichte deutlich einschränkt,[2335] aber da der Zweck dieser Einschränkung im Ganzen eine Vermeidung unverhältnismäßigen bürokratischen Aufwands ist,[2336] ist diese im Kern und trotz ihrer weiteren Auslegungsbedürftigkeit zu begrüßen.

(4) § 134b Abs. 4 AktG

§ 134b Abs. 4 AktG enthält die klassische *Comply-Or-Explain*-Regelung, wonach die Anleger die Vorgaben der Absätze 1 bis 3 zu erfüllen haben oder jeweils erklären müssen, warum sie die Vorgaben nicht erfüllen;[2337] dies ähnelt der Entsprechenserklärung zum Corporate Governance Kodex in § 161 Abs. 1 AktG.[2338] Die Gesetzesbegründung ARUG II stellt unter Bezugnahme auf die Aktionärsrechterichtlinie 2017 klar, dass diese Erklärung *„mit Gründen zu versehen und klar und verständlich zu formulieren"*[2339] ist. Die Gesetzesbegründung ARUG II sieht darüber hinaus vor, dass eine entsprechende Erklärung durchaus einen geringeren Detailgrad haben kann, um möglichen Schranken einer solchen Veröffentlichung[2340] Rechnung zu tragen – beispielhaft werden der Schutz von Betriebsgeheimnissen und Vertraulichkeitsvereinbarungen genannt.[2341]

Dieses Grundverständnis und die Berücksichtigung solcher Konfliktsituationen ist dem Grunde nach zu begrüßen, allerdings haben bisherige Erfahrungen mit dem *Comply-Or-Explain*-Prinzip gezeigt, dass das Risiko weniger in der Tatsache besteht, dass der Investor zu viel preisgibt, sondern dass die Erklärung oder die Abweichung an sich gerade nicht detailreich genug ist.[2342] So wird in der Literatur auch darauf verwiesen, dass mangels weiterer Anforderungen an die Begründungsqualität auch reine Kostengründe genannt werden könnten, obwohl dies kaum mit dem Zweck der Aktionärsrechterichtlinie 2017 zu vereinbaren sein

2334 BT-Drucks. 19/9739, S. 101; dies wird von *Hirte/Heidel, Müller*, Das neue Aktienrecht, § 134b AktG, Rn. 7 als „unbefriedigend" bezeichnet.

2335 K. Schmidt/Lutter/*Illhardt*, AktG, § 134b, Rn. 15.

2336 BT-Drucks. 19/9739, S. 101.

2337 K. Schmidt/Lutter/*Illhardt*, AktG, § 134b, Rn. 17; *Bürkle*, VersR 2021, S. 1, 7 – darauf hinweisend, dass dies auch nur für einzelne Aspekte gelten kann.

2338 Grigoleit/*Splinter*, AktG, § 134b, Rn. 18; Hüffer/Koch-*Koch*, AktG, § 134b, Rn. 4.

2339 BT-Drucks. 19/9739, S. 102.

2340 Siehe zu den denkbaren Grenzen im Detail mit weiteren Nachweisen oben S. 208 ff.

2341 BT-Drucks. 19/9739, S. 102; Grigoleit/*Splinter*, AktG, § 134b, Rn. 18; *Hirte/Heidel, Müller*, Das neue Aktienrecht, § 134b AktG, Rn. 8; K. Schmidt/Lutter/*Illhardt*, AktG, § 134b, Rn. 17; *Bürkle*, VersR 2021, S. 1, 7.

2342 Vgl. zur aktuellen Diskussion im Hinblick auf die Qualität der Erklärungen mit weiteren Nachweisen oben S. 307 f.

dürfte, aber eben im Gesetzeswortlaut nicht abgebildet ist.[2343] Hier wäre es wünschenswert gewesen, wenn der Gesetzgeber mit Blick auf die positiven Ergebnisse von neuen Lösungsansätzen in Großbritannien auch alternative Wege vorsähe – ähnlich zum neuen britischen Einordnungs- und Feedbackprozess bezüglich der Erklärungen unter dem UK Stewardship Code, um allzu standardmäßigen Antworten entgegenzuwirken.[2344]

Als typischen Fall der Abweichung nennt die Gesetzesbegründung ARUG II die Konstellation, dass der institutionelle Anleger indirekt agiert und die Ausübung der wesentlichen Rechte dem direkt handelnden Vermögensverwalter überlässt.[2345] Dann würde als Erklärung genügen, dass aufgrund der ausschließlichen Beauftragung des Vermögensverwalters keine Mitwirkung des Institutionellen selbst erfolgt.[2346] Ergänzend ist in § 134b Abs. 5 S. 2 AktG ein Verweis auf die Mitwirkungspolitik des Vermögensverwalters zulässig.[2347] Als ein weiterer Grund für eine mögliche Abweichung wird in der Literatur für Lebensversicherer z. B. genannt, dass dieser nur eine sehr geringe Beteiligungsquote habe und darum auch nur geringe „Einwirkungsmöglichkeiten" auf das Management des Beteiligungsunternehmens.[2348]

Einen bemerkenswerten und leicht nachvollziehbaren Kritikpunkt im Hinblick auf die Wirkungsweise dieses Prinzips in der Praxis – speziell im Hinblick auf Lebensversicherer – äußert *Bürkle:* so weist er darauf hin, dass der mögliche „Sanktionscharakter" durch die Entscheidung des Endbegünstigten jedenfalls bei Lebensversicherern nur vor Vertragsschluss wirken könne.[2349] Aufgrund der Nachteile für den Versicherten bei einem etwaigen Desinvestment im Rahmen von Lebensversicherungen (Höhe der Rückkaufswerte, Gesundheitsprüfung etc.), sei es unwahrscheinlich, dass dies tatsächlich häufig genutzt würde.[2350]

(5) § 134b Abs. 5 AktG

§ 134b Abs. 5 AktG dient der Umsetzung des Art. 3 g) Abs. 2 Aktionärsrechterichtlinie 2017. Dabei geht der Absatz insofern über den Richtlinientext hinaus, als dass die Norm nun einen Mindestveröffentlichungszeitraum von drei Jahren

2343 *Zetzsche*, AG 2020, S. 637, 646.

2344 Siehe zu diesem neuen Lösungsansatz im Detail oben mit weiteren Nachweisen S. 308 ff.

2345 BT-Drucks. 19/9739, S. 102; *Hirte/Heidel, Müller*, Das neue Aktienrecht, § 134b AktG, Rn. 8; K. Schmidt/Lutter/*Illhardt*, AktG, § 134b, Rn. 18.

2346 BT-Drucks. 19/9739, S. 102; *Hirte/Heidel, Müller*, Das neue Aktienrecht, § 134b AktG, Rn. 8.

2347 *Hirte/Heidel, Müller*, Das neue Aktienrecht, § 134b AktG, Rn. 8.

2348 *Bürkle*, VersR 2021, S. 1, 7.

2349 *Bürkle*, VersR 2021, S. 1, 5.

2350 *Bürkle*, VersR 2021, S. 1, 5.

vorschreibt (§ 134b Abs. 5 S.1 AktG).[2351] Diese „überschießende Regelung" wird damit begründet, dass eine solche konkrete Jahresangabe für die Investoren Rechtssicherheit schaffe und die Informationen nach Ablauf des Zeitraums vermutlich ohnehin keine Relevanz mehr hätten:[2352] Entscheidend sei das abgelaufene Geschäftsjahr, längere Zeiträume führten zu zusätzlichem Aufwand bei der Datenspeicherung und im Übrigen würde so ein Gleichlauf mit den Pflichten der Vermögensverwalter und Stimmrechtsberater sichergestellt.[2353] So wohlgemeint die Vermeidung bürokratischen Aufwands sein mag, ist der Einschränkung doch nur in Teilen zuzustimmen: Begrüßenswert ist die Angabe eines konkreten Zeitraums, der Rechtsklarheit schafft.[2354] Zweifelhaft ist jedoch die Beschränkung auf lediglich drei Jahre: Zu Recht weist *Tröger* darauf hin, dass sich einige Muster bei den offenzulegenden Informationen (z. B. Abstimmungsverhalten) erst über eine längere Zeitspanne zeigten und durch die Regelung eine Betrachtung über einen längeren Zeitraum verhindert wird.[2355] Angesichts der Tatsache, dass die Information ohnehin schon zusammengestellt wurde, bedeutet ein längeres Vorhalten der Daten keinen allzu großen zusätzlichen Aufwand, sodass sich auch ein Zeitraum von etwa zehn Jahren noch als verhältnismäßig erweisen würde, ein wesentlich höherer Kostenaufwand ist entgegen mancher in der Literatur geäußerten Meinung gerade nicht ersichtlich.[2356] Über eine Dekade hinweg ließen sich dann aber bereits bestimmte Verhaltensmuster deutlicher erkennen und herausfiltern.[2357]

Des Weiteren stellt die Gesetzesbegründung ARUG II klar, dass, ebenso wie bei Abs. 2, mit einer „jährlichen Aktualisierung" eine Aktualisierung innerhalb eines zwölfmonatigen Zeitraums gemeint ist.[2358] Auch diese frühzeitige Klarstellung ist vor dem Hintergrund der ähnlichen Diskussionen im Rahmen des Corporate Governance Kodex[2359] zu begrüßen.

Hinsichtlich des möglichen Ortes der Veröffentlichung folgt das ARUG II der Öffnung der Richtlinie für alternative Publikationsorte.[2360] Ein Verweis auf eine

---

2351 *Hirte/Heidel, Müller*, Das neue Aktienrecht, § 134b AktG, Rn. 9; *Bürkle*, VersR 2021, S. 1,7.

2352 BT-Drucks. 19/9739, S. 102.

2353 BT-Drucks. 19/9739, S. 102; *Hirte/Heidel, Müller*, Das neue Aktienrecht, § 134b AktG, Rn. 9.

2354 *Hirte/Heidel, Müller*, Das neue Aktienrecht, § 134b AktG, Rn. 9.

2355 *Tröger*, ZGR 2019, S. 126, 144.

2356 *Tröger*, ZGR 2019, S. 126, 144; a.A. K. Schmidt/Lutter/*Illhardt*, AktG, § 134b, Rn. 19.

2357 *Tröger*, ZGR 2019, S. 126, 144.

2358 BT-Drucks. 19/9739, S. 102; *Hirte/Heidel, Müller*, Das neue Aktienrecht, § 134b AktG, Rn. 9; Grigoleit/*Splinter*, AktG, § 134b, Rn. 19; K. Schmidt/Lutter/*Illhardt*, AktG, § 134b, Rn. 20.

2359 Vgl. dazu oben mit weiteren Nachweisen S. 338.

2360 BT-Drucks. 19/9739, S. 102; K. Schmidt/Lutter/*Illhardt*, AktG, § 134b, Rn. 21; *Bürkle*, VersR 2021, S. 1,7.

andere öffentlich zugängliche Publikation ist nach § 134b Abs. 5 S. 2 AktG zulässig – auch an dieser Stelle betont die Gesetzesbegründung ARUG II ausdrücklich, dass der Gesetzgeber sich bemüht, den bürokratischen Aufwand für die Adressaten so gering wie möglich zu halten, sofern dadurch immer noch das Transparenzziel der Richtlinie verwirklicht wird.[2361]

Ferner erfolgt in der Gesetzesbegründung ARUG II noch eine Erläuterung, warum die Regelung in Art. 3 g) Abs. 3 Aktionärsrechterichtlinie 2017 nicht umgesetzt wurde – denn diese Ausführungen zur Anwendbarkeit der europäischen Regelungen in Bezug auf Interessenkonflikte bedürften als klarstellende Regelungen keiner ausdrücklichen Umsetzung.[2362] Dieser Einschätzung ist zuzustimmen.

cc) § 134c AktG (Offenlegungspflichten von institutionellen Anlegern und Vermögensverwaltern)

(1) Hintergrund sowie Sinn und Zweck und § 134c Abs. 1 AktG

Während die vorangegangene Norm die aktive Mitwirkung im Beteiligungsunternehmen im Sinne des *stewardship*-Gedankens als Fokus hatte, ist die Wirkrichtung von § 134c AktG vor allem die Langfristigkeit der Investition.[2363] Mit der Regelung wird vor allem Art. 3 h) Abs. 1 Aktionärsrechterichtlinie 2017 umgesetzt.[2364] Anders als bei § 134b AktG handelt es sich bei § 134c Abs. 1 AktG um eine zwingende Pflicht zur Offenlegung der Information („*haben offenzulegen*").[2365]

Dabei setzt die Gesetzesbegründung ARUG II voraus, dass die adressierten institutionellen Anleger ohnehin einen langfristigen Anlagehorizont besitzen.[2366] Dieser langfristige Anlagehorizont soll mittels der Norm mit einer langfristigen Anlagestrategie in Einklang gebracht werden, indem die institutionellen Anleger zu einem entsprechenden Verhalten im Interesse der Anleger inzentiviert werden.[2367] Damit soll es zu einem Gleichlauf der – aufgrund des langen Anlagezeitraums – auch langfristigen Interessen der Endanleger mit den nun – aufgrund des ebenfalls langen Anlagezeitraums – langfristigen Interessen der institutionellen

---

2361 BT-Drucks. 19/9739, S. 102; *Hirte/Heidel, Müller,* Das neue Aktienrecht, § 134b AktG, Rn. 10; Grigoleit/*Splinter,* AktG, § 134b, Rn. 19.

2362 BT-Drucks. 19/9739, S. 102.

2363 *Tröger,* ZGR 2019, S. 126, 144 f.; Grigoleit/*Splinter,* AktG, § 134c, Rn. 1; *Hirte/Heidel, Müller,* Das neue Aktienrecht, § 134c AktG, Rn. 1; K. Schmidt/Lutter/*Illhardt,* AktG, § 134a, Rn. 2 und § 134c, Rn. 2; *Bürkle,* VersR 2021, S. 1, 7.

2364 Vgl. dazu auch die Erläuterungen in Bezug auf die Richtlinie oben mit weiteren Nachweisen, S. 149 f.; Grigoleit/*Splinter,* AktG, § 134c, Rn. 1; *Hirte/Heidel, Müller,* Das neue Aktienrecht, § 134c AktG, Rn. 1.

2365 Grigoleit/*Splinter,* AktG, § 134c, Rn. 4.

2366 BT-Drucks. 19/9739, S. 103.

2367 BT-Drucks. 19/9739, S. 103; Grigoleit/*Splinter,* AktG, § 134c, Rn. 1; K. Schmidt/Lutter/*Illhardt,* AktG, § 134c, Rn. 2.

Anleger kommen.[2368] Dies soll dann wiederum zur Zwecksetzung der Richtlinie beitragen, die Beteiligungsunternehmen, das Vertrauen der Endanleger und damit auch die Gesamtwirtschaft durch eine stabile und nachhaltige Mitwirkung der Aktionäre zu stärken.[2369] Als Verbindung zur Corporate Governance nennt *Tröger* – mit einigen Zweifeln belegt –, dass gerade die Langfristigkeit auch Charakteristikum einer guten Corporate Governance sein könnte, dies aber nicht zwingend so sein müsse.[2370]

In der Literatur wird zudem darauf hingewiesen, dass diese Regelung insbesondere auch im Kontext anderer spezialgesetzlichen Regelungen wie §§ 74–88 VAG und § 3 Abs. 2 KaVerOV sowie des Lageberichts nach § 289 Abs. 1 HGB zu verstehen ist und sich im Regelfall wenig bis keine zusätzlichen Informationen aus dieser Veröffentlichungspflicht ergeben.[2371]

Mit der oben genannten Zielsetzung der Förderung der Langfristigkeit der Anlage sind auch die im § 134c Abs. 1 AktG verwendeten zentralen Begriffe auszulegen: Unter „Anlagestrategie“ ist allgemein die Planung der institutionellen Anleger zur Verwendung des eingesammelten Kapitals der Endanleger in Vermögenswerte zu verstehen – dabei stellt die Gesetzesbegründung ARUG II klar, dass es sich bei der „Anlagestrategie“ sowohl um die Planung der Anlage in Aktien als auch die Planung der Anlage des gesamten Portfolios – also auch in Anleihen, Immobilien etc. – handeln kann.[2372] Die Wahl, welche Anlagestrategie konkret offengelegt wird, sei dem Verpflichteten überlassen, solange er deutlich mache, was er darstelle.[2373] Die „Hauptelemente“ dieser Anlagestrategie könnten dann beispielsweise die durchschnittliche Haltedauer, besondere Risikokriterien und auch eine gewisse – vielleicht sogar ein Hinweis auf die gesetzlich vorgeschriebene – Diversifizierung sein.[2374] In der Literatur werden als weitere mögliche „Hauptelemente“ auch „regionale und thematische Schwerpunkte“[2375] oder auch andere typische „Anlagekriterien“[2376] genannt.[2377]

2368 BT-Drucks. 19/9739, S. 103.

2369 Vgl. zu diesem übergeordneten Ziel oben mit weiteren Nachweisen, S. 318 ff.; *Hirte/Heidel, Müller*, Das neue Aktienrecht, § 134c AktG, Rn. 2.

2370 *Tröger*, ZGR 2019, S. 126, 144 f.

2371 Grigoleit/*Splinter*, AktG, § 134c, Rn. 2 und 4; ausführlich dazu auch *Bürkle*, VersR 2021, S. 1, 8 – deutlich auf die doppelte Regulierung desselben Sachverhalts in diesem Zusammenhang verweisend.

2372 BT-Drucks. 19/9739, S. 103; *Hirte/Heidel, Müller*, Das neue Aktienrecht, § 134c AktG, Rn. 2; K. Schmidt/Lutter/*Illhardt*, AktG, § 134c, Rn. 4.

2373 BT-Drucks. 19/9739, S. 103; K. Schmidt/Lutter/*Illhardt*, AktG, § 134c, Rn. 4 insofern von „Ermessen“ sprechend.

2374 Vgl. zu etwaigen Diversifizierungspflichten oben mit weiteren Nachweisen S. 30 f.

2375 *Zetzsche*, AG 2020, S. 637, 647.

2376 *Zetzsche*, AG 2020, S. 637, 647.

2377 *Zetzsche*, AG 2020, S. 637, 647.

Diese Anlagestrategie ist gem. § 134c Abs. 1 Alt. 1 AktG ins Verhältnis zum „Profil und der Laufzeit" der Verbindlichkeiten zu setzen. Somit ist im Prinzip zunächst eine Gegenüberstellung der Eigenschaften auf Aktiv- und Passivseite vorzunehmen.[2378] § 134c Abs. 1 AktG geht dann aber einen Schritt weiter und fordert keine wertungsneutrale Angleichung der Laufzeit, sondern fordert in § 134c Abs. 1 Alt. 2 AktG, dass der Anleger zudem offenzulegen hat, inwiefern der Anleger[2379] zur mittel- bis langfristigen Wertentwicklung seiner Vermögenswerte beiträgt.[2380] Dadurch wird noch einmal das übergeordnete Ziel der Langfristigkeit unterstrichen und deutlich, dass es bei der Vereinheitlichung der Laufzeiten von Verbindlichkeiten und Anlagen nicht ausschließlich um eine fristenkongruente Anlage und den Schutz der institutionellen Anleger und der Endanleger geht, sondern vor allem auch um eine langfristige Anlage, die zur Stabilität der Beteiligungsunternehmen beiträgt.[2381]

Hinsichtlich der Darstellung der Informationen wird in der Literatur darauf hingewiesen, dass diese *„einheitlich, übersichtlich und in einer knappen, allg. gehaltenen Darstellung"*[2382] erfolgen sollte und die drei in § 134c Abs. 1 AktG genannten Inhalte enthalten muss.[2383]

Die Gesetzesbegründung ARUG II stellt abschließend klar, dass für den Fall einer Beauftragung eines Vermögensverwalters die Offenlegung der ersten Alternative im Zweifel durch die entsprechende Darstellung nach § 134 Abs. 2 AktG abgedeckt werden kann, der zweite Teil aber in jedem Fall vom institutionellen Anleger selbst darzustellen ist.[2384]

(2) § 134c Abs. 2 AktG

Der zweite Absatz setzt dann die Zielsetzung des § 134c Abs. 1 AktG für den Fall fort, dass sich der institutionelle Anleger wiederum eines Vermögensverwalters bedient und darum selbst keinen direkten Einfluss auf die offenzulegenden

---

2378 *Tröger*, ZGR 2019, S. 126, 145.

2379 Der grammatikalische Bezugspunkt für „sie" in § 134c Abs. 1 Alt. 2 AktG wird erst im weiteren Verlauf des Satzes deutlich – da ansonsten auch die „Hauptelemente der Anlagestrategie" gemeint sein könnten. Weil aber am Satzende auch von „ihrer Vermögenswerte" die Rede ist und sich „ihre" in dem Fall nur auf die Anleger beziehen kann, wird dies auch für den vorangehenden Satzteil zutreffen. Letztlich kann diese Frage aber dahinstehen, da die Ergebnisse sich in der Regel decken dürften.

2380 Grigoleit/*Splinter*, AktG, § 134c, Rn. 1.

2381 Grigoleit/*Splinter*, AktG, § 134c, Rn. 1 ff.

2382 Grigoleit/*Splinter*, AktG, § 134c, Rn. 4.

2383 Grigoleit/*Splinter*, AktG, § 134c, Rn. 4.

2384 BT-Drucks. 19/9739, S. 103; *Hirte/Heidel, Müller*, Das neue Aktienrecht, § 134c AktG, Rn. 2; K. Schmidt/Lutter/*Illhardt*, AktG, § 134c, Rn. 4.

Kriterien hat.[2385] So soll eine Umgehung der Offenlegungspflicht bzw. eine sog. *black box*[2386] verhindert werden, wenn sich der institutionelle Anleger eines Vermögensverwalters bedient.[2387]

Als Voraussetzungen für die Anwendbarkeit von § 134c Abs. 2 AktG werden in der Literatur (1) eine (individualvertragliche) Vereinbarung mit einem Vermögensverwalter,[2388] (2) eine tatsächliche Investition[2389] und (3) ein Handeln des Vermögensverwalters im Namen des institutionellen Anlegers[2390] (wobei dies nicht zwangsweise als Vertretung zu verstehen ist, da auch ein Treuhandmodell oder ein organschaftliches Handeln in Frage kommt[2391]) identifiziert.[2392]

Wenn diese Voraussetzungen erfüllt sind, sind vom „institutionellen Anleger solche Angaben über die Vereinbarungen mit dem Vermögensverwalter offenzulegen, die erläutern, wie der Vermögensverwalter seine Anlagestrategie auf das Profil und die Laufzeit der Verbindlichkeiten des institutionellen Anlegers abstimmt." (§ 134c Abs. 2 S. 1 AktG). Um Regelungslücken zu vermeiden, hat der institutionelle Anleger in dem Fall die korrespondierende vertragliche Vereinbarung mit dem Vermögensverwalter in Form der in § 134c Abs. 2 AktG genannten Inhalte zu veröffentlichen.[2393] Diese Regelung entspricht derselben Vorkehrung in Art. 3h) Abs. 2 Aktionärsrechterichtlinie 2017.[2394] Implizit wird damit vorausgesetzt, dass es eine – laufend zu aktualisierende – Abstimmung zwischen institutionellen Anlegern und Vermögensverwaltern gibt, damit sich Letztere auf die jeweils aktuelle Anlagestrategie ihrer Kunden einstellen können.[2395]

Gem. § 134c Abs. 2 S. 1 Nr. 1.–5. AktG sollen danach insbesondere, aber nicht abschließend,[2396] Angaben zu den folgenden Themen enthalten sein: „1. zur Berücksichtigung der mittel- bis langfristigen Entwicklung der Gesellschaft bei der Anlageentscheidung, 2. zur Mitwirkung in der Gesellschaft, insbesondere durch Ausübung der Aktionärsrechte, einschließlich der Wertpapierleihe, 3. zu Methode, Leistungsbewertung und Vergütung des Vermögensverwalters, 4. zur

2385 Grigoleit/*Splinter*, AktG, § 134c, Rn. 1 ff.

2386 K. Schmidt/Lutter/*Illhardt,* AktG, § 134c, Rn. 6.

2387 K. Schmidt/Lutter/*Illhardt,* AktG, § 134c, Rn. 6.

2388 *Zetzsche*, AG 2020, S. 637, 648; K. Schmidt/Lutter/*Illhardt,* AktG, § 134c, Rn. 8.

2389 *Zetzsche*, AG 2020, S. 637, 648.

2390 *Zetzsche*, AG 2020, S. 637, 648.

2391 *Zetzsche*, AG 2020, S. 637, 648.

2392 *Zetzsche*, AG 2020, S. 637, 648.

2393 Grigoleit/*Splinter*, AktG, § 134c, Rn. 1 spricht insoweit auch um eine Erweiterung um eine *„zusätzliche Ebene"*.

2394 Vgl. dazu mit weiteren Nachweisen oben, S. 151 ff.; *Hirte/Heidel*, *Müller*, Das neue Aktienrecht, § 134c AktG, Rn. 3 ff.

2395 *Zetzsche*, AG 2020, S. 637, 649.

2396 Grigoleit/*Splinter*, AktG, § 134c, Rn. 6.

Überwachung des vereinbarten Portfolioumsatzes und der angestrebten Portfolioumsatzkosten durch den institutionellen Anleger, 5. zur Laufzeit der Vereinbarung mit dem Vermögensverwalter.".[2397]

Dabei ist mit Vermögensverwalter jede Verwaltungsform umfasst – sowohl diejenige im sog. Einzelkundenmandat als auch die Verwaltung eines OGAW, an dem der institutionelle Anleger beteiligt ist, wie es auch schon in der Aktionärsrechterichtlinie 2017 und nun auch noch einmal in der Gesetzesbegründung ARUG II klargestellt wurde.[2398] Teils weist die Gesetzesbegründung ARUG II darauf hin, dass zwar im Vergleich zur Aktionärsrechterichtlinie 2017 einige sprachliche Vereinfachungen vorgenommen wurden, die jedoch keine inhaltliche Veränderung bedeuten, und nennt dafür Beispiele.[2399] Ferner stellt die Gesetzesbegründung ARUG II klar, dass lediglich die Vereinbarung zwischen institutionellem Anleger und Vermögensverwalter offenzulegen ist, nicht jedoch die weiteren möglichen Vereinbarungen in der Investmentkette, sofern sich der Vermögensverwalter wiederum Vermögensverwaltern bedient.[2400] Diese Regelung scheint schlicht der Vereinfachung des Prozesses zu dienen und ist grundsätzlich zu begrüßen. Zudem würde eine weitergehende Offenlegungspflicht auch außerhalb der Einwirkungssphäre der institutionellen Anleger fallen und würde nicht in diesen Abschnitt passen.

Die Art der Offenlegungspflicht weicht in diesem Fall vom typischen *Comply-Or-Explain*-Mechanismus ab, da in § 134c Abs. 2 S. 3 AktG entsprechend der vergleichbaren Norm der Aktionärsrechterichtlinie 2017 gefordert wird, dass der institutionelle Anleger trotz grundsätzlicher Offenlegung auch erläutern muss, warum seine vertragliche Vereinbarung mit dem Vermögensverwalter bestimmte Bestandteile nicht enthält.[2401] Dies wird als deutlicher Druck in Bezug auf den Abschluss einer vollständigen Vereinbarung interpretiert[2402] und greift damit jedenfalls indirekt in die Vertragsfreiheit ein.[2403] Ein solcher Eingriff erscheint allerdings im Hinblick auf den Schutzzweck der Regelung verhältnismäßig und

---

2397 Grigoleit/*Splinter*, AktG, § 134c, Rn. 6; K. Schmidt/Lutter/*Illhardt*, AktG, § 134c, Rn. 9 ff.

2398 BT-Drucks. 19/9739, S. 103; *Hirte/Heidel, Müller*, Das neue Aktienrecht, § 134c AktG, Rn. 3; K. Schmidt/Lutter/*Illhardt*, AktG, § 134c, Rn. 7.

2399 BT-Drucks. 19/9739, S. 103; *Hirte/Heidel, Müller*, Das neue Aktienrecht, § 134c AktG, Rn. 4.

2400 BT-Drucks. 19/9739, S. 103; *Hirte/Heidel, Müller*, Das neue Aktienrecht, § 134c AktG, Rn. 4.

2401 *Hirte/Heidel, Müller*, Das neue Aktienrecht, § 134c AktG, Rn. 7; K. Schmidt/Lutter/*Illhardt*, AktG, § 134c, Rn. 15 ff.

2402 *Tröger*, ZGR 2019, S. 126, 145; K. Schmidt/Lutter/*Illhardt*, AktG, § 134c, Rn. 17.

2403 Vgl. dazu auch oben die Ausführungen zur entsprechenden Regelung in Art. 3h Abs. 2 Aktionärsrechterichtlinie 2017 mit weiteren Nachweisen – S. 146 ff.

begegnet der schon häufiger herausgestellten Schwäche des *Comply-Or-Explain*-Prinzips, generische und wenig aussagekräftige Offenlegungen zu begründen.[2404] Teilweise wird in der Literatur noch der weitergehende Wunsch geäußert, dass der Gesetzgeber diese Offenlegungspflicht noch in einem stärkeren „Detailgrad“[2405] und mit konkreteren Vorgaben hätte darstellen sollen.[2406] Diese Forderung wird allerdings auch selbst nicht weiter konkretisiert, sodass in der Praxis letztlich eine knappe, relativ unspezifische Erklärung zu erwarten sein wird. Eine Regelung für den Fall, dass es gar keine Vereinbarung gibt, sieht das Gesetz in § 134c Abs. 2 S. 3 AktG hingegen nicht vor.[2407] In der Literatur werden für diese Situation zwei Lösungsmöglichkeiten diskutiert, nämlich entweder:

- dass der institutionelle Anleger selbst die Informationen aus den Dokumenten, die ihm zur Verfügung stehen, zusammenstellen muss[2408] oder
- dass insofern schlicht § 134c Abs. 2 S. 3 AktG analog anzuwenden sei.[2409]

Der zweite Vorschlag überzeugt, obwohl sich gar überlegen ließe, ob überhaupt eine Analogiebildung notwendig ist – denn wenn es keine Vereinbarung gibt, wurde eben zu sämtlichen „einzelnen Angaben“ keine Regelung getroffen, sodass die Rechtsfolge dann einfach ist, dass der institutionelle Anleger erklärt, warum in Bezug auf die einzelnen Regelungen – also auch im Ganzen – keine Vereinbarung getroffen wurde.[2410]

Aktuelle Kommentierungen der Normen in der Literatur zeigen zudem, dass die verschiedenen offenzulegenden Punkte, durchaus der Auslegung zugänglich sind, was von der Literatur und Praxis ausgefüllt werden kann:[2411]

- So wird beispielsweise darauf verwiesen, dass „mittelfristig“ i.S.d. § 134c Abs. 2 Satz 2 Nr. 1 AktG wohl einen Zeitraum von 3 bis 5 Jahren umfassen könne, wohingegen alles längere als „langfristig“ einzuordnen sei und § 134c Abs. 2 Satz 2 Nr. 2 AktG inhaltlich der Regelung in § 134b Abs. 2 AktG entspreche.[2412] In § 134c Abs. 2 Satz 2 Nr. 1 AktG sollen sowohl finanzielle als auch nicht

2404 Siehe zu diesem Kritikpunkt z.B. noch im Folgenden mit weiteren Nachweisen ab S. 306.

2405 *Hirte/Heidel, Müller*, Das neue Aktienrecht, § 134c AktG, Rn. 7.

2406 *Hirte/Heidel, Müller*, Das neue Aktienrecht, § 134c AktG, Rn. 7.

2407 *Zetzsche*, AG 2020, S. 637, 650.

2408 *Zetzsche*, AG 2020, S. 637, 650.

2409 *Zetzsche*, AG 2020, S. 637, 650.

2410 So i.E. auch *Zetzsche*, AG 2020, S. 637, 650 allerdings mit dem Argument, dass bei der ersten Lösungsmöglichkeit bereits das „Handeln im Namen“ fehle.

2411 *Zetzsche*, AG 2020, S. 637, 649.

2412 *Zetzsche*, AG 2020, S. 637, 649.

finanziellen Leistungen erfasst sein und nicht finanzielle Leistungen sind wieder die typischen ESG-Faktoren.[2413]

- Hinsichtlich § 134c Abs. 2 S. 2 Nr. 3 AktG stellt die Gesetzesbegründung ARUG II klar, dass zwar Angaben zur Vergütung des Vermögensverwalters gefordert sind, dies aber nicht die exakte Vergütungshöhe sein müsse, um zu verhindern, dass gegen Vertraulichkeitsvereinbarungen verstoßen werde.[2414] Sinn der Regelung sei es vielmehr, spezifische Vergütungsanreize bzw. Leistungskriterien offenzulegen, die gegensätzlich zu einer langfristigen Anlage wirken könnten.[2415] Insofern wird bereits in der Gesetzesbegründung ARUG II der später in der Literatur geäußerten Kritik der mangelnden Forderung einer konkreten Vergütungshöhe begegnet.[2416]
- § 134c Abs. 2 S. 2 Nr. 4 AktG sieht Offenlegungspflichten hinsichtlich zwei Kennzahlen vor: dem „vereinbarten Portfolioumsatz" (§ 134c Abs. 2 S. 2 Nr. 4 Alt. 1 A ktG) und in Bezug auf die „angestrebten Portfolioumsatzkosten" (§ 134c Abs. 2 S. 2 Nr. 4 Alt. 2 AktG). Hinsichtlich der ersten Alternative geht der der Gesetzgeber davon aus, dass eine Vereinbarung hinsichtlich der „Ziel-Umschlagsrate" [2417] zwischen Vermögensverwalter und institutionellem Anleger besteht wobei in der Literatur klargestellt wird, dass dies keineswegs immer der Fall sei.[2418] In Bezug auf § 134c Abs. 2 S. 2 Nr. 4 Alt. 2 AktG führt die Gesetzesbegründung ARUG II aus, dass „Portfolioumsatzkosten" ein für das deutsche Investmentrecht neuer Terminus sei, bisher seien nur „Transaktionskosten" aus dem KAGB bekannt.[2419] Hinsichtlich der Bedeutung wird an dieser Stelle noch einmal die ungünstige Übersetzung der Aktionärsrechterichtlinie[2420] deutlich, auch der deutsche Gesetzgeber muss bei Weiterverwendung des Begriffs „Umsatz" erklären, dass es nicht etwa um das Volumen, sondern um die Umschlagshäufigkeit des Portfolios, mithin den zeitlichen Aspekt geht.[2421] Insofern ist es allerdings nachvollziehbar, dass er zum Beispiel an dieser Stelle bei der Terminologie der

---

2413 K. Schmidt/Lutter/*Illhardt,* AktG, § 134c, Rn. 10.

2414 BT-Drucks. 19/9739, S. 104.

2415 Vgl. dazu auch oben mit weiteren Nachweisen, S. 151 ff sowie die Ausführung in BT-Drucks. 19/9739, S. 104; *Zetzsche,* AG 2020, S. 637, 649, K. Schmidt/Lutter/*Illhardt,* AktG, § 134c, Rn. 12.

2416 *Hirte/Heidel, Müller,* Das neue Aktienrecht, § 134c AktG, Rn. 5.

2417 *Zetzsche,* AG 2020, S. 637, 650.

2418 *Zetzsche,* AG 2020, S. 637, 650.

2419 BT-Drucks. 19/9739, S. 104; *Hirte/Heidel, Müller,* Das neue Aktienrecht, § 134c AktG, Rn. 6; K. Schmidt/Lutter/*Illhardt,* AktG, § 134c, Rn. 13.

2420 Vgl. zu dieser Verständnisschwierigkeit oben mit weiteren Nachweisen, S. 154 f.

2421 BT-Drucks. 19/9739, S. 104; *Zetzsche,* AG 2020, S. 637, 652 an anderer Stelle auf den Sinn und Zweck und das Verständnis als PTR (= Portfolio Turnover Rate) verweisend; K. Schmidt/Lutter/*Illhardt,* AktG, § 134c, Rn. 13.

Richtlinie verbleibt, um keine weitere Verwirrung zu stiften.[2422] Der Bedeutung der Portfolioumsatzkosten als offenzulegender Aspekt widmet sich die Gesetzesbegründung ARUG II erst an späterer Stelle, jedoch gilt sie ebenso für die Regelung zu § 134c Abs. 2 AktG: So sei eine Aussage über die Portfolioumsatzkosten wichtig, um festzustellen, ob letztlich Endbegünstigte, institutionelle Anleger und Vermögensverwalter eine einheitliche Strategie verfolgen.[2423] Ein häufiges Kaufen und Verkaufen der Vermögenswerte im Portfolio führt nicht nur zu zwangsweise kurzfristigen Anlagestrategien, die gerade verhindert werden sollen, sondern kreiert auch höhere „Transaktionskosten"[2424], welche wiederum die langfristigen Interessen der Endbegünstigten negativ beeinträchtigen und darum grundsätzlich zu vermeiden sind.[2425] In der Literatur wird angenommen, dass sich eine Regelung zu Kostenüberwachung regelmäßig in den Vereinbarungen mit den Vermögensverwaltern findet, sodass die Offenlegung der 2. Alternative häufiger zu erwarten sei.[2426] Insgesamt sollen schlicht alle nachteiligen Folgen eines häufigen Kaufens und Verkaufens aufgeführt werden.[2427]

- In Bezug auf die Offenlegung der „Laufzeit der Vereinbarung mit dem Vermögensverwalter" gem. § 134c Abs. 2 Satz 2 Nr. 5 AktG solle diese nach Zeiträumen angegeben werden und es wird darauf verwiesen, dass nach dem Sinn und Zweck der Regelung auch eine Angabe dazu gemacht werden sollte, ob es Verlängerungsmöglichkeiten gäbe und wie diese inzentiviert würden.[2428]

(3) § 134c Abs. 3 AktG

§ 134c Abs. 3 AktG enthält parallel zu § 134b AktG wiederum eine Pflicht zur dreijährigen öffentlichen Bekanntmachung der Erklärung, wobei in diesem Fall auch darauf hingewiesen wird, dass auch der Bundesanzeiger taugliches Forum für die Offenlegung sein kann.[2429] Eine jährliche Aktualisierung sei nur bei wesentlichen Änderungen erforderlich.[2430] Auch hier genügt unter Umständen ein Verweis auf die öffentliche Bekanntmachung durch den Vermögensverwalter, wobei dies nicht zwangsweise auf der eigenen Website des Vermögensverwalters sein muss solange

---

2422 *Zetzsche*, AG 2020, S. 637, 639.

2423 BT-Drucks. 19/9739, S. 105; *Hirte/Heidel, Müller*, Das neue Aktienrecht, § 134c AktG, Rn. 6.

2424 Zur Verwendung dieses Begriffs siehe das soeben Ausgeführte.

2425 BT-Drucks. 19/9739, S. 105.

2426 *Zetzsche*, AG 2020, S. 637, 650.

2427 K. Schmidt/Lutter/*Illhardt*, AktG, § 134c, Rn. 13.

2428 *Zetzsche*, AG 2020, S. 637, 650.

2429 BT-Drucks. 19/9739, S. 104; K. Schmidt/Lutter/*Illhardt*, AktG, § 134c, Rn. 18 ff.

2430 BT-Drucks. 19/9739, S. 104; K. Schmidt/Lutter/*Illhardt*, AktG, § 134c, Rn. 18; zu Beispielen für die Wesentlichkeitsschwelle auch *Bürkle*, VersR 2021, S. 1, 9.

die Website öffentlich zugänglich ist und kein Entgelt dafür verlangt wird.[2431] Die bereits oben ausgeführte Kritik an der Zeitdauer der Veröffentlichung gilt hier ebenso, wie auch in der Literatur geäußert.[2432] Als alternative Zeitdauer würden auch in diesem Fall zehn Jahre in Betracht kommen, ohne den Aufwand der Speicherung der Daten unverhältnismäßig werden zu lassen.[2433]

(4) § 134c Abs. 4 AktG

Diese Norm richtet sich eigentlich an Vermögensverwalter, umfasst allerdings ebenfalls die Beziehung zu institutionellen Anlegern und ist darum nachvollziehbar innerhalb des § 134c AktG eingeordnet.

Zweck ist es, durch die Verpflichtung der Offenlegung der aufgezählten Informationen eine verbesserte Information der institutionellen Anleger sicherzustellen[2434] und auf diese Weise die Informationsasymmetrie dieses Teils der Investmentkette zu reduzieren, damit die Anleger auch ihre Pflichten nach § 134c Abs. 1 und 2 AktG erfüllen können.[2435] Die Inhalte sollten sich auch aus der jeweiligen vertraglichen Vereinbarung zwischen den Akteuren ergeben, allerdings stellt die Gesetzesbegründung ARUG II fest, dass dies insbesondere bei kleinen institutionellen Anlegern nicht immer der Fall sei, weswegen eine gesonderte gesetzliche Informationspflicht erforderlich wäre.[2436] In der Literatur wird in diesem Zusammenhang darauf hingewiesen, dass damit auch eine Schutzwirkung in Bezug auf kleinere institutionelle Anleger bestünde.[2437]

Eine solche Berichtspflicht besteht wiederum nur im Fall einer „Vereinbarung" mit dem Verwalter.[2438] In der Literatur wird zudem diskutiert, inwieweit der institutionelle Anleger auf die ihm zur Verfügung gestellten Informationen des Verwalters verlassen darf.[2439] Dies hängt maßgeblich von den einschlägigen

---

2431 *Hirte/Heidel, Müller*, Das neue Aktienrecht, § 134c AktG, Rn. 9; *Zetzsche*, AG 2020, S. 637, 650 – zudem darauf hinweisend, dass sich dies vor allem dann lohnt, wenn der Vermögensverwalter für mehrere institutionelle Anleger tätig wird, also z.B. bei Publikumsinvestmentvermögen nach § 1 Abs. 6 S. 2 KAGB (*Zetzsche*, AG 2020, S. 637, 651).

2432 *Tröger*, ZGR 2019, S. 126, 146.

2433 Siehe hierzu bereits oben mit weiteren Nachweisen ab S. 271.

2434 BT-Drucks. 19/9739, S. 105; *Hirte/Heidel, Müller*, Das neue Aktienrecht, § 134c AktG, Rn. 10.

2435 *Zetzsche*, AG 2020, S. 637, 651; siehe zur Investmentkette/Anlagekette und der Stellung institutioneller Anleger in dieser auch mit weiteren Nachweisen oben ab S. 77; *Bürkle*, VersR 2021, S. 1, 9 f.

2436 BT-Drucks. 19/9739, S. 105.

2437 K. Schmidt/Lutter/*Illhardt*, AktG, § 134c, Rn. 25.

2438 *Zetzsche*, AG 2020, S. 637, 651; K. Schmidt/Lutter/*Illhardt*, AktG, § 134c, Rn. 26.

2439 *Zetzsche*, AG 2020, S. 637, 651.

Spezialgesetzen für die jeweiligen Untergruppen der institutionellen Anleger ab und grundsätzlich am Interesse der Endanleger zu orientieren und bei Zweifeln die Überwachung zu verstärken ist.[2440]

Die Inhalte reflektieren dabei in weiten Teilen die offenzulegenden Vertragsbestandteile aus § 134c Abs. 3 AktG und setzen damit die Vorgaben des Art. 3i Abs. 1 Aktionärsrechterichtlinie 2017 um.[2441] Auch hier wird wieder deutlich, dass nicht einfach wertungsneutral eine Veröffentlichung von Informationen verlangt wird, sondern vom Gesetzgeber bereits bestimmte Wertungen als wünschenswert angesehen werden, da gerade eine „*mittel- bis langfristige Wertentwicklung der Vermögenswerte*" das Ziel zu sein scheint.[2442] Die Gesetzesbegründung ARUG II zeigt auf, wie der deutsche Gesetzgeber von den nach der Richtlinie eingeräumten Handlungsoptionen Gebrauch macht.[2443]

Auch hier hat der Gesetzgeber eine Liste (nach der Literatur handelt es sich um Mindestangaben[2444]) zusammengestellt, welche Angaben der Bericht an den institutionellen Anleger zu enthalten hat und die teils eine weitere Auslegung erfordern:

- Gem. § 134c Abs. 4 S. 3 Nr. 1 AktG sind zunächst die wesentlichen mittel- bis langfristigen Risiken darzustellen. „Risiken" wird in der Kommentarliteratur verstanden als solche, „*die aus der Thematik des Fonds [...] oder bisher weniger gewichteten Mittel- und Langfristrisiken aufgrund von ESG-Aspekten [] resultieren*"[2445], wobei der Detailgrad dieses Berichts vor allem von der Art der Verwaltung und ihrer Diversifizierung abhängig sein soll.[2446]
- Ferner sollen dem institutionellen Anleger gem. § 134c Abs. 4 S. 3 Nr. 2 AktG die „Zusammensetzung des Portfolios, die Portfolioumsätze und die Portfolioumsatzkosten" mitgeteilt werden. „*Portfolioumsätze*" sind dabei genauso wie in § 134c Abs. 2 Nr. 4 AktG beschrieben nach dem Sinn und Zweck der Regelung als Häufigkeit des Umschlags zu verstehen und entsprechend wiederum der Terminologie der Aktionärsrechterichtlinie 2017.[2447] An dieser Stelle macht

2440 *Zetzsche*, AG 2020, S. 637, 651, darauf hinweisend, dass sich die Pflichten aber auch im Fall staatlicher Aufsicht etwas reduzieren können.

2441 *Hirte/Heidel, Müller*, Das neue Aktienrecht, § 134c AktG, Rn. 11.

2442 Siehe dazu bereits die vergleichbare Wertungslage mit weiteren Nachweisen oben ab S. 265.

2443 BT-Drucks. 19/9739, S. 105.

2444 *Zetzsche*, AG 2020, S. 637,651.

2445 *Zetzsche*, AG 2020, S. 637,651.

2446 *Zetzsche*, AG 2020, S. 637, 651, wobei der Verweis auf Erwägungsgrund 22 S. 1 der Aktionärsrechterichtlinie 2017 nicht eindeutig ist; K. Schmidt/Lutter/*Illhardt*, AktG, § 134c, Rn. 27.

2447 Vgl. dazu bereits die Auslegung mit weiteren Nachweisen oben ab S. 278; *Zetzsche*, AG 2020, S. 637, 652 weist insofern allerdings auf die fehlende Legaldefinition und

wiederum die Gesetzesbegründung ARUG II einige Ausführungen zum Hintergrund der Kennzahlen und erläutert, dass ein hoher Portfolioumsatz ein Indikator für eine mangelnde Langfristigkeit, hohe Transaktionskosten und hohe Systemrisiken sein könne.[2448] Wenn hingegen ein niedriger Portfolioumsatz vorläge, könnte dies auf eine ungewollt passive Anlagestrategie zum Nachteil des Endbegünstigten hindeuten.[2449] „*Portfolioumsatzkosten*" sind wiederum eine direkte Terminologie der Aktionärsrechterichtlinie 2017 und als „*Transaktionskosten*" zu verstehen.[2450] In der Literatur wird darauf hingewiesen, dass das Finden der genauen Berechnungsmethode ähnlich wie bei den Transaktionskosten des KAGB Schwierigkeiten bereiten könnte und der Offenlegende jedenfalls eine vertretbare Methode – etwa parallel zum KAGB wählen müsste.[2451]

- Gem. § 134c Abs. 4 S. 3 Nr. 3 und 4 AktG sind „*die Berücksichtigung der mittel- bis langfristigen Entwicklung der Gesellschaft bei der Anlageentscheidung*" (Nr. 3) sowie „*der Einsatz von Stimmrechtsberatern*" (Nr. 4) mitzuteilen, wobei sich insofern keine wesentlichen Unterschiede zu den Offenlegungspflichten der institutionellen Anleger selbst im Rahmen der Mitwirkungspolitik ergeben sollten.[2452]
- § 134c Abs. 4 S. 3 Nr. 5 AktG schließlich fordert eine Mitteilung zum Umgang mit der Wertpapierleihe und Interessenkonflikten, wobei der Fokus auf der Ausübung der Aktionärsrechte in diesem Zusammenhang liegen soll. Unter „Wertpapierleihe" soll nach einer Literaturansicht die „*Aktienveräußerung unter Vereinbarung eines Rückkaufsrechts zu einem zukünftigen Termin*"[2453] verstanden werden.[2454] Lt. Richtlinienbegründung ist Hintergrund der Offenlegungspflicht, dass dieser Verkauf und das Gebrauchmachen vom Rückkaufsrecht insbesondere im Hinblick auf die Mitwirkung der Aktionäre zu Schwierigkeiten führen:[2455]

---

das daraus resultierende Auslegungsmöglichkeit nach dem Sinn und Zweck der Norm hin; K. Schmidt/Lutter/*Illhardt,* AktG, § 134c, Rn. 27.

2448 BT-Drucks. 19/9739, S. 105; *Zetzsche,* AG 2020, S. 637,652.

2449 *Zetzsche,* AG 2020, S. 637,652.

2450 Siehe dazu bereits die Auslegung oben mit in § 134c Abs. 2 Nr. 4 AktG mit weiteren Nachweisen ab S. 278; *Zetzsche,* AG 2020, S. 637, 652 verweist allerdings darauf, dass diese Auslegung nicht gänzlich eindeutig ist, da z.B. gerade nicht diese Terminologie gewählt wurde, obwohl sie sich in anderen Gesetzen, wie dem KAGB findet.

2451 *Zetzsche,* AG 2020, S. 637,652 f.

2452 *Zetzsche,* AG 2020, S. 637, 650; siehe dazu mit weiteren Nachweisen auch oben ab S. 278 und ab S. 271; K. Schmidt/Lutter/*Illhardt,* AktG, § 134c, Rn. 27.

2453 So jedenfalls *Zetzsche,* AG 2020, S. 637, 653; in anderen Quellen wird dies als Sachdarlehen angesehen – siehe dazu ausführlicher zur Grundlage im Rahmen der Aktionärsrechterichtlinie mit weiteren Nachweisen oben ab S. 136 sowie bei *Bachmann,* ZHR 2009, S. 596, 596 ff.

2454 *Zetzsche,* AG 2020, S. 637,653.

2455 RL 2017/828/EU v. 17.05.2017, L 132/1, S. 5 Rz. 21.

Um insbesondere in Hauptversammlungen mitwirken zu können, müsste der Vermögensverwalter sein Rückkaufsrecht ausüben.[2456] Bei Ausübung des Rückkaufsrechts könnte der Vermögensverwalter aber sein Anspruch auf die Gebühr verlieren, was natürlich einen Anreiz schaffen würde auf die Mitwirkung, wie etwa die Abstimmung schlicht zu verzichten.[2457] Aufgrund des daraus folgenden Risikos, dass aufgrund der ungewollten Passivität Nachteile für den institutionellen Anleger und letztlich auch für den Endanleger entstehen können, soll der Vermögensverwalter zumindest seine diesbezügliche Praxis offenlegen.[2458] *Zetzsche* weist im Hinblick auf die Wertpapierleihe zudem darauf hin, dass einige Aspekte für einige Untergruppen institutioneller Anleger bereits nach sektorspezifischen Recht offenzulegen ist und insofern zumindest teilweise darauf verwiesen werden kann.[2459] Ebenso verweist *Zetzsche* im Hinblick auf die Mitteilung zu Interessenkonflikten, die sich auf die Mitwirkung des Vermögensverwalters auswirken können, auf bereits bestehenden Verpflichtungen unter sektorspezifischen Regelungen, auf die auch in diesem Zusammenhang teilweise rekurriert werden kann.[2460] Dabei soll es sich bei der Berichterstattung nach § 134c Abs. 4 S. 3 Nr. 5 AktG um eine *ex-post*-Betrachtung handeln.[2461]

dd) Regelungen der Rechtsfolgen eines Verstoßes

Eine in vielen Quellen bisher nachrangig behandelte Thematik, die jedoch wesentliche Auswirkungen auf die Praxis haben wird, betrifft die Regelungen der Rechtsfolgen eines Verstoßes gegen einige der oben aufgeführte Pflichten.[2462] Dies lässt sich unter anderem darauf zurückführen, dass Art. 14b) der Aktionärsrechterichtlinie 2017 jegliche Festsetzungen zu Maßnahmen und Sanktionen schlicht den Mitgliedsstaaten überlässt, was aber insbesondere die Umsetzung in den jeweiligen Mitgliedsstaaten von besonderer Bedeutung werden lässt.[2463] Auch die Richtlinienbegründung macht darüber hinaus nur minimale Vorgaben, in dem sie klarstellt, dass die Sanktionen „*wirksam, abschreckend und verhältnismäßig*"[2464] sein sollten,

2456 RL 2017/828/EU v. 17.05.2017, L 132/1, S. 5 Rz. 21.

2457 *Zetzsche*, AG 2020, S. 637, 653.

2458 *Zetzsche*, AG 2020, S. 637, 653.

2459 *Zetzsche*, AG 2020, S. 637, 654.

2460 *Zetzsche*, AG 2020, S. 637, 654.

2461 *Zetzsche*, AG 2020, S. 637, 654.

2462 *Koch*, BKR 2020, S. 1, 8; auf die eingeschränkte Wirkung hinweisend: K. Schmidt/Lutter/*Illhardt*, AktG, § 134b, Rn. 23.

2463 Siehe dazu bereits die Ausführungen zu Art. 14b) der Aktionärsrechterichtlinie 2017 mit weiteren Nachweisen oben ab S. 157 einschließlich früher Erwägungen zu möglichen Umsetzungsmöglichkeiten.

2464 RL 2017/828/EU v. 17.05.2017, L 132/1, 132/9 Rz. 50.

damit sichergestellt sei, dass die Regelungen tatsächlich angewendet würden.[2465] Gerade die Frage, ob die Umsetzung im ARUG II wirklich *„wirksam, abschreckend und verhältnismäßig"*[2466] ist, ist fraglich.

(1) Ausdrückliche Sanktionen nach ARUG II

Für Verstöße gegen die Publikationspflichten nach § 134b Abs. 5 AktG und § 134c Abs. 3 AktG sieht das ARUG II im neu gefassten § 405 Absatz 2a Nr. 8 und 9 AktG Ordnungswidrigkeitstatbestände vor, die aber nicht weiter begründet werden.[2467] Hinsichtlich der Höhe der Geldbuße bestimmt § 405 Abs. 4 AktG a.E. eine Geldbuße von bis EUR 25.000,00.[2468] Als zuständige Verwaltungsbehörde sieht § 405 Abs. 5 Nr. 2 AktG mangels einschlägiger Sonderreglung in § 405 Abs. 5 Nr. 1 AktG, das Bundesamt für Justiz vor.[2469] Ob dies gerade angesichts der üblichen Anlagevolumina in Millionenhöhe als *„abschreckend"* im Sinne der Aktionärsrechterichtlinie 2017 bezeichnet werden kann, ist fraglich.[2470] Darum ist insbesondere bedauerlich, dass die Gesetzesbegründung ARUG II keine weiteren Ausführungen zu dieser Thematik macht, die die Intention des Gesetzgebers im Hinblick auf den gesetzten Bußgeldrahmen offenlegt.

In der Literatur umstritten ist die Frage, wie mit fehlerhaften Informationen umzugehen ist, da jedenfalls der Wortlaut von § 405 Absatz 2a Nr. 8 und 9 AktG lediglich das Unterlassen des Zugänglichmachens der Informationen sanktioniert.[2471] Während in Teilen der Literatur darauf hingewiesen wird, dass Konsequenz aus dem Wortlaut sei, dass es keine Sanktion dafür gebe,[2472] verweist *Zetzsche* zu Recht darauf, dass auch die fehlerhafte Offenlegung eine Nichtabgabe beinhalten kann.[2473] Letztlich muss also im Einzelfall festgestellt werden, ob die fehlerhafte Abgabe einer Nichtabgabe gleichsteht.

2465 RL 2017/828/EU v. 17.05.2017, L 132/1, 132/9 Rz. 50.

2466 RL 2017/828/EU v. 17.05.2017, L 132/1, 132/9 Rz. 50.

2467 BT-Drucks. 19/9739, S. 116.

2468 *Zetzsche,* AG 2020, S. 637, 655; K. Schmidt/Lutter/*Illhardt,* AktG, § 134a, Rn. 11 ff. und § 134b, Rn. 23 und § 134c, Rn. 30 f.

2469 *Zetzsche,* AG 2020, S. 637, 655.

2470 K. Schmidt/Lutter/*Illhardt,* AktG, § 134a, Rn. 11 ff. mit Verweis darauf, dass unter Umständen darum eine Regelung im Finanzmarktaufsichtsrecht wünschenswert gewesen wäre.

2471 *Zetzsche,* AG 2020, S. 637, 656.

2472 *Koch,* BKR 2020, S. 1, 3; sehr kritisch: *Groentgen,* S. 178: *„unzureichende oder falsche Erklärungen werden (...) ohnehin nicht sanktioniert"*; K. Schmidt/Lutter/*Illhardt,* AktG, § 134a, Rn. 11 ff. und § 134b, Rn. 23 und § 134c, Rn. 30 f.

2473 *Zetzsche,* AG 2020, S. 637, 656.

(2) *Rechtsfolgen auf Ebene des institutionellen Anlegers und eine mögliche zivilrechtliche Haftung*

Zudem wird in der Literatur darauf hingewiesen, dass, sofern es sich beim institutionellen Anleger selbst um eine Aktiengesellschaft handelt, eine Anfechtbarkeit des jeweiligen Entlastungsbeschlusses wegen eines schwerwiegenden Gesetzes- oder Satzungsverstoßes in Betracht kommt.[2474]

Eine solche Rechtsfolge wurde nämlich teilweise in der Rechtsprechung für die Nichtabgabe einer Entsprechenserklärung zum Corporate Governance Kodex nach § 161 AktG vorgesehen, wobei dies in der Literatur kontrovers diskutiert wird.[2475] Jedenfalls soll auch bei § 161 AktG eine solche Rechtsfolge der Nichtigkeit bzw. Anfechtbarkeit eines entsprechenden Hauptversammlungsbeschlusses nur ausnahmsweise und nur bei nicht lediglich unwesentlichen Verstößen in Betracht kommen.[2476]

Dies ist nach der Rechtsprechung bei Informationspflichtverletzungen – wie sie vermutlich auch bei Verstößen gegen § 134b AktG vorläge – dann der Fall, wenn „die unterbliebene Information für einen objektiv urteilenden Aktionär für die sachgerechte Wahrnehmung seiner Teilnahme- und Mitgliedschaftsrecht [...] relevant"[2477] ist.[2478] Diese Relevanz ist unter anderem dann gegeben, wenn der „Verstoß über einen Formalverstoß hinausgeh[t] und auch im Einzelfall Gewicht [hat]"[2479] und könnte beispielsweise dann fehlen, wenn ein entsprechender Sachverhalt dem Aktionär schon aus anderen „allgemeinen Quellen bekannt ist".[2480]

Insgesamt wird diese Art eines schwerwiegenden Verstoßes jedenfalls bei den Pflichten nach § 134b Abs. 3, 5 AktG nur selten in Betracht kommen, da der Veröffentlichung grundsätzlich lediglich ein „formale[r] Charakter"[2481] beigemessen wird.[2482] Dies ist allerdings immer wieder im Einzelfall nach den konkret vorliegenden Umständen neu zu bewerten.

Zudem wird die Frage nach einer möglichen zivilrechtlichen Haftung in der Literatur aufgeworfen, was von der Gesetzesbegründung nur im Hinblick auf die Haftung der Stimmrechtsberater diskutiert wird.[2483] In der Literatur werden als

---

2474 Grigoleit/*Splinter*, AktG, § 134b, Rn. 20.

2475 MüKo-AktG, Bd. 3, *Goette*, § 161, Rn. 88 ff. m.w.N.

2476 BGH, Urteil vom 21. September 2009, Az. II ZR 174/08, Rz. 16 ff. – BGHZ 182, 272–284; MüKo-AktG, Bd. 3, *Goette*, § 161, Rn. 91 f. m.w.N.

2477 BGH, Urteil vom 21. September 2009, Az. II ZR 174/08, Rz. 18.

2478 BGH, Urteil vom 21. September 2009, Az. II ZR 174/08, Rz. 18.

2479 BGH, Urteil vom 21. September 2009, Az. II ZR 174/08, Rz. 18.

2480 BGH, Urteil vom 21. September 2009, Az. II ZR 174/08, Rz. 18.

2481 Grigoleit/*Splinter*, AktG, § 134b, Rn. 20.

2482 Grigoleit/*Splinter*, AktG, § 134b, Rn. 20.

2483 BT-Drucks. 19/9739, S. 106 f. (dort der Rechtsprechung und Wissenschaft überlassend); K. Schmidt/Lutter/*Illhardt*, AktG, § 134b, Rn. 24.

mögliche Haftungsgrundlagen zu Verstößen gegen die entsprechenden Umsetzungsnormen §§ 675, 280 Abs. 1 BGB bei Vorliegen einer vertraglichen Beziehung zwischen institutionellem Anleger und Endbegünstigten sowie eine Haftung aus § 823 Abs. 2 BGB i.V.m. § 134b AktG als Schutzgesetz angesprochen, aber aufgrund schwerer Nachweisbarkeit einzelner Tatbestandsmerkmale, wie z. B. dem kausalen Schaden, als unwahrscheinlich erachtet.[2484]

(3) Überwachung durch weitere öffentliche Stellen

In geringem Umfang werden in der Literatur auch noch weitere öffentliche Überwachungspflichten der Berichtspflichten im Rahmen der Abschlussprüfung sowie der Rechtsaufsicht der BaFin diskutiert.[2485]

Da allerdings die neuen Berichtspflichten nach §§ 134b und 134c AktG bisher kein formaler Teil des Jahresabschlusses sind – anders als z. B. die Entsprechenserklärung zum Corporate Governance Kodex nach § 161 AktG –, erstreckt sich die Prüfungspflicht des Abschlussprüfers im Kern nicht auf diese Themen und greift allenfalls bei gravierenden Verstößen.[2486]

Als zweiter Aspekt wird in der Literatur die Überwachung im Rahmen der Rechtsaufsicht durch die BaFin diskutiert.[2487] Über verschiedene spezialgesetzliche Regelungen, die die Untergruppen institutioneller Anleger betreffen, wird eine grundsätzliche Aufsichtspflicht nicht zu bestreiten sein.[2488] Allerdings wird diesbezüglich zu Recht die praktische Wirksamkeit dieser Aufsicht in Frage gestellt.[2489] Denn auch die BaFin müsste zumindest aus praktischen Gesichtspunkten zunächst einmal Anhaltspunkte erhalten, dass eine vertiefte Prüfungstätigkeit notwendig ist – woher diese kommen sollen, da ja auch die Abschlussprüfer das Thema nicht behandeln, bleibt offen.[2490] Als eine Art „Behelfslösung“ böte sich zumindest das stichprobenartige Abfragen von weiteren Auskünften bzw. dem Vertiefen von

---

2484 K. Schmidt/Lutter/*Illhardt,* AktG, § 134b, Rn. 24; siehe auch zu den Überlegungen Freitags in Bezug auf mögliche Umsetzugsszenarien der Aktionärsrechterichtlinie 2017 bereits oben die Ausführungen zum sog. *„Private Enforcement“* mit weiteren Nachweisen ab S. 157.

2485 *Baums,* ZHR 183 (2019), S. 605, 610; *Bürkle,* VersR 2021, S. 1, 10 f.; *Zetzsche,* AG 2020, S. 637, 655 f.

2486 *Baums,* ZHR 183 (2019), S. 605, 610 f.; *Bürkle,* VersR 2021, S. 1, 10.

2487 *Baums,* ZHR 183 (2019), S. 605, 611; *Zetzsche,* AG 2020, S. 637, 655 f.

2488 Dies betrifft sowohl die an Versicherungsunternehmen, Pensionskassen und Pensionsfonds gerichtete Regelungen gem § 294 VAG als auch die gem. §§ 26 ff. KAGB normierte Überwachungspflicht der BaFin gegen über Kapitalverwaltungsgesellschaften (vgl. dazu ausführlich die Analyse bei *Baums,* ZHR 183 (2019), S. 605, 611 und einige Hinweise bei *Zetzsche,* AG 2020, S. 637, 656).

2489 *Baums,* ZHR 183 (2019), S. 605, 611.

2490 *Baums,* ZHR 183 (2019), S. 605, 611.

öffentlich bekannt gewordenen Themen, sofern diese in irgendeiner Form die entsprechenden Berichtspflichten betreffen mögen an – dies kann allerdings eine dauerhafte Berichtspflicht nicht ersetzen.[2491]

Zudem wird darauf hingewiesen, dass auch im Rahmen der Tätigkeit des aktuell für das Bußgeldverfahren zuständigen Bundesamt für Justiz (§ 405 Abs. 5 Nr. 2 AktG) die BaFin zumindest über die Rechtsaufsicht bei den verpflichteten Unternehmen aktiv werden müsste, aber eben dennoch nicht das entsprechende Bußgeldverfahren betreuen dürfte.[2492]

Letztlich scheint es mithin als möglicher weiterer Lösungsansatz für den Gesetzgeber, die neuen Berichtspflichten zumindest ebenfalls zum Bestandteil des Lageberichtes innerhalb des Jahresabschlusses zu machen und damit auch der Prüfung durch den Abschlussprüfer zu unterwerfen (wie bisher gem. § 317 Abs. 2 HGB i.V.m. § 289f Abs. 1 und 2 HGB ggf. i.V.m. § 341a Abs. 1b HGB für börsennotierte Unternehmen vorgesehen in Bezug auf die Erklärung zur Corporate Governance).[2493] Bei so bekannt gewordenen Verstößen könnte dann die BaFin weiter aktiv werden.[2494]

(4) Indirekte Sanktionen durch Endanleger/Öffentlichkeit

Schließlich ist entsprechend des Grundgedankens des *Comply-Or-Explain*-Prinzips zudem zu erwarten, dass dem institutionellen Anleger, der seinen Erklärungspflichten nicht, nur unzureichend oder auch mit nicht den generellen Erwartungen entsprechendem Inhalt nachkommt, bereits indirekte Sanktionen durch die Adressaten der Erklärungen, namentlich der Endanleger bzw. der Öffentlichkeit, drohen, die vor allem ihre Anlageentscheidung an den erklärten Informationen ausrichten können.[2495] Ebenso birgt natürlich schlicht ein schlechter Ruf in der Öffentlichkeit ein gewisses Sanktionspotential für die institutionellen Anleger.[2496] Diese indirekten Sanktionen greifen auch der deutsche Gesetzgeber ausdrücklich in Teilen der Gesetzesbegründung auf, indem er z. B. bei § 134b AktG schreibt:

> *„[...] hierdurch soll die Transparenz von Entscheidungen der institutionellen Anleger und Vermögensverwalter verstärkt werden, damit die Endbegünstigten und* ***die Anleger kontrollieren können, ob dieses Verhalten ihren Interessen entspricht, und ihre Anlageentscheidungen daran ausrichten können****. Durch die verstärkte Information der Endbegünstigten und der Anleger werden die institutionellen Anleger und*

2491 *Baums*, ZHR 183 (2019), S. 605, 614 f.

2492 *Baums*, ZHR 183 (2019), S. 605, 615.

2493 In diese Richtung wiederum: *Baums*, ZHR 183 (2019), S. 605, 610 f.

2494 *Baums*, ZHR 183 (2019), S. 605, 610; *Bürkle*, VersR 2021, S. 1, 10 f.

2495 Zu dieser Kernwirkungsweise von Transparenzpflichten siehe auch mit weiteren Nachweisen oben ab S. 83.

2496 Zur Diskussion dieser Sanktionen siehe mit weiteren Nachweisen unten ab S. 298.

> ***Vermögensverwalter ihrerseits angehalten, sich stärker an den Interessen der Endbegünstigten und der Anleger auszurichten*** *und letztlich verstärkt in diesem Sinne an den Entscheidungen der Gesellschaft mitzuwirken." [Hervorhebung durch die Verfasserin]*[2497]

Diesbezüglich sind allerdings die bereits oben genannten Zweifel im Hinblick auf den wirksamen Sanktionscharakters des hier angesprochenen Marktes an „Endanlegern" zu berücksichtigen.[2498] Gerade bei Lebensversicherungen ist aufgrund von finanziellen und organisatorischen Hürden eine Sanktion durch Desinvestitionsentscheidungen des Endanlegers schwierig, sodass eine maßgebliche Komponente des *Comply-Or-Explain*-Prinzips droht, gar nicht zu greifen.[2499] Ebenso sind auch die Bedenken im Hinblick auf Rückversicherer zu berücksichtigen, die im Folgenden noch eingehender ausgeführt werden.[2500]

ee) Evaluierungspflicht

Die Gesetzesbegründung ARUG II weist noch einmal auf die nach der Richtlinie vorgesehene Evaluierung hin, die gem. Art. 3k) Abs. 1 Aktionärsrechterichtlinie 2017 vorgeschrieben ist.[2501] Die Evaluierung und vorherige Datenerhebung wird durch die Europäische Kommission mittels *„eines Berichts über die Durchführung der Transparenzvorschriften und eine Beurteilung ihrer Notwendigkeit zur Erreichung der genannten Ziele"*[2502] erfolgen.[2503] Eine gesonderte nationale Evaluierung ist nicht geplant.[2504] Thema wird insbesondere die Effektivität des *Comply-Or-Explain*-Mechanismus sein.[2505] Gerade in Bezug auf die oben diskutierten Schwächen hinsichtlich des empirischen Fundaments ist zu hoffen, dass eine solche Evaluierung insofern Abhilfe schafft und – ähnlich den in Großbritannien durchgeführten Untersuchungen zum UK Stewardship Code[2506] – zu einem dauerhaften Reflexionsprozess einer nachhaltigen Verbesserung der Rechtslage führt. Der bis zum 10. Juni 2023 zu veröffentlichende Bericht[2507] ist somit mit Interesse zu erwarten.

2497 BT-Drucks. 19/9739, S. 101.

2498 Siehe dazu oben die Bedenken mit weiteren Nachweisen insbesondere von Bürkle ab S. 273 ff. sowie bei *Bürkle*, VersR 2021, S. 1, 5.

2499 Siehe dazu ebenfalls oben ab S. 273 mit weiteren Nachweisen sowie bei *Bürkle*, VersR 2021, S. 1, 5.

2500 Siehe dazu sogleich ab S. 304 mit weiteren Nachweisen.

2501 BT-Drucks. 19/9739, S. 56 f.

2502 BT-Drucks. 19/9739, S. 57.

2503 BT-Drucks. 19/9739, S. 57.

2504 BT-Drucks. 19/9739, S. 57.

2505 BT-Drucks. 19/9739, S. 57.

2506 Vgl. dazu oben mit weiteren Nachweisen, S. 99 ff.

2507 BT-Drucks. 19/9739, S. 57.

c) Zusammenfassung und Stellungnahme

Insgesamt ist festzustellen, dass sich der deutsche Gesetzgeber auf technischer Umsetzungsebene beim ARUG II eng an den europäischen Vorgaben orientiert und diese sehr sorgfältig umsetzt, aber auch nicht darüber hinausgeht.[2508]

Teilweise vorgenommene Vereinfachungen und Kürzungen in der Formulierung sind durchaus zu begrüßen.[2509] Vor allem ist die weitaus ausführlichere Gesetzesbegründung ARUG II im Vergleich zu der über weite Teile sehr kurz gehaltenen Begründung der Richtlinie positiv hervorzuheben.[2510] Sie ist für die Auslegung der Regelungen hilfreich, wenn nicht gar essenziell und wird eine wichtige Grundlage für die Anwendung der Normen schaffen. Hierbei ist insbesondere zu bemerken, dass an einigen Stellen auch Schwierigkeiten bei der Offenlegung in der Praxis antizipiert werden.[2511] Dass, abgesehen von der teils in der Gesetzesbegründung ARUG II betonten Minimierung des Bürokratieaufwands,[2512] der deutsche Gesetzgeber wenig Einfluss auf viele der Kritikpunkte hat, die grundsätzlich an der Vorgehensweise oder der Zielsetzung geäußert wurden, versteht sich ob der europäischen Vorgaben von selbst.[2513] Zudem wird als Hintergrund für die zwar handwerklich saubere, aber ansonsten sehr zurückhaltende Umsetzung der Richtlinie angeführt, dass bereits auf europäischer Ebene die Begrifflichkeiten nicht eindeutig waren und eine übermäßig ambitionierte Umsetzung eher die Abwanderung der Regulierten denn eine sorgsame Regulierung als Konsequenz befürchten ließe.[2514] Durch eine bloße technische Umsetzung würde letztlich dem Markt die Lösung der Probleme überlassen.[2515]

Offen stand dem deutschen Gesetzgeber allerdings die Entscheidung über die Umsetzung im Aktienrecht, die in der Literatur sehr kritisch gesehen wird.[2516] Hier

---

2508 So auch Tröger, ZGR 2019, S. 126, 147; ebenfalls *Zetzsche*, AG 2020, S. 637, 639; *Koch*, BKR 2020, S. 1, 8 f. spricht von *„mit großer handwerklicher Umsicht“*; K. Schmidt/ Lutter/*Illhardt*, AktG, § 134a, Rn. 13 – von *„1:1-Umsetzung“* sprechend.

2509 Vgl. dazu oben mit weiteren Nachweisen z.B. unter § 134c Abs. 2 AktG – S. 278 ff.´

2510 Vgl. dazu beispielhaft die Erläuterung zu § 134b Abs. 1 S. 1 Nr. 2 AktG –S. 266 ff. mit weiteren Nachweisen.

2511 So z. B. im Hinblick auf die Auslegung des Begriffs „Interessenträger“ und der auf die Überschneidung mit bereits bestehenden Offenlegungspflichten für OGAW und AIF unter § 134b AktG – siehe dazu ebenfalls mit weiteren Nachweisen oben S. 266 ff.

2512 Siehe dazu BT-Drucks. 19/9739, S. 101 und oben zu § 134b Abs. 3 AktG und entsprechend oben S. 271 ff. mit weiteren Nachweisen.

2513 *Zetzsche*, AG 2020, S. 637, 639.

2514 *Zetzsche*, AG 2020, S. 637, 639 spricht von einer *„unscharfen europäischen Terminologie“*.

2515 *Zetzsche*, AG 2020, S. 637, 639.

2516 Nochmals: Tröger, ZGR 2019, S. 147 f., vorher schon: *Zetzsche*, FS Baums, S. 1505, 1505.

wäre vom Gesetzgeber – insbesondere angesichts der ansonsten vorbildlichen Gesetzesbegründung – auch eine ausführlichere Begründung für die Verortung im Aktienrecht statt in den einschlägigen Kapitalmarktnormierungen wünschenswert – diesbezüglich greift die Gesetzesbegründung ARUG II zu kurz und setzt sich zu wenig mit den bereits zuvor veröffentlichten Kritikpunkten der Wissenschaft[2517] auseinander.[2518]

Ein weiterer Punkt, hinsichtlich dessen mehr gesetzgeberische erforderlich gewesen wäre, ist die Umsetzung der vom europäischen Gesetzgeber weit gefasste Anforderung zu wirksamen, abschreckenden und verhältnismäßigen Sanktionen: die bloße Eingliederung in das Ordnungswidrigkeitenrecht sowie die zusätzliche Überwachung der Untergruppen der Anleger durch die BaFin scheint eher eine schnelle Lösung denn ein durchdachtes Sanktionsregime zu sein.[2519] Hier wäre zum Beispiel eine Einbeziehung der Berichtspflichten in den Prüfungsumfang des Abschlussprüfers durch ausdrückliche Einbeziehung der an institutionelle Anleger gerichteten Offenlegungspflichten zu begrüßen gewesen.[2520] Ob die Sanktionen so den Anforderungen der Richtlinie entsprechen ist fraglich.

Ein Punkt, mit dem sich allerdings in diesem den Offenlegungspflichten gewidmeten Abschnitt der Gesetzesbegründung ARUG II nicht auseinandersetzt, ist die weitergehende Perspektive und potentielle Auswirkungen auf das vom Gesetzgeber steuerbare Machtgefüge im deutschen Aktienrecht – dies passt zum vorgehend beschriebenen Vorgehen des Gesetzgebers, die Richtlinienvorgaben zu den Offenlegungspflichten institutioneller Anleger schlicht technisch sauber ins deutsche Recht umzusetzen, aber keine eigenen Akzente zu setzen.[2521] Die zugrundeliegende Schwierigkeit, dass mit den Offenlegungspflichten für institutionelle Anlegern im Kern eine weitere „Kontrollinstanz“ im Unternehmen inzentiviert werden soll, während es im dualistischen System diese „Kontrollinstanz“ eigentlich schon in Form des Aufsichtsrats gibt, wird nicht weiter thematisiert.[2522]

Von den oben genannten eher technischen Punkten abgesehen, stellt sich also grundsätzlich die Frage, ob die neuen Regelungen des ARUG II auf Basis

2517 Sich intensiv damit auf mehreren Seiten beschäftigend: *Tröger*, ZGR 2019, S. 126 147 ff.

2518 *Tröger*, ZGR 2019, S. 126 147 ff.

2519 Vgl. dazu mit weiteren Nachweisen oben S. 286 f. sowie K. Schmidt/Lutter/*Illhardt*, AktG, § 134b, Rn. 23 f.

2520 Vgl. dazu mit weiteren Nachweisen oben S. 288 f. insbesondere mit Verweis auf *Baums*, ZHR 183 (2019), S. 605, 610 f.

2521 Siehe dazu mit weiteren Nachweisen den Beginn dieses Abschnitts oben S. 290 ff.; *Zetzsche*, AG 2020, S. 637, 639.

2522 Siehe zum Beispiel mit weiteren Nachweisen oben S. 41 ff. insbesondere mit Verweis auf *Habersack*, Gutachten E: „Staatliche und nichtstaatliche Eingriffe in die Unternehmensführung“, S. 88 sowie sogleich ab S. 293.

der Aktionärsrechterichtlinie 2017 grundsätzlich und inhaltlich in der Lage sein werden, die oben aufgezeigten bestehenden Problemfelder[2523] ausreichend zu adressieren und das vom europäischen Gesetzgeber gewünschte zusätzliche Aktionärsengagement[2524] im Einklang mit den Prinzipien des deutschen Aktienrechts herbeizuführen. Dies soll im folgenden Abschnitt betrachtet werden.

II. Analyse – Potenzial der Regelungen des ARUG II, das Aktionärsengagement im Einklang mit dem deutschen Aktienrecht zu fördern und Problemfelder zu lösen

Neben der soeben dargestellten technischen Umsetzung der Richtlinie mit dem ARUG II,[2525] werden im Folgenden einige ausgewählte in den vergangenen Jahren unter anderem in der Literatur geäußerten Themen und Kritikpunkte in den Fokus genommen: Auf dieser Basis wird analysiert, inwiefern die Regelungen des auf der Richtlinie basierenden ARUG II diese typischen Kritikpunkte adressieren. Darüber hinaus wird betrachtet, inwiefern die Regelungen des ARUG II das erklärte Ziel des europäischen Gesetzgebers, zusätzliches Aktionärsengagement zu fördern,[2526] im Einklang mit dem deutschen Aktienrecht umsetzen.

1. Konflikte mit der bestehenden Kompetenzordnung des Aktienrechts – Berücksichtigung länderspezifischer Besonderheiten

a) Die von der Literatur artikulierten Risiken des zusätzlichen Aktionärsengagements

Gerade in der Literatur wurde schon während des Gesetzgebungsprozesses auf möglicherweise bestehende Konflikte mit der etablierten Kompetenzordnung – insbesondere im deutschen Aktienrecht – hingewiesen.[2527] Dabei erkannten die Kritiker zugleich an, dass die Kompetenzordnungen von Land zu Land unterschiedlich sein können.[2528]

2523 Vgl. dazu mit weiteren Nachweisen oben S. 164 ff.

2524 Vgl. dazu mit weiteren Nachweisen oben S. 121 ff.

2525 Siehe dazu mit weiteren Nachweisen oben S. 259 ff.

2526 RL 2017/828/EU v. 17.05.2017, L 132/1, Rn. 15 ff.

2527 *Fleischer/Strothotte*, AG 2011, S. 221, 227; *Habersack*, Gutachten E: „Staatliche und nichtstaatliche Eingriffe in die Unternehmensführung", S. 88; *Faure*, S. 106 ff. und S 188 ff.

2528 *Fleischer/Strothotte*, AG 2011, S. 221, 227; *Habersack*, Gutachten E: „Staatliche und nichtstaatliche Eingriffe in die Unternehmensführung", S. 87 f.; *Bassler*, S. 480 ff.

Gerade aber in einem dualistischen System[2529] wie in Deutschland aber bestünde die Gefahr, dass die zusätzlichen Mitwirkungsanreize für Anleger letztlich zu einem „Mikromanagement"[2530] der Anleger führten, das im Konflikt mit den typischen Leitungsaufgaben des Vorstandes gem. § 76 Abs. 1 AktG[2531] stehen könnte und auch weit über die traditionell ausschließlich Kapitalbeteiligung der Anleger hinausgingen.[2532] Zudem könnte der Wunsch nach einer zusätzlichen Überwachung der Unternehmensleitung durch aktive Anleger zu einem „Schattenaufsichtsrat"[2533] führen und damit im Konflikt mit den Überwachungsaufgaben des Aufsichtsrats gem. § 111 Abs. 1 AktG stehen.[2534] Schließlich könnte sich auch ein Konflikt mit den Zuständigkeiten oder der grundsätzlichen Bedeutung der Hauptversammlung ergeben.[2535]

Diese Thematik steht in engem Zusammenhang mit der grundsätzlichen Thematik der Verschiebung des Machtgefüges in der deutschen Aktiengesellschaft.[2536]

b) Die unterschiedliche Bedeutung der Problematik in den verschiedenen Gesellschaftsrechtsordnungen

Diese Bedenken ließ die Gesetzesbegründung ARUG II unkommentiert, obwohl *Hirte* als Mitglied des deutschen Bundestages in seiner Kommentierung ausdrücklich feststellt, dass *„das verstärkte Aktionärsengagement [...] diametral dem Leitbild des deutschen Aktienrechts [widerspricht]"*[2537], welches den *„Aktionär als rational-desinteressiertem, passive[m] Kapitalanleger"*[2538]

2529 Siehe zum Begriff des „dualistischen Systems" im Gegensatz zum „monistischen System" mit weiteren Nachweisen oben ab S. 255.

2530 *Fleischer/Strothotte*, AG 2011, S. 221, 227 mit Verweis auf http://www.professorbainbridge.com/professorbainbridgecom/2010/01/page/3/ [Stand: 21.07.2018]; *Bassler*, S. 480 ff.

2531 Mit spezieller Analyse im Verhältnis zu Leitungsautonomie des Vorstandes, *Faure*, S. 188 f.

2532 *Fleischer/Strothotte*, AG 2011, S. 221, 227; *Bassler*, S. 481; *Faure*, S. 106 ff. und S. 183 ff.

2533 *Fleischer/Strothotte*, AG 2011, S. 221, 227; *Bassler*, S. 480 ff.; *Faure*, S. 188 ff.

2534 *Fleischer/Strothotte*, AG 2011, S. 221, 227; *Habersack*, Gutachten E: „Staatliche und nichtstaatliche Eingriffe in die Unternehmensführung", S. 87 f.; *Bassler*, S. 480 ff.; *Faure*, S. 188 f.

2535 *Faure*, S. 190 f.

2536 *Habersack*, Gutachten E: „Staatliche und nichtstaatliche Eingriffe in die Unternehmensführung", S. 88

2537 *Hirte/Heidel*, Das neue Aktienrecht, Sammelkommentierung zur 2. Aktionärsrechterichtlinie, Rn. 3.

2538 *Hirte/Heidel*, Das neue Aktienrecht, Sammelkommentierung zur 2. Aktionärsrechterichtlinie, Rn. 3.

sehe.[2539] Je nach Mitgliedstaat haben sie unterschiedliches Gewicht.[2540] In diesem Zusammenhang gewinnt die grundsätzliche Unterscheidung des Gesellschaftsrechts zwischen einem monistischen und dualistischen System der Unternehmensleitung[2541] Bedeutung[2542]:

- Während in einem monistischen System, wie beispielsweise in Großbritannien, die Rolle des Überwachenden meist nicht konkret benannt ist (teilweise soll sie in Großbritannien von sogenannten *non-executive-directors* eingenommen werden)[2543],
- ist sie in dualistischen Systemen, wie beispielsweise in Deutschland, klar dem „zweiten Organ" – in Deutschland also dem Aufsichtsrat – zugewiesen.[2544]

Hinsichtlich dieser Überwachung gibt es eine durch Gesetzgeber, Rechtsprechung und Literatur über Jahre gewachsene und sorgfältig ausgearbeitete Kompetenzaufteilung.[2545] Zugleich wird den Aktionären in dem gewachsenen System ebenfalls ein eindeutiger Aufgabenbereich zugewiesen, der grundsätzlich – aber eingeschränkt – auch Kontrollaufgaben umfassen kann.[2546] Dieser zugewiesene Bereich ist zudem vor allem auch durch die Abgrenzung zwischen den Kompetenzen der Hauptversammlung nach § 119 AktG und denen des Vorstandes gekennzeichnet.[2547]

2539 *Hirte/Heidel*, Das neue Aktienrecht, Sammelkommentierung zur 2. Aktionärsrechterichtlinie, Rn. 3.

2540 *Fleischer/Strothotte*, AG 2011, S. 221, 227.

2541 Vgl. allgemein zu dieser Differenzierung *Grundmann*, Europäisches Gesellschaftsrecht, S. 200 ff. m.w.N.

2542 *Hirte/Heidel*, Das neue Aktienrecht, Sammelkommentierung zur 2. Aktionärsrechterichtlinie, Rn. 3 ff.

2543 *Davies/Worthington*, Rn. 14–69, Rn. 14–75 ff.; *Faure*, S. 106 ff.

2544 *Hirte/Heidel*, Das neue Aktienrecht, Sammelkommentierung zur 2. Aktionärsrechterichtlinie, Rn. 3 ff.; *Habersack*, Gutachten E: „Staatliche und nichtstaatliche Eingriffe in die Unternehmensführung", S. 87 f.; *Faure*, S. 106 ff.

2545 Statt vieler: MüKo-AktG, Bd. 2, *Habersack*, Vorb. zu § 95 Rn. 2; *Habersack*, Gutachten E: „Staatliche und nichtstaatliche Eingriffe in die Unternehmensführung", S. 87 f.

2546 MüKo-AktG, Bd. 1, *Bungeroth*, Vorb. zu § 53a, Rn. 6 ff.; MüKo-AktG, Bd. 3, *Kubis*, § 119, Rn. 1 f; *Habersack*, Gutachten E: „Staatliche und nichtstaatliche Eingriffe in die Unternehmensführung", S. 87 f; siehe dazu ausführlich mit weiteren Nachweisen bereits oben den bestehenden Regelungsrahmen in Deutschland – S. 191 ff.; *Faure*, S. 106 ff.

2547 MüKo-AktG, Bd. 3, *Kubis*, § 119, Rn. 1 f.

c) *Die problematische Aufgabenzuweisung in dualistischen Systemen – Problembezug zur Professionalisierung des Aufsichtsrats und zu ausufernden Hauptversammlungen*

Erklärte man das Ziel pauschal dahingehend, dass Aktionäre mehr überwachen sollen, so ist dies im Rahmen des monistischen Systems insofern sinnvoll, als dass dort kein festes Überwachungsorgan installiert ist und es zumindest offen für weitere Interpretationen ist, wer diese Rolle ausfüllt.[2548] Im Rahmen des dualistischen Systems – also z. B. in Deutschland – ist die Problematik jedoch anders zu beurteilen:[2549] Gem. § 111 Abs. 1 AktG ist die Kontrollaufgabe bereits ausdrücklich dem Aufsichtsrat zugewiesen.[2550] Daneben ist es ausdrücklich nicht Aufgabe der Hauptversammlung, aktiv in die Geschäftsführung einzugreifen, welche wiederum dem Vorstand obliegt (§ 111 Abs. 2 AktG).[2551] Deswegen stellen sich der grundsätzlichen Anordnung einer aktiveren kontrollierenden Rolle durch Aktionäre automatisch zahlreiche Folgefragen – vor allem, wie sich diese zusätzliche Aufgabenzuweisung zu den Aufgaben des Aufsichtsrats verhält[2552], diese sind zum Beispiel:

- Soll die Überwachung durch die Anleger statt der aufsichtsratlichen Überwachung stattfinden oder daneben bestehen?
- Wessen Fragen sind vorrangig zu beantworten, die des Aufsichtsrats oder die der Aktionäre?
- Wenn es bereits so klare Regelungen zur Informationsweitergabe an den Aufsichtsrat gibt, sollten diese gleichsam auch für die Aktionäre gelten? Eine insofern vorrangige Behandlung der Aktionäre birgt dabei auch die Gefahr, dass die Aufgaben des Aufsichtsrats zur Pflichtübung und damit gar überflüssig werden.

2548 *Davies/Worthington,* Rn. 14–69, Rn. 14–75 ff.; *Faure,* S. 106 ff.

2549 In anderen Gesellschaftsrechtsordnungen mit einem solchen dualistischen System gibt es ähnliche Themen. Überwachungsorgane sind im niederländischen Recht z. B. gem. Art. 154 ff. Burgerlijk Wetboek Boek 2 der *raad van commissarissen* für die Naamloze Vennootschap (NV) und im französischen Recht – wenn lt. Satzung das dualistische System gewählt wurde – gem. Artikel L225-7 und Article L225-57 das *conseil de surveillance* der Société Anonyme (SA); *Faure,* S. 188 ff.

2550 *„Der Aufsichtsrat hat die Geschäftsführung zu überwachen.“; Habersack,* Gutachten E: „Staatliche und nichtstaatliche Eingriffe in die Unternehmensführung“, S. 88; *Faure,* S. 106 ff. und S. 188 ff.

2551 *„Über Fragen der Geschäftsführung kann die Hauptversammlung nur entscheiden, wenn der Vorstand es verlangt“*; darauf hinweisend auch: *Habersack,* Gutachten E: „Staatliche und nichtstaatliche Eingriffe in die Unternehmensführung“, S. 88.

2552 *Hucke,* ZCG 2011, S. 269, 271; *Fleischer/Strothotte,* AG 2011, S. 221, 227; *Bassler,* S. 484 f.; *Faure,* S. 188 ff.

Während sich diese Fragen grundsätzlich bereits mit den etablierten Regelungen des Gesellschaftsrechts beantworten lassen[2553] – etwa den Regelungen zum Fragerecht in der Hauptversammlung und den eben zitierten Kompetenzabgrenzungsnormen zum Vorstand und Aufsichtsrat[2554] –, wird die grundsätzliche Bedeutung dieser Aufgabenverschiebung allein durch die Fragestellungen dennoch deutlich.[2555]

Diese Fragestellungen sind zudem auch vor dem Hintergrund der aktuell ebenfalls geführten Diskussion um die Professionalisierung des Aufsichtsrats zu betrachten:[2556] Sofern man annimmt, dass der unter Umständen nicht professionell besetzte Aufsichtsrat mit vielen Fragen konfrontiert ist, die er mit dem ihm zur Verfügung stehenden Wissen so gar nicht beantworten kann, es aber professionelle Aktionäre gibt, die genau über jenes Wissen und die erforderlichen Mittel verfügen, ist es nicht fernliegend, dass auch Aktionäre zusätzliche Überwachungsaufgaben wahrnehmen.[2557] Andererseits ist die Problematik auch im Licht der Kritik an der zeitlich und logistisch ausufernden Hauptversammlung zu sehen.[2558] Wenn ein Teil der Überwachung der Unternehmensleitung gerade durch aktives Verhalten der Aktionäre und stetes Nachfragen im Rahmen der Hauptversammlung stattfinden soll, besteht die Gefahr, dass diese sich umso schwerer handhaben lassen.[2559] Ein weiterer Faktor ist, dass mit jeder zusätzlichen Informationsweitergabe im Rahmen der Hauptversammlung das Risiko einer Anfechtbarkeit darauf basierender Entscheidungen steigt.[2560]

d) Stellungnahme

Der Kritikpunkt der doppelten Überwachungsaufgabenverteilung in dualistischen Systemen wie in Deutschland ist dem Grunde nach weiterhin

---

2553 Siehe dazu mit weiteren Nachweisen bereits oben S. 191 ff.; *Faure*, S. 106 ff.

2554 Vgl. dazu mit weiteren Nachweisen oben bereits die dargestellten Grenzen des Aktionärsaktivismus in Deutschland S. 211 ff.

2555 *Habersack*, Gutachten E: „Staatliche und nichtstaatliche Eingriffe in die Unternehmensführung", S. 88.

2556 Überblick zur Diskussion der vergangenen Jahre: *Rubner/Fischer*, NZG 2015, S. 782, 782 f.

2557 Grundsätzlich auch Überwachungsaufgaben der Aktionäre nicht bezweifelnd: *Habersack*, Gutachten E: „Staatliche und nichtstaatliche Eingriffe in die Unternehmensführung", S. 86.

2558 Mit einem kurzen Überblick zu der in den vergangenen Jahren geführten Diskussion zur Durchführbarkeit einer Hauptversammlung mit hohen Präsenzquoten z. B. *Gerlicher*, S. 168 f.

2559 *Gerlicher*, S. 168 f.

2560 Überblick über den Stand der Problematik: *Fleischer/Heinrich*, Der Gesellschafter 2013, S. 311, 311 ff.

auch – beziehungsweise gerade – nach Einführung des ARUG II durchaus berechtigt, sodass nicht von einer Lösung des Problemfelds durch den Gesetzgeber gesprochen werden kann.[2561] Schließlich hat sich auch der deutsche Gesetzgeber die Intention der europäischen Richtlinie zu Eigen gemacht, Aktionäre und insbesondere institutionelle Anleger als aktive Mitwirkende und Kontrollierende im Unternehmen zu sehen und eine Mitwirkung dieser Akteure durch vermehrte Offenlegungspflichten zu unterstützen – auch wenn er die Aktivierung nicht so stark betont wie der europäische Richtliniengeber.[2562]

Trotz dieses grundsätzlichen Kritikpunkts ist aber die Übertragung der Überwachung auf professionelle Aktionäre in der Zukunft nicht grundsätzlich abzulehnen: Angesichts des Grades der wünschenswerten und bei immer komplexer werdenden Unternehmensstrukturen auch notwendigen Professionalisierung der überwachenden Personen kann es sinnvoll sein, dass diese Rolle neben dem Aufsichtsrat auch von institutionellen Anlegern mit dem erforderlichen Know-how ausgefüllt wird.[2563] Dies gilt umso mehr, als auch die Kontrolle durch den Aufsichtsrat gewissen Problemen und Schwächen – wie Interessenkonflikte, personelle Verflechtungen und möglicherweise fehlende fachliche Qualifikationen – unterliegt, die durch weitere „Kontrolleure" durchaus abgeschwächt werden können.[2564] Zudem ist die Wertung, wie die Kompetenzverteilung z. B. in der deutschen Aktiengesellschaft zu erfolgen hat, nicht für alle Ewigkeiten festgeschrieben – sie wurde schon in der Vergangenheit geändert und kann sich dementsprechend durch einen gesetzgeberischen und demokratisch legitimierten Akt auch in der Zukunft ändern.[2565] Somit wäre eine Regelung, bei der Aktionären eine Überwachungsfunktion neben dem Aufsichtsrat zukäme, nicht grundsätzlich systemfremd und steht auch nicht allein deswegen im Widerspruch zur deutschen

---

2561 So auch *Bassler*, S. 484 f.; *Faure*, S. 106 ff. und S. 188 ff.

2562 BT-Drucks. 19/9739, S. 33 und S. 101 – die deutsche Gesetzesbegründung betont dabei deutliche stärker ein Hinwirken auf ein Handeln im Interesse der Endbegünstigten und schlicht eine zusätzliche „Transparenz" ohne auf weitere Konsequenzen zusätzlicher Transparenz einzugehen, wohingegen die europäische Richtlinienbegründung eher pauschal eine Aktivierung institutioneller Anleger in den Vordergrund stellt – siehe dazu RL 2017/828/EU v. 17.05.2017, L 132/1, Rn. 15.

2563 Siehe dazu die ausführliche Erläuterung der Geeignetheit insbesondere institutioneller Anleger mit weiteren Nachweisen oben S. 50 ff.; *Faure*, S. 106 ff. und S. 188 ff.

2564 *Faure*, S. 106 ff. und S. 188 ff.

2565 Historischer Überblick über die Kompetenzverteilung im deutschen Gesellschaftsrecht: *Gerlicher*, S. 19 ff.; auch *Bassler*, S. 481 f. weist darauf hin, dass dem Gesetzgeber eine solche Veränderung natürlich freisteht, sofern sie sich in den verfassungsrechtlichen Grenzen bewege.

(Gesellschafts-)Rechtsordnung, weil diese Aufgabe bisher dem Aufsichtsrat zugeschrieben wurde[2566].

Dennoch ist aber bei der tatsächlichen Ausgestaltung durch den Gesetzgeber die bereits bestehende Kompetenzordnung zu berücksichtigen und anzuerkennen, dass eine Aktivierung institutioneller Anleger als Kontrollinstanz das bestehende Machtgefüge potenziell zwischen Vorstand, Aufsichtsrat und Hauptversammlung verändert.[2567] Zudem ist auch dafür Sorge zu tragen, dass die Aktionäre durch mögliche Mitspracherechte in der Aufsichtsratsbesetzung nicht sogar zweimal Gewicht bei der Unternehmensüberwachung erhalten und nicht eine plötzliche Überkompensation stattfindet und die Aufgabenzuweisung weiterhin eindeutig abgrenzbar erfolgt.[2568] Diese Frage ist jedoch eine rechtspolitische und keine, die über Systemkonformität oder gar Rechtmäßigkeit der Regelung entscheidet.[2569] Jedenfalls sollte die aktuelle Regelungen auch ermöglichen, auf die oben genannten Abgrenzungsfragen für die Aufgabenverteilung weiterhin abschließende Antworten zu bieten und nicht einfach hingenommen sondern kritisch und proaktiv betrachtet und evaluiert werden.[2570] Hierfür bieten auch die vor einiger Zeit veröffentlichten Grundsätze des DAV für die Kommunikation zwischen Anlegern und Aufsichtsrat eine gute Basis.[2571] Der Umstand der Verschiebung des Machtgefüges wurde bisher in der Gesetzesbegründung bedauerlicherweise nicht ausdrücklich angesprochen,[2572] allerdings kann die Thematik und jedenfalls ihre Auswirkungen noch im Rahmen der verpflichtenden europäischen Evaluierung weiter in Augenschein genommen werden.[2573]

2566 *Habersack,* Gutachten E: „Staatliche und nichtstaatliche Eingriffe in die Unternehmensführung“, S. 88.

2567 *Habersack,* Gutachten E: „Staatliche und nichtstaatliche Eingriffe in die Unternehmensführung“, S. 88; *Faure,* S. 191.

2568 MüKo-AktG, Bd. 2, *Habersack,* § 101 Rn. 13 f.; *Faure,* S. 106 ff. und S. 188 ff.

2569 *Bassler,* S. 482.

2570 Faure, S. 106 ff. und S. 188 ff.

2571 *BVI,* Leitsätze für den Dialog zwischen Investor und Aufsichtsrat 2016, S. 3 f.; darauf hinweisend *Faure,* S. 106 ff.

2572 Siehe zur Gesetzesbegründung die weiteren Ausführungen mit weiteren Nachweisen oben S. 290 ff.

2573 Siehe zur Evaluierungspflicht eingehender mit weiteren Nachweisen oben, S. 289 ff.

2. Wirksamkeit der Regulierungsmethode und ausreichende Sanktionierung von Verstößen: Offenlegungspflichten/*Comply Or Explain* und Sanktionen über das Ordnungswidrigkeitenrecht

In der Literatur wird die Verwendung von Offenlegungspflichten allgemein und des *Comply-or-Explain*-Mechanismus speziell stark kritisiert:[2574] die geringe Beachtung der neuen §§ 134 a ff. AktG werden als „Berichtsmüdigkeit"[2575] und „Versuch, die Übel der Welt wegberichten zu können"[2576] dargestellt.[2577] Auch die vom deutschen Gesetzgeber schwachen Sanktionen sollen auf ein gewisses Desinteresse sogar beim Gesetzgeber selbst hindeuten.[2578]

Von der Aktionärsrechterichtlinie 2017 wird die Sanktionierung von Verstößen gegen diese Verpflichtungen dem nationalen Gesetzgeber überlassen, sie muss – wie bereits oben ausgeführt – vor allem *„abschreckend und verhältnismäßig"*[2579] sein.[2580]

Als Regulierungsmethode wurde in weiten Teilen auf Offenlegungspflichten statt auf direkte Vorschriften und teilweise auch auf das *Comply-Or-Explain*-Prinzip zurückgegriffen.[2581] Einer ausdrücklichen Handlungsverpflichtung bedient sich der Gesetzgeber nicht. Die weiteren Sanktionen können dementsprechend nur an die Inhalte und die Verletzung der Offenlegungspflichten anknüpfen.

Im Folgenden wird kritisch analysiert, inwiefern, diese Regulierungsmethode wirksam und mit den von der Aktionärsrechterichtlinie geforderten Sanktionen belegt ist.

a) Die Regelungstechniken des Richtlinien- und Gesetzgebers

aa) Regelungstechnik in Art. 3 g) und 3 h) Aktionärsrechterichtlinie 2017

In Art. 3 g) Abs. 1 Aktionärsrechterichtlinie 2017 wird gefordert, dass die Mitgliedstaaten sicherzustellen haben, dass institutionelle Anleger selbst bzw. die

---

2574 *Koch*, BKR 2020, S. 1, 8 f.

2575 *Koch*, BKR 2020, S. 1, 8 f.

2576 *Koch*, BKR 2020, S. 1, 8.

2577 *Koch*, BKR 2020, S. 1, 8 f.

2578 *Koch*, BKR 2020, S. 1, 8 f.

2579 RL 2017/828/EU v. 17.05.2017, L 132/1, 132/9 Rz. 50.

2580 RL 2017/828/EU v. 17.05.2017, L 132/1, 132/9 Rz. 50; siehe zu den verschiedenen Sanktionsmechanismen unter ARUG II auch mit weiteren Nachweisen oben ab S. 286.

2581 Siehe zur Mechanik des ARUG II im Detail die Beschreibung mit weiteren Nachweisen oben S. 259 ff. sowie ausführlich auch die Erläuterung bei *Faure* im Hinblick auf den Richtlinienentwurf – *Faure*, S. 174 ff.

Vermögensverwalter die in den folgenden Abschnitten a) und b) beschriebene Mitwirkungspolitik sowie deren Umsetzung in der Vergangenheit offenlegen („*Comply*").[2582] Alternativ ist in Art. 3 g) Abs. 1 Aktionärsrechterichtlinie 2017 vorgesehen, dass sie – sollten sie den Anforderungen nicht entsprechen – eine „unmissverständliche und mit Gründen versehene Erklärung"[2583] zu veröffentlichen haben, warum dies der Fall ist („*Explain*").[2584]

Der in Art. 3 h) Abs. 1 Aktionärsrechterichtlinie 2017 geforderte zu veröffentlichende Zusammenhang der Anlagestrategie mit der Laufzeit der Verbindlichkeiten ist hingegen zwingend offenzulegen, insoweit besteht keine Abweichungsmöglichkeit mit Erklärungspflicht.[2585]

Wiederum eine *Comply-Or-Explain*-Regelung in modifizierter Form ist in Art. 3 h) Abs. 2 Aktionärsrechterichtlinie 2017 vorgesehen.[2586] Allerdings unterscheidet sie sich etwas von der in Art. 3 g) Abs. 1 Aktionärsrechterichtlinie 2017: Denn verpflichtend müssen die Anleger bestimmte Vereinbarungen, die sie mit Vermögensverwaltern getroffen haben, veröffentlichen.[2587] In Art. 3 h) Abs. 2 Aktionärsrechterichtlinie 2017 findet sich dann eine Aufzählung in lit. a) bis e), welche Vereinbarungen dies betrifft. Nur im Fall, dass eine dieser Vereinbarungen gar nicht getroffen wurde, müssen die institutionellen Anleger eine Erklärung veröffentlichen, warum eine solche Regelung nicht enthalten ist.[2588] Von der Pflicht zur Offenlegung hingegen kann an diesem Punkt gerade nicht abgewichen werden.[2589]

Die Wahl der drei verschiedenen Regulierungsmechanismen und deren Bevorzugung gegenüber direkten Handlungspflichten wurde in der Aktionärsrechterichtlinie 2017 nicht weiter begründet. Der Vorschlag zur Aktionärsrechterichtlinie 2017[2590] sah im Prinzip die gleichen Regulierungsmechanismen vor: Hinsichtlich der damals noch als „Einbeziehungspolitik" bezeichneten Mitwirkungspolitik gab es eine *Comply-Or-Explain*-Möglichkeit, die Offenlegung der Anlagestrategie war verpflichtend und die Vereinbarungen mit Vermögensverwaltern waren

2582 RL 2017/828/EU v. 17.05.2017, L 132/1, Art. 3 g), Abs. 1.
2583 RL 2017/828/EU v. 17.05.2017, L 132/1, Art. 3 g), Abs. 1.
2584 RL 2017/828/EU v. 17.05.2017, L 132/1, Art. 3 g), Abs. 1.
2585 RL 2017/828/EU v. 17.05.2017, L 132/1, Art. 3 h) Abs. 1.
2586 RL 2017/828/EU v. 17.05.2017, L 132/1, Art. 3 h) Abs. 2.
2587 RL 2017/828/EU v. 17.05.2017, L 132/1, Art. 3 h) Abs. 2.
2588 RL 2017/828/EU v. 17.05.2017, L 132/1, Art. 3 h) Abs. 2.
2589 RL 2017/828/EU v. 17.05.2017, L 132/1, Art. 3 h) Abs. 2.
2590 *Europäische Kommission,* Vorschlag für eine Richtlinie des Europäischen Parlaments und des Rates zur Änderung der Richtlinie 2007/36/EG im Hinblick auf die Förderung der langfristigen Einbeziehung der Aktionäre sowie der Richtlinie 2013/34/EU in Bezug auf bestimmte Elemente der Erklärung zur Unternehmensführung – KOM(2014) 213 endg., Art. 3 f) Abs. 3 und 4 und Art. 3 g) Abs. 1 und 2.

grundsätzlich offenzulegen, fehlende Vereinbarungsbestandteile waren zu erklären.[2591] Die Wahl des *Comply-Or-Explain*-Prinzips wurde damals in der vorläufigen Stellungnahme des Rechtsausschusses kritisiert.[2592] Darin wird eine durchgehende Verpflichtung zur Offenlegung empfohlen[2593] und ein Änderungsvorschlag unterbreitet.[2594] Auch der Aktionsplan aus dem Jahr 2012 sah zwar eine indirekte Regulierung über Offenlegungspflichten vor, aber keine Abweichungsmöglichkeit im Sinne eines *Comply-Or-Explain*-Mechanismus.[2595] Dem ist der Gesetzgeber schließlich nicht nachgekommen.

Abstrakt liegen der Wahl der Regulierungsmethode also zwei Entscheidungen zugrunde, die separat analysiert werden:

- zum einen die Entscheidung, statt einer Handlungsverpflichtung eine Offenlegungspflicht zu wählen[2596] (**b)**);
- zum anderen die Entscheidung, eine Handlungs- oder Offenlegungspflicht in Teilen mittels *Comply-Or-Explain* einzuschränken[2597] (**c)**).

bb) Regelungstechnik – Umsetzung im ARUG II

Die Umsetzung im ARUG II entspricht erwartungsgemäß der Regelungstechnik der Richtlinie:

- In § 134b Abs. 1–3 AktG finden sich die Art. 3 g) Abs. 1 Aktionärsrechterichtlinie 2017 entsprechenden Offenlegungspflichten zur Mitwirkungspolitik. § 134 Abs. 4 AktG sieht dann die entsprechende *Comply-Or-Explain*-Regelung dazu vor.
- § 134c Abs. 1 AktG regelt dann entsprechend Art. 3 h) Abs. 1 Aktionärsrechterichtlinie 2017 die zwingende Veröffentlichungspflicht des Zusammenhangs der Anlagestrategie mit dem Profil und der Laufzeit der Verbindlichkeiten.

2591 *Europäische Kommission,* Vorschlag für eine Richtlinie des Europäischen Parlaments und des Rates zur Änderung der Richtlinie 2007/36/EG im Hinblick auf die Förderung der langfristigen Einbeziehung der Aktionäre sowie der Richtlinie 2013/34/EU in Bezug auf bestimmte Elemente der Erklärung zur Unternehmensführung – KOM(2014) 213 endg., Art. 3 f) Abs. 3 und 4 und Art. 3 g) Abs. 1 und 2.

2592 *Europäisches Parlament – Ausschuss für Wirtschaft und Währung,* Entwurf einer Stellungnahme vom 19.11.2014, S. 4 „Transparency should not be optional." in Nr. 3.

2593 *Europäisches Parlament – Ausschuss für Wirtschaft und Währung,* Entwurf einer Stellungnahme vom 19.11.2014, S. 4.

2594 *Seidl/Sanderson/Roberts,* Journal of Management & Governance 2013, 6 f., 27.

2595 *Europäische Kommission,* Aktionsplan: Europäisches Gesellschaftsrecht und Corporate Governance – ein moderner Rechtsrahmen für engagiertere Aktionäre und besser überlebensfähige Unternehmen – KOM(2012) 740, S. 15 f.

2596 Vgl. dazu sogleich unter a).

2597 Vgl. dazu sogleich unter b).

- § 134c Abs. 2 AktG verpflichtet entsprechend Art. 3 h) Abs. 2 Aktionärsrechterichtlinie 2017 zur Offenlegung zu den Vertragsregelungen mit dem Vermögensverwalter und zur Erklärung, falls wesentliche Bestandteile nicht vertraglich geregelt sind.

Auch die Gesetzesbegründung ARUG II geht an mehreren Stellen auf den Einsatz des *Comply-Or-Explain*-Prinzips ein.[2598] In weiten Teilen beschränken sich die Ausführungen zwar lediglich auf die Tatsache der Verwendung des Prinzips, an einigen wenigen Stellen geht die Gesetzesbegründung ARUG II allerdings auch auf die Intention dahinter und die erwarteten Wirkungen ein, wie z. B. bei den Ausführungen zu § 134b AktG:

> *„[...] hierdurch soll die Transparenz von Entscheidungen der institutionellen Anleger und Vermögensverwalter verstärkt werden, damit die Endbegünstigten und die Anleger kontrollieren können, ob dieses Verhalten ihren Interessen entspricht, und ihre Anlageentscheidungen daran ausrichten können. Durch die verstärkte Information der Endbegünstigten und der Anleger werden die institutionellen Anleger und Vermögensverwalter ihrerseits angehalten, sich stärker an den Interessen der Endbegünstigten und der Anleger auszurichten und letztlich verstärkt in diesem Sinne an den Entscheidungen der Gesellschaft mitzuwirken.“*[2599]

Ferner werden in der Gesetzesbegründung ARUG II auch typische und mögliche Anwendungsfälle des Prinzips unter § 134b Abs. 4 AktG angesprochen:

„[...] Der Detailgrad der Erklärung kann jedoch, solange diese Anforderungen berücksichtigt werden, variieren, um beispielsweise Betriebsgeheimnisse zu schützen oder Vertraulichkeitsvereinbarungen einzuhalten. Absatz 4 kann insbesondere in den Fällen des indirekten Investments unter Zuhilfenahme eines Vermögensverwalters Wirkung entfalten. Handelt ein institutioneller Anleger lediglich indirekt, indem er Vermögensverwalter beauftragt ohne sich gegenüber diesen die Ausübung der Stimmrechte oder sonstiger Mitwirkungsrechte vorzubehalten, so wirkt er nicht selbst in den Gesellschaften nach Absatz 1 mit und kann daher die in Absatz 1 vorgesehenen Angaben über eine eigene Mitwirkung nicht machen. Aufgrund der Regelung in Absatz 4 genügt in einem solchen Fall z. B. eine kurze Erklärung, dass aufgrund der ausschließlichen Beauftragung eines oder mehrerer Vermögensverwalter keine eigene Mitwirkung erfolgt (oder die Mitwirkung mithilfe eines Vermögensverwalters erfolgt), verbunden mit der nach Absatz 5 Satz 2 zulässigen Verweisung auf die Mitwirkungspolitik des Vermögensverwalters.“[2600]

2598 Z.B. BT-Drucks. 19/9739, S. 101 ff.

2599 BT-Drucks. 19/9739, S. 101.

2600 BT-Drucks. 19/9739, S. 101.

b) Erste Regulierungsentscheidung: Offenlegungspflichten statt Handlungspflichten

Die Entscheidung für eine Offenlegungs- statt Handlungspflicht scheint bereits an sehr früher Stelle im europäischen Gesetzgebungsprozess getroffen und anschließend jedenfalls vom Gesetzgeber nicht mehr intensiv in Frage gestellt worden zu sein: Während der zuständige EU-Kommissar *Michel Barnier* zwar zum Beginn des Verfahrens 2010 noch andeutete, strenge Verhaltenspflichten zu präferieren[2601], findet sich schon im Aktionsplan 2012 folgender Satz:

> *„Institutionellen Anlegern die Ausübung ihrer Stimmrechte grundsätzlich vorzuschreiben, wird in Anbetracht der möglichen kontraproduktiven Auswirkungen nicht für wünschenswert gehalten (so könnten institutionelle Anleger aus Zeit- oder Ressourcenmangel einem vorgeschlagenen Beschluss nur zustimmen, um ihrer Verpflichtung nachzukommen).“*[2602]

Abgesehen von der Vorschrift einer Stimmpflicht wäre es daneben möglich gewesen, die anderen erklärten Ziele der Richtlinie, also z. B. die vermehrte Überwachung des Beteiligungsunternehmens, das Führen eines Dialogs mit den Gesellschaftern und eine Zusammenarbeit mit Aktionären untereinander sowie die Berücksichtigung sozialer und ökologischer Gesichtspunkte bzw. der *Stakeholder*,[2603] verbindlich vorzuschreiben. Dieser Weg wurde aber – zumindest vor der Umsetzung – gar nicht erst (öffentlich) diskutiert.[2604]

aa) Vor- und Nachteile der Regulierung mittels Offenlegungspflichten – Entscheidungshoheit über Qualität des Verhaltens beim Markt

Die Vor- und Nachteile entsprechen der Diskussion um die Regulierung mittels Offenlegungspflichten im Wirtschaftsrecht allgemein[2605], die teilweise mit der Diskussion um das *Comply-Or-Explain*-Prinzip ineinandergreift, aber eigentlich dieser Frage vorgeschaltet ist: Während ein Sachverhalt durch eine Handlungspflicht direkt reguliert wird, wird im Rahmen der Offenlegungspflichten eine indirekte Herangehensweise gewählt.[2606]

2601 *Tröger*, ZGR 2019, S. 126, 136.

2602 *Europäische Kommission,* Aktionsplan: Europäisches Gesellschaftsrecht und Corporate Governance – ein moderner Rechtsrahmen für engagiertere Aktionäre und besser überlebensfähige Unternehmen – KOM(2012) 740, S. 16.

2603 RL 2017/828/EU v. 17.05.2017, L 132/1, Art. 3 g) Abs. 1 lit. a).

2604 Nach der Umsetzung in Frage stellend z.B. K. Schmidt/Lutter/*Illhardt,* AktG, § 134a, Rn. 12.

2605 Vgl. dazu die Grundlagen mit weiteren Nachweisen oben S. 83 ff. sowie bei *Faure,* S. 136 ff. in Bezug auf die Rezeption des UK Stewardship Codes.

2606 Siehe und vgl. dazu die Grundlagen mit weiteren Nachweisen oben S. 83 ff. sowie K. Schmidt/Lutter/*Illhardt,* AktG, § 134a, Rn. 12.

Der Mechanismus der indirekten Herangehensweise beinhaltet, dass die Kontrolle nur zum Teil einer staatlichen bzw. einer öffentlichen Stelle obliegt (nämlich nur in Bezug auf die Offenlegung und ggf. der inhaltlichen Richtigkeit der offengelegten Informationen an sich)[2607] und die übrige Kontrolle auf einen Dritten – häufig den Kapitalmarkt – übertragen wird.[2608] Dieser soll dann mittels einer auf Basis der offengelegten Informationen getroffenen Investitionsentscheidung „gutes Verhalten" honorieren und „schlechtes Verhalten" bestrafen.[2609] Dies wird teilweise auch als „gesetzesgestützte Selbstregulierung" bezeichnet.[2610]

Die Einordnung, welches Verhalten „gut" und welches „schlecht" ist, wird dann allerdings – anders als bei einer Handlungsvorschrift – nicht vom Gesetzgeber, sondern vom Markt getroffen.[2611] Die Wirkungsweise beruht weniger auf Effizienzerwägungen, sondern auf Reputation, Marketing und psychologischen Effekten.[2612] Die Bindungswirkung resultiert aus der Überlegung, dass ein Unternehmen seine Integrität unter Beweis stellen möchte und nach außen hin belegen möchte, dass es Vorschriften berücksichtigt.[2613] Es wird somit erwartet, dass ein gut organisiertes Unternehmen gemeinhin als „gut" und „wertsteigernd" betrachtet wird.[2614] Unternehmen, die sich nicht als integer darstellen, müssen hingegen damit rechnen, dass dies in ihrem Aktienkurs oder auch in den Kapitalkosten eingepreist wird.[2615]

Konsequenterweise bieten sich Offenlegungspflichten also vor allem dann an, wenn der Gesetzgeber eine oben genannte qualitative Einordnung selbst nicht treffen kann oder treffen will.[2616] Damit der Markt seiner regulatorischen Funktion gerecht werden kann, müssen Informationsassymmetrien abgebaut werden.[2617] Die Offenlegung bestimmter Informationen stellt dann einen verpflichtenden Ausgleich der Informationsasymmetrie dar, damit der Markt seiner regulatorischen Funktion nachkommen kann.[2618]

2607 Siehe zur Diskussion dieser Kontrolle sogleich mit weiteren Nachweisen ab S. 309.

2608 Vgl. dazu die Grundlagen mit weiteren Nachweisen oben S. 83 ff.

2609 Vgl. dazu die Grundlagen mit weiteren Nachweisen oben S. 83 ff.; vgl. auch zum UK Stewardship Code – *Faure*, S. 146.

2610 *Tröger*, ZGR 2019, S. 137; *Gröntgen*, S. 178 f.

2611 *Seidl/Sanderson/Roberts*, Journal of Management & Governance 2013, S. 795.

2612 *Seidl/Sanderson/Roberts*, Journal of Management & Governance 2013, S. 795.

2613 *Seidl/Sanderson/Roberts*, Journal of Management & Governance 2013, S. 795.

2614 *Seidl/Sanderson/Roberts*, Journal of Management & Governance 2013, S. 795.

2615 *Zuckermann*, American Journal of Sociology 1999, S, 1398, 1429; *Tröger*, ZGR 2019, S. 126, 137 ff.

2616 *Seidl/Sanderson/Roberts*, Journal of Management & Governance 2013, 795; *Tröger*, ZGR 2019, S. 126, 137 ff.

2617 Siehe dazu mit weiteren Nachweisen oben, S. 24 ff.

2618 Siehe dazu mit weiteren Nachweisen oben, S. 24 ff.

Insofern ist die Offenlegungspflicht ein weniger intensiver Eingriff in den Markt, als es eine direkte Handlungsverpflichtung wäre, und reduziert die Regulierung auf ein notwendiges Minimum.[2619] Eine gesetzgeberische Wertungsentscheidung über die Verpflichtung zu einer Handlung wird damit üblicherweise gerade nicht getroffen.

Der vorliegende Fall deckt sich mit dem typischen Fall einer Offenlegungspflicht nur teilweise, denn obwohl hier die Entscheidung über eine vermehrte und inhaltlich das Beteiligungsunternehmen fördernde Aktivität der institutionellen Anleger dem Markt überlassen werden soll, trifft der Gesetzgeber doch zugleich in der Begründung der Richtlinie und des ARUG II eine klare Wertungsentscheidung über das gewünschte Verhalten.[2620]

Dies ist im vorliegenden Fall allerdings widersprüchlich: Denn, wenn – wie aus der Gesetzesbegründung ARUG II ersichtlich ist – dem Gesetzgeber klar ist, was „gutes" und was „schlechtes" Verhalten der institutionellen Anleger ist,[2621] dann hätte er den Umweg über die Investitions- bzw. Desinvestitionsentscheidung des Marktes gar nicht wählen brauchen und könnte die gewünschten Handlungen direkt vorschreiben. So scheint es einerseits klar zu sein, dass nur eine zusätzliche Aktivität gut ist,[2622] aber es wird doch dem Markt überlassen, dies zu bestätigen. Dies birgt neben der Widersprüchlichkeit auch das Risiko in sich, dass der Markt letztlich doch anderer Ansicht ist als der Gesetzgeber und eine fehlende Aktivität überhaupt nicht „bestraft".[2623] Zudem ist unklar, ob „der Markt", also im Zweifel die Endanleger, überhaupt in der Lage ist, wiederum das Engagement der institutionellen Anleger ausreichend zu überwachen[2624] – insofern gilt auch das bereits oben zum doppelten Prinzipal-Agenten-Problem Gesagte.[2625] Dann ist aber die Verpflichtung zur Offenlegung dieser Informationen eine unnötige und ineffiziente zusätzliche Verpflichtung für die institutionellen Anleger und das gesetzgeberische Ziel wird verfehlt.[2626]

bb) Probleme hinsichtlich der Geeignetheit der Informationsempfänger

Im Übrigen wird in der Literatur zu Recht in Frage gestellt, ob bei so speziellen Sachverhalten wie diesem die Endanleger – die ja teils wirtschaftliche Laien wie (zukünftige) Rentner sein sollen – überhaupt Interesse an den Informationen – und

2619 *Tröger*, ZGR 2019, S. 126, 137 ff.
2620 RL 2017/828/EU v. 17.05.2017, L 132/1, Rn. 15 ff. und BT-Drucks. 19/9739, S. 98 ff.
2621 RL 2017/828/EU v. 17.05.2017, L 132/1, Rn. 15 ff.
2622 RL 2017/828/EU v. 17.05.2017, L 132/1, Rn. 15 ff.; *Tröger*, ZGR 2019, S. 126, 138.
2623 So auch *Tröger*, ZGR 2019, S. 126, 138.
2624 *Tröger*, ZGR 2019, S. 126, 138; siehe dazu auch ausführlicher sogleich ab S. 304.
2625 Vgl. dazu mit weiteren Nachweisen oben S. 29 ff.
2626 Vgl. auch *Freitag*, AG 2014, S. 647, 655.

damit auch an der Informationsbewertung haben.[2627] Darüber hinaus ist aus rein praktischen Erwägungen fraglich, ob die Endbegünstigten die offengelegten Informationen überhaupt finden würden, um sie weiter zu analysieren und ihre Investitionsentscheidung daran auszurichten.[2628] Diesem Kritikpunkt ließe sich zumindest entgegenhalten, dass für das Eintreten der oben genannten psychologischen Effekte beim Anleger allein die Vorstellung reicht, dass sich manche Endanleger dafür hypothetisch interessieren könnten und etwaiges Fehlverhalten sanktionieren könnten.[2629] Dann aber wiederum ist möglicherweise mit adversen Lerneffekten zu rechnen, sofern die Konsequenzen nicht eintreten sollten.

Ein weiterer kritischer Punkt von *Bürkle*, der nur selten diskutiert, aber erhebliche praktische Auswirkungen haben wird, ist, dass die tatsächliche Sanktionierung über den „Markt“ im Fall vieler typischer institutioneller Anleger wie Lebensversicherer gar nicht in dem Maße funktioniert, dass ohne Weiteres ein Fehlverhalten darüber sanktioniert werden könnte – mithin die gesamte Funktionsweise des *Comply-Or-Explain*-Prinzips gar nicht vollumfänglich greifen kann.[2630] Hintergrund dieses Einwandes ist, dass dieser Sanktionsmechanismus sowohl die Möglichkeit von gezielten Investitionsentscheidungen als auch gezielten Desinvestitionsentscheidungen voraussetzt.[2631] Gerade bei Lebensversicherungsprodukte aber ist die Desinvestitionsentscheidung aus praktischen Gründen erheblich eingeschränkt – so ist der vorzeitige Ausstieg aus einer Lebensversicherung häufig erheblich finanziell nachteilhaft – *Bürkle* verweist insofern auf die *„Höhe der Rückkaufswerte nach § 169 VVG“*[2632] sowie auf Gesundheitsprüfungen und das höhere Eintrittsalter bei Abschluss einer neuen Lebensversicherung, die sich für den Endanleger teils als unüberwindbare Desinvestitionshindernisse darstellen können.[2633] Insofern ist also anzunehmen, dass eine Markt„sanktionierung“ allein über die Investitionsentscheidung, aber nicht über die Desinvestitionsentscheidung stattfindet, was eine erhebliche Einschränkung der Wirksamkeit mit sich bringt.[2634]

Zudem ist selbst bei der Investitionsentscheidung gerade in Bezug auf Offenlegungspflichten institutioneller Anleger fraglich, ob die Wirkung einer solchen

2627 *Gröntgen*, S. 179 f. mit Verweis auf das bereits oben dargestellte Grundproblem der *rationalen Apathie* (siehe dazu auch mit weiteren Nachweisen oben ab S. 27); *Tröger*, ZGR, S. 126, 138; *Hell*, NZG 2018 S. 338, 340.

2628 *Bürkle*, VersR 2021, S. 1, 7.

2629 Siehe zu den psychologischen Effekten bereits mit weiteren Nachweisen soeben – ab S. 301.

2630 *Bürkle*, VersR 2021, S. 1, 5.

2631 Siehe dazu mit weiteren Nachweisen oben ab S. 83.

2632 *Bürkle*, VersR 2021, S. 1, 5.

2633 *Bürkle*, VersR 2021, S. 1, 5.

2634 *Bürkle*, VersR 2021, S. 1, 5.

über den „Kapitalkosteneffekt“[2635] bei institutionellen Anlegern, die sich gar nicht in gleicher Form wie vielleicht andere am Markt tätige Unternehmen über z. B. professionelle Analysten bei Banken finanzierten, überhaupt so stark greife.[2636]

Ein anderer Einwand von *Bürkle* in diesem Zusammenhang richtet sich gegen die grundsätzliche Einbeziehung von (Lebens-)Rückversicherern als institutionelle Anleger unter der Aktionärsrechterichtlinie 2017 und dem ARUG II:[2637] So wird darauf hingewiesen, dass diese Einbeziehung jedenfalls nicht mit dem übergeordneten Ziel des Schutzes der Endbegünstigten – wie z. B. Rentnern – im Einklang stehen könnte.[2638] Schließlich bestünde zwischen dem Endanleger und dem Rückversicherer gar keine unmittelbare vertragliche Beziehung und im Zweifel auch gar keine Kenntnis bei welchem Rückversicherer sich die eigene Lebensversicherung überhaupt versichert hat.[2639] Dementsprechend kann sich dies natürlich auch nicht auf etwaige Investitionsentscheidungen der typischen Endbegünstigten auswirken sodass auch in diesem Fall der *Comply-Or-Explain*-Mechanismus nicht die erwünschten Wirkungen entfalten könne.[2640] Diesem durchaus nachvollziehbaren Einwand kann allenfalls entgegengehalten werden, dass dann in diesem Zusammenhang der „Endbegünstigte“ eben nicht der Rentner ist sondern bereits vorgelagert – der entsprechende Versicherer, der unter Umständen auch ein Interesse hat, bei seiner Investitionsentscheidung die offengelegten Informationen zu berücksichtigen.

cc) Positive (Neben-)Effekte der Offenlegungspflichten

Ferner bietet dieser erste Schritt – gerade auch mit den parallel angeordneten Evaluierungspflichten der Mitgliedstaaten[2641] – eine Möglichkeit, die positiven und negativen Aspekte einer Mitwirkung der Aktionäre erst einmal genauer zu untersuchen, ohne mit Handlungspflichten zu viel für die institutionellen Anleger vorzuschreiben.[2642] Diese Evaluationsverpflichtung könnte auch darauf hindeuten, dass der Gesetzgeber die in der Begründung aufgeführte vermeintlich klare Wertungsentscheidung noch nicht abschließend treffen kann. Insofern liegt die oben genannte Widersprüchlichkeit vielleicht mehr in der pauschalen Begründung und

---

2635 *Tröger*, ZGR 2019, S. 126, 137; vgl. dazu mit weiteren Nachweisen auch oben S. 301 f.

2636 *Tröger*, ZGR 2019, S. 126, 137; sehr abstrakt mit der Kritik vor allem auf die „Vagheit“ abstellend: *Gröntgen*, S. 178 f.

2637 *Bürkle*, VersR 2021, S. 1, 3.

2638 *Bürkle*, VersR 2021, S. 1, 3.

2639 *Bürkle*, VersR 2021, S. 1, 3.

2640 *Bürkle*, VersR 2021, S. 1, 3.

2641 Siehe dazu oben S. 149 f. sowie mit weiteren Nachweisen oben, S. 289 ff.

2642 *Tröger*, ZGR 2019, S. 126, 140; Siehe zur Evaluierungspflicht eingehender mit weiteren Nachweisen oben, S. 289 ff.

positiven Darstellung von mehr Aktionärsaktivitäten begründet als in der vorsichtigen Herangehensweise der Regulierung im Wege der Offenlegungspflichten. Letztlich verbleibt aber immer noch das Risiko der abweichenden Zielvorstellungen des Marktes.[2643]

c) Zweite Regulierungsentscheidung: Die Wahl des Comply-Or-Explain-*Mechanismus*

Die zweite Regulierungsentscheidung betrifft die Frage, ob die Handlung oder Offenlegung verpflichtend sein soll oder, wie hier in Art. 3 g) Abs. 1 Aktionärsrechterichtlinie 2017 und Art. 3 h) Abs. 2 Aktionärsrechterichtlinie 2017 vorgesehen, den institutionellen Anlegern eine Wahlmöglichkeit über die Handlung oder Offenlegung verbleibt.

aa) Bedeutung und Funktionsweise des Comply-Or-Explain-Prinzips

Das *Comply-Or-Explain*-Prinzip ist eine der zentralen Methoden der Corporate Governance.[2644] Die erste bedeutende Anwendung war im britischen Cadbury Report[2645] aus dem Jahr 1992.[2646] Inzwischen ist das Prinzip in vielen Corporate Governance Codes weltweit verbreitet.[2647] Der Gedanke hinter dem Prinzip ist, dass die wenig flexible *„one size fits all"*-(„eine Größe für alle"[2648]) Herangehensweise vermieden werden soll, trotzdem aber Leitlinien existieren.[2649] So kann eine Regel, die auf den ersten Blick in vielen Unternehmen als *best practice* angesehen wird, in einem anderen Unternehmen aus bestimmten Gründen keinen Sinn machen.[2650] Dann hat dieses Unternehmen die Möglichkeit, eine Anwendung einer Regel unter Hinweis auf die Gründe abzulehnen.[2651] Die Funktionsweise der Veröffentlichung einer Erklärung bei Abweichung entspricht dann wiederum der von Offenlegungspflichten im Allgemeinen.[2652]

2643 Wie soeben dargestellt – siehe mit weiteren Nachweisen oben S. 301 ff.

2644 Vgl. auch allgemein zu diesem Prinzip mit weiteren Nachweisen, S. 83 ff.

2645 Cadbury Report, passim.

2646 *Risk Metrics Group,* Studie vom 23.09.2009, S. 22; *Seidl/Sanderson/Roberts,* Journal of Management & Governance 2013, S. 792.

2647 *Seidl/Sanderson/Roberts,* Journal of Management & Governance 2013, S. 792 f.

2648 Übersetzung der Autorin.

2649 *Seidl/Sanderson/Roberts,* Journal of Management & Governance 2013, S. 792 f.

2650 *Seidl/Sanderson/Roberts,* Journal of Management & Governance 2013, S. 792 f.

2651 *Seidl/Sanderson/Roberts,* Journal of Management & Governance 2013, S. 792 f.

2652 Vgl. dazu den unmittelbar vorangegangenen Abschnitt unter b) mit weiteren Nachweisen.

bb) Die aktuelle Diskussion bezüglich der Qualität der Erklärungen

Die hier geführte Diskussion um die Geeignetheit des *Comply-Or-Explain*-Prinzips reiht sich ein in eine grundsätzliche Diskussion zur Rolle dieses Prinzips in der europäischen Corporate-Governance-Debatte[2653]: Während der letzten Jahre wurde genau diese Frage weitergehend untersucht, um herauszufinden, ob sich die *Comply-Or-Explain*-Herangehensweise als Regelungsmethodik im europäischen Wirtschaftsrecht bewährt hat und weiterverfolgt werden sollte.[2654] Die Kommission hatte sich schon früh dafür entschieden, keinen europaweiten Corporate Governance Code einzuführen.[2655] Stattdessen wurde das *Comply-Or-Explain*-Prinzip als verbindlicher Bestandteil der Regelungen zur Corporate Governance festgelegt.[2656]

Im Laufe der Zeit sind allerdings Zweifel an der Effektivität des Prinzips aufgekommen.[2657] Die Empfehlungen der Kommission (gem. Art. 292 AEUV) zur Qualität der Berichterstattung über die Unternehmensführung untermauern diese Bedenken.[2658] Zweifel ergaben sich diesbezüglich insbesondere im Hinblick auf die Qualität der Begründungen.[2659] Dabei geht es um die Situation, in der es Abweichungen von den vom jeweiligen Kodex vorgeschlagenen Regelungen gibt und die Abweichung erläutert werden muss.[2660] Hierbei war die Qualität der Erläuterungen der Abweichung einer Studie zufolge in vielen Fällen entweder gar nicht vorhanden, unzureichend oder zu allgemein („*boilerplate*") gehalten.[2661] Von diesen

---

2653 *Europäische Kommission*, Aktionsplan Modernisierung des Gesellschaftsrechts – KOM(2003) 284, endg., 13 f.; *Risk Metrics Group*, Studie vom 23.09.2009, S. 27 f.; *Seidl/Sanderson/Roberts*, Journal of Management & Governance 2013, passim.

2654 *Europäische Kommission*, Aktionsplan Modernisierung des Gesellschaftsrechts – KOM(2003) 284, endg., 13 f.; *Risk Metrics Group*, Studie vom 23.09.2009, S. 27 f.; *Seidl/Sanderson/Roberts*, Journal of Management & Governance 2013, passim.

2655 *Europäische Kommission*, Aktionsplan Modernisierung des Gesellschaftsrechts – KOM(2003) 284, endg., S. 14.

2656 RL 2006/46/EG vom 14. Juni 2006, Abl. 2006 L 224/1, Art. 1 Nr. 7.

2657 *Europäische Kommission*, Grünbuch – Europäischer Corporate Governance Rahmen – KOM (2011) 164 endg., S. 21.

2658 *Europäische Kommission*, Empfehlung zur Qualität der Berichterstattung über die Unternehmensführung („Comply or Explain"), Abl. 2014, L 109/43, passim.

2659 *Regierungskommission DCGK*, Stellungnahme zur Empfehlung der EU-Kommission vom 9. April 2014, S, 3.

2660 *Regierungskommission DCGK*, Stellungnahme zur Empfehlung der EU-Kommission vom 9. April 2014, S. 3.

2661 *Risk Metrics Group*, Studie vom 23.09.2009, S. 84; *Europäische Kommission*, Grünbuch – Europäischer Corporate Governance Rahmen – KOM (2011) 164 endg., S. 21 f.

Mängeln waren 60 % der Erläuterungen betroffen.[2662] Als Lösung sah die Europäische Union in ihrem Grünbuch aus dem Jahr 2011[2663] vor allem eine deutlichere Artikulierung der Anforderungen an die Begründung, die keinen Raum für Missverständnisse ließen, und eine bessere Überwachung der Qualität.[2664] Auch in Bezug auf den Entwurf der Aktionärsrechterichtlinie 2017 wurden bereits nachdrückliche Bedenken in Bezug auf die zu veröffentlichenden Erklärungen geäußert, so schreibt *Freitag* sehr deutlich:[2665]

> *„Allerdings steht zu befürchten, dass das theoretische Wunschbild des Wertewandels durch Regulierung den Praxistest nicht besteht: Der Richtlinienvorschlag ist in weiten Teilen so vage, dass es Finanzintermediären leicht fallen wird, ihre Erklärungen auf so allgemeine Festlegungen zu beschränken, dass sie keinesfalls Gefahr laufen, sich in Widerspruch hierzu zu setzen oder gar Sanktionen fürchten zu müssen. Die Erfahrungen mit dem UK Stewardship Code von 2010 und 2012 belegen, dass eine solche Regulierung die Regulierten nur zur Produktion zwar wohlklingender, aber gänzlich inhaltsarmer Erklärungen, nicht aber zur Änderung ihrer Unternehmenspraxis veranlasst.“*[2666]

Diesen Bedenken ist auch im Hinblick auf die finale Fassung der Aktionärsrechterichtlinie 2017 sowie auf die Umsetzung im ARUG II weiterhin zuzustimmen, da die Formulierungen auch weiterhin (naturgemäß) offen sind und die Möglichkeit bieten, mit pauschalen Antworten zu reagieren.[2667] Allerdings bietet möglicherweise der in Großbritannien gefundene Weg einen gangbaren Lösungsansatz, um eine bessere Qualität der Erklärungen sicherzustellen.

cc) Der neue Lösungsansatz des Financial Reporting Council im Rahmen des UK Stewardship Code

Auch dem UK Stewardship Code wurde wiederholt die Schwäche von unzureichenden und oberflächlichen Erklärungen bzw. Begründungen der Abweichungen vorgehalten.[2668] Inzwischen ist die britische Vereinigung, die den UK Stewardship

---

2662 *Europäische Kommission*, Grünbuch – Europäischer Corporate Governance Rahmen – KOM (2011) 164 endg., S. 21 f.

2663 *Europäische Kommission*, Grünbuch – Europäischer Corporate Governance Rahmen – KOM (2011) 164 endg., passim.

2664 *Europäische Kommission*, Grünbuch – Europäischer Corporate Governance Rahmen – KOM (2011) 164 endg., S. 22.

2665 *Freitag*, AG 2014, S. 647, 654.

2666 *Freitag*, AG 2014, S. 647, 654.

2667 *Freitag*, AG 2014, S. 647, 654; so auch mit diesen Bedenken *Gröntgen*, S. 177 und *Faure*, S. 133.

2668 *FRC*, Developments in Corporate Governance and Stewardship 2016, S. 24; siehe dazu auch mit weiteren Nachweisen oben S. 110 ff.

Code betreut (das Financial Reporting Council („**FRC**")), in dieser Hinsicht neue Wege gegangen:[2669] Die Qualität der abgegebenen Erklärungen zum UK Stewardship Code wurde im Rahmen einer Kategorisierung (sogenannte *tiering exercise*) ausgewertet und zunächst zwei Kategorien (Tier 1 und Tier 2) zugeordnet.[2670] Die erste Kategorie indizierte dabei nicht notwendigerweise, dass die abgegebene Erklärung perfekt war, aber dass der Anleger oder Vermögensverwalter durch seine Antworten zumindest einen guten Überblick vermittelt hat, wie er speziell mit dem Thema *stewardship* umgeht.[2671] Dabei war vor allem das Ziel, von den institutionellen Anlegern aussagekräftige Erklärungen zu erhalten, die optimal auf sie zugeschnitten waren und die individuell für sie als Organisation erschienen (*„unique to them"*).[2672] Nach der Zuordnung wurde den Teilnehmern die Einordnung mitgeteilt und für alle (auch für die, die als „gut" befunden worden waren) wurden Verbesserungsvorschläge gemacht.[2673] In diesem Rahmen führten die Mitarbeiter des FRC eine Vielzahl von Gesprächen mit den bei den Anlegern und Vermögensverwaltern für die Berichterstattung Verantwortlichen.[2674] Die Reaktionen auf dieses Vorgehen fielen dabei unterschiedlich aus. Einige der Adressaten überarbeiteten ihre Berichte und wurden infolgedessen von *Tier 2* in *Tier 1* hochgestuft.[2675] Andere entschieden sich, dass die Erklärungen nach dem UK Stewardship Code grundsätzlich nicht zu ihrem Unternehmenskonzept passten, und zogen ihre Erklärungen gänzlich zurück.[2676] Auch das FRC erhielt im Rahmen der Gespräche Verbesserungsvorschläge in Bezug auf den Gesamtprozess und entschied sich daraufhin, eine dritte Kategorie (*Tier 3*) einzuführen, in die diejenigen eingeordnet wurden, deren Berichte wenig Aussagekraft besaßen, die aber auch nicht zu einer konstruktiven Zusammenarbeit bereit waren.[2677] Diese in Kategorie 3 eingeordneten institutionellen Anleger und Vermögensverwalter sollen erneut kontaktiert werden, aber – falls keine Verbesserung ersichtlich ist – zu einem feststehenden Datum von der Liste der Berichterstattenden unter dem UK Stewardship Code gänzlich gestrichen werden.[2678]

Insgesamt berichtet das FRC allerdings von einem sehr positiven und konstruktiven Dialog mit den Berichterstattenden und sieht insgesamt eine qualitative Verbesserung der Erklärungen unter dem UK Stewardship Code.[2679] Der europäische

---

2669 Siehe dazu auch mit weiteren Nachweisen oben S. 110 ff.
2670 *FRC*, Developments in Corporate Governance and Stewardship 2016, S. 24.
2671 *FRC*, Developments in Corporate Governance and Stewardship 2016, S. 26.
2672 *FRC*, Developments in Corporate Governance and Stewardship 2016, S. 25.
2673 *FRC*, Developments in Corporate Governance and Stewardship 2016, S. 24.
2674 *FRC*, Developments in Corporate Governance and Stewardship 2016, S. 25.
2675 *FRC*, Developments in Corporate Governance and Stewardship 2016, S. 24.
2676 *FRC*, Developments in Corporate Governance and Stewardship 2016, S. 26.
2677 *FRC*, Developments in Corporate Governance and Stewardship 2016, S. 25 f.
2678 *FRC*, Developments in Corporate Governance and Stewardship 2016, S. 26.
2679 *FRC*, Developments in Corporate Governance and Stewardship 2016, S. 25 f.

bzw. deutsche Gesetzgeber könnte diese neuen Erfahrungen als Grundlage für einen weiteren Ausbau des *Comply-Or-Explain*-Prinzips nutzen – genauso wie sich auf den UK Stewardship Code berufen wurde,[2680] könnte auch eine Anlehnung von neuen Wegen an dieses Vorbild stattfinden.

d) Dritte Regulierungsentscheidung: Arten der Sanktionierung von Verstößen gegen die Offenlegungspflichten

Die dritte Regulierungsentscheidung, die im Hinblick auf ihre Wirksamkeit bereits kritisch analysiert wurde, ist die Sanktionierung von Verstößen gegen die Offenlegungspflichten: Diesbezüglich ist auch bei einer ganzheitlichen Betrachtung der Wirk- und Sanktionsmechanismen zu bezweifeln, dass die vom deutschen Gesetzgeber vorgesehene Wirkungsweise der Pflichten in Verbindung mit der Sanktionierung von Verstößen gegen die Offenlegungspflichten der institutionellen Anleger tatsächlich *„abschreckend und verhältnismäßig"*[2681] im Sinne der Aktionärsrechterichtlinie 2017 ist.[2682]

- Wie bereits oben dargestellt, stützt sich das ARUG II zum einen unmittelbar auf eine Sanktionierung über eine Geldbuße des Ordnungswidrigkeitenrecht gem. § 405 Abs. 2 a) Nr. 8 und 9 AktG, dessen Verfahren durch das Bundesamt für Justiz durchzuführen ist.[2683] Dies ist in unterschiedlicher Hinsicht ungenügend: Zunächst ist die androhbare maximale Geldbuße in Höhe von EUR 25.000,00 im Verhältnis zu den üblichen Anlagevolumina unverhältnismäßig niedrig und darum gerade nicht abschreckend – entsprechend bedauerlich ist, dass sich die Gesetzesbegründung dazu nicht verhält sondern allein auf die Umsetzungsbestrebung hinweist.[2684] Zudem ist gerade in diesem Kontext fraglich, inwiefern die Durchsetzung und Ahndung dieser Verstöße durch das

2680 *Habersack,* Gutachten E: „Staatliche und nichtstaatliche Eingriffe in die Unternehmensführung", S. 88 f.

2681 RL 2017/828/EU v. 17.05.2017, L 132/1, 132/9 Rz. 50.

2682 *Bürkle,* VersR 2021, S. 1, 10; *Baums,* ZHR 183 (2019), S. 605, 615.

2683 Siehe dazu die ausführliche Darstellung mit weiteren Nachweisen oben ab S. 286; sehr kritisch insbesondere: *Baums,* ZHR 183 (2019), S. 605, 615 f.

2684 Siehe dazu mit weiteren Nachweisen oben ab S. 286; die Gesetzesbegründung in BT-Drucks. 19/9739, S. 116 sagt dazu lediglich: *„Die Nummern 2 bis 5 und 7 enthalten die Sanktionierung für die Pflichten der Intermediäre im Rahmen der Aktionärsidentifikation und -information. Eine Sanktionierung ist ausschließlich für eine Verletzung der genannten Pflichten der Intermediäre vorgesehen. Dies dient insbesondere der Sicherstellung der Durchsetzung der Vorgaben der 2. ARRL. Eine Sanktionierung der Aktionäre im Falle der Verletzung von Pflichten durch die Intermediäre kommt hingegen nicht in Betracht."*

Bundesamt für Justiz erfolgversprechend sein wird.[2685] Denn die Rechtsaufsicht (inkl. etwaiger spezieller Sanktionen)[2686] in Bezug auf die jeweiligen Untergruppen der institutionellen Anleger liegt grundsätzlich bei der BaFin – aber dabei ist wiederum nicht ersichtlich, wie diese regelmäßig und vor allem effizient (und darum als glaubhafter Kontrolleur) an die Informationen zur Einhaltung der Offenlegungspflichten nach § 134a ff. AktG gelangen kann, da bisher die Berichtspflichten noch nicht einmal regelmäßiger Bestandteil des Abschluss- und Lageberichts des Jahresabschlusses sind.[2687]

- Andere, eher mittelbare, Sanktionen, wie die Anfechtung des Entlastungsbeschlusses oder auch mögliche Schadensersatzansprüche werden aus den bereits oben dargestellten Gründen zwar im Einzelfall zu prüfen sein, aber aufgrund ihres vornehmlich formalen Charakters selten praktisch in Frage kommen.[2688]
- Die indirekte Sanktionierung durch den *Comply-Or-Explain*-Mechanismus über typische Desinvestmententscheidungen der Endbegünstigten funktioniert im vorliegenden Fall nur eingeschränkt und stellen darum häufig gar kein glaubhaftes Drohszenario für eine unzureichende Transparenz bei den institutionellen Anleger dar.[2689]

e) Fazit

Es bleibt mithin festzustellen, dass gerade auch im weiteren Rahmen der Wahl der Sanktionierung dem nationalen Gesetzgeber von der Richtlinie ein Umsetzungsspielraum überlassen wurde, den dieser nicht entsprechend der europäischen Vorgaben erfüllt hat und die letztlich das Potenzial haben werden, die „Achillesverse“[2690] der vorgenannten Umsetzung der Transparenzpflichten zu sein.[2691] Die Umsetzung der Richtlinie in dieser zeugt nicht nur von einer „Berichtsmüdigkeit“[2692]

2685 *Baums*, ZHR 183 (2019), S. 605, 614 ff. und mit weiteren Nachweisen oben ab S. 288.

2686 *Zetzsche*, AG 2020, S. 637, 656; *Baums*, ZHR 183 (2019), S. 605, 614 ff.

2687 Siehe dazu ausführlich bereits mit weiteren Nachweisen oben ab S. 288; sowie bei *Baums*, ZHR 183 (2019), S. 605, 615 f.

2688 Siehe dazu ausführlich mit weiteren Nachweisen oben ab S. 287 sowie bei K. Schmidt/Lutter/*Illhardt*, AktG, § 134b, Rn. 24 und Grigoleit/*Splinter*, AktG, § 134b, Rn. 20.

2689 Siehe dazu soeben die Diskussion mit weiteren Nachweisen oben ab S. 304 sowie bereits ab S. 289.

2690 In Anlehnung an einen der ersten und vielzitierten Aufsätze von Cheffins zur „Achillesverse“ des UK Stewardship Code – *Cheffins*, The Modern Law Review 2010, S. 1003 ff.

2691 *Baums*, ZHR 183 (2019), S. 605, 614 ff. und mit weiteren Nachweisen oben ab S. 288.

2692 *Koch*, BKR 2020, S. 1, 8 f.

des Gesetzgebers, sondern steht – trotz der weiten Möglichkeiten – schlicht nicht im Einklang mit den Vorgaben der Aktionärsrechterichtlinie 2017.[2693]

Gerade an diesem Punkt greift auch ausnahmsweise einmal nicht das Argument von *Zetzsche*, dass jegliche Kritik zu spät komme und bereits bei Verhandlung der Richtlinie hätte vorgebracht werden müssen, da der Gesetzgeber jetzt nur noch die Aktionärsrechterichtlinie 2017 umgesetzt hätte[2694] – denn gerade das Bereitstellen von wirksamen Sanktionsmechanismen wurde von der Richtlinie zur originären Aufgabe der nationalen Gesetzgeber gemacht.[2695] Insofern wird hier vom deutschen Gesetzgeber – vermutlich auch noch vor der Evaluierung auf europäischer Ebene – nachzubessern sein:

- Allen voran könnte zunächst eine Aufnahme der Berichtspflichten in den Lage- und Abschlussbericht des Jahresabschlusses erfolgen, sodass insofern auch eine weitere Kontrollmöglichkeit durch den Wirtschaftsprüfer und eine effizientere Kontrolle durch die BaFin und letztlich auch Sanktionierung durch das Bundesamt für Justiz erfolgen kann.[2696]
- Die Zuständigkeit für das Bußgeldverfahren könnte unter Umständen auch der BaFin direkt zugeteilt werden.[2697]
- Die Höhe der Bußgelder sollte noch einmal überdacht und ggf. nachgebessert werden.[2698]
- Grundsätzlich ist die Wahl von Offenlegungspflichten als vorsichtige Herangehensweise an einen noch nicht gänzlich erforschten Wirkungszusammenhang zwischen mehr Aktionärsaktivität und einer besseren Unternehmensführung in den Beteiligungsunternehmen grundsätzlich zu begrüßen.[2699] Den Anlegern darüber hinaus die Wahlmöglichkeit zu lassen, der Offenlegungspflicht zu entsprechen bzw. die Abweichung zu begründen, scheint hingegen unnötig.[2700] Die Mitwirkungspolitik ist kein derart individuell von der Verfassung der jeweiligen Gesellschaft abhängender Umstand, dass die Veröffentlichung – abgesehen von den oben bereits thematisierten grundsätzlichen Bedenken – für ein Unternehmen als besonders problematisch erscheint.[2701] Bedenken hinsichtlich der Qualität der Berichterstattung und Offenlegung, die sowohl bei einer verpflichtenden

2693 So auch: *Baums*, ZHR 183 (2019), S. 605, 614 ff.

2694 *Zetzsche*, AG 2020, S. 637, 638.

2695 RL 2017/828/EU v. 17.05.2017, L 132/1, 132/9 Rz. 50.

2696 *Baums*, ZHR 183 (2019), S. 605, 614 ff.

2697 *Baums*, ZHR 183 (2019), S. 605, 614 ff.

2698 *Baums*, ZHR 183 (2019), S. 605, 614 ff. und mit weiteren Nachweisen oben ab S. 288.

2699 *Seidl/Sanderson/Roberts*, Journal of Management & Governance 2013, S. 792 f.

2700 Siehe dazu die Diskussion mit weiteren Nachweisen oben S. 301 ff. sowie die grundsätzliche Kritik bei *Tröger*, ZGR 2019, S. 137 ff.; *Koch*, BKR 2020, S. 1, 8 f.

2701 Siehe dazu die Diskussion mit weiteren Nachweisen oben S. 301 ff.; *Koch*, BKR 2020, S. 1, 8 f.

als auch bei einer Erklärung eines Abweichens greifen könnten, ließen sich in jedem Fall über die kürzlich vom FRC eingeführte Qualifizierung der Statements mit einer Feedback-Schleife lösen.[2702]

3. Notwendigkeit einer Regelung neben dem bestehenden Regelungsrahmen

a) Parallele Regelungen auf europäischer und nationaler Ebene

In der Bestandsaufnahme der bestehenden Regelungen wurde festgestellt, dass zwar die spezielle Kategorie der institutionelle Anleger an sich wenig Regulierungen unterliegt, indes die allgemein als Untergruppen angesehenen Anlegerarten zumindest auch mit speziellen auf sie zugeschnittenen Richtlinien reguliert werden.[2703] So sind auf europäischer Ebene in der OGAW-Durchführungsrichtlinie (Art. 21) und AIFM-Verordnung (Art. 37) jedenfalls auch für Vermögensverwalter i.S.d. der Aktionärsrechterichtlinie 2017 Pflichten zur Erstellung einer Strategie im Hinblick auf die Ausübung von Stimmrechten[2704] zu finden.[2705] Ähnliches gilt auch für die (Umsetzungs-)Regelungslandschaft in Deutschland.[2706] Dementsprechend stellt sich die Frage, ob eine zusätzliche Rechtssetzung in diesem Bereich neben den bestehenden Regelungen überhaupt notwendig ist – vielmehr könnte eine doppelte Regelung sogar schädlich sein, da diese naturgemäß Anwendungskonflikte hervorrufen kann, etwa auch weil die Regulierten nun diverse Normen zu Rate ziehen müssen, um ihre Pflichten zu kennen.[2707]

aa) Lösungsansätze für Anwendungskonflikte auf europäischer Ebene

Während die Problematik des Anwendungskonflikts zunächst vom Richtlinienvorschlag 2014 unberührt gelassen worden war[2708], findet sich nun eine entsprechende

---

2702 Siehe dazu die ausführliche Darstellung und Erläuterung dieses „neuen" Vorbilds mit weiteren Nachweisen oben S. 307 ff.

2703 Siehe dazu mit weiteren Nachweisen oben S. 92 ff.; mit einer sehr ausführlichen Analyse im Hinblick auf parallele Pflichten nach dem sektorenspezifischen Versicherungsrecht auch *Bürkle*, VersR 2021, S. 1, 6 (z.B. § 124 Abs. 1 Nr. 4 VAG).

2704 RL 2010/43/EU v. 01.07.2010, Abl. 2010 L 176/42, Art. 21.

2705 Delegierte Verordnung (EU) Nr. 231/2013 vom 19.12.2012, Abl. 2013 L 83/1, Art. 37.

2706 Siehe zu den Regelungen in Deutschland mit weiteren Nachweisen oben S. 162 ff.

2707 *Baums*, ZHR 183 (2019), S. 605, 609; *Zetzsche*, AG 2020, S. 637, 639; für ein koordinierteres Vorgehen hinsichtlich der verschiedenen Regelungsansätze allgemein – *Faure*, S. 213 f.

2708 Zu Recht kritisch: *Zetzsche*, NZG 2014, S. 1121, 1131. In dem Vorschlag zur Änderung der Richtlinie findet sich weder im Hauptteil noch in der vorangestellten Begründung eine Aussage zu dieser Thematik – vgl. *Europäische Kommission*, Vorschlag für eine Richtlinie des Europäischen Parlaments und des Rates zur

Klarstellung dieser Thematik in der Begründung zur endgültigen Richtlinie: In Rz. 54 der Begründung wird anerkannt, dass eine Konkurrenzproblematik durch sektorspezifische Regelungen entstehen kann.[2709] Die von der Richtlinie vorgesehene Lösung erfolgt in einem Dreischritt:[2710]

- Es wird klargestellt, dass diese als *leges specialis* den Regelungen der Richtlinie vorgehen sollten.[2711]
- Allerdings gelte dies nur, insoweit die Richtlinienregelungen den sektorspezifischen Regelungen widersprächen.[2712]
- Umgekehrt sei es notwendig, die sektorspezifischen Regelungen im Lichte der Richtlinie auszulegen, um eine Verwirklichung des Richtlinienziels nicht zu gefährden.[2713]

Dass sich der Richtliniengeber der Konkurrenzproblematik grundsätzlich annimmt, ist zunächst zu begrüßen. Allerdings ist die sehr allgemein gehaltene Lösung in der praktischen Umsetzung nicht einfach: Alternativ hätte stattdessen eine Konkurrenzlösung in Bezug auf die einzelne Norm, die der Richtliniengeber als kritisch vor Augen hatte, getroffen werden können und keine allgemein vorangestellte. Dies gilt auch, obwohl es sich beim lex-specialis-Grundsatz um einen allgemeinen Rechtsgrundsatz handelt, der letztlich unabhängig von einer ausdrücklichen Erwähnung greift.[2714] Wenn sich der Normgeber allerdings schon entschließt, zum Konkurrenzverhältnis Stellung zu beziehen, wäre eine Regelung mit weniger Interpretationsspielraum wünschenswert gewesen.

Ein weiteres Problem dieser Konkurrenzregelung ergibt sich aus der Wechselseitigkeit der Regelung: Wird einerseits festgestellt, dass die sektorspezifische Regelung als lex specialis vorgeht, so ist dies eine klare Aussage. Diese wird jedoch wieder dadurch abgeschwächt, dass dennoch die sektorspezifischen Regelungen im Hinblick auf die Ziele der Aktionärsrechterichtlinie 2017 auszulegen seien. Dies erfordert, dass zunächst die Ziele der Aktionärsrechterichtlinie 2017 eindeutig bestimmbar sind und dann bei der Auslegung ein klarer Abgleich zwischen der Anordnung der anderen Norm und eben diesen Zielen vorgenommen werden kann.

Änderung der Richtlinie 2007/36/EG im Hinblick auf die Förderung der langfristigen Einbeziehung der Aktionäre sowie der Richtlinie 2013/34/EU in Bezug auf bestimmte Elemente der Erklärung zur Unternehmensführung – KOM(2014) 213 endg.

2709 RL 2017/828/EU v. 17.05.2017, L 132/1, S. 9 f.

2710 *Zetzsche,* AG 2020, S. 637, 639.

2711 RL 2017/828/EU v. 17.05.2017, L 132/1, S. 9 f.; *Zetzsche,* AG 2020, S. 637, 639.

2712 RL 2017/828/EU v. 17.05.2017, L 132/1, S. 9 f.; *Zetzsche,* AG 2020, S. 637, 639.

2713 RL 2017/828/EU v. 17.05.2017, L 132/1, S. 9 f.; *Zetzsche,* AG 2020, S. 637, 639.

2714 *Rüthers/Fischer/Birk,* Rn. 770 ff.

Schließlich verkompliziert die Begründung, dass allein die Existenz von sektorspezifischen Regelungen eine Anwendung der Richtlinie nicht ausschließe und beide Richtlinien, wenn die sektorspezifische Regelung spezieller ist, nebeneinander angewandt werden müssten,[2715] die Konkurrenzregelung. Es ist nun ein Abgleich mit der jeweiligen Reichweite der spezielleren Norm durchzuführen und festzulegen, ob die Reichweite eine zusätzliche Anwendung der auf der Richtlinie basierenden Regelung zulässt.

Inwiefern die Konkurrenz mit der sektorspezifischen Regelung tatsächlich Probleme aufwirft, wird sich letztlich erst bei der Anwendung der nationalen Umsetzungsgesetze in der Praxis zeigen.

bb) Lösungsansätze auf deutscher Ebene

Im ARUG II findet sich keine weitergehende Regelung zur Lösung der Konkurrenzproblematik auf nationaler Ebene, sodass auch hier nicht von einer Lösung des Gesetzgebers für dieses Problemfelds gesprochen werden kann.[2716] So wird auch in der einschlägigen Literatur zu ARUG II nachdrücklich auf das Vorliegen bereits bestehender verbindlicher und teils widersprechender Offenlegungspflichten verwiesen.[2717] Dennoch wird man diese Problematik nicht als gänzlich ungelöst ansehen brauchen: Aufgrund der Regelung der Richtlinie lässt sich im Wege einer richtlinienkonformen Auslegung annehmen, dass der europäische Gesetzgeber eine ähnliche Konkurrenzregelung auch auf nationaler Ebene angestrebt hat.[2718] So ließe sich auch hier der von der Richtlinie vorgeschlagene Dreischritt vollziehen:

- Auch hier lässt sich die allgemeine *lex specialis* Regelung anwenden, sodass grundsätzlich die an spezielle Untergruppen gerichtete Regelung als vorrangig anzusehen ist, sofern sie ebenfalls Gesetzesqualität hat.[2719] Sofern es sich bei der Norm um eine untergesetzliche Verordnung handelt, wird ARUG II als Parlamentsgesetz vorrangig sein; insofern gilt der *lex superior* Grundsatz.[2720]
- Auch dies gilt natürlich nur, sofern ein Widerspruch zu den Regelungen des ARUG II besteht.
- Letztlich ist zu prüfen, ob durch die spezifische Regelung die allgemeine Regelung des ARUG II in Umsetzung der Richtlinie insgesamt gefährdet wird. Dies wird man bei weitergehenden Offenlegungsverpflichtungen nicht annehmen

2715 RL 2017/828/EU v. 17.05.2017, L 132/1, S. 9 f.

2716 *Baums*, ZHR 183 (2019), S. 605, 609.

2717 *Baums*, ZHR 183 (2019), S. 605, 609; siehe zu diesen auch mit weiteren Nachweisen oben S. 163.

2718 So auch gelöst von *Zetzsche*, AG 2020, S. 637, 639.

2719 Siehe dazu mit weiteren Nachweisen oben S. 313 f.

2720 Siehe dazu mit weiteren Nachweisen oben S. 313 f.

müssen, sodass, sofern es weitergehende speziellere Regelungen gibt, diese weiterhin Anwendungen finden können.

cc) Beispiellösung aus dem UK Stewardship Code 2020

Der Problematik konkurrierender Vorschriften sah sich auch der UK Stewardship Code 2020 ausgesetzt und hat diese in seinem Kodex aus dem Jahr 2020 explizit in einem Anhang adressiert: Darin wird darauf eingegangen, dass es selbstverständlich neben dem Kodex auch noch andere Berichtspflichten geben kann und diese nicht vollumfänglich mit dem Reporting unter dem UK Stewardship Code 2020 abgedeckt werden können.[2721] Im Folgenden bietet der UK Stewardship Code 2020 eine Kurzübersicht der weiteren Berichtspflichten für die typischen Untergruppen institutioneller Anleger, deren Inhalte und dem entsprechend zuständigen Regulierenden.[2722] Diese Vorgehensweise löst zwar Konkurrenzthemen mit anderen Berichtspflichten nicht auf, allerdings ist das Vorgehen insofern zu begrüßen, als dass es ein Bewusstsein für mögliche Konflikte schafft und den Unterzeichnenden zudem eine Hilfestellung bietet, um weiter zu prüfen, welche anderen Pflichten auch noch in Frage kommen.

b) Die Notwendigkeit und Vorteile einer allgemeinen Regelung

Die Problematik des Anwendungskonflikts sollte nicht den Blick dafür verstellen, dass eine allgemeine an „institutionelle Anleger" gerichtete Regelung positive Aspekte hat, da damit z. B. hypothetisch auch noch neue Anleger dieser Gruppe der Regelung unterfallen könnten, die bis zu diesem Zeitpunkt noch nicht existierten oder bekannt waren. Diesem grundsätzlich positiven Argument stehen aber die engen Definitionen institutioneller Anleger und Vermögensverwalter im neuen Art. 2 e) Aktionärsrechterichtlinie 2017, bzw. im neuen § 134a AktG entgegen: Trotz der Verwendung des Oberbegriffs „institutioneller Anleger" umfasst die Definition der Richtlinie, bzw. des ARUG II letztlich nur drei eng umgrenzte Anlegergruppen.[2723] Positiver Aspekt der Gesamtregelung ist insofern zum einen die Symbolkraft, indem dem Markt gezeigt wird, dass auch auf europäischer Ebene etwas im Nachgang zur Weltwirtschaftskrise getan wurde.[2724] Damit folgt die Richtlinie zum einen einem internationalen Trend;[2725] zum anderen kann es positive Auswirkungen aber auf die Märkte im Sinne eines psychologischen Effekts haben und zudem wird auf diese Weise verhindert, dass in jede sektorspezifische Norm der gleiche

---

2721 *FRC,* Stewardship Code 2020, S. 30 ff.

2722 *FRC,* Stewardship Code 2020, S. 30 ff.

2723 Siehe dazu mit weiteren Nachweisen oben S. 127 ff.

2724 Als *„window dressing"* bezeichnend: *Freitag*, AG 2014, S. 647, 655; *Zetzsche,* AG 2020, S. 637,639.

2725 *Zetzsche,* FS Baums, S. 1505, 1510 f.

Text eingefügt werden muss, was natürlich effizienter ist.[2726] *Zetzsche* weist zudem auf das eher formelle – aber nicht von der Hand zu weisende – Argument hin, dass auf diese Weise der Rechtscharakter als privatrechtliches Gesellschaftsrecht erhalten bleibt, wohingegen eine Umsetzung in den sektorspezifischen Regelungen möglicherweise zu einer Regelung im öffentlichen Recht geführt hätte, was zumindest vom europäischen Gesetzgeber so nicht intendiert war.[2727]

Eine Aufstellung sämtlicher bestehender Regelungen für die Anlegergruppen wäre – ähnlich derer im UK Stewardship Code 2020[2728] sicherlich auch in Deutschland hilfreich, aber ist vom Gesetzgeber – anders als vom Financial Reporting Council als Wirtschaftsorganisation – voraussichtlich nicht zu erwarten.

4. Vereinbarkeit der Aktionärsrechterichtlinie 2017 und ARUG II mit allgemeinen Rechtsprinzipien und höherrangigem Recht – insbesondere dem Gleichbehandlungsgrundsatz

a) Vereinbarkeit der Aktionärsrechterichtlinie 2017 mit höherrangigem Recht

Einer der bereits im Gesetzgebungsprozess genannten Kritikpunkte war, dass eine Regelung, die speziell die Anlegergruppe der institutionellen Anleger betreffe, mit dem Gleichbehandlungsgrundsatz im Recht der Publikumsgesellschaften[2729] nicht vereinbar sei.[2730] Träfe der Vorwurf zu, so wäre er auf eine Regelung anwendbar, die wie die vorliegende institutionellen Anlegern gegenüber allen anderen Aktionären zusätzliche Transparenzvorschriften auferlegt.[2731]

Rechtsprechung zu einem europäischen Gleichbehandlungsgrundsatz der Aktionäre gibt es nicht.[2732] Eine Kodifizierung des Gleichbehandlungsgrundsatzes in

---

2726 *Zetzsche*, AG 2020, S. 637, 639.

2727 *Zetzsche*, AG 2020, S. 637, 639.

2728 Siehe dazu mit weiteren Nachweisen oben, S. 315.

2729 Bei der Beantwortung der Frage ist zu differenzieren: Sie muss für die europäische Ebene und die Umsetzbarkeit der Richtlinie in Deutschland und Großbritannien separat beantwortet werden, da unterschiedliche Rechtsordnungen unterschiedliche Anforderungen an den Gesetzgeber stellen können. An dieser Stelle soll sich nur auf die europäische Ebene bezogen werden, da ansonsten die Umsetzungsgesetzgebung an den nationalen Voraussetzungen zu messen ist.

2730 *Fleischer/Strothotte*, AG 2011, S. 221, 227; siehe zu dieser Grenze der Aktivität bereits die Ausführungen zum Gleichbehandlungsgrundsatz der Aktionäre, mit weiteren Nachweisen oben S. 222 f.; ausführliche Diskussion auch bei *Faure*, S. 191 ff.

2731 *Fleischer/Strothotte*, AG 2011, S. 221, 227.

2732 *Verse*, Gleichbehandlungsgrundsatz, S. 94.

europäischen Richtlinien findet sich allerdings in Art. 85 der Richtlinie 2017/1132/EU[2733] und in Art. 17 Abs. 1 der Richtlinie 2004/109/EG[2734]. Bei beiden Normen handelt es sich allerdings um europäisches Sekundärrecht, das zwar die Mitgliedstaaten bindet, aber den europäischen Gesetzgeber selbst gerade nicht in seinem Gestaltungsspielraum beschränkt, dieser ist allein am primären Unionsrecht zu messen.[2735] Es eignet sich somit nicht als Maßstab für spätere Gesetzgebungsakte, wie die Aktionärsrechterichtlinie 2017;[2736] allenfalls könnten beide Richtlinien einen allgemeinen Grundsatz der Gleichbehandlungspflicht für Aktionäre begründen: Dies widerspräche aber dem bewusst eingeschränkten Anwendungsbereich der Richtlinien (persönlich und sachlich).[2737] Inwiefern Ungleichbehandlungen durch weitere europäische Rechtssetzungsakte zulässig sind, könnte allenfalls an darüberstehendem europäischem Recht gemessen werden, wie z. B. an den Verträgen oder auch ggf. an der europäischen Grundrechtecharta, und von Organen oder Mitgliedstaaten im Rahmen eines Vertragsverletzungsverfahrens oder im Rahmen einer Klage vor dem EUGMR oder Ähnliches thematisiert werden.[2738] Eine solche direkte Pflicht zur Gleichbehandlung der Aktionäre nach dem europäischen Primärrecht ist allerdings nicht ersichtlich.

b) Kollisionen im deutschen Recht mit höherrangigem Recht

Die entsprechenden europäischen Regelungen werden im deutschen Recht vor allem in § 53a AktG reflektiert, wobei diese Norm anerkanntermaßen lediglich klarstellende Natur hat und bereits vor ihrer Einführung ein solches allgemeines Rechtsprinzip im Aktienrecht anerkannt war.[2739] Wird nun in Deutschland eine Regelung geschaffen, die in Abweichung von dieser üblichen Gleichbehandlung eine bestimmte Anlegerklasse anders behandelt, so ist diese Regelung selbstverständlich nicht an dem einfachgesetzlichen § 53a AktG selbst zu messen, wohl aber an den allgemeinen, den deutschen Gesetzgeber bindenden grundgesetzlichen Regelungen in Art. 3 I GG.[2740] Von der Gesetzesbegründung wird eine mögliche Kollision mit diesem Grundsatz nicht angesprochen, allerdings wird angesichts der europäischen Richtliniengrundlage und der damit begründeten Sonderstellung

2733 RL 2017/1132 v. 14.06.2017, Abl. 2017 L 169/46, Art. 85.

2734 RL 2004/109/EG v. 15.12.2004, Abl. 2004, L 390/38, Art. 17.

2735 Callies/Ruffert-*Ruffert,* EUV/AEUV, Art. 288 AEUV, Rn. 8.

2736 Callies/Ruffert-*Ruffert,* EUV/AEUV, Art. 288 AEUV, Rn. 8.

2737 RL 2004/109/EG v. 15.12.2004, Abl. 2004, L 390/38, Art. 17 gilt speziell für *„Emittenten von Aktien“* und RL 2017/1132 v. 14.06.2017, Abl. 2017 L 169/46, Art. 85 spricht von *„für die Anwendung dieses Kapitels“.*

2738 Callies/Ruffert-*Ruffert,* EUV/AEUV, Art. 288 AEUV, Rn. 8.

2739 Siehe zu dieser Norm und dem Gleichbehandlungsgrundsatz im deutschen Aktienrecht bereits ausführlich S. 225 ff. sowie bei *Faure,* S. 191 f.

2740 MüKo-AktG, Bd. 2, *Götze,* § 53a, Rn. 3.

institutioneller Anleger jedoch eine sachliche Rechtfertigung einer Ungleichbehandlung dem Grunde nach zu rechtfertigen sein, wobei – wie bereits oben ausgeführt – eine ausführlichere empirische Grundlage für die besondere Inanspruchnahme institutioneller Anleger gegenüber anderen Aktionären gerade auch in diesem Kontext wünschenswert und vertiefenswert wäre.[2741]

5. Überzeugungskraft der Richtlinien- bzw. Gesetzesbegründung ARUG II und Vereinbarkeit mit allgemeinen an sie gestellten Voraussetzungen

a) Wesentlicher Inhalt der Richtlinienbegründung und Kurzanalyse

aa) Formale Voraussetzungen einer ordnungsgemäßen Begründung einer Richtlinie

Die nach Art. 296 Abs. 2 AEUV erforderliche Gesetzesbegründung ist am Ende wesentlich länger ausgefallen, als dies im Vorschlag vorgesehen war.[2742] Bezüglich des Richtlinienvorschlags 2014 gab es eine weitere Begründung (dem Vorschlag vorangestellt)[2743] und die vorgeschlagene Begründung für die Richtlinie (im Vorschlag selbst)[2744], die sich aber inhaltlich ähnelten. Darüber finden sich zusätzliche

---

2741 Siehe zur verbesserungsbedürftigen empirischen Grundlage bereits ausführlich mit weiteren Nachweisen oben S. 41 ff. sowie allgemein *Zöllner/Noack*, AktG, *Zetzsche*, § 135, Rn. 15.

2742 Dies zeigt sich bereits rein quantitativ daran, dass die Begründung im Vorschlag (*Europäische Kommission,* Vorschlag für eine Richtlinie des Europäischen Parlaments und des Rates zur Änderung der Richtlinie 2007/36/EG im Hinblick auf die Förderung der langfristigen Einbeziehung der Aktionäre sowie der Richtlinie 2013/34/EU in Bezug auf bestimmte Elemente der Erklärung zur Unternehmensführung – KOM(2014) 213 endg.) lediglich 24 Randziffern umfasst, wohingegen die finale Richtlinienbegründung (RL 2017/828/EU v. 17.05.2017, L 132/1-L132/10) 57 Randziffern ausmacht.

2743 *Europäische Kommission,* Vorschlag für eine Richtlinie des Europäischen Parlaments und des Rates zur Änderung der Richtlinie 2007/36/EG im Hinblick auf die Förderung der langfristigen Einbeziehung der Aktionäre sowie der Richtlinie 2013/34/EU in Bezug auf bestimmte Elemente der Erklärung zur Unternehmensführung – KOM(2014) 213 endg., S. 2 ff.

2744 *Europäische Kommission,* Vorschlag für eine Richtlinie des Europäischen Parlaments und des Rates zur Änderung der Richtlinie 2007/36/EG im Hinblick auf die Förderung der langfristigen Einbeziehung der Aktionäre sowie der Richtlinie 2013/34/EU in Bezug auf bestimmte Elemente der Erklärung zur Unternehmensführung – KOM(2014) 213 endg., S. 13 ff.

Begründungsansätze in der „*Zusammenfassung der Folgenabschätzung*“[2745] sowie im Aktionsplan aus dem Jahr 2012[2746].

In Art. 296 Abs. 2 AEUV gibt es keine ausdrücklichen Anforderungen an eine ordnungsgemäße Gesetzesbegründung: Durch die Rechtsprechung des EuGH zu dieser Norm und ihrer Vorgängernorm im EGV (Art. 253 EGV) ist über die Jahre ein Anforderungsprofil entstanden.[2747] Die Begründung muss danach Teil des Rechtsakts sein.[2748] Dieser Anforderung wurde hier mit den 57 Randziffern zu den Gründen innerhalb des Änderungsvorschlags[2749] entsprochen.

Darüber hinaus ist erforderlich, dass der Rechtsakt die wichtigsten rechtlichen und tatsächlichen Erwägungen erkennen lässt.[2750] Insbesondere ist es üblich, aber nicht zwingend ausdrücklich notwendig,[2751] die Rechtsgrundlage zu zitieren.[2752] Dem wird die Aktionärsrechterichtlinie 2017 mit einem Verweis auf Art. 50 und 114 AEUV direkt zu Beginn des Texts gerecht.[2753]

Der Rest der Begründung ist daran zu messen, ob er die Überlegungen, die der Maßnahme zugrunde liegen, klar und eindeutig darstellt.[2754] Diese Anforderung resultiert aus dem Zweck der Begründungspflicht, der im Schutz der Rechte der von dem Rechtsakt Betroffenen besteht.[2755] Eine Begründung ist dann klar und eindeutig, wenn der Betroffene dadurch in die Lage versetzt wird, seine Rechte zu verstehen und in Anspruch zu nehmen.[2756] Der gegebenenfalls prüfende

2745 *Europäische Kommission,* Folgenabschätzung – SWD(2014) 126 endg.

2746 *Europäische Kommission,* Aktionsplan: Europäisches Gesellschaftsrecht und Corporate Governance – ein moderner Rechtsrahmen für engagiertere Aktionäre und besser überlebensfähige Unternehmen – KOM(2012) 740, S. 9 f.

2747 Streinz/Miehl/*Gellermann, EUV/AEUV,* Art. 296 AEUV, Rn. 6 (dabei sei die Art der Regelung (hier: Richtlinie) zu berücksichtigen).

2748 EuGH, Rs. C-291/9 (Sarrió), Slg. 2000, I 9991 Rn. 73–95.

2749 RL 2017/828/EU v. 17.05.2017, L 132/1, Rn. 1–10.

2750 EuGH, Rs. 240/82 (Stichting u.a./Kommission), Slg. 1985, 3831 Rn. 8; Rs. C-278/95 (P. Siemens S.A./Kommission), Slg. 1997, I 2507 Rn. 16; EuG, Rs. T-224/95, (Tremblay u.a./Kommission), Slg. 1997, II-2215 Rn. 57.

2751 EuGH, Rs. 45/86 (Kommission/Rat), Slg. 1987, 1493 Rn. 9; EuG, Rs. T-308/05, (Italien/Kommission), Slg. 2007, II-5089 Rn. 124.

2752 EuGH, Rs. 203/86 (Spanien/Rat), Slg. 1988, 4563 Rn. 36 ff.; Rs. C-325/91 (Frankreich/Kommission), Slg. 1993, I-3283 Rn. 26; eingehend GA Kokott, SchlA Rs. C-333/07 (Régie Networks), Slg. 2008, I-10 807 Nr. 74 ff.

2753 RL 2017/828/EU v. 17.05.2017, L 132/1, Rn. 1.

2754 EuGH, Rs. C-244/95, Moskof, Slg. 1997, I-6441 Rn. 57; Rs. C-501/00, Spanien/Kommission, Slg. 2004, I-6717 Rn. 73; Rs. C-390/06, Nuova Agricast, Slg. 2008, I-2577 Rn. 70; Rs. C-494/06 P, Kommission/Italien und Wam, Slg. 2009, I-3639 Rn. 48.

2755 Streinz/Miehl/*Gellermann, EUV/AEUV,* Art. 296 AEUV, Rn. 5.

2756 Streinz/Miehl/*Gellermann, EUV/AEUV,* Art. 296 AEUV, Rn. 7.

Unionsrichter soll daraufhin die Begründung auch zur Prüfung der Rechtmäßigkeit des Rechtsakts heranziehen können.[2757] Je nach Stärke der Betroffenheit Einzelner muss die Begründung ausführlicher oder – wie hier im Fall einer Richtlinie – weniger ausführlich ausfallen.[2758] Auch dieser formalen Anforderung des Umfangs der Begründung entspricht die Richtlinie in Bezug auf die hier thematisierten Offenlegungspflichten mit ihren mehrseitigen Ausführungen zur Motivation für die Regulierung institutioneller Anleger: Die Begründung entspricht somit den oben aufgeführten formalen Anforderungen an Begründungen für eine neue europäische Richtlinie.

bb) Der historische Ausgangspunkt der Richtlinienbegründung

Die Richtlinienbegründung beginnt mit einer historischen Darlegung mit Verweis auf die Finanzkrise und einer Anknüpfung an die zu ändernde Aktionärsrechterichtlinie 2007.[2759] Als Probleme werden die zu starke Ausrichtung des Managements und der Aktionäre auf kurzfristige Gewinne und eine unzureichende Überwachung des Managements durch die Aktionäre identifiziert.[2760] Als Folge drohten eine unzureichende Corporate Governance und Wertentwicklung.[2761]

Der Ausgangspunkt der Begründung ist mit dem bisher generell nicht zufriedenstellenden Engagement der Aktionäre sehr allgemein gehalten und wird dem Grunde nach so auch in aktuellen juristischen und wirtschaftswissenschaftlichen Publikationen vertreten, ist aber keineswegs unumstritten.[2762] Der Verweis auf die mangelnde Berücksichtigung der langfristigen Entwicklung und der Fundamentaldaten entspricht auch den in den vergangenen Jahren durchgeführten OECD-Studien.[2763] Allerdings sieht gerade die OECD-Studie aus dem Jahr 2011 die Situation differenzierter und gibt zu bedenken, dass auch manche Stimmen vor einer übermäßigen Einmischung durch institutionelle Anleger warnen und

---

2757 Streinz/Miehl/*Gellermann, EUV/AEUV*, Art. 296 AEUV, Rn. 7.

2758 Streinz/Miehl/*Gellermann, EUV/AEUV*, Art. 296 AEUV, Rn. 6.

2759 RL 2017/828/EU v. 17.05.2017, L 132/1, Rn. 1, 2.

2760 RL 2017/828/EU v. 17.05.2017, L 132/1, Rn. 2.

2761 RL 2017/828/EU v. 17.05.2017, L 132/1, Rn. 2.

2762 Walker Review, S. 29; *Gong*, S. 11 ff.; *Bebchuk*, Harvard Law Review 2005, S. 833, passim; a. A. für das deutsche Recht: *Wilsing*, ZGR 2012, S. 291, 301; differenzierend: *Fleischer/Strothotte*, AG 2011, S. 221, passim.

2763 *OECD*, The Role of Institutional Investors in Promoting Good Corporate Governance, S. 20 f.; *Europäische Kommission*, Vorschlag für eine Richtlinie des Europäischen Parlaments und des Rates zur Änderung der Richtlinie 2007/36/EG im Hinblick auf die Förderung der langfristigen Einbeziehung der Aktionäre sowie der Richtlinie 2013/34/EU in Bezug auf bestimmte Elemente der Erklärung zur Unternehmensführung – KOM(2014) 213 endg., S. 5.

speziell deren Druck in Bezug auf Kurzfristigkeit kritisieren.[2764] Diese Differenzierung wird in der Begründung nicht thematisiert und wäre notwendig gewesen.

cc) Die wesentlichen Ziele der Regulierung durch die Richtlinie und ihre Begründung

In der Begründung findet sich der Hinweis, dass die Kommission mit ihrem Aktionsplan aus dem Jahr 2012[2765] Maßnahmen angekündigt habe, um diesen Entwicklungen entgegenzuwirken. Erklärte Ziele seien vor allem die langfristige Mitwirkung der Aktionäre und mehr Transparenz zwischen Unternehmen und Anlegern.[2766] Somit wird zwischen dem quantitativen Ziel eines vermehrten Engagements im Beteiligungsunternehmen und der qualitativen Forderung nach langfristigem Engagement differenziert.

Später folgt der für diese Arbeit relevante Erklärungsversuch für das Erfordernis einer vermehrten Aktivität von Anlegern: Da das Corporate-Governance-System von Gesellschaften maßgeblich von einem ausgewogenen System der Kontrolle zwischen den verschiedenen Interessenträgern und Organen abhänge, sei die Mitwirkung der Aktionäre besonders entscheidend.[2767] Die Begründung setzt – ohne die Nennung weiterer Quellen – voraus, dass eine stärkere Einbeziehung dazu beiträgt, dass die Leistung des Unternehmens sowohl in finanzieller als auch ökologischer, sozialer und anderer nichtfinanzieller Sicht verbessert wird.[2768] Dabei verweist die Richtlinie auf die Grundsätze für verantwortungsvolle Investitionen der Vereinten Nationen.[2769]

Die Einbindung weiterer Interessenträger sei entscheidend für ein auf Langfristigkeit ausgerichtetes Handeln der Gesellschaft.[2770] Dieser letzte Punkt entspricht im Wesentlichen dem des ökonomischen Stakeholder-Value-Ansatzes,[2771] ohne sich ausdrücklich auf diesen oder seine Vertreter zu beziehen. Bereits oben wurde ausgeführt, dass dieser nicht unumstritten ist, aber in der wirtschaftswissenschaftlichen Forschung viele Befürworter hat.[2772] Da im Ganzen dennoch die Aktivitäten der Aktionäre im Vordergrund stehen, kann man den der Aktionärsrechterichtlinie 2017 zugrunde liegenden Ansatz mit dem bereits oben dargestellten sogenannten

---

2764 *OECD,* The Role of Institutional Investors in Promoting Good Corporate Governance, S. 21.

2765 *Europäische Kommission,* Aktionsplan Modernisierung des Gesellschaftsrechts – KOM(2003) 284, endg.

2766 RL 2017/828/EU v. 17.05.2017, L 132/1, Rn. 3.

2767 RL 2017/828/EU v. 17.05.2017, L 132/1, Rn. 14.

2768 RL 2017/828/EU v. 17.05.2017, L 132/1, Rn. 14.

2769 *PRI Initiative* – Principles for Responsible Investment.

2770 RL 2017/828/EU v. 17.05.2017, L 132/1, Rn. 14.

2771 Vgl. dazu oben mit weiteren Nachweisen S. 23 ff.

2772 Vgl. dazu oben mit weiteren Nachweisen S. 23 ff.

Enlightened-Shareholder-Value-Ansatz[2773] als Mischform im britischen Gesellschaftsrecht vergleichen. Insofern wäre es wünschenswert gewesen, wenn die Richtlinienbegründung diese wirtschaftswissenschaftliche Grundlage klarer herausgearbeitet hätte. Auch ein Blick auf die vorangegangenen Grünbücher und Befragungen ist an dieser Stelle nicht sehr ergiebig: Es taucht lediglich einmal auf, dass eine vermehrte Kontrolle durch die Aktionäre die Unternehmensführungen zu besserem Verhalten anreizen könnte.[2774] Betrachtet man die derzeitige wirtschaftswissenschaftliche Forschung in diesem Bereich, so gilt der Zusammenhang zwischen einem „Mehr" an Aktivität der Aktionäre und einer besseren Corporate Governance keinesfalls als gesichert[2775] und bedarf weiterer empirischer Untermauerung.[2776] Dies kann beginnen mit der sehr allgemeinen Frage, was als „gute Corporate Governance" anzusehen ist. Die Antworten dazu sind, abhängig von der jeweiligen Forschungsrichtung, vielfältig.[2777] Ein Hinweis darauf, welche Annahmen der Entscheidung der Kommission zugrunde liegen, würde zu zusätzlicher Transparenz beitragen. Weiterhin müsste untersucht werden, welchen Einfluss ein Aktionärsengagement konkret auf die Corporate Governance hat. Auch hierzu schweigt die Begründung. Empirische Belege werden nicht bemüht oder zitiert. Probleme und Fragen, wie der Einfluss eigennützigen Verhaltens der Aktionäre, werden gar nicht aufgeworfen. Nicht zwingend ist anzunehmen, dass jedes Interesse des institutionellen Anlegers zugleich das Interesse des Beteiligungsunternehmens ist.

dd) Begründung in Bezug auf die Adressaten der Richtlinie

Die Begründung geht ferner auf die Adressaten, namentlich institutionelle Anleger und Vermögensverwalter, ein.[2778] Es wird ohne weitere Belege festgestellt, dass diese oft „bedeutende Aktionäre" börsennotierter Gesellschaften in der Union seien und darum eine wichtige Rolle in dem System der gegenseitigen Kontrolle spielten.[2779] Im Grundlagenteil wurde bereits ausgeführt, dass dieser Feststellung zugestimmt werden kann, da institutionelle Anleger grundsätzlich eine relevante Rolle im Unternehmen spielen.[2780] Zu berücksichtigen ist, dass die oben zitierten Studien teilweise mit einer anderen Definition vom „institutionellen Anleger" arbeiten als die Aktionärsrechterichtlinie 2017 – so kann es sein, dass die

2773 Vgl. dazu oben mit weiteren Nachweisen S. 23 ff.

2774 *Europäische Kommission*, Grünbuch – Corporate Governance in Finanzinstituten und Vergütungspolitik – KOM (2010) 284 endg., S. 18.

2775 Vgl. dazu oben mit weiteren Nachweisen S. 41 ff.

2776 Vgl. dazu oben mit weiteren Nachweisen S. 41 ff.

2777 Vgl. dazu oben mit weiteren Nachweisen S. 23 f.

2778 RL 2017/828/EU v. 17.05.2017, L 132/1, Rn. 15.

2779 RL 2017/828/EU v. 17.05.2017, L 132/1, Rn. 15.

2780 Vgl. oben mit weiteren Nachweisen S. 76 ff.

Bedeutung der von der Richtlinie umfassten Gruppen nicht ganz so ausgeprägt ist, wie die Statistiken es auf den ersten Blick erscheinen lassen.[2781] Abgesehen von der „grundsätzlichen Bedeutung" für Unternehmen liefert die Aktionärsrechterichtlinie 2017 allerdings keine Gründe, warum es gerade institutionelle Anleger und Vermögensverwalter sein sollen, die die Corporate Governance eines Unternehmens positiv beeinflussen.[2782]

Die Langfristigkeit als Argument für das Regulierungsbedürfnis von institutionellen Anlegern steht zudem in einem logischen Konflikt mit der Auswahl der Regulierungsobjekte, namentlich der „traditionellen" Anleger wie Pensionsfonds und Lebensversicherer[2783]: Eines der tragenden Argumente dafür ist nämlich, dass diese beiden Anlegerkategorien üblicherweise gerade einen längerfristigen Anlagehorizont hätten und sich damit insbesondere für ein Engagement im Beteiligungsunternehmen eigneten.[2784] Gerade dies träfe aber der Richtlinie zufolge gerade noch nicht zu, da die Anleger einerseits bereits „bedeutende Aktionäre" seien, sich aber grundsätzlich zu wenig einbrächten.[2785] Wenn eine solche Prädestinierung für das Engagement bei den klassischen Institutionellen vorläge, dürfte sich das Problem im Grunde gar nicht ergeben. Dem lässt sich allerdings mit dem Argument zugunsten der Aktionärsrechterichtlinie 2017 entgegentreten, dass in diesen Anlegern eine langfristige Anlagestrategie bereits angelegt ist, aber durch adverse Anreize derzeit nicht ausgelebt werden kann und darum im Einzelfall aber durch Regulierungsbestrebungen erst hervorgerufen werden muss.[2786]

Interessant ist darüber hinaus, dass die Begründung nicht zur Auswahl der Beschaffenheit des Adressatenkreises Stellung bezieht: Zwar wird auf die Bedeutung der institutionellen Anleger kurz in der Begründung eingegangen, indes wird der Vorschlag für die Definition in einem neuen Art. 2 e) Aktionärsrechterichtlinie 2017 nicht weiter begründet[2787] – dies ist insofern erstaunlich, als eine 2013 erschienene Studie gerade zeigt, dass die Einflussfähigkeiten der verschiedenen Investorenarten sehr unterschiedlich wahrgenommen werden.[2788] Gerade der Einfluss der durch den Vorschlag nicht erfassten Private-Equity-Investoren wird als mit am höchsten eingeschätzt, wohingegen Pensionsfonds und Versicherungsunternehmen, die vor allem zur Zielgruppe der diskutierten Neuregelungen gehören, nur eine schwache Rolle zugesprochen wird.[2789] Ob die Auswahl der Zielgruppe

2781 Vgl. oben mit weiteren Nachweisen S. 76 ff.

2782 RL 2017/828/EU v. 17.05.2017, L 132/1, Rn. 15.

2783 Zu diesen Anlegergruppen allgemein vgl. oben mit weiteren Nachweisen S. 57.

2784 Vgl. dazu oben S. 57.

2785 RL 2017/828/EU v. 17.05.2017, L 132/1, Rn. 15.

2786 RL 2017/828/EU v. 17.05.2017, L 132/1, Rn. 15.

2787 RL 2017/828/EU v. 17.05.2017, L 132/1, Rn. 15.

2788 *Nix/Chen,* S. 193 ff.

2789 *Nix/Chen,* S. 194.

nun auf einem anderen Erkenntnisstand der Kommission beruht oder diese andere Typen von institutionellen Anlegern bereits über alternative Normen als geregelt erachtet (es werden an anderer Stelle die OGAW-, AIFM-Richtlinie und die MiFID erwähnt)[2790], wäre an dieser Stelle wünschenswert gewesen.

Im Weiteren führt die Aktionärsrechterichtlinie 2017 aus, dass die Kapitalmärkte Druck auf die Gesellschaften ausübten, damit diese kurzfristige Erfolge brächten, was sich entsprechend negativ auf langfristige Investitionen, wie etwa Forschung und Entwicklung, und den langfristigen Erfolg des Unternehmens auswirke.[2791] Dies wirke sich letztlich auch negativ für die Anleger aus.[2792] Bereits aus der Formulierung, „es gäbe Anhaltspunkte", wird nicht ersichtlich, was genau diese Anhaltspunkte sind und was mit „Druck der Kapitalmärkte" überhaupt gemeint ist und wie er sich beispielsweise vom Interesse der Aktionäre unterscheidet, die durch die Richtlinie aktiviert werden sollen. Denkbar ist vielmehr, dass der Druck der Kapitalmärkte gerade durch das unzureichende Kaufinteresse an Aktien gestaltet wird, was wiederum das Interesse der Aktionäre zu sein scheint.

Nachvollziehbar hingegen ist das Argument, dass im Rahmen von kurzfristigen Anlagehorizonten die Investitionen in zukunftsgerichtete Unternehmensteile in den Hintergrund treten, was wiederum die langfristige Weiterentwicklung und damit auch den langfristigen Unternehmenserfolg gefährden kann.[2793]

ee) Begründung hinsichtlich der Veröffentlichung einer Mitwirkungspolitik als Mittel der Regulierung

Des Weiteren wird das Erfordernis einer Offenlegungspflicht in der Richtlinie weiter begründet: Es beginnt mit der – erneut nicht belegten – Feststellung, dass es institutionellen Anlegern und Vermögensverwaltern „oft an Transparenz mangele".[2794] Die Transparenz sei aber wünschenswert, da dadurch die „Endbegünstigten, wie künftige Rentner" mehr Informationen erhielten, um eine „optimale Anlageentscheidung" zu treffen.[2795] Dabei wird also angenommen, dass diese auf den von den Institutionellen veröffentlichten Informationen ihre Anlageentscheidung

2790 *Europäische Kommission,* Vorschlag für eine Richtlinie des Europäischen Parlaments und des Rates zur Änderung der Richtlinie 2007/36/EG im Hinblick auf die Förderung der langfristigen Einbeziehung der Aktionäre sowie der Richtlinie 2013/34/EU in Bezug auf bestimmte Elemente der Erklärung zur Unternehmensführung – KOM(2014) 213 endg., S. 3.

2791 RL 2017/828/EU v. 17.05.2017, L 132/1, Rn. 15.

2792 RL 2017/828/EU v. 17.05.2017, L 132/1, Rn. 15.

2793 RL 2017/828/EU v. 17.05.2017, L 132/1, Rn. 15.

2794 RL 2017/828/EU v. 17.05.2017, L 132/1, Rn. 16.

2795 RL 2017/828/EU v. 17.05.2017, L 132/1, Rn. 16.

basieren könnten.[2796] Zudem gründet die Überlegung auf der Annahme (ohne diese zu artikulieren), dass für die Endanleger engagiertere institutionelle Anleger auf jeden Fall besser sind.[2797] Warum nicht ein passiver Anleger, der beispielsweise allein durch seine Kauf- und Verkaufsentscheidungen Renditen für die Endanleger erzielt, genauso gut sein kann, erklärt die Begründung nicht. Dann wird der Schluss gezogen, dass die erforderliche Transparenz der institutionellen Anleger und Vermögensverwalter dadurch erreicht werden könne, dass diese eine Politik zur Mitwirkung der Aktionäre ausarbeiteten und öffentlich bekannt machten oder erklärten, warum sie sich dafür entschieden hätten, dies nicht zu tun.[2798] Als Inhalt der Mitwirkungspolitik nennt die Richtlinie: die Art und Weise der Integration der Mitwirkung in die Anlagestrategie, die gewählten Arten der Mitwirkung und ihren Umgang mit potenziellen Interessenkonflikten (insbesondere bei bestehenden Geschäftsbeziehungen).[2799] Unter Zugänglichmachen sei die öffentliche Onlineverfügbarkeit zu verstehen.[2800]

Aus der Begründung wird also nicht ersichtlich, wieso gerade diese Bestandteile der Mitwirkungspolitik gewählt wurden und was unter den möglichen Mitwirkungstätigkeiten verstanden wird, unter denen die Anleger wählen sollen.[2801] Genauso wenig ist erklärt, welche Lösungsansätze für die denkbaren Interessenkonflikte überhaupt in Frage kommen. Ebenfalls nicht beschrieben ist, wie konkret diese Mitwirkungspolitik ausgestaltet sein soll.

Die Begründungsansätze der Richtlinie bewegen sich vielmehr alle auf einem hohen Abstraktionsniveau, im Zweifel bleibt es also dem nationalen Gesetzgeber – oder falls dieser auch keine weitere Gestaltung übernimmt, dem Anwender – überlassen, die für die Unternehmen notwendige Konkretisierung der Anforderungen vorzunehmen.[2802] In gewissem Maße ähnelt diese geforderte Erklärung über die Mitwirkungspolitik der Erklärung, die in Großbritannien auch im Rahmen des UK Stewardship Code 2020 abgegeben werden muss:[2803] Auch dort haben die institutionellen Anleger und Vermögensverwalter zu veröffentlichen, inwiefern sie ihre *stewardship*-Aktivitäten durchführen wollen.[2804] Insofern bleibt jedenfalls die

2796 *Europäische Kommission*, Vorschlag für eine Richtlinie des Europäischen Parlaments und des Rates zur Änderung der Richtlinie 2007/36/EG im Hinblick auf die Förderung der langfristigen Einbeziehung der Aktionäre sowie der Richtlinie 2013/34/EU in Bezug auf bestimmte Elemente der Erklärung zur Unternehmensführung – KOM(2014) 213 endg., S. 14 f.

2797 RL 2017/828/EU v. 17.05.2017, L 132/1, Rn. 16.

2798 RL 2017/828/EU v. 17.05.2017, L 132/1, Rn. 17.

2799 RL 2017/828/EU v. 17.05.2017, L 132/1, Rn. 17.

2800 RL 2017/828/EU v. 17.05.2017, L 132/1, Rn. 17.

2801 RL 2017/828/EU v. 17.05.2017, L 132/1, Rn. 17.

2802 RL 2017/828/EU v. 17.05.2017, L 132/1, Rn. 15 ff.

2803 Vgl. dazu auch oben mit weiteren Nachweisen S. 98 ff.

2804 *FRC*, Stewardship Code 2020, insbesondere Principle 9–11.

Option, auf die mit diesem Kodex aus dem Jahr 2020, bzw. seinem Vorgänger, dem UK Stewardship Code 2012, in den vergangenen Jahren gesammelte Erfahrungen zurückzugreifen.[2805] Dort war im Rahmen der Evaluationen einer der Kritikpunkte die Unbestimmtheit der Begrifflichkeiten (wie z. B. die Definition von *stewardship*).[2806] Dies führte in einigen Fällen dazu, dass die Erklärung vielmehr zu einer *„box-ticking-exercise"*[2807] wurde, also der Abgabe einer ebenfalls sehr allgemeinen Erklärung, um lediglich *pro forma* die Voraussetzung zu erfüllen.[2808]

Diese Gefahr besteht im vorliegenden Fall ebenfalls. Inzwischen hat das britische Financial Reporting Council ein sogenanntes *tiering*-Verfahren eingeführt, um dem bloßen Ausfüllen pro forma entgegenzuwirken.[2809] Durch die Einordnung der Qualität der *stewardship*-Erklärung in drei Kategorien (die Unternehmen in der dritten Kategorie bekamen die Möglichkeit zur Nachbesserung oder galten danach als „Nicht-Unterzeichner") gab es danach eine deutlich sichtbare Qualitätssteigerung.[2810] Diese Entwicklungen sollte der europäische Gesetzgeber im Blick behalten. Insofern scheint sich die Begründung des Richtliniengebers durch den viele Jahre dauernden Gesetzgebungsprozess jedenfalls teilweise überholt zu haben.

ff) Begründung hinsichtlich der Offenlegung vergangener Aktivitäten

Neben der Offenlegung der „Vorsätze" für die Zukunft im Wege der Mitwirkungspolitik erläutert die Begründung der Richtlinie auch, dass von den institutionellen Anlegern und Vermögensverwaltern erwartet wird, dass sie über die Umsetzung dieser Pläne für die Vergangenheit berichten.[2811] Dies betrifft vor allem die Offenlegung ihrer Stimmrechtsausübung.[2812] Dem schon während des Gesetzgebungsprozesses mehrfach vorgebrachten Kritikpunkt des übermäßigen bürokratischen Aufwands[2813] tritt die Begründung unmittelbar entgegen: So solle dieser verringert werden, indem die Anleger bei „unbedeutenden Stimmabgaben" auf eine

2805 Siehe insbesondere zu den Unterschieden zum aktuellen Kodex aber auch zur Entwicklungsgeschichte einschließlich der Inhalte der Vorgängerversion aus dem Jahr 2012 oben mit weiteren Nachweisen S. 99 ff.

2806 *FRC,* Feedback Statement – UK Stewardship Code 2012, S. 1.

2807 *FRC,* Developments in Corporate Governance and Stewardship 2014, S. 1, 20 ff.

2808 *FRC,* Developments in Corporate Governance and Stewardship 2014, S. 20 ff.

2809 *FRC,* Developments in Corporate Governance and Stewardship 2016, S. 24; siehe dazu auch eingehender oben mit weiteren Nachweisen S. 110 ff.

2810 *FRC,* Developments in Corporate Governance and Stewardship 2016, S. 24 f.; siehe dazu auch eingehender oben mit weiteren Nachweisen S. 110 ff.

2811 RL 2017/828/EU v. 17.05.2017, L 132/1, Rn. 18.

2812 RL 2017/828/EU v. 17.05.2017, L 132/1, Rn. 18.

2813 Auf einen „absehbaren Regulierungs- und Bürokratieaufwand" verweisend z. B. *Freitag,* AG 2014, 647, 655.

Veröffentlichung verzichten dürften.[2814] Als Beispiele für „unbedeutende Stimmabgaben" nennt die Richtlinie rein verfahrenstechnische Abstimmungen oder Stimmabgaben für sehr geringere Anteile im Vergleich zu anderen Beteiligungen im Portfolio.[2815] Zudem wird gefordert, dass Anleger ihre eigenen Kriterien dafür festlegen sollten, welche Stimmabgaben bedeutend und welche unbedeutend sind.[2816] Obwohl es erfreulich ist, dass an dieser Stelle ein Versuch der Konkretisierung der Anforderungen getroffen wird, so wird die Einordnung, wann eine bedeutende Stimmabgabe und wann eine unbedeutende vorliegt, gerade in Grenzfällen schwierig bleiben.

gg) Die Begründung in Bezug auf die Langfristorientierung als Ziel

Schließlich geht die Begründung noch auf die Offenlegungspflicht bezüglich des Zusammenhangs zwischen der Anlagestrategie der institutionellen Anleger mit dem Profil und der Laufzeit ihrer Verbindlichkeiten ein.[2817] Dies wird damit begründet, dass ein mittel- bis langfristiger Ansatz wichtige Voraussetzung für eine verantwortungsbewusste Vermögensverwaltung sei.[2818] Weitere Nachweise zu dieser Feststellung oder ein Verweis auf empirische Belege dieser Annahme werden nicht angeführt.

Zudem sei eine Mitteilung der Anleger erforderlich, wie die Anlagestrategie gerade zu eben dieser angestrebten mittel- bis langfristigen Wertentwicklung der Vermögenswerte beitragen kann.[2819]

b) Gesetzesbegründung ARUG II

Eine ausdrückliche verfassungsrechtliche Begründungspflicht für Gesetze gibt es im deutschen Grundgesetz nicht und die wohl herrschende Ansicht in der Literatur scheint eine solche grundsätzliche ebenfalls abzulehnen.[2820] Allenfalls treffen die Initiativorgane nach ihren jeweiligen Geschäftsordnungen entsprechende Pflichten, die aber selbstredend keine Verfassungsqualität aufweisen und deren Verletzung nicht etwa zur Verfassungswidrigkeit des Gesetzes führen würde.[2821] Zudem stützt sich das Bundesverfassungsgericht in einigen spezifischen Urteilen

2814 RL 2017/828/EU v. 17.05.2017, L 132/1, Rn. 18; siehe dazu bereits oben mit weiteren Nachweisen ab S. 146 zur Regelung in der Aktionärsrechterichtlinie und oben mit weiteren Nachweisen ab S. 272 für die Umsetzung mit ARUG II.

2815 RL 2017/828/EU v. 17.05.2017, L 132/1, Rn. 18.

2816 RL 2017/828/EU v. 17.05.2017, L 132/1, Rn. 18.

2817 RL 2017/828/EU v. 17.05.2017, L 132/1, Rn. 19.

2818 RL 2017/828/EU v. 17.05.2017, L 132/1, Rn. 19.

2819 RL 2017/828/EU v. 17.05.2017, L 132/1, Rn. 19.

2820 Maunz/Dürig, *Bd. V, Kersten*, Art. 76 Rn. 22 m.w.N.; Hebeler, DÖV, S. 754 ff. m.w.N.

2821 *Hebeler*, DÖV, S. 755 f.

auf eine in dem jeweiligen Einzelfall unzureichende Begründung, ohne allerdings verallgemeinerbare Grundsätze aufzustellen.[2822] Diese Urteile lassen sich allerdings so nicht auf den vorliegenden Fall übertragen.

Vorliegend überrascht es allerdings nicht, dass der Gesetzesentwurf der Bundesregierung eine ausführliche Begründung enthält,[2823] da sich dies jedenfalls aus §§ 24, 26 GOBR ergibt.[2824] Zu begrüßen ist insoweit, dass die Begründung trotz der europarechtlichen Grundlage und der bereits in diesem Kontext erfolgten Begründung so ausführlich ausfällt und in Teilen auf die im Gesetzgebungsprozess aufgekommenen Bedenken eingeht und diese adressiert.[2825]

c) Zusammenfassende Stellungnahme

Zusammenfassend lässt sich sagen, dass die europäische Begründung zwar im Verhältnis zur wesentlich dünneren Argumentation, die noch im Vorschlag im Begründungsteil stand, durchaus die wesentlichen Punkte der Regulierung anspricht.[2826] Allerdings ist sie in weiten Teilen deskriptiv bezüglich der Missstände, anstatt eigentliche Gründe zu liefern für die Eignung der gewählten Maßnahme: Sie selbst wirkt vielmehr wie eine Pflichtübung.[2827] So wäre zum Beispiel bezüglich des Zusammenhangs zwischen der Transparenzpflicht und deren Auswirkungen auf das gewünschte Verhalten der Aktionäre eine weitergehende Erläuterung oder Bezugnahmen auf empirische Erkenntnisse wünschenswert gewesen.[2828] Auch wenn es sich grundsätzlich bei der Rechtsetzung um eine politische Entscheidung handelt, sollte in der Begründung doch die gedankliche und die empirische Basis der Erwägungen offengelegt werden.[2829] So wird nicht deutlich, was das eigentliche Ziel eines Unternehmens nach dieser Vorstellung sein soll, der kurze Verweis auf die *Stakeholder*-Orientierung wirkt – insbesondere im Verhältnis zu dem Aufwand, den die Offenlegungspflicht für die Adressaten bedeutet – sehr oberflächlich

2822 *Hebeler*, DÖV, S. 755 f.

2823 BT-Drucks. 19/9739, S. 32 ff.

2824 Maunz/Dürig, Bd. V, *Kersten*, Art. 76 Rn. 22 m.w.N.

2825 Siehe dazu die bereits ausführliche Analyse mit weiteren Nachweisen oben S. 258 ff.

2826 Siehe dazu die eben vorangegangene Analyse mit weiteren Nachweisen oben S. 318 ff.

2827 Siehe dazu die eben vorangegangene Analyse mit weiteren Nachweisen oben S. 318 ff.

2828 Siehe dazu die eben vorangegangene Analyse mit weiteren Nachweisen oben S. 320 ff.

2829 Siehe dazu die eben vorangegangene Analyse mit weiteren Nachweisen oben S. 320 ff.

und vage.[2830] Es wird auch an keiner Stelle deutlich, warum die Kommission zu dem Schluss kommt, dass eine vermehrte Aktivität der Anleger überhaupt wünschenswert ist.[2831]

Im Vergleich dazu ist die ausführlichere Gesetzesbegründung ARUG II, die so jedenfalls verfassungsprozessrechtlich nicht zwingend war, zumindest positiv wahrzunehmen.[2832] Unabhängig von einer Pflicht zur Gesetzesbegründung im Gesetzgebungsprozess wäre es aber auch hier vorzuziehen gewesen, wenn die o.g. Kritikpunkte an der europäischen Begründung jedenfalls bei der Umsetzung in Deutschland adressiert worden wären.[2833] Gerade im Hinblick auf andere verfassungsrechtliche Themen, wie etwa die Einhaltung des Gleichheitssatzes,[2834] hätten hier durchaus Ansatzpunkte für eine ausführlichere Behandlung dieser Themen gegeben.

6. Institutionelle Anleger als Adressaten der Aktionärsrechterichtlinie 2017 und ARUG II

Adressaten der Offenlegungspflichten der Aktionärsrechterichtlinie 2017 und des ARUG II sind institutionelle Anleger und Vermögensverwalter: Erfasst sind als institutionelle Anleger alle Lebensversicherer, Rückversicherer und Einrichtungen der betrieblichen Altersversorgung, die den entsprechenden europäischen Richtlinien unterfallen.[2835] Als Vermögensverwalter werden solche *Asset Manager* oder zugelassene Investmentgesellschaften adressiert, die

> *„eine Wertpapierfirma gemäß Artikel 4 Absatz 1 Nummer 1 der Richtlinie 2014/65/EU [sind], die Portfolioverwaltungsdienstleistungen für Anleger erbringt, ein AIFM (Verwalter alternativer Investmentfonds) im Sinne des Artikels 4 Absatz 1 Buchstabe b der Richtlinie 2011/61/EU, der die Bedingungen für eine Ausnahme gemäß Artikel 3 der genannten Richtlinie nicht erfüllt, oder eine Verwaltungsgesellschaft im Sinne des Artikels 2 Absatz 1 Buchstabe b der Richtlinie 2009/65/EG, oder eine gemäß der Richtlinie 2009/65/EG*

2830 Siehe dazu die eben vorangegangene Analyse mit weiteren Nachweisen oben S. 320 ff.; so z.B. auch K. Schmidt/Lutter/*Illhardt*, AktG, § 134a, Rn. 13.

2831 Siehe dazu die eben vorangegangene Analyse mit weiteren Nachweisen oben S. 320 ff.

2832 Siehe zu den verfassungsrechtlichen Voraussetzungen oben mit weiteren Nachweisen ab S. 326 und auch die ausführlichere Analyse der Argumente des deutschen Gesetzgebers bereits mit weiteren Nachweisen oben, S. 259 ff.

2833 Dies ist leider nur allenfalls an sehr wenigen Stellen erfolgt – siehe dazu allgemein die Analyse der weiteren Kritikpunkte mit weiteren Nachweisen, S. 293 ff.

2834 Siehe dazu bereits mit weiteren Nachweisen oben, S. 316 ff.

2835 Vgl. zur Definition allgemein mit weiteren Nachweisen auch oben S. 127.

zugelassene Investmentgesellschaft, sofern diese keine gemäß der genannten Richtlinie für ihre Verwaltung zugelassene Verwaltungsgesellschaft benannt hat".[2836]

a) Fehlende bzw. unzureichende Begründung für die Eingrenzung des Adressatenkreises

Die Definition institutioneller Anleger weicht damit von dem allgemeinen Verständnis – so es denn eines gibt – ab und umfasst nur wesentlich weniger Anlegerarten.[2837] Die Begründung für die gewählte Definition und damit die Eingrenzung des Adressatenkreises ist sowohl in der Begründung der Richtlinie als auch in der Begründung für das ARUG II dürftig.[2838] Es wird nicht erläutert, warum es gerade diese Anlegergruppen sind, die nun von der Richtlinie erfasst werden sollen, und warum nicht andere Anleger ebenfalls einen längeren Anlegerhorizont besitzen mögen.[2839]

So werden in der Literatur als weitere nicht umfasste Gruppen unter anderem Staatsfonds, Family Offices und Stiftungen genannt, die aus nicht weiter erläuterten Gründen keine Adressaten sind.[2840] Dies ist umso erstaunlicher, da Staats- und Infrastrukturfonds im Grünbuch aus dem Jahr 2013 sogar noch als Anleger mit langfristigem Anlagehorizont aufgezählt werden.[2841] Mit Nachdruck wird auch in der neueren Kommentarliteratur herausgestellt, dass ebenso, private Krankenversicherer, Unfall- und Schadensversicherer mit einem Anlagevolumen von ca. EUR 400 Mrd. ebenso nicht erfasst seien, gleiches gelte für weitere Institutionen der Altersversorgung wie die Pensionsrückstellungen der DAX-30-Unternehmen und berufsständische Versorgungswerke.[2842] Möglicherweise hat der Gesetzgeber Konflikte gescheut, da diese vermutlich versucht hätten, sich einer solchen Regulierung entgegenzusetzen.[2843] Aber da es weder in der Richtlinienbegründung

2836 Vgl. so die Definition im geänderten Art. 2 f) RL 2017/828/EU v. 17.05.2017, L 132/1. Auf diesen zweiten Adressatenkreis soll an dieser Stelle nur am Rande eingegangen werden, da sich die Arbeit vornehmlich mit „institutionellen Anlegern" im klassischen Sinne beschäftigt.

2837 Vgl. zur schwierigen Definition institutioneller Anleger bereits mit weiteren Nachweisen oben S. 52 ff.

2838 Vgl. dazu mit weiteren Nachweisen oben 127 f.

2839 Ein bereits zuvor geäußerter Kritikpunkt, so auch von *Zetzsche*, FS Baums, S. 1505, 1513 und nun auch bei Grigoleit/*Splinter*, AktG, § 134a, Rn. 22 ff.; *Zetzsche*, AG 2020, S. 637, 640.

2840 *Zetzsche*, FS Baums, S. 1505, S. 1513; *Zetzsche*, AG 2020, S. 637, 640.

2841 *Europäische Kommission*, Grünbuch Langfristige Finanzierung der Europäischen Wirtschaft – KOM(2013) 150 endg., S. 10.

2842 Grigoleit/*Splinter*, AktG, § 134 a, Rn. 22 ff.; *Zetzsche*, AG 2020, S. 637, 640.

2843 *Zetzsche*, FS Baums, S. 1505, S. 1513; K. Schmidt/Lutter/*Illhardt*, AktG, § 134a, Rn. 19.

noch in den Gesetzgebungsmaterialien wie dem Aktionsplan aus dem Jahr 2012[2844] Ausführungen zu der Auswahl gibt, lässt sich insofern nur spekulieren – in der Literatur wird diese Auslassung jedenfalls als „bedenklich“[2845] qualifiziert.[2846]

Schwer zu erklären ist, warum bestimmte Anlegergruppen in den Anwendungsbereich der Richtlinie einbezogen wurden, andere jedoch außen vor gelassen sind.[2847] Die Begründung der Aktionärsrechterichtlinie 2017 lässt diesbezüglich Raum für Spekulationen.[2848]

Bemerkenswert ist hinsichtlich der Auswahl der Adressaten vor allem zweierlei:[2849] Zum einen sind Kreditinstitute nicht erfasst, zum anderen unterfallen der Definition „institutioneller Anleger“ nur sehr bestimmte Arten von Versicherern.[2850]

In der Literatur werden dafür gleich mehrere mögliche Begründungsansätze geliefert – hinsichtlich des Außenvorlassens von Kreditinstituten wird zum einen auf den von diesen betriebenen Lobbyismus verwiesen, aber auch auf inhaltliche Gründe:[2851]

- Denn die Kreditinstitute legten keine fremden Gelder im eigentlichen Sinne am Kapitalmarkt an[2852] – womit sie im Übrigen auch nicht der hier gefundenen Definition „institutioneller Anleger“ unterfallen.[2853]
- Zudem hätten die Investitionen der Kreditwirtschaft in Unternehmen in den letzten Jahren (also im Nachgang zur Weltwirtschaftskrise) ohnehin abgenommen, sodass deren Bedeutung nicht mehr so groß sei.[2854]
- Schließlich sei aufgrund der durch eine zeitgleiche Kreditvergabe bestehenden Interessen der Banken eine Aktivität ohnehin wahrscheinlicher.[2855]

Diesen Erklärungsansätzen ist zuzustimmen: Insbesondere die Anlage fremder Gelder ist im Rahmen der theoretischen Begründung entscheidender Anknüpfungspunkt für eine gesonderte Regulierung der institutionellen Anleger.[2856]

2844 *Europäische Kommission,* Aktionsplan: Europäisches Gesellschaftsrecht und Corporate Governance – ein moderner Rechtsrahmen für engagiertere Aktionäre und besser überlebensfähige Unternehmen – KOM(2012) 740, S. 9 f.

2845 *Koch,* BKR 2020, S. 1, 3.

2846 *Koch,* BKR 2020, S. 1, 3; *Zetzsche,* AG 2020, S. 637, 640.

2847 Grigoleit/*Splinter,* AktG, § 134 a, Rn. 22 ff.; *Koch,* BKR 2020, S. 1, 3; *Zetzsche,* AG 2020, S. 637, 640.

2848 *Freitag,* AG 2014, S. 647, 650; *Koch,* BKR 2020, S. 1, 3.

2849 *Freitag,* AG 2014, S. 647, 650.

2850 *Freitag,* AG 2014, S. 647, 650; *Koch,* BKR 2020, S. 1, 3.

2851 *Freitag,* AG 2014, S. 647, 650, *Koch,* BKR 2020, S. 1, 3.

2852 *Freitag,* AG 2014, S. 647, 650.

2853 Vgl. dazu die oben gefundene Definition mit weiteren Nachweisen auf S. 64 ff.

2854 *Freitag,* AG 2014, S. 647, 650.

2855 *Freitag,* AG 2014, S. 647, 650.

2856 Siehe dazu bereits die Erläuterung mit weiteren Nachweisen oben S. 52 ff.

Durch das Investieren im eigenen Namen auf fremde Rechnung entsteht erst das oben herausgearbeitete doppelte Prinzipal-Agenten-Problem, also die zusätzliche Verantwortlichkeit gegenüber den Endanlegern.[2857] Wenn dagegen ohnehin ein eigenes Interesse auf Seiten der institutionellen Anleger besteht, etwa weil sie zugleich Fremdkapital für das Beteiligungsunternehmen zur Verfügung gestellt haben, ist das Risiko für eine rationale Apathie der Anleger ohnehin geringer.[2858] Der Vollständigkeit halber soll darauf hingewiesen werden, dass sich in der Gesetzesbegründung zum ARUG II allerdings jedenfalls eine Erläuterung findet, warum nicht Kreditinstitute als Vermögensverwalter einzuordnen sind und dass dabei auf das vorrangige individuelle Vertragsverhältnis verwiesen wird.[2859]

Ein weiterer Kritikpunkt ist die nur teilweise Einbeziehung von Versicherungsunternehmen in die Regulierung.[2860] Erfasst sind von der letztlich verabschiedeten Fassung der Aktionärsrechterichtlinie 2017 lediglich Lebensversicherer und Rückversicherer (sofern diese Lebensversicherungsbezug haben); ebenso vom ARUG II.[2861] *Freitag* vermutet diesbezüglich, dass andere ohnehin nicht als sogenannte Ankeraktionäre in Betracht kämen, da sie im Vergleich zu Lebensversicherern lediglich ein geringeres Anlagevolumen und einen kürzeren Anlagehorizont hätten.[2862]

Für bedenklich erachtet er hingegen die fehlende Differenzierung zwischen Risiko- und Kapitallebensversicherern.[2863] Denn bei Risikolebensversicherern könnte der Kerngedanke der Regulierung gar nicht greifen, da der Erfolg sich nicht auf den Endanleger transferieren lasse.[2864] Dieser erhalte ohnehin eine feste Prämie – unabhängig vom wirtschaftlichen Erfolg des Anlegers.[2865] Nur im Rahmen der Anlageentscheidung könnte der Kunde noch das nachhaltige und langfristige Denken des Anlegers berücksichtigen, und damit greife der wirtschaftliche Wirkmechanismus nur in wesentlich geringerem Maße.[2866] Dies ist ein durchaus nachvollziehbarer Kritikpunkt, allerdings erscheint auf den ersten Blick die fehlende – und damit aber auch vereinfachende – Differenzierung nicht per se schädlich und im Hinblick auf eine Verringerung des Bürokratieaufwands,

---

2857 Vgl. dazu auch schon oben mit weiteren Nachweisen S. 29 ff.

2858 *Freitag*, AG 2014, S. 647, 650.

2859 BT-Drucks. 19/9739, S. 100.

2860 *Freitag*, AG 2014, S. 647, 650; *Koch*, BKR 2020, S. 1, 3.

2861 Grigoleit/*Splinter*, AktG, § 134a, Rn. 13.

2862 *Freitag*, AG 2014, S. 647, 650.

2863 *Freitag*, AG 2014, S. 647, 650.

2864 *Freitag*, AG 2014, S. 647, 650.

2865 *Freitag*, AG 2014, S. 647, 650.

2866 *Freitag*, AG 2014, S. 647, 650.

die möglicherweise eine weitere Differenzierung mit sich bringen könnte, noch hinnehmbar.[2867]

Ferner wird in der Literatur kritisiert, dass es im Rahmen des Adressatenkreises unter Verhältnismäßgkeitsaspekten keine Einschränkung im Hinblick auf Mindestbeteiligungsquoten oder einen Mindestbeteiligungswert gebe.[2868]

Ein weiterer Kritikpunkt wird in der versicherungsrechtlichen Spezialliteratur in Bezug auf die fehlende Begründung zur Einbeziehung von Rückversicherern aufgeworfen – so würde bei der Gruppe der Lebensrückversicherer keine direkte vertragliche Beziehung zu den Endbegünstigten bestehen und die eigentliche Regulierungsbegründung – nämlich der Schutz der Interesse der Endbegünstigte und die Regulierungsmethode über das *Comply-Or-Explain*-Prinzip in dieser Hinsicht ins Leere laufen – insbesondere da die Endbegünstigten noch nicht einmal die Identität des Rückversicherers kennen würden.[2869]

b) Schwierig zu handhabende Definition aufgrund der Verweisungstechnik

Auch die Definition an sich macht es schwierig zu erfassen, wer eigentlich von der Normierung umfasst ist:[2870] Während die Verweisungstechnik im Rahmen des neuen Art. 2 lit. e) und f) Aktionärsrechterichtlinie 2017, bzw. des § 134a AktG, den Vorteil bringt, dass auf diese Weise eine Konsistenz zwischen den einzelnen Richtlinien hergestellt wird, birgt sie gleichzeitig das Risiko, die Feststellung des konkreten Anwendungsbereichs zu verkomplizieren.[2871]

c) Schaffung einer neuen Anlegerklasse?

Im Hinblick auf das europäische Gesellschaftsrecht als Ganzes betrachtet, ist es für die Regulierung ungewöhnlich, dass an dieser Stelle eine bestimmte Gruppe von Aktionären mit besonderen Pflichten versehen wird.[2872] Eine solche „Sonderbehandlung" ist beispielsweise im deutschen Gesellschaftsrecht sowohl im

2867 Siehe zum Bürokratieaufwand auch die Gesetzesbegründung in BT-Drucks. 19/9739, S. 125 ff. und die ausführliche Auseinandersetzung im Folgenden S. 337 ff.

2868 *Freitag*, AG 2014, S. 647, 651; *Bürkle*, VersR 2021, S. 1, 2.

2869 *Bürkle*, VersR 2021, S. 1, 3.

2870 *Tröger*, ZGR 2019, S. 126, 140; *Koch*, BKR 2020, S. 1, 3.

2871 *Tröger*, ZGR 2019, S. 126, 140; *Koch*, BKR 2020, S. 1, 3.

2872 Dieser Kritikpunkt wird häufig im Zusammenhang mit dem bereits oben genannten Kritikpunkt der Pflicht zur Gleichbehandlung der Aktionäre (mit weiteren Nachweisen oben S. 222 f., sowie S. 316 ff.) genannt, so zum Beispiel auch bei *Habersack*, Gutachten E: „Staatliche und nichtstaatliche Eingriffe in die Unternehmensführung", S. 88, der insofern ebenfalls auf § 53a AktG verweist.

Positiven[2873] als auch im Negativen[2874] eher unüblich. Noch im Aktionsplan äußerte sich die Kommission selbst sogar – wenn auch verhalten – positiv gegenüber der Schaffung einer „Aktionärsdemokratie", die sich dem Grundsatz *„eine Aktie, eine Stimme"*[2875] verpflichten sollte.[2876]

Auch wenn es dem europäischen Gesetzgeber unbenommen bleibt, Ausnahmen zur Grundregel der Gleichbehandlung aller Aktionäre vorzusehen,[2877] so ist dies ein ungewöhnlicher Schritt, womit einigen Aktionären aufgrund ihrer besonderen Eigenschaften Sonderpflichten auferlegt werden.[2878] Dies birgt die Gefahr, dass es für diese ob der zusätzlichen Anforderungen, die in solchen Fällen an sie gestellt werden, an Attraktivität verliert, in Unternehmen am Aktienmarkt zu investieren, da die Desinvestition erschwert wird.[2879] Das könnte genau das Gegenteil von dem bewirken, was eigentlich mit der Aktionärsrechterichtlinie 2017 erzielt werden sollte: Gerade diese als „stabilisierend" eingestuften Anlegergruppen könnten eher verhaltener am Kapitalmarkt agieren.[2880] Das wiederum könnte dazu führen, dass es den Unternehmen letztlich schwerer fallen kann, sich dort zu finanzieren und dadurch wiederum könnte dann der europäische Wirtschaftsraum mehr an Stabilität einbüßen denn hinzugewinnen.[2881]

d) Lokaler Geltungsbereich für Adressaten

Ein anderes Problem hinsichtlich des Adressatenkreises wurde auch schon viel im Hinblick auf den UK Stewardship Code diskutiert und in jenem Zusammenhang

---

2873 Vgl. z. B. § 134 Abs. 1 S. 2 AktG, wonach Höchststimmrechte nur bei nichtbörsennotierten Gesellschaften zulässig sind.

2874 Vgl. dazu bereits die Ausführungen zum Gleichbehandlungsgrundsatz der Aktionäre, mit weiteren Nachweisen oben S. 222 f.

2875 Zu diesem Grundsatz und etwaigen Abweichungen siehe z.B. Hüffer/Koch-*Koch*, AktG, § 134 Rn. 3 m.w.N.

2876 *Europäische Kommission,* Aktionsplan: Europäisches Gesellschaftsrecht und Corporate Governance – ein moderner Rechtsrahmen für engagiertere Aktionäre und besser überlebensfähige Unternehmen – KOM(2012) 740, S. 17.

2877 Vgl. zur Grenze von Handlungsmöglichkeiten durch den Gleichbehandlungsgrundsatz mit weiteren Nachweisen oben S. 222 ff.

2878 *Habersack,* Gutachten E: „Staatliche und nichtstaatliche Eingriffe in die Unternehmensführung", S. 88.

2879 *Habersack,* Gutachten E: „Staatliche und nichtstaatliche Eingriffe in die Unternehmensführung", S. 88.

2880 Zu der Theorie hinter den Inzentivierungsbemühungen und dem Aktionärsengagement siehe die ausführlichen Ausführungen mit weiteren Nachweisen oben S. 16 ff.

2881 Siehe zu diesen grundsätzlichen Zielen insbesondere auch die Richtlinienbegründung in RL 2017/828/EU v. 17.05.2017, L 132/1, Rn. 1, 2.

mehrfach als „Achillesferse“[2882] bezeichnet:[2883] Der örtliche Anwendungsbereich sowohl des UK Stewardship Code als auch nun der Aktionärsrechterichtlinie 2017 und damit natürlich auch der Regelungen des ARUG II gem. § 134 a Abs. 2 AktG ist begrenzt.[2884] So unterliegen nur solche Anleger den Offenlegungspflichten, die von den Verweisungsrichtlinien erfasst sind und dementsprechend auch von EU-Staaten beaufsichtigt werden.[2885] Das heißt, institutionelle Anleger, die aus Drittstaaten außerhalb der EU – wie z. B. aus den USA – stammen, werden mit der Richtlinie nicht erreicht.[2886] Dies eröffnet in gewissem Maße Umgehungsmöglichkeiten, da sich die europäischen Anleger schlicht Vermögensverwaltern aus Drittstaaten bedienen könnten und somit zumindest einem Teil ihrer Offenlegungspflichten entkämen.[2887] Zudem scheiden damit auch aus dem Regulierungskreis viele Investoren aus, die in europäischen Staaten große Summen investieren[2888] und damit als aktive Aktionäre eine bedeutende Stimme haben könnten.[2889]

Kritisiert man den begrenzten Adressatenkreis, so stellt sich automatisch die Frage, ob es dem Gesetzgeber überhaupt möglich gewesen wäre, institutionelle Anleger und Vermögensverwalter aus Drittstaaten mit einzubeziehen: Dies wird nicht einheitlich beurteilt und richtet sich im Grunde nach internationalem Kollisionsrecht – *Zetzsche* weist insofern darauf hin, dass das sogenannte *Territorialprinzip* an dieser Stelle nicht einer weitergehenden Regulierung entgegenstünde, da es durch das sogenannte *Einwirkungsprinzip* ergänzt würde;[2890] und er bedient sich dabei zweier Begriffe des Kollisionsrechts.[2891] Unter *Territorialprinzip* wird im Zivilrecht das sogenannte *lex rei sitae* verstanden: Danach beziehen sich Regelungen eines Staates auf solche (Rechts-)Personen und Gegenstände, die ihren Sitz/ihre Belegenheit im Territorium, hier also der Europäischen Union haben.[2892]

2882 *Cheffins*, The Modern Law Review 2010, S. 1003, passim.

2883 *Cheffins*, The Modern Law Review 2010, S. 1003, passim; aufgreifend auch *Faure*, S. 100 f., S. 139 ff. sowie K. Schmidt/Lutter/*Illhardt*, AktG, § 134a, Rn. 14.

2884 Grigoleit/*Splinter*, AktG, § 134a, Rn. 25; K. Schmidt/Lutter/*Illhardt*, AktG, § 134a, Rn. 14.

2885 *Zetzsche*, FS Baums, S. 1505, 1513.

2886 *Zetzsche*, FS Baums, S. 1505, 1513; *Freitag*, AG 2014, S. 647, 651; *Koch*, BKR 2020, S. 1, 3; K. Schmidt/Lutter/*Illhardt*, AktG, § 134a, Rn. 14.

2887 *Zetzsche*, FS Baums, S. 1505, 1513.

2888 Vgl. dazu oben die empirische Ausgangslage mit weiteren Nachweisen S. 76 ff.; Grigoleit/*Splinter*, AktG, § 134a, Rn. 25 sprechen insoweit von „rund 35–40 Prozent des Kapitals“ im DAX 30.

2889 Mit diesem Argument auch für den Stewardship Code: *Cheffins*, The Modern Law Review 2010, S. 1003, 1016 ff.

2890 *Zetzsche*, FS Baums, S. 1505, 1513.

2891 *Zetzsche*, FS Baums, S. 1505, 1513.

2892 Staudinger/*Looschelders*, EGBGB/IPR, Einleitung IPR, Rn. 52 und 341 f. m.w.N.

Dagegen erlaube das *Einwirkungsprinzip* eine Regulierung aller (Rechts-)Personen, deren Aktivitäten sich auf dem Territorium des Gesetzgebers auswirken und bei denen zugleich der Herkunftsstaat nicht eine gleichwertige Regulierung und Aufsicht sicherstellen kann.[2893]

Dies sei hier der Fall, da von einer Einwirkung dann auszugehen sei, wenn die EU-Anlage sich für ihre Anlage in EU-Aktien eines externen Vermögensverwalters aus einem Drittstaat bediente.[2894] Darum könne auch dieser Dritte mit in die Regulierungsbestrebungen einbezogen werden.[2895]

Nach anderer Ansicht greift hinsichtlich des Einwirkungsbereichs schlicht das *Territorialprinzip*, sodass eine Regulierung von Anlegern aus Drittstaaten gar nicht möglich gewesen wäre.[2896] Die so vollzogene EU-Inländerdiskriminierung erkläre sich dadurch, dass der Schutz von Endanlegern aus Drittstaaten nicht zu den Aufgaben der Europäischen Union zählt.[2897]

Die Anwendung des Einwirkungsprinzips auf diese Sachverhalte erscheint jedenfalls schwierig in der Umsetzung.[2898] Es ist nur schwer vorstellbar, wer in jedem Einzelfall prüfen sollte, ob eine „gleichwertige Regulierung“ im Drittstaat vorliegt oder nicht.[2899] Dies könnte letztlich mangels feststehender Prüfungsmechanismen und entsprechender Institutionen in Bezug auf diese Problematik zu einer großen Rechtsunsicherheit bei ausländischen Investoren führen. Das wiederum könnte sie von Investitionen in europäische Märkte abschrecken und letztlich der europäischen Wirtschaft mehr schaden als nutzen.[2900] Möchte man den Weg über eine Einbeziehung gehen, so wäre es mithin unumgänglich, dass der europäische Gesetzgeber auch verlässliche Regelungen für diese Kontrollinstanz schaffte, was zu einem erheblichen Kosten- und ergänzenden Regulierungsaufwand führen würde.[2901]

Insofern sollte jedenfalls zunächst der praktische Erfolg der neuen Offenlegungspflichten für EU-ansässige institutionelle Anleger abgewartet werden, um im Sinne einer Kosten-Nutzen-Analyse eine darüber hinausgehende territoriale Ausdehnung überhaupt in Betracht zu ziehen.

2893 *Zetzsche*, FS Baums, S. 1505, 1513.
2894 *Zetzsche*, FS Baums, S. 1505, 1513.
2895 *Zetzsche*, FS Baums, S. 1505, 1513.
2896 *Freitag*, AG 2014, S. 647, 651.
2897 *Freitag*, AG 2014, S. 647, 651.
2898 *Freitag*, AG 2014, S. 647, 651; *Koch*, BKR 2020, S. 1, 3.
2899 *Freitag*, AG 2014, S. 647, 651.
2900 *Gröntgen*, S. 181.
2901 Vgl. *Gröntgen*, S. 181.

7. Entscheidung für die Regelung innerhalb der Aktionärsrechterichtlinie 2017

Schon seit frühen Momenten des Gesetzgebungsprozesses stand fest, dass die neuen an institutionelle Anleger gerichteten Regelungen als Aktionärsrechterichtlinie 2017 erfolgen sollten – dies wurde bereits im Aktionsplan aus dem Jahr 2012 kommuniziert.[2902] Eine Erklärung dafür wurde in den Gesetzesmaterialien nicht abgegeben. Aus mehreren Gründen ist es durchaus hinterfragenswert, dass sich die Offenlegungspflichten für Aktionäre nun in der Aktionärsrechterichtlinie 2017 finden:

- Die erste offensichtliche Neuerung, die mit der Überarbeitung der Aktionärsrechterichtlinie 2017 einhergeht, ist, dass es sich bei den Transparenzpflichten erstmals nicht um Rechte, sondern um Pflichten der Aktionäre handelt.[2903]
- Überdies bezieht sich die Regelung, wie bereits oben dargestellt, nicht auf jeden Aktionär, sondern nur auf eine bestimmte Teilgruppe, die institutionellen Anleger – dies ist insbesondere unter dem Aspekt bemerkenswert, da einer der ersten Artikel der alten Richtlinie gerade die Gleichbehandlung der Aktionäre während der Hauptversammlung in den Vordergrund rückte.[2904] Des Weiteren stehen die an institutionelle Anleger und Vermögensverwalter gerichteten Neuerungen gerade nicht ausschließlich im Kontext von Hauptversammlungen, wie es bisher bezüglich der Ausübung der Aktionärsrechte der Fall war.[2905]

Trotzdem lassen sich Gründe finden, warum die Verbindung der vorliegenden Thematik mit der Aktionärsrechterichtlinie 2017 sinnvoll erscheint:

- Neben dem offensichtlichen Argument der Sachnähe und der Tatsache, dass Rechte und Pflichten stets eng mit einander verwoben sind,[2906]
- war zum einen mit der Stimmrechtsabgabe bereits eine der zentralen Aktivitäten von Aktionären im Allgemeinen reguliert.[2907] Darum erschien es möglicherweise zweckmäßig, auch die anderen, vielleicht weniger formellen Aktivitäten in dem gleichen Gesetz zu regeln.

2902 Mit dem Hinweis, dass „*möglicherweise die Richtlinie über Aktionärsrechte*" geändert werden sollte: *Europäische Kommission,* Aktionsplan: Europäisches Gesellschaftsrecht und Corporate Governance – ein moderner Rechtsrahmen für engagiertere Aktionäre und besser überlebensfähige Unternehmen – KOM(2012) 740, S. 9 f.

2903 *Fleischer*, ZGR 2011, S. 155, 167; *Zetzsche*, FS Baums, S. 1505, S. 1505.

2904 RL 2007/36/EG v. 11.7.2007, Abl. 2007 L 184/17, Art. 4.

2905 RL 2007/36/EG v. 11.7.2007, Abl. 2007 L 184/17, Art. 1 Abs. 1.

2906 *Fleischer*, ZGR 2011, S. 155, 167; *Zetzsche*, FS Baums, S. 1505, S. 1505; *Koch*, BKR 2020, S. 1, 2.

2907 RL 2007/36/EG v. 11.7.2007, Abl. 2007 L 184/17, Art. 10.

- Darüber hinaus korreliert das Bestreben nach mehr Aktivitäten durch institutionelle Anleger mit dem ursprünglichen – und schon in der Aktionärsrechterichtlinie 2007 angestrebten – Ziel der höheren Hauptversammlungspräsenzen.[2908]

Somit ist es trotz der zunächst vielleicht überraschenden Einordung in die Aktionärsrechterichtlinie 2017 eine nachvollziehbare Wahl der Europäischen Kommission. Es könnte lediglich zur Vermeidung von Missverständnissen bezüglich der Rezeption in der Öffentlichkeit bei zukünftigen Gesetzgebungsverfahren erwogen werden, die Richtlinie in „Aktionärsrichtlinie“ umzubenennen, um zu verdeutlichen, dass es sich bei dem Inhalt nicht nur um Rechte sondern eben auch um Pflichten[2909] handelt. Die Frage, in welcher Form und vor allem in welchem Kontext die Mitgliedstaaten die Inhalte der Richtlinie dann in ihre nationalen Rechtsordnungen transferieren, ist eine andere. Dies bleibt den Mitgliedstaaten entsprechend der Natur der Richtlinien selbst überlassen und wird – insbesondere für die Diskussionen der Umsetzung in Deutschland – an anderer Stelle thematisiert.[2910]

Letztlich stellt allerdings der Regelungsort jedenfalls kein Hindernis für die Förderung zusätzlichen Aktionärsengagements und auch kein nachhaltiges Problemfeld dar, das beispielsweise noch durch den nationalen Gesetzgeber nachträglich gelöst werden sollte.

8. Institutionelle Anleger als Insider wider Willen?

a) Keine Regelung in der Aktionärsrechterichtlinie 2017

Ein Thema, mit dem sich weder die Begründung der Richtlinie noch die Artikel der Richtlinie auseinandersetzen, ist die Frage, ob institutionelle Anleger der Gefahr ausgesetzt sind, durch die gewünschte zusätzliche Aktivität gleichsam gegen ihren Willen zu Insidern gemacht zu werden.[2911] Nur im Rahmen der Neuregelung zu *related party transactions* wurde in Art. 9 c) Abs. 9 der Aktionärsrechterichtlinie 2017 eine Konkurrenzregelung zum Insiderhandelsrecht getroffen. Dies könnte darin begründet liegen, dass eine Einordnung als „Insider“ selbst bei aktiven und nach zusätzlichen Informationen suchenden Aktionären keine zwingende Konsequenz

---

2908 Siehe dazu die Darstellung der historischen Entwicklung des europäischen Rechts und insbesondere der Aktionärsrechterichtlinie 2007 mit weiteren Nachweisen oben S. 112 ff.

2909 *Fleischer*, ZGR 2011, S. 155, 167; *Zetzsche*, FS Baums, S. 1505, S. 1505; *Koch*, BKR 2020, S. 1, 2.

2910 Vgl. ´zu dieser sehr ausführlich in der Literatur geführten Diskussion ab S. 259.

2911 Beispielhaft und bereits sehr früh auf dieses Argument verweisend: *Fleischer/Strothotte*, AG 2011, S. 221, 227; diskutiert zuletzt auch bei Gröntgen, S. 127 ff. und *Faure*, S. 197 ff.

ist und immer einer Prüfung im Einzelfall bedarf.[2912] Diese fehlende Regelung wird auch nicht im ARUG II aufgegriffen. Auch hier finden sich Ausführungen zum Insiderhandelsrecht in den entsprechenden Ausführungen zu Geschäften mit nahestehenden Personen in § 111c AktG.[2913]

Allerdings wurde die Problematik schon früh in der Literatur thematisiert: So wurde darauf hingewiesen, dass eine Überwachung nur dann erfolgreich sein kann, wenn die institutionellen Anleger weitere – über die allgemeinen Berichtspflichten hinausgehende – Informationen erhalten.[2914] Dennoch könnten die Regelungen des europäischen Insiderrechts einer effektiven Informations- und Überwachungspolitik *de facto* entgegenstehen.[2915] Dies muss von jedem institutionellen Anleger, der vermehrt nach Informationen strebt, im Einzelfall geprüft werden.[2916]

b) Die Regelungen im UK Stewardship Code 2012

Die bereits gesammelten Erfahrungen mit dem UK Stewardship Code 2012 diesbezüglich zeigen eine ähnliche Problematik, allerdings führen sie auch gleichsam vor, dass eine Vereinbarkeit letztlich möglich ist: In der Vorgängerversion zum aktuellen UK Stewardship Code 2020 findet sich im ehemaligen Principle 3 UK Stewardship Code 2012 (*„Institutional Investors should monitor their investee companies."*)[2917] unter anderem die folgende Erläuterung zum Insiderstatus:

> *„Institutional investors may or may not wish to be made insiders. An institutional investor who may be willing to become an insider should indicate in its stewardship statement the willingness to do so, and the mechanism by which this could be done."*[2918]

Damit wird auf die Problematik schon im Kodex hingewiesen und direkt eine Lösungsmöglichkeit im Rahmen der Kommunikationsbeziehung zwischen Anleger und Unternehmen aufgezeigt. Durch die standardmäßige Erklärung über die Bereitschaft, Insider zu werden oder nicht, können auch die Investor-Relations-Abteilungen ggf. die Informationsweitergabe an die unterschiedlichen Anleger

---

2912 Siehe zu dieser „klassichen" Problematik und Grenze der Mitwirkung ausführlich mit weiteren Nachweisen oben S. 242 ff.

2913 BT-Drucks. 19/9739, S. 85.

2914 *Fleischer/Strothotte*, AG 2011, S. 221, 227; *Winkler*, S. 255 ff.

2915 Siehe dazu die Untersuchung mit weiteren Nachweisen oben S. 242 ff.

2916 Siehe dazu ausführlich mit weiteren Nachweisen oben S. 242 ff.

2917 Principle 3 UK Stewardship Code 2012, S. 7.

2918 Übersetzung der Autorin: „Institutionelle Anleger können sich zu Insidern machen lassen oder auch nicht. Ein institutioneller Anleger, der bereit wäre, ein Insider zu werden, sollte in seiner Stewardship-Erklärung die Bereitschaft dazu und den Mechanismus, mit dem dies geschehen könnte, angeben."

leichter handhaben. Im aktuellen Kodex, der auch insgesamt anders strukturiert ist,[2919] gibt es eine solche Regelung nicht mehr.

c) *Stellungnahme*

Zwar hätte eine eindeutige Regelung bezüglich möglicher Insiderhandelsvorschriften als „Richtschnur" für die aktive Kommunikation mit den Unternehmen für mehr Sicherheit bei den Anlegern gesorgt.[2920] Allerdings hätte der Richtliniengeber und auch der ARUG II-Gesetzgeber auf diese Weise der Vielfalt der Beziehungen zwischen Anlegern und Unternehmen kaum gerecht werden können. Ob die jeweiligen Anleger zu Insidern werden, beurteilt sich ohnehin schlicht nach den Regeln des Insiderrechts und bedarf keiner weiteren Klarstellung.[2921] Ob sie es gemacht werden wollen, ist dann stets eine kommerzielle Entscheidung, die stark von der verfolgten Anlagepolitik abhängt – die Entscheidung dafür oder dagegen kann mit einer – ähnlich der Vorgängerversion des UK Stewardship Code 2020 – standardisierten Erklärung offengelegt werden.[2922]

Alle Beteiligten müssen sich dabei lediglich des typischen Spannungsfeldes zwischen Aktionärsengagement und Insidervorschriften bewusst sein.[2923] Dies sollte allerdings für professionelle Anleger wie die Institutionellen ohnehin kein Problem sein. Insofern ist es letztlich vertretbar, dass die Richtlinie diesbezüglich keine weitere klarstellende Regelung trifft.

9. Die Art und Weise der Offenlegung – zu großer Bürokratieaufwand ohne nachweisbare Erfolgsaussichten?

Ein immer wieder vorgebrachter Kritikpunkt in Bezug auf die Transparenzpflichten in der Aktionärsrechterichtlinie 2017 und auch allgemein im Hinblick auf Offenlegungspflichten ist der für die Anleger entstehende höhere Bürokratieaufwand.[2924]

So sind für die an institutionelle Anleger gerichteten Transparenzpflichten mindestens vier unterschiedliche Erklärungen unter der Richtlinie bzw. umgesetzt im ARUG II unter dem Aktiengesetz erforderlich:

2919 Siehe dazu ausführlich mit weiteren Nachweisen oben, S. 99 ff.

2920 *Fleischer/Strothotte*, AG 2011, S. 221, 227; *Winkler*, S. 255 ff.

2921 Siehe zum Thema allgemein mit weiteren Nachweisen oben S. 242 ff.

2922 Siehe zu dieser beispielhaften Regelung mit weiteren Nachweisen oben S. 336 ff.

2923 Eine ausführliche Darstellung des Spannungsfeldes – siehe mit weiteren Nachweisen oben S. 242 ff.

2924 *Freitag*, AG 2014, S. 647, 652; allgemeiner und insbesondere im Hinblick auf den UK Stewardship Code – *Faure*, S. 145.

- die Mitwirkungspolitik (Art. 3 g) Abs. 1 a) Aktionärsrechterichtlinie 2017, umgesetzt in § 134b Abs. 1 und 4 AktG),[2925]
- die Umsetzung der Mitwirkungspolitik (Art. 3 g) Abs. 1 b) Aktionärsrechterichtlinie 2017, umgesetzt in § 134b Abs. 2 und 4 AktG),[2926]
- die Abstimmungspolitik (Art. 3 g) Abs. 1 b) Aktionärsrechterichtlinie 2017, umgesetzt in § 134b Abs. 3 und 4 AktG),[2927]
- das Zusammenspiel zwischen der Anlagestrategie und der Laufzeit der Verbindlichkeiten (Art. 3 h) Abs. 1) Aktionärsrechterichtlinie 2017, umgesetzt in § 134c Abs. 1 AktG)[2928] und
- ggf. die Erklärung über die Vertragsbeziehung mit den Vermögensverwaltern (Art. 3 h) Abs. 2 a) Aktionärsrechterichtlinie 2017, umgesetzt in § 134c AktG).[2929]

a) Bürokratiekosten in der Gesetzesbegründung ARUG II

In der Gesetzesbegründung ARUG II werden die erwarteten Bürokratiekosten geschätzt und aufgeteilt auf die unterschiedlichen neuen Regelungsbereiche dargestellt.[2930] Hinsicht des *Comply-Or-Explain*-Prinzips erwartete die Bundesregierung, bzw. das BMJV, tatsächlich die höchsten laufenden Bürokratiekosten für die Wirtschaft (definiert als Gesellschaften und Intermediäre).[2931] Die geschätzten Kosten ergeben sich aus der Überlegung, dass vor allem Arbeitsaufwand und damit Kosten für entsprechend qualifizierte Arbeitnehmer gibt um die entsprechenden Berichte und Erklärungen vor- und aufzubereiten.[2932] Gerechnet wurde mit einem pauschalen Stundensatz von EUR 56,40.[2933] Dabei wurden allerdings alle vorgesehenen Offenlegungspflichten – also sowohl von institutionellen Anlegern, Vermögensberatern und Stimmrechtsberatern nur gebündelt betrachtet.[2934] Die errechnete Summe dafür beträgt EUR

2925 Zu den Details und den konkreten Veröffentlichungsmodalitäten dieser Erklärung nach § 134b AktG siehe bereits mit weiteren Nachweisen oben S. 265 ff.

2926 Zu den Details und den konkreten Veröffentlichungsmodalitäten dieser Erklärung nach § 134b AktG siehe bereits mit weiteren Nachweisen oben S. 265 ff.

2927 Zu den Details und den konkreten Veröffentlichungsmodalitäten dieser Erklärung nach § 134b AktG siehe bereits mit weiteren Nachweisen oben S. 265 ff.

2928 Zu den Details und den konkreten Veröffentlichungsmodalitäten dieser Erklärung nach § 134c AktG siehe bereits mit weiteren Nachweisen oben S. 276 ff.

2929 Zu den Details und den konkreten Veröffentlichungsmodalitäten dieser Erklärung nach § 134c AktG siehe bereits mit weiteren Nachweisen oben S. 276 ff.

2930 BT-Drucks. 19/9739, S. 128 ff.

2931 BT-Drucks. 19/9739, S. 128.

2932 BT-Drucks. 19/9739, S. 129 f.

2933 BT-Drucks. 19/9739, S. 129 f.

2934 BT-Drucks. 19/9739, S. 129 f.

3.121.402,00.[2935]

b) *Die kritischen Literaturstimmen: Unklarheiten und Bürokratieaufwand*

Einige Literaturstimmen kritisieren diese zahlreichen Transparenzpflichten.[2936] Dabei weisen sie sowohl auf mögliche Schwachstellen hinsichtlich der Art und Weise der Veröffentlichung auf der Website als auch bezüglich des (teils jährlichen) Turnus sowie in Bezug auf die Menge der offenzulegenden Informationen insgesamt hin: Die Kritik bezieht sich dabei allerdings noch auf den Richtlinienvorschlag 2014.[2937] Die meisten Themen der Kritikpunkte setzen sich aber auch noch in der finalen Fassung der Richtlinie fort, wurden allerdings teilweise in der Gesetzesbegründung zum ARUG II klargestellt:

- Hinsichtlich der jährlichen Aktualisierung wird auf die schon bekannten Probleme im Rahmen des Corporate Governance Kodex hingewiesen: So geht auch aus der aktuellen Version der Aktionärsrechterichtlinie 2017 (genau wie aus dem Vorschlag) nicht hervor, ob die Offenlegungspflicht stichtagsbezogen ist oder ob jede Strategieänderung auf Seiten des Anlegers eine erneute Verpflichtung zur Offenlegung der Mitwirkungs- oder Anlagepolitik begründet.[2938] Allerdings stellt erfreulicherweise die Gesetzesbegründung zum ARUG II jedenfalls von vornherein klar, dass „ein neuer Bericht spätestens innerhalb von zwölf Monaten zu veröffentlichen ist“[2939].[2940] Dennoch bezieht auch die Gesetzesbegründung keine ausdrückliche Stellung zur Problematik der unterjährigen Aktualisierungspflicht, sodass diese vermutlich parallel zur Problematik bei der Entsprechenserklärung für den Corporate Governance Code nach § 161 AktG zu lösen ist.[2941]
- Zudem scheint auch hier die Problematik einer möglichen „Versteinerung“ der bzw. „Selbstbindung“ an die Informationen, ebenfalls bekannt aus der allgemeinen Corporate-Governance-Diskussion,[2942] ungeklärt zu sein.[2943] Dabei geht es um die Frage, ob eine auf die Zukunft bezogene Entsprechenserklärung des

2935 BT-Drucks. 19/9739, S. 128 ff., im Vergleich dazu werden die Bürokratiekosten für die Aufsichtsratszustimmung zu related-party-transactions nur auf EUR 719.00.000 geschätzt.

2936 *Freitag*, AG 2014, S. 647, 652; *Zetzsche*, NZG 2014, S. 1121, 1125; *Ockert*, S. 200.

2937 *Freitag*, AG 2014, S. 647, 652; *Zetzsche*, NZG 2014, S. 1121, 1125.

2938 *Freitag*, AG 2014, S. 647, 652.

2939 BT-Drucks. 19/9739, S. 101 f.

2940 BT-Drucks. 19/9739, S. 101 f.

2941 Grigoleit/*Splinter*, AktG, § 134b, Rn. 19.

2942 MüKo-AktG, Bd. 3, *Goette*, § 161 Rn. 35, 43 m.w.N.

2943 *Freitag*, AG 2014, S. 647, 652.

erklärenden Organs für die Zeit bis zur nächsten Erklärung eine Art Bindungswirkung entfaltet oder ob die Möglichkeit besteht, die Aussage zu revidieren.[2944]

- Auch der Ort der verpflichtenden Veröffentlichung auf der Unternehmenswebsite wird kritisch beurteilt, eine weitere Begründung, warum dies negativ zu beurteilen ist, wird in der Literatur dazu allerdings nicht genannt.[2945]
- Schließlich wird die Pflicht, das geplante und vergangene Abstimmungsverhalten bei Hauptversammlungen offenzulegen, als *„regulatorischer overkill"*[2946] bezeichnet. Insgesamt wird vor den bürokratischen Folgen der Regulierung gewarnt.[2947]
- Darüber hinaus werden die Kosten des *shareholder activism* grundsätzlich als Kritikpunkt hervorgehoben.[2948]

Ferner wird davor gewarnt, dass die zusätzlichen Informationen auch „noise" darstellen könnten und am Zugang zu den wesentlichen Informationen zum Ausgleich einer bestehenden Informationsasymmetrie hindern könnten.[2949]

c) Stellungnahme

Den Kritikpunkten in Bezug auf die vorgenannten Unklarheiten ist im Grundsatz zuzustimmen. Gerade weil die verschiedenen Problemkreise bereits aus den Erfahrungen mit dem Corporate Governance Code bekannt waren, ist es erstaunlich, dass der Gesetzgeber nicht oder nur in sehr geringem Maße entsprechenden Unklarheiten vorgebeugt hat.[2950]

Allerdings wird die Lösung letztlich schlicht parallel zur Corporate-Governance-Debatte zu lösen sein.[2951] Insofern ist trotz einer fehlenden ausdrücklichen Regelung nicht mit allzu schwerwiegenden Unsicherheiten auf Seiten der Anleger zu rechnen.

Der zusätzliche Bürokratieaufwand, der mit der Offenlegung verbunden ist,[2952] lässt sich ebenfalls nicht bestreiten, wie auch die oben – fast zurückhaltend erscheinende – Schätzung zu den Bürokratiekosten zeigt.[2953] Dabei ist es vermutlich weniger die Veröffentlichung der Informationen auf der Website,

2944 MüKo-AktG, Bd. 3, *Goette*, § 161 Rn. 35, 43 m.w.N.

2945 *Freitag*, AG 2014, S. 647, 652.

2946 *Freitag*, AG 2014, S. 647, 652.

2947 *Zetzsche*, NZG 2014, S. 1121, 1125.

2948 Für einen *low cost shareholder activism* plädierend: *Faure*, S. 212.

2949 *Ockert*, S. 200.

2950 Grigoleit/*Splinter*, AktG, § 134b, Rn. 19.

2951 So zum Beispiel für die Frage der unterjährigen Aktualisierungspflicht: Grigoleit/*Splinter*, AktG, § 134b, Rn. 19.

2952 *Zetzsche*, NZG 2014, S. 1121, 1125; *Freitag*, AG 2014, S. 647, 652.

2953 Siehe dazu mit weiteren Nachweisen oben, S. 338 f.

die Schwierigkeiten bereiten kann, sondern vielmehr das Zusammenstellen und Erstellen der entsprechenden Berichte.[2954] Hierfür sind unternehmensintern ggf. entsprechende Zuständigkeiten zu schaffen. Damit werden Kosten verbunden sein.[2955] Dieser Prozess der Entwicklung der Anlagestrategie ist jedoch gerade das erklärte Ziel der Regelungen und damit vom Gesetzgeber nicht nur in Kauf genommen, sondern gezielt angestrebt.[2956] Sucht man den Vergleich mit anderen bilanzrechtlichen Veröffentlichungen wie beispielsweise der Quartalsberichterstattung von börsennotierten Unternehmen, so erscheint die Verpflichtung insgesamt dennoch verhältnismäßig: Auf Seiten der Beteiligungsunternehmen wird es bei börsennotierten Gesellschaften meist ohnehin eine Investor-Relations-Abteilung geben, die sich ebenfalls um einen Kontakt bemüht.[2957] Ebenso ist es denkbar, dass viele professionelle Anleger interne Richtlinien haben, wie sie mit ihren Anlagen und den daraus resultierenden Beteiligungsrechten umgehen.[2958] Diese muss im Idealfall dann lediglich für die Offenlegung aufbereitet werden.[2959] Dabei verbleibt den Investoren innerhalb dieses Prozesses genug Spielraum, dafür Sorge zu tragen, dass sie nicht zugleich ihre diesbezüglichen „Betriebsgeheimnisse", so es sie denn gibt, nach außen tragen.[2960] Somit ist es letztlich nur schwer vorstellbar, dass es in der Praxis Situationen geben sollte, in denen es mit den Zielen des Unternehmens vollkommen unvereinbar ist, eine Mitwirkungspolitik offenzulegen.[2961]

10. Übertragung von Regelungen aus einer Rechtsordnung in eine andere Rechtsordnung

Zutreffenderweise kritisch wird in der Literatur – insbesondere von *Faure*[2962] – schließlich die Tendenz in der europäischen Rechtssetzung gesehen, bestimmte Regelungen wie den UK Stewardship Code 2012 in sämtliche europäische Rechtsordnungen zu „übertragen" – dies wird teils auch als sog. *„legal transplant"* bezeichnet und gab es beispielsweise auch schon einmal mit der *Business Judgement*

2954 Dies scheint auch der entscheidende Kostenfaktor aus Sicht des Gesetzgebers zu sein: BT-Drucks. 19/9739, S. 128 ff.

2955 BT-Drucks. 19/9739, S. 128 ff.

2956 Dies ist auch aus der Einschätzung zu den Bürokratiekosten ersichtlich: BT-Drucks. 19/9739, S. 128 ff.

2957 Siehe dazu mit weiteren Nachweisen oben – S. 175 ff.; *Tröger*, ZGR 2019, S. 126, 140.

2958 *Tröger*, ZGR 2019, S. 126, 140 insofern von *„tiefhängenden Früchten"* sprechend.

2959 *Tröger*, ZGR 2019, S. 126, 140.

2960 Zu diesem klassischen Spannungsfeld ausführlich siehe mit weiteren Nachweisen oben S. 210 ff.

2961 Ausführlich: siehe mit weiteren Nachweisen oben S. 210 ff.

2962 *Faure*, S. 178 ff.

Rule.[2963] Ein solches Vorgehen birgt immer das Risiko von Regelungskonflikten mit den bestehenden Rechtsordnungen und erfordert jedenfalls ein hohes Maß an Überlegungen vorab, wie sich Konzepte aus anderen Rechtsordnungen – möglichst reibungslos – in die jeweils vorliegende(n) neue(n) Rechtsordnung(en) einbauen lassen.[2964] Wenn dies gleich in mehrere Rechtsordnungen übertragen werden soll – wie gerade im Fall einer europäischen Richtlinie – ist ein solches Vorgehen umso komplexer.[2965]

Gerade im Bezug auf die Aktionärsrechterichtlinie 2017 hätte die Analyse der Rahmenbedingungen für eine solche Übertragung eines Regelungskonzepts in andere Rechtsordnungen der ausführlichen Analyse von *Faure* zu dieser Thematik zufolge sorgfältiger ausfallen müssen.[2966] Dieser Feststellung ist in weiten Teilen zuzustimmen: zwar gab es eine weitreichende Vorbereitung auf europäischer Ebene durch Grünbücher und Aktionspläne.[2967] Diese wiederholen sich allerdings in ihrer Argumentation an vielen Stellen und bleiben eher an der Oberfläche.[2968] Allerdings ist es insbesondere die in einigen Teilen vage Begründung der Richtlinie sowie die stark unterschiedliche Voraussetzungen im Hinblick auf die bestehenden Gesellschaftsrechtsstrukturen (z. B. monistische und dualistische Systeme)[2969], die ein reibungsloses Einfügen in sämtlichen Rechtsordnungen so noch nicht erlauben.[2970]

III. Ausblick: Einordnung von ARUG II und der Aktionärsrechterichtlinie 2017 in die Gesamtentwicklung des deutschen und europäischen Gesellschaftsrechts

Die mit ARUG II und der Aktionärsrechterichtlinie 2017 behandelten Themen lassen sich im Kontext der aktuellen Entwicklung des europäischen Gesellschaftsrechts

2963 Vgl. zu diesem Kritikpunkt und der Entwicklungstendenz die sehr ausführlichen Ausführungen von *Faure*, S. 178 ff. mit vielen weiteren Nachweisen; siehe zu den zahlreichen Anleihen der Aktionärsrechterichtlinie an den UK Stewardship Code 2012 auch mit weiteren Nachweisen oben S. 121.

2964 *Faure*, S. 178 ff. mit vielen weiteren Nachweisen.

2965 *Faure*, S. 180 ff.

2966 *Faure*, S. 181 f.

2967 Siehe zur Vorbereitung und Entwicklung der Richtlinie mit weiteren Nachweisen oben S. 112; *Faure*, S. 181 f.

2968 Siehe zur Vorbereitung und Entwicklung der Richtlinie mit weiteren Nachweisen oben S. 112; *Faure*, S. 181 f.

2969 Siehe zu diesen sehr unterschiedlichen Voraussetzungen mit weiteren Nachweisen oben ab S. 255.

2970 *Faure*, S. 181 f.

einordnen: Besonders hervorgetan haben dabei die im Folgenden dargestellten typischen Themen. Es ist zu erwarten, dass diese auch in Zukunft die Diskussionen im Rahmen des deutschen und europäischen Gesellschaftsrechts prägen werden, sodass diese an dieser Stelle noch einmal als Ausblick auf mögliche Entwicklungslinien zusammengefasst werden.

1. Vermehrte Berücksichtigung von gemeinwohlbezogenen Anlageleitlinien

Gerade in den vergangenen Jahren sind vermehrt gemeinwohlbezogene Faktoren in das Licht der Anforderungen an und von Anlegern gerückt und in Verbindung mit dem *stewardship*-Gedanken gebracht worden.[2971] Hinter den Abkürzungen „ESG“ und „CSR“ verbirgt sich dabei die Berücksichtigung weiterer Unternehmensziele neben der bloßen Maximierung des Outputs für die Anteilsinhaber.[2972] Solche Faktoren können Umweltgesichtspunkte, insbesondere der Klimawandel und Nachhaltigkeit, sowie soziale Aspekte sein, wie auch beispielsweise im UK Stewardship Code 2020 und durch neue Initiativen und Konsultationen der Europäischen Kommission herausgestellt wird.[2973]

Indem auch mit der Aktionärsrechterichtlinie 2017 und ARUG II von den Anlegern erwartet wird, dass sie ihre Maßstäbe in Bezug auf Anlagen und Verwaltung dieser Anlagen offenlegen,[2974] wird zugleich der Weg geebnet, um diese gemeinwohlbezogenen Maßstäbe, die sich die Anleger selbst auferlegen, oder ggf. von dritter auferlegt bekommen – offenzulegen und weiter in die Unternehmen zu

2971 *Europäische Kommission*, Aktionsplan: Finanzierung nachhaltigen Wachstums, 2018, passim; *Hell*, NZG 2019, S. 338; siehe dazu auch die Darstellung dieser Wissenschaftsbereiche im Grundlagenteil S. 31 ff. Zudem gab es im Jahr 2020 eine ausführliche Konsultation der Europäischen Kommission zum Thema „Nachhaltige Unternehmensführung“ – siehe dazu die entsprechenden Erläuterungen unter: https://ec.europa.eu/info/law/better-regulation/have-your-say/initiatives/12548-Sustainable-corporate-governance/public-consultation [zuletzt besucht am: 10 April 2021].

2972 *Europäische Kommission*, Aktionsplan: Finanzierung nachhaltigen Wachstums, 2018, S. 2.

2973 Siehe dazu mit weiteren Nachweisen oben, S. 99 ff.; *Europäische Kommission*, Aktionsplan: Finanzierung nachhaltigen Wachstums, 2018, passim und Konsultation der Europäischen Kommission zum Thema „Nachhaltige Unternehmensführung“ – siehe dazu die entsprechenden Erläuterungen unter: https://ec.europa.eu/info/law/better-regulation/have-your-say/initiatives/12548-Sustainable-corporate-governance/public-consultation [zuletzt besucht am: 10 April 2021].

2974 Hell, NZG 2019, S. 338 – mit Verweis auf Art. 1 RL 2017/828/EU v. 17.05.2017, L 132/1: Art. 3g (1) a) Aktionärsrechterichtlinie 2017.

tragen, in die investiert wird.[2975] Diese Tendenz, dem *stewardship*-Gedanken neben der bloßen Verantwortung der Eigentümer eine solche zusätzliche Dimension zu geben, spiegelt sich auch in den Themen eines neuen Aktionsplans der Europäischen Kommission aus dem Jahr 2018 mit dem Titel „Finanzierung nachhaltigen Wachstums" wieder.[2976]

In der Literatur wird diese Verknüpfung nicht nur positiv aufgenommen.[2977] So wird vor allem die grundsätzliche Frage aufgeworfen, mit welchem Argument und welcher theoretischen Begründung eine solche Verknüpfung zwischen ökonomischen Zielen und normativen Grundsatzentscheidungen hergestellt würde und aus welchem Grund Anleger eine ESG-basierte Anlagestrategie rational verfolgen sollten, außer dass damit vielleicht eine gewisse „Symbolpolitik" betrieben werde.[2978] Kritisiert wird auch das dadurch geschaffene neue Bild eines „idealtypischen Anlegers"[2979], der mehr wie ein „wohlmeinender Onkel"[2980], das Wohlergehen der ganzen Familie im Auge habe.[2981] Dem lässt sich allerdings grundsätzlich entgegensetzen, dass dem Gesetzgeber gerade auch normative Entscheidungen offenstehen, die er – wie auch aus dem Steuerrecht bekannt[2982] – gewissermaßen als Lenkungsrecht ausüben kann.[2983]

Ungeachtet der vorgenannten Diskussion, sind die Themen ESG, CSR in Kombination mit dem *stewardship*-Gedanken sicherlich eines der bedeutendsten Entwicklungsfelder im europäischen Gesellschaftsrecht, das auch in den kommenden Jahren die weiteren politischen und wissenschaftlichen Diskussionen prägen kann.[2984]

2. Neue Anlegerklassen im Aktienrecht

Wenngleich vom Ausmaß und den Auswirkungen kaum mit der vorgenannten gemeinwohlorientierten Bewegung vergleichbar, so ist eine weitere durch das ARUG II und in der Aktionärsrechterichtlinie 2017 widergespiegelte Entwicklung wie bereits im Rahmen der Kritikpunkte analysiert[2985] die gezielte Verpflichtung

2975 *Europäische Kommission*, Aktionsplan: Finanzierung nachhaltigen Wachstums, 2018, S. 10.

2976 *Europäische Kommission*, Aktionsplan: Finanzierung nachhaltigen Wachstums, 2018, S. 10.

2977 *Hell*, NZG 2019, S. 338, 340 spricht insofern von einer *„rechtsökonomischen Ernüchterung"*.

2978 *Hell*, NZG 2019, S. 338, 340.

2979 *Hell*, NZG 2019, S. 338, 342.

2980 *Hell*, NZG 2019, S. 338, 342.

2981 *Hell*, NZG 2019, S. 338, 342.

2982 *Wienbracke*, JuS 2019, S. 673, 674.

2983 *Wienbracke*, JuS 2019, S. 673, 674.

2984 *Hell*, NZG 2019, S. 338 ff.

2985 Siehe dazu mit weiteren Nachweisen oben ab S. 331 ff.

bestimmter Aktionärs(unter-)gruppen, in diesem Fall der „institutionellen Anleger“, und die explizite Sonderbehandlung dieser Gruppen.[2986] Ob die bisher verwendete Kategorie des „institutionellen Anlegers“ sich langfristig durchsetzen wird, ist fraglich.[2987] Dafür fallen unter die Definition oder das Verständnis von diesem Begriff zu viele und zu unterschiedliche Anlegertypen und, wie oben ausführlich dargestellt wurde, fällt eine Definition, die auf Gemeinsamkeiten beruht, jedenfalls schwer.[2988]

Entwicklungstendenzen in der Zukunft könnten entweder dahin gehen, mehr Trennschärfe durch eine klare, in der jeweiligen Rechtsordnung einheitlich verwandte Definition zu erzeugen oder die Regelungen schlicht ohne das dazwischenschalten eines Oberbegriffs an die jeweiligen Investorengruppen zu richten.[2989] Letztere Entwicklung zeigt sich beispielsweise schon bei der aktuellsten Version des UK Stewardship Code 2020, der der – entgegen seiner Vorgänger[2990] – auf den Begriff des institutionellen Anlegers gänzlich verzichtet und stattdessen zwischen Asset Owner, Asset Manager und Service Provider aufteilt.[2991] Das ARUG II, stellt in seinen Regelungen noch klassischerweise auf die auch in der Richtlinie so verwendeten „institutionellen Anleger“ ab.[2992] Dies wird in der Literatur jedenfalls nicht grundsätzlich als schlecht sondern vielmehr auch als effizient betrachtet, da auf diese Weise jedenfalls eine mehrfache gleichlautende Regulierung der jeweiligen Untergruppen verhindert wird.[2993] Allerdings bleibt auch hier die Bewährung dieser – bereits oben als für den Anwender kompliziert eingeordnete – Definition in der Praxis abzuwarten.[2994]

3. Eingriff in die Machtbalance zwischen den Akteuren im Unternehmen

Ein weiteres derzeit immer wiederkehrendes Thema im europäischen Gesellschaftsrecht sind Verschiebungen in der aktuell vorgesehenen Kompetenzordnung

---

2986 Diese Sonderbehandlung wird durchaus kritisch gesehen – siehe dazu mit weiteren Nachweisen oben die Erörterung S. 331 ff.; vgl. auch K. Schmidt/Lutter/*Illhardt*, AktG, § 134a, Rn. 2.

2987 Dagegen spricht zum Beispiel der seit neuestem geübte Verzicht auf diese Bezeichnung im UK Stewardship Code 2020 – siehe dazu sogleich.

2988 Siehe dazu mit weiteren Nachweisen oben, S. 52 ff.

2989 Siehe dazu auch den Definitionsversuch mit weiteren Nachweisen oben S. 52 ff.

2990 *FRC*, Stewardship Code 2012, z.B. S. 4.

2991 *FRC*, Stewardship Code 2020, z.B. S. 7.

2992 Vgl. z.B. die Definition in § 134a Abs. 1 Nr. 1.

2993 *Zetzsche*, AG 2020, S. 637, 639.

2994 Siehe dazu mit weiteren Nachweisen z.B. oben S. 262 ff.

des Gesellschaftsrechts.[2995] Diese äußert sich gerade im Rahmen der Aktionärsrechterichtlinie 2017 nicht nur im Rahmen der neuen Offenlegungspflichten für institutionelle Anleger, sondern vor allem auch bei weiteren stark diskutierten Verpflichtungen, wie beispielsweise die Mitspracherechte der Hauptversammlungen im Rahmen der Managementvergütung.[2996] Auch die Sonderbehandlung einzelner Untergruppen von Aktionären bewirkt gerade die Einordnung dieser Gruppe in eine neue Stelle des Machtgefüges des Unternehmens, nämlich mit einer größeren Verantwortung gegenüber dem Vorstand und – soweit in der jeweiligen Jurisdiktion vorhanden – dem Aufsichtsrat.[2997]

Die Auswirkungen dieser Neuerung werden von Mitgliedstaat zu Mitgliedstaat – bedingt auf das bisherige Machtgefüge im Unternehmen – unterschiedlich sein.[2998] So ist zu erwarten, dass es in denjenigen Ländern mit gesellschaftsrechtlichen Strukturen ohne Überwachungsorgan mehr Veränderungen mit sich bringen wird, ein solches neues Überwachungsorgan neben dem Vorstand zu stärken, als in Jurisdiktionen, die bereits ein etabliertes Überwachungsorgan, wie in Deutschland dem Aufsichtsrat, vorgesehen haben.[2999]

Der Eingriff in die Machtbalance des Unternehmens ist in Deutschland allerdings insbesondere unter dem Gesichtspunkt interessant, dass derzeit zugleich eine Diskussion über die Qualität der Arbeit des Aufsichtsrats und um das Erfordernis einer Professionalisierung geführt wird.[3000] Die Aktivierung nur derjenigen Anleger, die als professionell angesehen werden, könnte sich sowohl als zusätzlicher, aber auch als alternativer Weg gestalten.[3001] Eine Stärkung einer weiteren Stakeholdergruppe im Unternehmen bringt vermutlich – und so war es vom europäischen Richtliniengeber im weitesten Sinne auch intendiert[3002] – eine bessere Möglichkeit für die gegenseitige Kontrolle und das Herstellen eines Machtgleichgewichts mit sich. Andererseits bergen zusätzliche- einflussreiche – Stakeholder

---

2995 *Neuscheler*, FAZ vom 30. August 2019, S. 17; siehe dazu bereits die Thematisierung als Kritikpunkt mit weiteren Nachweisen oben S. 293 ff., ebenso bei *Faure*, S. 91 ff. und S. 188 ff.

2996 *Habersack*, Gutachten E: „Staatliche und nichtstaatliche Eingriffe in die Unternehmensführung", S. 88; *Bassler, S.* 484 ff.

2997 *Neuscheler*, FAZ vom 30. August 2019, S. 17.

2998 Vgl. dazu oben die Diskussion mit weiteren Nachweisen auf S. 293 f. sowie der Überblick mit weiteren Nachweisen oben ab S. 255; ebenso bei *Faure*, S. 91 ff. und S. 188 ff.

2999 *Habersack*, Gutachten E: „Staatliche und nichtstaatliche Eingriffe in die Unternehmensführung", S. 88.

3000 Beispielhaft m.w.N.: *Rubner/Fischer*, NZG 2015, S. 782, passim; *Neuscheler*, FAZ vom 30. August 2019, S. 17; *Faure*, S. 188 ff.

3001 Siehe dazu bereits mit weiteren Nachweisen oben S. 293 ff.

3002 Siehe dazu ausführlicher S. 121 f.

auch immer das Risiko, dass Einigungen schwerer fallen und so die – schnelle – Handlungsfähigkeit im Unternehmen eingeschränkt wird.[3003] Denn, je häufiger zusätzliche Akteure einbezogen werden und bei Entscheidungen gefragt werden müssen, umso länger dauern in der Regel Prozesse und umso schwieriger wird es – gerade in Krisensituationen des Unternehmens – schnell zu reagieren.[3004] Dem kann allerdings in diesem Fall entgegengehalten werden, dass durch die Stärkung der professionellen Anleger – insbesondere diejenigen Akteure angesprochen wurden, die zumindest das Potential besitzen schneller – da professionell – zu agieren und sich selbst bewusst sind, dass manche Entscheidungsprozesse in Krisensituationen insbesondere kurzfristige Handlungen der Anleger erfordern.[3005]

Es bleibt in der Praxis abzuwarten, ob sich diese angestrebten Verschiebungen im Machtgefüge der Gesellschaft[3006] und die Schaffung alternativer Überwachungsformen fortsetzen werden; jedenfalls werden sie durch die Aktionärsrechterichtlinie 2017 und die Umsetzung durch das ARUG II bestärkt.[3007]

4. Langfristigkeit als Ziel

Darüber hinaus findet sich in dem Vorschlag das von der Europäischen Union insbesondere nach der Weltwirtschaftskrise verfolgte Ziel und Prinzip der Langfristigkeit von Anlagen: Dieses wurde zunächst im Jahr 2013 noch einmal als deutliches Ziel im Grünbuch *Langfristige Finanzierung der Europäischen Wirtschaft* und zuletzt im Aktionsplan „*Finanzierung nachhaltigen Wachstums*" artikuliert.[3008] Im Aktionsplan „*Finanzierung nachhaltigen Wachstums*" wird Langfristigkeit als „Prozess, Entscheidungen mit langfristigen Zielen oder Auswirkungen zu treffen"[3009]

3003 *Hart*, The Economic Journal 1995, S. 678, 681; siehe dazu auch mit weiteren Nachweisen oben im Grundlagenteil die Vor- und Nachteile zusätzlicher *„checks and balances"* S. 22 ff.; *Faure*, S. 116 ff.

3004 Siehe zu den Vorteilen auch oben mit weiteren Nachweisen S. 22 ff.

3005 Zur Professionalität als Kriterium bei institutionellen Anlegern – siehe auch oben mit weiteren Nachweisen S. 59 ff.

3006 *Neuscheler*, FAZ vom 30. August 2019, S. 17; *Habersack*, Gutachten E: „Staatliche und nichtstaatliche Eingriffe in die Unternehmensführung", S. 88.

3007 *Habersack*, Gutachten E: „Staatliche und nichtstaatliche Eingriffe in die Unternehmensführung", S. 88.

3008 *Europäische Kommission*, Grünbuch Langfristige Finanzierung der Europäischen Wirtschaft – KOM(2013) 150 endg., passim; *Europäische Kommission*, Aktionsplan: Finanzierung nachhaltigen Wachstums, 2018, S. 4 f.; *Zetzsche*, NZG 2014, S. 1121.

3009 *Europäische Kommission*, Aktionsplan: Finanzierung nachhaltigen Wachstums, 2018, S. 4 f.

definiert und als wesentliche Ergänzung der Nachhaltigkeit eingeordnet.[3010] Im Aktionsplan „*Finanzierung nachhaltigen Wachstums*" erfolgt dann wiederum eine Verknüpfung mit den Begriffen der „Nachhaltigkeit" und „ESG": Gerade die typischen ESG-Ziele könnten demnach vor allem über einen langfristigen Zeithorizont erreicht werden.[3011] Diese Verknüpfung bestimmter „Schlagwörter" wird in der Literatur zuletzt kritisiert und davor gewarnt, diese etwa als Synonyme oder Ähnliches zu gebrauchen.[3012] Tatsächlich besteht die Gefahr, dass der gemeinsame Gebrauch dieser besonders in den letzten Jahren sehr populär gewordenen Begriffe[3013] in gewissem Maße oberflächlich und von Aktionismus geprägt sein könnte, sodass sie jedenfalls in ihrer Verknüpfung gut begründet werden sollten.[3014] Zudem wird auch davor gewarnt Langfristigkeit pauschal als positiv darzustellen, da durch besonders langfristige Anlagehorizonte wiederum andere Risiken, wie zum Beispiel eine verringerter Inzentivierung des Managements, drohen könnten, weswegen die rein positive Verwendung dieser Schlagwörter jedenfalls restriktiv und mit Bedacht zu handhaben sei.[3015]

Wie genau mit der neuen Regelung im ARUG II und der Aktionärsrechterichtlinie zudem Langfristigkeit erreicht werden soll, offenbart allerdings weder ausdrücklich die Gesetzesbegründung zum ARUG II noch die Begründung der Aktionärsrechterichtlinie 2017: Eine Schlüsselrolle spielt dabei vermutlich der neue § 134c Abs. 1 AktG, der eine Offenlegung des Entsprechens der Anlagestrategie mit der Laufzeit der Verbindlichkeiten erfordert, wobei vorausgesetzt wird, dass die adressierten Institutionellen ohnehin schon eine langfristige Laufzeit ihrer Verbindlichkeiten besitzen, die sie nun auf ihre Anlagestrategie übertragen sollen.[3016]

Sicherlich wird auch die Langfristigkeit in Zukunft weiterhin ein wesentliches Thema des europäischen Gesellschaftsrechts bleiben, wie bereits aus der ausdrücklichen Nennung und dem Fokus im Aktionsplan „*Finanzierung nachhaltigen Wachstums*" zu entnehmen ist.[3017] Allerdings bleibt gerade hinsichtlich der

---

3010 *Europäische Kommission*, Aktionsplan: Finanzierung nachhaltigen Wachstums, 2018, S. 4 f.; zu Nachhaltigkeit und Langfristigkeit des Engagements institutioneller Anleger auch allgemein *Ockert*, S. 69 ff. und speziell zu den beiden Begriffen *Ockert*, S. 94 ff.

3011 *Europäische Kommission*, Aktionsplan: Finanzierung nachhaltigen Wachstums, 2018, S. 4 f.

3012 *Hell*, NZG 2019, S. 338, 339.

3013 Siehe dazu auch mit weiteren Nachweisen oben die derzeit häufig geführte ESG-Debatte – S. 342 ff.

3014 *Hell*, NZG 2019, S. 338, 339.

3015 *Zetzsche*, NZG 2014, S. 1121, 1124; *Hell*, NZG 2019, S. 338, 339.

3016 Siehe dazu auch mit weiteren Nachweisen oben die ausführlichere Erläuterung S. 276 f.

3017 *Europäische Kommission*, Aktionsplan: Finanzierung nachhaltigen Wachstums, 2018, 4 f.

Regelung im ARUG II abzuwarten, inwiefern dieser neue Regelungsansatz tatsächliche Auswirkungen in der Praxis zeitigt oder ob die Verwendung der Schlagworte tatsächlich eher oberflächlicher Natur war.[3018]

5. Verwendung des *Comply-Or-Explain*-Prinzips und Raum für neue Lösungsansätze

Ein weiteres immer wiederkehrendes Thema des europäischen Gesellschaftsrechts, das auch in diesem Zusammenhang aktuell wird, ist die Regelungsmethodik des *Comply-Or-Explain*-Prinzips.[3019] Als Regelungsmethodik stellen die Aktionärsrechterichtlinie 2017 und das ARUG II eine typische Verwendung des *Comply-Or-Explain*-Prinzips dar, die auch zuletzt wiederholt ein kritisch betrachtetes Thema in der europäischen Gesellschaftsrechtspraxis war – vor allem im Rahmen der Empfehlung der Kommission zur Qualität der Berichterstattung über die Unternehmensführung sowie auch im Zusammenhang mit dem UK Stewardship Code 2012/2020.[3020]

Hervorzuheben für die vorliegende Art der Regelungen ist, dass sie nicht der ursprünglichen Verwendung, wie sie z. B. in Großbritannien Anfang der 90er Jahre im Cadbury Report üblich war,[3021] entsprechen. Als eigene Abwandlung dieser Regelungsmethodik hat sich der europäische Gesetzgeber beispielsweise dafür entschieden, die Offenlegung in Teilen an sich verpflichtend zu machen, sie also nicht in einen „freiwilligen Kodex" einzubinden, aber dennoch Abweichungen mit Erklärung zuzulassen.[3022] Somit ist dieses Prinzip gewissermaßen ein verpflichtendes *Comply-Or-Explain*-Prinzip im Gegensatz zu beispielsweise den Regelungen des UK Stewardship Code, bei denen es den institutionellen Anlegern in Großbritannien freigestellt ist, ob sie sich selbst zur Einhaltung der Pflichten verpflichten und dann – in einem zweiten Schritt – erst die Möglichkeit des Entsprechens oder Erklärens haben.[3023]

Die Regelung bietet allerdings noch weiteren Raum für weitere Entwicklungsmöglichkeiten in Bezug auf die Sicherstellung der Qualität der Berichterstattung.[3024]

3018 *Hell*, NZG 2019, S. 338, 339.

3019 *Europäische Kommission*, Empfehlung zur Qualität der Berichterstattung über die Unternehmensführung („*Comply or Explain*"), Abl. 2014, L 109/43, passim.

3020 *Europäische Kommission*, Empfehlung zur Qualität der Berichterstattung über die Unternehmensführung („*Comply or Explain*"), Abl. 2014, L 109/43, passim; *FRC*, Developments in Corporate Governance and Stewardship 2016, S. 24.

3021 Cadbury Report, passim.

3022 Vgl. dazu mit weiteren Nachweisen oben die Analyse in Bezug auf das Prinzip auf S. 298.

3023 Vgl. zum UK Stewardship Code S. 99.

3024 *Europäische Kommission*, Empfehlung zur Qualität der Berichterstattung über die Unternehmensführung („*Comply or Explain*"), Abl. 2014, L 109/43, passim.

So könnte, je nach Ergebnissen der ersten Berichte, erwogen werden, ein Klassifizierungssystem zur Qualität der Berichte – ähnlich dem *tiering*-System zum UK Stewardship Code einzuführen.[3025]

IV. Weitere Schritte und Alternativen nach ARUG II – Ergänzung und Konkretisierung durch einen deutschen Stewardship Kodex?

Um die Defizite und offenen Punkte der Regelungen auszugleichen und die Normen zu konkretisieren, wird teilweise für eine deutsche Variante eines Stewardship Code plädiert.[3026] Wesentliche Kernpunkte für einen solchen Kodex wurden von einem entsprechend gegründeten Arbeitskreis (sog. „Kommission Governance & Stewardship der DVFA") bereits vorgelegt[3027] und werden inzwischen auch in der einschlägigen Literatur diskutiert.[3028]

1. Inhalte des DVFA-Vorschlags für die Kernelemente eines deutschen Stewardship Kodex

Auf zwei Seiten fassen die DVFA Kernelemente die wesentlichen Punkte des *stewardship*-Gedankens und seiner Umsetzung nach Interpretation des DVFA zusammen.[3029] Dabei erfolgt zunächst eine Definition des Begriffes „Stewardship" aus Sicht des DVFA als „verantwortungsvolle Allokation und aktive Betreuung der Vermögenswerte mit dem Ziel einer nachhaltigen, langfristigen Wertschöpfung für die Kunden. Dies beinhaltet die Überwachung und den aktiven Dialog mit den Portfoliogesellschaften, die zielgerichtete Ausübung von Aktionärsrechten sowie den gesetzlich möglichen Austausch mit anderen Asset Managern"[3030] Angesichts der klaren Orientierung des DVFA als Interessenvertretung überrascht es nicht, dass der Begriff „Stewardship" enger gefasst wurde und speziell auf Asset Manager zugeschnitten wurde, als man ihn – wie oben dargelegt – gesamtwirtschaftlich definieren könnte.[3031] Dennoch finden sich auch in dieser Kurzdefinition auch wieder die typischen Schlagwörter wie „Verantwortung", „Nachhaltigkeit"

3025 Siehe zu diesem Lösungsansatz mit weiteren Nachweisen oben, S. 308.

3026 *Hein*, S. 336 ff.; dies auch in Erwägung ziehend: *Baums*, ZHR 183 (2019), S. 605, 610 und 615; *Mack*, ZCG 2020, S. 197, 200 f.

3027 *DVFA*, Stewardship-Leitlinien: die Kernelemente; *Mack*, ZCG 2020, S. 197, 201.

3028 *Hein*, S. 336 ff.; *Baums*, ZHR 183 (2019), S. 605, 610; *Mack*, ZCG 2020, S. 197, 201.

3029 *DVFA*, Stewardship-Leitlinien: die Kernelemente.

3030 *DVFA*, Stewardship-Leitlinien: die Kernelemente, S. 1.

3031 Siehe ausführlich zur Erläuterung und Herleitung des Begriffes „*Stewardship*" mit weiteren Nachweisen oben, S. 32 ff.

und „Langfristigkeit", die in letzter Zeit beinahe inflationär verwendet wurden.[3032] Bereits der zweite Satz der Definition zeigt deutlich die Anleihen an den UK Stewardship Code 2012 (also in der nicht überarbeiteten Fassung aus dem Jahr 2020), da auch in diesem Fall die Überwachung und der Dialog als Maßnahmen im Mittelpunkt stehen sollen.[3033]

Im Anschluss an dieses Grundverständnis hat das Eckpunktepapier des DVFA zwei Absätze zur Berichtspflicht, die ebenfalls nahe an denen des ursprünglichen UK Stewardship Code 2012 sind: so ist auch hier eine Selbstverpflichtung der Asset Manager vorgesehen, die öffentlich zugänglich zu machen ist und regelmäßig überprüft werden kann.[3034] Ganz im Sinne des klassischen comply or explain-Prinzips[3035] haben die Asset Manager jährlich darzulegen, wie sie die Pflichten erfüllen und – falls sie dies nicht tun – das Unterlassen erklären.[3036] Danach folgen sechs Prinzipien, die aus Sicht des DVFA Kern der Erklärung durch die Asset Manager sein sollen:

- Überwachung[3037] (mit einer Aufzählung wesentlicher Aspekte, die u.a. auch die „ökologische und soziale Verantwortung"[3038] umfassen),
- der konstruktive Dialog sowie
- eine „Eskalation"[3039] im Fall der Nichterfüllung mit Vorschlägen für Eskalationsmaßnahmen,
- Abstimmungsleitlinien und deren Veröffentlichung[3040],
- der Zusammenarbeit mit anderen Asset Managern im Rahmen der geltenden Gesetze[3041] und
- zu schaffende Grundsätze für im Rahmen der *stewardship*-Aktivitäten offenbar werdende interne und externe Interessenkonflikte[3042].

Wie die vorherige Aufstellung und die entsprechenden Verweise auf die Fußnoten deutlich macht, sind also die Kernelemente des DVFA im Wesentlichen dem UK Stewardship Code 2012 entlehnt und auf die bloße Widergabe der Grundsätze

---

3032 Zur vorsichtigen Verwendung dieser Begriffe anmahnend: *Zetzsche*, NZG 2014, S. 1121, 1124; *Hell*, NZG 2019, S. 338, 339.

3033 *DVFA*, Stewardship-Leitlinien: die Kernelemente, S. 1.

3034 *DVFA*, Stewardship-Leitlinien: die Kernelemente, S. 1.

3035 Siehe dazu mit weiteren Nachweisen oben S. 85 ff.

3036 *DVFA*, Stewardship-Leitlinien: die Kernelemente, S. 1.

3037 Vgl. dazu das entsprechende Prinzip in *FRC*, Stewardship Code 2012, Principle 3.

3038 *DVFA*, Stewardship-Leitlinien: die Kernelemente, S. 2.

3039 Auch hier wird die Nähe zum UK Stewardship Code 2012 besonders deutlich – vgl. dort *FRC*, Stewardship Code 2012, Principle 4.

3040 Vgl. zum parallelen Prinzip im *FRC*, Stewardship Code 2012, Principle 6.

3041 Vgl. zum parallelen Prinzip im *FRC*, Stewardship Code 2012, Principle 5.

3042 Vgl. zum parallelen Prinzip im *FRC*, Stewardship Code 2012, Principle 2.

kondensiert.[3043] Dies ist als Aufsatzpunkt für eine deutsche Version des Kodex für sich genommen nicht schädlich und durchaus eine erste Diskussionsgrundlage. Leider werden in diesem Diskussionspapier die weiteren Schachstellen des Kodex, denen ja teilweise mit der neuen Version, dem UK Stewardship Code 2020 entgegengewirkt werden soll, noch nicht adressiert.[3044] Hier wäre etwas mehr Tiefe und eine weitere Erläuterung in Bezug speziell auf den deutschen Rechtsraum erfreulich gewesen.[3045] Angesichts der aktuell geführten Diskussionen und Evaluationen erscheint dieser Kurzvorschlag als ein erster Anstoß, aber nicht als ein vollentwickeltes Konzept für einen ergänzenden Kodex, der möglicherweise in der Lage wäre die teils abstrakt gehaltenen Offenlegungspflichten des ARUG II und der Aktionärsrechterichtlinie 2017 zu ergänzen und für die Praxis zu konkretisieren.

2. Weitere Literaturansichten und Vorschläge für einen deutschen Stewardship Kodex

Auch in der deutschsprachigen Literatur finden sich Stimmen, die die Einführung eines deutschen Stewardship Kodex andenken[3046] und teils befürwortend eigene Kodexvorschläge machen.[3047] Von *Hein* wurde dabei in der Zeit vor der Umsetzung der Aktionärsrechterichtlinie 2017 ins ARUG II auch noch angenommen, dass eine solche Umsetzung sogar zur ordnungsgemäßen Umsetzung des Art. 3 g) der Aktionärsrechterichtlinie 2017 notwendig sei.[3048] Angedacht war dabei ein Konzept entsprechend der Regelung § 161 AktG zum Corporate Governance Kodex.[3049] Dass eine entsprechende Umsetzungsvariante vom Gesetzgeber nun nicht gewählt wurde, sondern die Verpflichtung allein im Gesetz vorgesehen ist, schadet dabei dem Vorschlag an sich nicht: So ist es eine durchaus denkbare Möglichkeit, dass es parallel zu diesen Regelungen einen umfangreicheren Regelungskatalog wie etwa einen Stewardship Kodex gibt, der die gesetzlichen Regelungen vertieft und veranschaulicht.[3050]

3043 *DVFA*, Stewardship-Leitlinien: die Kernelemente, S. 1.

3044 Siehe zu dieser Thematik ausführlich mit weiteren Nachweisen oben S. 99 ff.

3045 Da aber die Vorstellung der Leitlinien im Kontext der *DVFA* Governance & Stewardship Konferenz am 19. September 2019 in Frankfurt a. M. erfolgte, ist anzunehmen, dass diese dann mit entsprechenden mündlichen Diskussionsbeiträgen begleitet wurde.

3046 *Baums*, ZHR 183 (2019), S. 605, 610; *Hein*, S. 336 ff.

3047 *Hein*, S. 338 ff.

3048 *Hein*, S. 336.

3049 *Hein*, S. 336.

3050 *Baums*, ZHR 183 (2019), S. 605, 610; in diese Richtung auch argumentierend: *Faure*, S. 216 f. – die die fehlende „Guidance" kritisiert.

Der von *Hein* vorgeschlagene Kodex gliedert sich zum Beispiel in eine sehr ausführliche Präambel und sieben Prinzipien, die jeweils noch Unterpunkte als Erläuterung haben.[3051] Grundlage für den Vorschlag bildeten dabei eine Analyse der weltweit bereits bestehenden Stewardship Kodizes sowie die Vorgaben der Aktionärsrechterichtlinie 2017, wobei sich insbesondere die Struktur des UK Stewardship Code 2012 wiederfindet.[3052] Dieser Vorschlag bietet – ebenso wie der ähnliche Kodexvorschlag des DVFA eine gute Grundlage für weitere Diskussionen in diese Richtung, allerdings noch keinen abschließenden und überzeugenden Lösungsvorschlag, der in der Lage wäre die derzeitigen Regelungen des ARUG II und der Aktionärsrechterichtlinie 2017 zu ergänzen.

3. Stellungnahme – ein deutscher Stewardship Kodex, mehr Bürokratieaufwand oder sinnvolle Ergänzung der bestehenden Regelungen?

Dass es an einigen Stellen der Regelungen des ARUG II noch Konkretisierungs- und Ergänzungsbedarf gibt, ist nicht abzustreiten und wurde bereits oben eingehend erörtert.[3053] Somit könnte sich ein ergänzender und vertiefender deutscher Stewardship Kodex durchaus anbieten.[3054]

Angesichts der Tatsache, dass ein weiterer wesentlicher Kritikpunkt an den Regelungen der dadurch verursachte gesteigerte Bürokratieaufwand ist, sind ergänzende Regelungen und Verpflichtungen allerdings verhalten zu betrachten.[3055] Eine weitergehende Regelung macht nur Sinn, wenn sie zu einem erheblichen Mehrwert für die tatsächliche Anwendung oder die grundsätzliche Zielerreichung führen würde. Dies kann nur der Fall sein, wenn wenigstens einigen der strukturellen Probleme der neuen gesetzlichen Regelungen in einem Kodex begegnet werden kann.

Bemerkenswert ist in diesem Zusammenhang zudem die signifikante (jedenfalls intendierte) Neuausrichtung des UK Stewardship Code 2020, die – da zeitlich nachgelagert – weder vom DVFA noch von *Hein* berücksichtigt werden konnte.[3056] Während der UK Stewardship Code 2012 nun vielfach als Vorbild verwendet wurde, präsentiert sich die überarbeitete Version mit den zwölf statt sieben Prinzipien

3051 *Hein*, S. 336 ff., mit Erläuterungen auf S. 343 ff.

3052 *Hein*, S. 336 ff., mit Erläuterungen auf S. 343 ff.

3053 Siehe dazu die Untersuchung mit weiteren Nachweisen oben S. 259 ff. sowie auch bei Faure, S. 216 f.

3054 *Baums*, ZHR 183 (2019), S. 605, 615; siehe insbesondere zu den Vor- und Nachteilen einer Kodexlösung an sich auch mit weiteren Nachweisen oben ab S. 171.

3055 Siehe zu diesem wiederholt vorgetragenen Kritikpunkt bereits oben S. 337 ff.

3056 Siehe dazu mit weiteren Nachweisen oben, S. 103 ff.; *Mack*, ZCG 2020, S. 197, 201.

und dem *Apply-And-Explain*"-Prinzip nun in einem anderen Licht.[3057] Dies zeigt jedenfalls deutlich, dass es – auch nach zahlreichen Evaluationen zur Vorversion in Großbritannien – erheblichen Änderungsbedarf zu den bestehenden Regelungen gab.[3058] Insofern sollte jeder darauf basierende Vorschlag besonders kritisch gesehen werden, wobei die neuen Regelungen auch nur teilweise substantielle Veränderungen mit sich bringen und eher als eine Art oberflächliche Maßnahme erscheinen.[3059] Die bedauerlicherweise auch eher hinter den Erwartungen zurückbleibende neue Regelung des UK Stewardship Code 2020 zeigt also die erheblichen Herausforderungen, die sich ein solcher Kodex in Bezug auf Regelungsklarheit und Erfolgsaussichten gegenübersieht.[3060] Dabei sind es eigentlich immer wieder dieselben Kritikpunkte, die sich hervortun und sich mit den vorhandenen Mitteln nur schwer beheben lassen: diese decken sich in weiten Teilen mit denen, die auch die Aktionärsrechterichtlinie 2017 und das ARUG II selbst betrafen.[3061] Insofern sollte zwar die Möglichkeit einer ergänzenden Regelung durch einen deutschen Stewardship Kodex langfristig nicht vergessen werden.[3062] Allerdings sollten in den kommenden Jahren zunächst die praktischen Erfahrungen mit den entsprechenden Regelungen im ARUG II kritisch und vertieft evaluiert werden.[3063] Um unnötigen Regulierungsaktionismus und zusätzlichen Bürokratieaufwand zu vermeiden, sollte erst auf der Grundlagen einer eingehenden und tiefgehenden Evaluation weiter entschieden werden, ob eine ergänzende Regelung zum Gesetzestext in Deutschland erforderlich und angemessen ist.

3057 Siehe dazu mit weiteren Nachweisen oben, S. 103 ff. sowie bei *Mack*, ZCG 2020, S. 197, 199.

3058 Siehe dazu mit weiteren Nachweisen oben, S. 103 ff.

3059 Siehe dazu mit weiteren Nachweisen oben, S. 103 ff.

3060 *Davies*, ECGI-Working Paper 2020, S. 31 ff.; ausführlicher zur Rezeption in der britischen Literatur auch mit weiteren Nachweisen oben, S. 103 ff.

3061 *Davies*, ECGI-Working Paper 2020, S. 31 ff.; Siehe dazu mit weiteren Nachweisen oben S. 293 ff.

3062 Die fehlende „*Guidance*" kritisierend und auf die Konkretisierungsbedürftigkeit hinweisend: *Faure*, S. 215 ff.

3063 Siehe zur Evaluierungspflicht dieser Regelungen in der Aktionärsrechterichtlinie 2017 bereits mit weiteren Nachweisen oben S. 156 ff. und S. 289 ff.

E. Ergebnis – Zusammenfassung der Arbeit in Thesen

Die Ergebnisse der einzelnen Kapitel lassen sich in den folgenden Thesen zusammenfassen.

Kapitel B.I.

Es ist trotz berechtigter Zweifel vorteilhaft, wenn institutionelle Anleger eine aktivere Rolle in den Unternehmen einnehmen, in die sie investieren.[3064]

Das Bestreben nach mehr Aktionärsengagement lässt sich unter Rückgriff auf verschiedene wissenschaftliche Erklärungsansätze auf unterschiedliche aber jeweils vertretbare theoretische Grundlagen stützen.[3065] Unter Aktionärsengagement wird in dieser Arbeit die aktive – nicht aggressive – Mitwirkung der Aktionäre an der Unternehmensführung verstanden.[3066] Dabei können sie sich sowohl ihrer mitgliedschaftlich vermittelten Rechte als auch informeller Vorgehensweisen, wie z. B. des Suchens eines Dialogs mit den Vorständen und Aufsichtsräten oder auch des schlichten Auswertens von öffentlich zugänglichen Informationen, bedienen.[3067]

Im Rahmen des ökonomischen Erklärungsansatzes ist die zusätzliche Aktivität von Aktionären eine der Lösungen für die Probleme, die aus der Trennung von Eigentum und Verfügungsmacht im Unternehmen resultieren.[3068] So kann dies das Risiko der Übervorteilung der Eigentümer durch das Management reduzieren.[3069] Gleichzeitig kann der Beitrag zur guten Unternehmensführung eine Stabilisierung des Unternehmens mit sich bringen und so auch für die sonstigen vom Erfolg des Unternehmens abhängigen Parteien sowie letztlich für die Gesamtwirtschaft von Vorteil sein.[3070] Zur Förderung von Aktionärsengagement ist es

3064 Dazu mit weiteren Nachweisen oben ab S. 16.

3065 Siehe hierzu die verschiedenen Erklärungsansätze mit weiteren Nachweisen oben S. 22 ff.

3066 Siehe zum Begriffsverständnis des Aktionärsengagements mit weiteren Nachweisen oben S. 16 ff.

3067 Siehe zu den verschiedenen Intensitätsstufen der sog. *Voice*-Option mit weiteren Nachweisen oben ab S. 18.

3068 Siehe zu den ökonomischen Erklärungsansätzen mit weiteren Nachweisen oben ab S. 22.

3069 Siehe zu den Details der ökonomischen Erklärungsansätzen mit weiteren Nachweisen oben ab S. 22.

3070 Siehe zu den Details der ökonomischen Erklärungsansätzen mit weiteren Nachweisen oben ab S. 22.

allerdings notwendig, die bestehenden negativen Anreize bzw. Hindernisse zu minimieren.[3071]

Die gemeinwohlorientierten Ansätze sehen die Aktionäre in einer besonderen Verantwortung, die sie auch teils mit dem Begriff *stewardship* umschreiben: Eine bloße Eigennutzorientierung der wirtschaftlichen Eigentümer von Unternehmen ist danach schädlich für die Gesamtwirtschaft.[3072] Vielmehr wird von diesen Ansätzen vorausgesetzt, dass die Anleger auch weiche Faktoren wie ökologische oder soziale Gesichtspunkte im Rahmen ihrer Anlage und im Hinblick auf das Gemeinwohl berücksichtigen.[3073] Auch aus dem Zweck heraus, diese Ziele durchzusetzen, kann eine Pflicht zu mehr Engagement in der Unternehmensführung resultieren.[3074] Ein sicheres empirisches Fundament für diese Erklärungsansätze gibt es hingegen nicht.[3075] In den letzten Jahren werden zudem – insbesondere im Rahmen der gemeinwohlorientierten Ansätze und des *stewardship*-Gedanken – typische weitere Kriterien, die sich unter Schlagwörtern wie Nachhaltigkeit, Langfristigkeit und ökologisches Bewusstsein der Anleger zusammenfassen lassen, betont – diese Strömungen stehen auch in Verbindung mit dem sog. Corporate Social Responsibility-Ansatz und den sog. ESG („*Environmental, Social and Governance*")-Kriterien.[3076]

Letztlich lässt sich die politische Entscheidung, vermehrt Anreize für stärkere Aktivitäten der Anleger zu setzen, auf eine Kombination beider Begründungsansätze stützen.[3077] Den verschiedenen in der Literatur aufgeworfenen Kritikpunkten kann in weiten Teilen durch die Berücksichtigung der zugrunde liegenden Probleme bei der praktischen Ausgestaltung der Regelungen begegnet werden.[3078]

3071 Siehe zu den typischen Hindernissen für mehr Aktionärsaktivismus im Rahmen der ökonomischen Erklärungsansätze mit weiteren Nachweisen oben S. 27 ff.

3072 Siehe zu den gemeinwohlbezogenen Erklärungsansätzen mit weiteren Nachweisen oben S. 31 ff.

3073 Siehe zu den Details der gemeinwohlbezogenen Erklärungsansätze mit weiteren Nachweisen oben S. 31 ff.

3074 Siehe zu den Details der gemeinwohlbezogenen Erklärungsansätze mit weiteren Nachweisen oben S. 31 ff.

3075 Siehe zu den Kritikpunkten der gemeinwohlbezogenen Erklärungsansätze mit weiteren Nachweisen oben S. 39 ff.

3076 Siehe zu dieser neueren Vertiefung und Ergänzung der gemeinwohlbezogenen Erklärungsansätze mit weiteren Nachweisen oben S. 38 ff.

3077 Siehe zum kombinierten Ansatz mit weiteren Nachweisen oben S. 49 ff.

3078 Siehe zu den verschiedenen Kritikpunkten und der Lösung mit weiteren Nachweisen oben S. 41 ff.

Kapitel B.II.

Institutionelle Anleger eigenen sich als aktive Akteure im Unternehmen sowohl aufgrund ihrer strukturellen Langfristorientierung als auch aufgrund ihrer grundsätzlichen wirtschaftlichen Bedeutung; in Großbritannien gilt dies noch stärker als in Kontinentaleuropa.[3079]

Die Wahl des Regulierungsadressaten „institutionelle Anleger" lässt sich sowohl über ihre rechtstatsächliche als auch über ihre besondere Stellung in der Anlagekette und ihre spezifischen Charakteristika begründen.[3080]

Das Begriffsverständnis des Regulierungsadressaten „institutioneller Anleger" ist hingegen häufig uneinheitlich, letztlich ist eine Definition vorteilhaft, die eine abstrakte Definition aufgrund bestimmter Charakteristika mit der typischen Aufzählung klassischer institutioneller Anleger verbindet.[3081]

Die rechtstatsächliche Betrachtung zeigt die grundsätzliche Bedeutung der institutionellen Anleger für die Gesamtwirtschaft und für die Unternehmen, in die sie investieren.[3082]

Gerade die Langfristorientierung, die Fristenkongruenz sowie die professionelle Ausstattung der Anleger bereiten eine gute Grundlage für eine kritische Mitwirkung und Kontrolle an der Unternehmensführung in einer auf Dauer angelegten und damit stabilisierenden Art und Weise.[3083] Dies begründet die besonders gute Eignung institutioneller Anleger als aktive Aktionäre im Unternehmen, in die sie investieren.[3084]

Kapitel B.III.

Offenlegungspflichten sind ein vertretbares allerdings auch mit Nachteilen besetztes Mittel, um Anreize zu mehr Engagement von institutionellen Anlegern zu schaffen.[3085] **Den Nachteilen könnte unter anderem mit einem**

3079 Dazu mit weiteren Nachweisen oben ab S. 50.

3080 Siehe zur besonderen Eignung institutioneller Anleger im Unternehmen mit weiteren Nachweisen oben S. 50 ff.

3081 Siehe zum Begriffsverständnis für „institutionelle Anleger" mit weiteren Nachweisen oben S. 52 ff.

3082 Siehe zur rechtstatsächlichen Bedeutung institutioneller Anleger mit weiteren Nachweisen oben S. 76 ff.

3083 Sie zu typischen Charakteristika, die die Eignung institutioneller Anleger auch rechtstatsächlich als aktive Akteure untermauern mit weiteren Nachweisen oben S. 80 ff.

3084 Sie zu typischen Charakteristika, die die Eignung institutioneller Anleger auch rechtstatsächlich als aktive Akteure untermauern mit weiteren Nachweisen oben S. 80 ff.

3085 Dazu oben mit weiteren Nachweisen ab S. 83.

Klassifizierungssystem entgegengewirkt werden, wie es bereits in Großbritannien eingeführt wurde.[3086]

Transparenzpflichten als Regulierungsmethode sind eine von mehreren möglichen Arten, um Anreize für ein stärkeres Aktionärsengagement zu setzen.[3087] In der Regel soll durch die Erklärungs- bzw. Offenlegungspflicht beim Regulierten eine Art Erkenntnisprozess angestoßen werden.[3088] Gleichzeitig wird die Pflicht zur Veröffentlichung auch die gewisse Drucksituation erzeugt, da der Erklärende auf diese Weise von der Öffentlichkeit auf die Einhaltung seiner prognostizierten Handlungen überprüft werden kann.[3089] Zugleich wird insbesondere im Hinblick auf die Agentenstellung der institutionellen Anleger ihren Endanlegern auf diese Weise eine Entscheidungsgrundlage für ihre Anlageentscheidung geboten (so können diese danach gegebenenfalls eine Desinvestmententscheidung treffen), was wiederum die institutionellen Anleger dazu veranlassen kann, das gewünschte Verhalten zu zeigen oder gute Gründe für eine Abweichung zu finden.[3090] Die Regulierungsmethode durch Offenlegungspflichten bzw. das *Comply-Or-Explain*-Prinzip hat allerdings auch Schwächen, unter anderem in Bezug auf die Sicherstellung der Qualität der abgegebenen Erklärungen, denen entgegengewirkt werden muss.[3091] Hier bietet es sich unter anderem an, ein in Großbritannien derzeit erprobtes Klassifizierungssystem einzuführen.[3092]

Kapitel C.I.

Das bisherige Regelungsumfeld vor der Aktionärsrechterichtlinie und ARUG II für institutionelle Anleger in Großbritannien unterscheidet sich deutlich von dem in Europa und speziell in Deutschland.[3093] Insbesondere die bisherigen Regelungen in Bezug auf institutionelle Anleger in Deutschland

3086 Siehe zu Lösungsansätzen in Bezug auf die Kritikpunkte an Transparenzpflichten als Regulierungsmittel mit weiteren Nachweisen oben S. 88 ff.

3087 Siehe zu möglichen Arten und Weisen der Regulierung und Aktivierung institutioneller Anleger mit weiteren Nachweisen oben S. 83 ff.

3088 Siehe zur Wirkungsweise von Transparenzpflichten als Mittel der Regulierung mit weiteren Nachweisen oben S. 83 ff.

3089 Siehe zur Wirkungsweise von Transparenzpflichten als Mittel der Regulierung mit weiteren Nachweisen oben S. 83 ff.

3090 Siehe zur Wirkungsweise von Transparenzpflichten als Mittel der Regulierung mit weiteren Nachweisen oben S. 83 ff.

3091 Siehe zu den Kritikpunkten an Transparenzpflichten als Regulierungsmittel mit weiteren Nachweisen oben S. 90 ff.

3092 Siehe zu Lösungsansätzen in Bezug auf die Kritikpunkte an Transparenzpflichten als Regulierungsmittel mit weiteren Nachweisen oben S. 88 ff.

3093 Dazu mit weiteren Nachweisen oben ab S. 92.

waren eher fragmentarisch und an Untergruppen institutioneller Anleger gerichtet.[3094]

Das Regelungsumfeld in den EU-Mitgliedstaaten und Großbritannien vor der Aktionärsrechterichtlinie 2017 und ARUG II war heterogen.[3095]

Während in Großbritannien schon ein eigens an diese Anlegergruppe gerichteter UK Stewardship Code bestand, gab es auf europäischer Ebene und in Deutschland, abgesehen von einigen Erwähnungen in anderen Zusammenhängen, keine speziell an die (übergeordnete) Anlegergruppe „institutionelle Anleger" adressierten Normen.[3096]

Regelungen in Europa und Deutschland richteten sich insbesondere an bestimmte Untergruppe institutioneller Anleger, diese werden auch als „sektorspezifische Regelungen" bezeichnet.[3097] Auf europäischer Ebene ist die zentrale nun bestehende Regelung für institutionelle Anleger nun die Aktionärsrechterichtlinie 2017, der über viele Jahre eine Fülle von vorbereitenden Gesetzesmaterialien voranging.[3098] Die geringe und eher fragmentarische Berücksichtigung von institutionellen Anlegern mag mit der reduzierten rechtstatsächlichen Bedeutung dieser Anlegergruppe – etwa im Vergleich zur größeren Bedeutung von Pensionsfonds in Großbritannien – zusammenhängen.[3099]

Kapitel C.II.

Vor ARUG II und der Aktionärsrechterichtlinie 2017 wurden auch alternative Regelungsoptionen neben den nun gewählten Transparenzpflichten diskutiert, die aber letztlich mit nachvollziehbaren Argumenten nicht gewählt wurden.[3100]

Als alternative Regelungsoptionen waren insbesondere Stimmpflichten, die Lösung über gesellschaftsrechtliche Treuepflichten, eine Verdopplung der Stimmrechte sowie die Entwicklung eines separaten Kodex nach Vorbild des UK Stewardship

---

3094 Dazu mit weiteren Nachweisen oben ab S. 162.

3095 Siehe für einen Überblick über die früheren Regelungsumfelder in Großbritannien, Europa und speziell in Deutschland mit weiteren Nachweisen oben S. 92 ff.

3096 Siehe für einen Überblick über die früheren Regelungsumfelder in Großbritannien, Europa und speziell in Deutschland mit weiteren Nachweisen oben S. 92 ff.

3097 Siehe zur Regelung durch sektorspezifische Normen mit weiteren Nachweisen oben S. 111 ff.

3098 Siehe ausführlich zur Entwicklung und den Inhalten der Aktionärsrechterichtlinie 2017 mit weiteren Nachweisen oben S. 111 ff.

3099 Siehe zur Rechtslage in Deutschland vor dem ARUG II mit weiteren Nachweisen oben S. 162 ff.

3100 Dazu mit weiteren Nachweisen oben ab S. 165.

Code in der Diskussion.[3101] Die Argumente, mit denen diese letztlich nicht weiterverfolgt wurden, sind jeweils nachvollziehbar.[3102] Die wohl naheliegendste und grundsätzlich nicht ausgeschlossene Alternative wäre die Schaffung eines Kodex nach dem Vorbild des UK Stewardship Code gewesen; aber auch diese wurde letztlich nicht umgesetzt, wobei sie immer wieder und auch kürzlich erneut zur Diskussion gestellt wurde.[3103] Allerdings besteht noch immer die Möglichkeit die bestehenden gesetzlichen Regelungen durch einen erläuternden Kodex zu ergänzen.[3104]

Kapitel C.III.

Neben den Mitwirkungsmöglichkeiten sind auch die Grenzen der Mitwirkung zu berücksichtigen, typische Grenzen sind dabei Geheimhaltungspflichten, das Insiderrecht und Regelungen zum sog. *acting-in-concert*.[3105]

Typische Handlungskategorien für Aktivitäten institutioneller Anleger lassen sich – als Spiegelbild zur *Voice*-Option aus der ökonomischen Theorie – anhand der Kategorien Informationsaustausch, Einflussnahme, Zusammenarbeit mit anderen Anlegern und Transparenzvorschriften analysieren.[3106] Möglichkeiten zur Mitwirkung an der Unternehmensleitung bestanden für Aktionäre bisher in allen betrachteten Jurisdiktionen, Pflichten zur Mitwirkung gab es hingegen nur wenige und auch Offenlegungspflichten fanden sich selten.[3107] Grenzen der Mitwirkung ergeben sich vor allem aus Geheimhaltungspflichten des Unternehmens und kapitalmarktrechtlichen Regelungen wie den Insiderhandelsvorschriften und den Regeln zum abgestimmten Verhalten.[3108]

3101 Siehe zu den diskutierten Alternativen zu Transparenzpflichten mit weiteren Nachweisen oben S. 165 ff.

3102 Siehe zu den Argumenten gegen die Alternativen zu Transparenzpflichten im Einzelnen mit weiteren Nachweisen oben S. 165 ff.

3103 Zu den verschiedenen Ideen und Vorschlägen siehe mit weiteren Nachweisen oben S. 170 ff.

3104 Zu der möglichen Option auch die bestehenden Regelungen des ARUG II durch einen Kodex zu ergänzen siehe mit weiteren Nachweisen oben S. 348 ff.

3105 Dazu mit weiteren Nachweisen oben ab S. 175.

3106 Zur Herleitung dieser Analysekategorien im Detail siehe mit weiteren Nachweisen oben S. 175 ff.

3107 Siehe zu einem Überblick über die regulatorischen Rahmenbedingungen in den verschiedenen Jurisdiktionen vor dem ARUG II in Deutschland mit weiteren Nachweisen oben S. 92 ff.

3108 Siehe als Überblick zu den Grenzen der Mitwirkungen in den verschiedenen Rechtsordnungen mit weiteren Nachweisen oben S. 208 ff.

Kapitel C.IV.

Bei der Analyse der Auswirkungen des ARUG II auf das bestehende Machtgefüge im Unternehmen, welche häufig in der Diskussion als kritischer Punkt erwähnt werden, ist die Kompetenzverteilung in Kapitalgesellschaften maßgeblich: Die bisherige deutsche aktienrechtliche Kompetenzordnung ist durch ein sog. „dualistisches System" gekennzeichnet.[3109]

Typischerweise ist bei der gesellschaftsrechtlichen Kompetenzordnung und dem „Machtgefüge" im Unternehmen zwischen monistischen und dualistischen Systemen zu unterscheiden:[3110] Während in Großbritannien ein monistischen System mit einem Verwaltungsorgan vorherrschend ist, findet sich in der deutschen Aktiengesellschaft ein dualistisches System, das sich in ein Verwaltungs- und ein Kontrollorgan teil.[3111] Allerdings ist zu berücksichtigen, dass auch bei dieser Einteilung die Übergänge fließend sind und jedes System auch Teile des jeweils anderen aufweisen kann.[3112]

Kapitel D. I. und II.

Das ARUG II stellt vornehmlich eine rein technische Umsetzung der Aktionärsrechterichtlinie 2017 dar, die bewusst wenig eigene Akzente setzt.[3113] **Auch die bestehenden und schon im Entstehungsprozess der Aktionärsrechterichtlinie 2017 geäußerten Kritikpunkte werden wenig separat adressiert oder vom deutschen Gesetzgeber gelöst, sodass diese größtenteils bei der praktischen Anwendung berücksichtigt werden müssen.**[3114] **Erfreulich ist die Begründung im deutschen Gesetzgebungsprozess, welche teilweise über die europäischen Begründungsansätze hinausgeht.**[3115]
Einer der wenigen Punkte, an dem eine rein technische Umsetzung jedoch nicht möglich war, wurde vom Umsetzungsgesetzgeber in Deutschland allerdings noch nicht im Einklang mit der Richtlinie umgesetzt: so sind die Wirkmechanismen

3109 Dazu mit weiteren Nachweisen oben ab S. 255.

3110 Siehe zu dieser Unterteilung und ihrer Herleitung mit weiteren Nachweisen oben S. 255 ff.

3111 Siehe zu Einteilung von Deutschland und Großbritannien mit weiteren Nachweisen oben S. 255 ff.

3112 Siehe zu den jeweiligen Ausnahmen und aktuellen Entwicklungen mit weiteren Nachweisen oben S. 255 ff.

3113 Siehe zu den Details der Umsetzung in Deutschland mit weiteren Nachweisen oben S. 258 ff.

3114 Siehe zur Analyse einige der typischen Kritikpunkte an der Aktionärsrechterichtlinie 2017 bzw. ARUG II mit weiteren Nachweisen oben S. 293 ff.

3115 Siehe zu den Begründungsansätzen im Rahmen der Umsetzungsgesetzgebung in Deutschland mit weiteren Nachweisen oben S. 258 ff. sowie S. 318 ff.

und Sanktionen gerade nicht in der gewünschten Form „*wirksam, verhältnismäßig und abschreckend*“[3116] im Sinne der Aktionärsrechterichtlinie 2017.[3117] An dieser Stelle gibt es somit noch Nachbesserungsbedarf im ARUG II.

Die Aktionärsrechterichtlinie 2017 wurde in Deutschland technisch mit dem ARUG II umgesetzt, das am 12. Dezember 2019 im Bundesgesetzblatt veröffentlicht wurde.[3118] Die Umsetzung der an institutionelle Anleger gerichteten Transparenzpflichten der Aktionärsrechterichtlinie 2017 erfolgte dabei im Aktiengesetz durch die Einführung der drei neuen Paragraphen §§ 134a bis 134c AktG sowie durch Sanktionsregelungen bei Verstößen in § 405 Absatz 2a Nr. 8 und 9 AktG.[3119] Die Umsetzungsgesetzgebung orientiert sich dabei sehr eng an den Regelungen der Richtlinie und nimmt wenig eigene Anpassungen vor.[3120] Positiv zu vermerken ist allerdings die ausführliche deutsche Gesetzesbegründung, welche in Teilen auch über die Begründung der Richtlinie hinausgeht.[3121] Im Rahmen einer Analyse der typischen Kritikpunkte, die auch schon im Hinblick auf die Aktionärsrechterichtlinie 2017 geäußert wurden, wird deutlich, dass auch diese kaum vom deutschen Gesetzgeber adressiert wurden und es, sofern die Kritikpunkte bei der Anwendung wesentliche Bedeutung haben, dem Anwender überlassen bleibt, mit diesen umzugehen.[3122] Bei dieser Lösungssuche bietet es sich an, die bisherigen Erfahrungen, die in diesem Bereich mit dem UK Stewardship Code und auch dem Deutschen Corporate Governance Kodex gesammelt wurden, zu nutzen.[3123]

Kritisch ist allerdings die Umsetzung der – sehr weiten – Sanktionsvorgaben der Aktionärsrechterichtlinie 2017 – hier hat der deutsche Gesetzgeber noch nicht die Vorgaben der Richtlinie, die eine „*wirksam, verhältnismäßig[e] und abschreckend[e]*“[3124] Sanktionierung vorgibt, erfüllt.[3125] In der Literatur zur Nachbesserung Maßnahmen,

3116 RL 2017/828/EU v. 17.05.2017, L 132/1, 132/9 Rz. 50.

3117 Siehe zu dieser Analyse mit weiteren Nachweisen oben ab S. 298.

3118 Siehe zum Umsetzungsprozess des ARUG II im Detail mit weiteren Nachweisen oben S. 258 ff.

3119 Zur Analyse der neuen Normen im Detail siehe mit weiteren Nachweisen oben S. 262 ff.

3120 Zur Analyse der neuen Normen im Detail siehe mit weiteren Nachweisen oben S. 262 ff.

3121 Siehe zu den Begründungsansätzen im Rahmen der Umsetzungsgesetzgebung in Deutschland mit weiteren Nachweisen oben S. 258 ff. sowie S. 318 ff.

3122 Siehe zur Analyse einige der typischen Kritikpunkte an der Aktionärsrechterichtlinie 2017 bzw. ARUG II mit weiteren Nachweisen oben S. 293 ff.

3123 Siehe zu möglichen Lösungsansätzen der Kritikpunkte ebenfalls mit weiteren Nachweisen oben S. 293 ff.

3124 RL 2017/828/EU v. 17.05.2017, L 132/1, 132/9 Rz. 50.

3125 Siehe zu den unzureichenden Sanktionsmechanismen mit weiteren Nachweisen oben ab S. 298.

wie höhere Bußgelder, eine Aufnahme der Berichtspflichten in den Jahresabschluss sowie eine Bündelung der Zuständigkeiten bei der BaFin bieten sind zu begrüßen.[3126]

Kapitel D. III.

Das ARUG II und die Aktionärsrechterichtlinie 2017 fügen sich in die typischen aktuellen Entwicklungsthemen des deutschen und europäischen Gesellschaftsrechts ein und spiegeln damit die aktuellen Debatten wider.[3127] Insbesondere hat der Gesetzgeber nun für den Aktionärsaktivismus neben der bloßen Kontrolle mit den Aktivitäten institutioneller Anleger weitere Ziele verknüpft, die sich unter derzeit häufig verwendeten Stichworten wie „Nachhaltigkeit", „ESG" und „CSR" zusammenfassen lassen.[3128]

Die mit dem ARUG II und der Aktionärsrechterichtlinie adressierten Themen sind typisch für die aktuellen Entwicklungen im europäischen Gesellschaftsrecht.[3129] Bei diesen Themen handelt es sich vor allem um die aktuelle Debatte zur Berücksichtigung von sog. ESG-Kriterien und um Corporate Social Responsibility, die Schaffung von einer differenzierteren Regulierung der Anlegerstruktur, der Verschiebung der Machtbalance in Aktiengesellschaften zugunsten der Eigentümer sowie der kontinuierliche Gebrauch des *Comply-Or-Explain*-Prinzips.[3130]

Kapitel D. IV.

Weitere Schritte in Deutschland könnten in der Schaffung eines ergänzenden Kodex bestehen, hierfür sollte allerdings die Anwendung des ARUG II in der Praxis und die vorgeschriebene Evaluation der bestehenden Regelungen auf europäischer Ebene zunächst abgewartet werden.[3131]

Wenngleich ein Kodex zur Umsetzung nicht zwingend notwendig war, böte sich als Konkretisierung der sehr allgemein gehaltenen Normen an, diese mittels eines Kodizes ähnlich dem UK Stewardship Code weiter zu vertiefen und zu konkretisieren.[3132] Ein Kodex schafft durch seine weniger formalisierte Darstellung zusätzliche Möglichkeiten der Erläuterung und Kommentierung, die ein nach streng formalen Kriterien erstelltes Gesetz nicht bieten kann.[3133] Da allerdings der Praxistest des

---

3126 Siehe zu den Änderungsvorschlägen ebenfalls mit weiteren Nachweisen oben ab S. 298.

3127 Dazu mit weiteren Nachweisen oben ab S. 342.

3128 Dazu mit weiteren Nachweisen oben ab S. 342.

3129 Siehe die Einordnung der aktuellen Gesetzgebung in diese derzeit typischen Entwicklungstendenzen mit weiteren Nachweisen oben S. 341 ff.

3130 Zur Analyse dieser aktuellen Entwicklungstendenzen siehe mit weiteren Nachweisen oben S. 341 ff.

3131 Dazu oben mit weiteren Nachweisen ab S. 348.

3132 Zu diesem Vorschlag im Detail mit weiteren Nachweisen oben S. 348 ff.

3133 Siehe dazu auch die Handhabung oben im UK Stewardship Code 2012 und 2020 mit weiteren Nachweisen – S. 103 f.

ARUG II noch aussteht, sollte dieser zunächst einige Zeit abgewartet werden und ggf. auch die von der Aktionärsrechterichtlinie 2017 vorgesehene Evaluation der Regelungen zunächst durchgeführt werden, um bestimmte Kritikpunkte besser adressieren zu können.[3134]

3134 Zu diesem Vorbehalt siehe mit weiteren Nachweisen oben S. 350 ff.

Literaturverzeichnis

Adams, Michael; Die Ursupation von Aktionärsbefugnissen mittels Ringverflechtung in der „Deutschland AG“, in: AG 1994, S. 148.

Akerlof, George A.; The Market for „Lemons“, in: The Quarterly Journal of Economics, 1970, S. 488.

Akkermans, Dirk / van Ees, Hans / Hermes, Niels / Hooghiemstra, Reggy / van der Laan, Gerwin / Postma, Theo / van Witteloostuijn, Arjen; Corporate Governance in the Netherlands: an overview of the application of the Tabaksblat Code in 2004 in: Corporate Governance: An International Review 15 (2007), S. 1106.

Anabtawi, Iman / Stout, Lynn A.; Fiduciary Duties for Activist Shareholders Stanford Law Review, 60 (2007), S. 1255.

Arcot, Sridhar / Bruno, Valentina / Faure-Grimaud, Antoine; Corporate governance in the UK: Is the comply or explain approach working? In: International Review of Law and Economics 2010, 193.

Armour, John / Cheffins, Brian,; The Rise and Fall (?) of Shareholder Activism by Hedge Funds in: ECGI-Working Paper 2009, Nr. 136/2009; unter: http://ssrn.com/abstract=1489336 [zuletzt abgerufen am: 23.03.2019].

Arsalidou, Demetra; Shareholders and corporate scrutiny: the role of the UK Stewardship Code, in: European Company and Financial Law Review 9 (2012), S. 342.

Arsalidou, Demetra; Rethinking Corporate Governance in Financial Institutions, London 2016 [zit.: *Arsalidou*, Rethinking Corporate Governance].

Assmann, Heinz-Dieter / Schütze, Rolf A. / Buck-Heeb, Petra; Handbuch des Kapitalanlagerechts, 5. Auflage, München 2020 [zit.: Assmann/Schütze/Buck-Heeb, *Bearbeiter*, Handbuch Kapitalanlagerecht].

Assmann, Heinz-Dieter / Döhmel, Doris / Hönsch, Henning / Koller, Ingo / Mülbert, Peter O. / Schneider, Uwe H. / Sethe, Rolf / Vogel, Joachim; Wertpapierhandelsgesetz – Kommentar, 6. Auflage, Köln 2012 [zit.: Assmann/Döhmel/Hönsch/Koller/Mülbert/Schneider/Sethe/Vogel, *Bearbeiter*, WpHG].

Assmann, Heinz-Dieter / Pötzsch, Thorsten / Schneider, Uwe H.,; Wertpapiererwerbs- und Übernahmegesetz, 2. Auflage, Köln 2013 [zit.: *Assmann/Pötzsch/Schneider/Bearbeiter*, WpÜG].

*Association of British Insurers („**ABI**“)*; ABI Key Facts 2014, unter: https://www.abi.org.uk/globalassets/sitecore/files/documents/publications/public/2014/keyfacts/abi-key-facts-2014.pdf [zuletzt abgerufen am: 24.03.2019 – zit.: *ABI*, Key Facts 2014].

*The Association of Investment Companies („**AIC**“)*; Corporate Governance Guide for Investment Companies, unter: *https://www.theaic.co.uk/sites/default/files/*

hidden-files/AICCorporateGovernanceGuideJUL16.pdf [zuletzt abgerufen am 31.03.2019 – zit.: *AIC*, Corporate Governance Guide for Investment Companies].

The Association of Investment Companies; „About us" unter: http://www.theaic.co.uk/aic/about-us [zuletzt abgerufen am: 31.03.2019 – zit.: *AIC*, "About us"].

Avgouleas, Emilios; The Global Financial Crisis and the Disclosure Paradigm in European Financial Regulation: The Case for Reform *in:* European Company and Financial Law Review (ECFR) 2009, S. 440.

Bachmann, Gregor; Rechtsfragen der Wertpapierleihe, in: ZHR 2009, S. 596.

Bainbridge, Stephen M.; Director Primacy and Shareholder Disempowerment, in: Harvard Law Review 2006, S. 1735.

Bassen, Alexander; Institutionelle Investoren und Corporate Governance. Analyse der Einflussnahme unter besonderer Berücksichtigung börsennotierter Wachstumsunternehmen, Wiesbaden 2002 [zit.: *Bassen*].

Bassler, Moritz; Die Bedeutung von institutionellen Anlegern für die interne Corporate Governance ihrer Beteiligungsunternehmen – Inhalt und rechtliche Grenzen des institutionellen Anlegeraktivismus, Baden-Baden 2015 [zit.: *Bassler*].

Baumbach, Adolf / Hopt, Klaus J. / Kumpan, Christoph / Merkt, Hanno / Roth, Markus; Handelsgesetzbuch – Kurzkommentar, 28. Auflage, München 2018 [zit.: *Baumbach/Hopt*].

Baums, Theodor / Fraune, Christian; Institutionelle Anleger und Publikumsgesellschaft: eine empirische Untersuchung, Arbeitspapier 6/94, Osnabrück 1994 [zit.: Baums/Fraune, Institutionelle Anleger und Publikumsgesellschaft].

Baums, Theodor; Institutionelle Investoren im Aktienrecht – Zur Umsetzung der ARUG II – Richtlinie -, in: ZHR 283 (2019), S. 605.

Bebchuk, Lucien A.; The Case for Increasing Shareholder Power, in: Harvard Law Review 2005, S. 833.

Berle, Adolf A. / Means, Gardiner C.; The Modern Corporation and Private Property, New York 1968 [*Berle/Means*, The modern corporation and private property].

Birkmose, Hanne Søndergaard; European Challenges for Institutional Investor Engagement – Is Mandatory Disclosure the Way Forward, in: European Company and Financial Law Review 2014, S. 214.

Black, Bernard S. / Coffee, Jr., John C.; Institutional Investor Behavior Under Limited Regulation, in: Michigan Law Review 92 (1994), S. 1997.

Blake, David; Pension schemes and pension funds in the United Kingdom, 2. Auflage, Oxford 2003 [zit.: *Blake*].

Blommestein, Hans; Impact of Institutional Institutional Investors on Financial Markets, in: Blommestein, Hans / Funke, Norbert, Institutional Investors in the New Financial Landscape: papers presented at the second expert meeting sponsored by the Committee on Financial Markets of the OECD and held at Paris, on July 7–8, 1997, Paris 1998, S. 29 [zit.: Blommestein/Funke-*Blommestein*].

Bornkamm, Joachim / Montag, Frank / Säcker, Franz Jürgen; Münchener Kommentar Europäisches und Deutsches Wettbewerbsrecht, Kartellrecht, Missbrauchs- und Fusionskontrolle, 2. Auflage, München 2015 [zit.: MüKo-Kartellrecht/ *Bearbeiter*].

Brand, Oliver / Baroch Castellvi, Manuel; Versicherungsaufsichtsgesetz – Handkommentar, 1. Auflage, Köln 2018 [zit.: Brand/Baroch Castellvi/*Bearbeiter*, VAG].

Briggs, Thomas W.; Corporate Governance and Hedge Fund Activism: An Empirical Analysis, in: The Journal of Corporation Law 2007, S. 681.

Bröhmer, Jürgen; Transparenz als Verfassungsprinzip: Grundgesetz und Europäische Union, Tübingen 2004 [zit.: *Bröhmer*].

von Bülow, Christoph / Stephanblome, Markus; Acting in Concert und neue Offenlegungspflichten nach dem Risikobegrenzungsgesetz in: ZIP 2008, 1797.

Bürkle, Jürgen; Die aktienrechtlichen Offenlegungspflichten für Lebensversicherungsunternehmen nach ARUG II, in: VersR 2021, S. 1.

*Bundesanstalt für Finanzdienstleistungen („**BaFin**")*; Aufhebung des Schreibens der BaFin zur Anwendung der BVI-Wohlverhaltensregeln, Schreiben v. 20. Januar 2010 (GZ: WA 41-Wp 2136-2008/0009) unter: https://www.bafin.de/SharedDocs/Veroeffentlichungen/DE/Auslegungsentscheidung/WA/ae_100120_wohlverhaltensregelnbvi_aufhebung.html [zit.: *BaFin*, Aufhebung des Schreibens der BaFin zur Anwendung der BVI-Wohlverhaltensregeln].

Bundesanstalt für Finanzdienstleistungsaufsicht; Jahresbericht 2011, Bonn und Frankfurt a. M. 2012, auch abrufbar unter: https://www.bafin.de/SharedDocs/Downloads/DE/Jahresbericht/dl_jb 2011.html [zuletzt abgerufen am 31.03.2019 – zit.: *BaFin*, Jahresbericht 2011].

Bundesanstalt für Finanzdienstleistungsaufsicht; Anlage 1: Erläuterungen zu den MaRisk in der Fassung vom 14.12.2012 unter: https://www.voeb.de/download/marisk-erlaeuterungsfassung.pdf [zuletzt abgerufen am 24.03.2019 – zit.: *BaFin*, Erläuterungen zu den MaRisk 2012].

Bundesanstalt für Finanzdienstleistungsaufsicht; Jahresbericht 2015, Bonn und Frankfurt a. M. 2016, auch abrufbar unter: https://www.bafin.de/SharedDocs/Downloads/DE/Jahresbericht/dl_jb_2015.html [zuletzt abgerufen am 31.03.2019 – zit.: *BaFin*, Jahresbericht 2015].

Bundesanstalt für Finanzdienstleistungsaufsicht; Statistik 2017 zu Pensionskassen, unter: https://www.bafin.de/SharedDocs/Downloads/DE/Statistik/Erstversicherer/dl_st_17_erstvu_pk_va_xls.html [Zuletzt aufgerufen: 30.03.2019 – zit.: *BaFin*, Statistik 2017 – Pensionskassen].

Bundesanstalt für Finanzdienstleistungsaufsicht; Statistik 2019 zu Pensionsfonds, unter: https://www.bafin.de/SharedDocs/Downloads/DE/Statistik/Erstversicherer/dl_st_19_erstvu_pf_va_xls.html [Zuletzt aufgerufen: 13.01.2021 – zit.: *BaFin*, Statistik 2019 – Pensionsfonds].

Bundesanstalt für Finanzdienstleistungsaufsicht; Häufige Fragen zu Pensionsfonds vom 15.09.2019 unter: https://www.bafin.de/SharedDocs/Veroeffentlichungen/DE/FAQ/faq_170915_fragen_zu_pensionsfonds_va.html [zuletzt abgerufen am 31.03.2019 – zit.: *BaFin*, FAQ Pensionsfonds].

Bundesministerium der Justiz und für Verbraucherschutz; Expertenkommission zur Umsetzung der Aktionärsrechterichtlinie einberufen vom 27.09.2017 unter: https://www.bmjv.de/SharedDocs/Artikel/DE/2017/092717_Aktionaersrechterichtlinie.html [zuletzt abgerufen am: 16.06.2019 – zit.: *BMJV*, Pressemitteilung zur Expertenkommission zur Umsetzung der Aktionärsrechterichtlinie vom 27.09.2017].

Bundesministerium der Justiz und für Verbraucherschutz; Referentenentwurf – Entwurf eines Gesetzes zur Umsetzung der zweiten Aktionärsrechterichtlinie (ARUG II) vom 11.10.2018, unter: https://www.bmjv.de/SharedDocs/Gesetzgebungsverfahren/DE/Aktionaersrechterichtlinie_II.html?nn=6705022 [zuletzt abgerufen am 31.08.2019 – zit.: *BMJV*, Referentenentwurf des Gesetzes zur Umsetzung der zweiten Aktionärsrechterichtlinie (ARUG II) vom 11.10.2018].

Burgess, Kate / Johnson, Miles; FRCs blueprint for investor engagement in: Financial Times vom 02.07.2010.

BVI – Bundesverband Investment und Asset Management e. V.; Wohlverhaltensregeln, Stand: 1. Juli 2019, Frankfurt a. M. 2019, unter: https://www.bvi.de/fileadmin/user_upload/Regulierung/2019_07_BVI_Wohlverhaltensregeln.pdf [zuletzt abgerufen am 05.11.2020 – zit.: BVI, Wohlverhaltensregeln 2019].

BVI Bundesverband Investment und Asset Management e. V.; Leitsätze für den Dialog zwischen Investor und Aufsichtsrat, Stand: 5. Juli 2016, Berlin 2016, unter: https://www.bvi.de/fileadmin/user_upload/Regulierung/Branchenstandards/Dialog_zwischen_Investor_und_Aufsichtsrat/2016_07_11_Leits%C3%A4tze__f%C3%BCr_den_Dialog_zwischen_Investor_und_Aufsichtsrat.pdf [zuletzt abgerufen am: 04.11.2020 – zit.: BVI, Leitsätze für den Dialog zwischen Investor und Aufsichtsrat 2016].

Cadbury, Adrian; Committee on the Financial Aspects of Corporate Governance – The Financial Aspects of Corporate Governance, London 1992 [zit.: Cadbury Report].

Callies, Christian / Ruffert, Matthias; EUV/AEUV – Das Verfassungsrecht der Europäischen Union mit Europäischer Grundrechtecharta – Kommentar, 5. Auflage, München 2016 [zit.: Callies/Ruffert/*Bearbeiter*, EUV/AEUV].

Cheffins, Brian R.; Corporate Ownership and Control: British Business Transformed, Oxford 2009 [zit.: *Cheffins*, Corporate Ownership and Control].

Cheffins, Brian R.; The Stewardship Code's Achilles Heel, in: The Modern Law Review 73 (2010), S. 1003.

Chiu, Iris H. Y; The Foundations and Anatomy of Shareholder Activism, Oxford 2010 [zit.:*Chiu*].

Chiu, Iris H. Y.; Institutional Investors as Stewards: Towards a New Conception of Corporate Governance?, in: The Brooklyn Journal of Corporate, Financial & Commercial Law 6 (2012), S. 387.

Chiu, Iris H. Y.; Turning Institutional Investors into 'Stewards': Exploring the Meaning and Objectives of 'Stewardship', in: Current Legal Problems 2013, S. 443.

Clarke, Thomas; International Corporate Governance, 2. Auflage, London 2017 [zitiert: *Clarke*].

Companies House; Model Articles of Association for Public Companies, Cardiff 2013 unter: https://www.gov.uk/guidance/model-articles-of-association-for-limited-companies [zuletzt abgerufen am: 22.04.2019 – zit.: *Companies House,* Model Articles of Association for Public Companies].

Davies, Paul; Struktur der Unternehmensführung in Großbritannien und Deutschland: Konvergenz oder fortbestehende Divergenz? In: ZGR 2001, S. 268.

Davies, Paul / Worthington, Sarah; Principles of Modern Company Law, 10. Aufl., London 2016 [zit.: *Davies/Worthington*]

Davies, Paul; The UK Stewardship Code 2010–2020 From Saving the Company to Saving the Planet? in: ECGI-Working Paper 2020, Nr. 506/2020; unter https://papers.ssrn.com/sol3/papers.cfm?abstract_id=3553493 [zuletzt abgerufen am: 25.05.2020].

Davis, E. Philip / Steil, Benn; Institutional Investors, Cambridge (MA) 2001 [zit.: *Davis/Steil*].

Davis, James H. / Schoorman, F. David / Donaldson, Lex, Toward a Stewardship Theory of Manamgent, in: Academy of Management Review 1997, S. 20.

Day, Martin J. / Harris, Paul I.; *Day, Martin J. / Harris, Paul I.*, Unit Trusts, London 1974 [zit.: *Day/Harris*].

Deepthi, Fernando / Klapper, Leora / Sulla, Victor / Vittas, Dimitri; The Global Growth of Mutual Funds; Policy Research Working Paper, No. 3055, Washington D.C. 2003, unter: https://openknowledge.worldbank.org/handle/10986/18182 [zuletzt abgerufen am 31.03.2019 – zitiert: Deepthi/Klapper/Sulla/Vittas].

De Groot, Simone Evke; Der deutsche Pensionsfonds als Instrument der betrieblichen Altersversorgung im Spannungsfeld zwischen Betriebsrenten- und Versicherungsrecht, München 2010 [zit.: *de Groot].*

De Larosière, Jacques; Report of the high-level group on financial supervision in the EU, Brüssel 2009 unter: https://www.esrb.europa.eu/shared/pdf/de_larosiere_report_de.pdf?27ac25e3e0132be567ddc3fa2590d579 [zuletzt abgerufen am: 24.03.2019 – zit.: *De Larosière – Bericht]*

Department of Trade and Industry; Company Law Reform – White Paper unter: https://webarchive.nationalarchives.gov.uk/+/http:/www.dti.gov.uk/cld/

WhitePaper.pdf [zuletzt abgerufen am 21.04.2019 – zit.: DTI, Company Law Reform – White Paper].

Deutscher Anwaltverein ("DAV") – Handelsrechtsausschuss; DAV-Handelsrechtsausschuss: Stellungnahme zum Vorschlag der Europäischen Kommission einer Richtlinie zur Änderung der RL 2007/36/EG („Aktionärsrechte-Richtlinie") – COM (2014) 213, in: NZG 2015, S. 54.

Deutscher Anwaltverein – Handelsrechtsausschuss; Handelsrechtsausschuss, Stellungnahme zum Referentenentwurf eines Gesetzes zur Umsetzung der zweiten Aktionärsrechterichtlinie (ARUG II), in: NZG 2019, S. 12.

Deutsche Bundesbank; Monatsbericht April 1998, Frankfurt 1998 [zit.: *Deutsche Bundesbank*, Monatsbericht April 1998].

Dieckmann, Hans; Acting in Concert: Absprachen zur Besetzung des Aufsichtsrats Besprechung des BGH-Urteils vom 18.9.2006, in: DStR 2007, S. 445.

Dieckmann, Hans / Merkner, Andreas; Erhöhte Transparenzanforderungen im Aktien- und Kapitalmarktrecht – ein Überblick über den Regierungsentwurf zum Risikobegrenzungsgesetz, in: NZG 2007, 921.

Dignam, Alan / Lowry, John P.; Company Law, 10. Auflage, Oxford 2018 [zit.: *Dignam/Lowry*].

Donaldson, Lex / Davis, James H.; Stewardship Theory or Agency Theory: CEO Governance and Shareholder Returns, in: Australian Journal of Management 16 (1991), S. 49.

Drinkuth, Henrik; Gegen den Gleichlauf des Acting in concert nach § 22 WpHG und § 30 WpÜG in: ZIP 2008, S. 675.

Duden, Konrad; Gleichbehandlung bei Auskünften an Aktionäre in: Taschner, Hans Claudius / Ficker, Hans Claudius / von Bieberstein, Marschall / König, Detlef / Leser, Hans G., Festschrift für Ernst von Caemmerer zum 70. Geburtstag, Tübingen 1978 [zitiert: *Duden*, Gleichbehandlung bei Auskünften an Aktionäre].

Duden, Konrad; Online-Wörterbuch unter: www.duden.de [zuletzt abgerufen am 16.06.2019 – zit.: *Duden*, Online-Wörterbuch, Stichwort].

DVFA – Deutsche Vereinigung für Finanzanalyse und Asset Management e.V.; DVFA Stewardship-Leitlinien: die Kernelemente, Fassung vom 5. September 2019, unter: https://www.dvfa.de/fileadmin/downloads/Finanzkommunikation/Veranstaltungen/Governance_Stewardship_Konferenz/DVFA_Stewardship-Leitlinien_-_die_Kernelemente.pdf [zuletzt abgerufen am 08.08.2020 – zit: *DVFA*, Stewardship-Leitlinien: die Kernelemente].

Eberius, Robert; Verrechtlichung der ESG-Compliance: Pflichten für Fondsmanager und institutionelle Investoren – Bestehende und zukünftige rechtliche Vorgaben zum Umgang mit Nachhaltigkeitskritierien und -risiken, in: WM 2019, S. 2143.

Ederle, Anton; Die jährliche Entsprechenserklärung und die Mär von der Selbstbindung, in: NZG 2010, 655.

Eidenmüller, Horst; Kapitalgesellschaftsrecht im Spiegel der ökonomischen Theorie, in: JZ 2001, S. 1041.

Eidenmüller, Horst; Effizienz als Rechtsprinzip: Möglichkeiten und Grenzen der ökonomischen Analyse des Rechts, 4. Auflage, Tübingen 2015 [zit.: *Eidenmüller*, Effizienz als Rechtsprinzip].

Ekkenga, Jens; Kapitalmarktrechtliche Aspekte der „Investor Relations" in: NZG 2001, S. 1.

Emmerich, Volker / Habersack, Mathias / Schürnbrand, Jan; Aktien- und GmbH-Konzernrecht – Kommentar, 8. Auflage, München 2016 [zit.: Emmerich/Habersack/Schürnbrand-*Bearbeiter*, AktG].

Engelkamp, Paul / Sell, Friedrich L.; Einführung in die Volkswirtschaftslehre, 7. Auflage, Berlin 2017 [zit.: *Engelkamp/Sell*].

Engert, Andreas; Die Regulierung von Investmentfonds, in: Ott, Claus (Hrsg.), Ökonomische Analyse des Sozialschutzprinzips im Zivilrecht – Vor einem Paradigmenwechsel im Zivilrecht? – Beiträge zum IX. Travemünder Symposium zur Ökonomischen Analyse des Rechts, Tübingen 2004, S. 198 [zitiert: Ott-*Engert*].

Eumedion; About Eumedion unter: https://eumedion.nl/en/abouteumedion [zuletzt abgerufen am 20.04.2019 – zit.: *Eumedion*, About Eumedion].

Eumedion; Dutch Stewardship Code unter https://eumedion.nl/en/public/knowledgenetwork/best-practices/2018-07-dutch-stewardship-code-final-version.pdf [zuletzt abgerufen am 20.04.2019 – zit.: *Eumedion*, Dutch Stewardship Code].

Europäische Kommission; Modernisierung des Gesellschaftsrechts und Verbesserung der Corporate Governance in der Europäischen Union – Aktionsplan vom 21.05.2003 – KOM(2003) 284 endgültig [zit.: *Europäische Kommission*, Aktionsplan Modernisierung des Gesellschaftsrechts – KOM(2003) 284, endg.].

Europäische Kommission; Vorschlag für eine Richtlinie des europäischen Parlaments und des Rates über die Ausübung der Stimmrechte durch Aktionäre von Gesellschaften, die ihren eingetragenen Sitz in einem Mitgliedstaat haben und deren Aktien zum Handel auf einem geregelten Markt zugelassen sind, sowie zur Änderung der Richtlinie 2004/109/EG – KOM(2005) 685 [zit.: *Europäische Kommission*, Richtlinienvorschlag für eine erste Aktionärsrechterichtlinie – KOM(2005) 685].

Europäische Kommission; Grünbuch – Corporate Governance in Finanzinstituten und Vergütungspolitik – KOM (2010) 284 endgültig [zit.: *Europäische Kommission*, Grünbuch – Corporate Governance in Finanzinstituten und Vergütungspolitik – KOM (2010) 284 endg.].

Europäische Kommission; Report of the Reflection Group on the future of EU Company Law, Brüssel 2011 unter: https://papers.ssrn.com/sol3/papers.cfm?abstract_id=1851654&download=yes [zuletzt abgerufen am: 20.04.2019 – zit.: *Europäische Kommission*, Report of the Reflection Group on the future of EU Company Law].

Europäische Kommission; Grünbuch – Europäischer Corporate Governance Rahmen – KOM (2011) 164 endgültig [zit.: *Europäische Kommission,* Grünbuch – Europäischer Corporate Governance Rahmen – KOM (2011) 164 endg.]

Europäische Kommission; Aktionsplan: Europäisches Gesellschaftsrecht und Corporate Governance – ein moderner Rechtsrahmen für engagiertere Aktionäre und besser überlebensfähige Unternehmen – KOM(2012) 740, Abschnitt 2.4. [zit.: *Europäische Kommission,* Aktionsplan: Europäisches Gesellschaftsrecht und Corporate Governance – ein moderner Rechtsrahmen für engagiertere Aktionäre und besser überlebensfähige Unternehmen – KOM(2012) 740].

Europäische Kommission; Grünbuch – Langfristige Finanzierung der Europäischen Wirtschaft – KOM(2013) 150 endültig [zit.: *Europäische Kommission,* Grünbuch Langfristige Finanzierung der Europäischen Wirtschaft – KOM(2013) 150 endg.].

Europäische Kommission; Vorschlag für eine Richtlinie des Europäischen Parlaments und des Rates zur Änderung der Richtlinie 2007/36/EG im Hinblick auf die Förderung der langfristigen Einbeziehung der Aktionäre sowie der Richtlinie 2013/34/EU in Bezug auf bestimmte Elemente der Erklärung zur Unternehmensführung – KOM(2014) 213 endgültig [zit.: *Europäische Kommission,* Vorschlag für eine Richtlinie des Europäischen Parlaments und des Rates zur Änderung der Richtlinie 2007/36/EG im Hinblick auf die Förderung der langfristigen Einbeziehung der Aktionäre sowie der Richtlinie 2013/34/EU in Bezug auf bestimmte Elemente der Erklärung zur Unternehmensführung – KOM(2014) 213 endg.].

Europäische Kommission; Arbeitsunterlage der Kommissionsdienststellen – Zusammenfassung der Folgenabschätzung – Begleitunterlage zum Vorschlag für eine Richtlinie des Europäischen Parlaments und des Rates zur Änderung der Richtlinie 2007/36/EG im Hinblick auf die Förderung der langfristigen Einbeziehung der Aktionäre sowie der Richtlinie 2013/34/EU in Bezug auf bestimmte Elemente der Erklärung zur Unternehmensführung und Empfehlung der Kommission zur Qualität der Berichterstattung über die Unternehmensführung ("Comply or Explain") – SWD(2014) 126 endgültig [zit.: *Europäische Kommission,* Folgenabschätzung – SWD(2014) 126 endg.]

Europäische Kommission; Empfehlung der Kommission zur Qualität der Berichterstattung über die Unternehmensführung ("Comply or Explain") vom 09.04.2014, 2014/208/EU, Abl. 2014 L 109/43 [zit.: *Europäische Kommission,* Empfehlung zur Qualität der Berichterstattung über die Unternehmensführung ("Comply or Explain"), Abl. 2014, L 109/43].

Europäische Kommission; Mitteilung der Kommission an das Europäische Parlament, den Europäischen Rat, den Rat, die Europäische Zentralbank, den Europäischen Wirtschafts- und Sozialausschuss und den Ausschuss der Regionen – Aktionsplan: Finanzierung nachhaltigen Wachstums – COM(2018) 97 final [zit.: *Europäische Kommission*, Aktionsplan: Finanzierung nachhaltigen Wachstums, 2018].

Europäisches Parlament – Ausschuss für Wirtschaft und Währung; Stellungnahme des Ausschusses für Wirtschaft und Währung für den Rechtsausschuss zu dem Vorschlag für eine Richtlinie des Europäischen Parlaments und des Rates zur Änderung der Richtlinie 2007/36/EG im Hinblick auf die Förderung der langfristigen Einbeziehung der Aktionäre sowie der Richtlinie 2013/34/EU in Bezug auf bestimmte Elemente der Erklärung zur Unternehmensführung (COM(2014)0213 – C7-0147/2014 – 2014/0121(COD)) unter: http://www.europarl.europa.eu/doceo/document/A-8-2015-0158_DE.html [zuletzt abgerufen am 20.04.2019 – zit.: *Europäisches Parlament – Ausschuss für Wirtschaft und Währung*, Stellungnahme zum Richtlinienentwurf 2014/0121(COD)].

Europäisches Parlament – Ausschuss für Wirtschaft und Währung; Entwurf einer Stellungnahme vom 19.11.2014 des Ausschusses für Wirtschaft und Währung – für den Rechtsausschuss zu dem Vorschlag für eine Richtlinie des Europäischen Parlaments und des Rates zur Änderung der Richtlinie 2007/36/EG im Hinblick auf die Förderung der langfristigen Einbeziehung der Aktionäre sowie der Richtlinie 2013/34/EU in Bezug auf bestimmte Elemente der Erklärung zur Unternehmensführung (COM(2014)0213 – C7-0147/2014 – 2014/0121(COD)) unter: http://www.europarl.europa.eu/sides/getDoc.do?pubRef=-//EP//NONSGML+COMPARL+PE-541.604+01+DOC+PDF+V0//DE&language=DE [zuletzt abgerufen am: 09.06.2019; zitiert: *Europäisches Parlament – Ausschuss für Wirtschaft und Währung*, Entwurf einer Stellungnahme vom 19.11.2014].

Europäische Union; Delegierte Verordnung (EU) Nr. 231/2013 vom 19. Dezember 2012 zur Ergänzung der Richtlinie 2011/61/EU des Europäischen Parlaments und des Rates im Hinblick auf Ausnahmen, die Bedingungen für die Ausübung der Tätigkeit, Verwahrstellen, Hebelfinanzierung, Transparenz und Beaufsichtigung, Abl. 2013 L 83/1 [zit.: Delegierte Verordnung (EU) Nr. 231/2013 vom 19.12.2012, Abl. 2013 L 83/1].

Europäische Union; RL 77/91/EWG des Rates v. 13.12.1976 zur Koordinierung der Schutzbestimmungen, die in den Mitgliedstaaten den Gesellschaften im Sinne des Artikels 58 Absatz 2 des Vertrages im Interesse der Gesellschafter sowie Dritter für die Gründung der Aktiengesellschaft sowie für die Erhaltung und Änderung ihres Kapitals vorgeschrieben sind, um diese Bestimmungen gleichwertig zu gestalten, Abl., S. L 26/1 [zit.: RL 77/91/EWG v. 13.12.1976, Abl. 1977 L 26/1].

Europäische Union; RL 88/627/EWG v. 12.12.1988 Abl. 1988 L 348 [*zit.:* RL 88/627/EWG v. 12.12.1988 Abl. 1988, L 348 bzw. *Beteiligungstransparenzrichtlinie*]

Europäische Union; RL 2001/34/EG v. 28.05.2001 Abl. 2001, L184/1 [zit.: RL 2001/34/EG v. 28.05.2001 Abl. 2001, L184/1 bzw. Kapitalmarktpublizitätsrichtlinie].

Europäische Union; RL 2003/41/EG vom 3. Juni 2003, Abl. 2003 L 235/10 (*Pensionsfondsrichtlinie*) [zit.: RL 2003/41/EG vom 3. Juni 2003, Abl. 2003 L 235/10].

Europäische Union; RL 2003/6/EG vom 28. Januar 2003, Abl. 2003 L 96/16 [zit.: RL 2003/6/EG vom 28. Januar 2003, Abl. 2003 L 96/16 bzw. *Marktmissbrauchsrichtlinie*].

Europäische Union; RL 2004/109/EG vom 15. Dezember 2004, Abl. 2004, L 390/38 [zit.: RL 2004/109/EG v. 15.12.2004, Abl. 2004, L 390/38 bzw. *Transparenzrichtlinie 2004*].

Europäische Union; RL 2004/25/EG, Abl. 2004, L 142/12 [zit.: RL 2004/25/EG, Abl. 2004, L 142/12 – bzw. *Übernahmerichtlinie*].

Europäische Union; RL 2006/46/EG vom 14. Juni 2006, Abl. 2006 L 224/1 [zit.: RL 2006/46/EG vom 14. Juni 2006, Abl. 2006 L 224/1].

Europäische Union; RL 2007/36/EG vom 11.7.2007 (*Aktionärsrechterichtlinie 2007*), Abl. 2007 L 184/17 [zit.: RL 2007/36/EG v. 11.7.2007, Abl. 2007 L 184/17; bzw. „Aktionärsrechterichtlinie 2007"].

Europäische Union; RL 2009/65/EG v. 13.07.2009 (*OGAW-Richtlinie*) Abl. 2009 L 302/1, zuletzt geändert durch RL 2014/91/EU v. 23.07.2014, Abl. 2014 L 257/186 [zit.: RL 2009/65/EG v. 13.07.2009, Abl. 2014 L 257/186 bzw. OGAW-Richtlinie]

Europäische Union; RL 2009/138/EG vom 25. November 2009, Abl. 2009 L 335/1 [zit.: RL 2009/138/EG v. 25.11.2009, Abl. 2009 L 335/1].

Europäisches Union; RL 2010/43/EU v. 1. Juli 2010 (*OGAW-Durchführungsrichtlinie*), zur Durchführung der RL 2009/65/EG v. 01.07.2010, Abl. 2009 L 23/203, Abl. 2010 L 176/42 [zit.: RL 2010/43/EU v. 01.07.2010, Abl. 2010 L 176/42; bzw. OGAW-Durchführungsrichtlinie]

Europäische Union; RL 2011/61/EU v. 08.06.2011, Abl. 2011 L 174/1 [zit.: RL 2011/61/EU v. 08.06.2011, Abl. 2011 L 174/1; bzw. AIFM-Richtlinie].

Europäische Union; RL 2013/36/EU v. 26. Juni 2013, Abl. 2013 L 176/338 [zit.: RL 2013/36/EU v. 26.06.2013, Abl. 2013 L 176/338; bzw. Eigenkapitalrichtlinie].

Europäische Union; RL 2013/50/EU vom 22. Oktober 2013, Abl. 2013 L294/13 [zit.: RL 2013/50/EU v. 22.10.2013, Abl. 2013 L294/13].

Europäische Union; RL 2014/57/EU vom 16. April 2014, Abl. L 173/179 [zit.: RL 2014/57/EU v. 16.04.2014, Abl. L 173/179; bzw. *Marktmissbrauchsrichtlinie*].

Europäische Union; RL 2014/65/EU v. 15.05.2014, Abl. 2014 L 173/349 [zit.: RL 2014/65/EU v. 15.05.2014, Abl. 2014 L 173/349; bzw. *MiFID* II („Markets in Financial Instruments Directive")].

Europäische Union; RL 2016/2341 vom 14. Dezember 2016, Abl. 2016 L 354/37 (*EbAV II Richtlinie*), [zit.: RL 2016/2341 v. 14.12.2016, Abl. 2016 L 354/37].

Europäische Union; RL 2017/828/EU vom 17.05.2017 (*Aktionärsrechterichtlinie 2017*), Abl. 2017 L 132/1 [zit.: RL 2017/828/EU v. 17.05.2017, L 132/1; bzw. Aktionärsrechterichtlinie 2017].

Europäische Union; RL 2017/1132/EU vom 14.06.2017, Abl. 2017 L 169/46 [zit.: RL 2017/1132/EU v. 14.06.2017, L 169/46].

Europäischer Wirtschafts- und Sozialausschuss; Stellungnahme des Europäischen Wirtschafts- und Sozialausschusses zu dem Vorschlag für eine Richtlinie des Europäischen Parlaments und des Rates zur Änderung der Richtlinie 2007/36/EG im Hinblick auf die Förderung der langfristigen Einbeziehung der Aktionäre sowie der Richtlinie 2013/34/EU in Bezug auf bestimmte Elemente der Erklärung zur Unternehmensführung COM(2014) 213 final – 2014/0121 (COD) – INT/745 – Langfristige Einbeziehung der Aktionäre unter: https://eur-lex.europa.eu/legal-content/DE/TXT/PDF/?uri=CELEX:52014AE2817&from=DE [zuletzt abgerufen am 20.04.2019 – zit.: *Europäischer Wirtschafts- und Sozialausschuss*, Stellungnahme zu COM(2014) 213 final]

Europäische Union; Übersicht über den aktuellen Stand der Gesetzgebung – Verfahren 2014/0121/COD – Vorschlag für eine Richtlinie des Europäischen Parlaments und des Rates zur Änderung der Richtlinie 2007/36/EG im Hinblick auf die Förderung der langfristigen Einbeziehung der Aktionäre sowie der Richtlinie 2013/34/EU in Bezug auf bestimmte Elemente der Erklärung zur Unternehmensführung unter: https://eur-lex.europa.eu/procedure/DE/2014_121 [zuletzt abgerufen am 20.04.2019 – zit.: *Europäische Union*, Überblick über das Gesetzgebungsverfahren zum Verfahren 2014/0121/COD].

Europäische Union; Verfahren 2014/0121/COD – Vorschlag für eine Richtlinie des Europäischen Parlaments und des Rates zur Änderung der Richtlinie 2007/36/EG im Hinblick auf die Förderung der langfristigen Einbeziehung der Aktionäre sowie der Richtlinie 2013/34/EU in Bezug auf bestimmte Elemente der Erklärung zur Unternehmensführung – Übersicht über den aktuellen Stand der Gesetzgebung, unter: https://eur-lex.europa.eu/procedure/DE/2014_121 [zuletzt abgerufen am: 09.06.2019; zit.: Verfahren 2014/0121/COD, Vorschlag für eine Richtlinie des Europäischen Parlaments und des Rates zur Änderung der Richtlinie 2007/36/EG].

Europäische Union; Verordnung (EG) Nr. 2157/2001 vom 8. Oktober 2001 über das Statut der Europäischen Gesellschaft (SE), Abl. 2001 L 294/1 [zit.: Verordnung (EG) Nr. 2157/2001 v. 08.10.2001].

Europäische Union; Verordnung (EU) Nr. 596/2014 des Europäischen Parlaments und des Rates vom 16. April 2014 über Marktmissbrauch (Marktmissbrauchsverordnung) und zur Aufhebung der Richtlinie 2003/6/EG des Europäischen Parlaments und des Rates und der Richtlinien 2003/124/EG, 2003/125/EG und 2004/72/EG der Kommission Text von Bedeutung für den EWR, Abl. 2014, L173/1 [zit.: Verordnung (EU), Nr. 596/2014 v. 16.4.2014, Abl. 2014 L 173/1 – bzw. *Marktmissbrauchsverordnung*].

European Fund and Asset Management Association ("EFAMA"); *EFAMA* Code for External Governance Principles for the Exercise of Ownership Rights in Investee Companies, Brüssel 2011, unter: https://www.efama.org/Publications/Public/Corporate_Governance/11-4035%20EFAMA%20ECG_final_6%20April%202

011%20v2.pdf [zuletzt abgerufen am: 22.04.2019 – zit.: *EFAMA*, Code for External Governance Principles]

European Fund and Asset Management Association; EFAMA Stewardship Code Principles for asset managers' monitoring of, voting in, engagement with investee companies, Brüssel 2018 unter: https://www.efama.org/Publications/Public/Corporate_Governance/EFAMA%20Stewardship%20Code.pdf [zuletzt abgerufen am: 22.04.2019 – zit.: *EFAMA*, Stewardship Code 2018].

Faber, Joachim; Institutionelle Investoren (einschließlich Hedge Fonds und Private Equity), in: *Hommelhoff, Peter / Hopt, Klaus J. / von Werder, Axel,* Handbuch Corporate Governance: Leitung und Überwachung börsennotierter Unternehmen in der Rechts- und Wirtschaftspraxis, 2. Auflage, Stuttgart 2009, 219 [zit.: Hommelhoff/Hopt/Werder-*Faber*].

Fama, Eugene; Agency Problems and the Theory of the Firm, in: Journal of Political Economy 88 (1980), *288.*

Fama, Eugene / Jensen, Michael; Separation of Ownership and Control, in: Journal of Law and Economics 26 (1983), S. 301.

Faure, Anna; Verantwortung institutioneller Aktionäre im deutschen Aktienrecht, Baden-Baden 2019 [zit.: *Faure*].

*Financial Conduct Authority ("**FCA**")*; About the FCA unter: https://www.fca.org.uk/about/the-fca [zuletzt abgerufen am: 29.06.2019; zit.: FCA, About].

Financial Conduct Authority; Handbuch unter: https://www.handbook.fca.org.uk/handbook/ [zuletzt abgerufen am 29.06.2019 – zitiert: FCA Handbook].

Financial Conduct Authority; Conduct of Business Sourcebook (CSOB) unter: https://www.handbook.fca.org.uk/handbook/COBS.pdf [zuletzt abgerufen am 29.06.2019 – zitiert: FCA, Conduct of Business Sourcebook].

Financial Conduct Authority; The Collective Investment Scheme Information Guide, Release 39, June 2019 unter: https://www.handbook.fca.org.uk/handbook/COLLG.pdf [zuletzt abgerufen am: 29.06.2019; zit.: *FCA,* The Collective Investment Scheme Information Guide].

Financial Conduct Authority; Primary Markets – Looking for UKLA?, unter: https://www.fca.org.uk/markets/primary-markets [zuletzt abgerufen am 17.10.2020 – zitiert: FCA – Looking for UKLA?]

*Financial Reporting Council ("**FRC**")*; About the FRC unter: https://www.frc.org.uk/about-the-frc [zuletzt abgerufen am: 20.04.2019 – zit.: *FRC*, About the FRC].

Financial Reporting Council; Comply or Explain – 20th Anniversary of the UK Coporate Governance Code unter: https://www.frc.org.uk/getattachment/06870154-78a0-44f5-a1c5-48b42f860049/FRC-Essays_Comply-or-Explain.pdf [zuletzt abgerufen am: 20.04.2019 – zit.: *FRC*, Comply or Explain – 20th Anniversary of the UK Coporate Governance Code].

Financial Reporting Council; Funding unter: https://www.frc.org.uk/about-the-frc/funding [zuletzt abgerufen am 21.04.2019 – zit.: *FRC*, Funding – Internetdarstellung].

Financial Reporting Council; UK Corporate Governance Code – Website unter: https://www.frc.org.uk/Our-Work/Codes-Standards/Corporate-governance/UK-Corporate-Governance-Code.aspx [zuletzt besucht am: 21.04.2019 – zit.: *FRC*, UK Corporate Governance Code – Internetauftritt].

Financial Reporting Council; The FRC and its regulatory approach unter: https://www.frc.org.uk/getattachment/de950642-4c6d-4909-b965-5707108fc55a/TheFRCanditsRegulatoryApproach.pdf [zuletzt abgerufen am 22.04.2019 – zit.: *FRC*, The FRC and its regulatory approach].

Financial Reporting Council; UK Stewardship Code – Consultations, unter: https://www.frc.org.uk/investors/uk-stewardship-code, [zuletzt abgerufen am 24.05.2020 – zit: *FRC*, UK Stewardship Code – Internetauftritt].

Financial Reporting Council; The UK Stewardship Code, London 2010, unter: https://www.frc.org.uk/getattachment/e223e152-5515-4cdc-a951-da33e093eb28/UK-Stewardship-Code-July-2010.pdf [zuletzt abgerufen am: 22.04.2019 – zit.: *FRC*, Stewardship Code 2010].

Financial Reporting Council; Feedback Statement – Revisions to the UK Stewardship Code, London 2012 unter: https://www.frc.org.uk/getattachment/730a755d-f6af-4be8-8339-7a35e82986bc/Feedback-Statement-UK-Stewardship-Code-September-2012.pdf [zuletzt abgerufen am: 09.06.2019; zit.: FRC, Feedback Statement – UK Stewardship Code 2012].

Financial Reporting Council; The UK Stewardship Code, London 2012, unter: https://www.frc.org.uk/getattachment/d67933f9-ca38-4233-b603-3d24b2f62c5f/UK-Stewardship-Code-(September-2012).pdf [zuletzt abgerufen am: 24.03.2019 – zit.: *FRC*, Stewardship Code 2012].

Financial Reporting Council; The UK Stewardship Code, London 2020, unter: https://www.frc.org.uk/getattachment/5aae591d-d9d3-4cf4-814a-d14e156a1d87/Stewardship-Code_Dec-19-Final-Corrected.pdf [zuletzt abgerufen am: 24.05.2020 – zit.: *FRC*, Stewardship Code 2020].

Financial Reporting Council; Developments in Corporate Governance and Stewardship 2014, London 2015 unter: https://www.frc.org.uk/getattachment/6f0a7c78-abd2-4480-bf6f-188e02b06a9c/Developments-in-Corporate-Governance-and-Stewardship-2014.pdf [zuletzt abgerufen am 09.06.2019 – zit.: *FRC*, Developments in Corporate Governance and Stewardship 2014].

Financial Reporting Council; Developments in Corporate Governance and Stewardship 2015, London 2016 unter: https://www.frc.org.uk/getattachment/a0a980b7-17bc-43b5-adcc-b2096a1528ae/Developments-in-Corporate-Governance-and-Stewardship-2015-FINAL.pdf [zuletzt abgerufen am: 22.04.2019 – zit.: *FRC*, Developments in Corporate Governance and Stewardship 2015].

Financial Reporting Council; Developments in Corporate Governance and Stewardship 2016, London 2017, unter: https://www.frc.org.uk/getattachment/ca1d9909-7e32-4894-b2a7-b971b4406130/Developments-in-Corporate-Governance-and-Stewardship-2016.pdf [zuletzt abgerufen am: 22.04.2019 – zit.: *FRC*, Developments in Corporate Governance and Stewardship 2016].

Financial Service Authority ("FSA"); Annual Report 2011/2012 unter: https://www.fca.org.uk/publication/annual-reports/fsa-annual-report-12-13.pdf [zuletzt abgerufen am 31.03.2019 – *zit.: FSA,* Annual Report 2011/2012].

Fleischer, Holger; Zur Zukunft der gesellschafts- und kapitalmarktrechtlichen Forschung, in: Zeitschrift für Unternehmens- und Gesellschaftsrecht 2007, S. 500.

Fleischer, Holger; Finanzinvestoren im ordnungspolitischen Gesamtgefüge von Aktien-, Bankaufsichts- und Kapitalmarktrecht in: Zeitschrift für Unternehmens- und Gesellschaftsrecht 2008, S. 185.

Fleischer, Holger; Investor Relations und informationelle Gleichbehandlung im Aktien-, Konzern- und Kapitalmarktrecht, Zeitschrift für Unternehmens- und Gesellschaftsrecht 2009, S. 506.

Fleischer, Holger; Shareholder vs. Stakeholder: aktienrechtliche Fragen in: *Hommelhoff, Peter / Hopt, Klaus J. / v. Werder, Axel (Hrsg.)*, Handbuch Corporate Governance: Leitung und Überwachung börsennotierter Unternehmen in der Rechts- und Wirtschaftspraxis, 2. Auflage, Stuttgart 2010, S. 185 [zit: Hommelhoff/Hopt/v. Werder-*Fleischer*].

Fleischer, Holger; Zukunftsfragen der Corporate Governance in Deutschland und Europa: Aufsichtsräte, institutionelle Investoren, Proxy Advisors und Whistleblowers in: ZGR 2011, S. 155.

Fleischer, Holger / Heinrich, Elke; Alte und neue Hürden für Anfechtungskläger im Aktien- und GmbH-Reht, in: Der Gesellschafter 2013, 311.

Fleischer, Holger / Schmolke, Klaus Ulrich; Das Anschleichen an eine börsennotierte Aktiengesellschaft – Überlegungen zur Beteiligungstransparenz de lege lata und de lege ferenda – in: NZG 2009, S. 401.

Fleischer, Holger / Schmolke, Klaus Ulrich; Die Reform der Transparenzrichtlinie: Mindest- oder Vollharmonisierung der kapitalmarktrechtlichen Beteiligungspublizität? in: NZG 2010, S. 1241.

Fleischer, Holger / Strothotte, Christian; Ein Stewardship Code für institutionelle Investoren: Wohlverhaltensregeln und Offenlegung der Abstimmungspolitik als Vorbild für Deutschland und Europa? in: AG 2011, S. 221.

Forssbaeck, Jens / Oxelheim, Lars; The Multifaceted Concept of Transparency in: Forssbaeck, Jens / Oxelheim, Lars (Hrsg.), The Oxford Handbook of Economic and Institutional Transparency, Oxford 2015, S. 3 [zit: Forssbaeck/Oxelheim-*Forssbaeck/Oxelheim,* The multifaceted concept of transparency].

Forster, Sabine / Kirsten, Wolfgang; Was ändert sich bei Informationen über Fonds? in: von Böhlen, Andreas / Kan, Jens, MiFID-Kompendium, Heidelberg 2008, S. 147 [zit.: von Böhlen/Kan-*Forster/Kirsten*].

Franck, Jens-Uwe; Die Stimmrechtszurechnung nach § 22 WpHG und § 30 WpÜG in: BKR 2002, S. 709.

Freitag, Robert; Neue Publizitätspflichten für institutionelle Anleger?, Kritische Anmerkungen zum Vorschlag der Kommission für eine Neufassung der Aktionärsrechterichtlinie in: AG 2014, S. 647.

Fuchs, Andreas; Wertpapierhandelsgesetz – Kommentar, 2. Auflage, München 2016 [zitiert: Fuchs-*Bearbeiter*, WpHG].

Fuchs, Andreas; Aktiengattungen, Sonderbeschlüsse und gesellschaftsrechtliche Treuepflicht, in: Fuchs, Andreas / Schwintkowski, Hans-Peter / Zimmer, Daniel (Hrsg.), Wirtschafts- und Privatrecht im Spannungsfeld zwischen Privatautonomie, Wettbewerb und Regulierung, in: FS Immenga, 589, 599 ff. [zit.: *Fuchs*, FS Immenga].

Garrido, Jose M.; Optimism and Pessimism: Complementary Views on the Institutional Investor's Role in Corporate Governance, in: Hopt Klaus J. / Wymeersch, Eddy, *Capital Markets and Company Law*, Oxford, 2003, S. 449 [zit.: Hopt/Wymeersch-*Garrido*].

Gassen, Joachim / Schwedler, Kristina; Survey: The View of European Professional Investors and their Advisors – Attitudes towards Fair Value and Other Measurement Concepts: An Evaluation of their Decision-usefulness, Berlin 2008 [zit.: *Gassen/Schwedler*, The View of European Professional Investors and their Advisors].

Gerke, Wolfgang / Bank, Matthias / Steiger, Max; The Changing Role of Institutional Investors – A German Perspective, in: Hopt, Klaus / Wymeersch, Eddy (Hrsg.) Capital Markets and Company Law, Oxford 2003, S. 357 [zit.: Hopt/Wymeersch-*Gerke/Bank/Steiger*].

Gerlicher, Dominik; Shareholder Activism im Regelungskontext des deutschen Aktien- und Kapitalmarktrechts, Hamburg 2017 [zit.: *Gerlicher*].

Gieg, Martina; Betriebliche Altersversorgung in Deutschland und Großbritannien, München 2008 [zit.: *Gieg*].

Goette, Wulff / Habersack, Mathias / Kalss, Susanne; Münchener Kommentar zum Aktiengesetz, Band 1 – §§ 1–75 AktG, 5. Auflage, München 2019 [zit.: MüKo-AktG, Bd. Bd. 1, *Bearbeiter*].

Goette, Wulff / Habersack, Mathias / Kalss, Susanne; Münchener Kommentar zum Aktiengesetz, Band 2 – §§ 76–117 AktG, 5. Auflage, München 2019 [zit.: MüKo-AktG, Bd. Bd. 2, *Bearbeiter*].

Goette, Wulff / Habersack, Mathias / Kalss, Susanne; Münchener Kommentar zum Aktiengesetz, Band 3 – §§ 118–178 AktG, 4. Auflage, München 2018 [zit.: MüKo-AktG, Bd. Bd. 3, *Bearbeiter*].

Goette, Wulff / Habersack, Mathias / Kalss, Susanne; Münchener Kommentar zum Aktiengesetz, Band 4 – §§ 179–277 AktG, 4. Auflage, München 2016 [zit.: MüKo-AktG, Bd. 4, *Bearbeiter*].

Goette, Wulff / Habersack, Mathias / Kalss, Susanne; Münchener Kommentar zum Aktiengesetz, Band 6 – §§ 329–410 AktG, WpÜG, Österreichisches Übernahmerecht, 4. Auflage, München 2017 [zit.: MüKo-AktG, Bd. 6, *Bearbeiter*].

Goette, Wulff / Habersack, Mathias / Kalss, Susanne; Münchener Kommentar zum Aktiengesetz, Band 7 – Europäisches Aktienrecht, 4. Auflage, München 2017 [zit.: MüKo-AktG, Bd. 7, *Bearbeiter*].

Gong, Bo; Understanding institutional shareholder activism, Hoboken 2013 [zit.: *Gong*].

Greenbury, Richard; Directors' Remuneration – Report of a Study Group chaired by Sir Richard Greenbury, London 1995 unter: https://ecgi.global/code/greenbury-report-study-group-directors-remuneration [zuletzt abgerufen am 21.04.2019 – zit.: Greenbury Report].

Grigoleit, Hans-Christoph (Hrsg.); Aktiengesetz, 2. Auflage, München 2020 [zit.: Grigoleit/*Bearbeiter*, AktG]

Gröntgen, Florian; Operativer Shareholder Activism: Eine rechtliche Analyse des Zusammenspiels von aktivistischen Aktionären und Verwaltungsorganen unter Einbeziehung von Aktionärsrechterichtlinie und ARUG II (RegE), Köln 2020 [zit.: *Gröntgen*].

Grundmann, Stefan; Europäisches Gesellschaftsrecht. Eine systematische Darstellung unter Einbeziehung des europäischen Kapitalmarktrechts, 2. Auflage, Heidelberg 2011 [zit.: *Grundmann*, Europäisches Gesellschaftsrecht].

Gurlit, Elke; Instrumente makroprudenzieller Bankenaufsicht – unter besonderer Berücksichtigung zusätzlicher Kapitalanforderungen – Teil I in: WM 2015, S. 1217.

Haase, Florian F.; Einführung in die Methodik der Rechtsvergleichung, in: JA 2005, S. 232.

Habersack, Mathias; Verhandlungen des 69. Deutschen Juristentages – München 2012 – Band I: Gutachten / Teil E: „Staatliche und nichtstaatliche Eingriffe in die Unternehmensführung", München 2012 [zit.: *Habersack*, Gutachten E: „Staatliche und nichtstaatliche Eingriffe in die Unternehmensführung"].

Habersack, Mathias / Verse, Dirk A.; Europäisches Gesellschaftsrecht, 5. Aufl., München 2019 [zit.: *Habersack/Verse*].

Hadden, Tom; Corporate Governance by Institutional Investors? Some Problems from an International Perspective, in: *Baums, Theodor / Buxbaum, Richard M. / Hopt, Klaus J.* (Hrsg.), Institutional Investors and Corporate Governance, Berlin 1994, S, 89 [zit.: Baums/Buxbaum/Hopt-*Hadden*].

Hampel, Ronnie; Committee on Corporate Governance – Final Report, London 1998 unter: https://ecgi.global/code/hampel-report-final [zuletzt abgerufen am: 21.04.2019 – zit.: Hampel Report].

Hart, Oliver; Corporate Governance: Some Theory and Implications, in: The Economic Journal 1995, S. 678.

Hartmann, Marion D.; Shareholder Activism: benefits and drawbacks, Frankfurt am Main 2014 [zit.: *Hartmann*].

Hartmann-Wendels, Thomas / Pfingsten, Andreas / Weber, Martin; Bankbetriebslehre, 7. Auflage, Berlin 2019 [zit.: *Hartmann-Wendels/Pfingsten/Weber*].

Hawley, James P.; Cambridge Handbook of Institutional Investment and Fiduciary Duty, New York 2014 [*Hawley*, Cambridge Handook of Institutional Investment and Fiduciary Duty].

Hawley, James P. / Williams, Andrew T.; The Universal Owner's Role in Sustainable Economic Development in: *Sullivan, Rory / Mackenzie, Craig (Hrsg.)* Responsible Investment, New York 2006, S. 217 [zit.: Sullivan/Mackenzie-*Hawley/Williams*].

Hebeler, Timo; Ist der Gesetzgeber verfassungsrechtlich verpflichtet, Gesetze zu begründen? in: DÖV 2010, S. 754.

Hein, Hauke; Die Stewardship-Verantwortung institutioneller Investoren – Plädoyer für einen aktienrechtskonformen Deutschen Stewardship Kodex, Baden-Baden 2018 [zit.: *Hein*].

Heineman, Ben W.; A "Stewardship Code" for Institutional Investors, in: Harvard Business Review 2010, unter: https://hbr.org/2010/01/a-stewardship-code-for-institu [zuletzt abgerufen am: 24.03.2019].

Hell, Patrick; Institutionelle Investoren, Stewardship und ESG in: NZG 2019, S. 338.

Helm, Thorsten / Manthey, Nikolaus Vincent; Missbräuchliche Anfechtungsklagen im Aktienrecht – Rechtsvergleich und Lösungsansätze, in: NZG 2010, S. 415.

Henssler, Martin / Strohn, Lutz; Kurzkommentar Gesellschaftsrecht, 4. Auflage, München 2019 [zit.: Henssler/Strohn-*Bearbeiter*].

Heuser, Moritz; Shareholder activism – aktienrechtliche Schranken für Anteilseigneraktivismus, Köln 2012 [zit.: *Heuser*].

Her Majesty's Stationery Office; Explanatory Notes on Trustee Act 2000 unter: http://www.legislation.gov.uk/ukpga/2000/29/notes [zuletzt abgerufen am 31.03.2019 – zit.: *Her Majesty's Stationary Office* – Explanatory Notes – Trustee Act].

Higgs, Derek; Review of the role and effectiveness of non-executive directors, London 2003 unter: https://webarchive.nationalarchives.gov.uk/20121106105616/http://www.bis.gov.uk/files/file23012.pdf [zuletzt abgerufen am: 21.04.2019 – zit.: Higgs Review].

Hippeli, Michael; Die überarbeitete Aktionärsrechte-Richtlinie ist auf der Zielgeraden!, vom 24.01.2017, in: jurisPR-HaGesR 1/2017; abrufbar unter: https://www.

juris.de/perma?d=jpr-NLHGADG000117 [zuletzt abgerufen am: 16.06.2019 – zit.: *Hippeli,* jurisPR-HaGesR 1/2017].

Hirsch, Paul / Michaels, Stuart / Friedman, Ray; "Dirty hands" versus "clean models": is sociology in danger of being seduced by economics, in: Theory and Society 1987, S. 317.

Hirschman, Albert O.; Exit, voice, and loyalty: responses to decline in firms, organizations, and states, Cambridge/Harvard 1970 [zit.: *Hirschman*, Exit, voice, and loyalty].

Hirschman, Albert O.; Abwanderung und Widerspruch: Reaktionen auf Leistungsabfall bei Unternehmungen, Organisationen und Staaten, Tübingen 1974 [zitiert: *Hirschman*, Abwanderung und Widerspruch].

Hirt, Hans-Christoph; Perspektive aus der Praxis: Das Verhältnis zwischen institutionellen Anlegern und Vermögensverwaltern als Ansatzpunkt zur Weiterentwicklung der Corporate Governance in: ZGR 2012, S. 280.

Hirte, Heribert / Heidel, Thomas; Das neue Aktienrecht – nach ARUG II und Corona Gesetzgebung; Handkommentar; Baden-Baden 2020 [zit.: *Hirte/Heidel, Bearbeiter*, Das neue Aktienrecht]

Höfer, Reinhold / Veit, Annekatrin / Verhuven, Thomas; Betriebsrentenrecht Bd. II: Steuerrecht, Sozialabgaben, HGB/IFRS; 23. Auflage, München 2018 [zit.: *Höfer/Veit/Verhuven*].

Hoffmann-Becking, Michael; Münchener Handbuch des Gesellschaftsrechts, Band 4, Aktiengesellschaft, 4. Auflage, München 2015 [zit.: Hoffmann-Becking, Münchener Handbuch des Gesellschaftsrechts, Bd. 4, *Bearbeiter*].

Hölters, Wolfgang; Aktiengesetz, 3. Auflage, München 2017 [zit.: Hölters-*Bearbeiter,* AktG].

Hommelhoff, Peter; Aktionärs-Aktivismus im dualistischen System?, in: Hoffmann-Becking, Michael; Hüffer, Uwe; Reichert, Jochem, Liber Amicorum für Martin Winter, Köln 2011, S. 255 [zit.: Hoffmann-Becking/Hüffer-*Hommelhoff]*.

Hooghiemstra, Reggy / van Ees, Hans; Uniformity as response to soft law: Evidence from compliance and non-compliance with the Dutch corporate governance code, in: Regulation & Governance 5 (2011), S. 480.

Hopt, Klaus J.; Vergleichende Corporate Governance in: ZHR 2011 (175), S. 444.

Hucke, Anja; Ein Verhaltenskodex für institutionelle Investoren – hat der UK Stewardship Code Vorbildfunktion für Deutschland?, in: Zeitschrift für Corporate Governance 2011, S. 269.

Hüffer, Uwe / Koch, Jens; Aktiengesetz – Kurzkommentar, 14. Auflage, München 2020 [zit.: Hüffer/Koch-*Bearbeiter,* AktG].

Hupprich, Maximilian; Die Umsetzung der Aktionärsrechterichtlinie (2007/36/EG) in Deutschland und Europa [zit.: *Hupprich*].

Immenga, Ulrich; Aktiengesellschaft, Aktionärsinteressen und institutionelle Anleger, Tübingen 1971 [zit.: *Immenga*, Aktiengesellschaft, Aktionärsinteressen und institutionelle Anleger].

Institutional Shareholders Committee; Code on the Responsibilities of Insitutional Investors unter: https://www.theinvestmentassociation.org/assets/components/ima_filesecurity/secure.php?f=industry-guidance/isc-01.pdf [zuletzt abgerufen am 22.04.2019 – zit.: *ISC*, Code on the Responsibilities of Institutional Investors].

Institutional Shareholders' Committee; The Responsibilities of Institutional Shareholders and Agents – Statement of Principles, noch erhältlich unter: http://www.ecgi.org/codes/documents/isc_statement_of_principles.pdf [zuletzt abgerufen am 31.03.2019 – zit.: ISC, Statement of Principles].

Jensen, Michael C. / Meckling, William H.; Theory of the firm: Managerial behavior, agency costs and ownership structure, in: Journal of Financial Economics 3 (1976), S. 305.

Kälberer, Daniel R.; Nichtfinanzielle Berichterstattung: Die neuen Leitlinien zur klimabezogenen Berichterstattung im Lichte des Umwelt- und Klimaschutzes – Teil 1: HGB-Umsetzung der EU-Regelungen, in: Zeitschrift für Bilanzierung, Rechnungswesen und Controlling (BC) 2020, S. 337.

Kälberer, Daniel R.; Nichtfinanzielle Berichterstattung: Die neuen Leitlinien zur klimabezogenen Berichterstattung im Lichte des Umwelt- und Klimaschutzes – Teil 2: Praxisrelevanz der neuen EU-Leitlinien zur klimabezogenen Berichterstattung, in: Zeitschrift für Bilanzierung, Rechnungswesen und Controlling (BC) 2020, S. 121.

Kahan, Marcel / Rock, Edward B.; Hedge Funds in Corporate Governance and Corporate Control, in: University of Pennsylvania Law Review 2007, S. 1021.

Kasolowsky, Boris; Fiduciary Duties in Company Law, Baden-Baden 2003 [zit.: Kasolowsky].

Kaulbach, Detlef / Bähr, Gunne W. / Pohlmann, Petra; Versicherungsaufsichtsgesetz, 6. Auflage, München 2019 *[zit.: Kaulbach/Bähr/Pohlmann].*

Kay, John; The Kay Review of UK Equity Markets and Long-Term Decision Making – Final Report, London 2012 unter: https://assets.publishing.service.gov.uk/government/uploads/system/uploads/attachment_data/file/253454/bis-12-917-kay-review-of-equity-markets-final-report.pdf [zuletzt abgerufen am 21.04.2019 – zit.: *Kay Review*].

Kersting, Christian; Beschränkung des Auskunftsanspruchs des Aktionärs auf erforderliche Auskünfte („Deutsche Bank") in: ZIP 2013, S. 2454.

Kiem, Roger; Investorenvereinbarungen im Lichte des Aktien- und Übernahmerechts in: AG 2009, S. 301.

Kingman, John; Independent Review of the Financial Reporting Council, Dezember 2018, unter: https://assets.publishing.service.gov.uk/government/uploads/

system/uploads/attachment_data/file/767387/frc-independent-review-final-report.pdf [zuletzt abgerufen am: 09.01.2021 – zit.: Kingman Report].

Kirchgässner, Gebhard; Führt der homo oeconomicus das Recht in die Irre? – Zur Kritik an der ökonomischen Analyse des Rechts, in: JZ 1991, S. 104.

Kleindiek, Detlef; Funktion und Geltungsanspruch des Pflichtangebots nach dem WpüG Kapitalmarktrecht Konzernrecht Umwandlungsrecht, in: ZGR 2002, S. 546.

Klöhn, Lars / Schwarz, Philip; Die Regulierung institutioneller Stimmrechtsberater, in: ZIP 2012, S. 149.

Koch, Jens; Der Kapitalanleger als Corporate Governance-Akteur im Rahmen der neuen §§ 134 a ff. AktG in: BKR 2020, S. 1.

Koch, Jens; Informationsweitergabe und Informationsasymmetrien im Gesellschaftsrecht in: ZGR 2020, S. 183.

Kocher, Dirk; Zur Reichweite der Business Judgment Rule in: Corporate Compliance Zeitschrift 2009, S. 215.

Kocher, Dirk / Lönner, Andreas; Das Auskunftsrecht in der Hauptversammlung nach der Aktionärsrechterichtlinie in: AG 2010, S. 153.

Kocher, Dirk; Strategien im Umgang mit aktivistischen Aktionären und Investoren in Deutschland in: Der Betrieb (DB) 2016, S. 2887.

Kocher, Dirk / Sambulski, Yannick; Insiderinformationen in der Hauptversammlung in: Der Betrieb (DB) 2018, S. 1905.

Kolat, Georg L.; Shareholder Activism durch institutionelle Investoren: ein organisationstheoretischer Beitrag zur Investor-Governance-Diskussion in Deutschland, Hamburg 2014 [zit.: *Kolat*].

Korff, Matthias; Das Risikobegrenzungsgesetz und seine Auswirkungen auf das WpHG, in: AG 2008, S. 692.

Kremer, Thomas, et.al.; Deutscher Corporate Governance Kodex – Kodex Kommentar, 7. Auflage, München 2018 [zit.: Kremer/*Bearbeiter*, DCGK-Kommentar]

Kümmel, Gerhard; Pensionsfonds: ein Finanzierungsinstrument für die Herausforderung des demographischen Wandels, in: *Ballwieser, Wolfgang* (Hrsg.), Demographischer Wandel als unternehmerische Herausforderung: Kongress-Dokumentation 60. Deutscher Betriebswirtschafter-Tag 2006. Frankfurt a. M. 2006, *S.* 203 [zit.: Ballwieser-*Kümmel*].

Laars, Reinhard / Booth, David; Versicherungsaufsichtsgesetz, 4. Auflage; Baden-Baden 2017 [zit.: *Laars*].

Lang, Norbert; Das Investmentgesetz – Kein großer Wurf, aber ein Schritt in die richtige Richtung – in: Wertpapiermitteilungen 2004, S. 53.

Lieder, Marcus; Unternehmensrechtliche Implikationen der Corona-Gesetzgebung – Präsenzlose Versammlungen und stabilisierende Kapitalmaßnahmen in: ZIP 2020, S. 837.

Lutter, Marcus / Schmidt, Jessica / Bayer, Walter; Europäisches Unternehmens- und Kapitalmarktrecht, 6. Auflage, Berlin 2018 [zit.: *Lutter/Schmidt/Bayer*].

Lutter, Marcus; Due diligence des Erwerbers beim Kauf einer Beteiligung in: ZIP 1997, S. 613.

Macey, Jonathan R.; Corporate Governance – Promises kept, Promises broken, Princeton 2011 [zit.: *Macey*].

Mack, Kevin / Needham, Sean, Müller, Stefan; Weiterentwicklung der Corporate Governance nach ARUG II und DCGK 2020 – Erkenntnisse aus der Analyse des britischen Corporate-Governance-Systems in: ZCG 2020, S. 197.

MacNeil, Iain / Li, Xiao; "Comply or Explain": market discipline and non-compliance with the Combined Code in: Corporate Governance 14 (2006), S. 486.

Mallin, Chris A.; Corporate Governance, 6. Aufl., Oxford 2019 [zit.: *Mallin*].

Maunz, Theodor / Dürig, Günter; Grundgesetz-Kommentar, München, Wekstand: 90. EL Februar 2020 [zit.: Maunz/Dürig, *Bd., Bearbeiter*]

Meyer, Andreas / Veil, Rüdiger / Rönnau, Thomas; Handbuch zum Marktmissbrauchsrecht, 1. Auflage, München 2018 [zit.: Meyer/Veil/Rönnau/*Bearbeiter*, Handbuch Marktmissbrauchsrecht].

Möllers, Thomas M. J. /Kernchen, Eva; Information Overload am Kapitalmarkt, in: ZGR 2011, S. 1.

Moffat, Graham / Bean, Gerard M. D / Probert, Rebecca; Trusts law, 5. Auflage, Cambridge 2009 [zit.: *Moffat/Bean/Probert*].

Monitoring Commissie Corporate Governance Code; Dutch Corporate Governance Code – Principles of good corporate governance and best practice provisions unter: https://www.mccg.nl/download/?id=3367 [zuletzt abgerufen am 20.04.2019 – zit.: *Monitoring Commissie Corporate Governance Code*, Dutch Corporate Governance Code].

Monitoring Commissie Corporate Governance Code; Website – About the Monitoring Committee unter: https://www.mccg.nl/monitoring-committee [zuletzt abgerufen am: 19.04.2019 – zit.: *Monitoring Commissie Corporate Governance Code*, Website – About the Monitoring Committee].

Monks, Robert A. G. / Minow, Neil; Corporate Governance, 5. Auflage, Chichester 2011 [zit.: *Monks/Minow*].

Mülbert, Peter O.; Die neue kapitalmarktrechtliche Dimension des AktG aufgrund der Richtlinie (EU) 2017/828 (Aktionärsrechte-Richtlinie II) betreffend Intermediäre (Richtlinie EUR) 2017/828), in: AG 2021, S. 53.

Myners, Paul; Institutional Investment in the United Kingdom – A Review, London 2001 unter: https://webarchive.nationalarchives.gov.uk/20070506151732/

http://www.hm-treasury.gov.uk/media/2F9/02/31.pdf [zuletzt abgerufen am 31.03.2019 – zit.: Myners Report].

National Investor Relations Institute; About NIRI unter: https://www.niri.org/about-niri [zuletzt abgerufen am: 22.04.2019, zit.: *NIRI,* Internetauftritt – About].

Neus, Werner; Einführung in die Betriebswirtschaftslehre aus institutionenökonomischer Sicht, 10. Aufl., 2018 [zit.: *Neus*]

Neuscheler, Tillmann; Der moderne Aufsichtsrat, in: Frankfurter Allgemeine Zeitung, 30. August 2019, S. 17 [zit.: *Neuscheler,* FAZ vom 30. August 2019].

Nix, Petra / Chen, Jean Jinghan; The Role of Institutional Investors in Corporate Governance – An Empirical Study, London 2013 [zit.: *Nix/Chen*].

Noack, Ulrich; ARUG II in der Sommerpause – Umsetzung verschoben, auf: Handelsblatt Rechtsblog vom 02.07.2019, unter: https://blog.handelsblatt.com/rechtsboard/2019/07/02/arug-ii-in-der-sommerpause-umsetzung-verschoben/ [zuletzt abgerufen am 25.08.2019].

Ochmann, Florian; Die Aktionärsrechte-Richtlinie, Berlin 2009 [zit.: *Ochmann*].

Ockert, Franziska; Die langfristige Bindung von Gesellschaftern – Eine Systematisierung ihrer Motive und Mechanismen vom Start-Up bis zur börsennotierten Aktiengesellschaft, Baden-Baden 2020 [zit.: *Ockert*].

O'Dwyer, Aidan; Corporate Governance after the financial crisis: The role of shareholders in monitoring the activities of the board in: Aberdeen Student Law Review 2014, S. 112.

Office for National Statistics; Share Ownership Survey 2008, unter: https://webarchive.nationalarchives.gov.uk/20151014045504/http://www.ons.gov.uk/ons/rel/pnfc1/share-ownership---share-register-survey-report/2008/index.html [zuletzt abgerufen am 31.03.2019 – *zit.: ONS,* Share Ownership Survey 2008].

Office for National Statistics; Statistical Bulletin: Ownership of UK quoted shares 2012 – The value of ordinary shares held in UK incorporated companies listed on the London Stock Exchange by sector of the owner, with a country breakdown for shares owned outside the UK, unter: https://www.ons.gov.uk/economy/investmentspensionsandtrusts/bulletins/ownershipofukquotedshares/2013-09-25 [zuletzt abgerufen am 31.03.2019 – zit.: *ONS,* Statistical Bulletin: Ownership of UK quoted shares 2012].

Office for National Statistics; Statistical Bulletin: Ownership of UK quoted shares 2014 – The value of ordinary shares held in UK incorporated companies listed on the London Stock Exchange by sector of the owner, with a country breakdown for shares owned outside the UK, unter: https://www.ons.gov.uk/economy/investmentspensionsandtrusts/bulletins/ownershipofukquotedshares/2015-09-02 [zuletzt abgerufen am 31.03.2019 – zit.: *ONS,* Statistical Bulletin: Ownership of UK quoted shares 2014].

Office for National Statistics; Statistical Bulletin: Ownership of UK quoted shares 2016 – The value of ordinary shares held in UK incorporated companies listed on the London Stock Exchange by sector of the owner, with a country breakdown for shares owned outside the UK, unter: https://www.ons.gov.uk/economy/investmentspensionsandtrusts/bulletins/ownershipofukquotedshares/2016 [zuletzt abgerufen am 31.03.2019 – zit.: *ONS*, Statistical Bulletin: Ownership of UK quoted shares 2016].

Oxford English Dictionary; Oxford English Dictionary unter: https://www.oed.com [zuletzt abgerufen am 24.03.2019, zit.: *Oxford English Dictionary*, Stichwort:].

*Organisation for Economic Co-operation and Development ("**OECD**")*; The Role of Institutional Investors in Promoting Good Corporate Governance, Paris 2011, unter: https://www.oecd.org/daf/ca/49081553.pdf [zuletzt abgerufen am: 24.03.2019 – zit.: *OECD*, The Role of Institutional Investors in Promoting Good Corporate Governance].

Organisation for Economic Co-operation and Development; OECD Institutional Investors Statistics 2013, Paris 2014, unter: https://www.oecd-ilibrary.org/finance-and-investment/oecd-institutional-investors-statistics-2013_instinv-2013-en, abgerufen am 31.03.2019 – zit.: *OECD*, Institutional Investor Statistics 2013].

Organisation for Economic Co-operation and Development; *OECD* Institutional Investors Statistics 2015, Paris 2016, unter: http://www.ciando.com/img/books/extract/9264252010_lp.pdf [zuletzt abgerufen am 31.03.2019 – zit.: *OECD*, Institutional Investor Statistics 2015 – zit.: *OECD*, Institutional Investor Statistics 2015].

Organisation for Economic Co-operation and Development; *OECD* Institutional Investors Statistics 2017, Paris 2017, unter: https://read.oecd-ilibrary.org/finance-and-investment/oecd-institutional-investors-statistics-2017_instinv-2017-en#page1 [zuletzt abgerufen am 31.03.2019 – zit.: *OECD*, Institutional Investor Statistics 2017].

Organisation for Economic Co-operation and Development; *OECD* Institutional Investors Statistics 2020, Paris 2020, unter: https://read.oecd-ilibrary.org/finance-and-investment/oecd-institutional-investors-statistics-2020_9a827fb7-en#page1 [zuletzt abgerufen am 13.01.2021 – zit.: *OECD*, Institutional Investor Statistics 2020 – zit.: *OECD*, Institutional Investors Statistics 2020].

Organisation for Economic Co-operation and Development/G20; Principles of Corporate Governance, Paris 2015, unter: https://read.oecd-ilibrary.org/governance/g20-oecd-principles-of-corporate-governance-2015_9789264236882-en#page3 [zuletzt abgerufen am 17.01.2021 – zit.: *OECD*, Principles of Corporate Governance 2015].

Otto, Hans-Jochen; Obligatorische Bindungsverträge zwischen Aktionär und AG-Vorstand über die Ausübung von Mitgliedsschaftsrechten und Organkompetenzen in: NZG 2013, S. 930.

Parmentier, Miriam; Die Revision der EU-Transparenzrichtlinie für börsennotierte Unternehmen, in: Die Aktiengesellschaft 2014, 15.

The Pensions Regulator; Trustee Guidance unter: https://www.thepensionsregula tor.gov.uk/en/document-library/regulatory-guidance/trustee-guidance [zuletzt abgerufen am: 22.04.2019 – zit.: The Pensions Regulator, Trustee Guidance].

Pentz, Andreas; Acting in Concert – Ausgewählte Einzelprobleme zur Zurechnung und zu den Rechtsfolgen in: ZIP 2003, S. 1478.

Pöschke, Moritz; Auskunft ohne Grenzen? Die Bedeutung der Aktionärsrechterichtlinie für die Auslegung des § 131 Abs. 1 Satz 1 AktG, in: ZIP 2010, S. 1221.

Prentice, Dan; The United Kingdom, in: Bruno, Sabrina / Ruggiero, Eugenio (Hrsg.) Public companies and the role of shareholders: national models towards global integration, Alphen aan den Rijn 2011, S. 197 [zit.: Bruno/Ruggiero/*Prentice*].

PRI Initiative; Website der PRI Initiative – Principles for Responsible Investment unter: https://www.unpri.org/pri [zuletzt abgerufen am: 09.06.2019; zit.: *PRI Initiative* – Principles for Responsible investment.

Psaroudakis, Georgios; Acting in Concert in börsennotierten Gesellschaften, Hamburg 2009 [zit.: *Psaroudakis*].

Reisberg, Arad; The notion of stewardship from a company law perspective: Redefined and re-assessed in light of the recent financial crisis?, in: Journal of Financial Crime 18 (2011), S. 126.

Reisberg, Arad; The UK Stewardship Code: On the Road to nowhere? in: Journal of Coporate Law Studies 2015, S. 217.

Regierungskommission Deutscher Corporate Governance Kodex; Der Deutsche Corporate Governance Kodex – in der Fassung vom 5. Mai 2015 in Vergleichsversion zur Vorfassung unter: https://www.dcgk.de/files/dcgk/usercontent/de/downl oad/kodex/2015-05-05_Deutscher_Corporate_Goverance_Kodex_markup.pdf [zuletzt abgerufen am: 23.01.2021 – zit.: *Regierungskommission Deutscher Corporate Governance Kodex, DCGK 2015 – Vergleichsversion zur Vorfassung].*

Regierungskommission Deutscher Corporate Governance Kodex; Der Deutsche Corporate Governance Kodex – in der Fassung vom 7. Februar 2017 in Vergleichsversion zur Vorfassung unter: https://www.dcgk.de/de/kodex.html [zuletzt abgerufen am: 17.10.2020 – zit.: *Regierungskommission Deutscher Corporate Governance Kodex, DCGK 2017 – Vergleichsversion zur Vorfassung].*

Regierungskommission Deutscher Corporate Governance Kodex; Der Deutsche Corporate Governance Kodex – in der Fassung vom 16. Dezember 2019 unter: https://www.dcgk.de/de/kodex/archiv.html [zuletzt abgerufen am: 17.10.2020 – zit.: *Regierungskommission Deutscher Corporate Governance Kodex, DCGK – vom 16. Dezember 2019].*

Regierungskommission Deutscher Corporate Governance Kodex; Die Kommission im Dialog unter: http://www.dcgk.de/de/kommission/die-kommission-im-dialog.html *[zuletzt aufgerufen am: 19.04.2019 – zit.: Regierungskommission Deutscher Corporate Governance Kodex,* Dialog].

Regierungskommission Deutscher Corporate Governance Kodex; Stellungnahme zur Empfehlung der EU-Kommission vom 9. April 2014 zur Qualität der Berichterstattung über die Unternehmensführung ("Comply or Explain"), 2. https://www.dcgk.de/de/kommission/die-kommission-im-dialog/deteilansicht/kodex-kommission-kritisiert-ueberbordende-buerokratie-bei-eu-corporate-governance-empfehlungen-und-richtlinien-ohne-angemessenen.html?file=files/dcgk/usercontent/de/download/Stellungnahmen/2015-01-30%20Stellungnahme%20Regierungskommission%20Comply%20or%20Explain.pdf [zuletzt abgerufen am: 19.04.2019 – zit.: *Regierungskommission DCGK*, Stellungnahme zur Empfehlung der EU-Kommission vom 9. April 2014].

Riedliniger, Jens Matti; Das CSR-Richtlinien Umsetzungsgesetz: Implementierung von Corporate Social Responsibility Berichtspflichten in nationales Recht, in: Rechtswissenschaftliche Beiträge der Sozialökonomie, Heft 18, Oktober 2018.

Risk Metrics Group,; Study on Monitoring and Enforcement Practices in Corporate Governance in the Member States vom 23. September 2009, unter: http://ecoda.org/uploads/media/REPORT_-_2009_09_23_CoE_RiskMetrics.pdf [zuletzt abgerufen am: 09.06.2019; zit.: *Risk Metrics Group*, Studie vom 23.09.2009].

Risse, Jörg / Kästle, Florian; M&A und Corporate Finance von A–Z, 3. Auflage, München 2018 [zit.: Risse/Kästle, M&A A–Z].

Roach, Lee; The UK Stewardship Code, in: Journal of Corporate Law Studies 11 (2011), S. 463.

Rubner, Daniel / Fischer, Jan-Benedikt; Erneut: Professionalisierung des Aufsichtsrats – zu den Änderungen des DCGK 2015, in: NZG 2015, 782.

Ruffner, Markus; Die ökonomischen Grundlagen eines Rechts der Publikumsgesellschaft: ein Beitrag zur Theorie der Corporate Governance, Zürich 2000 [zit.: *Ruffner*].

Rüthers, Bernd / Fischer, Christian / Birk, Axel; Rechtstheorie, 10. Auflage, München 2018 [zit.: *Rüthers/Fischer/Birk*].

Rulf, Philipp; Die Zurechnungstatbestände des WpHG und WpÜG, 2010: Auslegung und Abgrenzung der Zurechnungstatbestände des § 22 WpHG und des § 30 WpÜG, Frankfurt am Main 2010 [zitiert: *Rulf*].

Sachtleber, Ole W.; Zivilrechtliche Strukturen von open-end-Investmentfonds in Deutschland und England, Göttingen 2011 [zit.: *Sachtleber*].

Säcker, Franz Jürge / Rixecker, Roland / Oetker, Hartmut / Limperg, Bettina (Hrsg.); Münchener Kommentar zum Bürgerlichen Gesetzbuch, Band 4 – Schuldrecht – Besonderer Teil II, Henssler, Martin / Krüger, Wolfgang (Redakteure), 7. Auflage, München 2016 [zit.: MüKo-BGB, Bd. 4, *Bearbeiter*].

Schiereck, Dirk; „Institutionelle Investore" – Überlegungen zur Begriffsbestimmung bzw. -abgrenzung, in: Sparkasse 1992, S. 393.

Schimansky, Herbert / Bunte, Hermann-Josef / Lwowski-Walz, Hans-Jürgen; Bankrechts-Handbuch, 5. Auflage, München 2017 [zit.: Schimansky/Bunte/Lwowski-Walz-*Bearbeiter*].

Schmidt, Jessica; Die geplante Richtlinie über Aktionärsrechte und ihre Bedeutung für das deutsche Aktienrecht in: BB 2006, S. 1641.

Schmidt, Karsten / Lutter, Marcus; Aktiengesetz – Kommentar, 4. Auflage, Köln 2020 [zit.: K. Schmidt/Lutter/*Bearbeiter*, AktG].

Schmidt, Reinhard H. / Weiß, Marco; Shareholder vs. Stakeholder: Ökonomische Fragen, in: *Hommelhoff, Peter / Hopt, Klaus J. / von Werder, Axel*, Handbuch Corporate Governance: Leitung und Überwachung börsennotierter Unternehmen in der Rechts- und Wirtschaftspraxis, 2. Auflage, Stuttgart 2009; S. 161 [zit.: *Schmidt/Weiß*, Shareholder vs. Stakeholder]

Schmolke, Klaus Ulrich; Institutionelle Anleger und Corporate Governance – Traditionelle institutionelle Investoren vs. Hedgefonds, in: ZGR 2007, S. 701.

Schneider, Uwe H.; Abgestimmtes Verhalten durch institutionelle Anleger: Gute Corporate Governance oder rechtspolitische Herausforderung? in: Zeitschrift für Unternehmens- und Gesellschaftsrecht 2012, S. 518.

Schneider, Uwe H. / Anzinger, Heribert M.; Institutionelle Stimmrechtsberatung und Stimmrechtsvertretung – „a quiet guru's enormous clout“, in: Neue Zeitschrift für Gesellschaftsrecht 2007, S. 88.

Schwab, Stewart J. / Thomas, Randall S.; Realigning Corporate Governance: Shareholder Activism by Labor Unions, in: Michigan Law Review 1998, S. 1018.

Schwark, Eberhard / Zimmer, Daniel; Kapitalmarktrechts-Kommentar, 5. Auflage, München 2020 [zitiert: Schwark/Zimmer/*Bearbeiter*].

Seibt, Christoph; Europäische Finanzmarktregulierung zu Insiderrecht und Ad hoc-Publizität in: ZHR 2013, S. 388.

Seibt, Christoph; Richtlinienvorschlag zur Weiterentwicklung des europäischen Corporate Governance-Rahmens – Vorschlag der EU-Kommission zur Änderung der Aktionärsrechterichtlinie und Empfehlung zur Qualität der Berichterstattung über die Unternehmensführung – in: Der Betrieb 2014, S. 1910.

Seibt, Christoph H. / Wollenschläger, Bernward; Europäisierung des Transparenzregimes: Der Vorschlag der Europäischen Kommission zur Transparenzrichtlinie, in: AG 2012, S. 305.

Seibt, Christoph / Wollenschläger, Bernward; Revision des Marktmissbrauchsrechts durch Marktmissbrauchsverordnung und Richtlinie über strafrechtliche Sanktionen für Marktmanipulation in: AG 2014, S. 593.

Seibt, Christioph; Sanierungsgesellschaftsrecht: Mitgliedschaftliche Treuepflicht und Grenzen der Stimmrechtsausübung in der Aktiengesellschaft, in ZIP 2014, S. 1909.

Seidl, David / Sanderson, Paul / Roberts, John; Applying the 'comply-or-explain' principle: discursive legitimacy tactics with regard to codes of corporate governance in: Journal of Management & Governance 2013, S. 791.

Sergakis, Konstantinos; The UK Stewardship Code: Bridging the Gap between Companies and Institutional Investors in: Revue juridique Thémis de l'Université de Montreal, Vol. 47, No 1, 2013, S. 109.

Sergakis, Konstantinos; Deconstruction and Reconstruction of the "Comply or Explain" Principle in EU Capital Markets, in: Accounting, Economics and Law – A Convivium 2015, S. 233.

Smend, Alex; Aktive Aktionäre – Interessen verschiedener Aktionärsgruppen und Verhaltensempfehlungen für Vorstand und Aufsichtsrat, in: ZCG 2008, S. 53.

Smith, Adam; The Wealth of Nations, Volumes 1–5 (Complete), Reprint, Warschau 2013 [zit.: *Smith*, The Wealth of Nations].

Smith, Alison; Investment Firms face FRC crackdown over stewardship Code, in: Financial Times vom 15.01.2015.

Spindler, Gerald / Stilz, Eberhard; Kommentar zum Aktiengesetz, Band 1, §§ 1–149 AktG, 4. Auflage, München 2019 [zit.: Spindler/Stilz, AktG, Bd. 1, *Bearbeiter]*.

Spindler, Gerald / Stilz, Eberhard; Erstes Buch – Aktiengesellschaft in: *Henssler, Martin (Hrsg.)* beck.online.GROSSKOMMENTAR zum Aktienrecht, München 2020 [zit.: Spindler/Stilz/*Bearbeiter*, BeckOGK-AktG]

Spira, Laura F. / Slinn, Judy; The Cadbury Committee: a history, Oxford 2013 [zit.: *Spira/Slinn*, The Cadbury Committee].

Springer Gabler Verlag (Hrsg.); Gabler Wirtschaftslexikon – online, unter: https://wirtschaftslexikon.gabler.de, Wiesbaden 2019 [zuletzt abgerufen am: 29.06.2019; zit.: *Gabler Wirtschaftslexikon*, Stichwort:]

Staab, Peter; Investor Relations und Institutionelle Investoren in: Dirk e. V. (Hrsg.), Handbuch Investor Relations, Wiesbaden 2004, S. 283, [zit.: Dirk e. V.-*Staab*, Investor Relations und Institutionelle Investoren].

v. Staudinger, Julius; EGBGB/Internationales Privatrecht, Heinrich, Dieter (Redaktor), Neubearbeitung, Berlin 2019 [zit.: Staudinger/*Bearbeiter*, EGBGB/IPR].

Steiger, Max; Institutionelle Investoren im Spannungsfeld zwischen Aktienmarktliquidität und Corporate Governance, Baden-Baden 2000 [zit.: *Steiger*].

Streinz, Rudolf / Miehl, Walther; EUV/AEUV – Vertrag über die Europäische Union, Vertrag über die Arbeitsweise der Europäischen Union, Charta der Grundrechte der Europäischen Union, 3. Auflage, München 2018 [zit.: Streinz/Miehl/*Bearbeiter*, EUV/AEUV].

Strenger, Christian / Zetzsche, Dirk; Institutionelle Anleger, Verbesserung der Corporate Governance und Erleichterung der grenzüberschreitenden Stimmrechtsausübung in: AG 2013, 397.

Streuer, Olaf; Investor Relations – Begriff, Historie und Entwicklungsperspektiven in: Dirk e. V. (Hrsg.), Handbuch Investor Relations, Wiesbaden 2004, S. 3 [zit.: Dirk e. V.-*Streuer*, Investor Relations – Begriff].

Streuer, Olaf; Organisation der Investor Relations in: Dirk e. V. (Hrsg.), Handbuch Investor Relations, Wiesbaden 2004, S. 65 [zit.: Dirk e. V.-*Streuer*, Organisation der Investor Relations].

Streuer, Olaf; Ziele der Investor Relations in: Dirk e. V. (Hrsg.), Handbuch Investor Relations, Wiesbaden 2004, S. 21 [zit.: Dirk e. V.-*Streuer*, Ziele der Investor Relations].

Streuer, Olaf; Erfolgsmessung der Investor Relations in: Dirk e. V. (Hrsg.), Handbuch Investor Relations, Wiesbaden 2004, S. 77 [zit.: Dirk e. V.-*Streuer*, Erfolgsmessung der Investor Relations].

Teichmann, Christoph; Fragerecht und Aktionärsrechterichtlinie in: NZG 2014, S. 401.

Teichmann, Christoph / Kreier, Ralf; Auswirkungen des Brexit auf das Gesellschaftsrecht, in: EuZW 2020, S. 14.

Thaeter, Ralf / Guski, Roman; Shareholder Activism: Gesellschaftsrechtliche Schranken aktiven Aktionärsverhaltens, in: AG 2007, S. 301.

Tomlinson, Brian; Sustainability and Fiduciary Duties in the UK: Legal Analysis, Investor Processes and Policy Recommendations, Oxford Business Law Blog vom 13. Februar 2017, unter: Https://www.law.ox.ac.uk/business-law-blog/blog/2017/02/sustainability-and-fiduciary-duties-uk-legal-analysis-investor [zuletzt abgerufen am: 16.06.2019 – zit.: *Tomlinson,* OBLB v. 13.02.2017].

Tomorrow's Company (Hrsg.); Tomorrow's Owners: Defining, Differentiating and Rewarding Stewardship, London 2009, unter: https://www.tomorrowscompany.com/wp-content/uploads/2016/05/Tomorrow_s_Owners___Defining__Differentiating_and_Rewarding_Scholarship__52ef86c12aa78.pdf [zuletzt abgerufen am: 24.03.2021].

Tomorrow's Company (Hrsg.); Tomorrow's Stewardship – Why stewardship matters, London 2011, unter: https://www.tomorrowscompany.com/wp-content/uploads/2016/05/Why_stewardship_matters_L_FINAL_5009531673ea2.pdf [zuletzt abgerufen am: 24.03.2021].

Tröger, Tobias,; Die Regelungen zu institutionellen Investoren, Vermögensverwaltern und Stimmrechtsberatern im Referentenentwurf eines Gesetzes zur Umsetzung der zweiten Aktionärsrechtsrichtlinie (ARUG II) in: ZGR 2019, S. 126.

UK Law Commission; Fiduciary Duties of Investment Intermediaries, vom 20. Juni 2014, unter: https://s3-eu-west-2.amazonaws.com/lawcom-prod-storage-11jsxou24uy7q/uploads/2015/03/lc350_fiduciary_duties.pdf [zuletzt abgerufen am: 16.06.2019 – zit.: *UK Law Commission,* Fiduciary Duties of Investment Intermediaries].

Veil, Rüdiger; Stimmrechtszurechnungen aufgrund von Abstimmungsvereinbarungen gemäß § 20 Abs. 2 WpHG und § 30 Abs. 2 WpHG in: Bitter, Georg / Lutter, Marcus / Priester, Hans-Joachim / Schön, Wolfgang (Hrsg.), Festschrift für Karsten Schmidt zum 70. Geburtstag, Köln 2009, S. 1645 [zit.: *Veil*, FS Schmidt].

Veil, Rüdiger; Europäisches Insiderrecht 2.0 – Konzeption und Grundsatzfragen der Reform durch MAR und CRIM-MAD, in: ZBB 2014, 85.

Verse, Dirk A.; Der Gleichbehandlungsgrundsatz im Recht der Kapitalgesellschaften, Tübingen 2006 [zit.: *Verse*, Gleichbehandlungsgrundsatz].

Verse, Dirk A. / Wiersch, Rachid René; Die Entwicklung des europäischen Gesellschaftsrechts 2014–2015 in: EuZW 2016, S. 330.

Vodafone Group Pension Trustee Limited, Trustee of the Vodafone Group Pension Scheme; Statement of Investment Principles – Vodafone Group Pension Scheme, unter: http://www.vodafonepensionsupdate.co.uk/documents/db_statement_of_investment_principles.pdf [zuletzt abgerufen am 22.04.2019 – zit.: *Vodafone*, Statement of Investment Principles].

Voigt, Stefan; Institutionenökonomik, 2. Auflage, Paderborn 2009 [zit.: *Voigt*, Institutionenökonomik].

Walker, David; A review of corporate governance in UK banks and other financial industry entities – Final recommendations, HM Treasury, London 2009, unter: https://webarchive.nationalarchives.gov.uk/+/http:/www.hm-treasury.gov.uk/d/walker_review_261109.pdf [abgerufen am: 23.03.2019 – zit.: Walker Review].

Weitnauer, Wolfgang / Boxberger, Lutz / Anders, Dietmar (Hrsg.); KAGB, 2. Auflage, München 2017 [zit.: Weitnauer/Boxberger/Anders-*Bearbeiter*, KAGB].

Wienbracke, Mike; A clash of cultures: Trusts und deutsches (internationales) Privatrecht – mit Bezug zum ErbStG in: Zeitschrift für Erbrecht und Vermögensnachfolge 2007, S. 413.

Wienbracke, Mike; Begriffliche und verfassungsrechtliche Grundlagen des Steuerrechts, in: JuS 2019, S. 673.

Wilsing, Hans-Ulrich; Corporate Governance in Deutschland und Europa, n: ZGR 2012, S. 291.

Winkler, Sylko; Die Verantwortung institutioneller Anleger als Aktionäre in Publikumsgesellschaften in Deutschland und den USA, Jena 2008 [zit.: *Winkler*].

Witt, Carl-Heinz; Das Informationsrecht des Aktionärs und seine Durchsetzung in den USA, Großbritannien und Frankreich – Funktionale Gesamtbetrachtung im Vergleich zum deutschen Recht, AG 2000, 257.

Wöhe, Günter / Döring, Ulrich / Brösel, Gerrit; Einführung in die Allgemeine Betriebswirtschaftslehre, 26. Aufl., München 2016 [zit.: *Wöhe/Döring/Brösel*].

Wong, Simon C. Y.; Why Stewardship is Proving Elusive for Institutional Investors, in: Butterworths Journal of International Banking and Financial Law 2010, S. 406.

Zeckhauser, Richard J. / Pound, John; Are Large Shareholders Effective Monitors? An Investigation of Share Ownership and Corporate Performance in: Hubbard, R. Glenn (Hrsg.), Asymmetric Information, Corporate Finance, and Investment, Chicago 1989, S. 149 [zit.: Hubbard-*Zeckhauser/Pound*].

Zetzsche, Dirk; Langfristigkeit im Aktienrecht? – Der Vorschlag der Europäischen Kommission zur Reform der Aktionärsrechterichtlinie, in: NZG 2014, S. 1121.

Zetzsche, Dirk; Pflichten institutioneller Anleger bei der Stimmrechtausübung – Anmerkungen zur Reform der Aktionärsrechte-Richtlinie (SRD II), in: Siekmann, Helmut / Cahn, Andreas / Florstedt, Tim / Langenbucher, Katja / Redenius-Hövermann, Julia / Tröger, Tobias (Hrsg.), Festschrift für Theodor Baums: zum siebzigsten Geburtstag, Tübingen 2017, S. 1505 [zit.: *Zetzsche,* FS Baums].

Zetzsche, Dirk; Pflichten von Asset Managern und Asset Ownern gem. §§ 134a ff. AktG (§§ 134a ff. AktG) in: AG 2020, S. 637.

Zöllner, Wolfgang / Noack, Ulrich; Kölner Kommentar zum Aktiengesetz, 3. Auflage, Köln 2010 [*Zöllner/Noack,* AktG, *Bearbeiter*].

Zuckerman, Ezra W.; The Categorical Imperative: Securities Analysts and the Illegitimacy Discount in: American Journal of Sociology 1999, S. 1398.

www.ingramcontent.com/pod-product-compliance
Ingram Content Group UK Ltd.
Pitfield, Milton Keynes, MK11 3LW, UK
UKHW021827290926
8980IPUK00004B/309

9 783631 882856